안나현 경찰 형사법 기출 OX

형사소송법

2025 경찰 시험 대비

INTRO
머리말

『2025 안나현 경찰 형사법 기출 OX』를 내면서

『2025 안나현 경찰 형사법 기출 OX』 기출 지문의 구성은 다음과 같습니다.

① 2024년 5월 상반기까지 변호사시험, 법원직, 국가직 7급, 국가직 9급, 경찰 채용, 경찰승진, 경찰 간부 등 각종 형사법을 출제하는 과목에서 다루었던 기출 지문을 엄선하여 OX 지문으로 출제하였습니다. 최근 출제된 지문을 통해서 짧은 시간 안에 출제 포인트를 확인할 수 있도록 한 수험서입니다.

② 비슷한 유형이나 중복 지문은 삭제하였습니다. 그러나 변형된 형태의 지문은 다시 한번 확인할 수 있도록 하여 출제 지문이 실제로 어떻게 변형되는지 그 감각을 익힐 수 있도록 하였습니다. O 지문의 경우에는 해당 지문을 이해할 수 있을 만한 해설을 수록해 두었습니다. X 지문은 오답이 된 이유를 모두 달아서 이해하고 핵심을 정리할 수 있도록 해설을 덧붙였습니다. 지문 자체로 판례의 문구 또는 조문 그 자체에 해당하는 맞는 지문은 판례번호 또는 조문번호만 표기하였습니다.

③ 출간 전까지 개정된 법령 및 조문 내용을 완벽 반영하였습니다. 또한 기출 OX 시리즈의 마지막 권인 형사소송법의 말미에는 개정된 수사 준칙을 표로 정리하여 부록으로 첨부하였습니다. 또한 고득점을 위한 출제 예상지문 및 최신판례의 지문도 빠르게 확인할 수 있도록 부록에 함께 수록하였습니다.

④ 기출 OX를 통한 공부의 목적은 고득점에 있습니다. 그리고 박스형 문제를 정확하게 풀어나갈 수 있는 훈련과 기본서에서 놓친 부분을 확인하는 것을 한 권의 교재를 통해 반복할 수 있도록 하는 것입니다. 초심자의 경우 기본서와 병행할 것을 추천해 드립니다.

2024년 6월
법학박사 안나현

네이버 안나현 형사법 교실 https://cafe.naver.com/nhlawsuccessfulpass

STRUCTURE
구성과 특징

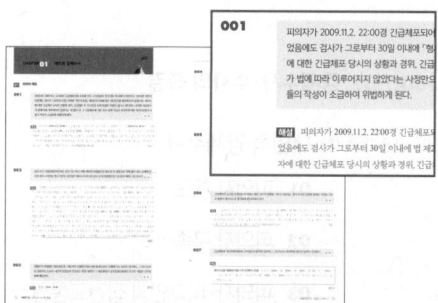

분석을 통해 엄선한 기출 지문 OX

최근 기출 지문 중 실제 출제 빈도가 높거나, 앞으로 재출제될 가능성이 높을 것으로 보이는 지문을 선별하여 OX 문항으로 수록하였습니다. 수많은 문제를 기계적으로 풀어보게 하는 것이 아니라, 잘 선별된 문제를 집중적으로 학습할 수 있도록 구성하였습니다.

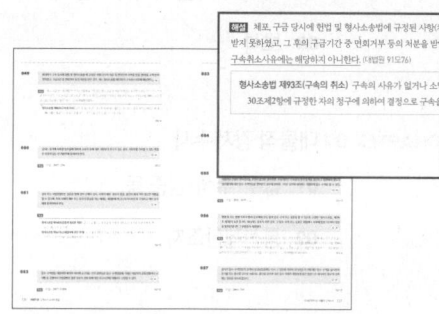

최신 출제 트렌드 반영

최근 출제 경향에 따라 판례 학습을 강화하는 데 집중하였습니다. 판례의 주요 문구에는 밑줄을 넣어 시각적으로 쉽게 확인할 수 있도록 하였습니다. 아울러 주요 법령도 개정 원문을 한 번 더 확인할 수 있도록 수록하여 학습에 빈틈이 없도록 하였습니다.

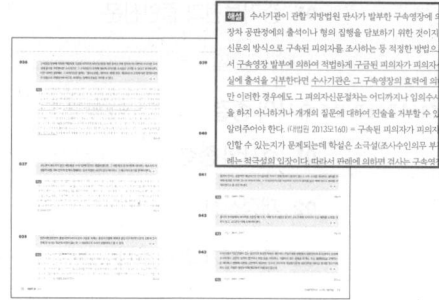

지문을 하나씩 뜯어보는 완벽한 최종 마무리

기출문제의 학습 포인트는 기출 지문을 정확히 이해하고 실전 문제 풀이에 적용할 수 있어야 한다는 것입니다. 주요 기출 지문을 하나씩 OX로 풀어보고, 변형문제를 연속적으로 수록하여 어떤 지점이 학습의 포인트가 되는지 자연스럽게 파악할 수 있도록 하였습니다.

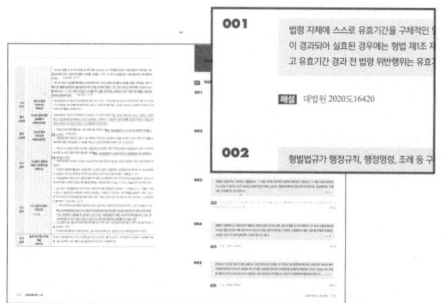

최신 개정 법령, 판례 반영

출간 전까지 개정된 법령과 최신 판례를 반영하고, 주요 최신 판례는 OX 문항으로 출제, 부록으로 수록하여 학습의 최종 단계에서 가장 정확한 내용을 학습할 수 있도록 하였습니다. 최신 내용을 최종 점검하여 더 완벽한 학습을 도모하도록 하였습니다.

CONTENTS 목차

PART 01 수사

CHAPTER 01 수사의 기본개념
- 01 수사의 의의 ·········· 8
- 02 수사의 조건 ·········· 16

CHAPTER 02 수사의 개시
- 01 불심검문 ·········· 22
- 02 고소·고발 ·········· 26
- 03 기타의 수사단서 (자수·변사자검시) ·········· 45

CHAPTER 03 수사의 방법
- 01 임의수사·임의동행 ·········· 48
- 02 피의자 신문 ·········· 54

PART 02 강제수사·수사의 종결

CHAPTER 01 대인적 강제수사
- 01 피의자 체포 ·········· 72
- 02 피의자 구속 ·········· 92
- 03 피의자·피고인의 접견교통권 ·········· 109
- 04 체포·구속된 피의자 석방제도 ·········· 113
- 05 보석 ·········· 119

CHAPTER 02 대물적 강제수사
- 01 압수·수색·검증 등 ·········· 125
- 02 통신제한조치 ·········· 158

CHAPTER 03 수사상의 증거보전
- 01 증거보전과 증인신문 ·········· 167

CHAPTER 04 수사의 종결
- 01 수사의 종결 ·········· 171
- 02 재정신청 ·········· 183
- 03 공소제기 후의 수사 ·········· 192

PART 03 증거

CHAPTER 01 증거
- 01 증거의 기본개념 ········ 198
- 02 증거재판주의·자유심증주의 ········ 201
- 03 위법수집증거배제법칙 ········ 215
- 04 자백배제법칙 ········ 231
- 05 전문법칙 ········ 237
- 06 당사자의 동의와 증거능력 ········ 274
- 07 탄핵증거 ········ 285
- 08 자백보강법칙 ········ 288
- 09 공판조서의 증명력 ········ 296

부록

CHAPTER 01 수사준칙 ········ 302

CHAPTER 02 최신판례
- 01 형법총론 ········ 315
- 02 형법각론 ········ 343
- 03 형사소송법 ········ 363

CRIMINAL PROCEDURE LAW

PART 01
수사

CHAPTER 01 수사의 기본개념
CHAPTER 02 수사의 개시
CHAPTER 03 수사의 방법

CHAPTER 01 수사의 기본개념

01 수사의 의의

001
수사란 범죄혐의의 유무를 명백히 하여 공소를 제기·유지할 것인가의 여부를 결정하기 위하여 범인을 발견·확보하고 증거를 수집·보전하는 수사기관의 활동을 말한다. ○ ×

해설 대법원 98도3329   정답 ○

002
「경찰관 직무집행법」 제3조 제6항이 임의동행한 경우 당해인을 6시간을 초과하여 경찰관서에 머물게 할 수 없다고 규정하고 있다고 하여 그 규정이 임의동행한 자를 6시간 동안 경찰관서에 구금하는 것을 허용하는 것은 아니다. ○ ×

해설 대법원 97도1240   정답 ○

003
수사기관이 피고인의 범죄사실을 인지하고도 피고인을 바로 체포하지 않고 추가 범행을 지켜보고 있다가 범죄사실이 많이 늘어난 뒤에야 피고인을 체포하였다는 사정만으로도 피고인에 대한 수사와 공소제기는 위법하다거나 함정수사에 해당한다고 할 수 있다. ○ ×

해설 수사기관에서 공범이나 장물범의 체포 등을 위하여 범인의 체포시기를 조절하는 등 여러 가지 수사기법을 사용한다는 점을 고려하면, 수사기관이 피고인의 범죄사실을 인지하고도 피고인을 바로 체포하지 않고 추가 범행을 지켜보고 있다가 범죄사실이 많이 늘어난 뒤에야 피고인을 체포하였다는 사정만으로는 피고인에 대한 수사와 공소제기가 위법하다거나 함정수사에 해당한다고 할 수 없다. (대법원 2007도3164)   정답 ×

004
법률에 의하여 고소나 고발이 있어야 논할 수 있는 죄에 있어서 고소 또는 고발은 이른바 소추조건에 불과하고 당해 범죄의 성립요건이나 수사의 조건은 아니다. ○ ×

해설 대법원 2008도7724   정답 ○

005

사법경찰관이 검찰송치 결정을 한 경우에는 그 내용을 고소인·고발인·피해자 또는 그 법정대리인(피해자가 사망한 경우에는 그 배우자·직계친족·형제자매를 포함한다)과 피의자에게 통지해야 한다. O X

해설

> 수사준칙 제53조(수사 결과의 통지) ① 검사 또는 사법경찰관은 제51조 또는 제52조에 따른 결정을 한 경우에는 그 내용을 고소인·고발인·피해자 또는 그 법정대리인(피해자가 사망한 경우에는 그 배우자·직계친족·형제자매를 포함한다. 이하 "고소인등"이라 한다)과 피의자에게 통지해야 한다. 다만, 다음 각 호의 어느 하나에 해당하는 경우에는 고소인등에게만 통지한다.
> 1. 제51조 제1항 제4호 가목에 따른 피의자중지 결정 또는 제52조 제1항 제3호에 따른 기소중지 결정을 한 경우
> 2. 제51조 제1항 제5호(이송) 또는 제52조 제1항 제7호(이송)에 따른 이송(법 제256조에 따른 송치(타관송치)는 제외한다) 결정을 한 경우로서 검사 또는 사법경찰관이 해당 피의자에 대해 출석요구 또는 제16조 제1항(수사개시) 각 호의 어느 하나에 해당하는 행위를 하지 않은 경우
> ② 고소인등은 법 제245조의6에 따른 통지를 받지 못한 경우 사법경찰관에게 불송치 통지서로 통지해 줄 것을 요구할 수 있다.

정답 O

006

검사는 사법경찰관으로부터 송치받은 사건에 대해 보완수사가 필요하다고 인정하는 경우에는 직접 보완수사를 하거나 송치사건의 공소제기 여부 결정 또는 공소의 유지에 관하여 필요한 경우 사법경찰관에게 보완수사를 요구할 수 있다. 다만, 송치사건의 공소제기 여부 결정에 필요한 경우로서 1. 사건을 수리한 날(이미 보완수사요구가 있었던 사건의 경우 보완수사 이행 결과를 통보받은 날을 말한다)부터 1개월이 경과한 경우 2. 사건이 송치된 이후 검사가 해당 피의자 및 피의사실에 대해 상당한 정도의 보완수사를 한 경우 3. 법 제197조의3 제5항(시정조치요구), 제197조의4 제1항(수사의 경합) 또는 제198조의2 제2항(검사의 체포·구속장소감찰)에 따라 사법경찰관으로부터 사건을 송치받은 경우 4. 제7조(중요사건 협력절차) 또는 제8조(검사와 사법경찰관의 협의)에 따라 검사와 사법경찰관이 사건 송치 전에 수사할 사항, 증거수집의 대상 및 법령의 적용 등에 대해 협의를 마치고 송치한 경우에는 특별히 사법경찰관에게 보완수사를 요구할 필요가 있다고 인정되는 경우를 제외하고는 검사가 직접 보완수사를 하는 것을 원칙으로 한다. O X

해설

> 수사준칙 제59조(보완수사요구의 대상과 범위) ① 검사는 사법경찰관으로부터 송치받은 사건에 대해 보완수사가 필요하다고 인정하는 경우에는 직접 보완수사를 하거나 법 제197조의2제1항제1호에 따라 사법경찰관에게 보완수사를 요구할 수 있다. 다만, 송치사건의 공소제기 여부 결정에 필요한 경우로서 다음 각 호의 어느 하나에 해당하는 경우에는 특별히 사법경찰관에게 보완수사를 요구할 필요가 있다고 인정되는 경우를 제외하고는 검사가 직접 보완수사를 하는 것을 원칙으로 한다.
> 1. 사건을 수리한 날(이미 보완수사요구가 있었던 사건의 경우 보완수사 이행 결과를 통보받은 날을 말한다)부터 1개월이 경과한 경우
> 2. 사건이 송치된 이후 검사가 해당 피의자 및 피의사실에 대해 상당한 정도의 보완수사를 한 경우
> 3. 법 제197조의3 제5항, 제197조의4 제1항 또는 제198조의2 제2항에 따라 사법경찰관으로부터 사건을 송치받은 경우
> 4. 제7조 또는 제8조에 따라 검사와 사법경찰관이 사건 송치 전에 수사할 사항, 증거수집의 대상 및 법령의 적용 등에 대해 협의를 마치고 송치한 경우
> ② 검사는 법 제197조의2제1항에 따른 보완수사요구 여부를 판단하는 경우 필요한 보완수사의 정도, 수사 진행 기간, 구체적 사건의 성격에 따른 수사 주체의 적합성 및 검사와 사법경찰관의 상호 존중과 협력의 취지 등을 종합적으로 고려한다.

정답 O

007

사법경찰관리의 수사과정에서 현저한 수사권 남용이 의심되는 사실에 대하여, 「형사소송법」 제197조의3의 절차에 따라 사법경찰관으로부터 사건기록 등본을 송부받은 검사는 필요하다고 인정되는 경우 사법경찰관에게 시정조치를 요구할 수 있고, 그 이행 결과를 통보받은 후 시정조치 요구가 정당한 이유 없이 이행되지 않았다고 인정되는 경우에는 사법경찰관에게 사건을 송치할 것을 요구할 수 있다. O X

해설

형사소송법 제197조의3(시정조치요구 등) ① 검사는 사법경찰관리의 수사과정에서 법령위반, 인권침해 또는 현저한 수사권 남용이 의심되는 사실의 신고가 있거나 그러한 사실을 인식하게 된 경우에는 사법경찰관에게 사건기록 등본의 송부를 요구할 수 있다.
② 제1항의 송부 요구를 받은 사법경찰관은 지체 없이 검사에게 사건기록 등본을 송부하여야 한다.
③ 제2항의 송부를 받은 검사는 필요하다고 인정되는 경우에는 사법경찰관에게 시정조치를 요구할 수 있다.
④ 사법경찰관은 제3항의 시정조치 요구가 있는 때에는 정당한 이유가 없으면 지체 없이 이를 이행하고, 그 결과를 검사에게 통보하여야 한다.
⑤ 제4항의 통보를 받은 검사는 제3항에 따른 시정조치 요구가 정당한 이유 없이 이행되지 않았다고 인정되는 경우에는 사법경찰관에게 사건을 송치할 것을 요구할 수 있다.
⑥ 제5항의 송치 요구를 받은 사법경찰관은 검사에게 사건을 송치하여야 한다.
⑦ 검찰총장 또는 각급 검찰청 검사장은 사법경찰관리의 수사과정에서 법령위반, 인권침해 또는 현저한 수사권 남용이 있었던 때에는 권한 있는 사람에게 해당 사법경찰관리의 징계를 요구할 수 있고, 그 징계 절차는 「공무원 징계령」 또는 「경찰공무원 징계령」에 따른다.
⑧ 사법경찰관은 피의자를 신문하기 전에 수사과정에서 법령위반, 인권침해 또는 현저한 수사권 남용이 있는 경우 검사에게 구제를 신청할 수 있음을 피의자에게 알려주어야 한다.

정답 O

008

사법경찰관이 범죄를 수사한 후 범죄의 혐의가 인정되지 않아 불송치 결정을 하는 경우, 사법경찰관은 그 이유를 명시한 서면과 함께 관계 서류와 증거물을 지체 없이 검사에게 송부해야 하며, 검사는 송부받은 날로부터 60일 이내에 사법경찰관에게 그 서류 등을 반환하여야 한다. O X

해설

형사소송법 제245조의5(사법경찰관의 사건송치 등) 사법경찰관은 고소·고발 사건을 포함하여 범죄를 수사한 때에는 다음 각 호의 구분에 따른다.
1. 범죄의 혐의가 있다고 인정되는 경우에는 지체 없이 검사에게 사건을 송치하고, 관계 서류와 증거물을 검사에게 송부하여야 한다.
2. 그 밖의 경우에는 그 이유를 명시한 서면과 함께 관계 서류와 증거물을 지체 없이 검사에게 송부하여야 한다. 이 경우 검사는 송부받은 날부터 90일 이내에 사법경찰관에게 반환하여야 한다.

정답 X

009 검사는 사법경찰관과 동일한 범죄사실을 수사하게 된 때에는 사법경찰관에게 사건을 송치할 것을 요구할 수 있고, 송치 요구를 받은 사법경찰관은 지체 없이 검사에게 사건을 송치하여야 하나, 검사가 영장을 청구하기 전에 동일한 범죄사실에 관하여 사법경찰관이 영장을 신청한 경우에는 해당 영장에 기재된 범죄사실을 계속 수사할 수 있다. O X

해설

> 형사소송법 제197조의4(수사의 경합) ① 검사는 사법경찰관과 동일한 범죄사실을 수사하게 된 때에는 사법경찰관에게 사건을 송치할 것을 요구할 수 있다.
> ② 제1항의 요구를 받은 사법경찰관은 지체 없이 검사에게 사건을 송치하여야 한다. 다만, 검사가 영장을 청구하기 전에 동일한 범죄사실에 관하여 사법경찰관이 영장을 신청한 경우에는 해당 영장에 기재된 범죄사실을 계속 수사할 수 있다.

정답 O

010 사법경찰관이 범죄를 수사하여 범죄의 혐의가 있다고 인정되는 경우에는 지체 없이 검사에게 사건을 송치하고 관계 서류와 증거물을 검사에게 송부하여야 하고, 그 밖의 경우에는 그 이유를 명시한 서면과 함께 관계 서류와 증거물을 지체 없이 검사에게 송부하여야 한다. 후자의 경우 검사는 관계 서류와 증거물을 사법경찰관에게 반환할 필요가 없다. O X

해설

> 형사소송법 제245조의5(사법경찰관의 사건송치 등) 사법경찰관은 고소·고발 사건을 포함하여 범죄를 수사한 때에는 다음 각 호의 구분에 따른다.
> 1. 범죄의 혐의가 있다고 인정되는 경우에는 지체 없이 검사에게 사건을 송치하고, 관계 서류와 증거물을 검사에게 송부하여야 한다.
> 2. 그 밖의 경우에는 그 이유를 명시한 서면과 함께 관계 서류와 증거물을 지체 없이 검사에게 송부하여야 한다. 이 경우 검사는 송부받은 날부터 90일 이내에 사법경찰관에게 반환하여야 한다.

정답 ×

011 사법경찰관이 사건을 송치하지 아니한 것이 위법 또는 부당한 때에는 그 이유를 문서로 명시하여 사법경찰관에게 재수사를 요청할 수 있고, 검사가 재수사를 요청한 경우 사법경찰관은 사건을 재수사하여야 한다. O X

해설

> 형사소송법 제245조의8(재수사요청 등) ① 검사는 제245조의5 제2호 9(사법경찰관의 사건송치 등)의 경우에 사법경찰관이 사건을 송치하지 아니한 것이 위법 또는 부당한 때에는 그 이유를 문서로 명시하여 사법경찰관에게 재수사를 요청할 수 있다.
> ② 사법경찰관은 제1항의 요청이 있는 때에는 사건을 재수사하여야 한다.

정답 O

012

검사는 사법경찰관리의 수사과정에서 법령위반, 인권침해 또는 현저한 수사권 남용이 의심되는 사실의 신고가 있거나 그러한 사실을 인식하게 된 경우에는 즉시 사법경찰관에게 사건의 송치를 요구할 수 있고, 검사의 송치요구를 받은 사법경찰관은 검사에게 사건을 송치하여야 한다. O│X

해설

> **형사소송법 제197조의3(시정조치요구 등)** ① 검사는 사법경찰관리의 수사과정에서 법령위반, 인권침해 또는 현저한 수사권 남용이 의심되는 사실의 신고가 있거나 그러한 사실을 인식하게 된 경우에는 사법경찰관에게 사건기록 등본의 송부를 요구할 수 있다.
> ② 제1항의 송부 요구를 받은 사법경찰관은 지체 없이 검사에게 사건기록 등본을 송부하여야 한다.
> ③ 제2항의 송부를 받은 검사는 필요하다고 인정되는 경우에는 사법경찰관에게 시정조치를 요구할 수 있다.
> ④ 사법경찰관은 제3항의 시정조치 요구가 있는 때에는 정당한 이유가 없으면 지체 없이 이를 이행하고, 그 결과를 검사에게 통보하여야 한다.
> ⑤ 제4항의 통보를 받은 검사는 제3항에 따른 시정조치 요구가 정당한 이유 없이 이행되지 않았다고 인정되는 경우에는 사법경찰관에게 사건을 송치할 것을 요구할 수 있다.
> ⑥ 제5항의 송치 요구를 받은 사법경찰관은 검사에게 사건을 송치하여야 한다.

정답 ×

013

「형사소송법」은 범죄의 혐의가 있다고 사료하는 때에는 수사를 개시하여 사실을 밝혀야 할 수사기관의 직무상 의무를 규정하고 있다. O│X

해설

> **형사소송법 제196조(검사의 수사)** ① 검사는 범죄의 혐의가 있다고 사료하는 때에는 범인, 범죄사실과 증거를 수사한다.
> ② 검사는 제197조의3 제6항(시정조치요구 등), 제198조의2 제2항 (검사의 체포·구속장소감찰) 및 제245조의7 제2항(고소인 등의 이의신청)에 따라 사법경찰관으로부터 송치받은 사건에 관하여는 해당 사건과 동일성을 해치지 아니하는 범위 내에서 수사할 수 있다.
> **형사소송법 제197조(사법경찰관리)** ① 경무관, 총경, 경정, 경감, 경위는 사법경찰관으로서 범죄의 혐의가 있다고 사료하는 때에는 범인, 범죄사실과 증거를 수사한다.
> ② 경사, 경장, 순경은 사법경찰리로서 수사의 보조를 하여야 한다.

정답 O

014

수사절차는 공판절차와 같이 획일적인 절차에 따라 진행되므로, 수사기관의 수사활동은 탄력성, 기동성, 임기응변성, 광역성 등 합목적적인 활동이 필요하다. O│X

해설 공판절차에서는 이미 공소제기를 통하여 피고인과 피고사건이 한정되고 그 절차도 법률에 따라 정형적으로 진행된다. 이에 대하여 수사절차는 대상이나 사건이 다양하고 유동적이므로 공판절차와는 달리 획일적인 절차에 따라 진행할 수 없고 수사활동의 탄력성, 기동성, 임기응변성, 광역성 등이 요청되는 등 합목적적인 활동이 필요하다. 따라서 수사절차가 공판절차와 같이 획일적인 절차에 따라 진행된다고 할 수 없다.

정답 ×

015 수사절차는 수사기관의 주관적 혐의가 객관화·구체화 되어 나가는 과정이라고 할 수 있다. ○ ×

해설 수사절차는 수사기관의 주관적 혐의가 증거수집활동에 의하여 객관화·구체화되어 나가는 과정이라고 할 수 있다. (통설)

정답 ○

016 검사는 '송치사건의 공소제기 여부 결정 또는 공소의 유지에 관하여 필요한 경우' 또는 '사법경찰관이 신청한 영장의 청구 여부 결정에 관하여 필요한 경우'에 사법경찰관에게 보완수사를 요구할 수 있다. ○ ×

해설

> 형사소송법 제197조의2(보완수사요구) ① 검사는 다음 각 호의 어느 하나에 해당하는 경우에 사법경찰관에게 보완수사를 요구할 수 있다.
> 1. 송치사건의 공소제기 여부 결정 또는 공소의 유지에 관하여 필요한 경우
> 2. 사법경찰관이 신청한 영장의 청구 여부 결정에 관하여 필요한 경우

정답 ○

017 사법경찰관은 형사소송법 제197조의2 제1항에 따른 검사의 보완수사의 요구가 있는 때에는 정당한 이유가 없는 한 지체 없이 이를 이행하고, 그 결과를 검사에게 통보하여야 한다. ○ ×

해설

> 형사소송법 제197조의2(보완수사요구) ② 사법경찰관은 제1항의 요구가 있는 때에는 정당한 이유가 없는 한 지체 없이 이를 이행하고, 그 결과를 검사에게 통보하여야 한다.

정답 ○

018 형사소송법 제197조의2 제2항에 따른 '정당한 이유의 유무'에 대하여 이견이 있어 협의를 요청받은 검사는 이에 응하지 않을 수 있으며, 이 경우에는 해당 검사가 소속된 검찰청의 장과 해당 사법경찰관이 소속된 경찰관서의 장의 협의에 따른다. ○ ×

해설

> 수사준칙 제8조(검사와 사법경찰관의 협의) ① 검사와 사법경찰관은 수사와 사건의 송치, 송부 등에 관한 이견의 조정이나 협력 등이 필요한 경우 서로 협의를 요청할 수 있다. 이 경우 특별한 사정이 없으면 상대방의 협의 요청에 응해야 한다.
> ② 제1항에 따른 협의에도 불구하고 이견이 해소되지 않는 경우로서 다음 각 호의 어느 하나에 해당하는 경우에는 해당 검사가 소속된 검찰청의 장과 해당 사법경찰관이 소속된 경찰관서(지방해양경찰관서를 포함한다. 이하 같다)의 장의 협의에 따른다.
> 1. 중요사건에 관하여 상호 의견을 제시·교환하는 것에 대해 이견이 있거나 제시·교환한 의견의 내용에 대해 이견이 있는 경우
> 2. 「형사소송법」 제197조의2 제2항 및 제3항(보완수사요구)에 따른 정당한 이유의 유무에 대해 이견이 있는 경우
> 3. 법 제197조의4 제2항 단서(수사의 경합)에 따라 사법경찰관이 계속 수사할 수 있는지 여부나 사법경찰관이 계속 수사할 수 있는 경우 수사를 계속할 주체 또는 사건의 이송 여부 등에 대해 이견이 있는 경우
> 4. 법 제245조의8 제2항(재수사요청 등)에 따른 재수사의 결과에 대해 이견이 있는 경우

정답 ×

019 검사 또는 사법경찰관은 조사, 신문, 면담 등 그 명칭을 불문하고 피의자나 사건관계인을 조사하는 경우에는 원칙적으로 대기시간, 휴식시간, 식사시간 등 모든 시간을 합산한 조사시간이 12시간을 초과하지 않도록 해야 한다. ○ ×

해설

> 수사준칙 제22조(장시간 조사 제한) ① 검사 또는 사법경찰관은 조사, 신문, 면담 등 그 명칭을 불문하고 피의자나 사건관계인을 조사하는 경우에는 대기시간, 휴식시간, 식사시간 등 모든 시간을 합산한 조사시간(이하 "총조사시간"이라 한다)이 12시간을 초과하지 않도록 해야 한다. 다만, 다음 각 호의 어느 하나에 해당하는 경우에는 예외로 한다.
> 1. 피의자나 사건관계인의 서면 요청에 따라 조서를 열람하는 경우
> 2. 제21조 제2항 각 호의 어느 하나에 해당하는 경우

정답 ○

020 검사 또는 사법경찰관은 피의자나 사건관계인에 대해 원칙적으로 오후 9시부터 오전 6시까지 사이에 심야조사를 해서는 안 되지만, 이미 작성된 조서의 열람을 위한 절차는 예외적으로 오후 9시부터 오전 6시까지 사이에 진행할 수 있다. ○ ×

해설

> 수사준칙 제21조(심야조사 제한) ① 검사 또는 사법경찰관은 조사, 신문, 면담 등 그 명칭을 불문하고 피의자나 사건관계인에 대해 오후 9시부터 오전 6시까지 사이에 조사(이하 "심야조사"라 한다)를 해서는 안 된다. 다만, 이미 작성된 조서의 열람을 위한 절차는 자정 이전까지 진행할 수 있다.

정답 ×

021 검사 또는 사법경찰관은 사건의 성질 등을 고려할 때 심야조사가 불가피하다고 판단되는 경우 등 법무부장관, 경찰청장 또는 해양경찰청장이 정하는 경우로서 검사 또는 사법경찰관의 소속기관의 장이 지정하는 인권보호 책임자의 허가 등을 받은 때에는 오후 9시부터 오전 6시까지 사이에 심야조사를 할 수 있다. ○ ×

해설

> 수사준칙 제21조(심야조사 제한) ② 제1항에도 불구하고 다음 각 호의 어느 하나에 해당하는 경우에는 심야조사를 할 수 있다. 이 경우 심야조사의 사유를 조서에 명확하게 적어야 한다.
> 1. 피의자를 체포한 후 48시간 이내에 구속영장의 청구 또는 신청 여부를 판단하기 위해 불가피한 경우
> 2. 공소시효가 임박한 경우
> 3. 피의자나 사건관계인이 출국, 입원, 원거리 거주, 직업상 사유 등 재출석이 곤란한 구체적인 사유를 들어 심야조사를 요청한 경우(변호인이 심야조사에 동의하지 않는다는 의사를 명시한 경우는 제외한다)로서 해당 요청에 상당한 이유가 있다고 인정되는 경우
> 4. 그 밖에 사건의 성질 등을 고려할 때 심야조사가 불가피하다고 판단되는 경우 등 법무부 장관, 경찰청장 또는 해양경찰청장이 정하는 경우로서 검사 또는 사법경찰관의 소속기관의 장이 지정하는 인권보호 책임자의 허가 등을 받은 경우

정답 ○

022 검사는 특별사법경찰관에 대하여 범죄 수사에 관한 지휘·감독권이 있고, 사법경찰관의 직무를 행하는 검찰청 직원에 대해서도 수사지휘권이 인정된다. ○ ✕

> **해설**
>
> 특별사법경찰관리에 대한 검사의 수사지휘 및 특별사법경찰관리의 수사준칙에 관한 규칙 제2조(특별사법경찰관리의 직무) ① 「사법경찰관리의 직무를 행할 자와 그 직무범위에 관한 법률」(이하 "사법경찰직무법"이라 한다)에 따라 사법경찰관의 직무를 행하는 자(이하 "특별사법경찰관"이라 한다)는 사법경찰직무법에 따른 직무의 범위에서 범인과 범죄사실을 수사하고 그에 관한 증거를 수집하는 것을 그 직무로 한다.
> ② 법에 따라 사법경찰리의 직무를 행하는 자(이하 "특별사법경찰리"라 한다)는 특별사법경찰관의 수사를 보조하는 것을 그 직무로 한다.
> ③ 특별사법경찰관 및 특별사법경찰리(이하 "특별사법경찰관리"라 한다)는 범죄를 수사하거나 그 수사를 보조하는 경우에는 검사의 지휘를 받아야 한다.

정답 ○

023 고위공직자범죄수사처(이하 '수사처'라 한다) 검사는 수사처장의 지휘·감독에 따르며, 수사처 검사는 수사처 수사관을 지휘·감독한다. ○ ✕

> **해설**
>
> 고위공직자범죄수사처 설치 및 운영에 관한 법률 제20조(수사처검사의 직무와 권한) ②항 수사처검사는 처장의 지휘·감독에 따르며, 수사처수사관을 지휘·감독한다.
> 고위공직자범죄수사처 설치 및 운영에 관한 법률 제21조(수사처수사관의 직무) ① 수사처수사관은 수사처검사의 지휘·감독을 받아 직무를 수행한다.

정답 ○

024 검사와 사법경찰관은 수사를 할 때 물적 및 인적 증거를 기본으로 하여 객관적이고 신빙성 있는 증거를 발견하고 수집하기 위해 노력하여 실체적 진실을 발견하여야 한다. ○ ✕

> **해설**
>
> 수사준칙 제3조(수사의 기본원칙) ① 검사와 사법경찰관은 모든 수사과정에서 헌법과 법률에 따라 보장되는 피의자와 그 밖의 피해자·참고인 등(이하 "사건관계인"이라 한다)의 권리를 보호하고, 적법한 절차에 따라야 한다.
> ② 검사와 사법경찰관은 예단(豫斷)이나 편견 없이 신속하게 수사해야 하고, 주어진 권한을 자의적으로 행사하거나 남용해서는 안 된다.
> ③ 검사와 사법경찰관은 수사를 할 때 다음 각 호의 사항에 유의하여 실체적 진실을 발견해야 한다.
>   1. 물적 증거를 기본으로 하여 객관적이고 신빙성 있는 증거를 발견하고 수집하기 위해 노력할 것
>   2. 과학수사 기법과 관련 지식·기술 및 자료를 충분히 활용하여 합리적으로 수사할 것
>   3. 수사과정에서 선입견을 갖지 말고, 근거 없는 추측을 배제하며, 사건관계인의 진술을 과신하지 않도록 주의할 것

정답 ✕

02 수사의 조건

025 수사기관이 이미 범행을 저지른 범인을 검거하기 위해 정보원을 이용하여 범인을 검거장소로 유인한 경우는 위법한 함정수사에 해당한다. ○ ×

해설 함정수사라 함은 본래 범의를 가지지 아니한 자에 대하여 수사기관이 사술이나 계략 등을 써서 범죄를 유발하게 하여 범죄인을 검거하는 수사방법을 말하는 것이므로, 범의를 가진 자에 대하여 범행의 기회를 주거나 단순히 사술이나 계략 등을 써서 범죄인을 검거하는 데 불과한 경우에는 이를 함정수사라고 할 수 없는바, 기록에 의하면, 이 사건에 있어서 피고인이 수사기관의 사술이나 계략 등에 의하여 범행을 유발한 것이 아니라, 이미 범행을 저지른 피고인을 검거하기 위하여 수사기관이 정보원을 이용하여 피고인을 검거장소로 유인한 것에 불과하므로, 피고인의 이 사건 범행이 함정수사에 의한 것으로 볼 수도 없다. (대법원 2007도4532) 정답 ×

026 검사의 기소편의주의에 의한 재량권 행사에 따라 공소를 제기하였다고 하여 공소권을 남용한 경우에 해당한다고 할 수 없다. ○ ×

해설 대법원 90도1613 정답 ○

027 공소제기 전 불법구금의 위법사유가 있다고 하더라도 그 위법한 절차에 의하여 수집된 증거를 배제할 이유는 될지언정 공소제기의 절차 자체가 위법하여 무효인 경우에 해당한다고 볼 수 없다. ○ ×

해설 대법원 96도561 정답 ○

028 위법한 함정수사에 기하여 공소가 제기된 경우 법원은 그 범죄의 증명이 없다고 보아 무죄판결을 선고하여야 한다. ○ ×

해설 본래 범의를 가지지 아니한 자에 대하여 수사기관이 사술이나 계략 등을 써서 범의를 유발케 하여 범죄인을 검거하는 함정수사는 위법함을 면할 수 없고, 이러한 함정수사에 기한 공소제기는 그 절차가 법률의 규정에 위반하여 무효인 때에 해당한다고 볼 것이다. (대법원 2008도7362) 정답 ×

029 수사기관과 직접적인 관련을 맺지 않은 유인자가 수차례 반복적으로 범행을 부탁하였을 뿐 수사기관이 시술이나 계략을 사용한 것으로 볼 수 없는 경우라도, 그로 인하여 피유인자의 범의가 유발되었다는 점이 입증되면 위법한 함정수사에 해당한다. ○ ×

해설 유인자가 수사기관과 직접적인 관련을 맺지 아니한 상태에서 피유인자를 상대로 단순히 수차례 반복적으로 범행을 부탁하였을 뿐 수사기관이 사술이나 계략 등을 사용하였다고 볼 수 없는 경우는, 설령 그로 인하여 피유인자의 범의가 유발되었다 하더라도 위법한 함정수사에 해당하지 아니한다. (대법원 2013도1473) 정답 ×

030 수사기관은 범죄혐의가 있다고 사료하는 때에 수사를 개시하여야 하며 여기서의 범죄혐의는 수사기관의 주관적 혐의일 뿐만 아니라 구체적 범죄혐의이다. ○ ×

해설 대법원 2004다14932 정답 ○

031

필요성과 상당성이라는 수사의 조건은 임의수사에는 적용되지 않고 강제수사에만 적용된다. ○ ×

해설 수사의 필요성과 상당성은 수사절차의 개시와 실행에 필요한 전제조건에 해당한다. 이러한 수사의 조건은 임의수사와 강제수사에 모두 적용된다. 수사를 개시하고 실행하기 위해서는 그 방법이 임의적이든 강제적이든 일정한 전제조건이 요구되는 바, 수사의 필요성과 수사의 상당성이 수사의 일반적 조건이기 때문이다.

정답 ×

032

친고죄나 세무공무원 등의 고발이 있어야 논할 수 있는 죄에 있어서 고소 또는 고발은 이른바 소추조건에 불과하고 당해 범죄의 성립요건이나 수사의 조건은 아니므로 위와 같은 범죄에 관하여 고소나 고발이 있기 전에 수사를 하였다고 하더라도 그 수사가 장차 고소나 고발이 있을 가능성이 없는 상태하에서 행해졌다는 등의 특단의 사정이 없는 한 고소나 고발이 있기 전에 수사를 하였다는 이유만으로 그 수사가 위법하다고 볼 수는 없다. ○ ×

해설 대법원 94도252

정답 ○

033

위법한 함정수사에 해당하는지 여부는 해당 범죄의 종류와 성질, 유인자의 지위와 역할, 유인의 경위와 방법, 유인에 따른 피유인자의 반응, 피유인자의 처벌 전력 및 유인행위 자체의 위법성 등을 종합하여 판단하여야 한다. ○ ×

해설 대법원 2013도1473

정답 ○

034

검사가 사법경찰관리에게 사건에 대한 구체적 지휘를 할 때에는 그 지휘 내용이 명확한 경우뿐만 아니라 보완하는 경우에도 「형사사법절차 전자화 촉진법」에 따른 형사사법정보시스템을 이용하여 지휘하여야 한다. ○ ×

해설 검사는 사법경찰관리에게 사건에 대한 구체적 지휘를 할 때에는 서면 또는 「형사사법절차 전자화 촉진법」에 따른 형사사법정보시스템을 이용하여 지휘하여야 한다. 다만, 천재지변, 긴급한 상황, 이미 수사지휘한 내용을 보완하거나 지휘 내용이 명확한 경우, 수사 현장에서 지휘하는 경우 등 서면 또는 형사사법정보시스템에 의한 지휘가 불가능하거나 필요 없다고 인정되는 경우 등에는 구두나 전화 등 간편한 방식으로 지휘할 수 있다(수사준칙 제5조 제1항) = 출제 당시 「검사의 사법경찰관리에 대한 수사지휘 및 사법경찰관리의 수사준칙에 관한 규정」에 따르면 지휘 내용이 명확한 경우나 보완하는 경우 구두나 전화 등으로 지휘할 수 있으므로 틀린 표현이다. 2021년 1월 1일부터 시행된 검사와 사법경찰관의 상호협력과 일반적 수사준칙에 관한 규정」(이하 수사준칙)에 따르면 일반사법경찰관리에 대한 검사의 수사지휘 자체가 인정되지 않으므로 틀린 표현이다.

정답 ×

035

사법경찰관리는 수사과정에서 수사와 관련하여 작성하거나 취득한 서류 또는 물건에 대한 목록을 빠짐없이 작성하여야 한다. ○ ×

해설

> **형사소송법 제198조(준수사항)** ③ 검사·사법경찰관리와 그 밖에 직무상 수사에 관계있는 자는 수사과정에서 수사와 관련하여 작성하거나 취득한 서류 또는 물건에 대한 목록을 빠짐없이 작성하여야 한다.

정답 ○

036 구속영장 발부에 의하여 적법하게 구금된 피의자가 피의자신문을 위한 출석요구에 응하지 아니하면서 수사기관 조사실에 출석을 거부한다면 수사기관은 그 구속영장의 효력에 의하여 피의자를 조사실로 구인할 수 있다고 보아야 한다. 다만 이러한 경우에도 그 피의자신문 절차는 「형사소송법」 제199조 제1항 본문, 제200조의 규정에 따른 임의수사의 한 방법으로 진행되어야 하므로, 피의자는 일체의 진술을 거부할 수 있다. ○ ×

해설 수사기관이 관할 지방법원 판사가 발부한 구속영장에 의하여 피의자를 구속하는 경우, 그 구속영장은 기본적으로 장차 공판정에의 출석이나 형의 집행을 담보하기 위한 것이지만, 이와 함께 구속기간의 범위 내에서 수사기관이 피의자신문의 방식으로 구속된 피의자를 조사하는 등 적정한 방법으로 범죄를 수사하는 것도 예정하고 있다고 할 것이다. 따라서 구속영장 발부에 의하여 적법하게 구금된 피의자가 피의자신문을 위한 출석요구에 응하지 아니하면서 수사기관 조사실에 출석을 거부한다면 수사기관은 그 구속영장의 효력에 의하여 피의자를 조사실로 구인할 수 있다고 보아야 한다. 다만 이러한 경우에도 그 피의자신문절차는 어디까지나 임의수사의 한 방법으로 진행되어야 하므로, 피의자는 일체의 진술을 하지 아니하거나 개개의 질문에 대하여 진술을 거부할 수 있고, 수사기관은 피의자를 신문하기 전에 그와 같은 권리를 알려주어야 한다. (대법원 2013모160) = 구속된 피의자가 피의자신문을 위한 출석을 거부하는 경우 피의자를 조사실로 구인할 수 있는지가 문제되는데 학설은 소극설(조사수인의무 부정설, 통설)과 적극설(조사수인의무 인정설)로 대립되며 판례는 적극설의 입장이다. 따라서 판례에 의하면 검사는 구속영장의 효력에 의하여 피의자를 구인할 수 있다는 취지이다.

정답 ○

037 교도관이 재소자가 맡긴 비망록을 수사기관에 임의로 제출하였다면, 그 비망록의 증거사용에 대하여는 재소자의 사생활의 비밀 기타 인격적 법익이 침해되는 등의 특별한 사정이 없다 하더라도 그 재소자의 동의를 받아야 한다. ○ ×

해설 형사소송법 및 기타 법령상 교도관이 그 직무상 위탁을 받아 소지 또는 보관하는 물건으로서 재소자가 작성한 비망록을 수사기관이 수사 목적으로 압수하는 절차에 관하여 특별한 절차적 제한을 두고 있지 않으므로, 교도관이 재소자가 맡긴 비망록을 수사기관에 임의로 제출하였다면 그 비망록의 증거사용에 대하여도 재소자의 사생활의 비밀 기타 인격적 법익이 침해되는 등의 특별한 사정이 없는 한 반드시 그 재소자의 동의를 받아야 하는 것은 아니다. 따라서 검사가 교도관으로부터 그가 보관하고 있던 피고인의 비망록을 뇌물수수 등의 증거자료로 임의로 제출받아 이를 압수한 경우, 그 압수절차가 피고인의 승낙 및 영장 없이 행하여졌다고 하더라도 이에 적법절차를 위반한 위법이 있다고 할 수 없다. (대법원 2008도1097)

정답 ×

038 일반사법경찰관이 출입국관리사무소장의 고발을 요하는 출입국사범에 대하여 출입국관리사무소장의 고발이 있기 전에 한 수사는 특단의 사정이 없는 한 그 사유만으로 수사가 위법하다고 할 수 없다. ○ ×

해설 구 출입국관리법(2010.5.14. 법률 제10282호로 개정되기 전의 것) 제101조는 제1항에서 출입국관리사무소장 등의 전속적 고발권을 규정함과 아울러, 제2항에서 일반사법경찰관리가 출입국사범을 입건한 때에는 지체없이 사무소장 등에게 인계하도록 규정하고 있고, 이는 그 규정의 취지에 비추어 제1항에서 정한 사무소장 등의 전속적 고발권 행사의 편의 등을 위한 것이라고 봄이 상당하므로 일반사법경찰관리와의 관계에서 존중되어야 할 것이지만, 이를 출입국관리공무원의 수사 전담권에 관한 규정이라고까지 볼 수는 없는 이상 이를 위반한 일반사법경찰관리의 수사가 소급하여 위법하게 되는 것은 아니다. (대법원 2008도7724)

정답 ○

039

노상에 정신을 잃고 쓰러져 있는 취객을 발견한 경찰관이 보건의료기관 또는 공공구호기관에 긴급구호를 요청하는 등 보호조치를 하지 않고, 취객의 그러한 상태를 이용하여 근처에서 감시하고 있다가 이른바 부축빼기 절도범을 체포한 경우는 경찰의 직분을 도외시한 범죄수사의 한계를 넘어선 위법한 함정수사에 해당한다. ○ ×

해설 노상에 정신을 잃고 쓰러져 있는 피해자를 발견한 위 경찰관들로서는 경찰관직무집행법 제4조에 규정된 바에 따라 보건의료기관 또는 공공구호기관에 긴급구호를 요청하거나 경찰관서에 보호하는 등의 적당한 보호조치를 하였어야 마땅할 것인데도, 오히려 그러한 피해자의 상태를 이용하여 범죄수사에 나아간 것이고, 이는 지극히 부적절한 직무집행이라 할 것이다. 그러나 위와 같은 사유들은 어디까지나 피해자에 대한 관계에서 문제될 뿐으로서, 위 경찰관들의 행위는 단지 피해자 근처에 숨어서 지켜보고 있었던 것에 불과하고, 피고인은 피해자를 발견하고 스스로 범의를 일으켜 이 사건 범행에 나아간 것이어서, 앞서 본 법리에 의할 때 잘못된 수사방법에 관여한 경찰관에 대한 책임은 별론으로 하고, 스스로 범행을 결심하고 실행행위에 나아간 피고인에 대한 이 사건 기소 자체가 위법하다고 볼 것은 아니라 할 것이다. (대법원 2007도1903) 정답 ×

040

임의동행은 「경찰관 직무집행법」 제3조 제2항에 따른 행정경찰 목적의 경찰활동으로 행하여지는 것 외에도 형사소송법 제199조 제1항에 따라 범죄 수사를 위하여 오로지 피의자의 자발적인 의사에 의하여 이루어진 경우에도 가능하다. ○ ×

해설 대법원 2020도398 정답 ○

041

범죄의 인지는 실질적인 개념이므로 인지절차를 거치기 전에 범죄의 혐의가 있다고 보아 수사를 개시하는 행위를 한 때에 범죄를 인지한 것으로 보아야 하며, 그 뒤 범죄인지서를 작성하여 사건수리 절차를 밟은 때에 비로소 범죄를 인지하였다고 볼 것은 아니다. ○ ×

해설 대법원 2000도2968 정답 ○

042

검사가 조사실에서 피의자를 신문할 때 도주, 자해 등의 위험이 없다면 교도관에게 피의자의 수갑 해제를 요청할 의무가 있고, 교도관은 이에 응하여야 한다. ○ ×

해설 대법원 2015모2357 정답 ○

043

수사기관과 직접 관련이 있는 유인자가 피유인자와의 개인적인 친밀관계를 이용하여 피유인자의 동정심이나 감정에 호소하거나, 금전적 심리적 압박이나 위협 등을 가하거나, 거절하기 힘든 유혹을 하거나, 또는 범행방법을 구체적으로 제시하고 범행에 사용될 금전까지 제공하는 등으로 과도하게 개입함으로써 피유인자로 하여금 범의를 일으키게 하는 것은, 위법한 함정수사에 해당하여 허용되지 않는다. ○ ×

해설 대법원 2019도15987 정답 ○

044 본래 범의를 가지지 아니한 자에 대하여 수사기관이 사술이나 계략 등을 써서 범의를 유발케 하여 범죄인을 검거하는 함정수사는 위법함을 면할 수 없고, 이러한 함정수사에 기한 공소 제기는 그 절차가 법률의 규정에 위반하여 무효인 때에 해당한다. ○ ×

해설 대법원 2005도1247

정답 ○

045 범의를 가진 자에 대하여 단순히 범행의 기회를 제공하거나 범행을 용이하게 하는 것에 불과한 수사방법도 경우에 따라 허용될 수 있다. ○ ×

해설 대법원 2005도1247

정답 ○

046 아동·청소년의 성보호에 관한 법률에 의하면 사법경찰관리는 아동 청소년을 대상으로 하는 디지털 성범죄에 대해 신분비공개수사는 가능하지만, 신분위장수사는 위법한 함정수사로서 허용되지 않는다. ○ ×

해설

> 아동·청소년의 성보호에 관한 법률 제25조의2(아동·청소년대상 디지털 성범죄의 수사 특례) ① 사법경찰관리는 다음 각 호의 어느 하나에 해당하는 범죄(이하 "디지털 성범죄"라 한다)에 대하여 신분을 비공개하고 범죄현장(정보통신망을 포함한다) 또는 범인으로 추정되는 자들에게 접근하여 범죄행위의 증거 및 자료 등을 수집(이하 "신분비공개수사"라 한다)할 수 있다.
> 1. 제11조 및 제15조의2의 죄
> 2. 아동·청소년에 대한 「성폭력범죄의 처벌 등에 관한 특례법」 제14조 제2항 및 제3항의 죄
> ② 사법경찰관리는 디지털 성범죄를 계획 또는 실행하고 있거나 실행하였다고 의심할 만한 충분한 이유가 있고, 다른 방법으로는 그 범죄의 실행을 저지하거나 범인의 체포 또는 증거의 수집이 어려운 경우에 한정하여 수사 목적을 달성하기 위하여 부득이한 때에는 다음 각 호의 행위(이하 "신분위장수사"라 한다)를 할 수 있다.
> 1. 신분을 위장하기 위한 문서, 도화 및 전자기록 등의 작성, 변경 또는 행사
> 2. 위장 신분을 사용한 계약·거래
> 3. 아동·청소년성착취물 또는 「성폭력범죄의 처벌 등에 관한 특례법」 제14조 제2항의 촬영물 또는 복제물(복제물의 복제물을 포함한다)의 소지, 판매 또는 광고

정답 ×

047 물품반출 업무담당자 A가 물품을 밀반출하는 甲의 행위를 소속회사에 사전에 알리고 그 정확한 증거를 확보하기 위하여 甲의 밀반출행위를 묵인한 경우 이는 함정수사에 해당하지 아니한다. ○ ×

해설 대법원 87도915

정답 ○

048 A가 수사기관에 체포된 동거남의 석방을 위한 공적을 쌓기 위하여 B에게 필로폰 밀수입에 관한 정보제공을 부탁하면서 대가의 지급을 약속하고, 이에 B가 C에게, C가 甲에게 순차적으로 필로폰 밀수입을 권유하여, 이를 승낙하고 필로폰을 받으러 나온 甲이 체포된 경우 B와 C가 각자의 사적인 동기에 기하여 수사기관과 직접적인 관련이 없이 독자적으로 甲을 유인한 것으로서 위법한 함정수사에 해당하지 아니한다. ○ ×

해설 대법원 2007도7680

정답 ○

049 함정수사가 위법하다고 평가받는 경우 공소기각설은 수사기관이 제공한 범죄의 동기나 기회를 일반인이 뿌리칠 수 없었다는 범죄인 개인의 특수한 상황으로 인하여 가벌적 위법성이 결여된다는 점을 논거로 하여 공소기각의 판결을 선고하여야 한다고 본다. ○ ×

해설 위법한 함정수사에 기하여 공소가 제기된 경우에 피고인을 처벌할 수 있는지가 문제 된다. 공소기각설과 무죄판결설(함정수사를 가장 엄격하게 금지하려는 입장이다 국가기관이 범죄를 유발하였기 때문에 일반시민이 뿌리치기 곤란하다는 점을 들어 피교사자의 행위를 무죄로 해야 한다는 견해), 유죄판결설(함정에 걸렸다는 사실만으로 위법성이나 책임이 조각될 수 없고 범의를 유발당한 자가 자유의사로 범행을 실행한 이상 처벌하자는 견해)이 대립된다. 이에 대해서 판례와 다수설은 위법한 함정수사에 기한 공소제기는 그 절차가 법률의 규정에 위반하여 무효인 때(제327조 제2호)에 해당하므로 공소기각판결을 선고해야 한다는 입장이다.

정답 ×

CHAPTER 02 수사의 개시

01 불심검문

001 경찰관은 어떠한 죄를 범하였거나 범하려 하고 있다고 의심할 만한 상당한 이유가 있는 자를 정지시켜 질문할 수 있고, 질문하기 위하여 가까운 경찰서에 동행할 것을 요구할 수 있다. O X

해설

> 경찰관 직무집행법 제3조(불심검문) ① 경찰관은 다음 각 호의 어느 하나에 해당하는 사람을 정지시켜 질문할 수 있다.
> 1. 수상한 행동이나 그 밖의 주위 사정을 합리적으로 판단하여 볼 때 어떠한 죄를 범하였거나 범하려 하고 있다고 의심할 만한 상당한 이유가 있는 사람
> 2. 이미 행하여진 범죄나 행하여지려고 하는 범죄행위에 관한 사실을 안다고 인정되는 사람
> ② 경찰관은 제1항에 따라 같은 항 각 호의 사람을 정지시킨 장소에서 질문을 하는 것이 그 사람에게 불리하거나 교통에 방해가 된다고 인정될 때에는 질문을 하기 위하여 가까운 경찰서·지구대·파출소 또는 출장소(지방해양경찰관서를 포함하며, 이하 "경찰관서"라 한다)로 동행할 것을 요구할 수 있다. 이 경우 동행을 요구받은 사람은 그 요구를 거절할 수 있다.

정답 O

002 경찰관이 불심검문시 질문을 하거나 동행을 요구할 경우 자신의 신분을 표시하는 증표를 제시하면서 소속과 성명을 밝히고 질문이나 동행의 목적과 이유를 설명하여야 하며, 동행을 요구하는 경우에는 동행 장소를 밝혀야 한다. O X

해설

> 경찰관 직무집행법 제3조(불심검문) ④ 경찰관은 제1항이나 제2항에 따라 질문을 하거나 동행을 요구할 경우 자신의 신분을 표시하는 증표를 제시하면서 소속과 성명을 밝히고 질문이나 동행의 목적과 이유를 설명하여야 하며, 동행을 요구하는 경우에는 동행 장소를 밝혀야 한다.

정답 O

003 경찰관은 동행한 사람의 가족이나 친지 등에게 동행한 경찰관의 신분, 동행 장소, 동행 목적과 이유를 알리거나 본인으로 하여금 즉시 연락할 수 있는 기회를 주어야 하며, 변호인의 도움을 받을 권리가 있음을 알려야 한다. O X

해설

> 경찰관 직무집행법 제3조(불심검문) ⑤ 경찰관은 제2항에 따라 동행한 사람의 가족이나 친지 등에게 동행한 경찰관의 신분, 동행 장소, 동행 목적과 이유를 알리거나 본인으로 하여금 즉시 연락할 수 있는 기회를 주어야 하며, 변호인의 도움을 받을 권리가 있음을 알려야 한다.

정답 O

004

행정경찰 목적의 경찰활동으로 행하여지는 「경찰관 직무집행법」 제3조 제2항 소정의 질문을 위한 동행요구도 「형사소송법」의 규율을 받는 수사로 이어지는 경우에는 수사관이 동행에 앞서 피의자에게 동행을 거부할 수 있음을 알려 주었거나 동행한 피의자가 언제든지 자유로이 동행과정에서 이탈 또는 동행 장소로부터 퇴거할 수 있었음이 인정되는 등 오로지 피의자의 자발적인 의사에 의하여 수사관서 등에의 동행이 이루어졌음이 객관적인 사정에 의하여 명백하게 입증된 경우에 한하여 적법하다. ○ ×

해설 대법원 2005도6810

정답 ○

005

경찰관이 불심검문 대상자에의 해당 여부를 판단할 때에는 불심검문 당시의 구체적 상황은 물론 사전에 얻은 정보나 전문적 지식 등에 기초하여 불심검문 대상자인지를 객관적·합리적인 기준에 따라 판단하여, 반드시 불심검문 대상자에게 「형사소송법」상 체포나 구속에 이를 정도의 혐의가 있을 것을 요한다. ○ ×

해설 경찰관이 법 제3조 제1항에 규정된 대상자(이하 '불심검문 대상자라 한다) 해당 여부를 판단할 때에는 불심검문 당시의 구체적 상황은 물론 사전에 얻은 정보나 전문적 지식 등에 기초하여 불심검문 대상자인지를 객관적·합리적인 기준에 따라 판단하여야 하나, 반드시 불심검문 대상자에게 형사소송법상 체포나 구속에 이를 정도의 혐의가 있을 것을 요한다고 할 수는 없다. (대법원 2011도13999)

정답 ×

006

검문 중이던 경찰관들이 자전거를 이용한 날치기 사건의 범인과 흡사한 인상착의의 피고인이 자전거를 타고 다가오는 것을 발견하고 정지를 요구하였으나 멈추지 않아, 앞을 가로막고 검문에 협조해 달라고 하였음에도 불응하고 그대로 전진하자 따라가서 재차 앞을 막고 검문에 응하라고 요구하였다면, 그러한 경찰관들의 행위는 적법한 불심검문에 해당하지 않는다. ○ ×

해설 검문 중이던 경찰관들이, 자전거를 이용한 날치기 사건 범인과 흡사한 인상착의의 피고인이 자전거를 타고 다가오는 것을 발견하고 정지를 요구하였으나 멈추지 않아, 앞을 가로막고 소속과 성명을 고지한 후 검문에 협조해 달라는 취지로 말하였음에도 불응하고 그대로 전진하자, 따라가서 재차 앞을 막고 검문에 응하라고 요구하였는데, 이에 피고인이 경찰관들의 멱살을 잡아 밀치거나 욕설을 하는 등 항의하여 공무집행방해 등으로 기소된 사안에서, 범행의 경중, 범행과의 관련성, 상황의 긴박성, 혐의의 정도, 질문의 필요성 등에 비추어 경찰관들은 목적 달성에 필요한 최소한의 범위 내에서 사회통념상 용인될 수 있는 상당한 방법을 통하여 경찰관직무집행법 제3조 제1항에 규정된 자에 대해 의심되는 사항을 질문하기 위하여 정지시킨 것으로 보아야 하는데도, 이와 달리 경찰관들의 불심검문이 위법하다고 보아 피고인에게 무죄를 선고한 원심판결에 불심검문의 내용과 한계에 관한 법리오해의 위법이 있다. (대법원 2010도6203)

정답 ×

007

고발이란 범죄사실을 수사기관에 고하여 그 소추를 촉구하는 것으로서 범인을 지적하여야 하므로 고발에서 지정한 범인이 진범인이 아니라면 고발의 효력은 진범인에게 미치지 않는다. ○ ×

해설 고발이란 범죄사실을 수사기관에 고하여 그 소추를 촉구하는 것으로서 범인을 지적할 필요가 없는 것이고 또한 고발에서 지정한 범인이 진범인이 아니더라도 고발의 효력에는 영향이 없는 것이므로, 고발인이 농지전용행위를 한 사람을 갑으로 잘못 알고 갑을 피고발인으로 하여 고발하였다고 하더라도 을이 농지전용행위를 한 이상 을에 대하여도 고발의 효력이 미친다. (대법원 94도458)

정답 ×

008

변사자 검시를 통하여 범죄의 혐의를 인정한 때에는 이미 수사가 개시된 것으로 볼 수 있으므로 긴급을 요하는 경우라 하더라도 반드시 영장을 발부받은 후에 검증하여야 한다. ○ ×

해설

> **형사소송법 제222조(변사자의 검시)** ① 변사자 또는 변사의 의심 있는 사체가 있는 때에는 그 소재지를 관할하는 지방검찰청 검사가 검시하여야 한다.
> ② 전항의 검시로 범죄의 혐의를 인정하고 긴급을 요할 때에는 영장없이 검증할 수 있다.
> ③ 검사는 사법경찰관에게 전 2항의 처분을 명할 수 있다.

정답 ×

009

형사사건으로 외국에서 미결구금되었다가 무죄판결을 받은 경우, 그 미결구금일수를 국내에서 같은 행위로 인하여 선고받는 형에 산입하지 않더라도 위법하지 않다. ○ ×

해설 대법원 2017도5977 전합

정답 ○

010

불심검문에 따른 동행요구는 「형사소송법」상 임의수사로서 임의동행의 한 종류로 취급하여야 한다. ○ ×

해설 임의동행은 경찰관 직무집행법 제3조 제2항에 따른 행정경찰 목적의 경찰활동으로 행하여지는 것 외에도 형사소송법 제199조 제1항에 따라 범죄 수사를 위하여 수사관이 동행에 앞서 피의자에게 동행을 거부할 수 있음을 알려 주었거나 동행한 피의자가 언제든지 자유로이 동행과정에서 이탈 또는 동행장소로부터 퇴거할 수 있었음이 인정되는 등 오로지 피의자의 자발적인 의사에 의하여 이루어진 경우에도 가능하다. (대법원 2020도398)

정답 ×

011

경찰관은 임의동행에 앞서 당해인에 대해 진술거부권과 변호인의 조력을 받을 권리를 고지해야 한다. ○ ×

해설

> **경찰관 직무집행법 제3조(불심검문)** ④ 경찰관은 제1항이나 제2항에 따라 질문을 하거나 동행을 요구할 경우 자신의 신분을 표시하는 증표를 제시하면서 소속과 성명을 밝히고 질문이나 동행의 목적과 이유를 설명하여야 하며, 동행을 요구하는 경우에는 동행 장소를 밝혀야 한다.
> ⑤ 경찰관은 제2항에 따라 동행한 사람의 가족이나 친지 등에게 동행한 경찰관의 신분, 동행 장소, 동행 목적과 이유를 알리거나 본인으로 하여금 즉시 연락할 수 있는 기회를 주어야 하며, 변호인의 도움을 받을 권리가 있음을 알려야 한다.

정답 ×

012 경찰관의 동행요구를 받은 사람은 이를 거절할 수 있으며, 경찰관은 동행요구에 응하여 동행한 사람을 6시간을 초과하여 경찰관서에 머물게 할 수 없다. ○ ×

> **해설**
>
> > 경찰관직무집행법 제3조(불심검문) ② 경찰관은 제1항에 따라 같은 항 각 호의 사람을 정지시킨 장소에서 질문을 하는 것이 그 사람에게 불리하거나 교통에 방해가 된다고 인정될 때에는 질문을 하기 위하여 가까운 경찰서·지구대·파출소 또는 출장소(지방해양경찰관서를 포함하며, 이하 "경찰관서"라 한다)로 동행할 것을 요구할 수 있다. 이 경우 동행을 요구받은 사람은 그 요구를 거절할 수 있다.
> > ⑥ 경찰관은 제2항에 따라 동행한 사람을 <u>6시간을 초과하여 경찰관서에 머물게 할 수 없다.</u>
>
> 정답 ○

013 불심검문을 하게 된 경위, 불심검문 당시의 현장상황과 검문을 하는 경찰관들의 복장, 불심검문 대상자가 공무원증 제시나 신분 확인을 요구하였는지 여부 등을 종합적으로 고려하여, 검문하는 사람이 경찰관이고 검문하는 이유가 범죄행위에 관한 것임을 불심검문 대상자가 충분히 알고 있었다고 하더라도 경찰관이 신분증을 제시하지 않은 이상 그 불심검문은 적법한 공무집행이라 할 수 없다. ○ ×

> **해설** 경찰관직무집행법(이하 '법'이라 한다) 제3조 제4항은 경찰관이 불심검문을 하고자 할 때에는 자신의 신분을 표시하는 증표를 제시하여야 한다고 규정하고, 경찰관직무집행법 시행령 제5조는 위 법에서 규정한 신분을 표시하는 증표는 경찰관의 공무원증이라고 규정하고 있는데, 불심검문을 하게 된 경위, 불심검문 당시의 현장상황과 검문을 하는 경찰관들의 복장, 피고인이 공무원증 제시나 신분 확인을 요구하였는지 여부 등을 종합적으로 고려하여, 검문하는 사람이 경찰관이고 검문하는 이유가 범죄행위에 관한 것임을 <u>피고인이 충분히 알고 있었다고 보이는 경우에는 신분증을 제시하지 않았다고 하여 그 불심검문이 위법한 공무집행이라고 할 수 없다.</u> (대법원 2014도7976)
>
> 정답 ×

014 경찰관직무집행법은 경찰관이 불심검문 대상자에 대하여 질문을 할 때 흉기 소지 여부를 조사할 수 있다고 규정하고 있을 뿐 흉기 이외의 소지품 검사에 대해서는 규정하고 있지 않다. ○ ×

> **해설**
>
> > 경찰관 직무집행법 제3조(불심검문) ③ 경찰관은 제1항 각 호의 어느 하나에 해당하는 사람에게 질문을 할 때에 그 사람이 흉기를 가지고 있는지를 조사할 수 있다. = 흉기 이외의 소지품 검사에 대해서는 따로 규정하고 있지 않다.
>
> 정답 ○

02 고소·고발

015 고소할 수 있는 자가 수인인 경우에는 1인의 기간의 해태는 타인의 고소에 영향이 있다. ○ ×

해설

> 형사소송법 제231조(수인의 고소권자) 고소할 수 있는 자가 수인인 경우에는 1인의 기간의 해태는 타인의 고소에 영향이 없다.

정답 ×

016 고소와 고발의 대리는 허용된다. ○ ×

해설

> 형사소송법 제236조(대리고소) 고소 또는 그 취소는 대리인으로 하여금 하게 할 수 있다.

정답 ×

017 피해자가 사망한 때에는 그 배우자, 직계친족 또는 형제자매는 피해자의 명시한 의사에 반하여 고소할 수 있다. ○ ×

해설

> 형사소송법 제225조(비피해자인 고소권자) ② 피해자가 사망한 때에는 그 배우자, 직계친족 또는 형제자매는 고소할 수 있다. 단, 피해자의 명시한 의사에 반하지 못한다.

정답 ×

018 피해자의 법정대리인이 피의자이거나 법정대리인의 친족이 피의자인 때에는 피해자의 친족은 독립하여 고소할 수 있다. ○ ×

해설

> 형사소송법 제226조(동전) 피해자의 법정대리인이 피의자이거나 법정대리인의 친족이 피의자인 때에는 피해자의 친족은 독립하여 고소할 수 있다.

정답 ○

019 출판사 대표인 피고인이 도서의 저작권자인 피해자와 전자도서에 대하여 별도의 출판계약 등을 체결하지 않고 전자도서를 제작하여 인터넷서점 등을 통해 판매하였다고 하여 구 저작권법 위반으로 기소된 사안에서, 피해자가 경찰청 인터넷 홈페이지에 '피고인을 철저히 조사해 달라'는 취지의 민원을 접수하는 형태로 피고인에 대한 조사를 촉구하는 의사표시를 한 것은 형사소송법에 따른 적법한 고소로 볼 수 있다. ○ ×

해설 출판사 대표인 피고인이 도서의 저작권자인 피해자와 전자도서(e-book)에 대하여 별도의 출판계약 등을 체결하지 않고 전자도서를 제작하여 인터넷서점 등을 통해 판매하였다고 하여 구 저작권법 위반으로 기소된 사안에서, 피해자가 경찰청 인터넷 홈페이지에 '피고인을 철저히 조사해 달라'는 취지의 민원을 접수하는 형태로 피고인에 대한 조사를 촉구하는 의사표시를 한 것은 형사소송법에 따른 적법한 고소로 보기 어렵다. (대법원 2010도9524)

정답 ×

020 「근로기준법」 제44조의2, 제109조는 건설업에서 2차례 이상 도급이 이루어진 경우, 「건설산업기본법」 규정에 따른 건설업자가 아닌 하수급인이 그가 사용한 근로자에게 임금을 지급하지 못할 경우 하수급인의 직상 수급인은 하수급인과 연대하여 하수급인이 사용한 근로자의 임금을 지급할 책임을 지도록 하면서 이를 위반한 직상 수급인을 처벌하되, 근로자의 명시적인 의사와 다르게 공소를 제기할 수 없도록 규정하고 있다. 이때 하수급인의 처벌을 희망하지 아니하는 근로자의 의사표시가 있을 경우, 직상 수급인의 처벌을 희망하지 아니하는 의사표시도 포함되어 있다고 볼 수 있는지를 살펴보아야 하고, 직상 수급인을 배제한 채 오로지 하수급인에 대하여만 처벌을 희망하지 아니하는 의사를 표시한 것으로 쉽사리 단정할 것은 아니다. ○ ×

해설 대법원 2013도8417   정답 ○

021 피해사실을 이해하고, 고소에 따른 사회생활상의 이해관계를 알아차릴 수 있는 사실상의 의사능력이 있다 하더라도 민법상의 행위능력이 없으면 고소능력은 인정되지 않는다. ○ ×

해설 고소를 할 때는 소송행위능력, 즉 고소능력이 있어야 하나, 고소능력은 피해를 입은 사실을 이해하고 고소에 따른 사회생활상의 이해관계를 알아차릴 수 있는 사실상의 의사능력으로 충분하므로, 민법상 행위능력이 없는 사람이라도 위와 같은 능력을 갖추었다면 고소능력이 인정된다. (대법원 2011도4451, 2011전도76)   정답 ×

022 폭행죄는 피해자의 명시한 의사에 반하여 공소를 제기할 수 없는 반의사불벌죄로서 처벌불원의 의사표시는 의사능력이 있는 피해자가 단독으로 할 수 있는 것이고, 피해자가 사망한 후 그 상속인이 피해자를 대신하여 처벌불원의 의사표시를 할 수는 없다. ○ ×

해설 폭행죄는 피해자의 명시한 의사에 반하여 공소를 제기할 수 없는 반의사불벌죄로서 처벌불원의 의사표시는 의사능력이 있는 피해자가 단독으로 할 수 있는 것이고(대법원 2009.11.19. 선고 2009도6058 전원합의체 판결 참조), 피해자가 사망한 후 그 상속인이 피해자를 대신하여 처벌불원의 의사표시를 할 수는 없다고 보아야 한다. (대법원 2010도2680)   정답 ○

023 고소권자가 비친고죄로 고소한 사건을 검사가 친고죄로 구성하여 공소를 제기하였다면 공소장 변경절차를 거쳐 공소사실이 비친고죄로 변경되지 아니하는 한, 법원으로서는 친고죄에서 소송조건이 되는 고소가 유효하게 존재하는지를 직권으로 조사·심리하여야 하고, 만일 그 공소사실에 대하여 피고인과 공범관계에 있는 자에 대한 적법한 고소취소가 있다면 그 고소취소의 효력은 피고인에 대하여도 미친다. ○ ×

해설 이 경우 친고죄에서 고소와 고소취소의 불가분 원칙을 규정한 형사소송법 제233조는 당연히 적용되므로, 만일 공소사실에 대하여 피고인과 공범관계에 있는 사람에 대한 적법한 고소취소가 있다면 고소취소의 효력은 피고인에 대하여 미친다. (대법원 2013도7987)   정답 ○

024

비친고죄에 해당하는 죄로 기소되었다가 항소심에서 친고죄에 해당하는 죄로 공소장이 변경되고 난 후 비로소 고소가 취소되었다면 항소심법원은 공소기각의 판결을 선고할 수 있다. ○×

해설 원래 고소의 대상이 된 피고소인의 행위가 친고죄에 해당할 경우 소송요건인 그 친고죄의 고소를 취소할 수 있는 시기를 언제까지로 한정하는가는 형사소송절차운영에 관한 입법정책상의 문제이기에 형사소송법의 그 규정은 국가형벌권의 행사가 피해자의 의사에 의하여 좌우되는 현상을 장기간 방치하지 않으려는 목적에서 고소취소의 시한을 획일적으로 제1심판결 선고시까지로 한정한 것이고, 따라서 그 규정을 현실적 심판의 대상이 된 공소사실이 친고죄로 된 당해 심급의 판결 선고시까지 고소인이 고소를 취소할 수 있다는 의미로 볼 수는 없다 할 것이어서, 항소심에서 공소장의 변경에 의하여 또는 공소장변경절차를 거치지 아니하고 법원 직권에 의하여 친고죄가 아닌 범죄를 친고죄로 인정하였더라도 항소심을 제1심이라 할 수는 없는 것이므로, 항소심에 이르러 비로소 고소인이 고소를 취소하였다면 이는 친고죄에 대한 고소취소로서의 효력은 없다. (대법원 96도1922 전합) 정답 ×

025

반의사불벌죄의 공범 중 1인에 대한 처벌을 희망하지 않는 의사표시는 다른 공범자에 대하여 효력이 없다. ○×

해설 형사소송법이 고소와 고소취소에 관한 규정을 하면서 제232조 제1항, 제2항에서 고소취소의 시한과 재고소의 금지를 규정하고 제3항에서는 반의사불벌죄에 제1항, 제2항의 규정을 준용하는 규정을 두면서도, 제233조에서 고소와 고소취소의 불가분에 관한 규정을 함에 있어서는 반의사불벌죄에 이를 준용하는 규정을 두지 아니한 것은 처벌을 희망하지 아니하는 의사표시나 처벌을 희망하는 의사표시의 철회에 관하여 친고죄와는 달리 공범자간에 불가분의 원칙을 적용하지 아니하고자 함에 있다고 볼 것이지, 입법의 불비로 볼 것은 아니다. (대법원 93도1689) 정답 ○

026

생모라고 하더라도 고소 당시 배우자 甲과 이혼하였다면 甲의 아들(피해자)을 위하여 독립하여 고소할 수 없다. ○×

해설 모자관계는 호적에 입적되어 있는 여부와는 관계없이 자의 출생으로 법률상 당연히 생기는 것이므로 고소당시 이혼한 생모라도 피해자인 그의 자의 친권자로서 독립하여 고소할 수 있다. (대법원 87도1707) 정답 ×

027

반의사불벌죄에서 피고인 또는 피의자의 처벌을 희망하지 않는다는 의사표시 또는 처벌희망 의사표시 철회의 유무나 그 효력 여부에 관한 사실은 엄격한 증명의 대상이다. ○×

해설 반의사불벌죄에서 피고인 또는 피의자의 처벌을 희망하지 않는다는 의사표시 또는 처벌희망 의사표시 철회의 유무나 그 효력 여부에 관한 사실은 엄격한 증명의 대상이 아니라 증거능력이 없는 증거나 법률이 규정한 증거조사방법을 거치지 아니한 증거에 의한 증명, 이른바 자유로운 증명의 대상이다. (대법원 2010도5610, 2010전도31) 정답 ×

028

반의사불벌죄에서 처벌을 희망하지 아니하는 의사표시나 처벌을 희망하는 의사표시의 철회에 관하여는 공범자 간에 불가분의 원칙이 적용되지 않는다. ○×

해설 대법원 93도1689 정답 ○

029 항소심에서 비로소 공소사실이 친고죄로 변경된 경우 항소심에서 고소인이 고소를 취소하면 이는 친고죄에 대한 고소취소로서 유효하다. ○ ×

해설 항소심에서 비로소 공소사실이 친고죄로 변경된 경우에도 항소심을 제1심이라 할 수는 없는 것이므로, 항소심에 이르러 고소인이 고소를 취소하였다면 이는 친고죄에 대한 고소취소로서의 효력이 없다. (대법원 2007도210) 정답 ×

030 고소권자가 피고인의 처벌을 구하는 의사를 철회한다는 취지의 합의서를 제1심법원에 제출하였다면 그 고소는 적법하게 취소되었다고 할 것이고, 그 후 고소취소를 철회하는 의사표시를 다시 하여도 그 의사표시는 효력이 없다. ○ ×

해설 대법원 2009도6779 정답 ○

031 친고죄에 있어서의 고소는 고소권 있는 자가 수사기관에 대하여 범죄사실을 신고하고 범인의 처벌을 구하는 의사표시로서 서면뿐만 아니라 구술로도 할 수 있는 것이고, 다만 구술에 의한 고소를 받은 검사 또는 사법경찰관은 조서를 작성하여야 하지만 그 조서가 독립된 조서일 필요는 없다. ○ ×

해설 대법원 2011도4451, 2011전도76 정답 ○

032 범행 당시 고소능력이 없던 피해자가 그 후에 비로소 고소능력이 생겼다면 그 고소기간은 고소능력이 생긴 때로부터 기산하여야 한다. ○ ×

해설 대법원 95도696 정답 ○

033 「형사소송법」 제236조의 대리인에 의한 고소의 경우, 대리권이 정당한 고소권자에 의하여 수여되었음이 실질적으로 증명되면 충분하고 그 방식에 특별한 제한은 없지만, 고소를 할 때 반드시 위임장을 제출하거나 '대리'라는 표시를 하여야 한다. ○ ×

해설 형사소송법 제236조의 대리인에 의한 고소의 경우, 대리권이 정당한 고소권자에 의하여 수여되었음이 실질적으로 증명되면 충분하고, 그 방식에 특별한 제한이 없으므로, 고소를 할 때 반드시 위임장을 제출한다거나 '대리'라는 표시를 하여야 하는 것은 아니고, 또 고소기간은 대리고소인이 아니라 정당한 고소권자를 기준으로 고소권자가 범인을 알게 된 날부터 기산한다. (대법원 2001도3081) 정답 ×

034 고소장에 명예훼손죄의 죄명을 붙이고 그 죄에 관한 사실을 적었으나 그 사실이 명예훼손죄를 구성하지 않고 모욕죄를 구성하는 경우 위 고소는 모욕죄에 대한 고소로서의 효력은 갖지 않는다. ○ ×

해설 고소가 어떠한 사항에 관한 것인가의 여부는 고소장에 붙인 죄명에 구애될 것이 아니라 고소의 내용에 의하여 결정하여야 할 것이므로 고소장에 명예훼손죄의 죄명을 붙이고 그 죄에 관한 사실을 적었으나 그 사실이 명예훼손죄를 구성하지 않고 모욕죄를 구성하는 경우에는 위 고소는 모욕죄에 대한 고소로서의 효력을 갖는다. (대법원 81도1250) 정답 ×

035

「형사소송법」 제233조에서 고소와 고소취소의 불가분에 관한 규정을 함에 있어서 반의사불벌죄에 이를 준용하는 규정을 두지 아니한 것은 입법의 불비로 볼 것은 아니다. ○ ×

해설 대법원 93도1689

정답 ○

036

「형사소송법」 제232조 제1항 및 제3항에 의하면, 반의사불벌죄에 있어서 처벌을 희망하는 의사표시의 철회는 제1심 판결선고 전까지 이를 할 수 있다고 규정하고 있는데, 항소심에 이르러 비로소 반의사불벌죄가 아닌 죄에서 반의사불벌죄로 공소장변경이 있었다면 항소심인 제2심을 제1심으로 볼 수 있다. ○ ×

해설 형사소송법 제232조 제1항, 제3항의 취지는 국가형벌권의 행사가 피해자의 의사에 의하여 좌우되는 현상을 장기간 방치할 것이 아니라 제1심판결 선고 이전까지로 제한하자는데 그 목적이 있다 할 것이므로 비록 항소심에 이르러 비로소 반의사불벌죄가 아닌 죄에서 반의사불벌죄로 공소장변경이 있었다 하여 항소심인 제2심을 제1심으로 볼 수는 없다. (대법원 85도2518)

정답 ×

037

친고죄에 대하여 고소할 자가 없는 경우에 이해관계인의 신청이 있으면 검사는 7일 이내에 고소할 수 있는 자를 지정하여야 한다. ○ ×

해설

> 형사소송법 제228조(고소권자의 지정) 친고죄에 대하여 고소할 자가 없는 경우에 이해관계인의 신청이 있으면 검사는 <u>10일 이내에 고소할 수 있는 자를 지정하여야 한다.</u>

정답 ×

038

반의사불벌죄에서 피해자가 사망하여 직접 처벌희망 또는 처벌불원의 의사표시를 할 수 없는 경우 제1심판결 선고 전에 피해자의 상속인이 피해자를 대신하여 처벌불원의 의사표시를 할 수 있다. ○ ×

해설 폭행죄는 피해자의 명시한 의사에 반하여 공소를 제기할 수 없는 반의사불벌죄로서 처벌불원의 의사표시는 의사능력이 있는 피해자가 단독으로 할 수 있는 것이고, 피해자가 사망한 후 그 상속인이 피해자를 대신하여 처벌불원의 의사표시를 할 수는 없다고 보아야 한다. (대법원 2010도2680)

정답 ×

039

「형사소송법」 제230조 제1항 본문은 "친고죄에 대하여는 범인을 알게 된 날로부터 6월을 경과하면 고소하지 못한다."고 규정하고 있는바, 여기서 범인을 알게 된다 함은 통상인의 입장에서 보아 고소권자가 고소를 할 수 있을 정도로 범죄사실과 범인을 아는 것을 의미하나, 범죄사실을 안다는 것이 고소권자가 친고죄에 해당하는 범죄의 피해가 있었다는 사실관계에 관하여 확정적인 인식이 있음을 말하는 것은 아니다. ○ ×

해설 「형사소송법」 제230조 제1항 본문은 "친고죄에 대하여는 범인을 알게 된 날로부터 6월을 경과하면 고소하지 못한다"고 규정하고 있는바, 여기서 범인을 알게 된다 함은 통상인의 입장에서 보아 고소권자가 고소를 할 수 있을 정도로 범죄사실과 범인을 아는 것을 의미하고, 범죄사실을 안다는 것은 고소권자가 친고죄에 해당하는 범죄의 피해가 있었다는 사실관계에 관하여 확정적인 인식이 있음을 말한다. (대법원 2010도4680)

정답 ×

040 출판물에 의한 명예훼손죄의 공범 중 1인에 대한 고소의 효력은 다른 공범에 대해서도 미친다. ○ ×

해설 형사소송법이 고소와 고소취소에 관한 규정을 하면서 제232조 제1항, 제2항에서 고소취소의 시한과 재고소의 금지를 규정하고 제3항에서는 반의사불벌죄에 제1항, 제2항의 규정을 준용하는 규정을 두면서도, 제233조에서 고소와 고소취소의 불가분에 관한 규정을 함에 있어서는 반의사불벌죄에 이를 준용하는 규정을 두지 아니한 것은 처벌을 희망하지 아니하는 의사표시나 처벌을 희망하는 의사표시의 철회에 관하여 친고죄와는 달리 공범자간에 불가분의 원칙을 적용하지 아니하고자 함에 있다고 볼 것이지, 입법의 불비로 볼 것은 아니다. (대법원 93도1689)   정답 ×

041 다른 환자들 앞에서 수술결과에 불만을 품고 거칠게 항의하는 환자 A에 대하여 의사 甲이 욕을 하면서 업무상 지득한 A에 대한 비밀을 누설한 경우, 모욕행위에 대한 A의 고소는 업무상 비밀누설행위에 대하여도 효력이 미친다. ○ ×

해설 모욕죄와 업무상비밀누설죄는 모두 친고죄이고 피해자가 동일하므로 모욕행위에 대한 A의 고소는 업무상비밀누설행위에도 효력이 미친다. 즉 객관적 불가분의 원칙이 적용된다.   정답 ○

042 甲이 하나의 문서를 통해 A, B, C를 모욕하였으나 A만이 甲을 모욕죄로 고소한 경우, A의 고소는 B, C에 대한 모욕행위에는 효력이 미치지 않는다. ○ ×

해설 모욕죄가 친고죄는 맞지만 3개의 모욕죄의 피해자가 다르므로 A가 甲을 모욕죄로 고소하더라도 B, C에 대한 모욕행위는 효력이 미치지 않는다. = 상상적 경합   정답 ○

043 변호사 甲이 A에게 직무상 알게 된 비밀을 누설하는 방법으로 B의 명예를 훼손한 경우, 명예훼손행위에 대한 B의 고소는 업무상 비밀누설행위에 대하여도 효력이 미친다. ○ ×

해설 업무상비밀누설죄는 친고죄이지만, 명예훼손죄는 반의사불벌죄이기 때문에, 명예훼손에 대한 B의 고소는 업무상비밀누설행위에는 효력이 미치지 않는다. = 상상적 경합   정답 ×

044 수회의 모욕이 경합범의 관계에 있다면 이 중 하나의 모욕행위에 대한 고소는 다른 모욕행위에 대하여 효력이 미치지 않는다. ○ ×

해설 객관적불가분의 원칙은 1개의 범죄사실을 전제로 하므로 수죄의 경우에는 적용되지 아니한다. 실체적 경합범 관계에 있는 수개의 모욕죄의 경우 고소의 객관적 불가분 원칙이 적용되지 않기 때문에 수회의 모욕행위 중 하나의 모욕행위에 대한 고소는 다른 모욕행위에 효력이 미치지 않는다.   정답 ○

045

자기 또는 배우자의 직계존속을 고소하지 못하지만, 형법 제298조의 강제추행죄의 경우에는 자기 또는 배우자의 직계존속을 고소할 수 있다. ○ ×

해설

형사소송법 제224조(고소의 제한) 자기 또는 배우자의 직계존속을 고소하지 못한다.
성폭력범죄의 처벌 등에 관한 특례법 제18조(고소 제한에 대한 예외) 성폭력범죄에 대하여는 「형사소송법」 제224조(고소의 제한) 및 「군사법원법」 제266조에도 불구하고 자기 또는 배우자의 직계존속을 고소할 수 있다.

정답 ○

046

2012.3.1. A와 B가 함께 C를 강제추행하여 C가 A와 B를 성폭력범죄의 처벌 등에 관한 특례법 제4조 제2항의 특수강제추행죄로 고소하였는데, 검사가 A에 대하여 형법 제298조의 강제추행죄로 기소한 경우에, C가 B에 대한 고소를 취소하였다면 고소취소의 효력이 A에게도 미쳐 공소기각의 판결을 하여야 한다. ○ ×

해설

형사소송법 제233조(고소의 불가분) 친고죄의 공범 중 그 1인 또는 수인에 대한 고소 또는 그 취소는 다른 공범자에 대하여도 효력이 있다. = 2012.3.1. 강제추행죄를 범한 경우 친고죄에 해당하나, 강제추행죄 등의 친고죄는 2012.12.18. 형법개정으로 삭제되었으므로, 현재 강제추행죄는 친고죄가 아니다.

정답 ○

047

제1심법원이 반의사불벌죄로 기소된 피고인에 대하여 소송촉진 등에 관한 특례법 제23조에 따라 피고인의 진술 없이 유죄를 선고하여 판결이 확정된 경우 피고인이 같은 법 제23조의2에 따른 재심청구를 한 경우에는 피해자는 재심의 제1심판결 전까지 처벌을 희망하는 의사표시를 철회할 수 있다. ○ ×

해설 제1심 법원이 반의사불벌죄로 기소된 피고인에 대하여 소송촉진 등에 관한 특례법(이하 '소송촉진법'이라고 한다) 제23조에 따라 피고인의 진술 없이 유죄를 선고하여 판결이 확정된 경우, 만일 피고인이 책임을 질 수 없는 사유로 공판절차에 출석할 수 없었음을 이유로 소송촉진법 제23조의2에 따라 제1심 법원에 재심을 청구하여 재심개시결정이 내려졌다면 피해자는 재심의 제1심 판결 선고 전까지 처벌을 희망하는 의사표시를 철회할 수 있다. 그러나 피고인이 제1심 법원에 소송촉진법 제23조의2에 따른 재심을 청구하는 대신 항소권회복청구를 함으로써 항소심 재판을 받게 되었다면 항소심을 제1심이라고 할 수 없는 이상 항소심 절차에서는 처벌을 희망하는 의사표시를 철회할 수 없다. (대법원 2016도9470)

정답 ○

048

고소인이 민·형사상의 아무런 이의를 제기하지 않는다는 합의서를 피고인에게 작성하여 준 것만으로는 고소가 적법하게 취소된 것으로 볼 수 없다. ○ ×

해설 대법원 83도516

정답 ○

049 항소심이 제1심의 공소기각 판결이 위법함을 이유로 제1심 판결을 파기하고 사건을 제1심으로 다시 환송한 경우, 이미 제1심 판결이 한번 선고되었던 이상 파기환송 후 다시 진행된 제1심 절차에서 고소취소는 허용되지 않는다. ○ ×

해설 종전의 제1심판결은 이미 파기되어 효력을 상실하였으므로 환송 후의 제1심판결 선고 전에는 고소취소의 제한사유가 되는 제1심판결 선고가 없는 경우에 해당한다. 뿐만 아니라 특히 간통죄 고소는 제1심판결 선고 후 이혼소송이 취하된 경우 또는 피고인과 고소인이 다시 혼인한 경우에도 소급적으로 효력을 상실하게 되는 점까지 감안하면, 환송 후의 제1심판결 선고 전에 간통죄의 고소가 취소되면 형사소송법 제327조 제5호에 의하여 판결로써 공소를 기각하여야 한다. (대법원 2009도9112)

정답 ×

050 항소심에서 공소장변경 또는 법원 직권에 의하여 비친고죄를 친고죄로 인정한 경우, 항소심에서의 고소취소는 친고죄에 대한 고소취소로서의 효력이 없다. ○ ×

해설 대법원 96도1922 전합

정답 ○

051 검사가 작성한 피해자에 대한 진술조서에 "법대로 처벌하여 주시기 바랍니다."라고 기재되어 있고, "더 할 말이 없나요?"라는 물음에 "젊은 사람들이니 한 번 기회를 주시면 감사하겠습니다."라고 조서에 기재되었다면 처벌의사를 철회한 것으로 볼 수 있다. ○ ×

해설 검사가 작성한 피해자에 대한 진술조서기재중 '피의자들의 처벌을 원하는 가요?'라는 물음에 대하여 '법대로 처벌하여 주기 바랍니다.'로 되어 있고 이어서 '더 할 말이 있는 가요?'라는 물음에 대하여 '젊은 사람들이니 한번 기회를 주시면 감사하겠습니다.'로 기재되어 있다면 피해자의 진술취지는 법대로 처벌하되 관대한 처분을 바란다는 취지로 보아야 하고 처벌의사를 철회한 것으로 볼 것이 아니다. (대법원 80도2210)

정답 ×

052 친고죄에서 공범 중 일부에 대하여만 처벌을 구하고 나머지에 대하여는 처벌을 원하지 않는 내용의 고소는 적법한 고소라고 할 수 없고, 공범 중 1인에 대한 고소취소는 고소인의 의사와 상관없이 다른 공범에 대하여도 효력이 있다. ○ ×

해설 대법원 2008도7462

정답 ○

053 친고죄의 공범 중 그 일부에 대하여 제1심 판결이 선고된 후에는 제1심 판결 선고 전의 다른 공범자에 대하여는 그 고소를 취소할 수 없고 그 고소의 취소가 있다 하더라도 그 효력을 발생할 수 없다. ○ ×

해설 대법원 85도1940

정답 ○

054 법정대리인의 고소권은 무능력자의 보호를 위하여 법정대리인에게 주어진 고유권이어서 피해자의 고소권 소멸여부에 관계없이 고소할 수 있는 것이며, 그 고소기간은 법정대리인 자신이 범인을 알게 된 날로부터 진행한다. ○ ×

해설 대법원 87도857

정답 ○

055 친고죄에 관한 고소의 주관적 불가분 원칙을 규정한 형사소송법 제233조는 공정거래법상 공정거래위원회의 고발에 준용된다. ○ ×

해설 친고죄에 관한 고소의 주관적 불가분 원칙을 규정한 형사소송법 제233조도 공정거래법 제71조 제1항의 고발에 준용된다고 볼 아무런 명문의 근거가 없으며, 죄형법정주의의 원칙에 비추어 그 유추적용을 통하여 공정거래위원회의 고발이 없는 위반행위자에 대해서까지 형사처벌의 범위를 확장하는 것도 허용될 수 없으므로, 위반행위자 중 일부에 대하여 공정거래위원회의 고발이 있다고 하여 나머지 위반행위자에 대하여도 위 고발의 효력이 미친다고 볼 수 없고, 나아가 공정거래법 제70조의 양벌규정에 따라 처벌되는 법인이나 개인에 대한 고발의 효력이 그 대표자나 대리인, 사용인 등으로서 행위자인 사람에게까지 미친다고 볼 수도 없다. (대법원 2008도5757) 정답 ×

056 「성폭력범죄의 처벌 등에 관한 특례법」 제27조에 따라 성폭력범죄 피해자의 변호사는 피해자를 대리하여 피고인에 대한 처벌을 희망하는 의사표시를 철회하거나 처벌을 희망하지 않는 의사표시를 할 수 있다. ○ ×

해설 성폭력범죄의 처벌 등에 관한 특례법 제27조는 성폭력범죄 피해자에 대한 변호사 선임의 특례를 정하고 있다. 성폭력범죄의 피해자는 형사절차상 법률적 조력을 받기 위해 스스로 변호사를 선임할 수 있고(제1항), 검사는 피해자에게 변호사가 없는 경우 국선변호사를 선정하여 형사절차에서 피해자의 권익을 보호할 수 있으며(제6항), 피해자의 변호사는 형사절차에서 피해자 등의 대리가 허용될 수 있는 모든 소송행위에 대한 포괄적인 대리권을 가진다(제5항). 따라서 피해자의 변호사는 피해자를 대리하여 피고인에 대한 처벌을 희망하는 의사표시를 철회하거나 처벌을 희망하지 않는 의사표시를 할 수 있다. (대법원 2019도10678) 정답 ○

057 세무공무원 등의 고발에 따른 「조세범 처벌법」 위반죄 혐의에 대하여 검사가 불기소처분을 하였다가 나중에 공소를 제기하는 경우에는 세무공무원 등의 새로운 고발이 있어야 한다. ○ ×

해설 검사의 불기소처분에는 확정재판에 있어서의 확정력과 같은 효력이 없어 일단 불기소처분을 한 후에도 공소시효가 완성되기 전이면 언제라도 공소를 제기할 수 있으므로, 세무공무원 등의 고발이 있어야 공소를 제기할 수 있는 조세범 처벌법 위반죄에 관하여 일단 불기소처분이 있었더라도 세무공무원 등이 종전에 한 고발은 여전히 유효하다. 따라서 나중에 공소를 제기함에 있어 세무공무원 등의 새로운 고발이 있어야 하는 것은 아니다. (대법원 2009도6614) 정답 ×

058 절대적 친고죄의 공범 중 그 1인 또는 수인에 대한 고소는 다른 공범자에 대하여도 효력이 있으나, 취소는 그 취소의 상대방으로 지정된 피고소인에 대해서만 효력이 있다. ○ ×

해설

> 형사소송법 제233조(고소의 불가분) 친고죄의 공범 중 그 1인 또는 수인에 대한 고소 또는 그 취소는 다른 공범자에 대하여도 효력이 있다.

정답 ×

059 친고죄에서 고소는 처벌조건이므로 고소가 있었는지 여부는 엄격한 증명의 대상이 된다. ○ ×

해설 친고죄에서의 고소 유무에 대한 사실은 자유로운 증명의 대상이 된다. (대법원 98도2074) 정답 ×

060 수사기관이 고소권이 있는 자를 증인 또는 피해자로서 신문한 경우에는 그 진술에 범인의 처벌을 요구하는 의사표시가 포함되어 있고 그 의사표시가 조서에 기재되어 있더라도 이는 고소로서 유효하지 않다. ○ ×

해설 친고죄에서 고소는, 고소권 있는 자가 수사기관에 대하여 범죄사실을 신고하고 범인의 처벌을 구하는 의사표시로서 서면뿐만 아니라 구술로도 할 수 있고, 다만 구술에 의한 고소를 받은 검사 또는 사법경찰관은 조서를 작성하여야 하지만 그 조서가 독립된 조서일 필요는 없으며, 수사기관이 고소권자를 증인 또는 피해자로서 신문한 경우에 그 진술에 범인의 처벌을 요구하는 의사표시가 포함되어 있고 그 의사표시가 조서에 기재되면 고소는 적법하다. (대법원 2011도4451, 2011전도76)

정답 ×

061 친고죄에 있어서 피해자의 고소권은 공법상의 권리로서 법이 특히 명문으로 인정하는 경우를 제외하고는 고소 전에 고소권을 포기할 수 없다. ○ ×

해설 대법원 67도471

정답 ○

062 반의사불벌죄에 있어서 성인인 피해자가 교통사고로 인해 의식을 회복하지 못하여 처벌희망 여부에 관한 의사표시를 할 수 있는 소송능력이 있다고 할 수 없는 경우, 피해자의 부모가 피해자를 대리하여 처벌을 희망하지 아니한다는 의사를 표시하면 처벌할 수 없다. ○ ×

해설 피해자가 의식을 회복하지 못하고 있는 이상 피해자에게 반의사불벌죄에서 처벌희망 여부에 관한 의사표시를 할 수 있는 소송능력이 있다고 할 수 없고, 피해자의 아버지가 피해자를 대리하여 피고인에 대한 처벌을 희망하지 아니한다는 의사를 표시하는 것 역시 허용되지 아니할 뿐만 아니라 피해자가 성년인 이상 의사능력이 없다는 것만으로 피해자의 아버지가 당연히 법정대리인이 된다고 볼 수도 없으므로, 피해자의 아버지가 피고인에 대한 처벌을 희망하지 아니한다는 의사를 표시하였더라도 그것이 반의사불벌죄에서의 처벌희망 여부에 관한 피해자의 의사표시로서 소송법적으로 효력이 발생할 수는 없다고 판단하였다. (대법원 2012도568)

정답 ×

063 친고죄에서 처벌을 구하는 의사표시의 철회는 수사기관이나 법원에 대한 공법상의 의사표시로서 절차적 확실성을 해하는 조건부 고소나 조건부 고소취소는 허용되지 않는다. ○ ×

해설 대법원 2007도425

정답 ○

064 고소를 한 피해자가 가해자에게 합의서를 작성하여 준 것만으로는 적법한 고소취소로 보기 어렵지만, '가해자와 원만히 합의하였으므로 피해자는 가해자를 상대로 이 사건과 관련한 어떠한 민·형사상의 책임도 묻지 아니한다.'는 취지의 합의서를 공소제기 이전 수사기관에 제출하였다면 고소취소의 효력이 있다. ○ ×

해설 대법원 2001도6777

정답 ○

065

일단 고소를 취소한 자는 고소기간이 남았더라도 다시 고소하지 못한다. ○ ×

해설

형사소송법 제232조(고소의 취소) ② 고소를 취소한 자는 다시 고소할 수 없다.

정답 ○

066

공정거래위원회의 고발이 있어야 공소를 제기할 수 있는 「독점규제 및 공정거래에 관한 법률」 위반죄를 적용하여 위반행위자들 중 일부에 대하여 공정거래위원회가 고발을 하였다면 나머지 위반행위자에 대하여도 위 고발의 효력이 미친다. ○ ×

해설 독점규제 및 공정거래에 관한 법률(이하 '법'이라 한다) 제71조 제1항은 '법 제66조 제1항 제9호 소정의 부당한 공동행위를 한 죄는 공정거래위원회의 고발이 있어야 공소를 제기할 수 있다'고 규정함으로써 그 소추조건을 명시하고 있다. 반면에 법은 공정거래위원회가 법 위반행위자 중 일부에 대하여만 고발을 한 경우에 그 고발의 효력이 나머지 법 위반행위자에게도 미치는지 여부 즉, 고발의 주관적 불가분원칙의 적용 여부에 관하여는 명시적으로 규정하고 있지 아니하고, 형사소송법도 제233조에서 친고죄에 관한 고소의 주관적 불가분원칙을 규정하고 있을 뿐 고발에 대하여 그 주관적 불가분의 원칙에 관한 규정을 두고 있지 않고 또한 형사소송법 제233조를 준용하고 있지도 아니하다. 이와 같이 명문의 근거 규정이 없을 뿐만 아니라 소추요건이라는 성질상의 공통점 외에 그 고소·고발의 주체와 제도적 취지 등이 상이함에도 불구하고 친고죄에 관한 고소의 주관적 불가분원칙을 규정하고 있는 형사소송법 제233조가 공정거래위원회의 고발에도 유추적용된다고 해석한다면 이는 공정거래위원회의 고발이 없는 행위자에 대해서까지 형사처벌의 범위를 확장하는 것으로서, 결국 피고인에게 불리하게 형벌법규의 문언을 유추해석한 경우에 해당하므로 죄형법정주의에 반하여 허용될 수 없다. (대법원 2008도4762)

정답 ×

067

전속고발사건에 있어서 수사기관이 고발에 앞서 수사를 하고 甲에 대한 구속영장을 발부받은 후 검찰의 요청에 따라 관계공무원이 고발조치를 하였다고 하더라도 공소제기 전에 고발이 있은 이상 甲에 대한 공소제기의 절차가 법률의 규정에 위반하여 무효라고 할 수는 없다. ○ ×

해설 대법원 94도3373

정답 ○

068

공정거래위원회가 사업자에게 「독점규제 및 공정거래에 관한 법률」의 규정을 위반한 혐의가 있다고 인정하여 동법 제71조에 따라 사업자를 고발하였다면, 법원이 본안에 대하여 심판한 결과 위반되는 혐의 사실이 인정되지 아니하더라도 이러한 사정만으로는 그 고발을 기초로 이루어진 공소제기 등 형사절차의 효력에 영향을 미치지 아니한다. ○ ×

해설 대법원 2015도3926

정답 ○

069
반의사불벌죄에 있어서 처벌불원의 의사표시의 부존재는 소극적 소송조건으로서 직권조사사항이므로 당사자가 항소이유로 주장하지 아니하였다고 하더라도 항소심은 이를 직권으로 조사·판단하여야 한다. ○ ×

해설 대법원 2009도9939 정답 ○

070
「형사소송법」은 형사소추권의 발동 여부를 사인(私人)인 피해자의 의사에 맡겨 장기간 불확정한 상태에 두어 생기는 폐단을 막기 위해서 친고죄에 대하여 고소기간을 범인을 알게 된 날부터 6월로 제한하고 있으며, 이는 소추조건인 고발에도 적용된다. ○ ×

해설 형사소송법 제230조 제1항은 친고죄에 대하여 고소기간을 범인을 알게 된 날부터 6월로 제한하고 있다. 그 이유는 형사소추권의 발동 여부를 사인(私人)인 피해자의 의사에 맡겨 장기간 불확정한 상태에 두어 생기는 폐단을 막기 위해서이다. 반면 소추요건인 고발에 관하여 고발기간을 제한하지 않는 이유는 국가기관을 고발권자로 정하여 그러한 폐단이 생길 우려가 없고 피해자가 없는 범죄여서 범행을 바로 인지하기도 어렵기 때문이다. (대법원 2017도14749 전합) 정답 ×

071
법인세는 사업연도를 과세기간으로 하는 것이므로 그 포탈범죄는 각 사업연도마다 1개의 범죄가 성립하는데, 일죄의 관계에 있는 범죄사실의 일부에 대한 공소제기 및 고발의 효력은 그 일죄의 전부에 대하여 미친다. ○ ×

해설 대법원 2002도5411 정답 ○

072
구 「컴퓨터프로그램 보호법」(2009.4.22. 법률 제9625호 저작권법 부칙 제2조로 폐지) 제48조는 프로그램의 저작권 침해에 대해 프로그램저작권자 또는 프로그램배타적발행권자의 고소가 있어야 공소를 제기할 수 있다고 규정하고 있는데, 프로그램저작권이 명의신탁된 경우 제3자의 침해행위에 대한 고소권자는 명의신탁자이다. ○ ×

해설 구 컴퓨터프로그램 보호법(2009.4.22. 법률 제9625호 저작권법 부칙 제2조로 폐지, 이하 같다) 제48조는 '프로그램저작권자 또는 프로그램배타적발행권자' 등의 고소가 있어야 공소를 제기할 수 있다고 규정하고 있는데, 프로그램저작권이 명의신탁된 경우 대외적인 관계에서는 명의수탁자만이 프로그램저작권자이므로 제3자의 침해행위에 대한 구 컴퓨터프로그램 보호법 제48조에서 정한 고소 역시 명의수탁자만이 할 수 있다. (대법원 2010도8467) 정답 ×

073
특정 캐릭터의 국내 상품화를 위하여 저작재산권자와 사이에 저작물의 이용허락계약을 체결한 사람은 저작재산권침해에 관하여 독자적으로 고소할 수 있다. ○ ×

해설 이 사건 '원피스' 애니메이션 및 캐릭터에 대하여 도에이와 사이에 국내 상품화 계약을 체결한 자로서, 저작권법 제42조 제1항에 의해 저작물의 이용을 허락받은 자에 해당할 수는 있다고 하더라도 저작재산권자로 볼 수는 없으므로 저작재산권침해에 관하여 독자적으로 고소할 수 있는 권한이 있다고 할 수 없다. (대법원 2005도4002) 정답 ×

074 고소의 취소는 수사기관 또는 법원에 대한 고소한 자의 의사표시로서 서면 또는 구술로 할 수 있다. ○ ×

> 해설
>
> **형사소송법 제237조(고소, 고발의 방식)** ① 고소 또는 고발은 서면 또는 구술로써 검사 또는 사법경찰관에게 하여야 한다.
> ② 검사 또는 사법경찰관이 구술에 의한 고소 또는 고발을 받은 때에는 조서를 작성하여야 한다.
> **형사소송법 제239조(준용규정)** 전 2조의 규정은 고소 또는 고발의 취소에 관하여 준용한다.

정답 ○

075 피해자가 제1심 법정에서 피고인에 대한 처벌희망 의사표시를 철회할 당시 나이가 14세 10개월이었더라도 그 철회의 의사표시가 의사능력이 있는 상태에서 행해졌다면 법정대리인의 동의가 없었더라도 유효하다. ○ ×

해설 청소년의 성보호에 관한 법률 제16조에 규정된 반의사불벌죄에서 피해 청소년이 처벌불원 여부 등의 의사표시를 하는 데에 법정대리인의 동의가 필요하지 않다. (대법원 2009도6058)

정답 ○

076 피해자가 피고인을 고소한 사건에서, 법원으로부터 증인으로 출석하라는 소환장을 받은 피해자가 자신에 대한 증인 소환을 연기해 달라고 하거나 기일변경신청을 하고 출석을 하지 않는 경우, 법원은 이를 피해자의 처벌불원의 의사표시로 볼 수 있다. ○ ×

해설 반의사불벌죄에 있어서 피해자가 처벌을 희망하지 아니하는 의사표시나 처벌을 희망하는 의사표시의 철회를 하였다고 인정하기 위해서는 피해자의 진실한 의사가 명백하고 믿을 수 있는 방법으로 표현되어야 한다. (대법원 2001도1809)

정답 ×

077 피고인이 피해자로부터 합의서를 교부받아 피고인이 피해자를 대리하여 처벌불원의사서를 수사기관에 제출한 이상, 이후 피고인이 피해자에게 약속한 치료비 전액을 지급하지 아니한 경우에도 민사상 치료비에 관한 합의금지급채무가 남는 것은 별론으로 하고 피해자는 처벌불원의사를 철회할 수 없다. ○ ×

해설 대법원 2001도4283

정답 ○

078 甲이 수개의 「저작권법」 위반행위를 저질러 포괄일죄의 관계에 있는 경우에 일부의 행위에 대해서만 고소가 있었더라도 그 고소는 포괄일죄의 관계에 있는 행위 전부에 미친다. ○ ×

해설 친고죄에서 적법한 고소가 있었는지는 자유로운 증명의 대상이 되고, 일죄의 관계에 있는 범죄사실 일부에 대한 고소의 효력은 일죄 전부에 대하여 미친다. (대법원 2011도4451, 2011전도76)

정답 ○

079

의사 甲이 직무상 알게 된 비밀을 누설하는 방법으로 A의 명예를 훼손한 경우, 비친고죄인 명예훼손죄에 대한 A의 고소는 친고죄인 업무상 비밀누설행위에 대하여는 효력을 미치지 않는다.　　　　　　　　　　　　　　　○ ×

해설　명예훼손죄는 친고죄가 아니고, 업무상비밀누설죄는 친고죄에 해당한다. 따라서 명예훼손죄에 대한 A의 고소는 업무상비밀누설죄에 그 효력이 미치지 않는다.　　　　　　　　　　　　　　　　　　　　　　　　　　　　　　　정답 ○

080

甲과 乙은 서로 짜고 주변 사람들에게 A를 모욕하는 말을 떠들고 다녔다. 이에 A는 甲과 乙을 친고죄인 모욕죄의 범죄사실로 고소하였다. 甲과 乙이 모욕죄의 공범으로 기소되어 제1심 공판심리 중 A가 甲에 대한 고소를 취소하면 수소법원은 甲과 乙 모두에 대하여 공소기각판결을 선고해야 한다.　　　　　　　　　　　　　　　　　　　　　　　　　○ ×

해설　친고죄의 공소사실에 대하여 피고인과 공범관계에 있는 사람에 대한 적법한 고소취소가 있다면 고소취소의 효력은 피고인에 대하여 미치므로 甲에 대한 고소취소의 효력은 乙에게도 미쳐 모두에 대하여 공소기각판결을 선고해야 한다. (대법원 2013도7987)　　정답 ○

081

친구 사이인 甲과 乙은 공모하여 甲의 부친 A의 자동차를 절취하였다. A의 고소에 따라 제1심 법원의 공판절차가 진행되던 중에 A가 甲에 대한 고소를 취소한 경우, 수소법원은 甲과 乙 모두에 대해 공소기각판결을 선고해야 한다.　　○ ×

해설　甲은 부친인 A의 자동차를 절취하더라도 친족상도례가 적용되어 형면제판결을 선고한다. 다만 乙은 A와 친족관계가 없으므로 친족상도례가 적용되지 않는다. 따라서 A의 甲에 대한 고소취소를 하였더라도 乙에게 미친다고 할 수 없어 乙에 대하여는 실체판결(유죄판결)을 하여야 한다.　　　　　　　　　　　　　　　　　　　　　　　　　　정답 ×

082

친고죄가 아닌 죄로 공소가 제기되어 제1심에서 친고죄가 아닌 죄의 유죄판결을 선고받은 경우, 제1심에서 친고죄의 범죄사실은 현실적 심판대상이 되지 아니하였으므로 그 판결을 친고죄에 대한 제1심판결로 볼 수는 없고, 따라서 친고죄에 대한 제1심판결은 없었다고 할 것이므로 그 사건의 항소심에서도 고소를 취소할 수 있다.　　　　　　　　　　　○ ×

해설　원래 고소의 대상이 된 피고소인의 행위가 친고죄에 해당할 경우 소송요건인 그 친고죄의 고소를 취소할 수 있는 시기를 언제까지로 한정하는가는 형사소송절차운영에 관한 입법정책상의 문제이기에 형사소송법의 그 규정은 국가형벌권의 행사가 피해자의 의사에 의하여 좌우되는 현상을 장기간 방치하지 않으려는 목적에서 고소취소의 시한을 획일적으로 제1심판결 선고시까지로 한정한 것이고, 따라서 그 규정을 현실적 심판의 대상이 된 공소사실이 친고죄로 된 당해 심급의 판결 선고시까지 고소인이 고소를 취소할 수 있다는 의미로 볼 수는 없다 할 것이어서, 항소심에서 공소장의 변경에 의하여 또는 공소장변경절차를 거치지 아니하고 법원 직권에 의하여 친고죄가 아닌 범죄를 친고죄로 인정하였더라도 항소심을 제1심이라 할 수는 없는 것이므로, 항소심에 이르러 비로소 고소인이 고소를 취소하였다면 이는 친고죄에 대한 고소취소로서의 효력은 없다. (대법원 96도1922 전합)　　　　　　　　　　　　　　　　　　　　　　　　　　　　　　　　정답 ×

083 고소의 대상은 특정되어야 하므로, 범인의 성명이 불명 또는 오기가 있다거나, 범행일시·장소·방법 등이 명확하지 않거나 틀리는 경우에는 고소의 효력에 영향이 있다. ○ ×

해설 고소는 범죄의 피해자등이 수사기관에 대하여 범죄사실을 신고하여 범인의 소추처벌을 구하는 의사표시이므로 그 범죄사실등이 구체적으로 특정되어야 할 것이나, 그 특정의 정도는 고소인의 의사가 수사기관에 대하여 일정한 범죄사실을 지정 신고하여 범인의 소추처벌을 구하는 의사표시가 있었다고 볼 수 있을 정도면 그것으로 충분하고, 범인의 성명이 불명이거나 또는 오기가 있었다거나 범행의 일시·장소·방법 등이 명확하지 않거나 틀리는 것이 있다고 하더라도 그 효력에는 아무 영향이 없다. (대법원 84도1704) 정답 ×

084 고소인이 사건 당일 범죄사실을 신고하면서 현장에 출동한 경찰관에게 고소장을 교부한 경우, 경찰서에 도착하여 최종적으로 고소장을 접수시키지 아니하기로 결심하고 고소장을 반환받았더라도, 고소장이 수사기관에 적법하게 수리되어 고소의 효력이 발생되었다고 할 수 있다. ○ ×

해설 비록 고소인이 사건 당일 간통의 범죄사실을 신고하면서 현장에 출동한 경찰관에게 고소장을 교부하였다고 하더라도, 송파경찰서에 도착하여 최종적으로 고소장을 접수시키지 아니하기로 결심하고 고소장을 반환받은 것이라면, 고소장이 수사기관에 적법하게 수리되어 고소의 효력이 발생되었다고 할 수 없다. (대법원 2007도4977) 정답 ×

085 「형사소송법」 제236조(대리고소)에 의하면 고소 또는 그 취소는 대리인으로 하여금 하게 할 수 있는데, 이와 같은 대리인에 의한 고소의 경우, 고소기간은 대리고소인이 아니라 정당한 고소권자를 기준으로 고소권자가 범인을 알게 된 날부터 기산한다. ○ ×

해설 대법원 2001도3081 정답 ○

086 범죄 당시 고소능력이 없던 피해자가 그 후에 비로소 고소능력이 생겼다면 고소기간은 고소능력이 생긴 때로부터 기산된다. ○ ×

해설 대법원 2007도4962 정답 ○

087 「형사소송법」상 고소의 대리는 허용되나, 고소취소의 대리는 허용되지 아니한다. ○ ×

해설

> 형사소송법 제236조(대리고소) 고소 또는 그 취소는 대리인으로 하여금 하게 할 수 있다.

정답 ×

088 고소인은 범죄사실을 특정하여 신고하면 족하고 범인이 누구인지 나아가 범인 중 처벌을 구하는 자가 누구인지를 적시할 필요는 없다. ○ ×

해설 대법원 94도2423 정답 ○

089 「형사소송법」 제232조에 의하면 고소는 제1심판결 선고 전까지 취소할 수 있고, 고소를 취소한 자는 다시 고소할 수 없으며, 고소권자가 서면 또는 구술로써 수사기관 또는 법원에 고소를 취소하는 의사표시를 하였다면 그 고소는 적법하게 취소된 것이고, 그 후 고소취소를 철회하는 의사표시를 다시 하였다고 하여도 그것은 효력이 없다. ○ ×

해설 대법원 2009도6779 정답 ○

090 피해자의 친족은 피해자의 법정대리인이 피의자이거나 법정대리인의 친족이 피의자인 때에는 독립하여 고소할 수 있다. ○ ×

해설

> 형사소송법 제226조(동전) 피해자의 법정대리인이 피의자이거나 법정대리인의 친족이 피의자인 때에는 피해자의 친족은 독립하여 고소할 수 있다.

정답 ○

091 고소는 대리가 허용되지만, 고발은 대리가 허용되지 않는다. ○ ×

해설 대법원 88도1533 정답 ○

092 형사소송법 제225조 제1항이 규정하는 피해자의 법정대리인은 피해자 본인의 고소권이 소멸하더라도 고소권을 행사할 수 있으나, 피해자 본인의 명시한 의사에 반하여 이를 행사할 수는 없다. ○ ×

해설 형사소송법 제225조 제1항이 규정한 법정대리인의 고소권은 무능력자의 보호를 위하여 법정대리인에게 주어진 고유권이므로, 법정대리인은 피해자의 고소권 소멸 여부에 관계없이 고소할 수 있고, 이러한 고소권은 피해자의 명시한 의사에 반하여도 행사할 수 있다. (대법원 99도3784) 정답 ×

093 항소심에 이르러 비로소 반의사불벌죄가 아닌 죄에서 반의사불벌죄로 공소장이 변경되었더라도, 항소심에서 피해자가 밝힌 처벌불원의사를 받아들여 피고인에 대한 폭행죄의 공소를 기각하는 것은 형사소송법 제232조 제3항 및 제1항의 처벌을 희망하는 의사표시의 철회가능시기에 관한 법리오해의 위법이 있다. ○ ×

해설 대법원 85도2518 정답 ○

094 반의사불벌죄에 있어서 피해자의 피고인 또는 피의자에 대한 처벌을 희망하지 않는다는 의사표시 또는 처벌을 희망하는 의사표시의 철회는 미성년자인 피해자에게 의사능력이 있더라도 피해자가 단독으로 이를 할 수 없고, 법정대리인의 동의가 있거나 법정대리인의 대리가 필요하다. ○ ×

해설 청소년성보호법 제16조에 규정된 반의사불벌죄라고 하더라도, 피해자인 청소년에게 의사능력이 있는 이상, 단독으로 피고인 또는 피의자의 처벌을 희망하지 않는다는 의사표시 또는 처벌희망 의사표시의 철회를 할 수 있고, 거기에 법정대리인의 동의가 있어야 하는 것으로 볼 것은 아니다. (대법원 2009도6058 전합)   정답 ×

095 피해자가 나이 어린 미성년자인 경우 그 법정대리인이 밝힌 처벌불원의 의사표시에 피해자 본인의 의사가 포함되어 있는지는 대상 사건의 유형 및 내용, 피해자의 나이, 합의의 실질적인 주체 및 내용, 합의 전후의 정황, 법정대리인 및 피해자의 태도 등을 종합적으로 고려하여 판단해야 하는 것인데, 해당 처벌불원의 의사표시의 존재 여부는 당사자가 항소이유로 주장하지 아니한 이상 항소심 법원이 이를 직권으로 조사·판단할 필요는 없다. ○ ×

해설 반의사불벌죄에서 처벌을 희망하는 의사표시의 철회 또는 처벌을 희망하지 않는 의사표시는 제1심판결 선고 전까지 할 수 있다(형사소송법 제232조 제1항, 제3항). 처벌불원의 의사표시의 부존재는 소극적 소송조건으로서 직권조사사항에 해당하므로 당사자가 항소이유로 주장하지 않았더라도 원심은 이를 직권으로 조사·판단하여야 한다. (대법원 2019도10678)   정답 ×

096 피고인과 고소인이 작성한 합의서가 제1심 법원에 제출된 경우에는 고소취소의 효력이 있고, 고소인이 제1심 법정에서 이를 번복하는 증언을 하더라도 그 고소취소의 효력에는 영향이 없다. ○ ×

해설 법원에 제출된 합의서에는 고소인과 피고소인 상호간에 원만히 해결되었으므로 이후에 민·형사간 어떠한 이의도 제기하지 않을 것을 합의한다는 취지가 기재되어 있을 뿐이고 그 합의서 제출 후에 고소인이 법정에 나와 고소취소의 의사가 없다고 진술하였다면 위 합의서가 고소인의 자유의사에 의하여 작성되었는가의 여부에 관계없이 고소는 취소되지 아니한 것이다. (대법원 80도1448)   정답 ×

097 친고죄에서 적법한 고소가 있었는지는 엄격한 증명의 대상이 되고, 일죄의 관계에 있는 범죄사실 일부에 대한 고소의 효력은 일죄 전부에 대하여 미친다. ○ ×

해설 친고죄에서 적법한 고소가 있었는지는 자유로운 증명의 대상이 되고, 일죄의 관계에 있는 범죄사실 일부에 대한 고소의 효력은 일죄 전부에 대하여 미친다. (대법원 2011도4451, 2011전도76)   정답 ×

098 고소는 범죄의 피해자 기타 고소권자가 수사기관에 대하여 범죄사실을 신고하여 범인의 소추를 구하는 의사표시를 말하는 것으로서, 단순한 피해사실의 신고는 소추·처벌을 구하는 의사표시가 아니므로 고소가 아니다. ○ ×

해설 대법원 2007도4977   정답 ○

099 피해자가 고소장을 제출하여 처벌을 희망하는 의사를 분명히 표시한 후 고소를 취소한 바 없다면 비록 고소 전에 피해자가 처벌을 원치 않았다 하더라도 그 후에 한 피해자의 고소는 유효하다. ○ ×

해설 대법원 93도1620

정답 ○

100 친고죄에 있어서의 고소는 고소권 있는 자가 수사기관에 대하여 범죄사실을 신고하고 범인의 처벌을 구하는 의사표시로서 서면뿐만 아니라 구술로도 할 수 있는 것이고, 다만 구술에 의한 고소를 받은 검사 또는 사법경찰관은 조서를 작성하여야 하지만 그 조서가 독립된 조서일 필요는 없으며 수사기관이 고소권자를 증인 또는 피해자로서 신문한 경우에 그 진술에 범인의 처벌을 요구하는 의사표시가 포함되어 있고 그 의사표시가 조서에 기재되면 고소는 적법하게 이루어진 것이다. ○ ×

해설 대법원 85도190

정답 ○

101 고소에 따른 사회생활상의 이해관계를 알아차릴 수 있는 사실상의 의사능력이 있더라도 민법상의 행위능력이 없는 자에게는 고소능력이 인정되지 아니하고, 범행 당시 고소능력이 없던 피해자가 그 후에 비로소 고소능력이 생겼다면 그 고소기간은 고소능력이 생긴 때로부터 기산하여야 한다. ○ ×

해설 고소를 함에는 소송행위능력, 즉 고소능력이 있어야 하는바, 고소능력은 피해를 받은 사실을 이해하고 고소에 따른 사회생활상의 이해관계를 알아차릴 수 있는 사실상의 의사능력으로 충분하므로 민법상의 행위능력이 없는 자라도 위와 같은 능력을 갖춘 자에게는 고소능력이 인정된다고 할 것이고, 고소위임을 위한 능력도 위와 마찬가지라고 할 것이다. (대법원 98도2074)

정답 ×

102 甲이 자신의 친구 乙과 함께 다른 도시에 살고 있는 甲의 삼촌 A의 물건을 절취한 경우, A가 乙에 대해서만 고소를 하였다면, 그 고소의 효력은 甲에게도 미친다. ○ ×

해설 상대적 친고죄에서 일방만 친고죄인 경우, 비친고죄에 대한 고소는 친고죄에 대한 고소로서 효력을 갖지 못한다.

정답 ×

103 甲이 제1심 법원에서 소송촉진 등에 관한 특례법에 따라 甲의 진술없이 A에 대한 폭행죄로 유죄를 선고받고 확정된 후 적법하게 제1심 법원에 재심을 청구하여 재심개시결정이 내려졌다면 A는 그 재심의 제1심 판결 선고 전까지 처벌희망의사표시를 철회할 수 없으나, 甲이 재심을 청구하는 대신 항소권회복청구를 함으로써 항소심재판을 받게 되었다면 그 항소심 절차에서는 처벌희망의사표시를 철회할 수 있다. ○ ×

해설 소송촉진 등에 관한 특례법(이하 '소송촉진법'이라고 한다) 제23조에 따라 피고인의 진술 없이 유죄를 선고하여 판결이 확정된 경우, 만일 피고인이 책임을 질 수 없는 사유로 공판절차에 출석할 수 없었음을 이유로 소송촉진법 제23조의2에 따라 제1심 법원에 재심을 청구하여 재심개시결정이 내려졌다면 피해자는 재심의 제1심 판결 선고 전까지 처벌을 희망하는 의사표시를 철회할 수 있다. 그러나 피고인이 제1심 법원에 소송촉진법 제23조의2에 따른 재심을 청구하는 대신 항소권회복청구를 함으로써 항소심 재판을 받게 되었다면 항소심을 제1심이라고 할 수 없는 이상 항소심 절차에서는 처벌을 희망하는 의사표시를 철회할 수 없다. (대법원 2016도9470)

정답 ×

104 수개의 범칙사실 중 일부만을 범칙사건으로 하는 고발이 있는 경우에 고발장에 기재된 범칙사실과 동일성이 인정되지 않는 다른 범칙사실에 대해서는 고발의 효력이 미치지 아니한다. ○ ×

해설 대법원 2013도5650 정답 ○

105 甲과 乙이 공모하여 A에 대하여 사실적시에 의한 명예훼손을 한 혐의로 공소제기 되었으나 A가 甲에 대하여만 처벌불원의 의사를 표시하였다면, 법원은 A의 이러한 의사에 기하여 乙에 대하여 공소기각판결을 선고해서는 안 된다. ○ ×

해설 반의사불벌죄에 대해서는 고소불가분의 원칙이 적용되지 않으므로, 甲에 대한 처벌불원의 의사표시는 甲에게만 미치므로 乙에 대해서는 실체재판을 해야 한다. 정답 ○

106 고소의 취소나 처벌을 희망하는 의사표시의 철회는 수사기관 또는 법원에 대한 법률행위적 소송행위이므로 공소제기 전에는 고소사건을 담당하는 수사기관에, 공소제기 후에는 고소사건의 수소법원에 대하여 이루어져야 한다. ○ ×

해설 형사소송법 제232조 제1항, 제3항에 의하면 친고죄에서 고소의 취소 및 반의사불벌죄에서 처벌을 희망하는 의사표시의 철회는 제1심판결 선고 전까지만 할 수 있고, 따라서 제1심판결 선고 후에 고소가 취소되거나 처벌을 희망하는 의사표시가 철회된 경우에는 효력이 없으므로 형사소송법 제327조 제5호 내지 제6호의 공소기각 재판을 할 수 없다. 그리고 고소의 취소나 처벌을 희망하는 의사표시의 철회는 수사기관 또는 법원에 대한 법률행위적 소송행위이므로 공소제기 전에는 고소사건을 담당하는 수사기관에, 공소제기 후에는 고소사건의 수소법원에 대하여 이루어져야 한다. (대법원 2011도17264) 정답 ○

107 친고죄 피해자 A의 법정대리인 甲의 고소기간은 甲이 범인을 알게 된 날로부터 진행하고, A가 변호사 乙을 선임하여 乙이 고소를 제기한 경우에는 乙이 범인을 알게 된 날부터 고소기간이 기산된다. ○ ×

해설 형사소송법 제225조 제1항이 규정한 법정대리인의 고소권은 무능력자의 보호를 위하여 법정대리인에게 주어진 고유권이어서 피해자의 고소권 소멸여부에 관계없이 고소할 수 있는 것이며, 그 고소기간은 법정대리인 자신이 범인을 알게 된 날로부터 진행한다. (대법원 84도1579) 정답 ×

108 관련 민사사건에서 제1심판결 선고 전에 '이 사건과 관련하여 서로 상대방에 대하여 제기한 형사 고소 사건의 일체를 모두 취하한다'는 내용이 포함된 조정이 성립되었다면, 조정성립 후 고소인이 제1심 법정에서 여전히 피고인의 처벌을 원한다는 취지로 진술하더라도 고소를 취소한 것으로 볼 수 있다. ○ ×

해설 관련 민사사건에서 '이 사건과 관련하여 서로 상대방에 대하여 제기한 형사 고소 사건 일체를 모두 취하한다'는 내용이 포함된 조정이 성립된 것만으로는 고소 취소나 처벌불원의 의사표시를 한 것으로 보기 어렵다. (대법원 2003도8136)

정답 ×

03 기타의 수사단서 (자수·변사자검시)

109 사법경찰관이 범죄인지서를 작성하는 등 인지절차를 밟기 전에 수사를 하였더라면 그 수사는 위법하다. ○ ×

해설 인지절차를 밟기 전에 수사를 하였다고 하더라도, 그 수사가 장차 인지의 가능성이 전혀 없는 상태하에서 행해졌다는 등의 특별한 사정이 없는 한, 인지절차가 이루어지기 전에 수사를 하였다는 이유만으로 그 수사가 위법하다고 볼 수는 없고, 따라서 그 수사과정에서 작성된 피의자신문조서나 진술조서 등의 증거능력도 이를 부인할 수 없다. (대법원 2000도2968)

정답 ×

110 피고인이 수사기관의 직무상 질문 또는 조사에 응하여 범죄사실을 진술하는 것은 자백이자 자수에 해당한다. ○ ×

해설 형법 제52조 제1항에서 말하는 '자수'란 범인이 스스로 수사책임이 있는 관서에 자기의 범행을 자발적으로 신고하고 그 처분을 구하는 의사표시이므로, 수사기관의 직무상의 질문 또는 조사에 응하여 범죄사실을 진술하는 것은 자백일 뿐 자수로는 되지 아니하고, 나아가 자수는 범인이 수사기관에 의사표시를 함으로써 성립하는 것이므로 내심적 의사만으로는 부족하고 외부로 표시되어야 이를 인정할 수 있는 것이다. (대법원 2011도12041)

정답 ×

111 반의사불벌죄의 공범자 사이에도 친고죄의 공범자간 고소불가분의 원칙을 규정한 형사소송법 제233조의 규정이 준용되어, 1인에 대한 처벌을 희망하지 않는 의사표시는 다른 공범자에 대하여도 효력이 있다. ○ ×

해설 형사소송법이 고소와 고소취소에 관한 규정을 하면서 그 제232조 제1, 2항에서 고소취소의 시한과 재고소의 금지를 규정하고 그 제3항에서는 반의사불벌죄에 위 제1, 2항의 규정을 준용하는 규정을 두면서도, 그 제233조에서 고소와 고소취소의 불가분에 관한 규정을 함에 있어서는 반의사불벌죄에 이를 준용하는 규정을 두지 아니한 것은 처벌을 희망하지 아니하는 의사표시나 처벌을 희망하는 의사표시의 철회에 관하여는 친고죄와는 달리 그 공범자간에 불가분의 원칙을 적용하지 아니하고자 함에 있다고 볼 것이지, 입법의 불비로 볼 것은 아니다. (대법원 93도1689) = 반의사불벌죄에는 고소의 주관적 불가분의 원칙이 적용되지 않는다.

정답 ×

112 피고인이 자수하였음에도 불구하고 법원이 「형법」 제52조 제1항에 따른 자수감경을 하지 않거나 자수감경 주장에 대하여 판단을 하지 않았더라도 위법하지 않다. ○ ×

해설 대법원 2001도872

정답 ○

113 수사기관에의 자발적 신고 내용이 범행을 부인하는 등 범죄성립요건을 갖추지 아니한 경우에는 자수는 성립하지 않지만, 그 후 수사과정에서 범행을 시인하였다면 새롭게 자수가 성립될 여지가 있다. ○ ×

해설 수사기관에의 신고가 자발적이라고 하더라도 그 신고의 내용이 자기의 범행을 명백히 부인하는 등의 내용으로 자기의 범행으로서 범죄성립요건을 갖추지 아니한 사실일 경우에는 자수는 성립하지 않고, 일단 자수가 성립하지 아니한 이상 그 이후의 수사과정이나 재판과정에서 범행을 시인하였다고 하더라도 새롭게 자수가 성립할 여지는 없다. (대법원 2003도3133)

정답 ×

114 범인이 수사기관에 뇌물수수의 범죄사실을 자발적으로 신고하였다면, 「특정범죄 가중처벌 등에 관한 법률」의 적용을 피하기 위해 그 수뢰액을 실제보다 적게 신고한 것일지라도 자수는 성립한다. ○ ×

해설 수사기관에 뇌물수수의 범죄사실을 자발적으로 신고하였으나 그 수뢰액을 실제보다 적게 신고함으로써 적용법조와 법정형이 달라지게 된 경우, 자수의 성립을 부인한 사례이다. (대법원 2004도2003)

정답 ×

115 변사자란 부자연한 사망으로서 그 사인이 분명하지 않은 자뿐만 아니라 범죄로 사망한 것이 명백한 자도 포함된다. ○ ×

해설 형법 제163조의 변사자라 함은 부자연한 사망으로서 그 사인이 분명하지 않은 자를 의미하고 그 사인이 명백한 경우는 변사자라 할 수 없으므로, 범죄로 인하여 사망한 것이 명백한 자의 사체는 같은 법조 소정의 변사체검시방해죄의 객체가 될 수 없다. (대법원 2003도1331)

정답 ×

116 변사자는 수사의 단서로서 발견 즉시 수사가 개시된다. ○ ×

해설

> 형사소송법 제196조(검사의 수사) ① 검사는 범죄의 혐의가 있다고 사료하는 때에는 범인, 범죄사실과 증거를 수사한다.
> 형사소송법 제197조(사법경찰관리) ① 경무관, 총경, 경정, 경감, 경위는 사법경찰관으로서 범죄의 혐의가 있다고 사료하는 때에는 범인, 범죄사실과 증거를 수사한다.
> ② 경사, 경장, 순경은 사법경찰리로서 수사의 보조를 하여야 한다.

정답 ×

117 검사와 사법경찰관은 사법경찰관리는 변사자 또는 변사의 의심이 있는 사체가 있으면 관할 지방검찰청 또는 지청의 검사에게 보고하고 지휘를 받아야 하며, 변사자의 검시를 한 사건에 대해 사건 종결 전에 수사할 사항 등에 관하여 상호 의견을 제시·교환할 수 있다. O X

해설

> **수사준칙 제17조(변사자의 검시 등)** ① 사법경찰관은 변사자 또는 변사한 것으로 의심되는 사체가 있으면 변사사건 발생사실을 검사에게 통보해야 한다.
> ④ 검사와 사법경찰관은 법 제222조에 따라 변사자의 검시를 한 사건에 대해 사건 종결 전에 수사할 사항 등에 관하여 상호 의견을 제시·교환해야 한다.
> **형사소송법 제222조(변사자의 검시)** ③ 검사는 사법경찰관에게 전2항의 처분을 명할 수 있다.

정답 ×

118 「형사소송법」 제222조 제1항의 검시로 범죄의 혐의를 인정하고 긴급을 요할 때에는 영장 없이 검증할 수 있다. O X

해설

> **형사소송법 제222조(변사자의 검시)** ① 변사자 또는 변사의 의심 있는 사체가 있는 때에는 그 소재지를 관할하는 지방검찰청 검사가 검시하여야 한다.
> ② 전항의 검시로 범죄의 혐의를 인정하고 긴급을 요할 때에는 영장 없이 검증할 수 있다.

정답 ○

CHAPTER 03 수사의 방법

01 임의수사·임의동행

001 불심검문 대상자 해당 여부를 판단할 때에는 불심검문 당시의 구체적 상황은 물론 사전에 얻은 정보나 전문적 지식 등에 기초하여 불심검문 대상자인지를 객관적·합리적인 기준에 따라 판단하여야 하며, 불심검문 대상자에게 형사소송법상 체포나 구속에 이를 정도의 혐의가 있을 것을 요한다. O X

해설 경찰관이 경찰관직무집행법 제3조 제1항에 규정된 대상자 해당 여부를 판단함에 있어 불심검문 당시의 구체적 상황은 물론 사전에 얻은 정보나 전문적 지식 등에 기초하여 불심검문 대상자인지 여부를 객관적·합리적인 기준에 따라 판단하여야 할 것이나, 반드시 불심검문 대상자에게 형사소송법상 체포나 구속에 이를 정도의 혐의가 있을 것을 요한다고 할 수는 없고, 경찰관은 불심검문 대상자에게 질문하기 위하여 범행의 경중, 범행과의 관련성, 상황의 긴박성, 혐의의 정도, 질문의 필요성 등에 비추어 그 목적 달성에 필요한 최소한의 범위에서 사회통념상 용인될 수 있는 상당한 방법으로 그 대상자를 정지시킬 수 있다고 할 것이다. (대법원 2014도7976)

정답 X

002 수사에 관하여는 공무소 기타 공사단체에 조회하여 필요한 사항의 보고를 요구할 수 있다. O X

해설

> 형사소송법 제199조(수사와 필요한 조사) ② 수사에 관하여는 공무소 기타 공사단체에 조회하여 필요한 사항의 보고를 요구할 수 있다.

정답 O

003 음주운전과 관련한 도로교통법위반죄의 범죄수사를 위하여 미성년자인 피의자의 혈액채취가 필요한 경우, 피의자에게 의사능력이 없다면 피의자의 법정대리인이 피의자를 대리하여 피의자의 혈액채취에 관한 유효한 동의를 할 수 있다. O X

해설 음주운전과 관련한 도로교통법위반죄의 범죄수사를 위하여 미성년자인 피의자의 혈액채취가 필요한 경우에도 피의자에게 의사능력이 있다면 피의자 본인만이 혈액채취에 관한 유효한 동의를 할 수 있고, 피의자에게 의사능력이 없는 경우에도 명문의 규정이 없는 이상 법정대리인이 피의자를 대리하여 동의할 수는 없다. (대법원 2013도1228)

정답 X

004 주취운전의 혐의자에게 영장 없는 음주측정에 응할 의무를 지우고 이에 불응한 사람을 처벌하는 것은 헌법 제12조 제3항에 규정된 영장주의에 위배된다. O X

해설 도로교통법 제41조 제2항에 규정된 음주측정은 성질상 강제될 수 있는 것이 아니며 궁극적으로 당사자의 자발적 협조가 필수적인 것이므로 이를 두고 법관의 영장을 필요로 하는 강제처분이라 할 수 없다. 따라서 이 사건 법률조항이 주취운전의 혐의자에게 영장 없는 음주측정에 응할 의무를 지우고 이에 불응한 사람을 처벌한다고 하더라도 헌법 제12조 제3항에 규정된 영장주의에 위배되지 아니한다. (헌법재판소 96헌가11)

정답 X

005

음주운전을 목격한 피해자가 있는 상황에서 경찰관이 음주운전 종료 시부터 약 2시간 후 집에 있던 피고인을 임의동행하여 음주측정을 요구하였고, 음주측정 요구 당시에도 피고인이 상당히 취한 것으로 보이는 상황이었다면 그 음주측정 요구는 적법하다. ○ ×

해설 대법원 96도3069

정답 ○

006

출석요구는 반드시 서면의 출석요구서를 발부하는 방식으로 하여야 한다. ○ ×

해설

> **수사준칙 제19조(출석요구)** ③ 검사 또는 사법경찰관은 피의자에게 출석요구를 하려는 경우 피의사실의 요지 등 출석요구의 취지를 구체적으로 적은 출석요구서를 발송해야 한다. 다만, 신속한 출석요구가 필요한 경우 등 부득이한 사정이 있는 경우에는 전화, 문자메시지, 그 밖의 상당한 방법으로 출석요구를 할 수 있다.

정답 ×

007

수사기관이 참고인을 조사하는 과정에서 형사소송법 제221조 제1항에 따라 작성한 영상녹화물은 원칙적으로 공소사실을 직접 증명할 수 있는 독립적인 증거로 사용될 수 있다. ○ ×

해설 수사기관이 참고인을 조사하는 과정에서 형사소송법 제221조 제1항에 따라 작성한 영상녹화물은, 다른 법률에서 달리 규정하고 있는 등의 특별한 사정이 없는 한, 공소사실을 직접 증명할 수 있는 독립적인 증거로 사용될 수는 없다. (대법원 2012도5041)

정답 ×

008

수사관이 동행에 앞서 피의자에게 동행을 거부할 수 있음을 알려주었거나 동행한 피의자가 언제든지 자유로이 동행과정에서 이탈 또는 동행 장소로부터 퇴거할 수 있었음이 인정되는 등 오로지 피의자의 자발적인 의사에 의하여 수사관서 등에의 동행이 이루어졌음이 객관적인 사정에 의하여 명백하게 입증된 경우에 한하여, 임의동행의 적법성이 인정된다. ○ ×

해설 대법원 2005도6810

정답 ○

009

수사기관의 조사과정에서 작성된 피의자의 진술을 기재한 서류가 '자술서'의 형식을 취하였다면 미리 진술거부권을 고지하지 않았더라도 증거능력이 인정된다. ○ ×

해설 피의자의 진술을 녹취 내지 기재한 서류 또는 문서가 수사기관에서의 조사 과정에서 작성된 것이라면, 그것이 '진술조서, 진술서, 자술서'라는 형식을 취하였다고 하더라도 피의자신문조서와 달리 볼 수 없다. 형사소송법이 보장하는 피의자의 진술거부권은 헌법이 보장하는 형사상 자기에게 불리한 진술을 강요당하지 않는 자기부죄거부의 권리에 터 잡은 것이므로, 수사기관이 피의자를 신문함에 있어서 피의자에게 미리 진술거부권을 고지하지 않은 때에는 그 피의자의 진술은 위법하게 수집된 증거로서 진술의 임의성이 인정되는 경우라도 증거능력이 부인되어야 한다. (대법원 2014도1779)

정답 ×

010 운전자가 음주측정요구를 받을 당시에 술에 취한 상태에 있었다고 인정할 만한 상당한 이유가 있음에도 정당한 이유 없이 이에 불응하여 음주측정불응죄가 인정되었다면, 운전자가 다시 스스로 경찰공무원에게 혈액채취의 방법에 의한 음주측정을 요구하여 그 결과 음주운전으로 처벌할 수 없는 혈중알콜농도 수치가 나왔더라도 음주측정거부죄가 성립한다. O X

해설 대법원 2004도4789   정답 O

011 호흡측정기에 의한 음주측정치와 혈액검사에 의한 음주측정치가 다른 경우에, 혈액의 채취 또는 검사과정에서 혈액채취에 의한 검사결과를 믿지 못할 특별한 사정이 없는 한, 혈액검사에 의한 음주측정치가 호흡측정기에 의한 음주측정치보다 측정 당시의 혈중알콜농도에 더 근접한 음주측정치라고 보는 것이 경험칙에 부합한다. O X

해설 대법원 2003도6905   정답 O

012 주취운전의 혐의자에게 호흡측정기에 의한 주취 여부의 측정에 응할 것을 요구하고 이에 불응할 경우에는 음주측정거부죄로 처벌하는 것은, 자기부죄금지의 원칙을 규정한 「헌법」 제12조 제2항에 위반된다고 할 수 없다. O X

해설 대법원 2009도7924   정답 O

013 운전자가 술에 취한 상태에서 자동차를 운전하였다고 인정할 만한 상당한 이유가 있어서, 경찰관이 음주감지기에 의한 시험을 요구한 경우, 그 시험결과에 따라 음주측정기에 의한 측정이 예정되어 있고 운전자가 그러한 사정을 인식하였음에도 음주감지기에 의한 시험에 명시적으로 불응함으로써 음주측정을 거부하겠다는 의사를 표명하였더라도, 음주감지기에 의한 시험을 거부한 행위만으로는 음주측정거부죄에 해당할 수 없다. O X

해설 경찰공무원이 술에 취한 상태에 있다고 인정할 만한 상당한 이유가 있는 운전자에게 음주 여부를 확인하기 위하여 음주측정기에 의한 측정의 사전 단계로 음주감지기에 의한 시험을 요구하는 경우, 그 시험 결과에 따라 음주측정기에 의한 측정이 예정되어 있고 운전자가 그러한 사정을 인식하였음에도 음주감지기에 의한 시험에 명시적으로 불응함으로써 음주측정을 거부하겠다는 의사를 표명하였다면, <u>음주감지기에 의한 시험을 거부한 행위도 음주측정기에 의한 측정에 응할 의사가 없음을 객관적으로 명백하게 나타낸 것으로 볼 수 있다.</u> (대법원 2017도5115)   정답 ✕

014 즉결심판 피의자의 정당한 귀가요청을 거절한 채 다음 날 즉결심판법정이 열릴 때까지 피의자를 경찰서 보호실에 강제유치시키려고 함으로써 피의자를 경찰서 내 즉결피의자 대기실에 10~20분 동안 있게 한 행위는 불법한 감금행위에 해당한다. O X

해설 대법원 97도877   정답 O

015 특별한 이유 없이 호흡측정기에 의한 측정에 불응하는 운전자에게 경찰공무원이 혈액채취에 의한 측정방법이 있음을 고지하고 그 선택 여부를 물어야 할 의무가 있다고는 할 수 없다. O X

해설 대법원 2002도4220   정답 O

016

「경찰관직무집행법」상 보호조치 요건이 갖추어지지 않았음에도, 경찰관이 실제로는 범죄수사를 목적으로 피의자에 해당하는 사람을 피구호자로 삼아 그의 의사에 반하여 경찰관서에 데려간 행위는, 달리 현행범체포나 임의동행 등의 적법 요건을 갖추었다고 볼 사정이 없다면, 위법한 체포에 해당한다. ○ ✕

해설 대법원 2012도11162

정답 ○

017

위법한 강제연행 상태에서 호흡측정 방법에 의한 음주측정을 한 다음, 강제연행 상태로부터 시간적·장소적으로 단절되었다고 볼 수 없는 상황에서 피의자가 호흡측정 결과를 탄핵하기 위하여 스스로 혈액채취 방법에 의한 측정을 할 것을 요구하여 혈액채취가 이루어진 경우 그 사이에 위법한 체포 상태에 의한 영향이 완전하게 배제되고 피의자의 의사결정의 자유가 확실하게 보장되었다고 볼 만한 다른 사정이 개입되지 않은 이상 그러한 혈액채취에 의한 측정 결과를 유죄 인정의 증거로 쓸 수 없다. 그러나 이 경우에도 피고인이 이를 증거로 함에 동의하였다면, 혈액채취에 의한 측정결과는 유죄 인정의 증거로 사용할 수 있다. ○ ✕

해설 위법한 강제연행 상태에서 호흡측정 방법에 의한 음주측정을 한 다음 강제연행 상태로부터 시간적·장소적으로 단절되었다고 볼 수도 없고 피의자의 심적 상태 또한 강제연행 상태로부터 완전히 벗어났다고 볼 수 없는 상황에서 피의자가 호흡측정 결과에 대한 탄핵을 하기 위하여 스스로 혈액채취 방법에 의한 측정을 할 것을 요구하여 혈액채취가 이루어졌다고 하더라도 그 사이에 위법한 체포 상태에 의한 영향이 완전하게 배제되고 피의자의 의사결정의 자유가 확실하게 보장되었다고 볼 만한 다른 사정이 개입되지 않은 이상 불법체포와 증거수집 사이의 인과관계가 단절된 것으로 볼 수는 없다. 따라서 그러한 혈액채취에 의한 측정 결과 역시 유죄 인정의 증거로 쓸 수 없다고 보아야 한다. 그리고 이는 수사기관이 위법한 체포 상태를 이용하여 증거를 수집하는 등의 행위를 효과적으로 억지하기 위한 것이므로, 피고인이나 변호인이 이를 증거로 함에 동의하였다고 하여도 달리 볼 것은 아니다. (대법원 2010도2094)

정답 ✕

018

피의자가 영상녹화물의 내용에 대해 이의를 진술하는 때에는 그 진술을 따로 영상녹화하여 첨부하여야 한다. ○ ✕

해설

> **형사소송법 제244조의2(피의자진술의 영상녹화)** ③ 제2항의 경우에 피의자 또는 변호인의 요구가 있는 때에는 영상녹화물을 재생하여 시청하게 하여야 한다. 이 경우 그 내용에 대하여 이의를 진술하는 때에는 그 취지를 기재한 서면을 첨부하여야 한다.

정답 ✕

019

「형사소송법」 제244조의2 제1항에 따르면 수사기관은 피의자신문절차에서 피의자의 진술을 영상녹화 할 경우 미리 영상녹화 사실을 알리고 동의를 받아야 한다. ○ ✕

해설

> **형사소송법 제244조의2(피의자진술의 영상녹화)** ① 피의자의 진술은 영상녹화 할 수 있다. 이 경우 미리 영상녹화사실을 알려주어야 하며, 조사의 개시부터 종료까지의 전 과정 및 객관적 정황을 영상녹화 하여야 한다.

정답 ✕

020 수사기관이 수사의 필요상 피의자를 임의동행한 경우에도 조사 후 귀가시키지 아니하고 그의 의사에 반하여 경찰서 보호실 등에 계속 유치함으로써 신체의 자유를 속박하였다면 이는 구금에 해당된다. O X

해설 수사기관이 피의자를 수사하는 과정에서 구속영장없이 피의자를 함부로 구금하여 피의자의 신체의 자유를 박탈하였다면 직권을 남용한 불법감금의 죄책을 면할 수 없고, 수사의 필요상 피의자를 임의동행한 경우에도 조사 후 귀가시키지 아니하고 그의 의사에 반하여 경찰서 조사실 또는 보호실 등에 계속 유치함으로써 신체의 자유를 속박하였다면 이는 구금에 해당한다. (대법원 85모16)

정답 O

021 이전의 임의동행이 불법체포에 해당한다고 하더라도 6시간이 지난 후 정상적인 긴급체포의 절차를 밟았다면 그 긴급체포는 적법하다. O X

해설 사법경찰관이 피고인을 수사관서까지 동행한 것은 위에서 본 적법요건이 갖추어지지 아니한 채 사법경찰관의 동행요구를 거절할 수 없는 심리적 압박 아래 행하여진 사실상의 강제연행, 즉 불법체포에 해당한다고 보아야 할 것이고, 사법경찰관이 그로부터 6시간 상당이 경과한 이후에 비로소 피고인에 대하여 긴급체포의 절차를 밟았다고 하더라도 이는 동행의 형식 아래 행해진 불법체포에 기하여 사후적으로 취해진 것에 불과하므로, 그와 같은 긴급체포 또한 위법하다. (대법원 2005도6810)

정답 X

022 임의수사의 경우에도 법률이 수사활동의 요건·절차를 규정하고 있다면, 그에 위반하여 수집한 증거는 위법수집증거로서 증거능력이 부정된다. O X

해설

형사소송법 제308조의2(위법수집증거의 배제) 적법한 절차에 따르지 아니하고 수집한 증거는 증거로 할 수 없다.

정답 O

023 「형사소송법」상 임의수사가 원칙이고 강제수사는 법률에 특별한 규정이 있는 경우에 한하여 예외적으로 허용된다. O X

해설

형사소송법 제199조(수사와 필요한 조사) ① 수사에 관하여는 그 목적을 달성하기 위하여 필요한 조사를 할 수 있다. 다만, 강제처분은 이 법률에 특별한 규정이 있는 경우에 한하며, 필요한 최소한도의 범위 안에서만 하여야 한다.

정답 O

024 수사기관은 피검사자의 동의를 얻은 경우에 거짓말탐지기를 사용할 수 있다. 다만, 그 검사결과를 공소사실의 존부를 인정하는 직접증거로는 사용할 수 없고, 진술의 신빙성 유무를 판단하는 정황증거로만 사용할 수 있다. O X

해설 대법원 83도3146

정답 O

025 상대방의 동의를 얻어 보호실 등 특정한 장소에 유치하는 승낙유치는 임의수사의 한 종류로 영장 없이 할 수 있다. ○ ×

해설 경찰서 조사대기실이 조사대기자 등의 도주방지와 경찰업무의 편의 등을 위한 수용시설로서 그 안에 대기하고 있는 사람들의 출입이 제한되는 시설이라면, 일단 그 장소에 유치되는 사람은 그 의사에 기하지 아니하고 일정장소에 구금되는 결과가 되므로 경찰관직무집행법상 정신착란자, 주취자, 자살기도자 등 응급의 구호를 요하는 자를 24시간을 초과하지 아니하는 범위 내에서 경찰관서에 보호조치할 수 있는 시설로 제한적으로 운영되는 경우를 제외하고는 구속영장을 발부받음이 없이 조사대기실에 유치하는 것은 영장주의에 위배되는 위법한 구금이라고 하지 않을 수 없다. (대법원 94다37226)

정답 ×

026 경찰관이 甲을 경찰서로 동행할 당시 甲에게 언제든지 동행을 거부할 수 있음을 고지한 다음 동행에 대한 동의를 구하였고, 이에 甲이 고개를 끄덕이며 동행의 의사표시를 하였으며, 동행 당시 경찰관에게 욕을 하거나 특별한 저항을 하지 않고서 동행에 순순히 응하였으며, 동행 당시 술에 취한 상태이긴 하였으나 동행 후 경찰서에서 주취운전자 정황진술보고서의 날인을 거부하고 "이번이 3번째 음주운전이다. 난 시청직원이다. 1번만 봐달라."라고 말한 경우 甲에 대한 임의동행은 적법하다. ○ ×

해설 대법원 2012도8890

정답 ○

027 경찰관이 甲의 정신상태, 신체에 있는 주사바늘 자국, 알콜솜 휴대, 전과 등을 근거로 甲의 마약류 투약 혐의가 상당하다고 판단하여 경찰서로 임의동행을 요구하였고, 동행 장소인 경찰서에서 甲에게 마약류 투약 혐의를 밝힐 수 있는 소변과 모발의 임의제출을 요구하였다면, 이때 임의동행은 형사소송법 제199조 제1항에 따른 임의동행에 해당하지 아니한다. ○ ×

해설 경찰관은 당시 피고인의 정신상태, 신체에 있는 주사바늘 자국, 알콜솜 휴대, 전과 등을 근거로 피고인의 마약류 투약 혐의가 상당하다고 판단하여 경찰서로 임의동행을 요구하였고, 동행장소인 경찰서에서 피고인에게 마약류 투약 혐의를 밝힐 수 있는 소변과 모발의 임의제출을 요구하였으므로 피고인에 대한 임의동행은 마약류 투약 혐의에 대한 수사를 위한 것이어서 형사소송법 제199조 제1항에 따른 임의동행에 해당한다. (대법원 2020도398)

정답 ×

028 술에 취한 상태에 있다고 인정할 만한 상당한 이유가 있는 운전자가 경찰관으로부터 언제라도 자유로이 퇴거할 수 있음을 고지 받고 파출소까지 자발적으로 동행한 경우 이 파출소에서의 음주측정요구는 위법한 체포 상태에서 이루어진 것이라고 할 수 없다. ○ ×

해설 대법원 2013도8481

정답 ○

02 피의자 신문

029 피의자가 변호인의 참여를 원한다는 의사를 명백하게 표시하였음에도 수사기관이 정당한 사유 없이 변호인을 참여하게 하지 아니한 채 피의자를 신문하여 작성한 피의자신문조서는 「형사소송법」 제312조에서 정한 '적법한 절차와 방식'에 위반된 증거일 뿐만 아니라, 「형사소송법」 제308조의2에서 정한 '적법한 절차에 따르지 아니하고 수집한 증거'에 해당하므로 이를 증거로 할 수 없다. ○|×

해설 대법원 2010도3359
정답 ○

030 피의자의 진술을 영상녹화 하는 경우 피의자 또는 변호인의 동의를 받아야 영상녹화 할 수 있고, 피의자가 아닌 자의 진술을 영상녹화 하고자 할 때에는 미리 피의자가 아닌 자에게 영상녹화사실을 알려주어야 영상녹화 할 수 있다. ○|×

해설

형사소송법 제244조의2(피의자진술의 영상녹화) ① 피의자의 진술은 영상녹화 할 수 있다. 이 경우 미리 영상녹화사실을 알려주어야 하며, 조사의 개시부터 종료까지의 전 과정 및 객관적 정황을 영상녹화 하여야 한다.
형사소송법 제221조(제3자의 출석요구 등) ① 검사 또는 사법경찰관은 수사에 필요한 때에는 피의자가 아닌 자의 출석을 요구하여 진술을 들을 수 있다. 이 경우 그의 동의를 받아 영상녹화 할 수 있다. = 피의자의 경우 미리 알려주고 영상녹화 할 수 있지만 참고인(피의자 아닌 자)의 경우 동의를 받아 영상녹화 할 수 있다.

정답 ×

031 구속영장 발부에 의하여 적법하게 구금된 피의자가 피의자신문을 위한 출석요구에 응하지 아니하면서 수사기관 조사실에 출석을 거부한다면 수사기관은 그 구속영장의 효력에 의하여 피의자를 조사실로 구인할 수 있다. ○|×

해설 대법원 2013모160
정답 ○

032 검사 또는 사법경찰관은 피의자를 신문하는 경우에 있어서, 피의자가 신체적 또는 정신적 장애로 사물을 변별하거나 의사를 결정·전달할 능력이 미약한 때에는 직권 또는 피의자·법정대리인의 신청에 따라 피의자와 신뢰관계에 있는 자를 동석하게 할 수 있다. ○|×

해설

형사소송법 제244조의5(장애인 등 특별히 보호를 요하는 자에 대한 특칙) 검사 또는 사법경찰관은 피의자를 신문하는 경우 다음 각 호의 어느 하나에 해당하는 때에는 직권 또는 피의자·법정대리인의 신청에 따라 피의자와 신뢰관계에 있는 자를 동석하게 할 수 있다.
  1. 피의자가 신체적 또는 정신적 장애로 사물을 변별하거나 의사를 결정·전달할 능력이 미약한 때
  2. 피의자의 연령·성별·국적 등의 사정을 고려하여 그 심리적 안정의 도모와 원활한 의사소통을 위하여 필요한 경우

정답 ○

033

피의자신문에 참여하고자 하는 변호인이 2인 이상인 때에는 피의자가 참여할 변호인 1인을 지정하고, 지정이 없는 경우에는 검사 또는 사법경찰관이 지정하여야 한다. O X

해설

형사소송법 제243조의2(변호인의 참여 등) ② 신문에 참여하고자 하는 변호인이 2인 이상인 때에는 피의자가 신문에 참여할 변호인 1인을 <u>지정한다</u>. 지정이 없는 경우에는 검사 또는 사법경찰관이 이를 <u>지정할 수 있다</u>.

정답 ×

034

검사 또는 사법경찰관은 피의자 또는 그 변호인·법정대리인·배우자·직계친족·형제자매의 신청에 따라 변호인을 피의자와 접견하게 하거나 정당한 사유가 없는 한 피의자에 대한 신문에 참여하게 하여야 한다. O X

해설

형사소송법 제243조의2(변호인의 참여 등) ① 검사 또는 사법경찰관은 피의자 또는 그 변호인·법정대리인·배우자·직계친족·형제자매의 신청에 따라 변호인을 <u>피의자와 접견하게 하거나</u> 정당한 사유가 없는 한 피의자에 대한 신문에 <u>참여하게 하여야 한다</u>.

정답 ○

035

신문에 참여한 변호인은 신문 후 의견을 진술할 수 있다. 다만, 신문 중이라도 부당한 신문방법에 대하여 이의를 제기할 수 있고, 검사 또는 사법경찰관의 승인을 얻어 의견을 진술할 수 있다. O X

해설

형사소송법 제243조의2(변호인의 참여 등) ③ 신문에 참여한 변호인은 신문 후 의견을 진술할 수 있다. 다만, 신문 중이라도 부당한 신문방법에 대하여 이의를 제기할 수 있고, 검사 또는 사법경찰관의 승인을 얻어 의견을 진술할 수 있다.

정답 ○

036

사법경찰관이 작성한 피의자신문조서는 적법한 절차와 방식에 따라 작성된 것으로서 공판준비 또는 공판기일에 그 피의자였던 피고인 또는 변호인이 그 내용을 인정할 때에 한하여 증거로 할 수 있다. O X

해설

형사소송법 제312조(검사 또는 사법경찰관의 조서 등) ③ 검사 이외의 수사기관이 작성한 피의자신문조서는 적법한 절차와 방식에 따라 작성된 것으로서 공판준비 또는 공판기일에 그 피의자였던 피고인 또는 변호인이 그 내용을 인정할 때에 한하여 증거로 할 수 있다.

정답 ○

037 피의자의 진술을 영상녹화 할 때에는 조사의 개시부터 종료까지 전 과정 및 객관적 정황을 녹화하여야 한다. ○×

해설

형사소송법 제244조의2(피의자진술의 영상녹화) ① 피의자의 진술은 영상녹화 할 수 있다. 이 경우 미리 영상녹화사실을 알려주어야 하며, 조사의 개시부터 종료까지의 전 과정 및 객관적 정황을 영상녹화 하여야 한다.

정답 ○

038 영상녹화물은 조사가 행해지는 동안 조사실 전체를 확인할 수 있도록 녹화된 것으로 진술자의 얼굴을 식별할 수 있는 것이어야 하고, 재생화면에는 녹화 당시의 날짜와 시간이 실시간으로 표시되어야 한다. ○×

해설

형사소송규칙 제134조의2(영상녹화물의 조사 신청) ④ 제1항의 영상녹화물은 조사가 행해지는 동안 조사실 전체를 확인할 수 있도록 녹화된 것으로 진술자의 얼굴을 식별할 수 있는 것이어야 한다.
⑤ 제1항의 영상녹화물의 재생화면에는 녹화 당시의 날짜와 시간이 실시간으로 표시되어야 한다.

정답 ○

039 피고인 또는 피고인이 아닌 자의 진술을 내용으로 하는 영상녹화물은 공판준비 또는 공판기일에서 피고인 또는 피고인이 아닌 자가 진술함에 있어서 기억이 명백하지 아니한 사항에 관하여 기억을 환기시켜야 할 필요가 있다고 인정되는 때에 한하여 피고인 또는 피고인이 아닌 자에게 재생하여 시청하게 할 수 있다. ○×

해설

형사소송법 제318조의2(증명력을 다투기 위한 증거) ② 제1항에도 불구하고 피고인 또는 피고인이 아닌 자의 진술을 내용으로 하는 영상녹화물은 공판준비 또는 공판기일에 피고인 또는 피고인이 아닌 자가 진술함에 있어서 기억이 명백하지 아니한 사항에 관하여 기억을 환기시켜야 할 필요가 있다고 인정되는 때에 한하여 피고인 또는 피고인이 아닌 자에게 재생하여 시청하게 할 수 있다.

정답 ○

040 검사 또는 사법경찰관은 수사에 필요한 때에는 피의자가 아닌 자의 출석을 요구하여 진술을 들을 수 있다. 이 경우 그의 동의를 받아 영상녹화 할 수 있다. ○×

해설

형사소송법 제221조(제3자의 출석요구 등) ① 검사 또는 사법경찰관은 수사에 필요한 때에는 피의자가 아닌 자의 출석을 요구하여 진술을 들을 수 있다. 이 경우 그의 동의를 받아 영상녹화 할 수 있다.

정답 ○

041 검사는 피의자가 아닌 자가 공판준비 또는 공판기일에서 조서가 자신이 검사 또는 사법경찰관 앞에서 진술한 내용과 동일하게 기재되어 있음을 인정하지 아니하는 경우 그 부분의 성립의 진정을 증명하기 위하여 영상녹화물의 조사를 신청할 수 있다. ○ ×

해설

형사소송규칙 제134조의3(제3자의 진술과 영상녹화물) ① 검사는 피의자가 아닌 자가 공판준비 또는 공판기일에서 조서가 자신이 검사 또는 사법경찰관 앞에서 진술한 내용과 동일하게 기재되어 있음을 인정하지 아니하는 경우 그 부분의 성립의 진정을 증명하기 위하여 영상녹화물의 조사를 신청할 수 있다.

정답 ○

042 법원은 검사가 영상녹화물의 조사를 신청한 경우 이에 관한 결정을 함에 있어 원진술자와 함께 피고인 또는 변호인으로 하여금 그 영상녹화물이 적법한 절차와 방식에 따라 작성되어 봉인된 것인지 여부에 관한 의견을 진술하게 하여야 한다. ○ ×

해설

형사소송규칙 제134조의4(영상녹화물의 조사) ① 법원은 검사가 영상녹화물의 조사를 신청한 경우 이에 관한 결정을 함에 있어 원진술자와 함께 피고인 또는 변호인으로 하여금 그 영상녹화물이 적법한 절차와 방식에 따라 작성되어 봉인된 것인지 여부에 관한 의견을 진술하게 하여야 한다.

정답 ○

043 법원은 공판준비 또는 공판기일에서 봉인을 해체하고 영상녹화물의 전부 또는 일부를 재생하는 방법으로 조사하여야 한다. 이 때 영상녹화물은 그 재생과 조사에 필요한 전자적 설비를 갖춘 법정 외의 장소에서는 이를 재생할 수 없다. ○ ×

해설

형사소송규칙 제134조의4(영상녹화물의 조사) ③ 법원은 공판준비 또는 공판기일에서 봉인을 해체하고 영상녹화물의 전부 또는 일부를 재생하는 방법으로 조사하여야 한다. 이 때 영상녹화물은 그 재생과 조사에 필요한 전자적 설비를 갖춘 법정 외의 장소에서 이를 재생할 수 있다.

정답 ×

044 피의자신문에 대한 변호인의 참여권은 구속된 피의자의 방어권을 실질적으로 보장하기 위한 취지이므로 불구속 피의자의 피의자신문에 대해서는 정당한 사유가 있는 경우에만 변호인의 참여가 허용된다. ○ ×

해설

형사소송법 제243조의2(변호인의 참여 등) ① 검사 또는 사법경찰관은 피의자 또는 그 변호인·법정대리인·배우자·직계친족·형제자매의 신청에 따라 변호인을 피의자와 접견하게 하거나 정당한 사유가 없는 한 피의자에 대한 신문에 참여하게 하여야 한다.

정답 ×

045

변호인에게 피의자신문 참여권을 인정하는 이유는 피의자 등이 가지는 '변호인의 조력을 받을 권리'를 충실하게 보장하기 위한 목적에서 비롯된 것이지, 그것이 변호인 자신의 기본권을 보장하기 위하여 인정되는 권리라고 볼 수는 없다. O X

해설 피의자 및 피고인이 가지는 변호인의 조력을 받을 권리는 그들을 조력할 변호인의 권리가 보장됨으로써 공고해질 수 있으며, 반면에 변호인의 권리가 보장되지 않으면 유명무실하게 될 수 있다. 피의자 및 피고인을 조력할 변호인의 권리 중 그것이 보장되지 않으면 그들이 변호인의 조력을 받는다는 것이 유명무실하게 되는 핵심적인 부분은 헌법상 기본권인 피의자 및 피고인이 가지는 변호인의 조력을 받을 권리와 표리의 관계에 있다 할 수 있다. 따라서 피의자 및 피고인이 가지는 변호인의 조력을 받을 권리가 실질적으로 확보되기 위해서는, 피의자 및 피고인에 대한 변호인의 조력할 권리의 핵심적인 부분(이하 '변호인의 변호권'이라 한다)은 헌법상 기본권으로서 보호되어야 한다. (헌법재판소 2016헌마503)   정답 X

046

검사 또는 사법경찰관은 피의자에 대하여 범죄사실과 정상에 관한 필요사항을 신문하여야 하며 그 이익 되는 사실을 진술할 기회를 주어야 한다. O X

해설

> 형사소송법 제242조(피의자신문사항) 검사 또는 사법경찰관은 피의자에 대하여 범죄사실과 정상에 관한 필요사항을 신문하여야 하며 그 이익 되는 사실을 진술할 기회를 주어야 한다.

정답 O

047

수사기관이 정당한 사유가 없음에도 변호인에게 피의자로부터 떨어진 곳으로 옮겨 앉으라는 지시를 하고, 이에 불응하였다는 이유를 들어 변호인의 피의자신문 참여권을 제한하였다면, 변호인은 항고를 제기할 수 있다. O X

해설 수사기관이 피의자신문을 하면서 위와 같은 정당한 사유가 없는데도 변호인에 대하여 피의자로부터 떨어진 곳으로 옮겨 앉으라고 지시를 한 다음 이러한 지시에 따르지 않았음을 이유로 변호인의 피의자신문 참여권을 제한하는 것은 허용될 수 없다. (대법원 2008모793) = 검사나 사법경찰관이 정당한 이유 없이 변호인의 참여를 제한하거나 퇴거시킨 처분에 대해서는 준항고로 다툴 수 있다. (형사소송법 제417조)   정답 X

048

검사 또는 사법경찰관의 「형사소송법」 제243조의2에 따른 변호인의 참여 등에 관한 처분에 대하여 불복이 있으면 그 직무집행지의 관할법원 또는 검사의 소속검찰청에 대응한 법원에 그 처분의 취소 또는 변경을 청구할 수 있다. O X

해설

> 형사소송법 제417조(동전) 검사 또는 사법경찰관의 구금, 압수 또는 압수물의 환부에 관한 처분과 제243조의2에 따른 변호인의 참여 등에 관한 처분에 대하여 불복이 있으면 그 직무집행지의 관할법원 또는 검사의 소속검찰청에 대응한 법원에 그 처분의 취소 또는 변경을 청구할 수 있다.

정답 O

049 피고인의 진술을 내용으로 하는 영상녹화물은 공판준비 또는 공판기일에서의 피고인진술의 증명력을 다투기 위한 증거로 할 수 있다. ○ ×

> **해설**
>
> 형사소송법 제318조의2(증명력을 다투기 위한 증거) ① 제312조부터 제316조까지의 규정에 따라 증거로 할 수 없는 서류나 진술이라도 공판준비 또는 공판기일에서의 피고인 또는 피고인이 아닌 자(공소제기 전에 피고인을 피의자로 조사하였거나 그 조사에 참여하였던 자를 포함한다. 이하 이 조에서 같다)의 진술의 증명력을 다투기 위하여 증거로 할 수 있다.
> ② 제1항에도 불구하고 피고인 또는 피고인이 아닌 자의 진술을 내용으로 하는 영상녹화물은 공판준비 또는 공판기일에 피고인 또는 피고인이 아닌 자가 진술함에 있어서 기억이 명백하지 아니한 사항에 관하여 기억을 환기시켜야 할 필요가 있다고 인정되는 때에 한하여 피고인 또는 피고인이 아닌 자에게 재생하여 시청하게 할 수 있다.

정답 ×

050 참고인의 경우 고지를 하고 영상녹화를 할 수 있으나, 피의자의 경우 동의를 얻어 영상녹화를 할 수 있다. ○ ×

> **해설**
>
> 형사소송법 제221조(제3자의 출석요구 등) ① 검사 또는 사법경찰관은 수사에 필요한 때에는 피의자가 아닌 자의 출석을 요구하여 진술을 들을 수 있다. 이 경우 그의 동의를 받아 영상녹화할 수 있다.

정답 ×

051 참고인에 대한 영상녹화물은 증인의 기억을 환기시키는 수단은 될 수 있지만, 참고인진술조서의 진정성립을 증명하는 자료는 될 수 없다. ○ ×

> **해설**
>
> 형사소송법 제312조(검사 또는 사법경찰관의 조서 등) ④ 검사 또는 사법경찰관이 피고인이 아닌 자의 진술을 기재한 조서는 적법한 절차와 방식에 따라 작성된 것으로서 그 조서가 검사 또는 사법경찰관 앞에서 진술한 내용과 동일하게 기재되어 있음이 원진술자의 공판준비 또는 공판기일에서의 진술이나 영상녹화물 또는 그 밖의 객관적인 방법에 의하여 증명되고, 피고인 또는 변호인이 공판준비 또는 공판기일에 그 기재 내용에 관하여 원진술자를 신문할 수 있었던 때에는 증거로 할 수 있다. 다만, 그 조서에 기재된 진술이 특히 신빙할 수 있는 상태하에서 행하여 졌음이 증명된 때에 한한다.

정답 ×

052

영상녹화가 완료된 때에는 피의자 또는 변호인 앞에서 지체 없이 그 원본을 봉인하고 피의자로 하여금 기명날인 또는 서명하게 하여야 하고, 이 경우에 피의자 또는 변호인의 요구가 있는 때에는 영상녹화물을 재생하여 시청하게 하여야 한다. ○ ×

해설

> 형사소송법 제244조의2(피의자진술의 영상녹화) ② 제1항에 따른 영상녹화가 완료된 때에는 피의자 또는 변호인 앞에서 지체 없이 그 원본을 봉인하고 피의자로 하여금 기명날인 또는 서명하게 하여야 한다.
> ③ 제2항의 경우에 피의자 또는 변호인의 요구가 있는 때에는 영상녹화물을 재생하여 시청하게 하여야 한다. 이 경우 그 내용에 대하여 이의를 진술하는 때에는 그 취지를 기재한 서면을 첨부하여야 한다.

정답 ○

053

검사가 피의자를 신문함에는 검찰청수사관 또는 서기관이나 서기를 참여하게 하여야 하고, 사법경찰관이 피의자를 신문함에는 사법경찰관리를 참여하게 하여야 한다. ○ ×

해설

> 형사소송법 제243조(피의자신문과 참여자) 검사가 피의자를 신문함에는 검찰청수사관 또는 서기관이나 서기를 참여하게 하여야 하고 사법경찰관이 피의자를 신문함에는 사법경찰관리를 참여하게 하여야 한다.

정답 ○

054

수사기관이 진술거부권을 고지하지 않은 경우 그 진술을 기재한 조서는 그 진술에 임의성이 인정되더라도 증거능력이 인정되지 않는다. ○ ×

해설 대법원 2014도1779

정답 ○

055

사법경찰관은 신청이 없더라도 필요성이 있다고 인정되면 직권으로 신뢰관계자를 동석하게 할 수 있다. ○ ×

해설

> 형사소송법 제244조의5(장애인 등 특별히 보호를 요하는 자에 대한 특칙) 검사 또는 사법경찰관은 피의자를 신문하는 경우 다음 각 호의 어느 하나에 해당하는 때에는 직권 또는 피의자·법정대리인의 신청에 따라 피의자와 신뢰관계에 있는 자를 동석하게 할 수 있다.
> 1. 피의자가 신체적 또는 정신적 장애로 사물을 변별하거나 의사를 결정·전달할 능력이 미약한 때
> 2. 피의자의 연령·성별·국적 등의 사정을 고려하여 그 심리적 안정의 도모와 원활한 의사소통을 위하여 필요한 경우

정답 ○

056

변호인의 의견이 기재된 피의자신문조서는 변호인에게 열람하게 한 후 변호인으로 하여금 그 조서에 기명날인 또는 서명하게 하여야 한다. ○ ×

해설

형사소송법 제243조의2(변호인의 참여 등) ④ 제3항에 따른 변호인의 의견이 기재된 피의자신문조서는 변호인에게 열람하게 한 후 변호인으로 하여금 그 조서에 기명날인 또는 서명하게 하여야 한다.

정답 ○

057

변호인의 수사방해나 수사기밀의 유출에 대한 우려가 없고 조사실의 장소적 제약 등과 같은 특별한 사정이 없는 상황에서 수사관 A가 피의자신문에 참여한 변호인 B에게 피의자 후방에 앉으라고 요구하는 행위는 목적의 정당성과 수단의 적절성뿐만 아니라 침해의 최소성과 법익 균형성도 충족하지 못하므로 B의 변호권을 침해한다. ○ ×

해설 헌법재판소 2016헌마503

정답 ○

058

검사 또는 사법경찰관은 피의자가 신체적 또는 정신적 장애로 사물을 변별하거나 의사를 결정 전달할 능력이 미약한 때와 피의자의 연령 성별 국적 등의 사정을 고려하여 그 심리적 안정의 도모와 원활한 의사소통을 위하여 필요한 경우 직권 또는 피의자, 법정대리인의 신청에 따라 피의자와 신뢰관계인을 동석시킬 수 있다. 이 경우 동석한 신뢰관계인이 피의자를 대신하여 진술할 수 있으며 진술한 부분이 조서에 기재되어 있다면 이를 유죄 인정의 증거로 사용할 수 있다. ○ ×

해설 동석한 사람으로 하여금 피의자를 대신하여 진술하도록 하여서는 안 된다. 만약 동석한 사람이 피의자를 대신하여 진술한 부분이 조서에 기재되어 있다면 그 부분은 피의자의 진술을 기재한 것이 아니라 동석한 사람의 진술을 기재한 조서에 해당하므로, 그 사람에 대한 진술조서로서의 증거능력을 취득하기 위한 요건을 충족하지 못하는 한 이를 유죄 인정의 증거로 사용할 수 없다. (대법원 2009도1322)

정답 ×

059

인지절차를 밟기 전에 수사를 하였다고 하더라도 그 수사가 장차 인지의 가능성이 전혀 없는 상태하에서 행해졌다는 등의 특별한 사정이 없는 한 인지절차가 이루어지기 전에 수사를 하였다는 이유만으로 그 수사가 위법하다고 볼 수는 없고, 따라서 그 수사과정에서 작성된 피의자신문조서나 진술조서 등의 증거능력도 이를 부인할 수 없다. ○ ×

해설 대법원 2000도2968

정답 ○

060

법원은 검사, 피고인 또는 변호인의 신청이 있는 때에는 특별한 사정이 없는 한 공판정에서의 심리의 전부 또는 일부를 속기사로 하여금 속기하게 하거나 녹음장치 또는 영상녹화장치를 사용하여 녹음 또는 영상녹화 하여야 하며, 필요하다고 인정하는 때에는 직권으로 이를 명할 수 있다. ○ ×

해설

형사소송법 제56조의2(공판정에서의 속기·녹음 및 영상녹화) ① 법원은 검사, 피고인 또는 변호인의 신청이 있는 때에는 특별한 사정이 없는 한 공판정에서의 심리의 전부 또는 일부를 속기사로 하여금 속기하게 하거나 녹음장치 또는 영상녹화장치를 사용하여 녹음 또는 영상녹화(녹음이 포함된 것을 말한다. 이하 같다)하여야 하며, 필요하다고 인정하는 때에는 직권으로 이를 명할 수 있다.

정답 ○

061 피고인이 피의자신문조서에 기재된 피고인 진술의 임의성을 다투면서 그것이 허위자백이라고 다투는 경우, 법원은 구체적인 사건에 따라 피고인의 학력, 경력, 직업, 사회적 지위, 지능 정도, 진술의 내용, 조서의 형식 등 제반 사정을 참작하여 자유로운 심증으로 위 진술이 임의로 된 것인지 여부를 판단할 수 있다. O X

해설 대법원 2010도3029

정답 O

062 수사기관이 피의자의 진술을 영상녹화하려는 경우 피의자 또는 변호인에게 미리 영상녹화사실을 알려주어야 하며, 「형사소송법」 제244조의2 제1항에 따라 반드시 서면으로 사전동의를 받아야 한다. O X

해설

> 형사소송법 제244조의2(피의자진술의 영상녹화) ① 피의자의 진술은 영상녹화 할 수 있다. 이 경우 미리 영상녹화사실을 알려주어야 하며, 조사의 개시부터 종료까지의 전 과정 및 객관적 정황을 영상녹화 하여야 한다.

정답 X

063 피의자 진술에 대한 영상녹화가 완료된 이후 피의자 또는 변호인에게 영상녹화물을 재생하여 시청하게 하여야 하며, 그 내용에 대하여 이의를 진술하는 때에는 해당 내용을 삭제하고 그 진술을 영상녹화 하여 첨부하여야 한다. O X

해설

> 형사소송법 제244조의2(피의자진술의 영상녹화) ③ 제2항의 경우에 피의자 또는 변호인의 요구가 있는 때에는 영상녹화물을 재생하여 시청하게 하여야 한다. 이 경우 그 내용에 대하여 이의를 진술하는 때에는 그 취지를 기재한 서면을 첨부하여야 한다.

정답 X

064 「형사소송법」은 변호인의 피의자신문참여권을 명문으로 규정하고 있지는 않다. O X

해설

> 형사소송법 제243조의2(변호인의 참여 등) ① 검사 또는 사법경찰관은 피의자 또는 그 변호인·법정대리인·배우자·직계친족·형제자매의 신청에 따라 변호인을 피의자와 접견하게 하거나 정당한 사유가 없는 한 피의자에 대한 신문에 참여하게 하여야 한다.

정답 X

065 검사 또는 사법경찰관이 변호인의 참여를 제한하거나 퇴거시킨 처분에 대하여는 즉시항고를 할 수 있다. ○ ×

해설

형사소송법 제417조(동전) 검사 또는 사법경찰관의 구금, 압수 또는 압수물의 환부에 관한 처분과 제243조의2에 따른 변호인의 참여 등에 관한 처분에 대하여 불복이 있으면 그 직무집행지의 관할법원 또는 검사의 소속검찰청에 대응한 법원에 그 처분의 취소 또는 변경을 청구할 수 있다. = 준항고

정답 ×

066 영상녹화에 있어 조사의 개시부터 종료까지의 전(全)과정이란 조사가 개시된 시점부터 조사가 종료되어 피의자가 조서에 기명날인 또는 서명을 마치는 시점까지의 전과정을 의미한다. ○ ×

해설

형사소송규칙 제134조의2(영상녹화물의 조사 신청) ③ 제1항의 영상녹화물은 조사가 개시된 시점부터 조사가 종료되어 피의자가 조서에 기명날인 또는 서명을 마치는 시점까지 전과정이 영상녹화된 것으로, 다음 각 호의 내용을 포함하는 것이어야 한다.
1. 피의자의 신문이 영상녹화 되고 있다는 취지의 고지
2. 영상녹화를 시작하고 마친 시각 및 장소의 고지
3. 신문하는 검사와 참여한 자의 성명과 직급의 고지
4. 진술거부권·변호인의 참여를 요청할 수 있다는 점 등의 고지
5. 조사를 중단·재개하는 경우 중단 이유와 중단 시각, 중단 후 재개하는 시각
6. 조사를 종료하는 시각

정답 ○

067 사법경찰관이 피의자에게 진술거부권을 행사할 수 있음을 알려주고 그 행사 여부를 실제로 질문하였다 하더라도, 진술거부권 행사 여부에 대한 피의자의 답변이 자필로 기재되어 있지 않거나 그 답변 부분에 피의자의 기명날인 또는 서명이 되어 있지 않다면, 그 사법경찰관 작성의 피의자신문조서는 그 증거능력을 인정할 수 없다. ○ ×

해설 대법원 2010도3359

정답 ○

068 공범인 공동피고인의 경우 해당 소송절차에서는 피고인의 지위에 있으므로 다른 공동피고인에 대한 공소사실에 관하여 증인이 될 수 없으나, 소송절차가 분리되면 다른 공동피고인에 대한 공소사실에 관하여 증인이 될 수 있다. ○ ×

해설 공범인 공동피고인이 소송절차의 분리로 피고인 지위에서 벗어난 경우, 다른 공동피고인에 대한 공소사실에 관하여 증인적격이 있다. (대법원 2010도10028)

정답 ○

069 재판장은 피고인에 대하여 통상 인정신문을 하기 이전에 진술거부권에 관하여 1회 고지하면 되지만, 공판절차를 갱신하는 때에는 다시 진술거부권에 관하여 고지하여야 한다. O | X

해설

> 형사소송규칙 제144조(공판절차의 갱신절차) ① 법 제301조, 법 제301조의2 또는 제143조에 따른 공판절차의 갱신은 다음 각 호의 규정에 의한다.
> 1. 재판장은 제127조의 규정에 따라 피고인에게 진술거부권 등을 고지한 후 법 제284조에 따른 인정신문을 하여 피고인임에 틀림없음을 확인하여야 한다.
> 2. 재판장은 검사로 하여금 공소장 또는 공소장변경허가신청서에 의하여 공소사실, 죄명 및 적용법조를 낭독하게 하거나 그 요지를 진술하게 하여야 한다.
> 3. 재판장은 피고인에게 공소사실의 인정 여부 및 정상에 관하여 진술할 기회를 주어야 한다.
> 4. 재판장은 갱신전의 공판기일에서의 피고인이나 피고인이 아닌 자의 진술 또는 법원의 검증결과를 기재한 조서에 관하여 증거조사를 하여야 한다.
> 5. 재판장은 갱신전의 공판기일에서 증거조사된 서류 또는 물건에 관하여 다시 증거조사를 하여야 한다. 다만, 증거능력 없다고 인정되는 서류 또는 물건과 증거로 함이 상당하지 아니하다고 인정되고 검사, 피고인 및 변호인이 이의를 하지 아니하는 서류 또는 물건에 대하여는 그러하지 아니하다.

정답 O

070 진술거부권을 고지하지 않은 상태에서 임의로 행해진 피고인의 자백에 기초하여 피해자 신원이 밝혀지게 되었다면, 설령 그 피해자가 독립적 판단에 의해 적법한 소환절차에 따라 자발적으로 출석하여 공개된 법정에서 임의로 진술을 하였더라도 그 진술은 위법수집증거로서 유죄 인정의 증거로 사용할 수 없다. O | X

해설 강도 현행범으로 체포된 피고인에게 진술거부권을 고지하지 아니한 채 강도범행에 대한 자백을 받고, 이를 기초로 여죄에 대한 진술과 증거물을 확보한 후 진술거부권을 고지하여 피고인의 임의자백 및 피해자의 피해사실에 대한 진술을 수집한 사안에서, 제1심 법정에서의 피고인의 자백은 진술거부권을 고지 받지 않은 상태에서 이루어진 최초 자백 이후 40여 일이 지난 후에 변호인의 충분한 조력을 받으면서 공개된 법정에서 임의로 이루어진 것이고, 피해자의 진술은 법원의 적법한 소환에 따라 자발적으로 출석하여 위증의 벌을 경고 받고 선서한 후 공개된 법정에서 임의로 이루어진 것이어서, 예외적으로 유죄 인정의 증거로 사용할 수 있는 2차적 증거에 해당한다. (대법원 2008도11437)

정답 ×

071 검사 또는 사법경찰관은 특별한 사정이 없으면 총조사시간 중 식사시간, 휴식시간 및 조서의 열람시간 등을 제외한 실제 조사시간이 12시간을 초과하지 않도록 해야 한다. O | X

해설

> 수사준칙 제22조(장시간 조사 제한) ② 검사 또는 사법경찰관은 특별한 사정이 없으면 총조사시간 중 식사시간, 휴식시간 및 조서의 열람시간 등을 제외한 실제 조사시간이 8시간을 초과하지 않도록 해야 한다.

정답 ×

072 검사 또는 사법경찰관은 조사에 상당한 시간이 소요되는 경우에는 특별한 사정이 없으면 피의자 또는 사건관계인에게 조사 도중에 최소한 2시간마다 10분 이상의 휴식시간을 주어야 한다. ○ ×

해설

> 수사준칙 제23조(휴식시간 부여) ① 검사 또는 사법경찰관은 조사에 상당한 시간이 소요되는 경우에는 특별한 사정이 없으면 피의자 또는 사건관계인에게 조사 도중에 최소한 2시간마다 10분 이상의 휴식시간을 주어야 한다.

정답 ○

073 검사 또는 사법경찰관은 피의자에게 출석요구를 하려는 경우 피의자와 조사의 일시·장소에 관하여 협의해야 하고, 이 경우 변호인이 있는 경우에는 변호인과도 협의해야 한다. ○ ×

해설

> 수사준칙 제19조(출석요구) ② 검사 또는 사법경찰관은 피의자에게 출석요구를 하려는 경우 피의자와 조사의 일시·장소에 관하여 협의해야 한다. 이 경우 변호인이 있는 경우에는 변호인과도 협의해야 한다.

정답 ○

074 검사 또는 사법경찰관은 임의동행을 요구하는 경우 상대방에게 동행을 거부할 수 있다는 것과 동행하는 경우에도 언제든지 자유롭게 동행 과정에서 이탈하거나 동행 장소에서 퇴거할 수 있다는 것을 알려야 한다. ○ ×

해설

> 수사준칙 제20조(수사상 임의동행 시의 고지) 검사 또는 사법경찰관은 임의동행을 요구하는 경우 상대방에게 동행을 거부할 수 있다는 것과 동행하는 경우에도 언제든지 자유롭게 동행 과정에서 이탈하거나 동행 장소에서 퇴거할 수 있다는 것을 알려야 한다.

정답 ○

075 검사 또는 사법경찰관은 피의자신문에 참여한 변호인이 피의자의 옆자리 등 실질적인 조력을 할 수 있는 위치에 앉도록 해야 하고, 정당한 사유가 없으면 피의자에 대한 법적인 조언·상담을 보장해야 하며, 단순 면담 등이라는 이유로 변호인의 참여·조력을 제한해서는 안 된다. ○ ×

해설

> 수사준칙 제13조(변호인의 피의자신문 참여·조력) ① 검사 또는 사법경찰관은 피의자신문에 참여한 변호인이 피의자의 옆자리 등 실질적인 조력을 할 수 있는 위치에 앉도록 해야 하고, 정당한 사유가 없으면 피의자에 대한 법적인 조언·상담을 보장해야 하며, 법적인 조언·상담을 위한 변호인의 메모를 허용해야 한다.
> ② 검사 또는 사법경찰관은 피의자에 대한 신문이 아닌 단순 면담 등이라는 이유로 변호인의 참여·조력을 제한해서는 안 된다.

정답 ○

076
피의자신문에 참여한 변호인은 검사 또는 사법경찰관의 신문 후 조서를 열람하고 의견을 진술할 수 있으며, 신문 중이라도 부당한 신문방법에 대해서는 검사 또는 사법경찰관의 승인을 받아 이의를 제기할 수 있다. O X

해설

수사준칙 제14조(변호인의 의견진술) ① 피의자신문에 참여한 변호인은 검사 또는 사법경찰관의 신문 후 조서를 열람하고 의견을 진술할 수 있다. 이 경우 변호인은 별도의 서면으로 의견을 제출할 수 있으며, 검사 또는 사법경찰관은 해당 서면을 사건기록에 편철한다.
② 피의자신문에 참여한 변호인은 신문 중이라도 검사 또는 사법경찰관의 승인을 받아 의견을 진술할 수 있다. 이 경우 검사 또는 사법경찰관은 정당한 사유가 있는 경우를 제외하고는 변호인의 의견진술 요청을 승인해야 한다.
③ 피의자신문에 참여한 변호인은 제2항에도 불구하고 부당한 신문방법에 대해서는 검사 또는 사법경찰관의 승인 없이 이의를 제기할 수 있다.

정답 X

077
검사 또는 사법경찰관은 피의자의 범죄수법, 범행 동기, 피해자와의 관계, 언동 및 그 밖의 상황으로 보아 피해자가 피의자 또는 그 밖의 사람으로부터 생명·신체에 위해를 입거나 입을 염려가 있다고 인정되는 경우에는 피해자의 신청이 있는 때에 한하여 신변보호에 필요한 조치를 강구해야 한다. O X

해설

수사준칙 제15조(피해자 보호) ② 검사 또는 사법경찰관은 피의자의 범죄수법, 범행 동기, 피해자와의 관계, 언동 및 그 밖의 상황으로 보아 피해자가 피의자 또는 그 밖의 사람으로부터 생명·신체에 위해를 입거나 입을 염려가 있다고 인정되는 경우에는 직권 또는 피해자의 신청에 따라 신변보호에 필요한 조치를 강구해야 한다.

정답 X

078
검사 또는 사법경찰관은 피의자에게 출석요구를 하려는 경우 피의자와 조사의 일시·장소에 관하여 협의해야 하고 변호인이 있는 경우에는 변호인과도 협의해야 하나, 피의자 외의 사람에 대한 출석요구에는 협의를 요하지 아니한다. O X

해설

수사준칙 제19조(출석요구) ② 검사 또는 사법경찰관은 피의자에게 출석요구를 하려는 경우 피의자와 조사의 일시·장소에 관하여 협의해야 한다. 이 경우 변호인이 있는 경우에는 변호인과도 협의해야 한다.
⑥ 제1항부터 제5항까지의 규정은 피의자 외의 사람에 대한 출석요구의 경우에도 적용한다.

정답 X

079 피의자가 불구속 상태에서 피의자신문을 받을 때에도 변호인의 참여를 요구할 권리를 가진다. ○ ×

해설 헌법재판소 2000헌마138

정답 ○

080 피의자가 피의자신문조서를 열람한 후 이의를 제기한 경우 이를 조서에 추가로 기재해야 하며, 이의를 제기하였던 부분은 부당한 심증형성의 기초가 되지 않도록 삭제하여야 한다. ○ ×

해설

> 형사소송법 제244조(피의자신문조서의 작성) ② 제1항의 조서는 피의자에게 열람하게 하거나 읽어 들려주어야 하며, 진술한 대로 기재되지 아니하였거나 사실과 다른 부분의 유무를 물어 피의자가 증감 또는 변경의 청구 등 이의를 제기하거나 의견을 진술한 때에는 이를 조서에 추가로 기재하여야 한다. 이 경우 피의자가 이의를 제기하였던 부분은 읽을 수 있도록 남겨두어야 한다.

정답 ×

081 검사 또는 사법경찰관은 피의자가 조사장소에 도착한 시각, 조사를 시작하고 마친 시각, 그 밖에 조사과정의 진행경과를 확인하기 위하여 필요한 사항을 피의자신문조서에 기록하거나 별도의 서면에 기록한 후 수사기록에 편철하여야 한다. ○ ×

해설

> 형사소송법 제244조의4(수사과정의 기록) ① 검사 또는 사법경찰관은 피의자가 조사장소에 도착한 시각, 조사를 시작하고 마친 시각, 그 밖에 조사과정의 진행경과를 확인하기 위하여 필요한 사항을 피의자신문조서에 기록하거나 별도의 서면에 기록한 후 수사기록에 편철하여야 한다.

정답 ○

082 아동·청소년대상 성범죄 피해자 진술을 영상녹화 하는 경우 피해자 또는 법정대리인이 거부하더라도 영상녹화를 하여야 한다. 다만, 가해자가 친권자 중 일방인 경우는 그러하지 아니하다. ○ ×

해설

> 아동·청소년의 성보호에 관한 법률 제26조(영상물의 촬영·보존 등) ① 아동·청소년대상 성범죄 피해자의 진술내용과 조사과정은 비디오녹화기 등 영상물 녹화장치로 촬영·보존하여야 한다.
> ② 제1항에 따른 영상물 녹화는 피해자 또는 법정대리인이 이를 원하지 아니하는 의사를 표시한 때에는 촬영을 하여서는 아니 된다. 다만, 가해자가 친권자 중 일방인 경우는 그러하지 아니하다.

정답 ×

083 사기사건에 있어서 사법경찰관이 작성한 피의자신문조서에 대하여 피의자였던 피고인이 그 조서의 내용을 부인하는 경우, 피의자진술 과정에서 작성한 영상녹화물 재생을 통해 증거능력을 인정할 수 있다. ○ ×

해설

> 형사소송법 제312조(검사 또는 사법경찰관의 조서 등) ③ 검사 이외의 수사기관이 작성한 피의자신문조서는 적법한 절차와 방식에 따라 작성된 것으로서 공판준비 또는 공판기일에 그 피의자였던 피고인 또는 변호인이 그 내용을 인정할 때에 한하여 증거로 할 수 있다.

정답 ×

084 진술거부권은 헌법상 보장된 국민의 기본권이므로, 피의자의 지위를 취득하지 아니한 자에 대하여 진술거부권이 고지되지 아니하였다면 그 진술의 증거능력은 부정된다. ○ ×

해설 피의자에 대한 진술거부권 고지는 피의자의 진술거부권을 실효적으로 보장하여 진술이 강요되는 것을 막기 위해 인정되는 것인데, 이러한 진술거부권 고지에 관한 형사소송법 규정내용 및 진술거부권 고지가 갖는 실질적인 의미를 고려하면 수사기관에 의한 진술거부권 고지 대상이 되는 피의자 지위는 수사기관이 조사대상자에 대한 범죄혐의를 인정하여 수사를 개시하는 행위를 한 때 인정되는 것으로 보아야 한다. 따라서 이러한 피의자 지위에 있지 아니한 자에 대하여는 진술거부권이 고지되지 아니하였더라도 진술의 증거능력을 부정할 것은 아니다. (대법원 2011도8125)

정답 ×

085 피의자신문조서를 작성함에 있어 피의자에게 그 조서의 기재내용을 알려 주지 아니하였다 하더라도 그 사실만으로는 피의자신문조서의 증거능력이 없다고 할 수 없다. ○ ×

해설 피의자신문조서를 작성함에 있어 피고인들에게 조서의 기재내용을 알려 주지 아니하였다 하더라도 그 사실만으로는 피의자신문조서의 증거능력이 없다고 할 수 없다. (대법원 93도486)

정답 ○

086 피의자신문에 참여한 변호인은 검사 또는 사법경찰관의 신문 중이라도 조서를 열람하고 의견을 진술할 수 있다. ○ ×

해설

> 형사소송법 제243조의2(변호인의 참여 등) ③ 신문에 참여한 변호인은 신문 후 의견을 진술할 수 있다. 다만, 신문 중이라도 부당한 신문방법에 대하여 이의를 제기할 수 있고, 검사 또는 사법경찰관의 승인을 얻어 의견을 진술할 수 있다.

정답 ×

087

변호인이 피의자신문을 방해하거나 수사기밀을 누설할 염려가 있음이 객관적으로 명백한 경우가 아니더라도, 수사기관이 피의자신문을 하면서 변호인에 대하여 피의자로부터 떨어진 곳으로 옮겨 앉으라고 지시를 한 다음 이러한 지시에 따르지 않았음을 이유로 퇴실을 명하였다면, 이는 변호인의 피의자신문 참여권에 대한 정당한 제한이라 할 수 있다. ○ ×

해설 변호인의 피의자신문 참여권을 규정한 형사소송법 제243조의2 제1항에서 '정당한 사유'란 변호인이 피의자신문을 방해하거나 수사기밀을 누설할 염려가 있음이 객관적으로 명백한 경우 등을 말하는 것이므로, 수사기관이 피의자신문을 하면서 위와 같은 정당한 사유가 없는데도 변호인에 대하여 피의자로부터 떨어진 곳으로 옮겨 앉으라고 지시를 한 다음 이러한 지시에 따르지 않았음을 이유로 변호인의 피의자신문 참여권을 제한하는 것은 허용될 수 없다. (대법원 2008모793)

정답 ×

088

사법경찰관은 변호인의 피의자 신문참여 및 그 제한에 관한 사항을 피의자신문조서에 기재하여야 한다. ○ ×

해설

> 형사소송법 제243조의2(변호인의 참여 등) ⑤ 검사 또는 사법경찰관은 변호인의 신문참여 및 그 제한에 관한 사항을 피의자신문조서에 기재하여야 한다.

정답 ○

089

검사 또는 사법경찰관은 피의자신문 전에 진술거부권과 신문받을 때 변호인의 조력을 받을 수 있음을 고지해야 하나, 이러한 권리를 행사할 것인지의 여부에 대한 피의자의 답변을 반드시 조서에 기재할 필요는 없다. ○ ×

해설

> 형사소송법 제244조의3(진술거부권 등의 고지) ① 검사 또는 사법경찰관은 피의자를 신문하기 전에 다음 각 호의 사항을 알려주어야 한다.
> 1. 일체의 진술을 하지 아니하거나 개개의 질문에 대하여 진술을 하지 아니할 수 있다는 것
> 2. 진술을 하지 아니하더라도 불이익을 받지 아니한다는 것
> 3. 진술을 거부할 권리를 포기하고 행한 진술은 법정에서 유죄의 증거로 사용될 수 있다는 것
> 4. 신문을 받을 때에는 변호인을 참여하게 하는 등 변호인의 조력을 받을 수 있다는 것
> ② 검사 또는 사법경찰관은 제1항에 따라 알려 준 때에는 피의자가 진술을 거부할 권리와 변호인의 조력을 받을 권리를 행사할 것인지의 여부를 질문하고, 이에 대한 피의자의 답변을 조서에 기재하여야 한다. 이 경우 피의자의 답변은 피의자로 하여금 자필로 기재하게 하거나 검사 또는 사법경찰관이 피의자의 답변을 기재한 부분에 기명날인 또는 서명하게 하여야 한다.

정답 ×

CRIMINAL PROCEDURE LAW

PART 02

강제수사·수사의 종결

CHAPTER 01　　대인적 강제수사
CHAPTER 02　　대물적 강제수사
CHAPTER 03　　수사상의 증거보전
CHAPTER 04　　수사의 종결

CHAPTER 01 대인적 강제수사

01 피의자 체포

001 피의자가 2009.11.2. 22:00경 긴급체포되어 조사를 받고 구속영장이 청구되지 아니하여 2009.11.4. 20:10경 석방되었음에도 검사가 그로부터 30일 이내에「형사소송법」제200조의4에 따른 석방통지를 법원에 하지 않았다면, 피의자에 대한 긴급체포 당시의 상황과 경위, 긴급체포 후 조사과정 등에 특별한 위법이 없다고 하더라도 사후에 석방통지가 법에 따라 이루어지지 않았다는 사정만으로 그 긴급체포에 의한 유치 중에 작성된 피의자에 대한 피의자신문조서들의 작성이 소급하여 위법하게 된다. ○ ×

해설 피의자가 2009.11.2. 22:00경 긴급체포되어 조사를 받고 구속영장이 청구되지 아니하여 2009.11.4. 20:10경 석방되었음에도 검사가 그로부터 30일 이내에 법 제200조의4에 따른 석방통지를 법원에 하지 아니한 사실을 알 수 있으나, 피의자에 대한 긴급체포 당시의 상황과 경위, 긴급체포 후 조사 과정 등에 특별한 위법이 있다고 볼 수 없는 이상, 단지 사후에 석방통지가 법에 따라 이루어지지 않았다는 사정만으로 그 긴급체포에 의한 유치 중에 작성된 피의자신문조서들의 작성이 소급하여 위법하게 된다고 볼 수는 없다. (대법원 2011도6035) 정답 ×

002 검사 또는 사법경찰관리(이하 '검사' 등) 아닌 이에 의하여 현행범인이 체포된 후 불필요한 지체 없이 검사 등에게 인도된 경우 구속영장 청구기간의 기산점은 체포시가 아니라 검사 등이 현행범인을 인도받은 때라고 할 것이다. ○ ×

해설 현행범인은 누구든지 영장 없이 체포할 수 있고(형사소송법 제212조), 검사 또는 사법경찰관리(이하 '검사 등'이라고 한다) 아닌 이가 현행범인을 체포한 때에는 즉시 검사 등에게 인도하여야 한다(형사소송법 제213조 제1항). 여기서 '즉시'라고 함은 반드시 체포시점과 시간적으로 밀착된 시점이어야 하는 것은 아니고, '정당한 이유 없이 인도를 지연하거나 체포를 계속하는 등으로 불필요한 지체를 함이 없이'라는 뜻으로 볼 것이다. 또한 검사 등이 현행범인을 체포하거나 현행범인을 인도받은 후 현행범인을 구속하고자 하는 경우 48시간 이내에 구속영장을 청구하여야 하고 그 기간 내에 구속영장을 청구하지 아니하는 때에는 즉시 석방하여야 한다(형사소송법 제213조의2, 제200조의2 제5항). 위와 같이 체포된 현행범인에 대하여 일정 시간 내에 구속영장 청구 여부를 결정하도록 하고 그 기간 내에 구속영장을 청구하지 아니하는 때에는 즉시 석방하도록 한 것은 영장에 의하지 아니한 체포 상태가 부당하게 장기화되어서는 안 된다는 인권보호의 요청과 함께 수사기관에서 구속영장 청구 여부를 결정하기 위한 합리적이고 충분한 시간을 보장해 주려는 데에도 그 입법취지가 있다고 할 것이다. 따라서 검사 등이 아닌 이에 의하여 현행범인이 체포된 후 불필요한 지체 없이 검사 등에게 인도된 경우 위 48시간의 기산점은 체포시가 아니라 검사 등이 현행범인을 인도받은 때라고 할 것이다. (대법원 2011도12927) 정답 ○

003 경찰관의 현행범인 체포경위 및 그에 관한 현행범인체포서와 범죄사실의 기재에 다소 차이가 있더라도, 그것이 논리와 경험칙상 장소적·시간적 동일성이 인정되는 범위 내라면 그 체포행위가 공무집행방해죄의 요건인 적법한 공무집행에 해당한다. ○ ×

해설 대법원 2008도3640 정답 ○

004 사법경찰관이 「형사소송법」 제200조의3(긴급체포)에 의하여 피의자를 긴급체포한 때에는 즉시 검사의 승인을 얻어야 한다. O X

해설

> 형사소송법 제200조의3(긴급체포) ② 사법경찰관이 제1항의 규정에 의하여 피의자를 체포한 경우에는 즉시 검사의 승인을 얻어야 한다.

정답 O

005 긴급체포서에는 범죄사실의 요지, 긴급체포의 사유 등을 기재하여야 한다. O X

해설

> 형사소송법 제200조의3(긴급체포) ④ 제3항의 규정에 의한 긴급체포서에는 범죄사실의 요지, 긴급체포의 사유 등을 기재하여야 한다.

정답 O

006 긴급체포의 요건을 갖추었는지 여부는 체포 당시의 상황을 기초로 판단하는 것이 아니라 사후에 밝혀진 사정을 기초로 법원이 객관적으로 엄격하게 판단하여야 한다. O X

해설 긴급체포는 영장주의원칙에 대한 예외인 만큼 형사소송법 제200조의3 제1항의 요건을 모두 갖춘 경우에 한하여 예외적으로 허용되어야 하고, 요건을 갖추지 못한 긴급체포는 법적 근거에 의하지 아니한 영장 없는 체포로서 위법한 체포에 해당하는 것이고, 여기서 긴급체포의 요건을 갖추었는지 여부는 사후에 밝혀진 사정을 기초로 판단하는 것이 아니라 체포 당시의 상황을 기초로 판단하여야 한다. (대법원 2007도11400)

정답 X

007 긴급체포된 피의자에 대하여 구속영장이 발부된 경우에 그 구속기간은 피의자를 체포한 날부터 기산한다. O X

해설

> 형사소송법 제203조의2(구속기간에의 산입) 피의자가 제200조의2·제200조의3·제201조의2 제2항 또는 제212조의 규정에 의하여 체포 또는 구인된 경우에는 제202조 또는 제203조의 구속기간은 피의자를 체포 또는 구인한 날부터 기산한다.

정답 O

008

긴급체포된 자가 소유·소지 또는 보관하는 물건에 대하여 긴급히 압수할 필요가 있는 경우에는 체포한 때부터 24시간 이내에 영장 없이 압수할 수 있으며, 압수한 물건을 계속 압수할 필요가 있는 경우에는 지체 없이 압수·수색영장을 청구하여야 한다. 이 경우 압수·수색영장의 청구는 압수한 때부터 48시간 이내에 하여야 한다. O X

해설

형사소송법 제217조(영장에 의하지 아니하는 강제처분) ① 검사 또는 사법경찰관은 제200조의3에 따라 체포된 자가 소유·소지 또는 보관하는 물건에 대하여 긴급히 압수할 필요가 있는 경우에는 체포한 때부터 24시간 이내에 한하여 영장 없이 압수·수색 또는 검증을 할 수 있다.
② 검사 또는 사법경찰관은 제1항 또는 제216조 제1항 제2호에 따라 압수한 물건을 계속 압수할 필요가 있는 경우에는 지체 없이 압수수색영장을 청구하여야 한다. 이 경우 압수수색영장의 청구는 <u>체포한 때부터 48시간 이내</u>에 하여야 한다.

정답 ✕

009

사법경찰관이 피의자를 긴급체포한 경우에는 즉시 긴급체포서를 작성하여야 할 뿐만 아니라 즉시 검사의 승인을 얻어야 한다. O X

해설

형사소송법 제200조의3(긴급체포) ② 사법경찰관이 제1항의 규정에 의하여 피의자를 체포한 경우에는 즉시 검사의 승인을 얻어야 한다.
③ 검사 또는 사법경찰관은 제1항의 규정에 의하여 피의자를 체포한 경우에는 즉시 긴급체포서를 작성하여야 한다.

정답 O

010

사법경찰관은 피의자를 긴급체포하는 경우에 필요한 때에는 영장 없이 타인의 주거나 타인이 간수하는 가옥, 건조물, 항공기, 선차 내에서의 피의자 수사를 할 수 있다. O X

해설

형사소송법 제216조(영장에 의하지 아니한 강제처분) ① 검사 또는 사법경찰관은 제200조의2·제200조의3·제201조 또는 제212조의 규정에 의하여 피의자를 체포 또는 구속하는 경우에 필요한 때에는 영장 없이 다음 처분을 할 수 있다.
1. 타인의 주거나 타인이 간수하는 가옥, 건조물, 항공기, 선차 내에서의 피의자 수색. 다만, 제200조의2 또는 제201조에 따라 피의자를 체포 또는 구속하는 경우의 피의자 수색은 미리 수색영장을 발부받기 어려운 긴급한 사정이 있는 때에 한정한다.

정답 O

011

사법경찰관리가 현행범인으로 체포하는 경우에는 반드시 피의사실의 요지, 체포의 이유와 변호인을 선임할 수 있음을 말하고 변명의 기회를 주어야 하며, 이와 같은 고지는 반드시 체포를 위한 실력행사에 들어가기 전에 미리 행하여야 한다. O X

해설 검사 또는 사법경찰관리는 현행범인을 체포하거나 일반인이 체포한 현행범인을 인도받는 경우 형사소송법 제213조의2에 의하여 준용되는 제200조의5에 따라 피의자에 대하여 피의사실의 요지, 체포의 이유와 변호인을 선임할 수 있음을 말하고 변명할 기회를 주어야 하고, 이와 같은 고지는 체포를 위한 실력행사에 들어가기 전에 미리 하여야 하는 것이 원칙이지만, 달아나는 피의자를 쫓아가 붙들거나 폭력으로 대항하는 피의자를 실력으로 제압하는 경우에는 붙들거나 제압하는 과정에서 하거나 그것이 여의치 않은 경우에는 일단 붙들거나 제압한 후에 지체 없이 하면 된다. (대법원 2011도7193)

정답 ✕

012

체포영장에 의하여 체포된 피의자만이 체포적부심사를 청구할 수 있다. ○ ×

해설

형사소송법 제214조의2(체포와 구속의 적부심사) ① 체포되거나 구속된 피의자 또는 그 변호인, 법정대리인, 배우자, 직계친족, 형제자매나 가족, 동거인 또는 고용주는 관할법원에 체포 또는 구속의 적부심사(適否審査)를 청구할 수 있다. = 체포·구속영장에 의하여 체포·구속된 피의자뿐만 아니라 긴급체포·현행범체포가 된 피의자도 적부심사를 청구할 수 있다.

정답 ×

013

도로교통법위반 피의사건에서 기소유예 처분을 받은 재항고인이 혐의없음을 주장함과 동시에 수사경찰관의 처벌을 요구하는 진정서를 검찰청에 제출함으로써 이루어진 진정사건을 담당한 검사가 재항고인에 대한 위 피의사건을 재기한 후 담당검사인 자신의 교체를 요구하고자 부장검사 부속실에서 대기하고 있던 재항고인을 위 도로교통법위반죄로 긴급체포한 것은 적법하다. ○ ×

해설 도로교통법위반 피의사건에서 기소유예 처분을 받은 재항고인이 그 후 혐의없음을 주장함과 동시에 수사경찰관의 처벌을 요구하는 진정서를 검찰청에 제출함으로써 이루어진 진정사건을 담당한 검사가, 재항고인에 대한 위 피의사건을 재기한 후 담당검사인 자신의 교체를 요구하고자 부장검사 부속실에서 대기하고 있던 재항고인을 위 도로교통법위반죄로 긴급체포하여 감금한 경우, 그 긴급체포는 형사소송법이 규정하는 긴급체포의 요건을 갖추지 못한 것으로서 당시의 상황과 경험칙에 비추어 <u>현저히 합리성을 잃은 위법한 체포에 해당한다</u>. (대법원 2002모81)

정답 ×

014

현직 군수인 피고인을 소환·조사하기 위하여 검사의 명을 받은 검찰주사보가 군수실에 도착하여 도시행정계장에게 행방을 확인하였더니, 군수가 검사가 자신을 소환하려 한다는 사실을 미리 알고 자택 근처에서 기다리고 있을 것이니 수사관이 오거든 그 곳으로 오라고 하였다고 하자 검찰주사보가 도시행정계장과 같이 가서 그 곳에서 수사관을 기다리고 있던 피고인을 긴급체포한 것은 정당하다. ○ ×

해설 수사검사는 1999.11.29. 피고인 1에게 뇌물을 주었다는 피고인 3 및 관련 참고인들의 진술을 먼저 확보한 다음, 현직 군수인 피고인 1을 소환·조사하기 위하여 검사의 명을 받은 검찰주사보 서진학이 1999.12.8. 16:40경 경기 광주읍 소재 광주군청 군수실에 도착하였으나 위 피고인이 군수실에 없어 도시행정계장인 박종인에게 군수의 행방을 확인하였더니, 위 피고인이 검사가 자신을 소환하려 한다는 사실을 미리 알고 자택 옆에 있는 초야농장 농막에서 기다리고 있을 것이니 수사관이 오거든 그 곳으로 오라고 하였다고 하므로, 같은 날 17:30경 서진학이 위 박종인과 같이 위 초야농장으로 가서 그 곳에서 수사관을 기다리고 있던 위 피고인을 긴급체포하고, 그 후 같은 달 11. 구속영장을 발부받을 때까지 위 피고인을 유치하면서 검사가 같은 달 9.과 10.에 이 사건 각 피의자신문조서를 작성한 사실을 알 수 있는바(이 사건 긴급체포서에는 긴급체포의 사유로서 '긴급체포치 않으면 증거인멸 및 도주우려 있음'이라고만 기재되어 있을 뿐, 왜 그러한 결론에 이르게 되었는지에 대하여는 아무런 설명이 없다), 사정이 그와 같다면, 위 피고인은 현직 군수직에 종사하고 있어 검사로서도 위 피고인의 소재를 쉽게 알 수 있었고, 1999.11.29. 피고인 3의 위 진술 이후 시간적 여유도 있었으며, 위 피고인도 도망이나 증거인멸의 의도가 없었음은 물론, 언제든지 검사의 소환조사에 응할 태세를 갖추고 있었고, 그 사정을 위 서진학으로서도 충분히 알 수 있었다 할 것이어서, 위 긴급체포는 그 당시로 보아서도 형사소송법 제200조의3 제1항의 요건을 갖추지 못한 것으로 위법한 긴급체포에 해당한다. (대법원 2000도5701)

정답 ×

015 변호사 甲에 대하여 무죄가 선고되자 검사가 무죄가 선고된 공소사실에 대한 보완수사를 한다며 甲의 변호사 사무실 사무장이던 乙에게 참고인조사를 위한 출석을 요구하여, 자진 출석한 乙을 참고인조사를 하지 아니한 채 곧바로 위증 및 위증교사 혐의의 피의자신문조서를 받기 시작하였고, 이에 甲이 검사실로 찾아와서 乙에게 나가라고 지시하여 乙이 나가려 하자, 검사가 乙을 긴급체포한 것은 위법하다. ○ ×

해설 대법원 2006도148 정답 ○

016 사인의 현행범인 체포에도 현행범인 체포의 요건으로서 행위의 가벌성, 범죄의 현행성·시간적 접착성, 범인 범죄의 명백성 외에 체포의 필요성 즉, 도망 또는 증거인멸의 염려가 있을 것을 요한다고 보아야 한다. ○ ×

해설 대법원 2011도3682. 정답 ○

017 경찰관이 112 신고를 받고 출동하여 피고인이 범행을 한 지 10분 후 범행 현장에 인접한 학교의 운동장에서 신고자가 지적한 피고인을 현행범인으로 체포한 것은 위법하다. ○ ×

해설 피고인이 서울 성동구 사근동에 있는 무학여고 앞길에서 피해자의 자동차를 발로 걷어차고 그와 싸우는 범행을 한 지 겨우 10분 후에 지나지 않고, 그 장소도 범행 현장에 인접한 위 학교의 운동장이며, 위 피해자의 친구가 112 신고를 하고 나서 피고인이 도주하는지 여부를 계속 감시하고 있던 중 위 신고를 받고 출동한 위 경찰관들에게 피고인을 지적하여 체포하도록 한 사실을 인정한 다음, 피고인은 "범죄 실행의 즉후인 자"로서 현행범인에 해당한다고 판단하였는바, 원심의 이러한 판단은 당원의 위 견해에 따른 것으로서 옳고, 그렇다면 위 경찰관이 피고인을 체포하려고 한 행위는 현행범의 체포행위로서 적법한 공무집행이다. (대법원 93도926) 정답 ×

018 「형사소송법」제200조의4 제3항은 영장 없이는 긴급체포 후 석방된 피의자를 동일한 범죄사실에 관하여 체포하지 못한다는 규정으로, 위와 같이 석방된 피의자는 법원으로부터 구속영장을 발부받아도 구속할 수 없다. ○ ×

해설 형사소송법 제200조의4 제3항은 영장 없이는 긴급체포 후 석방된 피의자를 동일한 범죄사실에 관하여 체포하지 못한다는 규정으로, 위와 같이 석방된 피의자라도 법원으로부터 구속영장을 발부받아 구속할 수 있음은 물론이고, 같은 법 제208조 소정의 '구속되었다가 석방된 자'라 함은 구속영장에 의하여 구속되었다가 석방된 경우를 말하는 것이지, 긴급체포나 현행범으로 체포되었다가 사후영장발부 전에 석방된 경우는 포함되지 않는다 할 것이므로, 피고인이 수사 당시 긴급체포 되었다가 수사기관의 조치로 석방된 후 법원이 발부한 구속영장에 의하여 구속이 이루어진 경우 앞서 본 법조에 위배되는 <u>위법한 구속이라고 볼 수 없다.</u> (대법원 2001도4291) 정답 ×

019 긴급체포 후 석방된 자 또는 그 변호인·법정대리인·배우자·직계친족·형제자매는 통지서 및 관련 서류를 열람하거나 등사할 수 있다. ○ ×

해설

> 형사소송법 제200조의4(긴급체포와 영장청구기간) ⑤ 긴급체포 후 석방된 자 또는 그 변호인·법정대리인·배우자·직계친족·형제자매는 통지서 및 관련 서류를 열람하거나 등사할 수 있다.

정답 ○

020 수사기관이 영장에 의한 체포를 하고자 하는 경우 검사는 관할지방법원 판사에게 체포영장을 청구할 수 있고, 사법경찰관리는 검사의 승인을 얻어 관할지방법원 판사에게 체포영장을 청구할 수 있다. O X

해설

형사소송법 제200조의2(영장에 의한 체포) ① 피의자가 죄를 범하였다고 의심할 만한 상당한 이유가 있고, 정당한 이유없이 제200조의 규정에 의한 출석요구에 응하지 아니하거나 응하지 아니할 우려가 있는 때에는 검사는 관할 지방법원판사에게 청구하여 체포영장을 발부받아 피의자를 체포할 수 있고, 사법경찰관은 검사에게 신청하여 검사의 청구로 관할지방법원판사의 체포영장을 발부받아 피의자를 체포할 수 있다. 다만, 다액 50만원 이하의 벌금, 구류 또는 과료에 해당하는 사건에 관하여는 피의자가 일정한 주거가 없는 경우 또는 정당한 이유없이 제200조의 규정에 의한 출석요구에 응하지 아니한 경우에 한한다.

정답 ×

021 수사기관이 체포영장을 집행하는 경우 「형사소송법」 제216조에 의하여 필요한 때에는 영장 없이 타인의 주거에서 피의자 수색을 할 수 있으며, 이러한 「형사소송법」 제216조의 규정은 헌법상 영장주의에 위반되지 않는다. O X

해설 체포영장을 발부받아 피의자를 체포하는 경우에 필요한 때에는 영장 없이 타인의 주거 등 내에서 피의자 수사를 할 수 있다고 규정함으로써, 앞서 본 바와 같이 별도로 영장을 발부받기 어려운 긴급한 사정이 있는지 여부를 구별하지 아니하고 피의자가 소재할 개연성만 소명되면 영장 없이 타인의 주거 등을 수색할 수 있도록 허용하고 있다. 이는 체포영장이 발부된 피의자가 타인의 주거 등에 소재할 개연성은 소명되나, 수색에 앞서 영장을 발부받기 어려운 긴급한 사정이 인정되지 않는 경우에도 영장 없이 피의자 수색을 할 수 있다는 것이므로, 위에서 본 헌법 제16조의 영장주의 예외 요건을 벗어나는 것으로서 영장주의에 위반된다. (헌법재판소 2015헌바370, 2016헌가7(병합))

정답 ×

022 체포영장을 발부받은 후 피의자를 체포하지 아니한 경우 검사 또는 사법경찰관은 변호인이 있는 경우는 피의자의 변호인에게, 변호인이 없는 경우에는 피의자 혹은 변호인선임권자 중 피의자가 지정하는 자에게 지체 없이 그 사유를 서면으로 통지해야 한다. O X

해설

형사소송법 제204조(영장발부와 법원에 대한 통지) 체포영장 또는 구속영장의 발부를 받은 후 피의자를 체포 또는 구속하지 아니하거나 체포 또는 구속한 피의자를 석방한 때에는 지체없이 검사는 영장을 발부한 법원에 그 사유를 서면으로 통지하여야 한다.

정답 ×

023 현행범인으로 체포하려면 행위의 가벌성, 범죄의 현행성·시간적 접착성, 범인·범죄의 명백성 외에 체포의 필요성, 즉 도망 또는 증거인멸의 염려가 있어야 한다. O X

해설 대법원 2016도19907

정답 O

CHAPTER 01 대인적 강제수사

024 현행범인 체포의 요건을 갖추었는지에 대한 수사주체의 판단에는 상당한 재량의 여지가 있으므로 체포 당시의 상황에서 보아 그 요건에 관한 수사주체의 판단이 경험칙에 비추어 현저히 합리성이 없다고 인정되지 않는 한 수사주체의 현행범인 체포를 위법하다고 단정할 것은 아니다. ○ ×

해설 대법원 2011도3682

정답 ○

025 검사 또는 사법경찰관은 현행범 체포 현장에서 소지자 등이 임의로 제출하는 물건을 영장 없이 압수할 수 있으나, 이 경우 계속 압수할 필요가 있는 경우에는 체포한 때로부터 48시간 이내에 압수영장을 청구하여야 한다. ○ ×

해설 형사소송법 제218조에 의하면 검사 또는 사법경찰관은 피의자 등이 유류한 물건이나 소유자·소지자 또는 보관자가 임의로 제출한 물건은 영장 없이 압수할 수 있으므로, 현행범 체포 현장이나 범죄 장소에서도 소지자 등이 임의로 제출하는 물건은 위 조항에 의하여 영장 없이 압수할 수 있고, 이 경우에는 검사나 사법경찰관이 사후에 영장을 받을 필요가 없다. (대법원 2015도13726)

정답 ×

026 피고인의 소란행위가 업무방해죄의 구성요건에 해당하지 않아 사후적으로 무죄로 판단된다고 하더라도, 피고인이 경찰관 앞에서 소란을 피운 당시 상황에서는 객관적으로 보아 피고인이 업무방해죄의 현행범이라고 인정할 만한 충분한 이유가 있었다면 경찰관들이 피고인을 현행범으로 체포하려고 한 행위는 적법하다. ○ ×

해설 대법원 2011도4763

정답 ○

027 긴급체포의 요건을 갖추었는지 여부는 사후에 밝혀진 사정을 기초로 판단하는 것이 아니라 체포 당시의 상황을 기초로 판단하여야 하고, 이에 관한 검사나 사법경찰관 등 수사주체의 판단에는 상당한 재량의 여지가 있다. ○ ×

해설 대법원 2007도11400

정답 ○

028 사법경찰관은 긴급체포한 피의자에 대하여 구속영장을 신청하지 아니하고 석방한 경우에는 즉시 검사에게 보고하여야 한다. ○ ×

해설

> 형사소송법 제200조의4(긴급체포와 영장청구기간) ⑥ 사법경찰관은 긴급체포한 피의자에 대하여 구속영장을 신청하지 아니하고 석방한 경우에는 즉시 검사에게 보고하여야 한다.

정답 ○

029 일반인이 현행범인을 체포한 경우 즉시 검사 등에게 인도해야 하는데, 여기서 '즉시'라고 함은 반드시 체포시점과 시간적으로 밀착된 시점이어야 하는 것은 아니고, '정당한 이유없이 인도를 지연하거나 체포를 계속하는 등으로 불필요한 지체를 함이 없이'라는 뜻이다. ○ ×

해설 대법원 2011도12927

정답 ○

030 다액 100만원 이하의 벌금, 구류 또는 과료에 해당하는 죄의 현행범인은 주거가 분명하지 아니한 때에 한하여 현행범인으로 체포할 수 있다. ○ ×

해설

형사소송법 제214조(경미사건과 현행범인의 체포) 다액 50만원 이하의 벌금, 구류 또는 과료에 해당하는 죄의 현행범인에 대하여는 범인의 주거가 분명하지 아니한 때에 한하여 제212조 내지 제213조의 규정을 적용한다.

정답 ×

031 사법경찰관이 검사에게 긴급체포된 피의자에 대한 긴급체포 승인 건의와 함께 구속영장을 신청한 경우, 검사는 긴급체포의 합당성을 보강하기 위한 목적으로 피의자를 검찰청으로 출석시켜 직접 대면 조사할 수 있다. ○ ×

해설 검사의 구속영장 청구 전 피의자 대면조사는 긴급체포의 적법성을 의심할 만한 사유가 기록 기타 객관적 자료에 나타나고 피의자의 대면조사를 통해 그 여부의 판단이 가능할 것으로 보이는 예외적인 경우에 한하여 허용될 뿐, 긴급체포의 합당성이나 구속영장 청구에 필요한 사유를 보강하기 위한 목적으로 실시되어서는 아니 된다. (대법원 2008도11999)

정답 ×

032 사법경찰관이 피의자를 체포하였을 때에는 변호인이 있으면 변호인에게, 변호인이 없으면 변호인선임권자 중 피의자가 지정한 자에게 지체 없이 서면으로 체포의 통지를 하여야 한다. ○ ×

해설

형사소송법 제87조(구속의 통지) ① 피고인을 구속한 때에는 변호인이 있는 경우에는 변호인에게, 변호인이 없는 경우에는 제30조 제2항에 규정한 자 중 피고인이 지정한 자에게 피고사건명, 구속일시·장소, 범죄사실의 요지, 구속의 이유와 변호인을 선임할 수 있는 취지를 알려야 한다.
② 제1항의 통지는 지체 없이 서면으로 하여야 한다. 제200조의6(준용규정) 제75조, 제81조 제1항 본문 및 제3항, 제82조, 제83조, 제85조 제1항·제3항 및 제4항, 제86조, 제87조, 제89조부터 제91조까지, 제93조, 제101조 제4항 및 제102조 제2항 단서의 규정은 검사 또는 사법경찰관이 피의자를 체포하는 경우에 이를 준용한다. 이 경우 "구속"은 이를 "체포"로, "구속영장"은 이를 "체포영장"으로 본다.

정답 ○

033 체포된 피의자는 관할법원에 체포의 적부심사를 청구할 수 있으며, 청구를 받은 법원은 심사청구 후 피의자에 대하여 공소제기가 있는 경우에도 청구가 이유 있다고 인정한 때에는 결정으로 피의자의 석방을 명하여야 한다. ○ ×

해설

형사소송법 제214조의2(체포와 구속의 적부심사) ① 체포되거나 구속된 피의자 또는 그 변호인, 법정대리인, 배우자, 직계친족, 형제자매나 가족, 동거인 또는 고용주는 관할법원에 체포 또는 구속의 적부심사(適否審査)를 청구할 수 있다.
④ 제1항의 청구를 받은 법원은 청구서가 접수된 때부터 48시간 이내에 체포되거나 구속된 피의자를 심문하고 수사 관계 서류와 증거물을 조사하여 그 청구가 이유 없다고 인정한 경우에는 결정으로 기각하고, 이유 있다고 인정한 경우에는 결정으로 체포되거나 구속된 피의자의 석방을 명하여야 한다. 심사 청구 후 피의자에 대하여 공소제기가 있는 경우에도 또한 같다.

정답 ○

034

사법경찰관이 기소중지된 피의자를 해당 수사관서가 위치하는 특별시·광역시·도 또는 특별자치도 외의 지역에서 긴급체포하였을 때에는 12시간 내에 검사에게 긴급체포의 승인을 요청해야 한다. ☐ O ☒ X

해설

수사준칙 제27조(긴급체포) ① 사법경찰관은 법 제200조의3 제2항에 따라 긴급체포 후 12시간 내에 검사에게 긴급체포의 승인을 요청해야 한다. 다만, 다음 각 호의 어느 하나에 해당하는 경우에는 긴급체포 후 24시간 이내에 긴급체포의 승인을 요청해야 한다.
1. 제51조 제1항 제4호 가목에 따른 피의자중지 또는 제52조 제1항 제3호에 따른 기소중지 결정이 된 피의자를 소속 경찰관서가 위치하는 특별시·광역시·특별자치시·도 또는 특별자치도 외의 지역에서 긴급체포한 경우
2. 「해양경비법」 제2조 제2호에 따른 경비수역에서 긴급체포한 경우

정답 ✕

035

피고인이 경찰관의 불심검문에 응하여 운전면허증을 교부한 후 경찰관에게 큰 소리로 욕설을 하였는데, 경찰관이 모욕죄의 현행범으로 체포하겠다고 고지한 후 피고인의 오른쪽 어깨를 붙잡자 반항하면서 경찰관에게 상해를 가한 사안에서, 경찰관뿐 아니라 인근 주민도 욕설을 직접 들었다는 점을 근거로 피고인을 현행범으로 체포한 경우 적법한 공무집행이다. ☐ O ☒ X

해설 피고인이 경찰관의 불심검문을 받아 운전면허증을 교부한 후 경찰관에게 큰 소리로 욕설을 하였는데, 경찰관이 모욕죄의 현행범으로 체포하겠다고 고지한 후 피고인의 오른쪽 어깨를 붙잡자 반항하면서 경찰관에게 상해를 가한 사안에서, 피고인은 경찰관의 불심검문에 응하여 이미 운전면허증을 교부한 상태이고, 경찰관뿐 아니라 인근 주민도 욕설을 직접 들었으므로, 피고인이 도망하거나 증거를 인멸할 염려가 있다고 보기는 어렵고, 피고인의 모욕 범행은 불심검문에 항의하는 과정에서 저지른 일시적, 우발적인 행위로서 사안 자체가 경미할 뿐 아니라, 피해자인 경찰관이 범행현장에서 즉시 범인을 체포할 급박한 사정이 있다고 보기도 어려우므로, 경찰관이 피고인을 체포한 행위는 적법한 공무집행이라고 볼 수 없고, 피고인이 체포를 면하려고 반항하는 과정에서 상해를 가한 것은 불법체포로 인한 신체에 대한 현재의 부당한 침해에서 벗어나기 위한 행위로서 정당방위에 해당한다는 이유로, 피고인에 대한 상해 및 공무집행방해의 공소사실을 무죄로 인정하였다. (대법원 2011도3682)

정답 ✕

036

교사가 교장실에 들어가 불과 약 5분 동안 식칼을 휘두르며 교장을 협박하는 등의 소란을 피운 후 40여분 정도가 지나 경찰관들이 출동하여 교장실이 아닌 서무실에서 동행을 거부하는 그 교사를 현행범으로 체포한 경우 적법한 공무집행이다. ☐ O ☒ X

해설 교사가 교장실에 들어가 불과 약 5분 동안 식칼을 휘두르며 교장을 협박하는 등의 소란을 피운 후 40여분 정도가 지나 경찰관들이 출동하여 교장실이 아닌 서무실에서 그를 연행하려 하자 그가 구속영장의 제시를 요구하면서 동행을 거부하였다면, 체포 당시 서무실에 앉아 있던 위 교사가 방금 범죄를 실행한 범인이라는 죄증이 경찰관들에게 명백히 인식될 만한 상황이었다고 단정할 수 없는데도 이와 달리 그를 "범죄의 실행의 즉후인 자"로서 현행범인이라고 단정한 원심판결에는 현행범인에 관한 법리오해의 위법이 있다. (대법원 91노1314)

정답 ✕

037 형사절차에 있어서 영장주의란 체포·구속·압수 등의 강제처분을 함에 있어서는 사법권 독립에 의하여 그 신분이 보장되는 법관이 발부한 영장에 의하지 않으면 안된다는 원칙이다. ○ ×

해설 헌법재판소 96헌바28

정답 ○

038 일반영장의 발부는 금지된다. 따라서 구속영장에 있어서는 범죄사실과 피의자는 물론 인치·구금할 장소가 특정되어야 하며, 압수·수색영장에 있어서는 압수·수색의 대상이 특정되어야 한다. ○ ×

해설

> **형사소송법 제75조(구속영장의 방식)** ① 구속영장에는 피고인의 성명, 주거, 죄명, 공소사실의 요지, 인치 구금할 장소, 발부 년월일, 그 유효기간과 그 기간을 경과하면 집행에 착수하지 못하며 영장을 반환하여야 할 취지를 기재하고 재판장 또는 수명법관이 서명 날인하여야 한다.
> **형사소송법 제114조(영장의 방식)** ① 압수·수색영장에는 다음 각 호의 사항을 기재하고 재판장이나 수명법관이 서명·날인하여야 한다. 다만, 압수·수색할 물건이 전기통신에 관한 것인 경우에는 작성기간을 기재하여야 한다.
> 1. 피고인의 성명
> 2. 죄명
> 3. 압수할 물건
> 4. 수색할 장소·신체·물건
> 5. 영장 발부 연월일
> 6. 영장의 유효기간과 그 기간이 지나면 집행에 착수할 수 없으며 영장을 반환하여야 한다는 취지
> 7. 그 밖에 대법원규칙으로 정하는 사항

정답 ○

039 형집행장은 사형 또는 자유형을 집행하기 위하여 검사가 발부하는 것이며 수형자들을 대상으로 한다. 따라서 형집행장은 영장에 해당하지 않는다. ○ ×

해설 형집행장은 구속영장과 동일한 효력이 있지만(형사소송법 제474조 제2항) 구속영장에서 요하는 내용(형사소송법 제75조 제1항)을 모두 담고 있지 않으므로 영장에는 해당하지 않는다.

정답 ○

040 가환부 결정이 있는 경우에도 압수의 효력은 지속되므로 가환부를 받은 자는 법원의 요구가 있으면 즉시 압수물을 제출할 의무가 있고 그 압수물에 대하여 보관의무를 부담하며 소유자라 하더라도 그 압수물을 처분할 수 없다. ○ ×

해설 대법원 94모42

정답 ○

041 검사가 현행범인을 체포하는 경우 체포를 위한 실력행사에 들어가기 전에 미리 피의사실의 요지와 변호인 선임권 등을 고지하여야 하지만, 폭력으로 대항하는 피의자를 실력으로 제압하는 경우에는 제압하는 과정에서 고지하거나, 그것이 여의치 않은 경우에는 제압한 후에 지체 없이 고지하여야 한다. O ×

해설 대법원 2017도10866   정답 O

042 사법경찰관은 범행 중 또는 범행 직후의 범죄장소에서 긴급을 요하여 판사의 영장을 받을 수 없는 때에는 영장 없이 압수·수색 또는 검증을 할 수 있으나, 이 경우에는 사후에 지체 없이 영장을 받아야 한다. O ×

해설

> 형사소송법 제216조(영장에 의하지 아니한 강제처분) ③ 범행 중 또는 범행직후의 범죄 장소에서 긴급을 요하여 법원 판사의 영장을 받을 수 없는 때에는 영장 없이 압수, 수색 또는 검증을 할 수 있다. 이 경우에는 사후에 지체 없이 영장을 받아야 한다.

정답 O

043 A가 필로폰을 투약한다는 제보를 받은 경찰관이 제보된 주거지에 A가 살고 있는지 등 제보의 정확성을 사전에 확인한 후에 제보자를 불러 조사하기 위하여 A의 주거지를 방문하였다가, 현관에서 담배를 피우고 있는 A를 발견하고 사진을 찍어 제보자에게 전송하여 사진에 있는 사람이 제보한 대상자가 맞다는 확인을 한 후, 가지고 있던 A의 전화번호로 전화를 하여 차량 접촉사고가 났으니 나오라고 하였으나 나오지 않고, 또한 경찰관임을 밝히고 만나자고 하는데도 현재 집에 있지 않다는 취지로 거짓말을 하자 A의 집 문을 강제로 열고 들어가 A를 긴급체포한 경우, A에 대한 긴급체포는 위법하다. O ×

해설 대법원 2016도5814   정답 O

044 체포영장의 청구를 받은 지방법원판사는 필요하다고 인정할 때에는 발부 전에 영장실질심사를 위해서 피의자심문을 할 수 있다. O ×

해설 체포영장의 경우 영장실질심사의 요건이 되지 않는다.   정답 ×

045 검사 또는 사법경찰관은 긴급체포한 피의자에 대하여 구속영장을 청구하지 않거나 발부받지 못하여 석방한 경우에는 다른 중요한 증거를 발견한 경우를 제외하고는 동일한 범죄사실로 다시 체포하지 못한다. O ×

해설

> 형사소송법 제200조의4(긴급체포와 영장청구기간) ③ 제2항의 규정에 의하여 석방된 자는 영장 없이는 동일한 범죄사실에 관하여 체포하지 못한다.

정답 ×

046

현행범 체포의 적법성은 체포 당시의 구체적 상황을 기초로 주관적으로 판단하여야 하고, 사후에 범인으로 인정되었는지에 의할 것은 아니다. ○ ×

해설 공무집행방해죄는 공무원의 적법한 공무집행이 전제로 되는데, 추상적인 권한에 속하는 공무원의 어떠한 공무집행이 적법한지 여부는 행위 당시의 구체적 상황에 기하여 객관적·합리적으로 판단하여야 하고 사후적으로 순수한 객관적 기준에서 판단할 것은 아니다. 마찬가지로 현행범 체포의 적법성은 체포 당시의 구체적 상황을 기초로 객관적으로 판단하여야 하고, 사후에 범인으로 인정되었는지에 의할 것은 아니다. (대법원 2011도4763) 정답 ×

047

법원이 직권으로 발부하는 영장은 집행기관에 대한 허가장의 성격을 가지나, 수사기관의 청구에 의하여 발부하는 영장은 수사기관에 대한 명령장으로서의 성질을 갖는 것으로 이해되고 있다. ○ ×

해설 법원이 직권으로 발부하는 영장과 수사기관의 청구에 의하여 발부하는 구속영장의 법적 성격은 갖지 않다. 즉, 전자는 명령장으로서의 성질을 갖지만 후자는 허가장으로서의 성질을 갖는 것으로 이해되고 있다. (헌법재판소 96헌바28) 정답 ×

048

교도소의 안전과 질서유지를 위하여 마약류 수형자에게 소변을 받아 제출하게 한 것은 응하지 않을 경우 불리한 처우를 받을 수 있다는 심리적 압박이 존재하리라는 것을 충분히 예상할 수 있는 점에 비추어 공권력의 행사에 해당하나, 영장 없이 실시되었다 하더라도 영장주의에 위배되지 않는다. ○ ×

해설 헌법 제12조 제3항의 영장주의는 법관이 발부한 영장에 의하지 아니하고는 수사에 필요한 강제처분을 하지 못한다는 원칙으로 소변을 받아 제출하도록 한 것은 교도소의 안전과 질서유지를 위한 것으로 수사에 필요한 처분이 아닐 뿐만 아니라 검사대상자들의 협력이 필수적이어서 강제처분이라고 할 수도 없어 영장주의의 원칙이 적용되지 않는다. (헌법재판소 2005헌마277) 정답 ○

049

법원이 피고인의 구속 또는 그 유지 여부의 필요성에 관하여 한 재판의 효력이 검사나 다른 기관의 이견이나 불복이 있다 하여 좌우되거나 제한받는다면 이는 헌법 제12조 제3항의 영장주의에 위배된다. ○ ×

해설 헌법재판소 2011헌가36 정답 ○

050

체포 및 압수·수색현장에서 변호인의 체포영장 등사 요구를 거절한 것만으로는 변호인의 조력을 받을 권리를 원천적으로 침해한 행위라고 보기 어렵다. ○ ×

해설 대법원 2017도9747 정답 ○

051 체포한 피의자를 구속하고자 할 때에는 체포한 때부터 24시간 이내에 구속영장을 청구하여야 하고, 그 기간 내에 구속영장을 청구하지 아니하는 때에는 피의자를 즉시 석방하여야 한다. ○ ×

> **해설**
> 형사소송법 제200조의2(영장에 의한 체포) ⑤ 체포한 피의자를 구속하고자 할 때에는 체포한 때부터 48시간 이내에 제201조의 규정에 의하여 구속영장을 청구하여야 하고, 그 기간 내에 구속영장을 청구하지 아니하는 때에는 피의자를 즉시 석방하여야 한다.

정답 ×

052 체포의 사유가 없거나 소멸된 때에는 법원은 직권 또는 검사, 피의자, 변호인과 피의자의 변호인 선임권자의 청구에 의하여 결정으로 체포를 취소하여야 한다. ○ ×

> **해설**
> 형사소송법 제93조(구속의 취소) 구속의 사유가 없거나 소멸된 때에는 법원은 직권 또는 검사, 피고인, 변호인과 제30조 제2항에 규정한 자의 청구에 의하여 결정으로 구속을 취소하여야 한다. = 형사소송법 제93조(구속의 취소)를 체포에도 준용한다. (제200조의6(준용규정))

정답 ○

053 긴급 체포된 자가 소유·소지 또는 보관하는 물건에 대하여 긴급히 압수할 필요가 있어 체포한 때부터 24시간 이내에 영장 없이 압수·수색 또는 검증을 하는 경우 체포현장이 아닌 장소에서도 긴급 체포된 자가 소유·소지 또는 보관하는 물건을 대상으로 할 수 있다. ○ ×

> **해설** 대법원 2017도10309

정답 ○

054 긴급체포의 경우에도 미란다 원칙의 고지는 체포를 위한 실력행사에 들어가기 이전에 미리 하여야 하는 것이 원칙이나, 달아나는 피의자를 쫓아가 붙들거나 폭력으로 대항하는 피의자를 실력으로 제압하는 경우에는 붙들거나 제압하는 과정에서 하거나, 그것이 여의치 않은 경우에는 일단 붙들거나 제압한 후에 지체 없이 행하여야 한다. ○ ×

> **해설** 대법원 2011도7193

정답 ○

055 「형사소송법」 제211조가 현행범인으로 규정한 '범죄의 실행의 즉후인 자'라고 함은 범죄의 실행행위를 종료한 직후의 범인이라는 것이 객관적인 제3자의 입장에서 볼 때 명백한 경우를 일컫는 것이고, '범죄의 실행행위를 종료한 직후'라고 함은 범죄행위를 실행하여 끝마친 순간 또는 이에 아주 접착된 시간적 단계를 의미하는 것으로 해석된다. ○ ×

> **해설** 형사소송법 제211조가 현행범인으로 규정한 "범죄의 실행(實行)의 즉후(卽後)인 자"라고 함은, 범죄의 실행행위를 종료한 직후의 범인이라는 것이 체포하는 자의 입장에서 볼 때 명백한 경우를 일컫는 것으로서, "범죄의 실행행위를 종료한 직후"라고 함은, 범죄행위를 실행하여 끝마친 순간 또는 이에 아주 접착된 시간적 단계를 의미하는 것으로 해석되므로, 시간적으로나 장소적으로 보아 체포를 당하는 자가 방금 범죄를 실행한 범인이라는 점에 관한 죄증이 명백히 존재하는 것으로 인정되는 경우에만 현행범인으로 볼 수 있는 것이다. (대법원 2007도1249)

정답 ×

056
현행범인은 누구든지 영장 없이 체포할 수 있으며, 현행범을 체포하는 자는 일반 사인이라 하더라도 영장 없이 타인의 주거에 들어갈 수 있다. ○ ×

해설

형사소송법 제212조(현행범인의 체포) 현행범인은 누구든지 영장 없이 체포할 수 있다. = 현행범을 체포하는 자는 일반 사인이라 하더라도 타인의 주거에 들어갈 수 없다.

정답 ×

057
검사는 긴급체포한 피의자에 대하여 구속영장을 청구하지 아니하고 석방한 경우에는 즉시 긴급체포서의 사본 등을 법원에 통지하여 사후승인을 얻어야 한다. ○ ×

해설

형사소송법 제200조의4(긴급체포와 영장청구기간) ④ 검사는 제1항에 따른 구속영장을 청구하지 아니하고 피의자를 석방한 경우에는 석방한 날부터 30일 이내에 서면으로 다음 각 호의 사항을 법원에 통지하여야 한다. 이 경우 긴급체포서의 사본을 첨부하여야 한다.

정답 ×

058
甲은 음주운전을 종료한 후 40분 이상이 경과한 시점에서 길가에 앉아 있었는데, 사법경찰관이 甲에게서 술냄새가 난다는 점만을 근거로 현행범으로 체포한 것은 '방금 음주운전을 실행한 범인이라는 점에 관한 죄증이 명백하다고 할 수 없는 상태'에서 이루어진 것이므로 적법한 공무집행이라 볼 수 없다. ○ ×

해설 대법원 2007도1249

정답 ○

059
긴급체포의 요건을 갖추었는지 여부는 사후에 밝혀진 사정을 기초로 판단하는 것이 아니라 체포 당시의 상황을 기초로 판단하여야 하고, 이에 관한 검사나 사법경찰관 등 수사주체의 판단에는 상당한 재량의 여지가 있다. ○ ×

해설 대법원 2002모81

정답 ○

060
피의자를 긴급체포하는 경우에 필요한 때에는 영장 없이 체포현장에서 압수·수색을 할 수 있고, 이에 따라 압수한 물건을 계속 압수할 필요가 있는 경우에는 지체없이 압수·수색영장을 청구하여야 하며, 청구한 압수·수색영장을 발부받지 못한 때에는 압수한 물건을 즉시 반환하여야 하는 바, 이를 위반하여 압수·수색영장을 발부받지 아니하고도 즉시 반환하지 아니한 압수물은 피고인이나 변호인이 이를 증거로 함에 동의하지 않는 한 유죄 인정의 증거로 사용할 수 없다. ○ ×

해설 형사소송법 제216조 제1항 제2호, 제217조 제2항, 제3항은 사법경찰관은 형사소송법 제200조의3(긴급체포)의 규정에 의하여 피의자를 체포하는 경우에 필요한 때에는 영장 없이 체포현장에서 압수·수색을 할 수 있고, 압수한 물건을 계속 압수할 필요가 있는 경우에는 지체 없이 압수수색영장을 청구하여야 하며, 청구한 압수수색영장을 발부받지 못한 때에는 압수한 물건을 즉시 반환하여야 한다고 규정하고 있는바, 형사소송법 제217조 제2항, 제3항에 위반하여 압수수색영장을 청구하여 이를 발부받지 아니하고도 즉시 반환하지 아니한 압수물은 이를 유죄 인정의 증거로 사용할 수 없는 것이고, 헌법과 형사소송법이 선언한 영장주의의 중요성에 비추어 볼 때 피고인이나 변호인이 이를 증거로 함에 동의하였다고 하더라도 달리 볼 것은 아니다. (대법원 2009도11401)

정답 ×

061 현행범을 체포한 경찰관의 진술이라 하더라도 범행을 목격한 부분에 관하여는 여느 목격자의 진술과 다름없이 증거능력이 있다. ○ ×

해설 대법원 95도535 정답 ○

062 다액 50만 원 이하의 벌금, 구류 또는 과료에 해당하는 사건에 관하여는 피의자가 일정한 주거가 없는 경우 또는 정당한 이유 없이 수사기관의 출석요구에 응하지 아니한 경우에 한하여 체포할 수 있다. ○ ×

해설

> 형사소송법 제200조의2(영장에 의한 체포) ① 피의자가 죄를 범하였다고 의심할 만한 상당한 이유가 있고, 정당한 이유 없이 제200조의 규정에 의한 출석요구에 응하지 아니하거나 응하지 아니할 우려가 있는 때에는 검사는 관할지방법원판사에게 청구하여 체포영장을 발부받아 피의자를 체포할 수 있고, 사법경찰관은 검사에게 신청하여 검사의 청구로 관할지방법원판사의 체포영장을 발부받아 피의자를 체포할 수 있다. 다만, 다액 50만원 이하의 벌금, 구류 또는 과료에 해당하는 사건에 관하여는 피의자가 일정한 주거가 없는 경우 또는 정당한 이유 없이 제200조의 규정에 의한 출석요구에 응하지 아니한 경우에 한한다.

정답 ○

063 「형사소송법」은 강제처분에 대한 사전적 구제 제도로서 체포 전 피의자신문제도를 두고 있다. ○ ×

해설 구속영장의 경우에는 구속 전 피의자심문제도가 인정되나 체포 전 피의자신문제도를 두고 있지 않다. 정답 ×

064 사법경찰관리는 체포영장을 소지하지 아니한 경우에 급속을 요하는 때에는 피의자에 대하여 피의사실의 요지와 영장이 발부되었음을 알리고 집행할 수 있다. 이 경우 집행을 완료한 후에는 신속히 체포영장을 제시하고 그 사본을 교부하여야 한다. ○ ×

해설

> 형사소송법 제85조(구속영장집행의 절차) ③ 구속영장을 소지하지 아니한 경우에 급속을 요하는 때에는 피고인에 대하여 공소사실의 요지와 영장이 발부되었음을 고하고 집행할 수 있다.
> ④ 전 항의 집행을 완료한 후에는 신속히 구속영장을 제시하고 그 사본을 교부하여야 한다.

정답 ○

065 경찰관이 시위에 참가한 6명의 조합원을 「집회 및 시위에 관한 법률」 위반 혐의로 현행범 체포 후 경찰서로 연행하였는데, 그 과정에서 체포의 이유를 설명하지 않다가 조합원들의 항의를 받고 1시간이 지난 후 그 이유를 설명한 것은 위법하다. ○ ×

해설 전투경찰대원들이 위 조합원들을 체포하는 과정에서 체포의 이유 등을 제대로 고지하지 않다가 30~40분이 지난 후 피고인 등의 항의를 받고 나서야 비로소 체포의 이유 등을 고지한 것은 형사소송법상 현행범인 체포의 적법한 절차를 준수한 것이 아니므로 적법한 공무집행이라고 볼 수 없다. (대법원 2013도2168) 정답 ○

066 순찰 중이던 경찰관이 교통사고를 낸 차량이 도주하였다는 무전연락을 받고 주변을 수색하다가 범퍼 등의 파손상태로 보아 사고차량으로 인정되는 차량에서 내리는 사람을 발견하고 준현행범인으로 체포한 행위는 위법하다. ○ ×

해설 순찰 중이던 경찰관이 교통사고를 낸 차량이 도주하였다는 무전연락을 받고 주변을 수색하다가 범퍼 등의 파손상태로 보아 사고차량으로 인정되는 차량에서 내리는 사람을 발견한 경우, 형사소송법 제211조 제2항 제2호 소정의 '장물이나 범죄에 사용되었다고 인정함에 충분한 흉기 기타의 물건을 소지하고 있는 때'에 해당하므로 준현행범으로서 영장 없이 체포할 수 있다. (대법원 99도4341)   정답 ×

067 범행 중 또는 범행 직후의 범죄 장소에서 영장 없이 압수수색 또는 검증을 할 수 있도록 규정한 「형사소송법」 제216조 제3항의 요건 중 어느 하나라도 갖추지 못한 경우 압수수색 또는 검증은 잠정적으로 위법하지만, 이에 대하여 사후에 법원으로부터 영장을 발부받게 되면 그 위법성은 소급하여 치유될 수 있다. ○ ×

해설 범행 중 또는 범행직후의 범죄 장소에서 긴급을 요하여 법원판사의 영장을 받을 수 없는 때에는 영장 없이 압수, 수색 또는 검증을 할 수 있으나, 이 경우에는 사후에 지체 없이 영장을 받아야 한다(형사소송법 제216조 제3항). 형사소송법 제216조 제3항의 요건 중 어느 하나라도 갖추지 못한 경우 그러한 압수·수색 또는 검증은 위법하고, 이에 대하여 사후에 법원으로부터 영장을 발부받았다고 하여 그 위법성이 치유되는 것은 아니다. (대법원 2009도14884)   정답 ×

068 영장에 의한 체포나 긴급체포를 위해서는 체포의 필요성, 즉 도망 또는 증거인멸의 염려가 있어야 하지만, 현행범체포의 경우는 그러하지 아니하다. ○ ×

해설 현행범인은 누구든지 영장 없이 체포할 수 있으므로 사인의 현행범인 체포는 법령에 의한 행위로서 위법성이 조각된다고 할 것인데, 현행범인 체포의 요건으로서는 행위의 가벌성, 범죄의 현행성·시간적 접착성, 범인·범죄의 명백성 외에 체포의 필요성 즉, 도망 또는 증거인멸의 염려가 있을 것을 요한다. (대법원 98도3029)   정답 ×

069 검사 또는 사법경찰관리가 아닌 이에 의해 현행범인이 체포된 후 불필요한 지체 없이 검사 등에게 인도된 경우, 구속영장의 청구시한인 48시간의 기산점은 현행범인의 체포시이다. ○ ×

해설 검사 등이 아닌 이에 의하여 현행범인이 체포된 후 불필요한 지체 없이 검사 등에게 인도된 경우 위 48시간의 기산점은 체포시가 아니라 검사 등이 현행범인을 인도받은 때라고 할 것이다. (대법원 2011도12927)   정답 ×

070 법원은 체포된 피의자가 체포적부심사를 청구한 경우 구속적부심사 청구의 경우와는 달리 피의자에게 변호인이 없더라도 국선변호인을 선정할 필요가 없다. ○ ×

해설

> 형사소송법 제214조의2(체포와 구속의 적부심사) ⑩ 체포되거나 구속된 피의자에게 변호인이 없는 때에는 제33조를 준용한다.

정답 ×

071 '급속을 요하는 때'에 해당하여 체포영장을 제시하지 않은 채 체포영장에 기한 체포절차에 착수하였으나, 이에 피의자가 저항하면서 경찰관을 폭행하여 새로운 피의사실인 공무집행방해를 이유로 적법하게 현행범으로 체포한 경우, 집행완료에 이르지 못한 체포영장을 사후에 피의자에게 제시할 필요는 없다. O X

해설 대법원 2021도4648   정답 O

072 구속영장 발부에 의하여 적법하게 구금된 피의자가 피의자신문을 위한 출석요구에 응하지 아니하면서 수사기관 조사실에 출석을 거부한다면 수사기관은 그 구속영장의 효력에 의하여 피의자를 조사실로 구인할 수 있는데, 이 경우 피의자신문절차도 강제수사의 한 방법으로 진행되어야 하므로 수사기관은 피의자를 신문하기 전에 진술거부권이 있음을 고지하여야 한다. O X

해설 구속영장 발부에 의하여 적법하게 구금된 피의자가 피의자신문을 위한 출석요구에 응하지 아니하면서 수사기관 조사실에 출석을 거부한다면 수사기관은 그 구속영장의 효력에 의하여 피의자를 조사실로 구인할 수 있다고 보아야 한다. 다만 이러한 경우에도 그 피의자신문 절차는 어디까지나 법 제199조 제1항 본문, 제200조의 규정에 따른 임의수사의 한 방법으로 진행되어야 하므로, 피의자는 헌법 제12조 제2항과 법 제244조의3에 따라 일체의 진술을 하지 아니하거나 개개의 질문에 대하여 진술을 거부할 수 있고, 수사기관은 피의자를 신문하기 전에 그와 같은 권리를 알려주어야 한다. (대법원 2013모160)   정답 X

073 영장실질심사는 필요적 변호사건이므로 심문할 피의자에게 변호인이 없는 때에는 지방법원판사는 직권으로 변호인을 선정하여야 한다. 이 경우 변호인 선정의 효력은 구속영장청구가 기각된 경우에도 제1심까지 효력이 있다. O X

해설

> 형사소송법 제201조의2(구속영장 청구와 피의자 심문) ⑧ 심문할 피의자에게 변호인이 없는 때에는 지방법원판사는 직권으로 변호인을 선정하여야 한다. 이 경우 변호인의 선정은 피의자에 대한 <u>구속영장 청구가 기각되어 효력이 소멸한 경우를 제외하고는</u> 제1심까지 효력이 있다.

정답 X

074 공동피의자의 순차적인 체포 구속적부심사청구가 수사방해를 목적으로 하고 있음이 명백한 때에는 법원은 피의자에 대한 심문 없이 결정으로 청구를 기각할 수 있으며, 이와 같은 결정에 대해서는 피의자가 항고할 수 없다. O X

해설

> 형사소송법 제214조의2(체포와 구속의 적부심사) ③ 법원은 제1항에 따른 청구가 다음 각 호의 어느 하나에 해당하는 때에는 제4항에 따른 심문 없이 결정으로 청구를 기각할 수 있다.
>   1. 청구권자 아닌 사람이 청구하거나 동일한 체포영장 또는 구속영장의 발부에 대하여 재청구한 때
>   2. 공범이나 공동피의자의 순차청구(順次請求)가 수사 방해를 목적으로 하고 있음이 명백한 때
> ⑧ 제3항과 제4항의 결정에 대해서는 항고할 수 없다.

정답 O

075

「검사와 사법경찰관의 상호협력과 일반적 수사준칙에 관한 규정」 제31조에 의하면 사법경찰관은 동일한 범죄사실로 다시 체포영장을 신청하는 경우에 그 취지를 체포영장 신청서에 적어야 한다. O X

해설

수사준칙 제31조(체포·구속영장의 재청구·재신청) 검사 또는 사법경찰관은 동일한 범죄사실로 다시 체포·구속영장을 청구하거나 신청하는 경우(체포·구속영장의 청구 또는 신청이 기각된 후 다시 체포·구속영장을 청구하거나 신청하는 경우와 이미 발부받은 체포·구속영장과 동일한 범죄사실로 다시 체포·구속영장을 청구하거나 신청하는 경우를 말한다)에는 그 취지를 체포·구속영장 청구서 또는 신청서에 적어야 한다.

정답 O

076

긴급체포한 피의자를 구속하고자 할 때 구속영장은 피의자를 체포한 때로부터 24시간 이내에 청구되어야 한다. O X

해설

형사소송법 제200조의4(긴급체포와 영장청구기간) ① 검사 또는 사법경찰관이 제200조의3의 규정에 의하여 피의자를 체포한 경우 피의자를 구속하고자 할 때에는 지체 없이 검사는 관할지방법원판사에게 구속영장을 청구하여야 하고, 사법경찰관은 검사에게 신청하여 검사의 청구로 관할지방법원판사에게 구속영장을 청구하여야 한다. 이 경우 구속영장은 피의자를 체포한 때부터 48시간 이내에 청구하여야 하며, 제200조의3 제3항에 따른 긴급체포서를 첨부하여야 한다.

정답 ×

077

사법경찰관은 피의자가 죄를 범하였다고 의심할 만한 정황이 있고 「형사소송법」 제200조에 의한 출석요구에 응하지 아니한 때에는 체포영장을 신청하여 피의자를 체포할 수 있다. O X

해설

형사소송법 제200조의2(영장에 의한 체포) ① 피의자가 죄를 범하였다고 의심할 만한 상당한 이유가 있고, 정당한 이유 없이 제200조의 규정에 의한 출석요구에 응하지 아니하거나 응하지 아니할 우려가 있는 때에는 검사는 관할지방법원판사에게 청구하여 체포영장을 발부받아 피의자를 체포할 수 있고, 사법경찰관은 검사에게 신청하여 검사의 청구로 관할지방법원판사의 체포영장을 발부받아 피의자를 체포할 수 있다. 다만, 다액 50만원 이하의 벌금, 구류 또는 과료에 해당하는 사건에 관하여는 피의자가 일정한 주거가 없는 경우 또는 정당한 이유 없이 제200조의 규정에 의한 출석요구에 응하지 아니한 경우에 한한다.

정답 ×

078

경찰관들이 체포를 위한 실력행사에 나아가기 전에 체포영장을 제시하고 미란다 원칙을 고지할 여유가 있었음에도 애초부터 미란다 원칙을 체포 후에 고지할 생각으로 먼저 체포행위에 나선 경우라도 이러한 행위를 위법하다고 할 수 없다. ○ ×

해설 피고인이 경찰관들과 마주하자마자 도망가려는 태도를 보이거나 먼저 폭력을 행사하며 대항한 바 없는 등 경찰관들이 체포를 위한 실력행사에 나아가기 전에 체포영장을 제시하고 미란다 원칙을 고지할 여유가 있었음에도 애초부터 미란다 원칙을 체포 후에 고지할 생각으로 먼저 체포행위에 나선 행위는 적법한 공무집행이라고 보기 어렵다. (대법원 2017도10866)

정답 ×

079

사법경찰관은 피의자를 긴급체포한 경우 즉시 긴급체포서를 작성해야 하나, 검사가 피의자를 긴급체포한 경우에는 긴급체포서를 작성할 필요가 없다. ○ ×

해설

> 형사소송법 제200조의3(긴급체포) ③ 검사 또는 사법경찰관은 제1항의 규정에 의하여 피의자를 체포한 경우에는 즉시 긴급체포서를 작성하여야 한다.
> ④ 제3항의 규정에 의한 긴급체포서에는 범죄사실의 요지, 긴급체포의 사유 등을 기재하여야 한다.

정답 ×

080

긴급체포의 요건을 갖추었는지 여부는 사후에 밝혀진 사정과 체포 당시의 상황을 종합적으로 고려하여 판단하여야 한다. ○ ×

해설 긴급체포의 요건을 갖추었는지 여부는 사후에 밝혀진 사정을 기초로 판단하는 것이 아니라 체포 당시의 상황을 기초로 판단하여야 하고, 이에 관한 검사나 사법경찰관 등 수사주체의 판단에는 상당한 재량의 여지가 있다고 할 것이나, 긴급체포 당시의 상황으로 보아서도 그 요건의 충족 여부에 관한 검사나 사법경찰관의 판단이 경험칙에 비추어 현저히 합리성을 잃은 경우에는 그 체포는 위법한 체포라 할 것이고, 이러한 위법은 영장주의에 위배되는 중대한 것이니 그 체포에 의한 유치 중에 작성된 피의자신문조서는 위법하게 수집된 증거로서 특별한 사정이 없는 한 이를 유죄의 증거로 할 수 없다. (대법원 2000도5701)

정답 ×

081

긴급체포 되었지만 구속영장을 청구하지 아니하거나 구속영장을 발부받지 못하여 석방된 자는 영장 없이는 동일한 범죄사실에 관하여 다시 체포하지 못한다. ○ ×

해설

> 형사소송법 제200조의4(긴급체포와 영장청구기간) ② 제1항의 규정에 의하여 구속영장을 청구하지 아니하거나 발부받지 못한 때에는 피의자를 즉시 석방하여야 한다.
> ③ 제2항의 규정에 의하여 석방된 자는 영장 없이는 동일한 범죄사실에 관하여 체포하지 못한다.

정답 ○

082 사법경찰관이 긴급체포한 피의자에 대하여 구속영장을 신청하지 아니하고 석방한 경우에는 7일 이내에 검사에게 보고하여야 한다. ○ ×

해설

형사소송법 제200조의4(긴급체포와 영장청구기간) ④ 검사는 제1항에 따른 구속영장을 청구하지 아니하고 피의자를 석방한 경우에는 석방한 날부터 30일 이내에 서면으로 다음 각 호의 사항을 법원에 통지하여야 한다. 이 경우 긴급체포서의 사본을 첨부하여야 한다.
  1. 긴급체포 후 석방된 자의 인적사항
  2. 긴급체포의 일시·장소와 긴급체포하게 된 구체적 이유
  3. 석방의 일시·장소 및 사유
  4. 긴급체포 및 석방한 검사 또는 사법경찰관의 성명
⑥ 사법경찰관은 긴급체포한 피의자에 대하여 <u>구속영장을 신청하지 아니하고 석방한 경우</u>에는 즉시 검사에게 보고하여야 한다.

정답 ×

083 검사 또는 사법경찰관은 피의자가 사형·무기 또는 장기 3년 이상의 징역이나 금고에 해당하는 죄를 범하였다고 의심할 만한 상당한 이유가 있고, 피의자가 증거를 인멸할 염려가 있거나, 도망하거나 도망할 우려가 있는 경우에 긴급을 요하여 지방법원판사의 체포영장을 받을 수 없는 때에는 그 사유를 알리고 영장 없이 피의자를 체포할 수 있다. ○ ×

해설

형사소송법 제200조의3(긴급체포) ① 검사 또는 사법경찰관은 피의자가 사형·무기 또는 장기 3년 이상의 징역이나 금고에 해당하는 죄를 범하였다고 의심할 만한 상당한 이유가 있고, 다음 각 호의 어느 하나에 해당하는 사유가 있는 경우에 긴급을 요하여 지방법원판사의 체포영장을 받을 수 없는 때에는 그 사유를 알리고 영장 없이 피의자를 체포할 수 있다. 이 경우 긴급을 요한다 함은 피의자를 우연히 발견한 경우 등과 같이 체포영장을 받을 시간적 여유가 없는 때를 말한다.
  1. 피의자가 증거를 인멸할 염려가 있는 때
  2. 피의자가 도망하거나 도망할 우려가 있는 때

정답 ○

084 긴급체포는 영장주의원칙에 대한 예외인 만큼 형사소송법 제200조의3(긴급체포) 제1항의 요건을 모두 갖춘 경우에 한하여 예외적으로 허용되어야 하고, 요건을 갖추지 못한 긴급체포는 법적 근거에 의하지 아니한 영장 없는 체포로서 위법한 체포에 해당하는 것이고, 여기서 긴급체포의 요건을 갖추었는지 여부는 사후에 밝혀진 사정을 기초로 판단하는 것이 아니라 체포 당시의 상황을 기초로 판단하여야 한다. ○ ×

해설 대법원 2006도148

정답 ○

02 피의자 구속

085 피의자에 대한 구속기간 연장을 허가하지 않은 지방법원 판사의 결정에 대하여 검사는 항고할 수 없으나 준항고는 할 수 있다. ○ ×

해설 형사소송법 제402조, 제403조에서 말하는 법원은 형사소송법상의 수소법원만을 가리키므로, 같은 법 제205조 제1항 소정의 구속기간의 연장을 허가하지 아니하는 지방법원 판사의 결정에 대하여는 같은 법 제402조, 제403조가 정하는 항고의 방법으로는 불복할 수 없고, 나아가 그 지방법원 판사는 수소법원으로서의 재판장 또는 수명법관도 아니므로 그가 한 재판은 같은 법 제416조가 정하는 준항고의 대상이 되지도 않는다. (대법원 97모1)

정답 ×

086 불구속 상태의 피고인에 대하여 본안재판을 선고한 원심법원은 그 선고 이후에는 피고인을 구속할 권한이 없다. ○ ×

해설 상소제기 후 소송기록이 상소법원에 도달하지 않고 있는 사이에는 피고인을 구속할 필요가 있는 경우에도 기록이 없는 상소법원에서 구속의 요건이나 필요성 여부에 대한 판단을 하여 피고인을 구속하는 것이 실질적으로 불가능하다는 점 등을 고려하면, 상소기간 중 또는 상소 중의 사건에 관한 피고인의 구속을 소송기록이 상소법원에 도달하기까지는 원심법원이 하도록 규정한 형사소송규칙 제57조 제1항의 규정이 형사소송법 제105조의 규정에 저촉된다고 보기는 어렵다. (대법원 2007모460)

정답 ×

087 피의자에 대한 심문절차는 원칙적으로 공개한다. ○ ×

해설

형사소송규칙 제96조의14(심문의 비공개) 피의자에 대한 심문절차는 공개하지 아니한다. 다만, 판사는 상당하다고 인정하는 경우에는 피의자의 친족, 피해자 등 이해관계인의 방청을 허가할 수 있다.

정답 ×

088 적법하게 체포된 피의자에 대하여 구속영장을 청구받은 판사는 필요하다고 인정되는 때에는 지체없이 영장실질심사를 위하여 피의자를 심문할 수 있으며, 심문할 피의자에게 변호인이 없는 때에는 판사는 직권으로 변호인을 선정하여야 한다. ○ ×

해설

형사소송법 제201조의2(구속영장 청구와 피의자 심문) ① 제200조의2·제200조의3 또는 제212조에 따라 체포된 피의자에 대하여 구속영장을 청구받은 판사는 지체 없이 피의자를 심문하여야 한다. 이 경우 특별한 사정이 없는 한 구속영장이 청구된 날의 다음날까지 심문하여야 한다.
⑧ 심문할 피의자에게 변호인이 없는 때에는 지방법원판사는 직권으로 변호인을 선정하여야 한다. 이 경우 변호인의 선정은 피의자에 대한 구속영장 청구가 기각되어 효력이 소멸한 경우를 제외하고는 제1심까지 효력이 있다.

정답 ×

089   판사는 피의자가 심문기일에의 출석을 거부하거나 질병 그 밖의 사유로 출석이 현저하게 곤란하고, 피의자를 심문 법정에 인치할 수 없다고 인정되는 때에는 피의자의 출석 없이 심문절차를 진행할 수 있다. ○ ×

> **해설**
>
> 형사소송규칙 제96조의13(피의자의 심문절차) ① 판사는 피의자가 심문기일에의 출석을 거부하거나 질병 그 밖의 사유로 출석이 현저하게 곤란하고, 피의자를 심문 법정에 인치할 수 없다고 인정되는 때에는 피의자의 출석 없이 심문절차를 진행할 수 있다.

정답 ○

090   피의자심문을 하는 경우 법원이 구속영장 청구서·수사관계 서류 및 증거물을 접수한 날부터 구속영장을 발부하여 검찰청에 반환한 날까지의 기간은 사법경찰관이나 검사의 피의자 구속기간에 산입하지 아니한다. ○ ×

> **해설**
>
> 형사소송법 제201조의2(구속영장 청구와 피의자 심문) ⑦ 피의자심문을 하는 경우 법원이 구속영장청구서·수사 관계 서류 및 증거물을 접수한 날부터 구속영장을 발부하여 검찰청에 반환한 날까지의 기간은 제202조 및 제203조의 적용에 있어서 그 구속기간에 산입하지 아니한다.

정답 ○

091   법원이 피고인에 대한 구속기간이 만료될 무렵 종전 구속영장에 기재된 범죄사실과 다른 범죄사실로 피고인을 구속하는 것은 위법하다. ○ ×

해설 구속의 효력은 원칙적으로 구속영장에 기재된 범죄사실에만 미친다는 점, 재항고인과 함께 병합심리되고 있는 공동피고인이 상당수에 이를 뿐만 아니라 재항고인과 공동피고인들에 대한 공소사실이 방대하고 복잡하여 그 심리에 상당한 시일이 요구될 것으로 예상된다는 점 등에 비추어 보면, 구속기간이 만료될 무렵에 종전 구속영장에 기재된 범죄사실과는 다른 범죄사실로 재항고인을 구속하였다는 사정만으로는 재항고인에 대한 구속이 위법하다고 단정할 수는 없다. (대법원 96모46)

정답 ×

092   공판 단계에서 법원은 검사의 청구 없이 구속영장을 발부할 수 있다. ○ ×

해설 헌법상 영장제도의 취지에 비추어 볼 때, 헌법 제12조 제3항은 헌법 제12조 제1항과 함께 이른바 적법절차의 원칙을 규정한 것으로서 범죄수사를 위하여 구속 등의 강제처분을 함에 있어서는 법관이 발부한 영장이 필요하다는 것과 수사기관 중 검사만 법관에게 영장을 신청할 수 있다는 데에 그 의의가 있고, 형사재판을 주재하는 법원이 피고인에 대하여 구속영장을 발부하는 경우에도 검사의 신청이 있어야 한다는 것이 그 규정의 취지라고 볼 수는 없다. (대법원 96모46)

정답 ○

093 검사의 체포영장 또는 구속영장 청구에 대한 지방법원판사의 재판은 「형사소송법」 제402조의 규정에 의하여 항고의 대상이 되는 '법원의 결정'에 해당하지 않지만, 제416조 제1항의 규정에 의하여 준항고의 대상이 되는 '재판장 또는 수명법관의 구금 등에 관한 재판'에는 해당한다. ○ ×

> **해설** 검사의 체포영장 또는 구속영장 청구에 대한 지방법원판사의 재판은 형사소송법 제402조의 규정에 의하여 항고의 대상이 되는 '법원의 결정'에 해당하지 아니하고, 제416조 제1항의 규정에 의하여 준항고의 대상이 되는 '재판장 또는 수명법관의 구금 등에 관한 재판'에도 해당하지 아니한다. (대법원 2006모646)
>
> 정답 ×

094 검사의 구속영장 청구 전 피의자 대면조사는 강제수사가 아니므로 피의자는 검사의 출석요구에 응할 의무가 없고, 피의자가 검사의 출석요구에 동의한 때에 한하여 사법경찰관리는 피의자를 검찰청으로 호송하여야 한다. ○ ×

> **해설** 대법원 2008도11999
>
> 정답 ○

095 검사와 피의자의 변호인은 구속 전 피의자 심문기일에 출석하여 의견을 진술하여야 한다. ○ ×

> **해설**
>
> 형사소송법 제201조의2(구속영장 청구와 피의자 심문) ④ 검사와 변호인은 제3항에 따른 심문기일에 출석하여 의견을 진술할 수 있다.
>
> 정답 ×

096 피고인에 대한 구속기간은 2개월로 한다. 그럼에도 특히 구속을 계속할 필요가 있는 경우에는 심급마다 2개월 단위로 2차에 한하여 결정으로 갱신할 수 있다. 다만, 상소심은 피고인 또는 변호인이 신청한 증거의 조사, 상소이유를 보충하는 서면의 제출 등으로 추가 심리가 필요한 부득이한 경우에는 3차에 한하여 갱신할 수 있다. ○ ×

> **해설**
>
> 형사소송법 제92조(구속기간과 갱신) ① 구속기간은 2개월로 한다.
> ② 제1항에도 불구하고 특히 구속을 계속할 필요가 있는 경우에는 심급마다 2개월 단위로 2차에 한하여 결정으로 갱신할 수 있다. 다만, 상소심은 피고인 또는 변호인이 신청한 증거의 조사, 상소이유를 보충하는 서면의 제출 등으로 추가 심리가 필요한 부득이한 경우에는 3차에 한하여 갱신할 수 있다.
>
> 정답 ○

097

검사 또는 사법경찰관에 의하여 구속되었다가 석방된 자는 다른 중요한 증거를 발견한 경우를 제외하고는 동일한 범죄사실에 관하여 재차 구속하지 못하며, 이 경우 1개의 목적을 위하여 동시 또는 수단결과의 관계에서 행하여진 행위는 별개의 범죄사실로 간주한다. ○ ×

해설

형사소송법 제208조(재구속의 제한) ① 검사 또는 사법경찰관에 의하여 구속되었다가 석방된 자는 다른 중요한 증거를 발견한 경우를 제외하고는 동일한 범죄사실에 관하여 재차 구속하지 못한다.
② 전 항의 경우에는 1개의 목적을 위하여 동시 또는 수단결과의 관계에서 행하여진 행위는 동일한 범죄사실로 간주한다.

정답 ×

098

체포된 피의자외의 피의자에 대한 심문기일은 관계인에 대한 심문기일의 통지 및 그 출석에 소요되는 시간 등을 고려하여 피의자가 법원에 인치된 때로부터 가능한 한 빠른 일시로 지정하여야 한다. ○ ×

해설

형사소송규칙 제96조의12(심문기일의 지정, 통지) ② 체포된 피의자외의 피의자에 대한 심문기일은 관계인에 대한 심문기일의 통지 및 그 출석에 소요되는 시간 등을 고려하여 피의자가 법원에 인치된 때로부터 가능한 한 빠른 일시로 지정하여야 한다.

정답 ○

099

심문기일의 통지는 서면 이외에 구술·전화·모사전송·전자우편·휴대전화 문자전송 그밖에 적당한 방법으로 신속하게 하여야 한다. ○ ×

해설

형사소송규칙 제96조의12(심문기일의 지정, 통지) ③ 심문기일의 통지는 서면 이외에 구술·전화·모사전송·전자우편·휴대전화 문자전송 그 밖에 적당한 방법으로 신속하게 하여야 한다. 이 경우 통지의 증명은 그 취지를 심문조서에 기재함으로써 할 수 있다.

정답 ○

100

판사는 구속 여부의 판단을 위하여 심문장소에 출석한 피해자 그 밖의 제3자를 심문하여야 한다. ○ ×

해설

형사소송규칙 제96조의16(심문기일의 절차) ⑤ 판사는 구속 여부의 판단을 위하여 필요하다고 인정하는 때에는 심문장소에 출석한 피해자 그 밖의 제3자를 심문할 수 있다.

정답 ×

101 「형사소송법」 제88조는 '피고인을 구속한 때에는 즉시 공소사실의 요지와 변호인을 선임할 수 있음을 알려야 한다.'고 규정하고 있는바, 이를 위반하였다면 구속영장의 효력은 당연히 상실된다. O X

해설 형사소송법 제88조는 "피고인을 구속한 때에는 즉시 공소사실의 요지와 변호인을 선임할 수 있음을 알려야 한다."고 규정하고 있는바, 이는 사후 청문절차에 관한 규정으로서 이를 위반하였다 하여 구속영장의 효력에 어떠한 영향을 미치는 것은 아니다. (대법원 2000모134)

정답 ×

102 구속기간연장허가결정이 있는 경우에 그 연장기간은 「형사소송법」 제203조(검사의 구속기간)의 규정에 의한 구속기간 만료일부터 기산한다. O X

해설

> 형사소송규칙 제98조(구속기간연장기간의 계산) 구속기간연장허가결정이 있는 경우에 그 연장기간은 법 제203조의 규정에 의한 구속기간 만료 다음날로부터 기산한다.

정답 ×

103 수사상 감정유치란 피의자의 정신 또는 신체를 감정하기 위하여 일정기간 동안 병원 기타 적당한 장소에 피의자를 유치하는 강제처분으로서 이미 구속 중인 피의자나 피의자 아닌 제3자에 대해서는 허용되지 아니한다. O X

해설 수사상 감정유치는 피의자에 한정되나, 피의자인 경우 구속·불구속을 불문한다.

정답 ×

104 피고인을 구속한 때에는 변호인이 있는 경우에는 변호인에게 피고사건명, 구속일시·장소, 범죄사실의 요지 등을 지체 없이 서면으로 알려야 한다. O X

해설

> 형사소송법 제87조(구속의 통지) ① 피고인을 구속한 때에는 변호인이 있는 경우에는 변호인에게, 변호인이 없는 경우에는 제30조 제2항에 규정한 자 중 피고인이 지정한 자에게 피고사건명, 구속일시·장소, 범죄사실의 요지, 구속의 이유와 변호인을 선임할 수 있는 취지를 알려야 한다.
> ② 제1항의 통지는 지체 없이 서면으로 하여야 한다.

정답 O

105 공소기각판결, 무죄판결, 면소판결, 선고유예판결, 형면제판결의 선고는 구속영장이 실효되는 사유에 해당한다. ○ ×

> **해설**
> 형사소송법 제331조(무죄등 선고와 구속영장의 효력) 무죄, 면소, 형의 면제, 형의 선고유예, 형의 집행유예, 공소기각 또는 벌금이나 과료를 과하는 판결이 선고된 때에는 구속영장은 효력을 잃는다.

정답 ○

106 구속되었다가 공소제기 후 수소법원이 석방한 피고인은 다른 중요한 증거가 발견된 경우가 아니면 동일한 범죄사실에 관하여 재차 구속하지 못한다. ○ ×

해설 항소법원은 항소피고사건의 심리중 또는 판결선고후 상고제기 또는 판결확정에 이르기까지 수소법원으로서 형사소송법 제70조 제1항 각호의 사유있는 불구속 피고인을 구속할 수 있고 또 수소법원의 구속에 관하여는 검사 또는 사법경찰관이 피의자를 구속함을 규율하는 형사소송법 제208조의 규정은 적용되지 아니하므로 구속기간의 만료로 피고인에 대한 구속의 효력이 상실된 후 항소법원이 피고인에 대한 판결을 선고하면서 피고인을 구속하였다 하여 위 법 제208조의 규정에 위배되는 재구속 또는 이중구속이라 할 수 없다. (대법원 85모12)

정답 ×

107 구속적부심에서 법원이 구속된 피의자를 심문하고 그에 대한 피의자의 진술 등을 기재한 구속적부심문조서는 특별한 사정이 없는 한, 피고인이 증거로 함에 부동의 한다면 증거능력이 인정되지 않는다. ○ ×

해설 구속적부심은 구속된 피의자 또는 그 변호인 등의 청구로 수사기관과는 별개 독립의 기관인 법원에 의하여 행하여지는 것으로서 구속된 피의자에 대하여 피의사실과 구속사유 등을 알려 그에 대한 자유로운 변명의 기회를 주어 구속의 적부를 심사함으로써 피의자의 권리보호에 이바지하는 제도인바, 법원 또는 합의부원, 검사, 변호인, 청구인이 구속된 피의자를 심문하고 그에 대한 피의자의 진술 등을 기재한 구속적부심문조서는 형사소송법 제311조가 규정한 문서에는 해당하지 않는다 할 것이나, 특히 신용할 만한 정황에 의하여 작성된 문서라고 할 것이므로 특별한 사정이 없는 한, 피고인이 증거로 함에 부동의 하더라도 형사소송법 제315조 제3호에 의하여 당연히 그 증거능력이 인정된다. (대법원 2003도5693)

정답 ×

108 판사는 구속영장이 청구된 피의자를 심문하는 때에는 공범의 분리심문이나 그 밖에 수사상의 비밀보호를 위하여 필요한 조치를 하여야 하고, 법원사무관 등은 심문의 요지 등을 조서로 작성하여야 한다. ○ ×

> **해설**
> 형사소송법 제201조의2(구속영장 청구와 피의자 심문) ⑤ 판사는 제1항 또는 제2항에 따라 심문하는 때에는 공범의 분리심문이나 그 밖에 수사상의 비밀보호를 위하여 필요한 조치를 하여야 한다.
> ⑥ 제1항 또는 제2항에 따라 피의자를 심문하는 경우 법원사무관등은 심문의 요지 등을 조서로 작성하여야 한다.

정답 ○

109 법원이 구속 피고인에 대하여 집행유예의 판결을 선고하는 경우, 구속영장의 효력이 소멸하므로 판결의 확정 전이라도 피고인을 즉시 석방하여야 한다. ○ ×

> **해설**
>
> 형사소송법 제331조(무죄등 선고와 구속영장의 효력) 무죄, 면소, 형의 면제, 형의 선고유예, 형의 집행유예, 공소기각 또는 벌금이나 과료를 과하는 판결이 선고된 때에는 구속영장은 효력을 잃는다.

정답 ○

110 피의자가 죄를 범하였다고 의심할 만한 상당한 이유가 있고 정당한 이유 없이 출석요구에 응하지 아니하거나 아니할 우려가 있는 때라고 하더라도 명백히 체포의 필요가 인정되지 아니하는 경우에는 체포영장의 청구를 받은 판사는 체포영장의 청구를 기각하여야 한다. ○ ×

> **해설**
>
> 형사소송법 제200조의2(영장에 의한 체포) ① 피의자가 죄를 범하였다고 의심할 만한 상당한 이유가 있고, 정당한 이유 없이 제200조의 규정에 의한 출석요구에 응하지 아니하거나 응하지 아니할 우려가 있는 때에는 검사는 관할지방법원판사에게 청구하여 체포영장을 발부받아 피의자를 체포할 수 있고, 사법경찰관은 검사에게 신청하여 검사의 청구로 관할지방법원판사의 체포영장을 발부받아 피의자를 체포할 수 있다. 다만, 다액 50만원 이하의 벌금, 구류 또는 과료에 해당하는 사건에 관하여는 피의자가 일정한 주거가 없는 경우 또는 정당한 이유 없이 제200조의 규정에 의한 출석요구에 응하지 아니한 경우에 한한다.
> ② 제1항의 청구를 받은 지방법원판사는 상당하다고 인정할 때에는 체포영장을 발부한다. 다만, 명백히 체포의 필요가 인정되지 아니하는 경우에는 그러하지 아니하다.

정답 ○

111 법원의 피고인에 대한 구속기간에는 공소제기 전의 체포·구인·구금 기간도 산입한다. ○ ×

> **해설**
>
> 형사소송법 제92조(구속기간과 갱신) ③ 제22조, 제298조 제4항, 제306조 제1항 및 제2항의 규정에 의하여 공판절차가 정지된 기간 및 공소제기전의 체포·구인·구금 기간은 제1항 및 제2항의 기간에 산입하지 아니한다.

정답 ×

112 현행범인 체포의 요건으로는 행위의 가벌성, 범죄의 현행성·시간적 접착성, 범인·범죄의 명백성 외에 체포의 필요성, 즉 도망 또는 증거인멸의 염려가 있을 것을 요한다. ○ ×

> **해설** 대법원 2017도21537

정답 ○

113 현행범인 체포에 있어서 체포 당시의 상황으로 보아 체포의 요건에 관한 수사주체의 판단이 경험칙에 비추어 현저히 합리성이 없다고 인정되지 않는 한, 수사주체의 현행범인 체포를 위법하다고 단정할 수 없다. ○|×

해설 대법원 2017도21537 정답 ○

114 법원은 피고인에 대한 구속영장을 발부함에 있어서, 피고인에게 범죄사실의 요지, 구속의 이유와 변호인을 선임할 수 있음을 말하고 변명할 기회를 주는 것을 합의부원으로 하여금 이행하게 할 수 있다. ○|×

해설

> 형사소송법 제72조(구속과 이유의 고지) 피고인에 대하여 범죄사실의 요지, 구속의 이유와 변호인을 선임할 수 있음을 말하고 변명할 기회를 준 후가 아니면 구속할 수 없다. 다만, 피고인이 도망한 경우에는 그러하지 아니하다.
> 형사소송법 제72조의2(고지의 방법) ① 법원은 합의부원으로 하여금 제72조의 절차를 이행하게 할 수 있다.

정답 ○

115 "검사 또는 사법경찰관에 의하여 구속되었다가 석방된 자는 다른 중요한 증거를 발견한 경우를 제외하고는 동일한 범죄사실에 관하여 재차 구속하지 못한다."라는 「형사소송법」 규정은 법원이 피고인을 구속하는 경우에는 적용되지 않는다. ○|×

해설 대법원 2001도4291 정답 ○

116 피고인 甲은 「형사소송법」 제72조에 정한 사전 청문절차 없이 발부된 구속영장에 기하여 구속되었다. 제1심 법원이 그 위법을 시정하기 위하여 구속취소결정 후 적법한 청문절차를 밟아 甲에 대한 구속영장을 발부하였고, 甲이 이 청문절차부터 제1·2심의 소송절차에 이르기까지 변호인의 조력을 받았다면, 법원은 甲에 대한 구속영장 발부와 집행에 관한 소송절차의 법령위반 등을 다투는 상고이유 주장은 받아들이지 않는다. ○|×

해설 대법원 2018도19034 정답 ○

117 법원은 「형사소송법」 제101조 제4항에 따라 구속영장의 집행이 정지된 국회의원이 소환을 받고도 정당한 사유 없이 출석하지 아니한 때에는 그 회기 중이라도 구속영장의 집행정지를 취소할 수 있다. ○|×

해설

> 형사소송법 제102조(보석조건의 변경과 취소 등) ② 법원은 피고인이 다음 각 호의 어느 하나에 해당하는 경우에는 직권 또는 검사의 청구에 따라 결정으로 보석 또는 구속의 집행정지를 취소할 수 있다. 다만, 제101조 제4항에 따른 구속영장의 집행정지는 그 회기 중 취소하지 못한다.
> 형사소송법 제101조(구속의 집행정지) ④ 헌법 제44조에 의하여 구속된 국회의원에 대한 석방요구가 있으면 당연히 구속영장의 집행이 정지된다.

정답 ×

118

법원은 상당한 이유가 있는 때에는 결정으로 구속된 피고인을 친족·보호단체 기타 적당한 자에게 부탁하거나 피고인의 주거를 제한하여 구속의 집행을 정지할 수 있고, 이때 급속을 요하는 경우를 제외하고는 검사의 의견을 물어야 한다. ○ ×

해설

> **형사소송법 제101조(구속의 집행정지)** ① 법원은 상당한 이유가 있는 때에는 결정으로 구속된 피고인을 친족·보호단체 기타 적당한 자에게 부탁하거나 피고인의 주거를 제한하여 구속의 집행을 정지할 수 있다.
> ② 전항의 결정을 함에는 검사의 의견을 물어야 한다. 단, 급속을 요하는 경우에는 그러하지 아니하다.

정답 ○

119

기피신청으로 소송 진행이 정지된 기간은 구속기간에 산입하지 아니한다. ○ ×

해설

> **형사소송법 제22조(기피신청과 소송의 정지)** 기피신청이 있는 때에는 제20조 제1항의 경우를 제한 외에는 소송 진행을 정지하여야 한다. 단, 급속을 요하는 경우에는 예외로 한다.
> **형사소송법 제92조(구속기간과 갱신)** ③ 제22조(기피신청과 소송의 정지), 제298조 제4항(공소장의 변경), 제306조 제1항 및 제2항(공판절차의 정지)의 규정에 의하여 공판절차가 정지된 기간 및 공소제기전의 체포·구인·구금 기간은 제1항 및 제2항의 기간에 산입하지 아니한다.

정답 ○

120

공소장 변경으로 피고인의 불이익이 증가할 염려가 있다고 인정되어 공판절차가 정지된 기간은 구속기간에 산입하지 아니한다. ○ ×

해설

> **형사소송법 제298조(공소장의 변경)** ④ 법원은 전 3항의 규정에 의한 공소사실 또는 적용법조의 추가, 철회 또는 변경이 피고인의 불이익을 증가할 염려가 있다고 인정한 때에는 직권 또는 피고인이나 변호인의 청구에 의하여 피고인으로 하여금 필요한 방어의 준비를 하게 하기 위하여 결정으로 필요한 기간 공판절차를 정지할 수 있다.
> **형사소송법 제92조(구속기간과 갱신)** ③ 제22조, 제298조 제4항, 제306조 제1항 및 제2항의 규정에 의하여 공판절차가 정지된 기간 및 공소제기전의 체포·구인·구금 기간은 제1항 및 제2항의 기간에 산입하지 아니한다.

정답 ○

121 피고인 또는 그 변호인은 구속집행정지를 청구할 권리가 있다. 청구를 받은 법원은 48시간 이내에 구속된 피고인을 심문하여야 하고, 그 청구가 이유 있다고 인정한 때에는 결정으로 구속의 집행정지를 명하여야 한다. O X

해설

형사소송법 제101조(구속의 집행정지) ① 법원은 상당한 이유가 있는 때에는 결정으로 구속된 피고인을 친족·보호단체 기타 적당한 자에게 부탁하거나 피고인의 주거를 제한하여 구속의 집행을 정지할 수 있다.

정답 ×

122 사법경찰관리가 현행범인의 인도를 받은 때에는 체포자의 성명, 주거, 체포의 사유를 물어야 하고 필요한 때에는 체포자에 대하여 경찰관서에 동행함을 요구할 수 있다. O X

해설

형사소송법 제213조(체포된 현행범인의 인도) ② 사법경찰관리가 현행범인의 인도를 받은 때에는 체포자의 성명, 주거, 체포의 사유를 물어야 하고 필요한 때에는 체포자에 대하여 경찰관서에 동행함을 요구할 수 있다.

정답 ○

123 구속의 사유가 없거나 소멸된 때에는 피고인, 피고인의 변호인·법정대리인·배우자·직계친족·형제자매·가족·동거인 또는 고용주는 법원에 구속된 피고인의 구속취소를 청구할 수 있다. O X

해설

형사소송법 제93조(구속의 취소) 구속의 사유가 없거나 소멸된 때에는 법원은 직권 또는 검사, 피고인, 변호인과 제30조 제2항에 규정한 자의 청구에 의하여 결정으로 구속을 취소하여야 한다.
형사소송법 제30조(변호인선임권자) ② 피고인 또는 피의자의 법정대리인, 배우자, 직계친족과 형제자매는 독립하여 변호인을 선임할 수 있다.

정답 ×

124 검사와 변호인은 피의자심문기일에 출석하여 의견을 진술할 수 있고, 필요한 경우에는 판사의 허가를 얻어 피의자를 심문할 수도 있다. O X

해설

형사소송규칙 제96조의16(심문기일의 절차) ③ 검사와 변호인은 판사의 심문이 끝난 후에 의견을 진술할 수 있다. 다만, 필요한 경우에는 심문 도중에도 판사의 허가를 얻어 의견을 진술할 수 있다.

정답 ×

125 피의자는 판사의 심문 도중에도 변호인에게 조력을 구할 수 있다. O X

해설

형사소송규칙 제96조의16(심문기일의 절차) ④ 피의자는 판사의 심문 도중에도 변호인에게 조력을 구할 수 있다.

정답 O

126 사인(私人)이 체포한 현행범인을 검사 등이 인도받은 후 그를 구속하고자 하는 경우 48시간 이내에 구속영장을 청구하여야 하고 그 기간 내에 구속영장을 청구하지 아니하는 때에는 즉시 석방하여야 한다. 이 경우 48시간의 기산점은 현행범인을 인도받은 때가 아니라 현행범인을 체포한 때이다. O X

해설 현행범인은 누구든지 영장 없이 체포할 수 있고(형사소송법 제212조), 검사 또는 사법경찰관리 아닌 이가 현행범인을 체포한 때에는 즉시 검사 등에게 인도하여야 한다(형사소송법 제213조 제1항). 여기서 '즉시'라고 함은 반드시 체포시점과 시간적으로 밀착된 시점이어야 하는 것은 아니고, '정당한 이유 없이 인도를 지연하거나 체포를 계속하는 등으로 불필요한 지체를 함이 없이'라는 뜻으로 볼 것이다. 또한 검사 등이 현행범인을 체포하거나 현행범인을 인도받은 후 현행범인을 구속하고자 하는 경우 48시간 이내에 구속영장을 청구하여야 하고 그 기간 내에 구속영장을 청구하지 아니하는 때에는 즉시 석방하여야 한다. 따라서 검사 등이 아닌 이에 의하여 현행범인이 체포된 후 불필요한 지체 없이 검사 등에게 인도된 경우 위 48시간의 기산점은 체포시가 아니라 검사 등이 현행범인을 인도받은 때라고 할 것이다. (대법원 2011도12927)

정답 ×

127 검사가 사법경찰관이 신청한 영장을 정당한 이유 없이 판사에게 청구하지 아니한 경우 사법경찰관은 그 검사 소속의 지방검찰청에 영장 청구 여부에 대한 심의를 신청할 수 있으며, 각 지방검찰청은 이를 심의하기 위하여 영장심의위원회를 둔다. O X

해설

형사소송법 제221조의5(사법경찰관이 신청한 영장의 청구 여부에 대한 심의) ① 검사가 사법경찰관이 신청한 영장을 정당한 이유 없이 판사에게 청구하지 아니한 경우 사법경찰관은 그 검사 소속의 지방검찰청 소재지를 관할하는 고등검찰청에 영장 청구 여부에 대한 심의를 신청할 수 있다.
② 제1항에 관한 사항을 심의하기 위하여 각 고등검찰청에 영장심의위원회를 둔다.

정답 ×

128 검사가 구속된 피의자를 석방한 때에는 지체 없이 구속영장을 발부한 법원에 그 사유를 서면으로 통지하여야 한다. O X

해설

형사소송법 제204조(영장발부와 법원에 대한 통지) 체포영장 또는 구속영장의 발부를 받은 후 피의자를 체포 또는 구속하지 아니하거나 체포 또는 구속한 피의자를 석방한 때에는 지체 없이 검사는 영장을 발부한 법원에 그 사유를 서면으로 통지하여야 한다.

정답 O

129 구속영장을 청구 받은 지방법원 판사는 체포된 피의자에 대하여 지체 없이 심문하여야 하나, 체포되지 않은 피의자에 대하여는 직권으로 심문 여부를 결정한다. ○ ×

해설

형사소송법 제201조의2(구속영장 청구와 피의자 심문) ① 제200조의2·제200조의3 또는 제212조에 따라 체포된 피의자에 대하여 구속영장을 청구 받은 판사는 지체 없이 피의자를 심문하여야 한다. 이 경우 특별한 사정이 없는 한 구속영장이 청구된 날의 다음날까지 심문하여야 한다.
② 제1항 외의 피의자에 대하여 구속영장을 청구 받은 판사는 피의자가 죄를 범하였다고 의심할 만한 이유가 있는 경우에 구인을 위한 구속영장을 발부하여 피의자를 구인한 후 심문하여야 한다. 다만, 피의자가 도망하는 등의 사유로 심문할 수 없는 경우에는 그러하지 아니하다.

정답 ×

130 구속기간의 초일은 시간을 계산함이 없이 1일로 산정하고, 구속기간의 말일이 공휴일 또는 토요일에 해당하는 경우에도 구속기간에 산입한다. ○ ×

해설

형사소송법 제66조(기간의 계산) ① 기간의 계산에 관하여는 시(時)로 계산하는 것은 즉시(卽時)부터 기산하고 일(日), 월(月) 또는 연(年)으로 계산하는 것은 초일을 산입하지 아니한다. 다만, 시효(時效)와 구속기간의 초일은 시간을 계산하지 아니하고 1일로 산정한다.
③ 기간의 말일이 공휴일이거나 토요일이면 그날은 기간에 산입하지 아니한다. 다만, 시효와 구속기간에 관하여는 예외로 한다.

정답 ○

131 '범죄의 중대성, 재범의 위험성, 피해자 및 중요 참고인 등에 대한 위해우려 등'은 독립된 구속사유가 아니라 구속사유를 심사함에 있어서 필요적 고려사항이다. ○ ×

해설

형사소송법 제70조(구속의 사유) ② 법원은 제1항의 구속사유를 심사함에 있어서 범죄의 중대성, 재범의 위험성, 피해자 및 중요 참고인 등에 대한 위해우려 등을 고려하여야 한다.

정답 ○

132 지방법원판사가 구속영장청구를 기각한 경우에 검사는 지방법원판사의 기각결정에 대하여 항고 또는 준항고의 방법으로 불복할 수 없다. ○ ×

해설 대법원 2006모646

정답 ○

133

긴급체포된 피의자를 구속전 피의자심문을 하는 경우 구속기간은 구속영장 발부시가 아닌 피의자를 체포한 날부터 기산하며, 법원이 구속영장청구서·수사 관계 서류 및 증거물을 접수한 날부터 구속영장을 발부하여 검찰청에 반환한 날까지의 기간은 구속기간에 산입하지 않는다. O | X

해설

> 형사소송법 제203조의2(구속기간에의 산입) 피의자가 제200조의2·제200조의3·제201조의2제2항 또는 제212조의 규정에 의하여 체포 또는 구인된 경우에는 제202조 또는 제203조의 구속기간은 피의자를 체포 또는 구인한 날부터 기산한다.
> 형사소송법 제201조의2(구속영장 청구와 피의자 심문) ⑦ 피의자심문을 하는 경우 법원이 구속영장청구서·수사 관계 서류 및 증거물을 접수한 날부터 구속영장을 발부하여 검찰청에 반환한 날까지의 기간은 제202조 및 제203조의 적용에 있어서 그 구속기간에 산입하지 아니한다.

정답 O

134

대법원의 파기환송 판결에 의하여 사건을 환송받은 법원은 「형사소송법」 제92조 제1항에 따라 2월의 구속기간이 만료되면 특히 계속할 필요가 있는 경우에는 2차(대법원이 형사소송규칙 제57조 제2항에 의하여 구속기간을 갱신한 경우에는 1차)에 한하여 결정으로 구속기간을 갱신할 수 있는 것이고, 무죄추정을 받는 피고인이라고 하더라도 이러한 조치가 무죄추정의 원칙에 위배되는 것이라고 할 수는 없다. O | X

해설 대법원 2001도5225

정답 O

135

구속 중인 피고인에 대하여 감정유치장이 집행되어 피고인이 유치되어 있는 기간은 법원의 구속기간에 산입하지 않지만, 미결구금일수의 산입에 있어서는 구속으로 간주한다. O | X

해설

> 형사소송법 제172조의2(감정유치와 구속) ① 구속 중인 피고인에 대하여 감정유치장이 집행되었을 때에는 피고인이 유치되어 있는 기간 구속은 그 집행이 정지된 것으로 간주한다.
> 형사소송법 제172조(법원 외의 감정) ⑧ 제3항의 유치는 미결구금일수의 산입에 있어서는 이를 구속으로 간주한다.

정답 O

136

사법경찰관이 구속영장을 반환하는 경우에는 그 영장을 청구한 검사에게 반환하고, 검사는 사법경찰관이 반환한 영장을 법원에 반환한다. O | X

해설

> 수사준칙 제35조(체포·구속영장의 반환) ③ 제1항에 따라 사법경찰관이 체포·구속영장을 반환하는 경우에는 그 영장을 청구한 검사에게 반환하고, 검사는 사법경찰관이 반환한 영장을 법원에 반환한다.

정답 O

137 검사 또는 사법경찰관은 피의자를 구속하였을 때에는 변호인이 있으면 변호인에게, 변호인이 없으면 변호인선임권자 가운데 피의자가 지정한 사람에게 24시간 이내에 서면 또는 구두의 방법으로 사건명, 체포·구속의 일시·장소, 범죄사실의 요지, 체포·구속의 이유와 변호인을 선임할 수 있음을 통지해야 한다. ○ ×

> **해설**
>
> 형사소송규칙 제51조(구속의 통지) ① 피고인을 구속한 때에 그 변호인이나 법 제30조 제2항에 규정한 자가 없는 경우에는 피고인이 지정하는 자 1인에게 법 제87조 제1항에 규정한 사항을 통지하여야 한다.
> ② 구속의 통지는 구속을 한 때로부터 늦어도 24시간이내에 서면으로 하여야 한다. 제1항에 규정한 자가 없어 통지를 하지 못한 경우에는 그 취지를 기재한 서면을 기록에 철하여야 한다.

정답 ×

138 「검사와 사법경찰관의 상호협력과 일반적 수사준칙에 관한 규정」 제35조에 의하면 검사 또는 사법경찰관은 구속영장의 유효기간 내에 영장의 집행에 착수하지 못한 경우 반환사유 등을 적은 영장반환서에 해당 영장을 첨부하여 즉시 법원에 반환하여야 하고, 구속영장이 여러 통 발부된 경우에는 모두 반환하여야 한다. ○ ×

> **해설**
>
> 수사준칙 제35조(체포·구속영장의 반환) ① 검사 또는 사법경찰관은 체포·구속영장의 유효기간 내에 영장의 집행에 착수하지 못했거나, 그 밖의 사유로 영장의 집행이 불가능하거나 불필요하게 되었을 때에는 즉시 해당 영장을 법원에 반환해야 한다. 이 경우 체포·구속영장이 여러 통 발부된 경우에는 모두 반환해야 한다.
> ② 검사 또는 사법경찰관은 제1항에 따라 체포·구속영장을 반환하는 경우에는 반환사유 등을 적은 영장반환서에 해당 영장을 첨부하여 반환하고, 그 사본을 사건기록에 편철한다.

정답 ○

139 체포된 피의자에 대하여 구속영장을 청구받은 관할 지방법원판사는 구속사유의 존부를 심리·판단하기 위하여 지체 없이 피의자를 심문하여야 한다. ○ ×

> **해설**
>
> 형사소송법 제201조의2(구속영장 청구와 피의자 심문) ① 제200조의2·제200조의3 또는 제212조에 따라 체포된 피의자에 대하여 구속영장을 청구받은 판사는 지체 없이 피의자를 심문하여야 한다. 이 경우 특별한 사정이 없는 한 구속영장이 청구된 날의 다음날까지 심문하여야 한다.

정답 ○

140 구속영장을 집행함에는 피의자의 신청이 있는 때에 한하여 피의자에게 그 사본을 교부할 수 있다. ○ ×

해설

형사소송법 제85조(구속영장집행의 절차) ① 구속영장을 집행함에는 피고인에게 반드시 이를 제시하고 그 사본을 교부하여야 하며 신속히 지정된 법원 기타 장소에 인치하여야 한다.
형사소송법 제209조(준용규정) 제70조 제2항, 제71조, 제75조, 제81조 제1항 본문·제3항, 제82조, 제83조, 제85조부터 제87조까지, 제89조부터 제91조까지, 제93조, 제101조 제1항, 제102조 제2항 본문(보석의 취소에 관한 부분은 제외한다) 및 제200조의5는 검사 또는 사법경찰관의 피의자 구속에 관하여 준용한다.

정답 ×

141 구속은 구금과 구인을 포함하며, 구인한 피고인을 법원에 인치한 경우에 구금할 필요가 없다고 인정한 때에는 그 인치한 때로부터 24시간 내에 석방하여야 한다. ○ ×

해설

형사소송법 제69조(구속의 정의) 본법에서 구속이라 함은 구인과 구금을 포함한다. 제71조(구인의 효력) 구인한 피고인을 법원에 인치한 경우에 구금할 필요가 없다고 인정한 때에는 그 인치한 때로부터 24시간 내에 석방하여야 한다.

정답 ○

142 변호인은 구속영장이 청구된 피의자에 대한 심문 시작 전에 피의자와 접견할 수 있고, 피의자는 판사의 심문이 끝난 후에만 변호인에게 조력을 구할 수 있다. ○ ×

해설

형사소송규칙 제96조의20(변호인의 접견 등) ① 변호인은 구속영장이 청구된 피의자에 대한 심문 시작 전에 피의자와 접견할 수 있다.
형사소송규칙 제96조의16(심문기일의 절차) ④ 피의자는 판사의 심문 도중에도 변호인에게 조력을 구할 수 있다.

정답 ×

143 판사는 지정된 심문기일에 피의자를 심문할 수 없는 특별한 사정이 있는 경우에는 그 심문기일을 변경할 수 있으며, 법원은 변호인의 사정이나 그 밖의 사유로 변호인 선정결정이 취소되어 변호인이 없게 된 때에는 직권으로 변호인을 다시 선정 할 수 있다. ○ ×

해설

형사소송규칙 제96조의22(심문기일의 변경) 판사는 지정된 심문기일에 피의자를 심문할 수 없는 특별한 사정이 있는 경우에는 그 심문기일을 변경할 수 있다.
형사소송법 제201조의2(구속영장 청구와 피의자 심문) ⑨ 법원은 변호인의 사정이나 그 밖의 사유로 변호인 선정결정이 취소되어 변호인이 없게 된 때에는 직권으로 변호인을 다시 선정할 수 있다.

정답 ○

144 판사는 구속 여부를 판단하기 위하여 필요한 사항에 관하여 신속하고 간결하게 심문하여야 하며, 피의자의 교우관계 등 개인적인 사항에 관하여 심문할 수는 없다. ○ ×

해설

형사소송규칙 제96조의16(심문기일의 절차) ② 판사는 구속 여부를 판단하기 위하여 필요한 사항에 관하여 신속하고 간결하게 심문하여야 한다. 증거인멸 또는 도망의 염려를 판단하기 위하여 필요한 때에는 피의자의 경력, 가족관계나 교우관계 등 개인적인 사항에 관하여 심문할 수 있다.

정답 ×

145 심문할 피의자에게 변호인이 없는 때에는 지방법원판사는 직권으로 변호인을 선정하여야 한다. ○ ×

해설

형사소송규칙 제16조(공소가 제기되기 전의 국선변호인 선정) ① 법 제201조의2에 따라 심문할 피의자에게 변호인이 없거나 법 제214조의2에 따라 체포 또는 구속의 적부심사가 청구된 피의자에게 변호인이 없는 때에는 법원 또는 지방법원 판사는 지체 없이 국선변호인을 선정하고, 피의자와 변호인에게 그 뜻을 고지하여야 한다.

정답 ○

146 피의자 심문에 참여할 변호인은 지방법원판사에게 제출된 구속영장청구서 및 그에 첨부된 고소·고발장, 피의자의 진술을 기재한 서류와 피의자가 제출한 서류를 열람할 수 있으나, 지방법원판사는 구속영장청구서를 제외하고는 위 서류의 전부 또는 일부의 열람을 제한할 수 있다. ○|×

해설

> **형사소송규칙 제96조의21(구속영장청구서 및 소명자료의 열람)** ① 피의자 심문에 참여할 변호인은 지방법원 판사에게 제출된 구속영장청구서 및 그에 첨부된 고소·고발장, 피의자의 진술을 기재한 서류와 피의자가 제출한 서류를 열람할 수 있다.
> ② 검사는 증거인멸 또는 피의자나 공범 관계에 있는 자가 도망할 염려가 있는 등 수사에 방해가 될 염려가 있는 때에는 지방법원 판사에게 제1항에 규정된 서류(구속영장청구서는 제외한다)의 열람 제한에 관한 의견을 제출할 수 있고, 지방법원 판사는 검사의 의견이 상당하다고 인정하는 때에는 그 전부 또는 일부의 열람을 제한할 수 있다.

정답 ○

147 피의자가 출석을 거부하거나 질병 기타 부득이한 사유로 법원에 출석할 수 없는 때에는 경찰서에서 피의자에 대한 구속전 심문을 할 수 있다. ○|×

해설

> **형사소송규칙 제96조의15(심문장소)** 피의자의 심문은 법원청사 내에서 하여야 한다. 다만, 피의자가 출석을 거부하거나 질병 기타 부득이한 사유로 법원에 출석할 수 없는 때에는 경찰서, 구치소 기타 적당한 장소에서 심문할 수 있다.

정답 ○

148 피의자에 대한 구속전 심문절차는 공개하지 아니하지만, 판사는 상당하다고 인정하는 경우 이해관계인의 방청을 허가할 수 있다. ○|×

해설

> **형사소송규칙 제96조의14(심문의 비공개)** 피의자에 대한 심문절차는 공개하지 아니한다. 다만, 판사는 상당하다고 인정하는 경우에는 피의자의 친족, 피해자 등 이해관계인의 방청을 허가할 수 있다.

정답 ○

03 피의자·피고인의 접견교통권

149 변호인의 접견교통의 상대방인 신체구속을 당한 사람이 그 변호인을 자신의 범죄행위에 공범으로 가담시키려고 하였다는 사정이 있었다면 그 변호인의 신체구속을 당한 사람과의 접견교통을 금지하는 것은 정당하다. ○ ×

> **해설** 변호인의 접견교통의 상대방인 신체구속을 당한 사람이 그 변호인을 자신의 범죄행위에 공범으로 가담시키려고 하였다는 등의 사정만으로 그 변호인의 신체구속을 당한 사람과의 접견교통을 금지하는 것이 정당화될 수는 없다. (대법원 2006모656)
>
> 정답 ×

150 피의자가 변호인의 참여를 원한다는 의사를 명백하게 표시하였음에도 수사기관이 정당한 사유 없이 변호인을 참여하게 하지 아니한 채 피의자를 신문하여 작성한 피의자신문조서의 증거능력은 없다. ○ ×

> **해설** 대법원 2010도3359
>
> 정답 ○

151 접견교통권의 주체는 체포·구속을 당한 피의자이고, 신체 구속상태에 있지 않은 피의자는 포함되지 않는다. ○ ×

> **해설** 변호인의 조력을 받을 권리를 실질적으로 보장하기 위하여는 변호인과의 접견교통권의 인정이 당연한 전제가 되므로, 임의동행의 형식으로 수사기관에 연행된 피의자에게도 변호인 또는 변호인이 되려는 자와의 접견교통권은 당연히 인정된다고 보아야 하고, 임의동행의 형식으로 연행된 피내사자의 경우에도 이는 마찬가지이다. (대법원 96모18)
>
> 정답 ×

152 미결수용자와 변호인과의 접견에는 교도관이 참여할 수 있다. ○ ×

> **해설**
>
> 형의 집행 및 수용자의 처우에 관한 법률 제84조(변호인과의 접견 및 편지수수) ① 제41조 제4항에도 불구하고 미결수용자와 변호인(변호인이 되려고 하는 사람을 포함한다. 이하 같다)과의 접견에는 교도관이 참여하지 못하며 그 내용을 청취 또는 녹취하지 못한다. 다만, 보이는 거리에서 미결수용자를 관찰할 수 있다.
>
> 정답 ×

153 국가정보원 사법경찰관이 경찰서 유치장에 구금되어 있던 피의자에 대하여 의사의 진료를 받게 할 것을 신청한 변호인에게 국가정보원이 추천하는 의사의 참여를 요구한 것은 변호인의 수진권을 침해하는 위법한 처분에 해당한다. ○ ×

> **해설** 경찰서 유치장은 미결수용실에 준하는 것이어서(행형법 제68조) 그 곳에 수용된 피의자에 대하여는 행형법 및 그 시행령이 적용되고, 행형법시행령 제176조는 '형사소송법 제34조, 제89조, 제209조의 규정에 의하여 피고인 또는 피의자가 의사의 진찰을 받는 경우에는 교도관 및 의무관이 참여하고 그 경과를 신분장부에 기재하여야 한다.'고 규정하고 있는 바, 이는 피고인 또는 피의자의 신병을 보호, 관리해야 하는 수용기관의 입장에서 수진과정에서 발생할지도 모르는 돌발상황이나 피고인 또는 피의자의 신체에 대한 위급상황을 예방하거나 대처하기 위한 것으로서 합리성이 있으므로, 행형법 제176조의 규정은 변호인의 수진권 행사에 대한 법령상의 제한에 해당한다고 보아야 할 것이고, 그렇다면 국가정보원 사법경찰관이 경찰서 유치장에 구금되어 있던 피의자에 대하여 의사의 진료를 받게 할 것을 신청한 변호인에게 국가정보원이 추천하는 의사의 참여를 요구한 것은 행형법시행령 제176조의 규정에 근거한 것으로서 적법하고, 이를 가리켜 변호인의 수진권을 침해하는 위법한 처분이라고 할 수는 없다. (대법원 2000모112)
>
> 정답 ×

154 변호인의 구속된 피고인 또는 피의자와의 접견교통권은 헌법상 보장된 권리로 법령에 의하여 제한할 수 없다. ○ ×

해설 변호인의 구속된 피고인 또는 피의자와의 접견교통권은 피고인 또는 피의자 자신이 가지는 변호인과의 접견교통권과는 성질을 달리하는 것으로서 헌법상 보장된 권리라고는 할 수 없고, 형사소송법 제34조에 의하여 비로소 보장되는 권리이지만, 신체구속을 당한 피고인 또는 피의자의 인권보장과 방어준비를 위하여 필수불가결한 권리이므로, 수사기관의 처분 등에 의하여 이를 제한할 수 없고, 다만 법령에 의하여서만 제한이 가능하다. (헌법재판소 2015헌마1204) 정답 ×

155 법원은 일정한 경우에 직권 또는 검사의 청구에 의하여 구속된 피고인과 변호인(변호인이 되려는 자포함) 이외의 타인과의 접견을 금할 수 있다. ○ ×

해설

형사소송법 제91조(변호인 아닌 자와의 접견·교통) 법원은 도망하거나 범죄의 증거를 인멸할 염려가 있다고 인정할 만한 상당한 이유가 있는 때에는 직권 또는 검사의 청구에 의하여 결정으로 구속된 피고인과 제34조에 규정한 외의 타인과의 접견을 금지할 수 있고, 서류나 그 밖의 물건을 수수하지 못하게 하거나 검열 또는 압수할 수 있다. 다만, 의류·양식·의료품은 수수를 금지하거나 압수할 수 없다.

정답 ○

156 변호인이 피의자를 접견할 때 국가정보원 직원이 승낙 없이 사진촬영을 한 것은 접견교통권 침해에 해당한다. ○ ×

해설 대법원 2002다56628 정답 ○

157 교도관이 미결수용자와 변호인 간에 주고받는 서류내용의 검열 없이 금지물품 차단 등을 위해 서류를 확인하고, 소송관계서류처리부에 그 제목을 기재하여 등재한 행위는 접견당사자의 소송수행에 관한 개인정보자기결정권 제한이므로, 이러한 행위는 그 자체로 변호인의 접견교통권을 침해한 것이다. ○ ×

해설 이 사건 서류 확인 및 등재행위는 구금시설의 안전과 질서를 유지하고, 금지물품이 외부로부터 반입 또는 외부로 반출되는 것을 차단하기 위한 것으로서 그 목적이 정당하고, 변호인 접견 시 수수된 서류에 소송서류 외에 제3자 앞으로 보내는 서신과 같은 서류가 포함되어 있는지 또는 금지물품이 서류 속에 숨겨져 있는지 여부를 확인하고 이를 기록하는 것은 위 목적 달성에 적절한 수단이다. 서류 확인 및 등재는 변호인 접견이 종료된 뒤 이루어지고, 교도관은 변호인과 미결수용자가 지켜보는 가운데 서류를 확인하여 그 제목 등을 소송관계처리부에 기재하여 등재하므로 내용에 대한 검열이 이루어질 수도 없는 점에 비추어 보면 침해의 최소성 요건을 갖추었고, 달성하고자 하는 공익과 제한되는 청구인의 사익 간에 불균형이 발생한다고 볼 수 없으므로 법익의 균형성도 갖추었다. 따라서 이 사건 서류 확인 및 등재행위는 청구인의 변호인의 조력을 받을 권리를 침해한다고 할 수 없다. 구치소장은 청구인이 변호인에게 준 소송서류를 확인한 뒤 '발송일자, 서류의 제목, 수령자' 등의 정보를 수집 및 보관해 오고 있고, 이는 청구인이 어느 시점에 어떤 종류의 소송을 수행하고 있는지를 알려주는 정보들이기는 하나, 교도관은 수수한 서류의 내용을 확인하거나 검열을 하는 것이 아니라 단지 소송 서류인지 여부만을 확인하고 있고 등재하는 내용도 서류의 제목에 불과하여 내용적 정보가 아니라 소송서류와 관련된 외형적이고 형식적인 사항들로서 개인의 인격과 밀접하게 연관된 민감한 정보라고 보기도 어렵다고 할 것이므로, 이는 구금시설의 안전과 질서를 유지하기 위하여 필요한 범위 내의 제한이다. 따라서 이 사건 서류 확인 및 등재행위는 청구인의 개인정보자기결정권을 침해하지 아니한다. (헌법재판소 2015헌마243) 정답 ×

158 변호인의 조력을 받을 권리가 침해되었다고 하기 위해서는 특정 시점에 접견이 불허됨으로써 피의자의 방어권 행사에 어느 정도는 불이익이 초래되었다고 인정할 수 있어야 한다. ○ ×

해설 헌법재판소 2009헌마341
정답 ○

159 변호인이 되려는 의사를 표시한 자가 객관적으로 변호인이 될 가능성이 있다고 인정되는데도, 「형사소송법」제34조에서 정한 '변호인 또는 변호인이 되려는 자'가 아니라고 보아 신체구속을 당한 피고인 또는 피의자와 접견하지 못하도록 제한하여서는 아니 된다. ○ ×

해설 대법원 2013도16162
정답 ○

160 피의자가 구속되어 국가안전기획부에서 조사를 받다가 변호인의 접견신청이 불허되어 이에 대한 준항고를 제기 중에 검찰로 송치되어 검사가 피의자를 신문하여 제1회 피의자신문조서를 작성한 후 준항고 절차에서 위 접견불허처분이 취소되어 접견이 허용된 경우에는 검사의 피의자에 대한 위 제1회 피의자신문은 변호인의 접견교통을 침해한 상황에서 시행된 것이다. ○ ×

해설 위법한 변호인접견불허 기간 중에 작성된 검사 작성의 피의자신문 조서의 증거능력은 없다. (대법원 90도1586)
정답 ○

161 임의동행의 형식으로 수사기관에 연행된 피의자 또는 피내사자에게는 변호인 또는 변호인이 되려는 자와의 접견교통권이 인정된다. ○ ×

해설 임의동행의 형식으로 수사기관에 연행된 피의자에게도 변호인 또는 변호인이 되려는 자와의 접견교통권은 당연히 인정된다고 보아야 하고, 임의동행의 형식으로 연행된 피내사자의 경우에도 이는 마찬가지이다. (대법원 96모18)
정답 ○

162 수사기관의 접견불허처분이 없더라도, 변호인의 접견신청일로부터 상당한 기간이 경과하였거나 접견신청일이 경과하도록 접견이 이루어지지 않는 경우에는 실질적으로 접견불허가처분이 있는 것과 동일시된다. ○ ×

해설 대법원 91모24
정답 ○

163 필요적 변호사건의 공판절차가 사선변호인과 국선변호인이 모두 불출석한 채 개정되어 국선변호인 선정 취소 결정이 고지된 후 변호인 없이 피해자에 대한 증인신문 등 심리가 이루어진 경우, 그와 같은 위법한 공판절차에서 이루어진 피해자에 대한 증인신문 등 일체의 소송행위가 모두 무효라고 볼 수는 없다. ○ ×

해설 필요적 변호사건의 공판절차가 사선 변호인과 국선 변호인이 모두 불출석한 채 개정되어 국선 변호인 선정 취소 결정이 고지된 후 변호인 없이 피해자에 대한 증인신문 등 심리가 이루어진 경우, 그와 같은 위법한 공판절차에서 이루어진 피해자에 대한 증인신문 등 일체의 소송행위는 모두 무효라고 할 것이고, 다만 필요적 변호사건에서 변호인이 없거나 출석하지 아니한 채 공판절차가 진행되었기 때문에 그 공판절차가 위법한 것이라 하더라도 그 절차에서의 소송행위 외에 다른 절차에서 적법하게 이루어진 소송행위까지 모두 무효로 된다고 볼 수는 없다. (대법원 99도915)
정답 ×

164 긴급체포 후 석방된 자의 배우자는 수사 중인 긴급체포 관련 서류를 열람하거나 등사할 수 없다. ○ ×

해설
형사소송법 제200조의4(긴급체포와 영장청구기간) ⑤ 긴급체포 후 석방된 자 또는 그 변호인·법정대리인·배우자·직계친족·형제자매는 통지서 및 관련 서류를 열람하거나 등사할 수 있다.

정답 ×

165 체포 후 구속영장이 청구되어 구치소에 수감 중인 피의자를 검사가 검사실로 불러 피의자신문을 하는 과정에서, 피의자 가족의 의뢰를 받아 '변호인이 되려는' 변호사가 검사에게 접견신청을 하였음에도 검사가 별다른 조치를 취하지 아니한 것은 실질적으로 접견신청을 불허한 것과 동일하여 '변호인이 되려는' 변호사의 헌법상 보장된 접견교통권을 침해한다. ○ ×

해설 헌법재판소 2015헌마1204

정답 ○

166 변호인과의 자유로운 접견은 어떠한 명분으로도 제한될 수 있는 성질의 것이 아니므로, 미결수용자의 변호인 접견권은 국가안전보장, 질서유지 또는 공공복리를 위해 필요한 경우라도 법률로써 제한될 수 없다. ○ ×

해설 헌법재판소가 91헌마111 결정에서 미결수용자와 변호인과의 접견에 대해 어떠한 명분으로도 제한할 수 없다고 한 것은 구속된 자와 변호인 간의 접견이 실제로 이루어지는 경우에 있어서의 '자유로운 접견', 즉 '대화내용에 대하여 비밀이 완전히 보장되고 어떠한 제한, 영향, 압력 또는 부당한 간섭 없이 자유롭게 대화할 수 있는 접견'을 제한할 수 없다는 것이지, 변호인과의 접견 자체에 대해 아무런 제한도 가할 수 없다는 것을 의미하는 것이 아니므로 미결수용자의 변호인 접견권 역시 국가안전보장·질서유지 또는 공공복리를 위해 필요한 경우에는 법률로써 제한될 수 있음은 당연하다. (헌법재판소 2009헌마341)

정답 ×

167 변호인의 구속된 피고인과의 접견교통권에 관한 「형사소송법」 제34조는 형이 확정되어 집행 중에 있는 수형자에 대한 재심 개시의 여부를 결정하는 재심청구절차에도 그대로 적용된다. ○ ×

해설 「형사소송법」 제34조는 "변호인 또는 변호인이 되려는 자는 신체구속을 당한 피고인 또는 피의자와 접견하고 서류 또는 물건을 수수할 수 있으며 의사로 하여금 진료하게 할 수 있다."고 규정하고 있는바, 이 규정은 형이 확정되어 집행중에 있는 수형자에 대한 재심개시의 여부를 결정하는 재심청구절차에는 그대로 적용될 수 없다. (대법원 96다48831) 정답 ×

168 구속된 피고인의 변호인과의 접견교통권과 달리 변호인의 구속된 피고인과의 접견교통권은 헌법이 아니라 「형사소송법」에 의해 보장되는 권리이므로, 그 제한은 법령 또는 법원의 결정에 의해서만 가능하고 수사기관의 처분에 의해서는 할 수 없다. ○ ×

해설 변호인의 구속된 피고인 또는 피의자와의 접견교통권은 피고인 또는 피의자 자신이 가지는 변호인과의 접견교통권과는 성질을 달리하는 것으로서 헌법상 보장된 권리라고는 할 수 없고, 형사소송법 제34조에 의하여 비로소 보장되는 권리이지만, 신체구속을 당한 피고인 또는 피의자의 인권보장과 방어준비를 위하여 필수불가결한 권리이므로, 수사기관의 처분 등에 의하여 이를 제한할 수 없고, 다만 법령에 의하여서만 제한이 가능하다. (대법원 2000모112) 정답 ×

04 체포·구속된 피의자 석방제도

169 체포·구속적부심사청구에 대한 기각결정에 대하여는 3일 이내 항고할 수 있다. ○ ×

해설
형사소송법 214조의2(체포와 구속의 적부심사) ⑧ 제3항과 제4항의 결정(체포 또는 구속의 적부심사)에 대해서는 항고할 수 없다.

정답 ×

170 긴급체포 등 체포영장에 의하지 아니하고 체포된 피의자의 경우에도 체포·구속적부심사를 청구할 권리를 가진다. ○ ×

해설
형사소송법 제214조의2(체포와 구속의 적부심사) ① 체포되거나 구속된 피의자 또는 그 변호인, 법정대리인, 배우자, 직계친족, 형제자매나 가족, 동거인 또는 고용주는 관할법원에 체포 또는 구속의 적부심사(適否審査)를 청구할 수 있다.

정답 ○

171 구속된 피의자로부터 구속적부심사의 청구를 받은 법원이 피의자의 출석을 보증할 만한 보증금의 납입을 조건으로 하여 석방결정을 하는 경우에 주거의 제한, 법원 또는 검사가 지정하는 일시·장소에 출석할 의무 기타 적당한 조건을 부가할 수 있다. ○ ×

해설
형사소송법 제214조의2(체포와 구속의 적부심사) ⑤ 법원은 구속된 피의자(심사청구 후 공소제기된 사람을 포함한다)에 대하여 피의자의 출석을 보증할 만한 보증금의 납입을 조건으로 하여 결정으로 제4항의 석방을 명할 수 있다. 다만, 다음 각 호에 해당하는 경우에는 그러하지 아니하다.
1. 범죄의 증거를 인멸할 염려가 있다고 믿을 만한 충분한 이유가 있는 때
2. 피해자, 당해 사건의 재판에 필요한 사실을 알고 있다고 인정되는 사람 또는 그 친족의 생명·신체나 재산에 해를 가하거나 가할 염려가 있다고 믿을 만한 충분한 이유가 있는 때
⑥ 제5항의 석방 결정을 하는 경우에는 주거의 제한, 법원 또는 검사가 지정하는 일시·장소에 출석할 의무, 그 밖의 적당한 조건을 부가할 수 있다.

정답 ○

172 보증금납입조건부 피의자석방의 대상자는 구속된 피의자에 한하고 체포된 피의자는 포함되지 않는다. ○ ×

해설 형사소송법은 수사단계에서의 체포와 구속을 명백히 구별하고 있고 이에 따라 체포와 구속의 적부심사를 규정한 같은 법 제214조의2에서 체포와 구속을 서로 구별되는 개념으로 사용하고 있는바, 같은 조 제4항에 기소 전 보증금 납입을 조건으로 한 석방의 대상자가 '구속된 피의자'라고 명시되어 있고, 같은 법 제214조의3 제2항의 취지를 체포된 피의자에 대하여도 보증금 납입을 조건으로 한 석방이 허용되어야 한다는 근거로 보기는 어렵다 할 것이어서 현행법상 <u>체포된 피의자에 대하여는 보증금 납입을 조건으로 한 석방이 허용되지 않는다.</u> (대법원 97모21)

정답 ○

173 체포영장 또는 구속영장을 발부한 법관은 체포·구속적부심사청구된 피의자의 석방 여부를 결정하기 위한 심문·조사·결정에 관여하지 못하고 이는 체포영장 또는 구속영장을 발부한 법관 외에는 심문·조사·결정을 할 판사가 없는 경우에도 마찬가지이다. O X

> **해설**
>
> 형사소송법 제214조의2(체포와 구속의 적부심사) ⑫ 체포영장이나 구속영장을 발부한 법관은 제4항부터 제6항까지의 심문·조사·결정에 관여할 수 없다. 다만, 체포영장이나 구속영장을 발부한 법관 외에는 심문·조사·결정을 할 판사가 없는 경우에는 그러하지 아니하다.

정답 ×

174 미체포된 피의자에 대하여 구속영장을 청구받은 판사는 피의자가 죄를 범하였다고 의심할 만한 이유가 있는 경우에 체포영장을 발부하여 피의자를 법원에 인치한 후 심문한다. 다만, 피의자가 도망하는 등의 사유로 심문할 수 없는 경우에는 그러하지 아니하다. O X

> **해설**
>
> 형사소송법 제201조의2(구속영장 청구와 피의자 심문) ② 제1항 외의 피의자에 대하여 구속영장을 청구받은 판사는 피의자가 죄를 범하였다고 의심할 만한 이유가 있는 경우에 구인을 위한 구속영장을 발부하여 피의자를 구인한 후 심문하여야 한다. 다만, 피의자가 도망하는 등의 사유로 심문할 수 없는 경우에는 그러하지 아니하다.

정답 ×

175 체포·구속적부심사의 심문기일에 출석한 검사·변호인·청구인은 피의자를 직접 심문할 수 없고 법원의 심문이 끝난 후 의견을 진술할 수 있다. O X

> **해설**
>
> 형사소송규칙 제105조(심문기일의 절차) ① 법 제214조의2 제9항에 따라 심문기일에 출석한 검사·변호인·청구인은 법원의 심문이 끝난 후 의견을 진술할 수 있다. 다만, 필요한 경우에는 심문 도중에도 판사의 허가를 얻어 의견을 진술할 수 있다.

정답 O

176 체포·구속적부심사의 청구권자(「형사소송법」 제214조의2 제1항)는 변호인선임권자(「형사소송법」 제30조 제2항)보다 범위가 넓다. O X

> **해설**
>
> 형사소송법 제214조의2(체포와 구속의 적부심사) ① 체포되거나 구속된 피의자 또는 그 변호인, 법정대리인, 배우자, 직계친족, 형제자매나 가족, 동거인 또는 고용주는 관할법원에 체포 또는 구속의 적부심사(適否審査)를 청구할 수 있다.
>
> 형사소송법 제30조(변호인선임권자) ① 피고인 또는 피의자는 변호인을 선임할 수 있다.
> ② 피고인 또는 피의자의 법정대리인, 배우자, 직계친족과 형제자매는 독립하여 변호인을 선임할 수 있다.

정답 O

177 구속적부심사절차와 달리 체포적부심사절차에서는 보증금납입조건부 피의자석방 결정을 할 수 없다. ○ ×

해설

형사소송법 제214조의2(체포와 구속의 적부심사) ⑤ 법원은 구속된 피의자(심사청구 후 공소제기된 사람을 포함한다)에 대하여 피의자의 출석을 보증할 만한 보증금의 납입을 조건으로 하여 결정으로 제4항의 석방을 명할 수 있다. 다만, 다음 각 호에 해당하는 경우에는 그러하지 아니하다.
  1. 범죄의 증거를 인멸할 염려가 있다고 믿을 만한 충분한 이유가 있는 때
  2. 피해자, 당해 사건의 재판에 필요한 사실을 알고 있다고 인정되는 사람 또는 그 친족의 생명·신체나 재산에 해를 가하거나 가할 염려가 있다고 믿을 만한 충분한 이유가 있는 때

정답 ○

178 체포의 적부심사는 구속의 적부심사와 달리 국선변호인에 관한 규정이 준용되지 않으므로 체포된 피의자가 심신장애의 의심이 있는 경우에도 법원은 원칙적으로 국선변호인을 선정하지 않고 심사를 진행할 수 있다. ○ ×

해설

형사소송법 제214조의2(체포와 구속의 적부심사) ⑩ 체포되거나 구속된 피의자에게 변호인이 없는 때에는 제33조를 준용한다.
형사소송법 제33조(국선변호인) ① 다음 각 호의 어느 하나에 해당하는 경우에 변호인이 없는 때에는 법원은 직권으로 변호인을 선정하여야 한다.
  5. 피고인이 심신장애가 있는 것으로 의심되는 때

정답 ×

179 「형사소송법」 제214조의2 제4항의 규정에 의한 체포·구속적부심사결정에 의하여 석방된 피의자는 법원의 출석요구를 받고 정당한 이유 없이 출석하지 아니하거나 주거의 제한 기타 법원이 정한 조건을 위반한 경우를 제외하고는 동일한 범죄사실에 관하여 재차 체포 또는 구속하지 못한다. ○ ×

해설

형사소송법 제214조의3(재체포 및 재구속의 제한) ① 제214조의2 제4항에 따른 체포 또는 구속 적부심사결정에 의하여 석방된 피의자가 도망하거나 범죄의 증거를 인멸하는 경우를 제외하고는 동일한 범죄사실로 재차 체포하거나 구속할 수 없다.
② 제214조의2 제5항에 따라 석방된 피의자에게 다음 각 호의 어느 하나에 해당하는 사유가 있는 경우를 제외하고는 동일한 범죄사실로 재차 체포하거나 구속할 수 없다.
  1. 도망한 때
  2. 도망하거나 범죄의 증거를 인멸할 염려가 있다고 믿을 만한 충분한 이유가 있는 때
  3. 출석요구를 받고 정당한 이유없이 출석하지 아니한 때
  4. 주거의 제한이나 그 밖에 법원이 정한 조건을 위반한 때

정답 ×

180

법원은 체포된 피의자에 대하여 피의자의 출석을 보증할 만한 보증금의 납입을 조건으로 하여 결정으로 석방을 명할 수 있다. ○ ×

> **해설** 형사소송법은 수사단계에서의 체포와 구속을 명백히 구별하고 있고 이에 따라 체포와 구속의 적부심사를 규정한 같은 법 제214조의2에서 체포와 구속을 서로 구별되는 개념으로 사용하고 있는바, 같은 조 제4항에 기소 전 보증금 납입을 조건으로 한 석방의 대상자가 '구속된 피의자'라고 명시되어 있고, 같은 법 제214조의3 제2항의 취지를 체포된 피의자에 대하여도 보증금 납입을 조건으로 한 석방이 허용되어야 한다는 근거로 보기는 어렵다 할 것이어서 현행법상 체포된 피의자에 대하여는 보증금 납입을 조건으로 한 석방이 허용되지 않는다. (대법원 97모21)
>
> 정답 ×

181

구속영장에 구금장소로 기재된 특정 경찰서 유치장에 피의자가 구속집행 되었다가 같은 날 조사차 별도의 특별수사 기관에 인도된 후 위 영장기재 경찰서 유치장에 인도되지 않고 그 수사기관에 사실상 계속 구금되어 있었다면, 이러한 사실상 구금장소의 임의적 변경은 위법하다. ○ ×

> **해설** 구금장소의 임의적 변경이 청구인의 방어권이나 접견교통권의 행사에 중대한 장애를 초래한다. (대법원 95모94)
>
> 정답 ○

182

체포적부심사청구를 받은 법원이 그 청구가 이유 있다고 인정한 때에는 결정으로 체포된 피의자의 석방을 명하여야 하며, 검사는 이 결정에 대하여 항고하지 못한다. ○ ×

> **해설**
>
> **형사소송법 제214조의2(체포와 구속의 적부심사)** ④ 제1항의 청구를 받은 법원은 청구서가 접수된 때부터 48시간 이내에 체포되거나 구속된 피의자를 심문하고 수사 관계 서류와 증거물을 조사하여 그 청구가 이유 없다고 인정한 경우에는 결정으로 기각하고, 이유 있다고 인정한 경우에는 결정으로 체포되거나 구속된 피의자의 석방을 명하여야 한다. 심사 청구 후 피의자에 대하여 공소제기가 있는 경우에도 또한 같다.
> ⑧ 제3항과 제4항의 결정에 대해서는 항고할 수 없다.
>
> 정답 ○

183

공범 또는 공동피의자가 한 체포·구속적부심사의 순차청구가 수사방해의 목적임이 명백한 때에는 심문 없이 결정으로 청구를 기각할 수 있다. ○ ×

> **해설**
>
> **형사소송법 제214조의2(체포와 구속의 적부심사)** ③ 법원은 제1항에 따른 청구가 다음 각 호의 어느 하나에 해당하는 때에는 제4항에 따른 심문 없이 결정으로 청구를 기각할 수 있다.
>
> 정답 ○

184 구속적부심사를 청구한 피의자에 대해 법원이 석방결정을 한 후, 그 결정서 등본이 검찰청에 송달되기 전에 검사가 공소를 제기(전격기소)할 경우 그 석방결정은 무효가 된다. ○ ×

해설

형사소송법 제214조의2(체포와 구속의 적부심사) ④ 제1항의 청구를 받은 법원은 청구서가 접수된 때부터 48시간 이내에 체포되거나 구속된 피의자를 심문하고 수사 관계 서류와 증거물을 조사하여 그 청구가 이유 없다고 인정한 경우에는 결정으로 기각하고, 이유 있다고 인정한 경우에는 결정으로 체포되거나 구속된 피의자의 석방을 명하여야 한다. 심사 청구 후 피의자에 대하여 공소제기가 있는 경우에도 또한 같다.

정답 ×

185 구속적부심사의 청구를 받은 법원은 청구서가 접수된 때부터 48시간 이내에 구속된 피의자를 심문하고 수사관계서류와 증거물을 조사하여 그 청구가 이유 없다고 인정한 때에는 결정으로 이를 기각하고 이유 있다고 인정한 때에는 결정으로 구속된 피의자의 석방을 명하여야 한다. ○ ×

해설

형사소송법 제214조의2(체포와 구속의 적부심사) ④ 제1항의 청구를 받은 법원은 청구서가 접수된 때부터 48시간 이내에 체포되거나 구속된 피의자를 심문하고 수사 관계 서류와 증거물을 조사하여 그 청구가 이유 없다고 인정한 경우에는 결정으로 기각하고, 이유 있다고 인정한 경우에는 결정으로 체포되거나 구속된 피의자의 석방을 명하여야 한다. 심사 청구 후 피의자에 대하여 공소제기가 있는 경우에도 또한 같다.

정답 ○

186 보증금의 납입을 조건으로 하여 결정으로 석방된 피의자가 출석요구를 받고 정당한 이유 없이 출석하지 아니한 때에는 동일한 범죄사실에 관하여 재차 구속할 수 있다. ○ ×

해설

형사소송법 제214조의3(재체포 및 재구속의 제한) ② 제214조의2 제5항에 따라 석방된 피의자에게 다음 각 호의 어느 하나에 해당하는 사유가 있는 경우를 제외하고는 동일한 범죄사실로 재차 체포하거나 구속할 수 없다.
1. 도망한 때
2. 도망하거나 범죄의 증거를 인멸할 염려가 있다고 믿을 만한 충분한 이유가 있는 때
3. 출석요구를 받고 정당한 이유 없이 출석하지 아니한 때
4. 주거의 제한이나 그 밖에 법원이 정한 조건을 위반한 때

정답 ○

187 법원은 보증금의 납입을 조건으로 하여 결정으로 석방된 자가 동일한 범죄사실에 관하여 형의 선고를 받고 그 판결이 확정된 후, 집행하기 위한 소환을 받고 정당한 이유 없이 출석하지 아니하거나 도망한 때에는 직권 또는 검사의 청구에 의하여 결정으로 보증금의 전부 또는 일부를 몰수하여야 한다. ○ ☓

해설

형사소송법 제214조의4(보증금의 몰수) ② 법원은 제214조의2 제5항에 따라 석방된 자가 동일한 범죄사실에 관하여 형의 선고를 받고 그 판결이 확정된 후, 집행하기 위한 소환을 받고 정당한 이유 없이 출석하지 아니하거나 도망한 때에는 직권 또는 검사의 청구에 의하여 결정으로 보증금의 전부 또는 일부를 몰수하여야 한다.

정답 ○

188 체포 구속적부심사의 청구권자는 체포되거나 구속된 피의자 또는 그 변호인, 법정대리인, 배우자, 직계친족, 형제자매나 가족, 동거인 또는 고용주이다. ○ ☓

해설

형사소송법 제214조의2(체포와 구속의 적부심사) ① 체포되거나 구속된 피의자 또는 그 변호인, 법정대리인, 배우자, 직계친족, 형제자매나 가족, 동거인 또는 고용주는 관할법원에 체포 또는 구속의 적부심사(適否審査)를 청구할 수 있다.

정답 ○

189 고소로 시작된 형사피의사건의 구속적부심절차에서 피구속자의 변호를 맡은 변호인에게는 수사기록 중 고소장과 피의자신문조서의 내용을 알 권리 및 그 서류들을 열람·등사할 권리가 인정된다. ○ ☓

해설 헌법재판소 2000헌마474

정답 ○

190 구속적부심사청구에 대하여 법원은 기각결정과 석방결정, 보증금납입조건부 석방결정을 할 수 있으며, 검사와 피의자는 이와 같은 법원의 결정에 대하여 항고할 수 없다. ○ ☓

해설 제214조의2 제3항의 석방결정과 제4항의 석방결정은 원래 그 실질적인 취지와 내용을 달리 하는 것이고, 또한 기소 후 보석결정에 대하여 항고가 인정되는 점에 비추어 그 보석결정과 성질 및 내용이 유사한 기소 전 보증금 납입 조건부 석방결정에 대하여도 항고할 수 있도록 하는 것이 균형에 맞는 측면도 있다 할 것이므로, 같은 법 제214조의2 제4항의 석방결정에 대하여는 피의자나 검사가 그 취소의 실익이 있는 한 같은 법 제402조에 의하여 항고할 수 있다. (대법원 97모21)

정답 ☓

05 보석

191 피고인, 피고인의 변호인·법정대리인·배우자·직계존속·형제자매·가족·동거인 또는 고용주는 법원에 구속된 피고인의 보석을 청구할 수 있다. O X

> **해설**
> 형사소송법 제94조(보석의 청구) 피고인, 피고인의 변호인·법정대리인·배우자·직계친족·형제자매·가족·동거인 또는 고용주는 법원에 구속된 피고인의 보석을 청구할 수 있다.

정답 O

192 보증금 몰수사건은 지방법원 단독판사의 관할이지만 소송절차 계속 중에 보석허가 결정이나 그 취소결정을 본안 관할법원인 제1심 합의부가 한 경우 당해 합의부가 사물관할을 갖는다. O X

> **해설** 보증금몰수사건은 그 성질상 당해 형사본안 사건의 기록이 존재하는 법원 또는 그 기록을 보관하는 검찰청에 대응하는 법원의 토지관할에 속하고, 그 법원이 지방법원인 경우에 있어서 사물관할은 법원조직법 제7조 제4항의 규정에 따라 지방법원 단독판사에게 속하는 것이지 소송절차 계속 중에 보석허가결정 또는 그 취소결정 등을 본안 관할법원인 제1심 합의부 또는 항소심인 합의부에서 한 바 있었다고 하여 그러한 법원이 사물관할을 갖게 되는 것은 아니다. (대법원 2001모53)

정답 ×

193 구속영장의 효력이 소멸한 때에는 보석조건은 즉시 그 효력을 상실한다. O X

> **해설**
> 형사소송법 제104조의2(보석조건의 효력상실 등) ① 구속영장의 효력이 소멸한 때에는 보석조건은 즉시 그 효력을 상실한다.

정답 O

194 재판장은 보석에 관한 결정을 하기 전에 검사의 의견을 물어야 한다. O X

> **해설**
> 형사소송법 제97조(보석, 구속의 취소와 검사의 의견) ① 재판장은 보석에 관한 결정을 하기 전에 검사의 의견을 물어야 한다.

정답 O

195

상소기간 중 또는 상소 중의 사건에 관하여 보석에 대한 결정은 소송기록이 원심법원에 있는 때에는 원심법원이 하여야 한다. O X

해설

형사소송법 제105조(상소와 구속에 관한 결정) 상소기간 중 또는 상소 중의 사건에 관하여 구속기간의 갱신, 구속의 취소, 보석, 구속의 집행정지와 그 정지의 취소에 대한 결정은 소송기록이 원심법원에 있는 때에는 원심법원이 하여야 한다.

정답 O

196

보석의 청구를 받은 법원은 24시간 이내에 심문기일을 정하여 구속된 피고인을 심문하여야 하고, 특별한 사정이 없는 한 보석의 청구를 받은 날부터 7일 이내에 그에 관한 결정을 하여야 한다. O X

해설

형사소송규칙 제54조의2(보석의 심리) ① 보석의 청구를 받은 법원은 지체 없이 심문기일을 정하여 구속된 피고인을 심문하여야 한다. 다만, 다음 각호의 어느 하나에 해당하는 때에는 그러하지 아니하다.

형사소송규칙 제55조(보석 등의 결정기한) 법원은 특별한 사정이 없는 한 보석 또는 구속취소의 청구를 받은 날부터 7일 이내에 그에 관한 결정을 하여야 한다.

정답 ×

197

보석이 취소된 경우 보석조건은 즉시 그 효력을 상실하지만, 보증금납입 또는 담보제공의 보석조건은 예외로 한다. O X

해설

형사소송법 제104조의2(보석조건의 효력상실 등) ② 보석이 취소된 경우에도 제1항과 같다. 다만, 제98조 제8호의 조건은 예외로 한다.

정답 O

198

법원은 피고인이 정당한 사유 없이 보석조건을 위반한 경우에는 결정으로 피고인에 대하여 1천만원 이하의 과태료를 부과하거나 20일 이내의 감치처분을 내릴 수 있고, 이 결정에 대하여는 즉시항고가 가능하다. O X

해설

형사소송법 제102조(보석조건의 변경과 취소 등) ③ 법원은 피고인이 정당한 사유 없이 보석조건을 위반한 경우에는 결정으로 피고인에 대하여 1천만원 이하의 과태료를 부과하거나 20일 이내의 감치에 처할 수 있다.
④ 제3항의 결정에 대하여는 즉시항고를 할 수 있다.

정답 O

199 검사는 법원의 구속집행정지결정에 관하여 즉시항고를 할 수 없다. ○ ×

해설

형사소송법 제403조(판결 전의 결정에 대한 항고) ① 법원의 관할 또는 판결 전의 소송절차에 관한 결정에 대하여는 특히 즉시항고를 할 수 있는 경우 외에는 항고하지 못한다. = 형사소송법 제101조 제3항이 삭제되어 구속집행정지결정에 대해서는 즉시항고가 불가능하다.

정답 ○

200 피고인이 집행유예기간 중에 있는 때에는 보석을 허가할 수 없다. ○ ×

해설 피고인이 집행유예의 기간 중에 있어 집행유예의 결격자라고 하여 보석을 허가할 수 없는 것은 아니고 형사소송법 제95조는 그 제1 내지 5호 이외의 경우에는 필요적으로 보석을 허가하여야 한다는 것이지 여기에 해당하는 경우에는 보석을 허가하지 아니할 것을 규정한 것이 아니므로 집행유예기간 중에 있는 피고인의 보석을 허가한 것이 누범과 상습범에 대하여는 보석을 허가하지 아니할 수 있다는 형사소송법 제95조 제2호의 취지에 위배 되어 위법이라고 할 수 없다. (대법원 90모22)

정답 ×

201 보석허가결정의 취소는 그 취소결정을 고지하거나 결정법원에 대응하는 검찰청 검사에게 결정서를 교부 또는 송달함으로써 즉시 집행할 수 있는 것이고, 그 결정등본이 피고인에게 송달되어야 집행할 수 있는 것은 아니다. ○ ×

해설 대법원 83모19

정답 ○

202 「형사소송법」 제97조 제1항은 "재판장은 보석에 관한 결정을 하기 전에 검사의 의견을 물어야 한다"라고 규정하고 있으므로, 법원이 검사의 의견을 듣지 아니한 채 보석에 관한 결정을 하였다면 결정의 적정성 여부를 불문하고 절차상의 하자만으로도 그 결정을 취소할 수 있다. ○ ×

해설 검사의 의견청취의 절차는 보석에 관한 결정의 본질적 부분이 되는 것은 아니므로, 설사 법원이 검사의 의견을 듣지 아니한 채 보석에 관한 결정을 하였다고 하더라도 그 결정이 적정한 이상, 절차상의 하자만을 들어 그 결정을 취소할 수는 없다. (대법원 97모88)

정답 ×

203 법원은 보석취소 후에 별도로 보증금몰수결정을 할 수도 있다. ○ ×

해설 대법원 2001모53

정답 ○

204 법원은 직권 또는 보석청구권자의 청구에 의하여 결정으로 보석을 허가할 수 있다. ○ ×

> **해설**
>
> 형사소송법 제96조(임의적 보석) 법원은 제95조의 규정에 불구하고 상당한 이유가 있는 때에는 직권 또는 제94조에 규정한 자의 청구에 의하여 결정으로 보석을 허가할 수 있다.

정답 ○

205 법원이 보석을 취소하는 때에는 직권 또는 검사의 청구에 따라 결정으로 보증금 또는 담보의 전부 또는 일부를 몰취할 수 있다. ○ ×

> **해설**
>
> 형사소송법 제103조(보증금 등의 몰취) ① 법원은 보석을 취소하는 때에는 직권 또는 검사의 청구에 따라 결정으로 보증금 또는 담보의 전부 또는 일부를 몰취할 수 있다.

정답 ○

206 상소기간 중 또는 상소 중의 사건에 관한 피고인 보석의 결정은 소송기록이 상소법원에 도달하기까지는 원심법원이 하여야 한다. ○ ×

> **해설**
>
> 형사소송규칙 제57조(상소 등과 구속에 관한 결정) ① 상소기간 중 또는 상소 중의 사건에 관한 피고인의 구속, 구속기간갱신, 구속취소, 보석, 보석의 취소, 구속집행정지와 그 정지의 취소의 결정은 소송기록이 상소법원에 도달하기까지는 원심법원이 이를 하여야 한다.

정답 ○

207 보석의 청구를 받은 법원은 이미 제출한 자료만을 검토하여 보석을 허가하거나 불허가할지 여부가 명백하다면, 심문기일을 열지 않은 채 보석의 허가 여부에 관한 결정을 할 수도 있다. ○ ×

> **해설**
>
> 형사소송규칙 제54조의2(보석의 심리) ① 보석의 청구를 받은 법원은 지체 없이 심문기일을 정하여 구속된 피고인을 심문하여야 한다. 다만, 다음 각호의 어느 하나에 해당하는 때에는 그러하지 아니하다.
> 4. 이미 제출한 자료만으로 보석을 허가하거나 불허가할 것이 명백한 때

정답 ○

208

보석허가결정으로 구속영장은 효력이 소멸하므로 피고인이 도망하는 등 피고인을 재구금할 필요가 생긴 때에는 법원이 피고인에 대해 새로운 구속영장을 발부하여야 한다. ○ ×

해설

형사소송규칙 제56조(보석 등의 취소에 의한 재구금절차) ① 법 제102조 제2항에 따른 보석취소 또는 구속집행정지 취소의 결정이 있는 때 또는 기간을 정한 구속집행정지결정의 기간이 만료된 때에는 검사는 그 취소결정의 등본 또는 기간을 정한 구속집행정지결정의 등본에 의하여 피고인을 재구금하여야 한다. 다만, 급속을 요하는 경우에는 재판장, 수명법관 또는 수탁판사가 재구금을 지휘할 수 있다. = 보석허가 결정으로는 구속영장의 효력이 소멸되지 않으므로, 새로운 구속영장을 발부받아야 하는 것은 아니다.

정답 ×

209

보석보증금은 현금으로 전액이 납부되어야 하고 유가증권이나 피고인 외의 자가 제출한 보증서로써 이를 갈음하기 위해서는 반드시 법원의 허가를 받아야 한다. ○ ×

해설

형사소송법 제100조(보석집행의 절차) ③ 법원은 유가증권 또는 피고인 외의 자가 제출한 보증서로써 보증금에 갈음함을 허가할 수 있다.

정답 ○

210

출석보증서의 제출을 보석조건으로 한 법원의 보석허가결정에 따라 석방된 피고인이 정당한 사유 없이 기일에 불출석하는 경우, 출석보증인에 대하여 500만 원 이하의 과태료를 부과하는 제재를 가할 수 있다. ○ ×

해설

형사소송법 제100조의2(출석보증인에 대한 과태료) ① 법원은 제98조 제5호의 조건을 정한 보석허가결정에 따라 석방된 피고인이 정당한 사유 없이 기일에 불출석하는 경우에는 결정으로 그 출석보증인에 대하여 500만원 이하의 과태료를 부과할 수 있다.

정답 ○

211

형사소송법 제103조(보석된 자가 형의 선고를 받고 그 판결이 확정된 후 집행하기 위한 소환을 받고 정당한 이유 없이 출석하지 아니하거나 도망한 때에는 직권 또는 검사의 청구에 의하여 결정으로 보증금의 전부 또는 일부를 몰수하여야 한다)에 의한 보증금몰수사건은 보석허가결정 또는 그 취소결정 등을 한 본안 재판부에 관할이 있다. ○ ×

해설 형사소송법 제103조는 "보석된 자가 형의 선고를 받고 그 판결이 확정된 후 집행하기 위한 소환을 받고 정당한 이유 없이 출석하지 아니하거나 도망한 때에는 직권 또는 검사의 청구에 의하여 결정으로 보증금의 전부 또는 일부를 몰수하여야 한다."고 규정하고 있는바, 이 규정에 의한 보증금몰수사건은 그 성질상 당해 형사본안 사건의 기록이 존재하는 법원 또는 그 기록을 보관하는 검찰청에 대응하는 법원의 토지관할에 속하고, 그 법원이 지방법원인 경우에 있어서 사물관할은 법원조직법 제7조 제4항의 규정에 따라 지방법원 단독판사에게 속하는 것이지 소송절차 계속 중에 보석허가결정 또는 그 취소결정 등을 본안 관할법원인 제1심 합의부 또는 항소심인 합의부에서 한 바 있었다고 하여 그러한 법원이 사물관할을 갖게 되는 것은 아니다. (대법원 2001모53)

정답 ×

212

형사소송법 제103조의 '보석된 자'에는 판결확정 전에 그 보석이 취소되었으나 도망 등으로 재구금이 되지 않은 상태에 있는 사람도 포함된다. ○ ×

해설 대법원 2001모53

정답 ○

213

보석보증금이 소송절차 진행 중의 피고인의 출석을 담보하는 기능 외에 형 확정 후의 형 집행을 위한 출석을 담보하는 기능도 담당한다. ○ ×

해설 대법원 2001모53

정답 ○

214

검사는 보증금납입조건부 피의자석방결정과 보석허가결정에 대해서 항고할 수 있다. ○ ×

해설

> **형사소송법 제402조(항고할 수 있는 재판)** 법원의 결정에 대하여 불복이 있으면 항고를 할 수 있다. 단, 이 법률에 특별한 규정이 있는 경우에는 예외로 한다.
> **형사소송법 제403조(판결 전의 결정에 대한 항고)** ① 법원의 관할 또는 판결 전의 소송절차에 관한 결정에 대하여는 특히 즉시항고를 할 수 있는 경우 외에는 항고하지 못한다.
> ② 전항의 규정은 구금, 보석, 압수나 압수물의 환부에 관한 결정 또는 감정하기 위한 피고인의 유치에 관한 결정에 적용하지 아니한다.

정답 ○

215

보석취소결정을 비롯하여 고등법원이 한 최초 결정이 제1심 법원이 하였더라면 보통항고가 인정되는 결정인 경우에는 이에 대한 재항고와 관련한 집행정지의 효력은 인정되지 않는다. ○ ×

해설 대법원 2020모1845

정답 ○

CHAPTER 02 대물적 강제수사

01 압수·수색·검증 등

001 전자정보에 대한 압수·수색영장을 집행할 때에는 원칙적으로 저장매체 자체를 수사기관 사무실 등으로 옮겨 혐의사실과 관련된 부분만을 문서로 출력하거나 해당 파일을 복사하는 방식으로 이루어져야 한다. O X

해설 전자정보에 대한 압수·수색영장의 집행에 있어서는 원칙적으로 영장 발부의 사유로 된 혐의사실과 관련된 부분만을 문서 출력물로 수집하거나 수사기관이 휴대한 저장매체에 해당 파일을 복사하는 방식으로 이루어져야 하고, 집행현장의 사정상 위와 같은 방식에 의한 집행이 불가능하거나 현저히 곤란한 부득이한 사정이 있더라도 그와 같은 경우에 그 저장매체 자체를 직접 또는 하드카피나 이미징 등 형태로 수사기관 사무실 등 외부로 반출하여 해당 파일을 압수·수색할 수 있도록 영장에 기재되어 있고 실제 그와 같은 사정이 발생한 때에 한하여 예외적으로 허용될 수 있을 뿐이다. (대법원 2013도12155)

정답 ×

002 전자정보가 담긴 저장매체 또는 하드카피나 이미징 등 형태(이하 '복제본'이라 한다)를 수사기관 사무실 등으로 옮겨 이를 복제·탐색·출력하는 경우, 피압수자 측에 절차 참여를 보장한 취지가 실질적으로 침해되었더라도 수사기관이 저장매체 또는 복제본에서 혐의사실과 관련된 전자정보만을 복제·출력하였다면 그 압수·수색은 적법하다. O X

해설 저장매체에 대한 압수·수색 과정에서 범위를 정하여 출력 또는 복제하는 방법이 불가능하거나 압수의 목적을 달성하기에 현저히 곤란한 예외적인 사정이 인정되어 전자정보가 담긴 저장매체 또는 하드카피나 이미징 등 형태(이하 '복제본'이라 한다)를 수사기관 사무실 등으로 옮겨 복제·탐색·출력하는 경우에도, 그와 같은 일련의 과정에서 형사소송법 제219조, 제121조에서 규정하는 피압수·수색 당사자(이하 '피압수자'라 한다)나 변호인에게 참여의 기회를 보장하고 혐의사실과 무관한 전자정보의 임의적인 복제 등을 막기 위한 적절한 조치를 취하는 등 영장주의 원칙과 적법절차를 준수하여야 한다. 만약 그러한 조치가 취해지지 않았다면 피압수자 측이 참여하지 아니한다는 의사를 명시적으로 표시하였거나 절차 위반행위가 이루어진 과정의 성질과 내용 등에 비추어 피압수자 측에 절차 참여를 보장한 취지가 실질적으로 침해되었다고 볼 수 없을 정도에 해당한다는 등의 특별한 사정이 없는 이상 압수·수색이 적법하다고 평가할 수 없고, 비록 수사기관이 저장매체 또는 복제본에서 혐의사실과 관련된 전자정보만을 복제·출력하였다 하더라도 달리 볼 것은 아니다. (대법원 2011모1839 전합)

정답 ×

003 압수물인 디지털 저장매체로부터 출력한 문건을 증거로 사용하기 위해서는 정보저장매체 원본에 저장된 내용과 출력한 문건의 동일성이 인정되어야 하고, 이를 위해서는 디지털 저장매체 원본이 압수시부터 문건 출력시까지 변경되지 않았음이 담보되어야 한다. O X

해설 대법원 2012도16001

정답 O

004 압수·수색영장에서 압수할 물건을 '압수장소에 보관중인 물건'이라고 기재하고 있는 것을 '압수장소에 현존하는 물건'으로 해석할 수 있다. ○ ×

해설 헌법과 형사소송법이 구현하고자 하는 적법절차와 영장주의의 정신에 비추어 볼 때, 법관이 압수·수색영장을 발부하면서 '압수할 물건'을 특정하기 위하여 기재한 문언은 엄격하게 해석하여야 하고, 함부로 피압수자 등에게 불리한 내용으로 확장 또는 유추 해석하여서는 안 된다. 따라서 압수·수색영장에서 압수할 물건을 '압수장소에 보관중인 물건'이라고 기재하고 있는 것을 '압수장소에 현존하는 물건'으로 해석할 수는 없다. (대법원 2008도763) 정답 ×

005 경찰관이 이른바 전화사기죄 범행의 혐의자를 긴급체포 하면서 그가 보관하고 있던 다른 사람의 주민등록증, 운전면허증 등을 압수한 경우, 이는 구 「형사소송법」 제217조 제1항에서 규정한 해당 범죄사실의 수사에 필요한 범위 내의 압수가 아니므로 이를 위 혐의자의 점유이탈물횡령죄 범행에 대한 유죄의 증거로 사용할 수 없다. ○ ×

해설 경찰관이 이른바 전화사기죄 범행의 혐의자를 긴급체포하면서 그가 보관하고 있던 다른 사람의 주민등록증, 운전면허증 등을 압수한 사안에서, 이는 구 형사소송법(2007.6.1. 법률 제8496호로 개정되기 전의 것) 제217조 제1항에서 규정한 해당 범죄사실의 수사에 필요한 범위 내의 압수로서 적법하므로, 이를 위 혐의자의 점유이탈물횡령죄 범행에 대한 증거로 인정한 사례이다. (대법원 2008도2245) 정답 ×

006 압수·수색영장 집행 당시 피처분자가 현장에 없거나 그를 발견할 수 없는 경우 등 영장제시가 현실적으로 불가능하여 영장을 제시하지 아니한 채 압수·수색을 한 경우 위법하다고 볼 수 있다. ○ ×

해설 형사소송법 제219조가 준용하는 제118조는 "압수·수색영장은 처분을 받는 자에게 반드시 제시하여야 한다."고 규정하고 있으나, 이는 영장제시가 현실적으로 가능한 상황을 전제로 한 규정으로 보아야 하고, 피처분자가 현장에 없거나 현장에서 그를 발견할 수 없는 경우 등 영장제시가 현실적으로 불가능한 경우에는 영장을 제시하지 아니한 채 압수·수색을 하더라도 위법하다고 볼 수 없다. (대법원 2014도10978 전합) 정답 ×

007 운반 또는 보관에 불편한 압수물에 관하여는 간수자를 두거나 소유자 또는 적당한 자의 승낙을 얻어 보관하게 할 수 있다. ○ ×

해설

> **형사소송법 제130조(압수물의 보관과 폐기)** ① 운반 또는 보관에 불편한 압수물에 관하여는 간수자를 두거나 소유자 또는 적당한 자의 승낙을 얻어 보관하게 할 수 있다.

정답 ○

008 압수를 계속할 필요가 없다고 인정되는 압수물은 피고사건 종결 전이라도 결정으로 환부하여야 하고 증거에 공할 압수물은 소유자, 소지자, 보관자 또는 제출인의 청구에 의하여 가환부할 수 있다. ○ ×

> **해설**
>
> **형사소송법 제133조(압수물의 환부, 가환부)** ① 압수를 계속할 필요가 없다고 인정되는 압수물은 피고사건 종결 전이라도 결정으로 환부하여야 하고 증거에 공할 압수물은 소유자, 소지자, 보관자 또는 제출인의 청구에 의하여 가환부할 수 있다.

정답 ○

009 검사 또는 사법경찰관은 피의자 기타인의 유류한 물건이나 소유자, 소지자 또는 보관자가 임의로 제출한 물건을 영장 없이 압수할 수 있다. ○ ×

> **해설**
>
> **형사소송법 제218조(영장에 의하지 아니한 압수)** 검사, 사법경찰관은 피의자 기타인의 유류한 물건이나 소유자, 소지자 또는 보관자가 임의로 제출한 물건을 영장 없이 압수할 수 있다.

정답 ○

010 검사 또는 사법경찰관은 긴급체포된 자가 소유·소지 또는 보관하는 물건에 대하여 긴급히 압수할 필요가 있는 경우에는 체포한 때부터 24시간 이내에 한하여 영장 없이 압수·수색 또는 검증을 할 수 있다. ○ ×

> **해설**
>
> **형사소송법 제217조(영장에 의하지 아니하는 강제처분)** ① 검사 또는 사법경찰관은 제200조의3에 따라 체포된 자가 소유·소지 또는 보관하는 물건에 대하여 긴급히 압수할 필요가 있는 경우에는 체포한 때부터 24시간 이내에 한하여 영장 없이 압수·수색 또는 검증을 할 수 있다.

정답 ○

011 범죄수사에 필요한 때에는 영장에 의하여 압수를 할 수 있으므로 압수물이 증거물 내지 몰수하여야 할 물건으로 보이는 것이라면 언제나 압수할 수 있다. ○ ×

> **해설** 형사소송법 제215조에 의하면 검사나 사법경찰관이 범죄수사에 필요한 때에는 영장에 의하여 압수를 할 수 있으나, 여기서 '범죄수사에 필요한 때'라 함은 단지 수사를 위해 필요할 뿐만 아니라 강제처분으로서 압수를 행하지 않으면 수사의 목적을 달성할 수 없는 경우를 말하고, 그 필요성이 인정되는 경우에도 무제한적으로 허용되는 것은 아니며, 압수물이 증거물 내지 몰수하여야 할 물건으로 보이는 것이라 하더라도, 범죄의 형태나 경중, 압수물의 증거가치 및 중요성, 증거인멸의 우려 유무, 압수로 인하여 피압수자가 받을 불이익의 정도 등 제반 사정을 종합적으로 고려하여 판단해야 한다. (대법원 2003모126)

정답 ×

012 피고인들의 폐수무단방류 혐의가 인정된다면 그들의 공장부지, 건물, 기계류 일체 및 폐수운반차량 7대에 대하여 한 검사의 압수처분은 수사상의 필요에서 행하는 압수로서 정당하다. O X

해설 검사가 이 사건 준항고인들의 폐수무단방류 혐의가 인정된다는 이유로 준항고인들의 공장부지, 건물, 기계류 일체 및 폐수운반차량 7대에 대하여 한 압수처분은 수사상의 필요에서 행하는 압수의 본래의 취지를 넘는 것으로 상당성이 없을 뿐만 아니라, 수사상의 필요와 그로 인한 개인의 재산권 침해의 정도를 비교형량해 보면 비례성의 원칙에 위배되어 위법하다. (대법원 2003모126)

정답 X

013 검사는 범죄수사에 필요한 때에는 피의자가 죄를 범하였다고 의심할 만한 정황이 있고 해당 사건과 관계가 있다고 인정할 수 있는 것에 한정하여 지방법원판사에게 청구하여 발부받은 영장에 의하여 압수·수색을 할 수 있다. O X

해설

> 형사소송법 제215조(압수, 수색, 검증) ① 검사는 범죄수사에 필요한 때에는 피의자가 죄를 범하였다고 의심할 만한 정황이 있고 해당 사건과 관계가 있다고 인정할 수 있는 것에 한정하여 지방법원판사에게 청구하여 발부받은 영장에 의하여 압수, 수색 또는 검증을 할 수 있다.

정답 O

014 공무원 또는 공무원이었던 자가 소지 또는 보관하는 물건은 본인 또는 그 해당 공무소가 직무상의 비밀에 관한 것임을 신고한 때에는 그 소속공무소 또는 당해 감독관공서의 승낙 없이는 압수하지 못하나, 소속공무소 또는 당해 감독관공서는 국가의 중대한 이익을 해하는 경우를 제외하고는 승낙을 거부하지 못한다. O X

해설

> 형사소송법 제111조(공무상 비밀과 압수) ① 공무원 또는 공무원이었던 자가 소지 또는 보관하는 물건에 관하여는 본인 또는 그 당해 공무소가 직무상의 비밀에 관한 것임을 신고한 때에는 그 소속공무소 또는 당해 감독관공서의 승낙 없이는 압수하지 못한다.
> ② 소속공무소 또는 당해 감독관공서는 국가의 중대한 이익을 해하는 경우를 제외하고는 승낙을 거부하지 못한다.

정답 O

015 수사기관이 압수·수색에 착수하면서 그 장소의 관리책임자에게 영장을 제시하였다면 물건을 소지하고 있는 다른 사람으로부터 이를 압수하고자 하는 때에도 그 사람에게 따로 영장을 제시하여야 하는 것은 아니다. O X

해설 압수·수색영장은 처분을 받는 자에게 반드시 제시하여야 하는바, 현장에서 압수·수색을 당하는 사람이 여러 명일 경우에는 그 사람들 모두에게 개별적으로 영장을 제시해야 하는 것이 원칙이다. 수사기관이 압수·수색에 착수하면서 그 장소의 관리책임자에게 영장을 제시하였다고 하더라도, 물건을 소지하고 있는 다른 사람으로부터 이를 압수하고자 하는 때에는 그 사람에게 따로 영장을 제시하여야 한다. (대법원 2008도763)

정답 X

016 세관공무원이 우편물 통관검사절차에서 압수·수색영장 없이 진행한 우편물의 개봉, 시료채취, 성분분석과 같은 검사의 결과는 원칙적으로 증거능력이 없다. ○ ×

해설 우편물 통관검사절차에서 이루어지는 우편물의 개봉, 시료채취, 성분분석 등의 검사는 수출입물품에 대한 적정한 통관 등을 목적으로 한 행정조사의 성격을 가지는 것으로서 수사기관의 강제처분이라고 할 수 없으므로, 압수·수색영장 없이 우편물의 개봉, 시료채취, 성분분석 등 검사가 진행되었다 하더라도 특별한 사정이 없는 한 위법하다고 볼 수 없다. (대법원 2013도7718) 정답 ×

017 구성요건 사실은 엄격한 증명에 의하여 인정하여야 하고, 증거능력이 없는 증거는 구성요건 사실을 추인하게 하는 간접사실이나 구성요건 사실을 입증하는 직접증거의 증명력을 보강하는 보조사실의 인정자료로서도 허용되지 아니한다. ○ ×

해설 대법원 2014도10978 전합 정답 ○

018 형사소송법 제72조는 "피고인에 대하여 범죄사실의 요지, 구속의 이유와 변호인을 선임할 수 있음을 말하고 변명할 기회를 준 후가 아니면 구속할 수 없다"고 규정하고 있는데, 이는 구속영장을 집행함에 있어 집행기관이 취해야 하는 절차를 규정한 것이다. ○ ×

해설 형사소송법 제72조는 "피고인에 대하여 범죄사실의 요지, 구속의 이유와 변호인을 선임할 수 있음을 말하고 변명할 기회를 준 후가 아니면 구속할 수 없다."고 규정하고 있는바, 이는 피고인을 구속함에 있어 법관에 의한 사전 청문절차를 규정한 것으로서, 구속영장을 집행함에 있어 집행기관이 취하여야 하는 절차가 아니라 구속영장 발부함에 있어 수소법원 등 법관이 취하여야 하는 절차라 할 것이다. (대법원 2000모134) 정답 ×

019 검사는 형벌권의 존부와 범위에 관해서 거증책임을 지므로 공연히 사실을 적시하여 사람의 명예를 훼손한 행위가 진실한 사실로서 오로지 공공의 이익에 관한 때에 해당하지 않는다는 점에 대해서도 검사가 거증책임을 진다. ○ ×

해설 공연히 사실을 적시하여 사람의 명예를 훼손한 행위가 형법 제310조의 규정에 따라서 위법성이 조각되어 처벌 대상이 되지 않기 위하여는 그것이 진실한 사실로서 오로지 공공의 이익에 관한 때에 해당된다는 점을 행위자가 증명하여야 하는 것이고, 법원이 적법하게 증거를 채택하여 조사한 다음 형법 제310조 소정의 위법성조각사유의 요건이 입증되지 않는다면 그 불이익은 피고인이 부담하는 것이다. (대법원 2004도1497) 정답 ×

020 법원은 압수·수색영장 집행 사실을 미리 알려주면 증거물을 은닉할 염려가 있어 압수·수색의 실효를 거두기 어려울 경우에는 영장 집행의 일시와 장소를 피고인 또는 변호인에게 미리 통지하지 않을 수 있다. ○ ×

해설 대법원 2012도7455 정답 ○

021
수사기관이 압수·수색영장 집행 과정에서 영장 발부의 사유인 범죄 혐의사실과 무관한 별개의 증거를 압수하였다가 피압수자 등에게 환부하고 후에 이를 다시 임의제출 받아 압수한 경우 검사가 위 압수물 제출의 임의성을 증명하면 이를 유죄 인정의 증거로 사용할 수 있다. O X

해설 대법원 2013도11233

정답 O

022
검사 또는 사법경찰관은 제200조의2(영장에 의한 체포)·제200조의3(긴급체포)·제201조(구속) 또는 제212조(현행범인의 체포)의 규정에 의하여 피의자를 체포 또는 구속하는 경우에 필요한 때에는 영장 없이 타인의 주거나 타인이 간수하는 가옥, 건조물, 항공기, 선차 내에서의 피의자수사를 할 수 있으나, 제200조의2(영장에 의한 체포)·제201조(구속)에 따라 피의자를 체포·구속하는 경우, 피의자 수색은 미리 수색영장을 발부받기 어려운 긴급한 사정이 있는 때에 한정한다. O X

해설

> 형사소송법 제216조(영장에 의하지 아니한 강제처분) ① 검사 또는 사법경찰관은 제200조의2·제200조의3·제201조 또는 제212조의 규정에 의하여 피의자를 체포 또는 구속하는 경우에 필요한 때에는 영장 없이 다음 처분을 할 수 있다.
> 1. 타인의 주거나 타인이 간수하는 가옥, 건조물, 항공기, 선차 내에서의 피의자 수색. 다만, 제200조의2 또는 제201조에 따라 피의자를 체포 또는 구속하는 경우의 피의자 수색은 미리 수색영장을 발부받기 어려운 긴급한 사정이 있는 때에 한정한다.

정답 O

023
검사 또는 사법경찰관은 제200조의2(영장에 의한 체포)·제200조의3(긴급체포)·제201조(구속) 또는 제212조(현행범인의 체포)의 규정에 의하여 피의자를 체포 또는 구속하는 경우에 필요한 때에는 영장 없이 체포현장에서의 압수, 수색, 검증을 할 수 있고, 검사 또는 사법경찰관은 이에 따라 압수한 물건을 계속 압수할 필요가 있는 경우에는 지체 없이 압수수색영장을 청구하여야 하며, 이 경우 압수수색영장의 청구는 체포한 때부터 24시간 이내에 하여야 한다. O X

해설

> 형사소송법 제217조(영장에 의하지 아니하는 강제처분) ② 검사 또는 사법경찰관은 제1항 또는 제216조 제1항 제2호에 따라 압수한 물건을 계속 압수할 필요가 있는 경우에는 지체 없이 압수수색영장을 청구하여야 한다. 이 경우 압수수색영장의 청구는 체포한 때부터 48시간 이내에 하여야 한다.
> 형사소송법 제216조(영장에 의하지 아니한 강제처분) ① 검사 또는 사법경찰관은 제200조의2·제200조의3·제201조 또는 제212조의 규정에 의하여 피의자를 체포 또는 구속하는 경우에 필요한 때에는 영장 없이 다음 처분을 할 수 있다.
> 2. 체포현장에서의 압수, 수색, 검증

정답 X

024

범행 중 또는 범행직후의 범죄장소에서 긴급을 요하여 법원판사의 영장을 받을 수 없는 때에는 영장 없이 압수, 수색 또는 검증을 할 수 있다. 이 경우에는 사후에 지체 없이 영장을 받아야 한다. ○ ×

해설

형사소송법 제216조(영장에 의하지 아니한 강제처분) ③ 범행 중 또는 범행직후의 범죄 장소에서 긴급을 요하여 법원 판사의 영장을 받을 수 없는 때에는 영장 없이 압수, 수색 또는 검증을 할 수 있다. 이 경우에는 사후에 지체 없이 영장을 받아야 한다.

정답 ○

025

몰수할 것이라고 사료되어 압수한 물건 중 법률의 특별한 규정에 의하여 필요적으로 몰수할 것에 해당하거나 누구의 소유도 허용되지 아니하여 몰수할 것에 해당하는 물건은 가환부의 대상이 되지 않는다. ○ ×

해설 대법원 97모25

정답 ○

026

수사기관의 압수물의 환부에 관한 처분의 취소를 구하는 준항고는 소송 계속 중 준항고로써 달성하고자 하는 목적이 이미 이루어졌거나 시일의 경과 또는 그 밖의 사정으로 인하여 그 이익이 상실된 경우에도 적법하다. ○ ×

해설 수사기관의 압수물의 환부에 관한 처분의 취소를 구하는 준항고는 일종의 항고소송이므로, 통상의 항고소송에서와 마찬가지로 그 이익이 있어야 하고, 소송 계속 중 준항고로써 달성하고자 하는 목적이 이미 이루어졌거나 시일의 경과 또는 그 밖의 사정으로 인하여 그 이익이 상실된 경우에는 준항고는 그 이익이 없어 부적법하게 된다. (대법원 2013모1970)

정답 ×

027

증거에만 공할 목적으로 압수한 물건으로서 그 소유자 또는 소지자가 계속 사용하여야 할 물건은 사진촬영 기타 원형보존의 조치를 취하고 신속히 가환부하여야 한다. ○ ×

해설

형사소송법 제133조(압수물의 환부, 가환부) ② 증거에만 공할 목적으로 압수한 물건으로서 그 소유자 또는 소지자가 계속 사용하여야 할 물건은 사진촬영 기타 원형보존의 조치를 취하고 신속히 가환부하여야 한다.

정답 ○

028

압수한 장물로서 피해자에게 환부할 이유가 명백한 것은 판결로써 피해자에게 환부하는 선고를 하여야 한다. ○ ×

해설

형사소송법 제333조(압수장물의 환부) ① 압수한 장물로서 피해자에게 환부할 이유가 명백한 것은 판결로써 피해자에게 환부하는 선고를 하여야 한다.

정답 ○

029 수사기관이 압수·수색영장을 제시하고 집행에 착수하여 압수·수색을 실시하고 그 집행을 종료하였는데 동일한 장소 또는 목적물에 대하여 다시 압수·수색할 필요가 있는 경우, 법원으로부터 새로운 압수·수색영장을 발부받아야 하고, 앞서 발부받은 영장의 유효기간이 남아있다고 하여 이를 제시하고 다시 압수·수색을 할 수는 없다. O X

해설 대법원 99모161   정답 O

030 사고발생 직후 사고장소에서 사법경찰관 사무취급이 작성한 실황조서가 긴급을 요하여 판사의 영장 없이 작성된 것이어서 「형사소송법」 제216조 제3항에 의한 검증에 해당한다면, 이 조서는 적법한 절차에 따라 작성된 것이므로 특별한 사유가 없는 한 증거능력이 있다. O X

해설 사법경찰관 사무취급이 작성한 실황조서가 사고발생 직후 사고장소에서 긴급을 요하여 판사의 영장 없이 시행된 것으로서 형사소송법 제216조 제3항에 의한 검증에 따라 작성된 것이라면 사후영장을 받지 않는 한 유죄의 증거로 삼을 수 없다. (대법원 88도1399)   정답 X

031 경찰관이 피고인 소유의 쇠파이프를 피고인의 주거지 앞마당에서 발견하였음에도 그 소유자, 소지자 또는 보관자가 아닌 피해자로부터 임의로 제출받는 형식으로 그 쇠파이프를 압수하였고 그 후 압수물의 사진을 찍은 경우, 그 '압수물' 및 '압수물을 찍은 사진'은 피고인이 증거로 사용함에 동의한 경우에만 유죄인정의 증거로 사용할 수 있다. O X

해설 형사소송법 제218조는 "사법경찰관은 소유자, 소지자 또는 보관자가 임의로 제출한 물건을 영장 없이 압수할 수 있다"고 규정하고 있는바, 위 규정을 위반하여 소유자, 소지자 또는 보관자가 아닌 자로부터 제출받은 물건을 영장 없이 압수한 경우 그 '압수물' 및 압수물을 찍은 사진'은 이를 유죄 인정의 증거로 사용할 수 없는 것이고, 헌법과 형사소송법이 선언한 영장주의의 중요성에 비추어 볼 때 피고인이나 변호인이 이를 증거로 함에 동의하였다고 하더라도 달리 볼 것은 아니다. (대법원 2009도10092)   정답 X

032 지방법원 판사가 한 압수·수색·검증영장 발부 여부에 관한 재판에 대하여는 「형사소송법」 제416조에서 규정한 준항고의 방법으로 불복할 수 있다. O X

해설 형사소송법 제416조는 재판장 또는 수명법관이 한 재판에 대한 준항고에 관하여 규정하고 있는바, 여기에서 말하는 '재판장 또는 수명법관'이라 함은 수소법원의 구성원으로서의 재판장 또는 수명법관만을 가리키는 것이어서, 수사기관의 청구에 의하여 압수영장 등을 발부하는 독립된 재판기관인 지방법원 판사가 이에 해당 된다고 볼 수 없으므로, 지방법원 판사가 한 압수영장 발부의 재판에 대하여는 위 조항에서 정한 준항고로 불복할 수 없고, 나아가 같은 법 제402조, 제403조에서 규정하는 항고는 법원이 한 결정을 그 대상으로 하는 것이므로 법원의 결정이 아닌 지방법원 판사가 한 압수영장 발부의 재판에 대하여 그와 같은 항고의 방법으로도 불복할 수 없다. (대법원 97모66)   정답 X

033 수사기관은 형사소송법이 정한 압수의 방법으로 피의자의 동의 없이 그의 혈액을 범죄 증거의 수집목적으로 취득 보관할 수 있으나, 감정에 필요한 처분으로는 이를 할 수 없다. O X

해설 수사기관이 범죄 증거를 수집할 목적으로 피의자의 동의 없이 피의자의 혈액을 취득·보관하는 행위는 법원으로부터 감정처분허가장을 받아 형사소송법 제221조의4 제1항, 제173조 제1항에 의한 '감정에 필요한 처분'으로도 할 수 있지만, 형사소송법 제219조, 제106조 제1항에 정한 압수의 방법으로도 할 수 있고, 압수의 방법에 의하는 경우 혈액의 취득을 위하여 피의자의 신체로부터 혈액을 채취하는 행위는 혈액의 압수를 위한 것으로서 형사소송법 제219조, 제120조 제1항에 정한 '압수영장의 집행에 있어 필요한 처분'에 해당한다. (대법원 2011도15258)   정답 X

034 피의자의 신체 내지 의복류에 주취로 인한 냄새가 강하게 나는 등 범죄의 증적이 현저한 준현행범인의 요건이 갖추어져 있고 교통사고 발생 시각으로부터 사회통념상 범행 직후라고 볼 수 있는 시간 내라면, 피의자의 생명 신체를 구조하기 위하여 사고현장으로부터 곧바로 후송된 병원 응급실 등의 장소는 형사소송법 제216조 제1항 제2호의 체포현장에 준하므로 수사기관은 영장 없이 혈액을 압수할 수 있다. ○ ×

해설 음주운전 중 교통사고를 야기한 후 피의자가 의식불명 상태에 빠져 있는 등으로 도로교통법이 음주운전의 제1차적 수사방법으로 규정한 호흡조사에 의한 음주측정이 불가능하고 혈액 채취에 대한 동의를 받을 수도 없을 뿐만 아니라 법원으로부터 혈액 채취에 대한 감정처분허가장이나 사전 압수영장을 발부받을 시간적 여유도 없는 긴급한 상황이 생길 수 있다. 이러한 경우 피의자의 신체 내지 의복류에 주취로 인한 냄새가 강하게 나는 등 형사소송법 제211조 제2항 제3호가 정하는 범죄의 증적이 현저한 준현행범인의 요건이 갖추어져 있고 교통사고 발생 시각으로부터 사회통념상 범행 직후라고 볼 수 있는 시간 내라면, 피의자의 생명·신체를 구조하기 위하여 사고현장으로부터 곧바로 후송된 병원 응급실 등의 장소는 형사소송법 제216조 제3항의 범죄 장소에 준한다 할 것이므로, 검사 또는 사법경찰관은 피의자의 혈중알콜농도 등 증거의 수집을 위하여 의료법상 의료인의 자격이 있는 자로 하여금 의료용 기구로 의학적인 방법에 따라 필요 최소한의 한도 내에서 피의자의 혈액을 채취하게 한 후 그 혈액을 영장 없이 압수할 수 있다. 다만 이 경우에도 형사소송법 제216조 제3항 단서, 형사소송규칙 제58조, 제107조 제1항 제3호에 따라 사후에 지체 없이 강제채혈에 의한 압수의 사유 등을 기재한 영장청구서에 의하여 법원으로부터 압수영장을 받아야 한다. (대법원 2011도15258) 정답 ×

035 음주운전과 관련한 도로교통법 위반죄의 범죄수사를 위하여 미성년자인 피의자의 혈액채취가 필요한 경우, 수사기관은 피의자의 의사능력이 있는 경우라도 그 법정대리인의 동의를 얻어야 피의자의 혈액을 압수할 수 있다. ○ ×

해설 음주운전과 관련한 도로교통법 위반죄의 범죄수사를 위하여 미성년자인 피의자의 혈액채취가 필요한 경우에도 피의자에게 의사능력이 있다면 피의자 본인만이 혈액채취에 관한 유효한 동의를 할 수 있고, 피의자에게 의사능력이 없는 경우에도 명문의 규정이 없는 이상 법정대리인이 피의자를 대리하여 동의할 수는 없다. (대법원 2013도1228) 정답 ×

036 범죄의 피해자인 검사가 그 사건의 수사에 관여하거나, 압수·수색영장의 집행에 참여한 검사가 다시 수사에 관여하였다는 이유만으로 바로 그 수사가 위법하다거나 그에 따른 참고인이나 피의자의 진술에 임의성이 없다고 볼 수는 없다. ○ ×

해설 대법원 2011도12918 정답 ○

037 전자정보에 대한 압수·수색영장을 집행할 때에는 원칙적으로 영장발부의 사유인 혐의사실과 관련된 부분만을 문서 출력물로 수집하거나 수사기관이 휴대한 저장매체에 해당 파일을 복사하는 방법으로 이루어져야 한다. ○ ×

해설 대법원 2009모1190 정답 ○

038

검사가 영장을 집행하면서 영장기재 압수·수색의 장소에서 압수할 전자정보를 용이하게 하드카피·이미징 또는 문서로 출력할 수 있음에도 저장매체 자체를 반출하여 가지고 간 경우, 이에 대하여 불복이 있으면 그 직무집행지의 관할법원 또는 검사의 소속검찰청에 대응한 법원에 그 처분의 취소 또는 변경을 청구할 수 있다. ○×

해설

형사소송법 제417조(동전) 검사 또는 사법경찰관의 구금, 압수 또는 압수물의 환부에 관한 처분과 제243조의2에 따른 변호인의 참여 등에 관한 처분에 대하여 불복이 있으면 그 직무집행지의 관할법원 또는 검사의 소속검찰청에 대응한 법원에 그 처분의 취소 또는 변경을 청구할 수 있다.

정답 ○

039

피고인 또는 피고인 아닌 사람이 컴퓨터용디스크 그 밖에 이와 비슷한 정보저장매체에 입력하여 기억된 문자정보 또는 그 출력물을 증거로 사용하는 경우, 그 내용의 진실성에 관하여는 전문법칙이 적용되고, 원칙적으로 「형사소송법」 제313조 제1항에 의하여 작성자 또는 진술자의 진술에 의하여 성립의 진정함이 증명된 때에 한하여 이를 증거로 사용할 수 있다. ○×

해설 대법원 2010도3504

정답 ○

040

세관이 시계행상이 소지하고 있던 외국산시계를 관세장물의 혐의가 있다고 하여 압수하였던 것을 검사가 그것이 관세포탈품인지를 확인할 수 없어 그 사건을 기소중지처분 하였다면 위 압수물은 국고에 귀속시킬 수 없다. ○×

해설 대법원 88모55

정답 ○

041

'증거에 공할 압수물'에는 증거물로서의 성격을 가진 압수물은 포함되나 몰수할 것으로 사료되는 물건으로서의 성격을 가진 압수물은 포함되지 않는다. ○×

해설 형사소송법 제133조 제1항 후단이, 제2항의 '증거에만 공할' 목적으로 압수할 물건과는 따로이, '증거에 공할' 압수물에 대하여 법원의 재량에 의하여 가환부할 수 있도록 규정한 것을 보면, '증거에 공할 압수물'에는 증거물로서의 성격과 몰수할 것으로 사료되는 물건으로서의 성격을 가진 압수물이 포함되어 있다고 해석함이 상당하다. (대법원 97모25) 정답 ×

042

위험발생의 염려가 있는 압수물은 폐기할 수 있다. ○×

해설

형사소송법 제130조(압수물의 보관과 폐기) ② 위험 발생의 염려가 있는 압수물은 폐기할 수 있다.

정답 ○

043 피해품인 압수물은 피고인에 대한 범죄의 증명이 없게 된 경우에는 압수물의 존재만으로 그 유죄의 증거가 될 수 없다. ○ ×

해설 대법원 83도3067, 83감도513   정답 ○

044 법원의 체포·구속적부심사에 의하여 석방된 피의자는 출석요구를 받고 정당한 이유 없이 출석하지 아니한 경우를 제외하고는 동일한 범죄사실에 관하여 재차 체포 또는 구속하지 못한다. ○ ×

해설

> 형사소송법 제214조의3(재체포 및 재구속의 제한) ① 제214조의2 제4항에 따른 체포 또는 구속 적부심사결정에 의하여 석방된 피의자가 도망하거나 범죄의 증거를 인멸하는 경우를 제외하고는 동일한 범죄사실로 재차 체포하거나 구속할 수 없다.

정답 ×

045 검찰수사관이 피의자신문에 참여한 변호인에게 피의자 후방에 앉으라고 요구한 행위는 이를 정당화할 특별한 사정이 없는 한 변호인의 변호권을 침해하므로 헌법에 위배된다. ○ ×

해설 헌법재판소 2016헌마503   정답 ○

046 응급구호가 필요한 자살기도자를 영장 없이 24시간을 초과하지 아니하는 범위에서 경찰서에 설치되어 있는 보호실에 유치한 것은 위법한 강제수사가 아니다. ○ ×

해설 대법원 93도958   정답 ○

047 수사기관이 범행 중 또는 직후에 증거보전의 필요성, 긴급성이 있어서 상당한 방법으로 사진을 촬영한 경우라면 영장 없는 사진촬영도 위법한 수사가 아니다. ○ ×

해설 대법원 99도2317   정답 ○

048 헌법 제16조 후문은 "주거에 대한 압수나 수색을 할 때에는 검사의 신청에 의하여 법관이 발부한 영장을 제시하여야 한다."라고 규정하고 있을 뿐 영장주의에 대한 예외를 마련하고 있지 않지만, 주거에 대한 압수나 수색에 있어 영장주의가 예외 없이 반드시 관철되어야 하는 것은 아니다. ○ ×

해설 헌법재판소 2015헌바370, 2016헌가7(병합)   정답 ○

049

피의자가 구속 당시에 헌법 및 형사소송법 에 규정된 사항(구속의 이유 및 변호인의 조력을 받을 권리)을 고지 받지 못하였고, 구금기간 중 면회거부 등의 처분을 받은 경우, 이는 형사소송법 제93조의 구속취소사유에 해당한다. ○ ×

해설 체포, 구금 당시에 헌법 및 형사소송법에 규정된 사항(체포, 구금의 이유 및 변호인의 조력을 받을 권리) 등을 고지 받지 못하였고, 그 후의 구금기간 중 면회거부 등의 처분을 받았다 하더라도 이와 같은 사유는 형사소송법 제93조 소정의 구속취소사유에는 해당하지 아니한다. (대법원 91모76)

> **형사소송법 제93조(구속의 취소)** 구속의 사유가 없거나 소멸된 때에는 법원은 직권 또는 검사, 피고인, 변호인과 제30조제2항에 규정한 자의 청구에 의하여 결정으로 구속을 취소하여야 한다.

정답 ×

050

검사는 증거에 사용할 압수물에 대하여 소유자 등에 의한 가환부의 청구가 있는 경우, 가환부를 거부할 수 있는 특별한 사정이 없는 한 가환부에 응하여야 한다. ○ ×

해설 대법원 2017모236

정답 ○

051

검사 또는 사법경찰관은 검증을 함에 있어 신체의 검사, 사체의 해부, 분묘의 발굴, 물건의 파괴 기타 필요한 처분을 할 수 있으며, 특히 사체의 해부 또는 분묘의 발굴을 하는 때에는 예(禮)에 어긋나지 아니하도록 주의하고 미리 유족에게 통지하여야 한다. ○ ×

해설

> **형사소송법 제140조(검증과 필요한 처분)** 검증을 함에는 신체의 검사, 사체의 해부, 분묘의 발굴, 물건의 파괴 기타 필요한 처분을 할 수 있다.
> **형사소송법 제141조(신체검사에 관한 주의)** ④ 시체의 해부 또는 분묘의 발굴을 하는 때에는 예(禮)에 어긋나지 아니하도록 주의하고 미리 유족에게 통지하여야 한다.

정답 ○

052

압수·수색영장 대상자와 피의자 사이에 요구되는 인적 관련성은 압수·수색영장에 기재된 대상자의 공동정범이나 교사범 등 공범이나 간접정범은 물론 필요적 공범 등에 대한 피고사건에 대해서도 인정될 수 있다. ○ ×

해설 대법원 2017도13458

정답 ○

053 피의자의 이메일 계정에 대한 접근권한에 갈음하여 발부받은 압수·수색영장의 효력은 대한민국의 사법관할권이 미치지 아니하는 해외 이메일서비스 제공자의 해외 서버 및 그 해외 서버에 소재하는 저장매체 속 피의자의 전자정보에 대하여까지 미치지는 않는다. ○ ×

해설 피의자의 이메일 계정에 대한 접근권한에 갈음하여 발부받은 압수·수색영장에 따라 원격지의 저장매체에 적법하게 접속하여 내려 받거나 현출된 전자정보를 대상으로 하여 범죄 혐의사실과 관련된 부분에 대하여 압수·수색하는 것은, 압수·수색영장의 집행을 원활하고 적정하게 행하기 위하여 필요한 최소한도의 범위 내에서 이루어지며 그 수단과 목적에 비추어 사회통념상 타당하다고 인정되는 대물적 강제처분 행위로서 허용되며, 형사소송법 제120조 제1항에서 정한 압수·수색영장의 집행에 필요한 처분에 해당한다. 그리고 이러한 법리는 원격지의 저장매체가 국외에 있는 경우라 하더라도 그 사정만으로 달리 볼 것은 아니다. (대법원 2017도9747) 정답 ×

054 피의자의 이메일 계정에 대한 접근권한에 갈음하여 발부받은 압수·수색영장에 따라 국내 원격지의 저장매체에 적법하게 접속하여 내려받거나 현출된 전자정보를 대상으로 하여 범죄 혐의사실과 관련된 부분에 대하여 압수 수색하는 것은 「형사소송법」 제120조 제1항에서 정한 압수·수색영장의 집행에 필요한 처분에 해당한다. ○ ×

해설 대법원 2017도9747 정답 ○

055 전자정보에 대한 압수·수색이 종료되기 전에 혐의사실과 관련된 전자정보를 적법하게 탐색하는 과정에서 별도의 범죄혐의와 관련된 전자정보를 우연히 발견한 경우라면, 수사기관은 더 이상의 추가 탐색을 중단하고 법원에서 별도의 범죄혐의에 대한 압수·수색영장을 발부받은 경우에 한하여 그러한 정보에 대하여도 적법하게 압수·수색을 할 수 있다. ○ ×

해설 대법원 2011모1839 전합 정답 ○

056 범행 중 또는 범행 직후의 범죄 장소에서 영장 없이 압수·수색 또는 검증을 할 수 있도록 규정한 「형사소송법」 제216조 제3항의 요건 중 어느 하나라도 갖추지 못한 경우, 그 압수·수색 또는 검증은 위법하나 사후에 법원으로부터 영장을 발부받았다면 그 위법성이 치유된다. ○ ×

해설 범행 중 또는 범행직후의 범죄 장소에서 긴급을 요하여 법원 판사의 영장을 받을 수 없는 때에는 영장 없이 압수·수색 또는 검증을 할 수 있으나, 사후에 지체 없이 영장을 받아야 한다(형사소송법 제216조 제3항). 형사소송법 제216조 제3항의 요건 중 어느 하나라도 갖추지 못한 경우에 그러한 압수·수색 또는 검증은 위법하며, 이에 대하여 사후에 법원으로부터 영장을 발부받았다고 하여 그 위법성이 치유되지 아니한다. (대법원 2014도16080) 정답 ×

057 검사가 압수·수색영장의 효력이 상실되었음에도 다시 그 영장에 기하여 피의자의 주거에 대한 압수·수색을 실시하여 증거물 또는 몰수할 것으로 사료되는 물건을 압수한 경우 압수 자체가 위법하게 됨은 별론으로 하더라도 몰수의 효력에는 영향을 미치지 않는다. ○ ×

해설 대법원 2003도705 정답 ○

058

수사기관의 압수·수색은 법관이 발부한 압수·수색영장에 의하여야 하는 것이 원칙이고, 그 영장에는 피의자의 성명, 압수할 물건, 수색할 장소·신체·물건과 압수·수색의 사유 등이 특정되어야 하며, 피의자 아닌 자의 신체 또는 물건은 압수할 물건이 있음을 인정할 수 있는 경우에 한하여 수색할 수 있다. ○ ×

해설 대법원 2015도10648

정답 ○

059

법관이 압수·수색영장을 발부하면서 '압수할 물건'을 특정하기 위하여 기재한 문언은 엄격하게 해석해야 하고, 함부로 피압수자 등에게 불리한 내용으로 확장 또는 유추해석해서는 안되므로, 압수·수색영장에서 압수할 물건을 '압수장소에서 보관중인 물건'이라고 기재하고 있는 것을 '압수장소에 현존하는 물건'으로 해석할 수는 없다. ○ ×

해설 대법원 2008도763

정답 ○

060

피의자의 컴퓨터 내에 저장되어 있는 이메일 등 전자정보를 압수·수색하는 것은 전자정보의 소유자 내지 소지자를 상대로 해당 전자정보를 압수·수색하는 대물적 강제처분으로「형사소송법」의 해석상 허용된다. ○ ×

해설 대법원 2017도9747

정답 ○

061

영장에 수색할 장소를 특정하도록 한 취지에 비추어 보면, 수색장소에 있는 정보처리장치를 이용하여 정보통신망으로 연결된 원격지의 저장매체에서 수색장소에 있는 정보처리장치로 전자정보를 내려 받아 이를 압수하는 것은 압수·수색영장에서 허용한 집행의 장소적 범위를 위법하게 확대하는 것이다. ○ ×

해설 형사소송법 제109조 제1항, 제114조 제1항에서 영장에 수색할 장소를 특정하도록 한 취지와 정보통신망으로 연결되어 있는 한 정보처리장치 또는 저장매체 간 이전, 복제가 용이한 전자정보의 특성 등에 비추어 보면, 수색장소에 있는 정보처리장치를 이용하여 정보통신망으로 연결된 원격지의 저장매체에 접속하는 것이 위와 같은 형사소송법의 규정에 위반하여 압수·수색영장에서 허용한 집행의 장소적 범위를 확대하는 것이라고 볼 수 없다. (대법원 2017도9747)

정답 ×

062

체포영장의 집행을 위하여 타인의 주거를 수색하는 경우 별도로 영장을 발부받기 어려운 긴급한 사정이 있는지 여부를 구별하지 않고 피의자가 그 장소에 소재할 개연성만 소명되면 수색영장 없이 피의자 수색을 할 수 있도록 허용하는「형사소송법」제216조 제1항 제1호 중 제200조의 2에 관한 부분은 영장주의에 위반된다. ○ ×

해설 헌법재판소 2015헌바370, 2016헌가7(병합)

정답 ○

063 교통사고를 가장한 살인사건의 범행일로부터 약 3개월 가까이 경과한 후 범죄에 이용된 승용차의 일부분인 강판조각이 범행현장에서 발견된 경우 이 강판조각은 「형사소송법」 제218조에 규정된 유류물에 해당하므로 영장 없이 압수할 수 있다. ○ ×

해설 피고인이 자신의 처(妻)를 교통사고를 가장하여 살해하기로 마음먹고, 도로 옆에 설치된 대전차 방호벽의 안쪽 벽면을 차량의 우측 부분으로 들이받은 후, 재차 차량 앞범퍼 부분으로 위 방호벽 중 돌출된 부분의 모서리를 들이받아 그를 살해하였다는 내용으로 기소되었는데, 피고인이 범행을 강력히 부인하고 있고 달리 그에 관한 직접증거가 없는 사안에서, 피고인에게 살인죄를 인정한 원심판결에 증거의 증명력에 관한 법리오해 또는 논리와 경험법칙을 위반한 위법이 있다.
(대법원 2011도1902)
정답 ○

064 가환부한 장물에 대하여 별단의 선고가 없는 때에는 환부의 선고가 있는 것으로 간주한다. ○ ×

해설

> 형사소송법 제333조(압수장물의 환부) ③ 가환부한 장물에 대하여 별단의 선고가 없는 때에는 환부의 선고가 있는 것으로 간주한다.

정답 ○

065 검사는 사본을 확보한 경우 등 압수를 계속할 필요가 없다고 인정되는 압수물 및 증거에 사용할 압수물에 대하여 공소제기 전이라도 소유자, 소지자, 보관자 또는 제출인의 청구가 있는 때에는 환부 또는 가환부할 수 있다. ○ ×

해설

> 형사소송법 제218조의2(압수물의 환부, 가환부) ① 검사는 사본을 확보한 경우 등 압수를 계속할 필요가 없다고 인정되는 압수물 및 증거에 사용할 압수물에 대하여 공소제기 전이라도 소유자, 소지자, 보관자 또는 제출인의 청구가 있는 때에는 환부 또는 가환부하여야 한다.

정답 ×

066 주취운전이라는 범죄행위로 당해 음주운전자를 구속·체포하지 아니한 경우에도 필요하다면 주취운전 중 또는 주취운전 직후의 현장에 있던 차량열쇠는 「형사소송법」 제216조 제3항에 의하여 영장 없이 이를 압수할 수 있다. ○ ×

해설 대법원 97다54482
정답 ○

067 사법경찰관이 「형사소송법」 제215조 제2항의 규정에 위반하여 영장 없이 물건을 압수한 경우에 추후 피의자로부터 그 압수물에 대한 임의제출동의서를 받았더라도 그 압수는 위법하다. ○ ×

해설 대법원 2009도14376
정답 ○

068

음란물 유포의 범죄혐의를 이유로 압수·수색영장을 발부받은 사법경찰관이 피의자의 주거지를 수색하다가 대마를 발견하자 피의자를 「마약류 관리에 관한 법률」 위반죄의 현행범으로 체포하면서 대마를 압수하였다면, 다음 날 피의자 석방 후에 사후 압수·수색영장을 발부받지 않았더라도 압수는 위법하지 않다. ○ ×

해설 구 정보통신망 이용촉진 및 정보보호 등에 관한 법률상 음란물 유포의 범죄혐의를 이유로 압수·수색영장을 발부받은 사법경찰리가 피고인의 주거지를 수색하는 과정에서 대마를 발견하자, 피고인을 마약류관리에 관한 법률 위반죄의 현행범으로 체포하면서 대마를 압수하였으나, 그 다음날 피고인을 석방하였음에도 사후 압수·수색영장을 발부받지 않은 사안에서, 위 압수물과 압수조서는 형사소송법상 영장주의를 위반하여 수집한 증거로서 증거능력이 부정된다. (대법원 2008도10914)

정답 ×

069

수사기관이 전자정보의 복사 또는 출력이 불가능하거나 현저히 곤란한 부득이한 사정이 있을 때에는 압수·수색영장에 저장매체 자체를 직접 또는 하드카피나 이미징 등 형태로 수사기관 사무실 등 외부로 반출하여 해당 파일을 압수·수색할 수 있도록 기재되어 있지 않더라도, 압수목적물인 저장매체 자체를 수사관서로 반출할 수 있다. ○ ×

해설 전자정보에 대한 압수·수색영장의 집행에 있어서는 원칙적으로 영장 발부의 사유로 된 혐의사실과 관련된 부분만을 문서 출력물로 수집하거나 수사기관이 휴대한 저장매체에 해당 파일을 복사하는 방식으로 이루어져야 하고, 집행현장의 사정상 위와 같은 방식에 의한 집행이 불가능하거나 현저히 곤란한 부득이한 사정이 있더라도 그와 같은 경우에 그 저장매체 자체를 직접 또는 하드카피나 이미징 등 형태로 수사기관 사무실 등 외부로 반출하여 해당 파일을 압수·수색할 수 있도록 영장에 기재되어 있고 실제 그와 같은 사정이 발생한 때에 한하여 예외적으로 허용될 수 있을 뿐이다. (대법원 2013도12155)

정답 ×

070

전자정보 저장매체를 수사기관 사무실 등으로 옮겨 복제·탐색·출력하는 경우에도 변호인에게 참여의 기회를 주지 않으면 위법하다. ○ ×

해설 대법원 2011모1839 전합

정답 ○

071

수사기관 사무실 등으로 옮긴 저장매체에서 범죄혐의 관련성에 대한 구분 없이 저장된 전자정보 중 임의로 문서출력 혹은 파일복사를 하는 행위는 특별한 사정이 없는 한 영장주의에 위반된다. ○ ×

해설 대법원 2013도12155

정답 ○

072 공소제기 후 법원이 공판정 외에서 압수·수색을 하는 경우에도 영장발부가 필요하고, 이는 검사가 청구하여야 한다. ○ ×

해설

형사소송법 제113조(압수·수색영장) 공판정 외에서 압수 또는 수색을 함에는 영장을 발부하여 시행하여야 한다.
= 검사의 영장청구는 필요하지 않고 법원의 권한으로 할 수 있다.

정답 ×

073 정보저장매체에 저장된 전자정보에 대한 압수·수색은 영장 발부의 사유로 된 범죄 혐의사실과 관련된 부분만을 출력하거나 복제하는 방법으로 하여야 하고, 다만 범위를 정하여 출력 또는 복제하는 방법이 불가능하거나 압수의 목적을 달성하기에 현저히 곤란한 경우에는 정보저장매체 자체를 압수할 수 있다. ○ ×

해설 대법원 2017도9747

정답 ○

074 이메일 등 전자정보 압수·수색 시 해외 인터넷서비스제공자의 저장매체가 국외에 있는 경우에는 우리나라의 재판권이 미치지 않으므로 피의자의 이메일 계정에 대한 접근권한에 갈음하여 발부받은 압수·수색영장에 따라 수사기관이 적법하게 취득한 이메일 계정 아이디와 비밀번호를 입력하는 등의 방법으로, 국외에 있는 원격지의 저장매체에 접속하여 내려 받은 전자정보에 대한 압수·수색은 위법하다. ○ ×

해설 피의자의 이메일 계정에 대한 접근권한에 갈음하여 발부받은 압수·수색영장에 따라 원격지의 저장매체에 적법하게 접속하여 내려 받거나 현출된 전자정보를 대상으로 하여 범죄 혐의사실과 관련된 부분에 대하여 압수·수색하는 것은, 압수·수색영장의 집행을 원활하고 적정하게 행하기 위하여 필요한 최소한도의 범위 내에서 이루어지며 그 수단과 목적에 비추어 사회통념상 타당하다고 인정되는 대물적 강제처분 행위로서 허용되며, 형사소송법 제120조 제1항에서 정한 압수·수색영장의 집행에 필요한 처분에 해당한다. 그리고 이러한 법리는 원격지의 저장매체가 국외에 있는 경우라 하더라도 그 사정만으로 달리 볼 것은 아니다. (대법원 2017도9747)

정답 ×

075 수사기관 사무실 등으로 반출된 저장매체 또는 복제본에서 혐의사실 관련성에 대한 구분 없이 임의로 저장된 전자정보를 문서로 출력하거나 파일로 복제하는 행위는 원칙적으로 영장주의 원칙에 반하는 위법한 압수가 된다. ○ ×

해설 대법원 2011모1839 전합

정답 ○

076 압수·수색영장 대상자와 피의자 사이에 요구되는 인적 관련성은 압수·수색영장에 기재된 대상자의 공동정범, 간접정범, 교사범 등은 물론이며 필요적 공범 등에 대한 피고사건에 대해서도 인정될 수 있다. ○ ×

해설 대법원 2016도13489

정답 ○

077

통신비밀보호법 제12조의2에 의하면 사법경찰관은 인터넷 회선을 통하여 송신·수신하는 전기통신을 대상으로 제6조 또는 제8조(제5조 제1항의 요건에 해당하는 사람에 대한 긴급통신제한조치에 한정한다)에 따른 통신제한조치를 집행한 경우 그 전기통신의 보관 등을 하고자 하는 때에는 집행종료일부터 14일 이내에 보관 등이 필요한 전기통신을 선별하여 검사에게 보관 등의 승인을 신청하고 검사는 신청일부터 14일 이내에 통신제한조치를 허가한 법원에 그 승인을 청구할 수 있다. ○ ×

해설

통신비밀보호법 제12조의2(범죄수사를 위하여 인터넷 회선에 대한 통신제한조치로 취득한 자료의 관리) ② 사법경찰관은 인터넷 회선을 통하여 송신·수신하는 전기통신을 대상으로 제6조 또는 제8조(제5조 제1항의 요건에 해당하는 사람에 대한 긴급통신제한조치에 한정한다)에 따른 통신제한조치를 집행한 경우 그 전기통신의 보관 등을 하고자 하는 때에는 집행종료일부터 14일 이내에 보관 등이 필요한 전기통신을 선별하여 검사에게 보관 등의 승인을 신청하고, 검사는 신청일부터 7일 이내에 통신제한조치를 허가한 법원에 그 승인을 청구할 수 있다.

정답 ×

078

외국산 물품을 관세장물의 혐의가 있다고 보아 압수하였다 하더라도 그것이 언제, 누구에 의하여 관세 포탈된 물건인지 알 수 없어 기소중지 처분을 한 경우에는 그 압수물은 관세장물이라고 단정할 수 없으므로 이를 국고에 귀속시킬 수 없으나, 압수는 계속할 필요가 있다. ○ ×

해설 외국산 물품을 관세장물의 혐의가 있다고 보아 압수하였다 하더라도 그것이 언제, 누구에 의하여 관세포탈된 물건인지 알 수 없어 기소중지 처분을 한 경우에는 그 압수물은 관세장물이라고 단정할 수 없어 이를 국고에 귀속시킬 수 없을 뿐만 아니라 압수를 더 이상 계속할 필요도 없다. (대법원 94모51 전합)

정답 ×

079

검사가 공소제기 후 「형사소송법」 제215조에 따라 수소법원 이외의 지방법원 판사에게 청구하여 발부받은 영장에 의하여 압수·수색을 하였다면, 그와 같이 수집된 증거는 기본적 인권 보장을 위해 마련된 적법한 절차에 따르지 않은 것으로서 원칙적으로 유죄의 증거로 삼을 수 없다. ○ ×

해설 대법원 2009도10412

정답 ○

080

수사기관이 압수·수색에 착수하면서 그 장소의 관리책임자에게 영장을 제시하였더라도, 물건을 소지하고 있는 다른 사람으로부터 이를 압수하고자 하는 때에는 그 사람에게 따로 영장을 제시하여야 한다. ○ ×

해설 대법원 2015도12400

정답 ○

081

법관의 서명날인란에 서명만 있고 날인이 없는 압수·수색영장이라 하더라도 야간집행을 허가하는 판사의 수기와 날인, 영장 앞면과 별지 사이에 판사의 간인이 있어 법관의 진정한 의사에 따라 발부되었다는 점이 외관상 분명한 경우라면 그 영장은 적법하게 발부된 것으로 볼 수 있다. O X

해설 압수·수색영장에는 피의자의 성명, 죄명, 압수할 물건, 수색할 장소, 신체, 물건, 발부 연월일, 유효기간과 그 기간을 경과하면 집행에 착수하지 못하며 영장을 반환하여야 한다는 취지 그 밖에 대법원규칙으로 정한 사항을 기재하고 영장을 발부하는 법관이 서명날인하여야 한다(형사소송법 제219조, 제114조 제1항 본문). 이 사건 영장은 법관의 서명날인란에 서명만 있고 날인이 없으므로, 형사소송법이 정한 요건을 갖추지 못하여 적법하게 발부되었다고 볼 수 없다. (대법원 2018도20504)

정답 ×

082

수사기관이 키워드 또는 확장자 검색 등을 통해 범죄 혐의사실과 관련 있는 정보를 선별한 다음 정보저장매체와 동일하게 비트열 방식으로 복제하여 생성한 파일을 제출받아 압수하였다면 아직 압수의 목적물에 대한 압수·수색 절차는 종료된 것이 아니므로, 수사관서에서 압수된 이미지 파일을 탐색·복제·출력하는 과정에 피의자 등에게 참여 기회를 보장하여야 한다. O X

해설 수사기관이 정보저장매체에 기억된 정보 중에서 키워드 또는 확장자 검색 등을 통해 범죄 혐의사실과 관련 있는 정보를 선별한 다음 정보저장매체와 동일하게 비트열 방식으로 복제하여 생성한 파일(이하 '이미지 파일'이라 한다)을 제출받아 압수하였다면 이로써 압수의 목적물에 대한 압수·수색 절차는 종료된 것이므로, 수사기관이 수사기관 사무실에서 위와 같이 압수된 이미지 파일을 탐색·복제·출력하는 과정에서도 피의자 등에게 참여의 기회를 보장하여야 하는 것은 아니다. (대법원 2017도13263)

정답 ×

083

증거로 제출된 전자문서 파일의 원본 동일성은 증거능력의 요건에 해당하므로 검사가 그 존재에 대하여 구체적으로 주장·증명해야 한다. O X

해설 대법원 2017도13263

정답 O

084

검사가 영장을 집행하면서 영장 기재 압수·수색의 장소에서 압수할 전자정보를 용이하게 하드카피·이미지 또는 문서로 출력할 수 있음에도 저장매체 자체를 반출하여 가지고 간 경우, 직무집행지의 관할법원에 수사기관의 압수처분에 대하여 취소 또는 변경을 청구할 수 있다. O X

해설 대법원 2009모1190

정답 O

085

사건 관련 차량으로부터 채취된 강판과 페인트를 피의자가 아닌 차량의 보관자가 임의 제출하였는데 이를 감정하기 위해서 압수한 것은 영장주의 위배가 아니다. O X

해설 대법원 2011도1902

정답 O

086

수사기관이 금융회사가 발행하는 매출전표의 거래명의자에 관한 정보를 수사 목적으로 금융회사에 요구하는 경우 법관이 발부한 영장에 의하지 않아도 된다. ○ ×

해설 수사기관이 범죄 수사를 목적으로 금융실명거래 및 비밀보장에 관한 법률(이하 '금융실명법'이라 한다) 제4조 제1항에 정한 '거래정보 등'을 획득하기 위해서는 법관의 영장이 필요하고, 신용카드에 의하여 물품을 거래할 때 '금융회사 등'이 발행하는 매출전표의 거래명의자에 관한 정보 또한 금융실명법에서 정하는 '거래정보 등'에 해당하므로, 수사기관이 금융회사 등에 그와 같은 정보를 요구하는 경우에도 법관이 발부한 영장에 의하여야 한다. 그럼에도 수사기관이 영장에 의하지 아니하고 매출전표의 거래명의자에 관한 정보를 획득하였다면, 그와 같이 수집된 증거는 원칙적으로 형사소송법 제308조의2에서 정하는 '적법한 절차에 따르지 아니하고 수집한 증거'에 해당하여 유죄의 증거로 삼을 수 없다. (대법원 2012도13607)

정답 ×

087

압수한 장물은 피해자에게 환부할 이유가 명백한 때에는 피고사건의 종결 전이라도 결정으로 피해자에게 환부할 수 있다. ○ ×

해설

형사소송법 제134조(압수장물의 피해자환부) 압수한 장물은 피해자에게 환부할 이유가 명백한 때에는 피고사건의 종결 전이라도 결정으로 피해자에게 환부할 수 있다.

정답 ○

088

형사소송법의 압수장물의 환부에 관한 규정은 이해관계인이 민사소송절차에 의하여 그 권리를 주장함에 영향을 미치지 아니한다. ○ ×

해설

형사소송법 제333조(압수장물의 환부) ③ 가환부한 장물에 대하여 별단의 선고가 없는 때에는 환부의 선고가 있는 것으로 간주한다.
④ 전 3항의 규정은 이해관계인이 민사소송절차에 의하여 그 권리를 주장함에 영향을 미치지 아니한다.

정답 ○

089

사법경찰관은 압수물을 환부 또는 가환부하려면 검사의 지휘를 받아야 한다. ○ ×

해설

형사소송법 제218조의2(압수물의 환부, 가환부) ④ 사법경찰관의 환부 또는 가환부 처분에 관하여는 제1항부터 제3항까지의 규정을 준용한다. 이 경우 사법경찰관은 검사의 지휘를 받아야 한다.

정답 ○

090 현행범인을 체포하는 경우에도 일반 사인에게는 체포현장에서의 압수·수색이 허용되지 않는다. ○ ×

> **해설**
>
> 형사소송법 제216조(영장에 의하지 아니한 강제처분) ① 검사 또는 사법경찰관은 제200조의2·제200조의3·제201조 또는 제212조의 규정에 의하여 피의자를 체포 또는 구속하는 경우에 필요한 때에는 영장 없이 다음 처분을 할 수 있다.
> 2. 체포현장에서의 압수, 수색, 검증 = 사인(私人)의 경우 현행범인을 체포할 때 체포현장에서의 압수·수색이 허용되지 않는다.

정답 ○

091 압수·수색영장의 집행에 있어서 여관, 음식점 기타 야간에 공중이 출입할 수 있는 장소는 공개한 시간 내에 한하여 야간집행의 제한을 받지 않는다. ○ ×

> **해설**
>
> 형사소송법 제126조(야간집행제한의 예외) 다음 장소에서 압수·수색영장을 집행함에는 전조의 제한을 받지 아니한다.
> 1. 도박 기타 풍속을 해하는 행위에 상용된다고 인정하는 장소
> 2. 여관, 음식점 기타 야간에 공중이 출입할 수 있는 장소. 단, 공개한 시간 내에 한한다.

정답 ○

092 검사 또는 사법경찰관은 현행범 체포현장이나 범죄장소에서 소지자 등이 임의로 제출하는 물건을 영장 없이 압수할 수 있다. 다만, 이 경우에 검사나 사법경찰관은 사후에 영장을 받아야 한다. ○ ×

해설 형사소송법 제218조에 의하면 검사 또는 사법경찰관은 피의자 등이 유류한 물건이나 소유자·소지자 또는 보관자가 임의로 제출한 물건은 영장 없이 압수할 수 있으므로, 현행범 체포현장이나 범죄 장소에서도 소지자 등이 임의로 제출하는 물건은 위 조항에 의하여 영장 없이 압수할 수 있고, 이 경우에는 검사나 사법경찰관이 사후에 영장을 받을 필요가 없다. (대법원 2015도13726)

정답 ×

093 범인으로부터 압수한 물품에 대하여 몰수의 선고가 없어 그 압수가 해제된 것으로 간주되더라도 공범자에 대한 범죄수사를 위하여 그 물품의 압수가 필요하다거나 공범자에 대한 재판에서 그 물품이 몰수될 가능성이 있다면 검사는 그 물품을 다시 압수할 수 있다. ○ ×

해설 대법원 96모34

정답 ○

094

압수·수색영장을 집행하는 수사기관은 원칙적으로 피압수자로 하여금 법관이 발부한 영장에 의한 압수·수색이라는 사실을 확인함과 동시에 「형사소송법」이 압수·수색영장에 필요적으로 기재하도록 정한 사항이나 그와 일체를 이루는 사항을 충분히 알 수 있도록 압수·수색영장을 제시하여야 한다. ○ ×

해설 대법원 2015도12400 정답 ○

095

검사나 사법경찰관에게는 현행범 체포현장에서 소지자 등이 임의로 제출하는 물건을 「형사소송법」 제218조에 의하여 영장 없이 압수하는 것이 허용되는데, 이후 검사나 사법경찰관이 압수한 물건을 계속 압수할 필요가 있는 경우에는 지체 없이 영장을 청구하여야 한다. ○ ×

해설 범죄를 실행 중이거나 실행 직후의 현행범인은 누구든지 영장 없이 체포할 수 있고(형사소송법 제212조), 검사 또는 사법경찰관은 피의자 등이 유류한 물건이나 소유자·소지자 또는 보관자가 임의로 제출한 물건은 영장 없이 압수할 수 있으므로(제218조), 현행범 체포현장이나 범죄 현장에서도 소지자 등이 임의로 제출하는 물건은 형사소송법 제218조에 의하여 영장 없이 압수하는 것이 허용되고, 이 경우 검사나 사법경찰관은 별도로 사후에 영장을 받을 필요가 없다. (대법원 2019도13290) 정답 ×

096

검사 또는 사법경찰관 긴급체포된 자가 소유·소지 또는 보관하는 물건에 대하여 긴급히 압수할 필요가 있는 경우에는 체포한 때부터 24시간 이내에 한하여 영장 없이 압수·수색 또는 검증을 할 수 있으며, 이 경우 압수·수색 또는 검증은 체포현장이 아닌 장소에서도 할 수 있다. ○ ×

해설 대법원 2017도10309 정답 ○

097

경찰관이 현행범인 체포 당시 임의제출방식으로 피의자로부터 압수한 휴대전화기에 대하여 작성한 압수조서 중 압수경위란에 피의자의 범행을 직접 목격한 사람의 진술이 기재된 경우, 이는 「형사소송법」 제312조 제5항에서 정한 '피고인이 아닌 자가 수사과정에서 작성한 진술서'에 준하며, 휴대전화기에 대한 임의제출절차가 적법하지 않다면 압수조서에 기재된 진술은 증거로 할 수 없다. ○ ×

해설 피고인이 지하철역 에스컬레이터에서 휴대전화기의 카메라를 이용하여 성명불상 여성 피해자의 치마 속을 몰래 촬영하다가 현행범으로 체포되어 성폭력범죄의 처벌 등에 관한 특례법 위반(카메라등이용촬영)으로 기소된 사안에서, 체포 당시 임의제출 방식으로 압수된 피고인 소유 휴대전화기(이하 '휴대전화기'라고 한다)에 대한 압수조서 중 '압수경위'란에 기재된 내용은 피고인이 범행을 저지르는 현장을 직접 목격한 사람의 진술이 담긴 것으로서 형사소송법 제312조 제5항에서 정한 '피고인이 아닌 자가 수사과정에서 작성한 진술서'에 준하는 것으로 볼 수 있고, 이에 따라 휴대전화기에 대한 임의제출절차가 적법하였는지에 영향을 받지 않는 별개의 독립적인 증거에 해당한다. (대법원 2019도13290) 정답 ×

098

사법경찰관은 피의사실이 중대하고 범죄혐의가 명백함에도 불구하고, 피의자가 장시간에 걸친 설득에도 소변의 임의제출을 거부하면서 영장집행에 저항하여 다른 방법으로 수사목적을 달성하기 곤란하다고 판단한 때에는, '압수영장의 집행에 필요한 처분'으로 필요최소한의 한도 내에서 피의자를 인근 병원으로 데리고 가서 의사로 하여금 피의자의 신체에서 소변을 채취하는 것이 허용된다. ○ ×

해설 대법원 2018도6219 정답 ○

099

경찰관이 진료 목적으로 이미 채혈되어 있던 피고인의 혈액 중 일부를 주취운전 여부에 대한 감정을 목적으로 간호사로부터 임의로 제출받아 이를 압수한 경우 간호사가 혈액의 소지자 겸 보관자인 병원 또는 담당의사를 대리하여 혈액을 경찰관에게 임의로 제출할 수 있는 권한이 없었다고 볼 특별한 사정이 없는 이상, 이를 위법하다고 볼 수 없다. ○ ×

해설 대법원 98도968

정답 ○

100

피해자의 신고를 받고 현장에 출동한 경찰서 과학수사팀 소속 경찰관이 피해자가 범인과 함께 술을 마신 테이블 위에 놓여 있던 맥주컵에서 지문 6점, 물컵에서 지문 8점, 맥주병에서 지문 2점을 각각 현장에서 직접 채취한 후, 지문채취 대상물을 적법한 절차에 의하지 않고 압수하였더라도 채취된 지문은 위법수집증거라고 할 수 없다. ○ ×

해설 대법원 2008도7471

정답 ○

101

소유자, 소지자 또는 보관자가 아닌 자로부터 제출받은 물건을 영장 없이 압수한 경우 그 압수물 및 압수물을 찍은 사진은 유죄 인정의 증거로 사용할 수 없다. ○ ×

해설 대법원 2009도10092

정답 ○

102

압수·수색영장의 집행 중에는 타인의 출입을 금지할 수 있고, 이를 위배한 자에게는 퇴거하게 하거나 집행종료시까지 간수자를 붙일 수 있다. ○ ×

해설

> 형사소송법 제119조(집행 중의 출입금지) ① 압수·수색영장의 집행 중에는 타인의 출입을 금지할 수 있다.
> ② 전항의 규정에 위배한 자에게는 퇴거하게 하거나 집행종료시까지 간수자를 붙일 수 있다.

정답 ○

103

압수·수색영장의 집행은 주간에 하는 것이 원칙이고, 야간에 집행하기 위해서는 압수·수색영장에 야간집행을 할 수 있다는 기재가 있어야 하나, 도박 기타 풍속을 해하는 행위에 상용된다고 인정하는 장소에서 압수·수색영장을 집행함에는 그러한 제한을 받지 아니한다. ○ ×

해설

> 형사소송법 제125조(야간집행의 제한) 일출 전, 일몰 후에는 압수·수색영장에 야간집행을 할 수 있는 기재가 없으면 그 영장을 집행하기 위하여 타인의 주거, 간수자 있는 가옥, 건조물, 항공기 또는 선차 내에 들어가지 못한다.
> 형사소송법 제126조(야간집행제한의 예외) 다음 장소에서 압수·수색영장을 집행함에는 전조의 제한을 받지 아니한다.
>   1. 도박 기타 풍속을 해하는 행위에 상용된다고 인정하는 장소
>   2. 여관, 음식점 기타 야간에 공중이 출입할 수 있는 장소. 단, 공개한 시간 내에 한한다.

정답 ○

104 압수·수색영장에 저장매체 자체를 직접 또는 하드카피나 이미징 등 형태로 수사기관 사무실 등 외부로 반출하여 해당 파일을 압수·수색할 수 있도록 기재되어 있지 않더라도, 수사기관이 전자정보의 복사 또는 출력이 불가능하거나 현저히 곤란한 부득이한 사정이 있을 때에는 압수목적물인 저장매체 자체를 수사관서로 반출할 수 있다. O X

해설 전자정보에 대한 압수·수색영장의 집행에 있어서는 원칙적으로 영장 발부의 사유로 된 혐의사실과 관련된 부분만을 문서 출력물로 수집하거나 수사기관이 휴대한 저장매체에 해당 파일을 복사하는 방식으로 이루어져야 하고, 집행현장의 사정상 위와 같은 방식에 의한 집행이 불가능하거나 현저히 곤란한 부득이한 사정이 존재하더라도 그와 같은 경우에 그 저장매체 자체를 직접 혹은 하드카피나 이미징 등 형태로 수사기관 사무실 등 외부로 반출하여 해당 파일을 압수·수색할 수 있도록 영장에 기재되어 있고 실제 그와 같은 사정이 발생한 때에 한하여 예외적으로 허용될 수 있을 뿐이다. (대법원 2009모1190)

정답 X

105 ○○평생교육원에 대한 압수·수색 당시 원장은 현장에 없었고, 이사장도 수사관들에게 자신의 신분을 밝히지 않은 채 건물 밖에서 지켜보기만 하는 등 영장제시가 사실상 불가능한 상황에서 수사관들이 영장의 제시 없이 압수·수색을 집행한 것은 적법하다. O X

해설 대법원 2014도10978 전합

정답 O

106 경찰관이 2020.10.5. 20:00 도로에서 마약류 거래를 하고 있는 피의자를 긴급체포한 뒤 같은 날 20:24경 영장 없이 체포현장에서 약 2km 떨어진 피의자의 주거지에 대한 수색을 실시해서 작은 방 서랍장 등에서 메스암페타민 약 10g을 압수한 것은 위법하다. O X

해설 형사소송법 제217조 제1항은 수사기관이 피의자를 긴급체포한 상황에서 피의자가 체포되었다는 사실이 공범이나 관련자들에게 알려짐으로써 관련자들이 증거를 파괴하거나 은닉하는 것을 방지하고, 범죄사실과 관련된 증거물을 신속히 확보할 수 있도록 하기 위한 것이다. 이 규정에 따른 압수·수색 또는 검증은 체포현장에서의 압수·수색 또는 검증을 규정하고 있는 형사소송법 제216조 제1항 제2호와 달리, 체포현장이 아닌 장소에서도 긴급체포된 자가 소유·소지 또는 보관하는 물건을 대상으로 할 수 있다. (대법원 2017도10309)

정답 X

107 전자정보에 대한 압수·수색은 사생활의 비밀과 자유, 정보에 대한 자기결정권, 재산권 등을 침해할 우려가 크므로 포괄적으로 이루어져서는 아니 되고 비례의 원칙에 따라 필요한 최소한의 범위 내에서 이루어져야 한다. O X

해설 대법원 2011모1839 전합

정답 O

108 준항고인이 전체 압수·수색 과정을 단계적·개별적으로 구분하여 각 단계의 개별 처분의 취소를 구한 경우, 특별한 사정이 없는 한 준항고법원으로서는 그 구분된 개별 처분의 위법이나 취소 여부를 판단하여야 한다. ○ ×

해설 준항고인이 전체 압수·수색 과정을 단계적·개별적으로 구분하여 각 단계의 개별 처분의 취소를 구하더라도 준항고법원으로서는 특별한 사정이 없는 한 그 구분된 개별 처분의 위법이나 취소 여부를 판단할 것이 아니라 당해 압수·수색 과정 전체를 하나의 절차로 파악하여 그 과정에서 나타난 위법이 압수·수색 절차 전체를 위법하게 할 정도로 중대한지 여부에 따라 전체적으로 그 압수·수색 처분을 취소할 것인지를 가려야 할 것이다. (대법원 2011모1839 전합) 정답 ×

109 피고인 이외 제3자의 소유에 속하는 압수물에 대하여 몰수를 선고한 판결이 있는 경우, 그 판결의 효력은 유죄판결을 받은 피고인에 대하여 미치는 것뿐만 아니라 제3자의 소유권에도 영향을 미친다. ○ ×

해설 형사법상 몰수는 공소사실에 관하여 형사재판을 받는 피고인에 대한 유죄의 판결에서 다른 형에 부가하여 선고되는 형인 점에 비추어, 피고인 이외의 제3자의 소유에 속하는 물건에 대하여 몰수를 선고한 판결의 효력은 원칙적으로 몰수의 원인이 된 사실에 관하여 유죄의 판결을 받은 피고인에 대한 관계에서 그 물건을 소지하지 못하게 하는 데 그치고 그 사건에서 재판을 받지 아니한 제3자의 소유권에 어떤 영향을 미치는 것은 아니다. (대법원 99다12161) 정답 ×

110 세관공무원이 마약류 수사에 관한 「마약류 불법거래 방지에 관한 특례법」 제4조 제1항에 따른 조치의 일환으로 검사의 요청에 따라 특정한 수출입물품을 개봉하여 검사하고 그 내용물의 점유를 취득한 행위는 통상의 수출입물품에 대한 적정한 통관 등을 목적으로 조사를 하는 경우와는 달리 사전 또는 사후에 영장을 받아야 한다. ○ ×

해설 대법원 2014도8719 정답 ○

111 몰수하여야 할 압수물로서 멸실·파손·부패 또는 현저한 가치감소의 염려가 있거나 보관하기 어려운 압수물은 매각하여 대가를 보관할 수 있다. ○ ×

해설

형사소송법 제130조(압수물의 보관과 폐기) ③ 법령상 생산·제조·소지·소유 또는 유통이 금지된 압수물로서 부패의 염려가 있거나 보관하기 어려운 압수물은 소유자 등 권한 있는 자의 동의를 받아 폐기할 수 있다.
형사소송법 제132조(압수물의 대가보관) ① 몰수하여야 할 압수물로서 멸실·파손·부패 또는 현저한 가치 감소의 염려가 있거나 보관하기 어려운 압수물은 매각하여 대가를 보관할 수 있다.

정답 ○

112 「통신비밀보호법」상의 '감청'이란 대상이 되는 전기통신의 송·수신과 동시에 이루어지는 경우만을 의미하므로, 이미 송·수신이 완료된 이메일은 압수·수색·검증의 대상이 된다. ○ ×

해설 대법원 2012도4644 정답 ○

113

압수·수색할 전자정보가 압수·수색영장에 기재된 수색장소에 있는 컴퓨터 등 정보처리장치 내에 있지 아니하고 제3자가 관리하는 원격지 서버 등 저장매체에 있는 경우에는, 그 전자정보의 탐색·출력이 영장에 기재된 장소에서 이루어졌더라도 전자정보의 위치가 영장에 기재된 바와 다르므로 그 전자정보에 대한 적법한 압수·수색을 할 수 없다.

○ ×

해설 압수·수색할 전자정보가 압수·수색영장에 기재된 수색장소에 있는 컴퓨터 등 정보처리장치 내에 있지 아니하고 그 정보처리장치와 정보통신망으로 연결되어 제3자가 관리하는 원격지의 서버 등 저장매체에 저장되어 있는 경우에도, 수사기관이 피의자의 이메일 계정에 대한 접근권한에 갈음하여 발부받은 영장에 따라 영장 기재 수색장소에 있는 컴퓨터 등 정보처리장치를 이용하여 적법하게 취득한 피의자의 이메일 계정 아이디와 비밀번호를 입력하는 등 피의자가 접근하는 통상적인 방법에 따라 원격지의 저장매체에 접속하고 그곳에 저장되어 있는 피의자의 이메일 관련 전자정보를 수색장소의 정보처리장치로 내려 받거나 그 화면에 현출시키는 것 역시 피의자의 소유에 속하거나 소지하는 전자정보를 대상으로 이루어지는 것이므로 그 전자정보에 대한 압수·수색을 위와 달리 볼 필요가 없다. (대법원 2017도9747)

정답 ×

114

저장매체 자체를 수사기관 사무실 등으로 옮긴 후 영장에 기재된 혐의사실과 관련된 전자정보를 문서로 출력하거나 파일로 복제하는 일련의 과정은 하나의 압수·수색영장에 기한 집행의 일환에 해당한다.

○ ×

해설 대법원 2009모1190

정답 ○

115

법관이 압수·수색영장을 발부하면서 '압수할 물건'을 특정하기 위하여 기재한 문언은 이를 엄격하게 해석하여야 하고, 함부로 피압수자 등에게 불리한 내용으로 확장 또는 유추해석하는 것은 허용될 수 없으므로, 압수의 대상은 압수·수색영장의 범죄사실 자체와 직접적으로 연관된 물건에 한정하여야 한다.

○ ×

해설 헌법과 형사소송법이 구현하고자 하는 적법절차와 영장주의의 정신에 비추어 볼 때, 법관이 압수수색영장을 발부하면서 '압수할 물건'을 특정하기 위하여 기재한 문언은 이를 엄격하게 해석하여야 하고, 함부로 피압수자 등에게 불리한 내용으로 확장 또는 유추해석하는 것은 허용될 수 없다. 그러나 압수의 대상을 압수수색영장의 범죄사실 자체와 직접적으로 연관된 물건에 한정할 것은 아니고, 압수수색영장의 범죄사실과 기본적 사실관계가 동일한 범행 또는 동종·유사의 범행과 관련된다고 의심할 만한 상당한 이유가 있는 범위 내에서는 압수를 실시할 수 있다. (대법원 2018도6252)

정답 ×

116

수사기관이 피의자의 휴대전화를 압수할 당시 피의자에게 압수·수색영장을 제시한 상황에서, 피의자가 영장의 구체적인 확인을 요구하자 피의자에게 영장의 범죄사실 기재 부분을 보여주지 않았다고 하더라도, 이후 피의자의 변호인이 피의자에 대한 조사에 참여하면서 영장을 확인하였다면 수사기관이 압수처분을 함에 있어 피의자에게 압수·수색영장을 제시하지 않았다고 보기 어렵다.

○ ×

해설 수사기관이 재항고인의 휴대전화 등을 압수(이하 '압수처분'이라 한다)할 당시 재항고인에게 압수·수색영장을 제시하였는데 재항고인이 영장의 구체적인 확인을 요구하였으나 수사기관이 영장의 범죄사실 기재 부분을 보여주지 않았고, 그 후 재항고인의 변호인이 재항고인에 대한 조사에 참여하면서 영장을 확인한 사안에서, 수사기관이 압수처분 당시 재항고인으로부터 영장 내용의 구체적인 확인을 요구받았음에도 압수·수색영장의 내용을 보여주지 않았던 것으로 보이므로 형사소송법 제219조, 제118조에 따른 적법한 압수·수색영장의 제시라고 인정하기 어렵다. (대법원 2019모3526)

정답 ×

117 피압수자가 수사기관에 압수·수색영장의 집행에 참여하지 않는다는 의사를 명시하였다면, 그 변호인에게는 미리 집행의 일시와 장소를 통지하는 등으로 압수·수색영장의 집행에 참여할 기회를 별도로 보장하여야 할 필요는 없다. ○ ×

해설 형사소송법 제219조, 제121조가 규정한 변호인의 참여권은 피압수자의 보호를 위하여 변호인에게 주어진 고유권이다. 따라서 설령 피압수자가 수사기관에 압수·수색영장의 집행에 참여하지 않는다는 의사를 명시하였다고 하더라도, 특별한 사정이 없는 한 그 변호인에게는 형사소송법 제219조, 제122조에 따라 미리 집행의 일시와장소를 통지하는 등으로 압수·수색영장의 집행에 참여할 기회를 별도로 보장하여야 한다. (대법원 2020도10729) 정답 ×

118 통신비밀보호법에 규정된 통신제한조치상의 '전기통신의 감청'은 '감청'의 개념 규정에 비추어 이미 수신이 완료된 전기통신에 관하여 남아 있는 기록이나 내용을 열어보는 등의 행위는 포함하지 않는다. ○ ×

해설 대법원 2016도8137 정답 ○

119 공무원에게 금품을 제공한 혐의로 발부된 통신사실 확인자료제공요청 허가서에 대상자로 기재되어 있는 피고인 甲이 피고인 乙의 뇌물수수 범행의 증뢰자라면, 위 허가서에 의하여 제공받은 甲과 乙의 통화내역을 乙의 수뢰사실의 증명을 위한 증거로 사용할 수 있다. ○ ×

해설 대법원 2016도13489 정답 ○

120 수사기관이 범죄증거를 수집할 목적으로 피의자의 동의 없이 피의자의 소변을 채취하기 위해서는 법원으로부터 감정허가장을 받아 형사소송법 제221조의4 제1항, 제173조 제1항에서 정한 '감정에 필요한 처분'으로 할 수 있지만, 형사소송법 제219조, 제106조 제1항, 제109조에 따른 압수·수색의 방법으로도 할 수 있다. ○ ×

해설 대법원 2018도6219 정답 ○

121 체포된 피의자에 대한 수사기관의 구속영장의 제시와 집행이 그 발부 시로부터 정당한 사유 없이 시간이 지체되어 이루어졌다 하더라도, 구속영장이 그 유효기간 내에 집행되었다면 위 기간동안의 체포 내지 구금 상태를 위법하다고 할 수 없다. ○ ×

해설 헌법이 정한 적법절차와 영장주의 원칙, 형사소송법이 정한 체포된 피의자의 구금을 위한 구속영장의 청구, 발부, 집행절차에 관한 규정을 종합하면, 법관이 검사의 청구에 의하여 체포된 피의자의 구금을 위한 구속영장을 발부하면 검사와 사법경찰관리는 지체 없이 신속하게 구속영장을 집행하여야 한다. 피의자에 대한 구속영장의 제시와 집행이 그 발부 시로부터 정당한 사유 없이 시간이 지체되어 이루어졌다면, 구속영장이 그 유효기간 내에 집행되었다고 하더라도 위 기간 동안의 체포 내지 구금 상태는 위법하다. (대법원 2020도16438) 정답 ×

122 압수·수색영장을 집행함에 있어 '급속을 요하는 때'에는 집행의 일시와 장소를 피의자 등에게 통지하지 않아도 되는데, 여기서 '급속을 요하는 때'라고 함은 압수·수색영장 집행 사실을 미리 알려주면 증거물을 은닉할 염려 등이 있어 압수 수색의 실효를 거두기 어려울 경우를 의미한다. ○ ×

해설 대법원 2012도7455

정답 ○

123 구속영장을 집행함에 있어 사법경찰관이 구속영장을 소지하지 아니한 경우에 급속을 요하는 때에는 피고인에 대하여 공소사실의 요지와 영장이 발부되었음을 고하고 집행할 수 있다. ○ ×

해설

> 형사소송법 제85조(구속영장집행의 절차) ③ 구속영장을 소지하지 아니한 경우에 급속을 요하는 때에는 피고인에 대하여 공소사실의 요지와 영장이 발부되었음을 고하고 집행할 수 있다.

정답 ○

124 검사 또는 사법경찰관이 피의자를 영장에 의하여 체포하는 경우에 필요한 때에는 영장 없이 타인의 주거나 타인이 간수하는 가옥, 건조물, 항공기, 선차 안에서의 피의자 수색이 허용된다. ○ ×

해설

> 형사소송법 제216조(영장에 의하지 아니한 강제처분) ① 검사 또는 사법경찰관은 제200조의2·제200조의3·제201조 또는 제212조의 규정에 의하여 피의자를 체포 또는 구속하는 경우에 필요한 때에는 영장 없이 다음 처분을 할 수 있다.
> 1. 타인의 주거나 타인이 간수하는 가옥, 건조물, 항공기, 선차 내에서의 피의자 수색. 다만, 제200조의2 또는 제201조에 따라 피의자를 체포 또는 구속하는 경우의 피의자 수색은 미리 수색영장을 발부받기 어려운 긴급한 사정이 있는 때에 한정한다.

정답 ×

125 검사 또는 사법경찰관은 피의자를 현행범인으로 체포하는 경우에 필요한 때에는 영장 없이 체포현장에서 압수·수색을 할 수 있다. ○ ×

해설

> 형사소송법 제216조(영장에 의하지 아니한 강제처분) ① 검사 또는 사법경찰관은 제200조의2·제200조의3·제201조 또는 제212조의 규정에 의하여 피의자를 체포 또는 구속하는 경우에 필요한 때에는 영장 없이 다음 처분을 할 수 있다.
> 1. 타인의 주거나 타인이 간수하는 가옥, 건조물, 항공기, 선차 내에서의 피의자 수색. 다만, 제200조의2 또는 제201조에 따라 피의자를 체포 또는 구속하는 경우의 피의자 수색은 미리 수색영장을 발부받기 어려운 긴급한 사정이 있는 때에 한정한다.
> 2. 체포현장에서의 압수, 수색, 검증
> ② 전항 제2호의 규정은 검사 또는 사법경찰관이 피고인에 대한 구속영장의 집행의 경우에 준용한다.

정답 ○

126 수사기관이 범죄 혐의사실과 관련 있는 정보를 선별하여 압수한 후에도 그와 관련이 없는 나머지 정보를 삭제·폐기·반환하지 아니한 채 그대로 보관하고 있다면 범죄 혐의사실과 관련이 없는 부분에 대하여는 압수의 대상이 되는 전자정보의 범위를 넘어서는 전자정보를 영장 없이 압수·수색하여 취득한 것이어서 위법하고, 사후에 압수·수색영장이 발부되었다거나 피고인이나 변호인이 이를 증거로 함에 동의하였다고 하여 그 위법성이 치유된다고 볼 수 없다. ○ ×

해설 대법원 2021모1586

정답 ○

127 사법경찰관은 긴급체포된 자가 소유·소지 또는 보관하는 물건에 대하여 긴급히 압수할 필요가 있는 경우에는 체포한 때부터 48시간 이내에 한하여 영장 없이 압수·수색 또는 검증을 할 수 있다. ○ ×

해설

> 형사소송법 제217조(영장에 의하지 아니하는 강제처분) ① 검사 또는 사법경찰관은 제200조의3에 따라 체포된 자가 소유·소지 또는 보관하는 물건에 대하여 긴급히 압수할 필요가 있는 경우에는 체포한 때부터 24시간 이내에 한하여 영장 없이 압수·수색 또는 검증을 할 수 있다.

정답 ×

128 범행직후의 범죄장소에서 수사상 필요가 있는 때에는 긴급한 경우가 아니더라도 수사기관은 영장 없이 압수·수색 또는 검증을 할 수 있으나, 사후에 지체 없이 영장을 받아야 한다. ○ ×

해설

> 형사소송법 제216조(영장에 의하지 아니한 강제처분) ③ 범행 중 또는 범행직후의 범죄 장소에서 긴급을 요하여 법원판사의 영장을 받을 수 없는 때에는 영장 없이 압수, 수색 또는 검증을 할 수 있다. 이 경우에는 사후에 지체 없이 영장을 받아야 한다.

정답 ×

129 경찰관이 현행범인 체포 당시 피의자로부터 임의제출방식으로 압수한 휴대전화기에 대하여 작성한 압수조서 중 압수경위란에 피의자의 범행을 목격한 사람의 진술이 기재된 경우, 이는 형사소송법 제312조 제5항에서 정한 '피고인이 아닌 자가 수사과정에서 작성한 진술서'에 준하는 것으로 볼 수 있지만, 휴대전화기에 대한 임의제출절차가 적법하지 않다면 위 압수조서에 기재된 피의자의 범행을 목격한 사람의 진술 역시 피의자가 증거로 함에 동의하더라도 유죄를 인정하기 위한 증거로 사용할 수 없다. ○ ×

해설 위 압수조서 중 '압수경위'란에 기재된 내용은 피고인이 범행을 저지르는 현장을 직접 목격한 사람의 진술이 담긴 것으로서 형사소송법 제312조 제5항에서 정한 '피고인이 아닌 자가 수사과정에서 작성한 진술서'에 준하는 것으로 볼 수 있고, 이에 따라 휴대전화기에 대한 임의제출절차가 적법하였는지에 영향을 받지 않는 별개의 독립적인 증거에 해당하여, 피고인이 증거로 함에 동의한 이상 유죄를 인정하기 위한 증거로 사용할 수 있을 뿐 아니라 피고인의 자백을 보강하는 증거가 된다고 볼 여지가 많다. (대법원 2019도13290)

정답 ×

130 수사기관이 인터넷서비스이용자인 피의자를 상대로 피의자의 컴퓨터 등 정보처리장치 내에 저장되어 있는 이메일 등 전자정보를 압수 수색하는 것은 전자정보의 소유자 내지 소지자를 상대로 해당 전자정보를 압수·수색하는 대물적 강제처분으로 형사소송법의 해석상 허용된다. ○ ×

해설 대법원 2017도9747   정답 ○

131 여자의 신체에 대하여 수색할 때에는 의사와 성년 여자를 참여하게 하여야 한다. ○ ×

해설
> 형사소송법 제124조(여자의 수색과 참여) 여자의 신체에 대하여 수색할 때에는 성년의 여자를 참여하게 하여야 한다.
> 형사소송법 제141조(신체검사에 관한 주의) ③ 여자의 신체를 검사하는 경우에는 의사나 성년 여자를 참여하게 하여야 한다.

정답 ×

132 영장 발부의 사유로 된 범죄 혐의사실과 무관한 별개의 증거를 압수하였을 경우 이는 원칙적으로 유죄 인정의 증거로 사용할 수 없으나, 압수·수색의 목적이 된 범죄나 이와 관련된 범죄의 경우에는 그 압수·수색의 결과를 유죄의 증거로 사용할 수 있다. ○ ×

해설 대법원 2017도13458   정답 ○

133 객관적 관련성은 영장의 혐의사실 자체 또는 그와 기본적 사실관계가 동일한 범행에 한정되지 않고, 범행 동기와 경위, 범행 수단과 방법 등을 증명하기 위한 간접증거나 정황증거로 사용될 수 있는 경우에도 인정될 수 있다. ○ ×

해설 대법원 2017도13458   정답 ○

134 피의자 소유 정보저장매체를 제3자가 보관하고 있던 중 이를 수사기관에 임의제출하면서 그곳에 저장된 모든 전자정보를 일괄하여 임의제출한다는 의사를 밝힌 경우에도 특별한 사정이 없는 한 수사기관은 범죄혐의사실과 관련된 전자정보에 한정하여 영장 없이 적법하게 압수할 수 있다. ○ ×

해설 대법원 2016도348 전합   정답 ○

135 임의제출된 전자정보매체에서 압수의 대상이 되는 전자정보의 범위를 넘어서는 전자정보에 대해 수사기관이 영장 없이 압수·수색하여 취득한 증거는 위법수집증거에 해당하지만, 사후에 법원으로부터 영장이 발부되었거나 피고인 또는 변호인이 이를 증거로 함에 동의하였다면 그 위법성은 치유된다. ○ ×

해설 임의제출된 정보저장매체에서 압수의 대상이 되는 전자정보의 범위를 넘어서는 전자정보에 대해 수사기관이 영장 없이 압수·수색하여 취득한 증거는 위법수집증거에 해당하고, 사후에 법원으로부터 영장이 발부되었다거나 피고인이나 변호인이 이를 증거로 함에 동의하였다고 하여 그 위법성이 치유되는 것도 아니다. (대법원 2016도348 전합)   정답 ×

136 정보저장매체를 임의제출 받아 이를 탐색·복제·출력하는 경우, 압수·수색 당시 또는 이와 시간적으로 근접한 시기까지 해당 정보저장매체를 현실적으로 지배·관리하지는 아니하였더라도 그곳에 저장되어 있는 개별 전자정보의 생성·이용 등에 관여한 자에 대하여서는 압수·수색절차에 대한 참여권을 보장해 주어야 한다. ○ ×

해설 정보저장매체를 임의제출한 피압수자에 더하여 임의제출자 아닌 피의자에게도 참여권이 보장되어야 하는 '피의자의 소유·관리에 속하는 정보저장매체'란, 피의자가 압수·수색 당시 또는 이와 시간적으로 근접한 시기까지 해당 정보저장매체를 현실적으로 지배·관리하면서 그 정보저장매체 내 전자정보 전반에 관한 전속적인 관리처분권을 보유·행사하고, 달리 이를 자신의 의사에 따라 제3자에게 양도하거나 포기하지 아니한 경우로서, 피의자를 그 정보저장매체에 저장된 전자정보에 대하여 실질적인 피압수자로 평가할 수 있는 경우를 말하는 것이다. 이에 해당하는지 여부는 민사법상 권리의 귀속에 따른 법률적·사후적 판단이 아니라 압수·수색 당시 외형적·객관적으로 인식 가능한 사실상의 상태를 기준으로 판단하여야 한다. 이러한 정보저장매체의 외형적·객관적 지배·관리 등 상태와 별도로 단지 피의자나 그 밖의 제3자가 과거 그 정보저장매체의 이용 내지 개별 전자정보의 생성·이용 등에 관여한 사실이 있다거나 그 과정에서 생성된 전자정보에 의해 식별되는 정보주체에 해당한다는 사정만으로 그들을 실질적으로 압수·수색을 받는 당사자로 취급하여야 하는 것은 아니다. (대법원 2021도11170) 정답 ×

137 정보저장매체를 임의제출한 피압수자와 임의제출자 아닌 피의자에게도 참여권이 보장되어야 하는 '피의자 소유·관리에 속하는 정보저장매체'에 해당하는지 여부는 압수·수색 당시 외형적·객관적으로 인식가능한 사실상의 상태를 기준으로 판단하는 것이 아니라 민사법상 권리의 귀속에 따른 법률적·사후적 판단을 기준으로 판단하여야 한다. ○ ×

해설 정보저장매체를 임의제출한 피압수자에 더하여 임의제출자 아닌 피의자에게도 참여권이 보장되어야 하는 '피의자의 소유·관리에 속하는 정보저장매체'라 함은, 피의자가 압수·수색 당시 또는 이와 시간적으로 근접한 시기까지 해당 정보저장매체를 현실적으로 지배·관리하면서 그 정보저장매체 내 전자정보 전반에 관한 전속적인 관리처분권을 보유·행사하고, 달리 이를 자신의 의사에 따라 제3자에게 양도하거나 포기하지 아니한 경우로써, 피의자를 그 정보저장매체에 저장된 전자정보에 대하여 실질적인 피압수자로 평가할 수 있는 경우를 말하는 것이다. 이에 해당하는지 여부는 민사법상 권리의 귀속에 따른 법률적·사후적 판단이 아니라 압수·수색 당시 외형적·객관적으로 인식 가능한 사실상의 상태를 기준으로 판단하여야 한다. (대법원 2021도11170) 정답 ×

138 압수·수색영장에 적힌 '압수할 물건'에 컴퓨터 등 정보처리장치 저장 전자정보만 기재되어 있고 별도로 원격지 서버 저장의 전자정보가 특정되어 있지 않았다 하더라도, 영장에 기재된 해당 컴퓨터 등 정보처리장치를 이용하여 로그인되어 있는 상태의 원격지 서버 저장 전자정보를 압수한 경우는 영장주의 원칙에 반하지 않는다. ○ ×

해설 압수·수색영장에 적힌 '압수할 물건'에는 '여성의 신체를 몰래 촬영한 것으로 판단되는 사진, 동영상 파일이 저장된 컴퓨터 하드디스크 및 외부저장매체'가, '수색할 장소'에는 피고인의 주거지가 기재되어 있다. 이 사건 압수·수색영장에 적힌 '압수할 물건'에 원격지 서버 저장 전자정보가 기재되어 있지 않은 이상 이 사건 압수·수색영장에 적힌 '압수할 물건'은 피고인의 주거지에 있는 컴퓨터 하드디스크 및 외부저장매체에 저장된 전자정보에 한정된다. 그럼에도 경찰은 이 사건 휴대전화가 구글계정에 로그인되어 있는 상태를 이용하여 원격지 서버에 해당하는 구글클라우드에 접속하여 구글클라우드에서 발견한 불법촬영물을 압수하였다. 결국 경찰의 압수는 이 사건 압수·수색영장에서 허용한 압수의 범위를 넘어선 것으로 적법절차 및 영장주의의 원칙에 반하여 위법하다. (대법원 2022도1452) 정답 ×

139 수사기관이 임의제출된 정보저장매체에서 범죄혐의사실이 아닌 별도의 범죄혐의와 관련된 전자정보를 우연히 발견한 경우, 당해 정보저장매체에 대한 임의제출에 기한 압수·수색이 종료되기 전이라면 별도의 영장을 발부받지 않고 이를 적법하게 압수·수색할 수 있으나 임의제출에 의한 압수·수색이 종료되었던 경우에는 별도의 범죄혐의에 대한 압수·수색영장을 발부받아야 이를 적법하게 압수할 수 있다. ○ ✕

해설 임의제출된 정보저장매체에서 압수의 대상이 되는 전자정보의 범위를 초과하여 수사기관이 임의로 전자정보를 탐색·복제·출력하는 것은 원칙적으로 위법한 압수·수색에 해당하므로 허용될 수 없다. 만약 전자정보에 대한 압수·수색이 종료되기 전에 범죄혐의사실과 관련된 전자정보를 적법하게 탐색하는 과정에서 별도의 범죄혐의와 관련된 전자정보를 우연히 발견한 경우라면, 수사기관은 더 이상의 추가 탐색을 중단하고 법원으로부터 별도의 범죄혐의에 대한 압수·수색영장을 발부받은 경우에 한하여 그러한 정보에 대하여도 적법하게 압수·수색을 할 수 있다. (대법원 2016도348 전합)

정답 ✕

140 압수·수색영장의 범죄 혐의사실과 관계있는 범죄라는 것은 압수·수색영장에 기재한 혐의사실과 객관적 관련성이 있고 압수·수색영장 대상자와 피의자 사이에 인적 관련성이 있는 범죄를 의미한다. 그중 객관적 관련성은 압수·수색영장에 기재된 혐의사실의 내용과 수사의 대상, 수사 경위 등을 종합하여 구체적·개별적 연관관계가 있는 경우에만 인정되고, 혐의사실과 단순히 동종 또는 유사 범행이라는 사유만으로 관련성이 있다고 할 것은 아니다. ○ ✕

해설 대법원 2017도13458

정답 ○

141 피압수자가 수사 도중 자유로운 의사에 의해 소유권을 포기한 경우에는 국가가 그 소유권을 취득한다고 보아야 하므로, 수사기관의 환부의무는 면제되고, 피압수자의 압수물에 대한 환부청구권도 소멸한다. ○ ✕

해설 피압수자 등 환부를 받을 자가 압수 후 그 소유권을 포기하는 등에 의하여 실체법상의 권리를 상실하더라도 그 때문에 압수물을 환부하여야 하는 수사기관의 의무에 어떠한 영향을 미칠 수 없고, 또한 수사기관에 대하여 형사소송법상의 환부청구권을 포기한다는 의사표시를 하더라도 그 효력이 없어 그에 의하여 수사기관의 필요적 환부의무가 면제된다고 볼 수는 없으므로, 압수물의 소유권이나 그 환부청구권을 포기하는 의사표시로 인하여 위 환부의무에 대응하는 압수물에 대한 환부청구권이 소멸하는 것은 아니다. (대법원 94모51 전합)

정답 ✕

142 수사기관이 압수·수색 영장의 집행과정에서 영장발부의 사유인 범죄 혐의사실과 무관한 별개의 증거를 압수하였다가 피압수자 등에게 환부하고 후에 이를 다시 임의제출받아 압수한 경우 검사가 그 압수물 제출의 임의성을 합리적 의심을 배제할 수 있을 정도로 증명하면 이를 유죄 인정의 증거로 사용할 수 있다. ○ ✕

해설 대법원 2010도14487

정답 ○

143 사법경찰관이 절도죄의 피의자 A를 현행범으로 체포하면서 A로부터 절도를 위하여 소지하고 있던 드라이버를 임의제출받은 경우 사법경찰관은 형사소송법 제216조 제1항 제2호 및 같은 법 제217조 제2항에 따라서 사후에 압수영장을 발부받아야 한다. ○ ✕

해설 임의제출물 압수의 경우 사후영장을 요하지 않는다.

정답 ✕

144 소유자 등의 환부 또는 가환부 청구에 대해 검사가 이를 거부하는 경우, 신청인은 해당 검사의 소속 검찰청에 대응한 법원에 압수물의 환부 또는 가환부 결정을 청구할 수 있다. ○ ×

> **해설**
>
> 형사소송법 제218조의2(압수물의 환부, 가환부) ② 제1항의 청구에 대하여 검사가 이를 거부하는 경우에는 신청인은 해당 검사의 소속 검찰청에 대응한 법원에 압수물의 환부 또는 가환부 결정을 청구할 수 있다.

정답 ○

145 검사가 가환부 처분을 할 경우에는 미리 피해자, 피의자 또는 변호인에게 통지해야 한다. ○ ×

> **해설**
>
> 형사소송법 제135조(압수물처분과 당사자에의 통지) 전 3조의 결정을 함에는 검사, 피해자, 피고인 또는 변호인에게 미리 통지하여야 한다.
>
> 형사소송법 제219조(준용규정) 제106조, 제107조, 제109조 내지 제112조, 제114조, 제115조 제1항 본문, 제2항, 제118조부터 제132조까지, 제134조, 제135조, 제140조, 제141조, 제333조 제2항, 제486조의 규정은 검사 또는 사법경찰관의 본장의 규정에 의한 압수, 수색 또는 검증에 준용한다. 단, 사법경찰관이 제130조, 제132조 및 제134조에 따른 처분을 함에는 검사의 지휘를 받아야 한다.

정답 ○

146 수사기관이 임의제출받은 정보저장매체가 대부분 임의제출에 따른 적법한 압수의 대상이 되는 전자정보만이 저장되어 있어서 그렇지 않은 전자정보와 혼재될 여지가 거의 없는 경우라 하더라도, 전자정보인 이상 소지·보관자의 임의제출에 따른 통상의 압수절차 외에 피압수자에게 참여의 기회를 보장하지 않았고 전자정보 압수목록을 작성·교부하지 않았다면 곧바로 증거능력을 인정할 수 없다. ○ ×

해설 수사기관이 임의제출받은 정보저장매체가 기능과 속성상 임의제출에 따른 적법한 압수의 대상이 되는 전자정보와 그렇지 않은 전자정보가 혼재될 여지가 거의 없어 사실상 대부분 압수의 대상이 되는 전자정보만이 저장되어 있는 경우, 소지·보관자의 임의제출에 따른 통상의 압수절차 외에 피압수자에게 참여의 기회를 보장하지 않고 전자정보 압수목록을 작성·교부하지 않았다는 점만으로 곧바로 증거능력을 부정할 수는 없다. (대법원 2019도7342)

정답 ×

147 현장사진 중 '사진 가운데에 위치한 촬영일자' 부분이 조작된 것이라고 다투는 경우, 위 '현장사진의 촬영일자'는 전문법칙이 적용된다. ○ ×

해설 피고인이 이 사건 범행을 부인한다거나 위 공소외인이 다른 범죄에 제공하기 위하여 사진을 촬영하였고 사진 촬영 당시 피고인이 무의식 상태에 있었다고 다투는 것은 사진의 증명력을 다투는 취지에 불과하여 의사표시의 효력과는 무관하며, 피고인이 이 사건 사진의 촬영일자 부분에 대하여 조작된 것이라고 다툰다고 하더라도 이 부분은 전문증거에 해당되어 별도로 증거능력이 있는지를 살펴보면 족한 것이므로, 원심과 같이 피고인의 변소에 비추어 위 증거동의의 의사표시가 단순히 사진 속의 인물이 피고인이 맞다는 취지의 진술에 불과하다고 단정할 수는 없다 할 것이고, 피고인이 원심에 이르러 증거동의를 철회하였다고 하더라도 증거조사를 마친 후의 증거에 대하여는 동의의 철회로 인하여 적법하게 부여된 증거능력이 상실되는 것이 아니다. (대법원 97도1230)

정답 ○

02 통신제한조치

148 인터넷 통신망을 통하여 흐르는 전기신호 형태의 패킷(packet)을 중간에 확보하여 그 내용을 지득하는 '패킷 감청'은 그 특성상 수사목적과 무관한 통신내용이나 제3자의 통신내용까지 감청될 우려가 있으므로 「통신비밀보호법」상 범죄수사를 위한 통신제한조치의 허가요건을 충족하더라도 허용되지 않는다. ○ ×

> **해설** 인터넷 통신망을 통한 송·수신은 「통신비밀보호법」 제2조 제3호에서 정한 '전기통신'에 해당하므로 인터넷 통신망을 통하여 흐르는 전기신호 형태의 패킷(packet)을 중간에 확보하여 그 내용을 지득하는 이른바 '패킷 감청'도 정한 요건을 갖추는 경우 다른 특별한 사정이 없는 한 허용된다. (대법원 2012도7455)

정답 ×

149 통신제한조치는 범죄수사 또는 국가안전보장을 위하여 보충적인 수단으로 이용되어야 한다. ○ ×

> **해설**
> **통신비밀보호법 제3조(통신 및 대화비밀의 보호)** ② 우편물의 검열 또는 전기통신의 감청(이하 "통신제한조치"라 한다)은 범죄수사 또는 국가안전보장을 위하여 보충적인 수단으로 이용되어야 하며, 국민의 통신비밀에 대한 침해가 최소한에 그치도록 노력하여야 한다.

정답 ○

150 강간죄(형법 제297조), 협박죄(형법 제283조 제1항), 경매입찰방해죄(형법 제315조)는 통신제한조치가 가능한 범죄이다. ○ ×

> **해설**
> **통신비밀보호법 제5조(범죄수사를 위한 통신제한조치의 허가요건)** ① 통신제한조치는 다음 각호의 범죄를 계획 또는 실행하고 있거나 실행하였다고 의심할만한 충분한 이유가 있고 다른 방법으로는 그 범죄의 실행을 저지하거나 범인의 체포 또는 증거의 수집이 어려운 경우에 한하여 허가할 수 있다.

정답 ○

151 검사 또는 사법경찰관이 통신제한조치로 취득한 전기통신을 폐기한 때에는 폐기결과보고서를 작성하여 피의자의 수사기록 또는 피내사자의 내사사건기록에 첨부하고, 폐기일부터 7일 이내에 통신제한조치를 허가한 법원에 송부하여야 한다. ○ ×

> **해설**
> **통신비밀보호법 제12조의2(범죄수사를 위하여 인터넷 회선에 대한 통신제한조치로 취득한 자료의 관리)** ⑥ 검사 또는 사법경찰관은 제5항에 따라 통신제한조치로 취득한 전기통신을 폐기한 때에는 폐기의 이유와 범위 및 일시 등을 기재한 폐기결과보고서를 작성하여 피의자의 수사기록 또는 피내사자의 내사사건기록에 첨부하고, 폐기일부터 7일 이내에 통신제한조치를 허가한 법원에 송부하여야 한다.

정답 ○

152 통신제한조치허가서에 의하여 허가된 통신제한조치가 '전기통신 감청 및 우편물 검열'뿐이더라도 그 후 연장결정서에 당초 허가 내용에 없던 '대화녹음'이 기재되어 있다면 이는 대화녹음의 적법한 근거가 될 수 있다.   O X

해설 통신제한조치에 대한 기간연장결정은 원 허가의 내용에 대하여 단지 기간을 연장하는 것일 뿐 원 허가의 대상과 범위를 초과할 수 없다 할 것이므로 통신제한조치허가서에 의하여 허가된 통신제한조치가 '전기통신 감청 및 우편물 검열'뿐인 경우 그 후 연장결정서에 당초 허가 내용에 없던 '대화녹음'이 기재되어 있다 하더라도 이는 대화녹음의 적법한 근거가 되지 못한다. (대법원 99도2317)

정답 ×

153 통신기관 등은 통신제한조치허가서 또는 긴급감청서 등에 기재된 통신제한조치 대상자의 전화번호 등이 사실과 일치하지 않을 경우에는 그 집행을 거부할 수 있으며, 어떠한 경우에도 전기통신에 사용되는 비밀번호를 누설할 수 없다.   O X

해설

> 통신비밀보호법 제9조(통신제한조치의 집행) ④ 통신기관 등은 통신제한조치허가서 또는 긴급감청서 등에 기재된 통신제한조치 대상자의 전화번호 등이 사실과 일치하지 않을 경우에는 그 집행을 거부할 수 있으며, 어떠한 경우에도 전기통신에 사용되는 비밀번호를 누설할 수 없다.

정답 O

154 제3자가 전화 통화자 중 일방만의 동의를 얻어 그 통화내용을 녹음한 경우에는 「통신비밀보호법」 위반에 해당되지 않는다.   O X

해설 전기통신에 해당하는 전화 통화 당사자의 일방이 상대방 모르게 통화 내용을 녹음하는 것은 여기의 감청에 해당하지 아니하지만, 제3자의 경우는 설령 전화통화 당사자 일방의 동의를 받고 그 통화 내용을 녹음하였다 하더라도 그 상대방의 동의가 없었던 이상, 이는 여기의 감청에 해당하여 법 제3조 제1항 위반이 되고, 이와 같이 법 제3조 제1항에 위반한 불법감청에 의하여 녹음된 전화 통화의 내용은 법 제4조에 의하여 증거능력이 없다. (대법원 2010도9016)

정답 ×

155 통신제한조치는 「통신비밀보호법」 제5조의 범죄를 계획 또는 실행하고 있거나 실행하였다고 의심할 만한 충분한 이유가 있고, 다른 방법으로는 그 범죄의 실행을 저지하거나 범인의 체포 또는 증거수집이 어려운 경우에 한하여 허가할 수 있다.   O X

해설

> 통신비밀보호법 제5조(범죄수사를 위한 통신제한조치의 허가요건) ① 통신제한조치는 다음 각호의 범죄를 계획 또는 실행하고 있거나 실행하였다고 의심할만한 충분한 이유가 있고 다른 방법으로는 그 범죄의 실행을 저지하거나 범인의 체포 또는 증거의 수집이 어려운 경우에 한하여 허가할 수 있다.

정답 O

156 검사 또는 사법경찰관은 범죄수사를 위한 통신사실 확인자료제공을 받은 사건에 관하여 공소를 제기한 경우 그 처분을 한 날로부터 30일 이내 통신사실 확인자료제공을 받은 사실과 제공요청기관 및 그 기간 등을 통신사실 확인자료제공의 대상이 된 당사자에게 서면으로 통지하여야 한다. O X

해설

통신비밀보호법 제13조의3(범죄수사를 위한 통신사실 확인자료제공의 통지) ① 검사 또는 사법경찰관은 제13조에 따라 통신사실 확인자료제공을 받은 사건에 관하여 다음 각 호의 구분에 따라 정한 기간 내에 통신사실 확인자료제공을 받은 사실과 제공요청기관 및 그 기간 등을 통신사실 확인자료제공의 대상이 된 당사자에게 서면으로 통지하여야 한다.
1. 공소를 제기하거나, 공소제기·검찰송치를 하지 아니하는 처분(기소중지·참고인중지 또는 수사중지 결정은 제외한다) 또는 입건을 하지 아니하는 처분을 한 경우: 그 처분을 한 날부터 30일 이내.

정답 O

157 전기통신의 감청은 전기통신이 이루어지고 있는 상황에서 실시간으로 전기통신의 내용을 지득·채록하는 경우, 통신의 송·수신을 직접적으로 방해하는 경우, 이미 수신이 완료된 전기통신에 관하여 남아 있는 기록이나 내용을 열어보는 경우를 의미한다. O X

해설 '감청'이라 함은 전기통신에 대하여 당사자의 동의 없이 전자장치·기계장치 등을 사용하여 통신의 음향·문언·부호·영상을 청취·공독(共讀)하여 그 내용을 지득(知得) 또는 채록(採錄)하거나 전기통신의 송·수신을 방해하는 것을 말한다(같은 법 제2조 제7호). 따라서 '전기통신의 감청'은 위 '감청'의 개념 규정에 비추어 현재 이루어지고 있는 전기통신의 내용을 지득·채록하는 경우와 통신의 송·수신을 직접적으로 방해하는 경우를 의미하는 것이지 전자우편이 송신되어 수신인이 이를 확인하는 등으로 이미 수신이 완료된 전기통신에 관하여 남아 있는 기록이나 내용을 열어보는 등의 행위는 포함하지 않는다. (대법원 2010도12244)

정답 X

158 3인 간의 대화에서 그 중 한 사람이 그 대화를 녹음 또는 청취하는 경우에 다른 두 사람의 발언은 그 녹음자 또는 청취자에 대한 관계에서 「통신비밀보호법」 제3조 제1항에서 정한 '타인 간의 대화'라고 할 수 없으므로, 이러한 녹음 또는 청취하는 행위 및 그 내용을 공개하거나 누설하는 행위가 「통신비밀보호법」 제16조 제1항에 해당한다고 볼 수 없다. O X

해설 대법원 2013도16404

정답 O

159 국가안보를 위한 통신제한조치에서 통신 쌍방 당사자가 내국인인 경우에는 고등법원 수석부장판사의 허가를 필요로 하고 통신 당사자 일방만 내국인인 경우에는 대통령의 승인이 필요하다. O X

해설

통신비밀보호법 제7조(국가안보를 위한 통신제한조치) ① 대통령령이 정하는 정보수사기관의 장(이하 "情報搜查機關의 長"이라 한다)은 국가안전보장에 상당한 위험이 예상되는 경우 또는 「국민보호와 공공안전을 위한 테러방지법」 제2조 제6호의 대테러활동에 필요한 경우에 한하여 그 위해를 방지하기 위하여 이에 관한 정보수집이 특히 필요한 때에는 다음 각호의 구분에 따라 통신제한조치를 할 수 있다.
1. 통신의 일방 또는 쌍방 당사자가 내국인인 때에는 고등법원 수석판사의 허가를 받아야 한다. 다만, 군용전기통신법 제2조의 규정에 의한 군용전기통신(작전수행을 위한 전기통신에 한한다)에 대하여는 그러하지 아니하다.

정답 X

160
피고인이 아닌 자가 수사과정에서 진술서를 작성하였지만 수사기관이 그에 대한 조사과정을 기록하지 아니하여 「형사소송법」제244조의4 제3항 및 제1항에서 정한 절차를 위반한 경우, 특별한 사정이 없는 한 '적법한 절차와 방식'에 따라 수사과정에서 진술서가 작성되었다 할 수 없으므로 증거능력을 인정할 수 없다. ○ ×

해설 대법원 2013도3790 정답 ○

161
무전기와 같은 무선전화기를 이용한 통화는 「통신비밀보호법」상 '타인간의 대화'에 포함되므로 '전기통신'에는 해당하지 않는다. ○ ×

해설 통신비밀보호법에서는 그 규율의 대상을 통신과 대화로 분류하고 그 중 통신을 다시 우편물과 전기통신으로 나눈 다음, 그 제2조 제3호로 "전기통신"이라 함은 유선·무선·광선 및 기타의 전자적 방식에 의하여 모든 종류의 음향·문언·부호 또는 영상을 송신하거나 수신하는 것을 말한다고 규정하고 있는바, 무전기와 같은 무선전화기를 이용한 통화가 위 법에서 규정하고 있는 전기통신에 해당함은 전화통화의 성질 및 위 규정 내용에 비추어 명백하므로 이를 같은 법 제3조 제1항 소정의 '타인간의 대화'에 포함된다고 할 수 없다. (대법원 2001도6213) 정답 ×

162
이미 수신이 완료된 전기통신에 관하여 남아 있는 기록이나 내용을 열어보는 등의 행위는 전기통신의 감청에 해당하지 않는다. ○ ×

해설 대법원 2012도4644 정답 ○

163
피고인이 범행 후 피해자에게 전화를 걸어오자 피해자가 증거를 수집하려고 그 전화내용을 녹음한 경우 그것이 피고인 모르게 녹음된 것이라 하여 이를 위법하게 수집된 증거라고 할 수 없다. ○ ×

해설 대법원 97도240 정답 ○

164
일정한 요건이 구비된 경우에는 검사에 대하여 각 피의자별 또는 각 피내사자별로 통신제한조치에 대한 허가를 신청하고, 검사는 법원에 대하여 그 허가를 청구할 수 있다. ○ ×

해설

통신비밀보호법 제6조(범죄수사를 위한 통신제한조치의 허가절차) ② 사법경찰관(軍司法警察官을 포함한다. 이하 같다)은 제5조 제1항의 요건이 구비된 경우에는 검사에 대하여 각 피의자별 또는 각 피내사자별로 통신제한조치에 대한 허가를 신청하고, 검사는 법원에 대하여 그 허가를 청구할 수 있다.

정답 ○

165

통신제한조치의 기간은 3개월을 초과하지 못하거나 허가요건이 존속하는 경우에는 3개월의 범위에서 통신제한조치 기간의 연장을 청구할 수 있다. 다만 통신제한조치의 연장을 청구하는 경우에 통신제한조치의 총연장기간은 1년(일정한 범죄의 경우에는 3년)을 초과할 수 없다. ○ ×

해설

통신비밀보호법 제6조(범죄수사를 위한 통신제한조치의 허가절차) ⑦ 통신제한조치의 기간은 2개월을 초과하지 못하고, 그 기간 중 통신제한조치의 목적이 달성되었을 경우에는 즉시 종료하여야 한다. 다만, 제5조 제1항의 허가요건이 존속하는 경우에는 소명자료를 첨부하여 제1항 또는 제2항에 따라 2개월의 범위에서 통신제한조치기간의 연장을 청구할 수 있다.

⑧ 검사 또는 사법경찰관이 제7항 단서에 따라 통신제한조치의 연장을 청구하는 경우에 통신제한조치의 총 연장기간은 1년을 초과할 수 없다. 다만, 다음 각 호의 어느 하나에 해당하는 범죄의 경우에는 통신제한조치의 총 연장기간이 3년을 초과할 수 없다.

1. 「형법」 제2편 중 제1장 내란의 죄, 제2장 외환의 죄 중 제92조부터 제101조까지의 죄, 제4장 국교에 관한 죄 중 제107조, 제108조, 제111조부터 제113조까지의 죄, 제5장 공안을 해하는 죄 중 제114조, 제115조의 죄 및 제6장 폭발물에 관한 죄
2. 「군형법」 제2편 중 제1장 반란의 죄, 제2장 이적의 죄, 제11장 군용물에 관한 죄 및 제12장 위령의 죄 중 제78조 · 제80조 · 제81조의 죄
3. 「국가보안법」에 규정된 죄
4. 「군사기밀보호법」에 규정된 죄
5. 「군사기지 및 군사시설보호법」에 규정된 죄

정답 ×

166

통신제한조치를 집행한 사건에 관하여 검사로부터 공소를 제기하거나 제기하지 아니하는 처분(기소중지 또는 참고인중지 결정은 제외한다)의 통보를 받거나 검찰송치를 하지 아니하는 처분(수사중지 결정은 제외한다) 또는 내사사건에 관하여 입건하지 아니하는 처분을 한 때에는 그 날부터 30일 이내에 감청의 대상이 된 전기통신의 가입자에게 통신제한조치를 집행한 사실과 집행기관 및 그 기간 등을 서면으로 통지하여야 한다. ○ ×

해설

통신비밀보호법 제9조의2(통신제한조치의 집행에 관한 통지) ② 사법경찰관은 제6조 제1항 및 제8조 제1항에 따라 통신제한조치를 집행한 사건에 관하여 검사로부터 공소를 제기하거나 제기하지 아니하는 처분(기소중지 또는 참고인중지 결정은 제외한다)의 통보를 받거나 검찰송치를 하지 아니하는 처분(수사중지 결정은 제외한다) 또는 내사사건에 관하여 입건하지 아니하는 처분을 한 때에는 그 날부터 30일 이내에 우편물 검열의 경우에는 그 대상자에게, 감청의 경우에는 그 대상이 된 전기통신의 가입자에게 통신제한조치를 집행한 사실과 집행기관 및 그 기간 등을 서면으로 통지하여야 한다.

정답 ○

167 패킷감청은 사건과 무관한 불특정 다수의 방대한 정보까지 수집되어 개인의 통신 및 사생활의 비밀과 자유를 침해하기 때문에 헌법불합치결정이 선고되었고, 현재 패킷감청에 의한 통신제한조치는 허용되지 않는다. ○ ×

해설 인터넷회선감청(패킷감청)을 가능하게 하는 통신비밀보호법 제5조 제2항 중 '인터넷회선을 통하여 송수신하는 전기통신'에 관한 부분은 이에 대한 법적 통제수단이 미비하고 과잉금지원칙에 위배되어 개인의 통신 및 사생활 비밀의 자유를 침해하므로 헌법에 합치되지 아니한다. (헌법재판소 2016헌마263) = 인터넷회선감청(패킷감청)에 관한 헌법불합치 결정에 따라 법적 통제수단인 통신비밀보호법 제12조의2(범죄수사를 위하여 인터넷 회선에 대한 통신제한조치로 취득한 자료의 관리)를 신설하였다.

정답 ×

168 법원이 패킷감청으로 취득한 자료의 보관을 위한 승인청구를 기각한 경우, 사법경찰관은 청구기각의 통지를 받은 날부터 7일 이내에 해당 전기통신을 폐기하고, 폐기결과보고서를 작성하여 7일 이내에 검사에게 송부하여야 한다. ○ ×

해설

> 통신비밀보호법 제12조의2(범죄수사를 위하여 인터넷 회선에 대한 통신제한조치로 취득한 자료의 관리) ⑤ 검사 또는 사법경찰관은 제1항에 따른 청구나 제2항에 따른 신청을 하지 아니하는 경우에는 집행종료일부터 14일(검사가 사법경찰관의 신청을 기각한 경우에는 그 날부터 7일) 이내에 통신제한조치로 취득한 전기통신을 폐기하여야 하고, 법원에 승인청구를 한 경우(취득한 전기통신의 일부에 대해서만 청구한 경우를 포함한다)에는 제4항에 따라 법원으로부터 승인서를 발부받거나 청구기각의 통지를 받은 날부터 7일 이내에 승인을 받지 못한 전기통신을 폐기하여야 한다.
> ⑥ 검사 또는 사법경찰관은 제5항에 따라 통신제한조치로 취득한 전기통신을 폐기한 때에는 폐기의 이유와 범위 및 일시 등을 기재한 폐기결과보고서를 작성하여 피의자의 수사기록 또는 피내사자의 내사사건기록에 첨부하고, 폐기일부터 7일 이내에 통신제한조치를 허가한 법원에 송부하여야 한다.

정답 ×

169 「통신비밀보호법」은 패킷감청으로 취득한 자료의 관리에 관한 절차(「통신비밀보호법」 제12조의2)의 위반에 대해서는 벌칙 조항을 두고 있지 않다. ○ ×

해설 통신비밀보호법 제12조의2의 위반에 대해서는 벌칙 조항을 두고 있지 않다.

정답 ○

170 전기통신의 감청은 전기통신이 이루어지고 있는 상황에서 실시간으로 전기통신의 내용을 지득·채록하는 경우와 통신의 송·수신을 직접적으로 방해하는 경우뿐만 아니라 이미 수신이 완료된 전기통신에 관하여 남아 있는 기록이나 내용을 열어보는 등의 행위도 포함한다. ○ ×

해설 '전기통신의 감청'은 '감청'의 개념 규정에 비추어 전기통신이 이루어지고 있는 상황에서 실시간으로 전기통신의 내용을 지득·채록하는 경우와 통신의 송·수신을 직접적으로 방해하는 경우를 의미하는 것이지, 이미 수신이 완료된 전기통신에 관하여 남아 있는 기록이나 내용을 열어보는 등의 행위는 포함하지 않는다. (대법원 2016도8137)

정답 ×

171 사법경찰관이 「통신비밀보호법」 제8조에 따른 긴급통신제한조치를 할 경우에는 미리 검사의 지휘를 받아야 한다. 다만, 특히 급속을 요하여 미리 지휘를 받을 수 없는 사유가 있는 경우에는 긴급통신제한조치의 집행착수 후 지체 없이 검사의 승인을 얻어야 한다. ○ ×

해설

통신비밀보호법 제8조(긴급통신제한조치) ① 검사, 사법경찰관 또는 정보수사기관의 장은 국가안보를 위협하는 음모행위, 직접적인 사망이나 심각한 상해의 위험을 야기할 수 있는 범죄 또는 조직범죄등 중대한 범죄의 계획이나 실행 등 긴박한 상황에 있고 제5조제1항 또는 제7조제1항제1호의 규정에 의한 요건을 구비한 자에 대하여 제6조 또는 제7조제1항 및 제3항의 규정에 의한 절차를 거칠 수 없는 긴급한 사유가 있는 때에는 법원의 허가없이 통신제한조치를 할 수 있다.

② 검사, 사법경찰관 또는 정보수사기관의 장은 제1항에 따른 통신제한조치(이하 "긴급통신제한조치"라 한다)의 집행에 착수한 후 지체 없이 제6조(제7조제3항에서 준용하는 경우를 포함한다)에 따라 법원에 허가청구를 하여야 한다.

③ <u>사법경찰관이 긴급통신제한조치를 할 경우에는 미리 검사의 지휘를 받아야 한다. 다만, 특히 급속을 요하여 미리 지휘를 받을 수 없는 사유가 있는 경우에는 긴급통신제한조치의 집행착수후 지체없이 검사의 승인을 얻어야 한다.</u>

④ 검사, 사법경찰관 또는 정보수사기관의 장이 긴급통신제한조치를 하고자 하는 경우에는 반드시 긴급검열서 또는 긴급감청서(이하 "긴급감청서등"이라 한다)에 의하여야 하며 소속기관에 긴급통신제한조치대장을 비치하여야 한다.

⑤ 검사, 사법경찰관 또는 정보수사기관의 장은 긴급통신제한조치의 집행에 착수한 때부터 36시간 이내에 법원의 허가를 받지 못한 경우에는 해당 조치를 즉시 중지하고 해당 조치로 취득한 자료를 폐기하여야 한다.

⑥ 검사, 사법경찰관 또는 정보수사기관의 장은 제5항에 따라 긴급통신제한조치로 취득한 자료를 폐기한 경우 폐기이유·폐기범위·폐기일시 등을 기재한 자료폐기결과보고서를 작성하여 폐기일부터 7일 이내에 제2항에 따라 허가청구를 한 법원에 송부하고, 그 부본(副本)을 피의자의 수사기록 또는 피내사자의 내사사건기록에 첨부하여야 한다.

⑦ 삭제 <2022. 12. 27.>

⑧ 정보수사기관의 장은 국가안보를 위협하는 음모행위, 직접적인 사망이나 심각한 상해의 위험을 야기할 수 있는 범죄 또는 조직범죄등 중대한 범죄의 계획이나 실행 등 긴박한 상황에 있고 제7조제1항제2호에 해당하는 자에 대하여 대통령의 승인을 얻을 시간적 여유가 없거나 통신제한조치를 긴급히 실시하지 아니하면 국가안전보장에 대한 위해를 초래할 수 있다고 판단되는 때에는 소속 장관(국가정보원장을 포함한다)의 승인을 얻어 통신제한조치를 할 수 있다.

⑨ 정보수사기관의 장은 제8항에 따른 통신제한조치의 집행에 착수한 후 지체 없이 제7조에 따라 대통령의 승인을 얻어야 한다.

⑩ 정보수사기관의 장은 제8항에 따른 통신제한조치의 집행에 착수한 때부터 36시간 이내에 대통령의 승인을 얻지 못한 경우에는 해당 조치를 즉시 중지하고 해당 조치로 취득한 자료를 폐기하여야 한다.

정답 ○

172 「형법」상 절도죄, 강도죄, 사기죄, 공갈죄는 「통신비밀보호법」상 범죄수사를 위한 통신제한조치가 가능한 범죄이다. ○ ×

해설 형법 제347조(사기)는 통신비밀보호법상 통신제한조치가 가능한 대상범죄가 아니다. 정답 ×

173 불법감청에 의하여 녹음된 전화통화의 내용은 「통신비밀보호법」에 의하여 증거능력이 없으나 피고인이나 변호인이 이를 증거로 함에 동의한 때에는 예외적으로 증거능력이 인정된다. ○ ×

> **해설** 수사기관이 甲으로부터 피고인의 마약류관리에 관한 법률 위반(향정) 범행에 대한 진술을 듣고 추가적인 증거를 확보할 목적으로, 구속수감되어 있던 甲에게 그의 압수된 휴대전화를 제공하여 피고인과 통화하고 위 범행에 관한 통화내용을 녹음하게 한 행위는 불법감청에 해당하므로, 그 녹음 자체는 물론 이를 근거로 작성된 녹취록 첨부 수사보고는 피고인의 증거동의에 상관없이 그 증거능력이 없다. (대법원 2010도9016)
> 정답 ×

174 수사기관이 범죄수사를 위하여 당사자의 동의 없이 전기통신을 감청하기 위해서는 통신 당사자의 쌍방 또는 일방의 주소지·소재지 등을 관할하는 지방법원 또는 지원에 청구하여 발부받은 통신제한조치허가서를 통신당사자가 가입된 전기통신사업자에게 제시하여야 한다. ○ ×

> **해설**
>
> **통신비밀보호법 제6조(범죄수사를 위한 통신제한조치의 허가절차)** ③ 제1항 및 제2항의 통신제한조치 청구사건의 관할법원은 그 통신제한조치를 받을 통신당사자의 쌍방 또는 일방의 주소지·소재지, 범죄지 또는 통신당사자와 공범관계에 있는 자의 주소지·소재지를 관할하는 지방법원 또는 지원(군사법원을 포함한다)으로 한다.
>
> 정답 ○

175 전자우편이 송신되어 수신인이 확인하는 등으로 이미 수신이 완료된 전기통신에 관하여 남아 있는 기록이나 내용을 열어보는 등의 행위는 통신비밀보호법에서 규정하는 '전기통신의 감청'에 포함되지 않는다. ○ ×

> **해설** 대법원 2011도12407
> 정답 ○

176 수사기관은 감청의 실시를 종료하면 감청대상이 된 전기통신의 가입자에게 감청사실 등을 통지하여야 하지만, 통지로 인하여 수사에 방해될 우려가 있다고 인정할 때에는 그 사유가 해소될 때까지 통지를 유예할 수 있다. ○ ×

> **해설**
>
> **통신비밀보호법 제9조의2(통신제한조치의 집행에 관한 통지)** ④ 제1항 내지 제3항의 규정에 불구하고 다음 각호의 1에 해당하는 사유가 있는 때에는 그 사유가 해소될 때까지 통지를 유예할 수 있다.
> 1. 통신제한조치를 통지할 경우 국가의 안전보장·공공의 안녕질서를 위태롭게 할 현저한 우려가 있는 때
> 2. 통신제한조치를 통지할 경우 사람의 생명·신체에 중대한 위험을 초래할 염려가 현저한 때
>
> 정답 ×

177 사람의 목소리인 이상 상대방에게 의사를 전달하는 말이 아닌 단순한 비명소리나 탄식 등이라 할지라도 통신비밀보호법이 보호하는 타인 간의 '대화'에 해당한다. ○ ×

> **해설** 통신비밀보호법에서 보호하는 타인 간의 '대화'는 원칙적으로 현장에 있는 당사자들이 육성으로 말을 주고받는 의사소통행위를 가리킨다. 따라서 사람의 육성이 아닌 사물에서 발생하는 음향은 타인 간의 '대화'에 해당하지 않는다. 또한 사람의 목소리라고 하더라도 상대방에게 의사를 전달하는 말이 아닌 단순한 비명소리나 탄식 등은 타인과 의사소통을 하기 위한 것이 아니라면 특별한 사정이 없는 한 타인 간의 '대화'에 해당한다고 볼 수 없다. (대법원 2016도19843)
> 정답 ×

178

통신제한조치의 집행주체가 제3자의 도움을 받지 않고서는 '대화의 녹음·청취'가 사실상 불가능하거나 곤란한 사정이 있는 경우에는 비례의 원칙에 위배되지 않는 한 제3자에게 집행을 위탁하거나 그로부터 협조를 받아 '대화의 녹음·청취'를 할 수 있는데, 이 경우 통신기관 등이 아닌 일반 사인에게는 당해 통신제한조치를 청구한 목적과 그 집행 또는 협조일시 및 대상을 기재한 대장을 작성하여 비치할 의무가 있다. ○ ×

해설 '대화의 녹음·청취'에 관하여 통신비밀보호법 제14조 제2항은 통신비밀보호법 제9조 제1항 전문을 적용하여 집행주체가 집행한다고 규정하면서도, 통신기관 등에 대한 집행위탁이나 협조요청에 관한 같은 법 제9조 제1항 후문을 적용하지 않고 있으나, 이는 '대화의 녹음·청취'의 경우 통신제한조치와 달리 통신기관의 업무와 관련이 적다는 점을 고려한 것일 뿐이므로, 반드시 집행주체가 '대화의 녹음·청취'를 직접 수행하여야 하는 것은 아니다. 따라서 집행주체가 제3자의 도움을 받지 않고서는 '대화의 녹음·청취'가 사실상 불가능하거나 곤란한 사정이 있는 경우에는 비례의 원칙에 위배되지 않는 한 제3자에게 집행을 위탁하거나 그로부터 협조를 받아 '대화의 녹음·청취'를 할 수 있다고 봄이 타당하고, 그 경우 통신기관 등이 아닌 일반 사인에게 대장을 작성하여 비치할 의무가 있다고 볼 것은 아니다. (대법원 2014도10978 전합)

정답 ×

179

통신비밀보호법상 '전기통신의 감청'은 전기통신이 이루어지고 있는 상황에서 실시간으로 전기통신의 내용을 지득·채록하는 경우와 통신의 송·수신을 직접적으로 방해하는 경우뿐만 아니라 이미 수신이 완료된 전기통신에 관하여 남아있는 기록이나 내용을 열어보는 등의 행위를 포함한다. ○ ×

해설 통신비밀보호법 제2조 제3호 및 제7호에 의하면 같은 법상 '감청'은 전자적 방식에 의하여 모든 종류의 음향·문언·부호 또는 영상을 송신하거나 수신하는 전기통신에 대하여 당사자의 동의 없이 전자장치·기계장치 등을 사용하여 통신의 음향·문언·부호·영상을 청취·공독하여 그 내용을 지득 또는 채록하거나 전기통신의 송·수신을 방해하는 것을 말한다. 그런데 해당 규정의 문언이 송신하거나 수신하는 전기통신 행위를 감청의 대상으로 규정하고 있을 뿐 송·수신이 완료되어 보관 중인 전기통신 내용은 대상으로 규정하지 않은 점, 일반적으로 감청은 다른 사람의 대화나 통신 내용을 몰래 엿듣는 행위를 의미하는 점 등을 고려하여 보면, 통신비밀보호법상 '감청'이란 대상이 되는 전기통신의 송·수신과 동시에 이루어지는 경우만을 의미하고, 이미 수신이 완료된 전기통신의 내용을 지득하는 등의 행위는 포함되지 않는다. (대법원 2012도4644)

정답 ×

180

검사는 형의 집행을 위하여 필요한 경우 전기통신사업법에 의한 전기통신사업자에게 통신사실 확인자료의 열람이나 제출을 요청할 수 있고, 이 경우에는 관할 지방법원(보통군사법원을 포함한다) 또는 지원의 허가를 받아야 한다. ○ ×

해설

> **통신비밀보호법 제13조**(범죄수사를 위한 통신사실 확인자료제공의 절차) ① 검사 또는 사법경찰관은 수사 또는 형의 집행을 위하여 필요한 경우 전기통신사업법에 의한 전기통신사업자(이하 "전기통신사업자"라 한다)에게 통신사실 확인자료의 열람이나 제출(이하 "통신사실 확인자료제공"이라 한다)을 요청할 수 있다.
> ② 검사 또는 사법경찰관은 제1항에도 불구하고 수사를 위하여 통신사실확인자료 중 다음 각 호의 어느 하나에 해당하는 자료가 필요한 경우에는 다른 방법으로는 범죄의 실행을 저지하기 어렵거나 범인의 발견·확보 또는 증거의 수집·보전이 어려운 경우에만 전기통신사업자에게 해당 자료의 열람이나 제출을 요청할 수 있다. 다만, 제5조 제1항 각 호의 어느 하나에 해당하는 범죄 또는 전기통신을 수단으로 하는 범죄에 대한 통신사실확인자료가 필요한 경우에는 제1항에 따라 열람이나 제출을 요청할 수 있다.

정답 ○

CHAPTER 03 수사상의 증거보전

01 증거보전과 증인신문

001 제1회 공판기일 전에 「형사소송법」 제184조에 의한 증거보전절차에서 증인신문을 하면서, 위 증인신문의 일시와 장소를 피의자 및 변호인에게 미리 통지하지 아니하여 증인신문에 참여할 수 있는 기회를 주지 아니하였고, 또 변호인이 제1심 공판기일에 위 증인신문조서의 증거조사에 관하여 이의신청을 하였다면, 위 증인신문조서는 증거능력이 없다 할 것이고, 그 증인이 후에 법정에서 그 조서의 진정성립을 인정한다 하여 다시 그 증거능력을 취득한다고 볼 수도 없다. ○ ×

> **해설** 대법원 91도2337   정답 ○

002 증거보전절차에서 작성된 증인신문조서 중 증인에 대한 반대신문과정에서 피의자였던 피고인이 당사자로 참여하여 자신의 범행사실을 시인하는 전제하에 증인에게 반대신문한 내용이 기재되어 있는 경우, 그 조서 중 피의자 진술부분에 대하여는 「형사소송법」 제311조에 의한 증거능력을 인정할 수 있다. ○ ×

> **해설** 증인신문조서가 증거보전절차에서 피고인이 증인으로서 증언한 내용을 기재한 것이 아니라 증인(갑)의 증언내용을 기재한 것이고 다만 피의자였던 피고인이 당사자로 참여하여 자신의 범행사실을 시인하는 전제하에 위 증인에게 반대신문한 내용이 기재되어 있을 뿐이라면, 위 조서는 공판준비 또는 공판기일에 피고인 등의 진술을 기재한 조서도 아니고, 반대신문과정에서 피의자가 한 진술에 관한 한 형사소송법 제184조에 의한 증인신문조서도 아니므로 위 조서중 피의자의 진술기재부분에 대하여는 형사소송법 제311조에 의한 증거능력을 인정할 수 없다. (대법원 84도508)   정답 ×

003 검사는 일정한 경우 제1회 공판기일 전이라도 판사에게 증거보전을 청구할 수 있으며, 증거보전의 청구를 기각하는 결정에 대하여는 3일 이내에 항고할 수 있다. ○ ×

> **해설**
>
> **형사소송법 제184조(증거보전의 청구와 그 절차)** ① 검사, 피고인, 피의자 또는 변호인은 미리 증거를 보전하지 아니하면 그 증거를 사용하기 곤란한 사정이 있는 때에는 제1회 공판기일 전이라도 판사에게 압수, 수색, 검증, 증인신문 또는 감정을 청구할 수 있다.
> ④ 제1항의 청구를 기각하는 결정에 대하여는 3일 이내에 항고할 수 있다.

정답 ○

004 증거보전의 청구를 받은 판사는 그 처분에 관하여 법원 또는 재판장과 동일한 권한이 있다. ○ ×

> **해설**
>
> **형사소송법 제184조(증거보전의 청구와 그 절차)** ② 전항의 청구를 받은 판사는 그 처분에 관하여 법원 또는 재판장과 동일한 권한이 있다.

정답 ○

005 형사입건 되기 전의 자는 피의자가 아니므로 증거보전을 청구할 수 없다. ○ ×

해설 대법원 79도792

정답 ○

006 증거보전을 청구할 수 있는 처분은 피의자신문, 증인신문, 감정, 검증과 압수수색에 한한다. ○ ×

해설 형사소송법 제184조에 의한 증거보전은 피고인 또는 피의자가 형사입건도 되기 전에는 청구할 수 없고, 또 피의자 신문에 해당하는 사항을 증거보전의 방법으로 청구할 수 없다. (대법원 79도792)

정답 ×

007 검사, 피고인 피의자 또는 변호인은 법원의 허가를 얻어 서류와 증거물을 열람 또는 등사할 수 있다. ○ ×

해설

> 형사소송법 제185조(서류의 열람 등) 검사, 피고인, 피의자 또는 변호인은 판사의 허가를 얻어 전조의 처분에 관한 서류와 증거물을 열람 또는 등사할 수 있다.

정답 ×

008 피고인, 피의자 또는 변호인뿐만 아니라 검사도 미리 증거를 보전하지 아니하면 그 증거를 사용하기 곤란한 사정이 있는 때에는 「형사소송법」 제184조에 따라 제1회 공판기일 전이라도 판사에게 압수, 수색, 검증, 증인신문 또는 감정을 청구할 수 있다. 이때 청구를 받은 판사는 그 처분에 관하여 법원 또는 재판장과 동일한 권한이 있다. ○ ×

해설

> 형사소송법 제184조(증거보전의 청구와 그 절차) ① 검사, 피고인, 피의자 또는 변호인은 미리 증거를 보전하지 아니하면 그 증거를 사용하기 곤란한 사정이 있는 때에는 제1회 공판기일 전이라도 판사에게 압수, 수색, 검증, 증인신문 또는 감정을 청구할 수 있다.
> ② 전항의 청구를 받은 판사는 그 처분에 관하여 법원 또는 재판장과 동일한 권한이 있다.

정답 ○

009 범죄의 수사에 없어서는 아니 될 사실을 안다고 명백히 인정되는 자가 「형사소송법」 제221조에 의한 출석 또는 진술을 거부한 경우에는 검사는 제1회 공판기일 전에 한하여 판사에게 그에 대한 증인신문을 청구할 수 있다. ○ ×

해설

> 형사소송법 제221조의2(증인신문의 청구) ① 범죄의 수사에 없어서는 아니 될 사실을 안다고 명백히 인정되는 자가 전조의 규정에 의한 출석 또는 진술을 거부한 경우에는 검사는 제1회 공판기일 전에 한하여 판사에게 그에 대한 증인신문을 청구할 수 있다.

정답 ○

010 판사는 「형사소송법」 제221조의2에 의한 검사의 증인신문 청구에 따라 증인신문기일을 정한 때에는 피고인·피의자 또는 변호인에게 이를 통지하여 증인신문에 참여할 수 있도록 하여야 하며, 증인신문을 한 후에는 이에 관한 서류를 판사 소속 법원에 보관하여야 한다. ○ ×

해설

> 형사소송법 제221조의2(증인신문의 청구) ⑤ 판사는 제1항의 청구에 따라 증인신문기일을 정한 때에는 피고인·피의자 또는 변호인에게 이를 통지하여 증인신문에 참여할 수 있도록 하여야 한다.
> ⑥ 판사는 제1항의 청구에 의한 증인신문을 한 때에는 지체없이 이에 관한 서류를 검사에게 송부하여야 한다.

정답 ×

011 증거보전 또는 증인신문을 청구하는 자는 그 사유를 서면으로 소명하여야 한다. ○ ×

해설

> 형사소송법 제184조(증거보전의 청구와 그 절차) ③ 제1항의 청구를 함에는 서면으로 그 사유를 소명하여야 한다.
> 형사사소송법 제221조의2(증인신문의 청구) ③ 제1항의 청구를 함에는 서면으로 그 사유를 소명하여야 한다.

정답 ○

012 증거보전은 제1심 제1회 공판기일 이전에 한하여 허용되는 것이 원칙이지만, 재심청구사건에서는 예외적으로 증거보전절차가 허용된다. ○ ×

해설 증거보전이란 장차 공판에 있어서 사용하여야 할 증거가 멸실되거나 또는 그 사용하기 곤란한 사정이 있을 경우에 당사자의 청구에 의하여 공판전에 미리 그 증거를 수집보전하여 두는 제도로서 제1심 제1회 공판기일전에 한하여 허용되는 것이므로 재심청구사건에서는 증거보전절차는 허용되지 아니한다. (대법원 84모15)

정답 ×

013 아동 청소년대상 성범죄의 피해자, 그 법정대리인 또는 경찰은 피해자가 공판기일에 출석하여 증언하는 것에 현저히 곤란한 사정이 있을 때에는 그 사유를 소명하여 「아동·청소년의 성보호에 관한 법률」 제26조에 따라 촬영된 영상물 또는 그 밖의 다른 증거물에 대하여 해당 성범죄를 수사하는 검사에게 증거보전의 청구를 할 것을 요청할 수 있다. ○ ×

해설

> 아동·청소년의 성보호에 관한 법률 제27조(증거보전의 특례) ① 아동·청소년대상 성범죄의 피해자, 그 법정대리인 또는 경찰은 피해자가 공판기일에 출석하여 증언하는 것에 현저히 곤란한 사정이 있을 때에는 그 사유를 소명하여 제26조에 따라 촬영된 영상물 또는 그 밖의 다른 증거물에 대하여 해당 성범죄를 수사하는 검사에게 「형사소송법」 제184조 제1항에 따른 증거보전의 청구를 할 것을 요청할 수 있다.

정답 ○

014

지방법원판사는 증거보전의 청구가 부적법하거나 필요없다고 인정할 때에는 청구기각결정을 하여야 한다. 증거보전 청구기각결정에 대해서는 3일 이내에 항고할 수 있다. O X

해설

형사소송법 제184조(증거보전의 청구와 그 절차) ④ 제1항의 청구를 기각하는 결정에 대하여는 3일 이내에 항고할 수 있다.

정답 O

015

검사가 증거보전청구를 한 경우 증거보전을 한 판사는 이에 관한 서류와 증거물을 지체없이 검사에게 송부해야 한다. O X

해설

형사소송법 제185조(서류의 열람 등) 검사, 피고인, 피의자 또는 변호인은 판사의 허가를 얻어 전조의 처분에 관한 서류와 증거물을 열람 또는 등사할 수 있다.

정답 X

016

압수에 관한 증거보전의 청구는 압수할 물건의 소재지를 관할하는 지방법원판사에게 하여야 한다. O X

해설

형사소송규칙 제91조(증거보전처분을 하여야 할 법관) ① 증거보전의 청구는 다음 지역을 관할하는 지방법원판사에게 하여야 한다.
  1. 압수에 관하여는 압수할 물건의 소재지
  2. 수색 또는 검증에 관하여는 수색 또는 검증할 장소, 신체 또는 물건의 소재지
  3. 증인신문에 관하여는 증인의 주거지 또는 현재지
  4. 감정에 관하여는 감정대상의 소재지 또는 현재지

정답 O

017

공동피고인과 피고인이 뇌물을 주고받은 사이로 필요적 공범관계에 있는 경우, 검사는 수사단계에서 피고인에 대한 증거를 미리 보전하기 위해 필요한 경우라고 할지라도 판사에게 공동피고인을 증인으로 신문할 것을 청구할 수는 없다. O X

해설 공동피고인과 피고인이 뇌물을 주고받은 사이로 필요적 공범관계에 있다고 하더라도 검사는 수사단계에서 피고인에 대한 증거를 미리 보전하기 위하여 필요한 경우에는 판사에게 공동피고인을 증인으로 신문할 것을 청구할 수 있다. (대법원 86도1646)

정답 X

CHAPTER 04 수사의 종결

01 수사의 종결

001 검사는 범죄로 인한 피해자 또는 그 법정대리인의 신청이 있는 때에는 당해 사건의 공소제기여부, 공판의 일시·장소, 재판결과, 피의자·피고인의 구속·석방 등 구금에 관한 사실 등을 신속하게 통지하여야 한다. ○ ×

해설

> **형사소송법 제259조의2(피해자 등에 대한 통지)** 검사는 범죄로 인한 피해자 또는 그 법정대리인(피해자가 사망한 경우에는 그 배우자·직계친족·형제자매를 포함한다)의 신청이 있는 때에는 당해 사건의 공소제기여부, 공판의 일시·장소, 재판결과, 피의자·피고인의 구속·석방 등 구금에 관한 사실 등을 신속하게 통지하여야 한다.

정답 ○

002 고소한 피해자는 불기소처분의 취소를 구하는 헌법소원심판을 청구할 수 있으나 고소하지 아니한 피해자 또는 고발인은 헌법소원심판을 청구할 수 없다. ○ ×

해설 범죄피해자는 그가 고소를 제기한 바 없었어도 검사의 불기소처분에 대하여 헌법소원심판을 청구할 자격이 있는 한편, 그는 고소인이 아니므로 불기소처분에 대하여 검찰청법에 정한 항고, 재항고의 제기에 의한 구제를 받을 방법이 없고, "고소권자로서 고소한 자"에 해당하지 않아 형사소송법 제260조 제1항 소정의 재정신청 절차를 취할 수도 없으므로 곧바로 헌법소원심판을 청구할 수 있다. (헌법재판소 2008헌마399, 400(병합))

정답 ×

003 검사는 고소 또는 고발 있는 사건에 관하여 공소를 제기하지 아니하는 처분을 한 경우에 고소인 또는 고발인의 청구가 있는 때에는 7일 이내 고소인 또는 고발인에게 그 이유를 서면으로 설명하여야 한다. ○ ×

해설

> **형사소송법 제259조(고소인등에의 공소불제기이유고지)** 검사는 고소 또는 고발있는 사건에 관하여 공소를 제기하지 아니하는 처분을 한 경우에 고소인 또는 고발인의 청구가 있는 때에는 7일 이내에 고소인 또는 고발인에게 그 이유를 서면으로 설명하여야 한다.

정답 ○

004 검사의 불기소처분이 있는 경우 일사부재리의 원칙이 적용되므로 다시 공소를 제기할 수 없다. ○ ×

해설 검사의 불기소처분에는 확정재판에 있어서의 확정력과 같은 효력이 없어 일단 불기소처분을 한 후에도 공소시효가 완성되기 전이면 언제라도 공소를 제기할 수 있으므로, 세무공무원 등의 고발이 있어야 공소를 제기할 수 있는 조세범처벌법 위반죄에 관하여 일단 불기소처분이 있었더라도 세무공무원 등이 종전에 한 고발은 여전히 유효하다. 따라서 나중에 공소를 제기함에 있어 세무공무원 등의 새로운 고발이 있어야 하는 것은 아니다. (대법원 2009도6614)

정답 ×

005
불기소 결정의 사유가 피의자가 형사미성년자인 경우는 죄가안됨에 해당한다. O X

해설

검찰사건사무규칙 제115조(불기소결정) ③ 불기소결정의 주문은 다음과 같이 한다.
    3. 죄가안됨: 피의사실이 범죄구성요건에는 해당하지만 법률상 범죄의 성립을 조각하는 사유가 있어 범죄를 구성하지 않는 경우

검찰사건사무규칙 제115조(불기소결정) ① 검사가 사건을 불기소결정하는 경우에는 불기소 사건기록 및 불기소 결정서에 부수처분과 압수물처분을 기재하고, 불기소 결정서에 피의사실의 요지와 수사의 결과 및 공소를 제기하지 않는 이유를 적어야 한다. 다만, 간단하거나 정형적인 사건의 경우에는 불기소 사건기록 및 불기소 결정서(간이) 양식을 사용할 수 있다.

② 제1항의 불기소 사건기록 및 불기소 결정서를 작성하는 경우에는 다음 각 호의 방법으로 표시하되, 법정형이 중한 순으로 표시한다.
  1. 피의자: 1, 2, 3의 순
  2. 죄명: 가, 나, 다의 순

③ 불기소결정의 주문은 다음과 같이 한다.
  1. 기소유예: 피의사실이 인정되나 「형법」 제51조 각 호의 사항을 참작하여 소추할 필요가 없는 경우
  2. 혐의없음
    가. 혐의없음(범죄인정안됨): 피의사실이 범죄를 구성하지 않거나 피의사실이 인정되지 않는 경우
    나. 혐의없음(증거불충분): 피의사실을 인정할 만한 충분한 증거가 없는 경우
  3. 죄가안됨: 피의사실이 범죄구성요건에는 해당하지만 법률상 범죄의 성립을 조각하는 사유가 있어 범죄를 구성하지 않는 경우
  4. 공소권없음: 다음 각 목의 어느 해당에 해당하는 경우
    가. 확정판결이 있는 경우
    나. 통고처분이 이행된 경우
    다. 「소년법」·가정폭력처벌법·성매매처벌법 또는 아동학대처벌법에 따른 보호처분이 확정된 경우(보호처분이 취소되어 검찰에 송치된 경우는 제외한다)
    라. 사면이 있는 경우
    마. 공소의 시효가 완성된 경우
    바. 범죄 후 법령의 개정이나 폐지로 형이 폐지된 경우
    사. 법률에 따라 형이 면제된 경우
    아. 피의자에 관하여 재판권이 없는 경우
    자. 같은 사건에 관하여 이미 공소가 제기된 경우(공소를 취소한 경우를 포함한다. 다만, 공소를 취소한 후에 다른 중요한 증거를 발견한 경우는 포함되지 않는다)
    차. 친고죄 및 공무원의 고발이 있어야 논할 수 있는 죄의 경우에 고소 또는 고발이 없거나 그 고소 또는 고발이 무효 또는 취소된 경우
    카. 반의사불벌죄의 경우 처벌을 희망하지 않는 의사표시가 있거나 처벌을 희망하는 의사표시가 철회된 경우
    타. 피의자가 사망하거나 피의자인 법인이 존속하지 않게 된 경우
  5. 각하
    가. 고소 또는 고발이 있는 사건에 관하여 고소인 또는 고발인의 진술이나 고소장 또는 고발장에 의하여 제2호부터 제4호까지의 규정에 따른 사유에 해당함이 명백한 경우
    나. 법 제224조, 제232조제2항 또는 제235조에 위반한 고소·고발의 경우
    다. 같은 사건에 관하여 검사의 불기소결정이 있는 경우(새로이 중요한 증거가 발견되어 고소인, 고발인 또는 피해자가 그 사유를 소명한 경우는 제외한다)
    라. 법 제223조, 제225조부터 제228조까지의 규정에 따른 고소권자가 아닌 자가 고소한 경우

마. 고소인 또는 고발인이 고소·고발장을 제출한 후 출석요구나 자료제출 등 혐의 확인을 위한 수사기관의 요청에 불응하거나 소재불명이 되는 등 고소·고발사실에 대한 수사를 개시·진행할 자료가 없는 경우
바. 고발이 진위 여부가 불분명한 언론 보도나 인터넷 등 정보통신망의 게시물, 익명의 제보, 고발 내용과 직접적인 관련이 없는 제3자로부터의 전문(傳聞)이나 풍문 또는 고발인의 추측만을 근거로 한 경우 등으로서 수사를 개시할만한 구체적인 사유나 정황이 충분하지 않은 경우
사. 고소·고발 사건(진정 또는 신고를 단서로 수사개시된 사건을 포함한다)의 사안의 경중 및 경위, 피해회복 및 처벌의사 여부, 고소인·고발인·피해자와 피고소인·피고발인·피의자와의 관계, 분쟁의 종국적 해결 여부 등을 고려할 때 수사 또는 소추에 관한 공공의 이익이 없거나 극히 적은 경우로서 수사를 개시·진행할 필요성이 인정되지 않는 경우

정답 ○

006

불기소 결정의 사유가 수사 중 피의자가 사망한 경우는 공소권 없음에 해당한다. ○ ×

해설

검찰사건사무규칙 제115조(불기소결정) ③ 불기소결정의 주문은 다음과 같이 한다.
4. 공소권없음: 다음 각 목의 어느 해당에 해당하는 경우
타. 피의자가 사망하거나 피의자인 법인이 존속하지 않게 된 경우

정답 ○

007

불기소 결정의 사유가 친고죄 사건에 관하여 고소가 취소된 경우는 혐의 없음에 해당한다. ○ ×

해설

검찰사건사무규칙 제115조(불기소결정) ③ 불기소결정의 주문은 다음과 같이 한다.
4. 공소권없음: 다음 각 목의 어느 해당에 해당하는 경우
차. 친고죄 및 공무원의 고발이 있어야 논할 수 있는 죄의 경우에 고소 또는 고발이 없거나 그 고소 또는 고발이 무효 또는 취소된 경우

정답 ×

008

불기소 결정의 사유가 고소사건에서 동일사건에 관하여 이미 검사의 불기소처분이 있는 경우에는 공소권 없음에 해당한다. ○ ×

해설

검찰사건사무규칙 제115조(불기소결정) ③ 불기소결정의 주문은 다음과 같이 한다.
5. 각하
다. 같은 사건에 관하여 검사의 불기소결정이 있는 경우(새로이 중요한 증거가 발견되어 고소인, 고발인 또는 피해자가 그 사유를 소명한 경우는 제외한다)

정답 ×

009 검사는 고소 또는 고발 있는 사건에 관하여 공소제기, 불기소, 공소취소 또는 타관송치의 처분을 한 때에는 그 처분한 날로부터 7일 이내에 서면으로 고소인 또는 고발인에게 그 취지를 통지하여야 한다. ○ ×

해설

형사소송법 제258조(고소인등에의 처분고지) ① 검사는 고소 또는 고발있는 사건에 관하여 공소를 제기하거나 제기하지 아니하는 처분, 공소의 취소 또는 제256조의 송치를 한 때에는 그 처분한 날로부터 7일 이내에 서면으로 고소인 또는 고발인에게 그 취지를 통지하여야 한다.
② 검사는 불기소 또는 제256조(타관송치)의 처분을 한 때에는 피의자에게 즉시 그 취지를 통지하여야 한다.

정답 ○

010 검사가 불기소 또는 타관송치의 처분을 한 때에는 피의자에게 즉시 그 취지를 통지하여야 한다. ○ ×

해설

형사소송법 제258조(고소인등에의 처분고지) ② 검사는 불기소 또는 제256조의 처분을 한 때에는 피의자에게 즉시 그 취지를 통지하여야 한다.

정답 ○

011 검사가 고소 또는 고발에 의하여 범죄를 수사할 때에는 고소 또는 고발을 수리한 날로부터 3월 이내에 수사를 완료하여 공소제기 여부를 결정하여야 한다. ○ ×

해설

형사소송법 제257조(고소등에 의한 사건의 처리) 검사가 고소 또는 고발에 의하여 범죄를 수사할 때에는 고소 또는 고발을 수리한 날로부터 3월 이내에 수사를 완료하여 공소제기여부를 결정하여야 한다.

정답 ○

012 검사가 불기소처분을 한 후에도 공소시효가 완성되기 전이면 언제라도 공소를 제기할 수 있으나, 세무공무원 등의 고발이 있어야 공소를 제기할 수 있는 조세범처벌법위반죄에 관하여 종전 세무공무원 등의 고발에 대한 불기소처분이 있었던 경우는 세무공무원 등의 새로운 고발이 있어야 공소를 제기할 수 있다. ○ ×

해설 검사의 불기소처분에는 확정재판에 있어서의 확정력과 같은 효력이 없어 일단 불기소처분을 한 후에도 공소시효가 완성되기 전이면 언제라도 공소를 제기할 수 있으므로, 세무공무원 등의 고발이 있어야 공소를 제기할 수 있는 조세범처벌법 위반죄에 관하여 일단 불기소처분이 있었더라도 세무공무원 등이 종전에 한 고발은 여전히 유효하다. 따라서 나중에 공소를 제기함에 있어 세무공무원 등의 새로운 고발이 있어야 하는 것은 아니다. (대법원 2009도6614)

정답 ×

013

고소장의 기재만으로는 고소 사실이 불분명함에도 고소장 제출 후 고소인이 출석요구에 불응하거나 소재불명이 되어 고소 사실에 대한 진술을 청취할 수 없는 경우는 불기소처분 중 각하 사유에 해당한다. ○ ×

해설

> 검찰사건사무규칙 제115조(불기소결정) ③ 불기소결정의 주문은 다음과 같이 한다.
> 5. 각하
> 　마. 고소인 또는 고발인이 고소·고발장을 제출한 후 출석요구나 자료제출 등 혐의 확인을 위한 수사기관의 요청에 불응하거나 소재불명이 되는 등 고소·고발사실에 대한 수사를 개시·진행할 자료가 없는 경우

정답 ○

014

반의사불벌죄의 경우 처벌을 희망하지 아니하는 의사표시가 있거나 처벌을 희망하는 의사표시가 철회된 경우는 불기소처분 중 공소권 없음 사유에 해당한다. ○ ×

해설

> 검찰사건사무규칙 제115조(불기소결정) ③ 불기소결정의 주문은 다음과 같이 한다.
> 4. 공소권없음: 다음 각 목의 어느 해당에 해당하는 경우
> 　카. 반의사불벌죄의 경우 처벌을 희망하지 않는 의사표시가 있거나 처벌을 희망하는 의사표시가 철회된 경우

정답 ○

015

고소권자로서 고소를 한 자는 검사로부터 공소를 제기하지 아니한다는 통지를 받은 때에는 그 검사 소속의 지방검찰청 소재지를 관할하는 고등법원에 그 당부에 관한 재정을 신청할 수 있으나, 검찰항고 전치주의가 적용되어 반드시 검찰항고를 먼저 거쳐야 한다. ○ ×

해설

> 형사소송법 제260조(재정신청) ① 고소권자로서 고소를 한 자(「형법」 제123조부터 제126조까지의 죄에 대하여는 고발을 한 자를 포함한다. 이하 이 조에서 같다)는 검사로부터 공소를 제기하지 아니한다는 통지를 받은 때에는 그 검사 소속의 지방검찰청 소재지를 관할하는 고등법원(이하 "관할 고등법원"이라 한다)에 그 당부에 관한 재정을 신청할 수 있다. 다만, 「형법」 제126조의 죄에 대하여는 피공표자의 명시한 의사에 반하여 재정을 신청할 수 없다.
> ② 제1항에 따른 재정신청을 하려면 「검찰청법」 제10조에 따른 항고를 거쳐야 한다. 다만, 다음 각 호의 어느 하나에 해당하는 경우에는 그러하지 아니하다.
> 　1. 항고 이후 재기수사가 이루어진 다음에 다시 공소를 제기하지 아니한다는 통지를 받은 경우
> 　2. 항고 신청 후 항고에 대한 처분이 행하여지지 아니하고 3개월이 경과한 경우
> 　3. 검사가 공소시효 만료일 30일 전까지 공소를 제기하지 아니하는 경우

정답 ×

016

재정신청은 법원의 결정이 있을 때까지 취소할 수 있으나 취소한 자는 다시 재정신청을 할 수 없다. ○ ×

해설

형사소송법 제264조(대리인에 의한 신청과 1인의 신청의 효력, 취소) ② 재정신청은 제262조 제2항의 결정이 있을 때까지 취소할 수 있다. 취소한 자는 다시 재정신청을 할 수 없다.

정답 ○

017

대통령에게 제출한 청원서를 대통령비서실로부터 이관받은 검사가 진정사건으로 내사 후 내사종결 처리한 경우 위 내사종결 처리는 고소 또는 고발사건에 대한 불기소처분이라고 볼 수 없어 재정신청의 대상이 되지 아니한다. ○ ×

해설 대법원 91모68

정답 ○

018

피의사실이 범죄구성요건에 해당하지만 법률상 범죄의 성립을 조각하는 사유가 있어 범죄를 구성하지 않는 경우에 검사는 '죄가 안됨'을 이유로 불기소 결정을 하여야 한다. ○ ×

해설

검찰사건사무규칙 제98조(사건의 결정) 검사가 사건의 수사를 종결할 때에는 수사준칙 제52조 제1항에 따라 다음 각 호의 구분에 따른 결정을 한다.
2. 불기소
   다. 죄가안됨

정답 ○

019

검사의 불기소처분에 불복하는 고소인이나 고발인은 그 검사가 속한 지방검찰청 또는 지청을 거쳐 서면으로 관할 고등검찰청 검사장에게 항고할 수 있다. ○ ×

해설

검찰청법 제10조(항고 및 재항고) ① 검사의 불기소처분에 불복하는 고소인이나 고발인은 그 검사가 속한 지방검찰청 또는 지청을 거쳐 서면으로 관할 고등검찰청 검사장에게 항고할 수 있다. 이 경우 해당 지방검찰청 또는 지청의 검사는 항고가 이유 있다고 인정하면 그 처분을 경정(更正)하여야 한다.

정답 ○

020

검사가 공소제기 후에 그 피고사건에 관하여 수소법원이 아닌 지방법원판사에게 청구받은 영장에 의하여 압수·수색하는 것은 공소유지를 위해 필요한 경우에 한하여 적법하다. ○ ×

해설 일단 공소가 제기된 후에는 그 피고사건에 관하여 검사로서는 법 제215조에 의하여 압수·수색을 할 수 없다고 보아야 하며, 그럼에도 검사가 공소제기 후 법 제215조에 따라 수소법원 이외의 지방법원 판사에게 청구하여 발부받은 영장에 의하여 압수·수색을 하였다면, 그와 같이 수집된 증거는 기본적 인권 보장을 위해 마련된 적법한 절차에 따르지 않은 것으로서 원칙적으로 유죄의 증거로 삼을 수 없다. (대법원 2009도10412)

정답 ×

021

검사는 사법경찰관이 사건을 송치하지 아니한 것이 위법 또는 부당한 때에는 그 이유를 명시한 서면과 함께 관계 서류와 증거물을 송부받은 날부터 원칙적으로 90일 이내에 사법경찰관에게 재수사를 요청할 수 있다. O X

해설

수사준칙 제63조(재수사요청의 절차 등) ① 검사는 법 제245조의8(재수사요청 등)에 따라 사법경찰관에게 재수사를 요청하려는 경우에는 법 제245조의5 제2호(사법경찰관의 사건송치 등)에 따라 관계 서류와 증거물을 송부받은 날부터 90일 이내에 해야 한다. 다만, 다음 각 호의 어느 하나에 해당하는 경우에는 관계 서류와 증거물을 송부받은 날부터 90일이 지난 후에도 재수사를 요청할 수 있다.
  1. 불송치 결정에 영향을 줄 수 있는 명백히 새로운 증거 또는 사실이 발견된 경우
  2. 증거 등의 허위, 위조 또는 변조를 인정할 만한 상당한 정황이 있는 경우
② 검사는 제1항에 따라 재수사를 요청할 때에는 그 내용과 이유를 구체적으로 적은 서면으로 해야 한다. 이 경우 법 제245조의5제2호에 따라 송부받은 관계 서류와 증거물을 사법경찰관에게 반환해야 한다.
③ 검사는 법 제245조의8(재수사요청 등)에 따라 재수사를 요청한 경우 그 사실을 고소인등에게 통지해야 한다.
④ 사법경찰관은 법 제245조의8제1항(재수사요청 등)에 따른 재수사의 요청이 접수된 날부터 3개월 이내에 재수사를 마쳐야 한다.

정답 O

022

검사의 재수사요청에도 사법경찰관이 불송치결정을 유지하는 경우, 검사가 사법경찰관의 재차 불송치결정이 위법 부당하다고 판단하면 1회에 한하여 다시 재수사요청을 할 수 있다. O X

해설

수사준칙 제64조(재수사 결과의 처리) ① 사법경찰관은 법 제245조의8 제2항(재수사요청 등)에 따라 재수사를 한 경우 다음 각 호의 구분에 따라 처리한다.
  1. 범죄의 혐의가 있다고 인정되는 경우: 법 제245조의5 제1호(사법경찰관의 사건송치 등)에 따라 검사에게 사건을 송치하고 관계 서류와 증거물을 송부
  2. 기존의 불송치 결정을 유지하는 경우: 재수사 결과서에 그 내용과 이유를 구체적으로 적어 검사에게 통보
② 검사는 사법경찰관이 제1항 제2호에 따라 재수사 결과를 통보한 사건에 대해서 다시 재수사를 요청하거나 송치 요구를 할 수 없다. 다만, 검사는 사법경찰관이 사건을 송치하지 않은 위법 또는 부당이 시정되지 않아 사건을 송치받아 수사할 필요가 있는 다음 각 호의 경우에는 법 제197조의3(시정조치요구 등)에 따라 사건송치를 요구할 수 있다.
  1. 관련 법령 또는 법리에 위반된 경우
  2. 범죄 혐의의 유무를 명확히 하기 위해 재수사를 요청한 사항에 관하여 그 이행이 이루어지지 않은 경우. 다만, 불송치 결정의 유지에 영향을 미치지 않음이 명백한 경우는 제외한다.
  3. 송부받은 관계 서류 및 증거물과 재수사 결과만으로도 범죄의 혐의가 명백히 인정되는 경우
  4. 공소시효 또는 형사소추의 요건을 판단하는 데 오류가 있는 경우
③ 검사는 제2항 각 호 외의 부분 단서에 따른 사건송치 요구 여부를 판단하기 위해 필요한 경우에는 사법경찰관에게 관계 서류와 증거물의 송부를 요청할 수 있다. 이 경우 요청을 받은 사법경찰관은 이에 협력해야 한다.
④ 검사는 재수사 결과를 통보받은 날(제3항에 따라 관계 서류와 증거물의 송부를 요청한 경우에는 관계 서류와 증거물을 송부받은 날을 말한다)부터 30일 이내에 제2항 각 호 외의 부분 단서에 따른 사건송치 요구를 해야 하고, 그 기간 내에 사건송치 요구를 하지 않을 경우에는 송부받은 관계 서류와 증거물을 사법경찰관에게 반환해야 한다.

정답 X

023 검사의 불기소처분에는 확정력과 같은 효력이 없어 일단 불기소처분을 한 후에도 공소시효가 완성되기 전이면 공소를 제기할 수 있다. ○ ×

해설 대법원 97다50855 정답 ○

024 검사의 불기소처분에 대한 헌법소원에 있어서 그 대상이 된 범죄에 대하여 공소시효가 완성되었더라도 헌법소원을 제기할 수 있다. ○ ×

해설 불기소처분의 대상이 된 피의사실의 공소시효가 이미 완성되었으면 그에 대한 헌법소원심판청구는 권리보호의 이익이 없다. (헌법재판소 88헌마3) 정답 ×

025 사법경찰관은 사건을 수사한 경우에는 혐의없음, 죄가안됨, 공소권없음, 각하와 같은 불송치 결정을 할 수 있지만 기소유예는 할 수 없다. ○ ×

해설

> **수사준칙 제51조(사법경찰관의 결정)** ① 사법경찰관은 사건을 수사한 경우에는 다음 각 호의 구분에 따라 결정해야 한다.
>   3. 불송치
>   가. 혐의없음
>   1) 범죄인정안됨
>   2) 증거불충분
>   나. 죄가안됨
>   다. 공소권없음
>   라. 각하
> **형사소송법 제247조(기소편의주의)** 검사는 「형법」 제51조의 사항을 참작하여 공소를 제기하지 아니할 수 있다.

정답 ○

178 PART 02 강제수사·수사의 종결

026 검사와 사법경찰관의 상호협력과 일반적 수사준칙에 관한 규정 제53조 및 제54조에 의하면 사법경찰관은 수사종결 후 그 내용을 고소인등과 피의자에게 통지해야 하는데, 특히 수사중지 결정 통지를 받은 사람은 해당 사법경찰관이 소속된 경찰서의 장에게 이의를 제기할 수 있다. O│X

해설

수사준칙 제53조(수사 결과의 통지) ① 검사 또는 사법경찰관은 제51조(사법경찰관의 결정) 또는 제52조(검사의 결정)에 따른 결정을 한 경우에는 그 내용을 고소인·고발인·피해자 또는 그 법정대리인(피해자가 사망한 경우에는 그 배우자·직계친족·형제자매를 포함한다. 이하 "고소인등"이라 한다)과 피의자에게 통지해야 한다. 다만, 다음 각 호의 어느 하나에 해당하는 경우에는 고소인등에게만 통지한다.
 1. 제51조 제1항 제4호 가목에 따른 피의자중지 결정 또는 제52조제1항제3호에 따른 기소중지 결정을 한 경우
 2. 제51조 제1항 제5호(사법경찰관의 결정-이송) 또는 제52조 제1항 제7호(검사의 결정-이송)에 따른 이송(법 제256조에 따른 송치(타관송치)는 제외한다) 결정을 한 경우로서 검사 또는 사법경찰관이 해당 피의자에 대해 출석요구 또는 제16조 제1항 각 호(수사의 개시)의 어느 하나에 해당하는 행위를 하지 않은 경우
② 고소인등은 법 제245조의6에 따른 통지를 받지 못한 경우 사법경찰관에게 불송치 통지서로 통지해 줄 것을 요구할 수 있다.
③ 제1항에 따른 통지의 구체적인 방법·절차 등은 법무부장관, 경찰청장 또는 해양경찰청장이 정한다.
수사준칙 제54조(수사중지 결정에 대한 이의제기 등) ① 제53조(수사 결과의 통지)에 따라 사법경찰관으로부터 제51조 제1항 제4호(사법경찰관의 결정)에 따른 수사중지 결정의 통지를 받은 사람은 해당 <u>사법경찰관이 소속된 바로 위 상급경찰관서의 장</u>에게 이의를 제기할 수 있다.
수사준칙 제16조(수사의 개시) ① 검사 또는 사법경찰관이 다음 각 호의 어느 하나에 해당하는 행위에 착수한 때에는 수사를 개시한 것으로 본다. 이 경우 검사 또는 사법경찰관은 해당 사건을 즉시 입건해야 한다.
 1. 피혐의자의 수사기관 출석조사
 2. 피의자신문조서의 작성
 3. 긴급체포
 4. 체포·구속영장의 청구 또는 신청
 5. 사람의 신체, 주거, 관리하는 건조물, 자동차, 선박, 항공기 또는 점유하는 방실에 대한 압수·수색 또는 검증영장(부검을 위한 검증영장은 제외한다)의 청구 또는 신청

정답 ×

027 사법경찰관이 사건을 수사한 결과, 불송치 결정 중 죄가안됨에 해당하여 형법 제10조 제1항에 따라 피의자를 벌할 수 없는 경우에는 해당 사건을 검사에게 이송한다. O│X

해설

수사준칙 제51조(사법경찰관의 결정) ③ 사법경찰관은 제1항 제3호 나목(죄가안됨) 또는 다목(공소권없음)에 해당하는 사건이 다음 각 호의 어느 하나에 해당하는 경우에는 해당 사건을 검사에게 이송한다.
 1. 「형법」 제10조 제1항(심신장애인)에 따라 벌할 수 없는 경우
 2. 기소되어 사실심 계속 중인 사건과 포괄일죄를 구성하는 관계에 있거나 「형법」 제40조(상상적 경합)에 따른 상상적 경합 관계에 있는 경우
③ 사법경찰관은 제1항 제3호 나목 또는 다목에 해당하는 사건이 다음 각 호의 어느 하나에 해당하는 경우에는 해당 사건을 검사에게 이송한다.
 1. 「형법」 제10조 제1항(심신장애인)에 따라 벌할 수 없는 경우

정답 ○

028 사법경찰관은 수사결과에 따라 범죄의 혐의가 있다고 인정되는 경우에는 지체 없이 검사에게 사건을 송치하고 관계 서류와 증거물을 검사에게 송부하여야 하는데, 이 때 보완수사가 필요하다고 인정되는 경우에도 검사는 직접 보완수사할 수 없으며 사법경찰관에 대한 보완수사요구만 가능하다. O ×

해설

> **수사준칙 제59조(보완수사요구의 대상과 범위)** ① 검사는 사법경찰관으로부터 송치받은 사건에 대해 보완수사가 필요하다고 인정하는 경우에는 직접 보완수사를 하거나 법 제197조의2제1항제1호에 따라 사법경찰관에게 보완수사를 요구할 수 있다. 다만, 송치사건의 공소제기 여부 결정에 필요한 경우로서 다음 각 호의 어느 하나에 해당하는 경우에는 특별히 사법경찰관에게 보완수사를 요구할 필요가 있다고 인정되는 경우를 제외하고는 검사가 직접 보완수사를 하는 것을 원칙으로 한다.
> 1. 사건을 수리한 날(이미 보완수사요구가 있었던 사건의 경우 보완수사 이행 결과를 통보받은 날을 말한다)부터 1개월이 경과한 경우
> 2. 사건이 송치된 이후 검사가 해당 피의자 및 피의사실에 대해 상당한 정도의 보완수사를 한 경우
> 3. 법 제197조의3 제5항, 제197조의4 제1항 또는 제198조의2 제2항에 따라 사법경찰관으로부터 사건을 송치받은 경우
> 4. 제7조 또는 제8조에 따라 검사와 사법경찰관이 사건 송치 전에 수사할 사항, 증거수집의 대상 및 법령의 적용 등에 대해 협의를 마치고 송치한 경우

정답 ×

029 사법경찰관이 재수사 중인 사건에 대해 형사소송법 제245조의7 제1항에 따른 고소인 등의 이의신청이 있는 경우에는 사법경찰관은 재수사를 중단해야 하며, 같은 조 제2항에 따라 해당 사건을 지체 없이 검사에게 송치하고 관계 서류와 증거물을 송부해야 한다. O ×

해설

> **수사준칙 제65조(재수사 중의 이의신청)** 사법경찰관은 법 제245조의8 제2항(재수사요청 등)에 따라 재수사 중인 사건에 대해 법 제245조의7 제1항(고소인 등의 이의신청)에 따른 이의신청이 있는 경우에는 재수사를 중단해야 하며, 같은 조 제2항에 따라 해당 사건을 지체 없이 검사에게 송치하고 관계 서류와 증거물을 송부해야 한다.

정답 O

030 사법경찰관은 고소·고발 사건을 포함하여 범죄를 수사한 때에는 범죄의 혐의가 있다고 인정되는 경우에는 지체 없이 검사에게 사건을 송치하고, 관계 서류와 증거물을 검사에게 송부하여야 한다. O ×

해설

> **형사소송법 제245조의5(사법경찰관의 사건송치 등)** 사법경찰관은 고소·고발 사건을 포함하여 범죄를 수사한 때에는 다음 각 호의 구분에 따른다.
> 1. 범죄의 혐의가 있다고 인정되는 경우에는 지체 없이 검사에게 사건을 송치하고, 관계 서류와 증거물을 검사에게 송부하여야 한다.

정답 O

031

사법경찰관은 고소 고발 사건을 포함하여 범죄를 수사한 때에는 범죄의 혐의가 있다고 인정되는 경우를 제외한 그 밖의 경우에는 그 이유를 명시한 서면과 함께 관계 서류와 증거물을 지체 없이 검사에게 송부하여야 한다. ○ ×

해설

> 형사소송법 제245조의5(사법경찰관의 사건송치 등) 사법경찰관은 고소·고발 사건을 포함하여 범죄를 수사한 때에는 다음 각 호의 구분에 따른다.
> 2. 그 밖의 경우에는 그 이유를 명시한 서면과 함께 관계 서류와 증거물을 지체 없이 검사에게 송부하여야 한다. 이 경우 검사는 송부받은 날부터 90일 이내에 사법경찰관에게 반환하여야 한다.

정답 ○

032

사법경찰관은 고소 고발 사건을 포함하여 범죄를 수사한 때에는 범죄의 혐의가 있다고 인정되는 경우를 제외한 그 밖의 경우에는 그 이유를 명시한 서면과 함께 관계 서류와 증거물을 지체 없이 검사에게 송부하여야 하고, 그 송부한 날부터 7일 이내에 서면으로 고소인 고발인 피해자 또는 그 법정대리인(피해자가 사망한 경우에는 그 배우자 직계친족 형제자매를 포함한다)에게 사건을 검사에게 송치하지 아니하는 취지와 그 이유를 통지하여야 한다. ○ ×

해설

> 형사소송법 제245조의6(고소인 등에 대한 송부통지) 사법경찰관은 제245조의5 제2호의 경우에는 그 송부한 날부터 7일 이내에 서면으로 고소인·고발인·피해자 또는 그 법정대리인(피해자가 사망한 경우에는 그 배우자·직계친족·형제자매를 포함한다)에게 사건을 검사에게 송치하지 아니하는 취지와 그 이유를 통지하여야 한다.

정답 ○

033

사법경찰관으로부터 사건을 검사에게 송치하지 아니하는 취지와 그 이유를 통지받은 사람은 통지를 받은 날로부터 30일 이내에 해당 사법경찰관의 소속 관서의 장에게 이의를 신청하여야 한다. ○ ×

해설

> 형사소송법 제245조의7(고소인 등의 이의신청) ① 제245조의6(고소인 등에 대한 송부통지)의 통지를 받은 사람(고발인을 제외한다)은 해당 사법경찰관의 소속 관서의 장에게 이의를 신청할 수 있다.
> ② 사법경찰관은 제1항의 신청이 있는 때에는 지체 없이 검사에게 사건을 송치하고 관계 서류와 증거물을 송부하여야 하며, 처리결과와 그 이유를 제1항의 신청인에게 통지하여야 한다.

정답 ×

034

검사 작성의 피고인에 대한 진술조서가 공소제기 후에 작성된 것이라는 이유만으로는 곧 그 증거능력이 없다고 할 수 없다. ○ ×

해설 검사작성의 피고인에 대한 진술조서가 공소제기 후에 작성된 것이라는 이유만으로는 곧 그 증거능력이 없다고 할 수 없다. (대법원 84도1646)

정답 ○

035 제1심에서 피고인에 대하여 무죄판결이 선고되어 검사가 항소한 후, 수사기관이 항소심 공판기일에 증인으로 신청하여 신문할 수 있는 사람을 특별한 사정없이 미리 수사기관에 소환하여 작성한 진술조서는 피고인이 증거로 할 수 있음에 동의하지 않는 한 증거능력이 없다. ○ ×

해설 제1심에서 피고인에 대하여 무죄판결이 선고되어 검사가 항소한 후, 수사기관이 항소심 공판기일에 증인으로 신청하여 신문할 수 있는 사람을 특별한 사정 없이 미리 수사기관에 소환하여 작성한 진술조서는 피고인이 증거로 할 수 있음에 동의하지 않는 한 증거능력이 없다. 검사가 공소를 제기한 후 참고인을 소환하여 피고인에게 불리한 진술을 기재한 진술조서를 작성하여 이를 공판절차에 증거로 제출할 수 있게 한다면, 피고인과 대등한 당사자의 지위에 있는 검사가 수사기관으로서의 권한을 이용하여 일방적으로 법정 밖에서 유리한 증거를 만들 수 있게 하는 것이므로 당사자주의 · 공판중심주의 · 직접심리주의에 반하고 피고인의 공정한 재판을 받을 권리를 침해하기 때문이다. 위 참고인이 나중에 법정에 증인으로 출석하여 위 진술조서의 성립의 진정을 인정하고 피고인 측에 반대신문의 기회가 부여된다 하더라도 위 진술조서의 증거능력을 인정할 수 없음은 마찬가지이다. (대법원 2013도6825) 정답 ○

036 공판준비 또는 공판기일에서 이미 증언을 마친 증인을 검사가 소환한 후 피고인에게 유리한 증언 내용을 추궁하여 이를 일방적으로 번복시키는 방식으로 작성한 진술조서는 피고인이 증거로 할 수 있음에 동의하더라도 증거능력이 없다. ○ ×

해설 공판준비 또는 공판기일에서 이미 증언을 마친 증인을 검사가 소환한 후 피고인에게 유리한 그 증언 내용을 추궁하여 이를 일방적으로 번복시키는 방식으로 작성한 진술조서를 유죄의 증거로 삼는 것은 당사자주의 · 공판중심주의 · 직접주의를 지향하는 현행 형사소송법의 소송구조에 어긋나는 것일 뿐만 아니라, 헌법 제27조가 보장하는 기본권, 즉 법관의 면전에서 모든 증거자료가 조사 · 진술되고 이에 대하여 피고인이 공격 · 방어할 수 있는 기회가 실질적으로 부여되는 재판을 받을 권리를 침해하는 것이므로, 이러한 진술조서는 피고인이 증거로 할 수 있음에 동의하지 아니하는 한 그 증거능력이 없다고 하여야 할 것이고, 그 후 원진술자인 종전 증인이 다시 법정에 출석하여 증언을 하면서 그 진술조서의 성립의 진정함을 인정하고 피고인측에 반대신문의 기회가 부여되었다고 하더라도 그 증언 자체를 유죄의 증거로 할 수 있음은 별론으로 하고 위와 같은 진술조서의 증거능력이 없다는 결론은 달리할 것이 아니다. (대법원 99도1108 전합) 정답 ×

037 검사 또는 사법경찰관이 피고인에 대한 구속영장을 집행하는 경우에 필요한 때에는 영장 없이 구속현장에서 압수·수색·검증을 할 수 있다. ○ ×

해설

형사소송법 제216조(영장에 의하지 아니한 강제처분) ② 전항 제2호의 규정은 검사 또는 사법경찰관이 피고인에 대한 구속영장의 집행의 경우에 준용한다.

정답 ○

02 재정신청

038 재판장은 피해자, 증인 등 사건관계인의 생명 또는 신체의 안전을 현저히 해칠 우려가 있는 경우에는 소송계속 중의 관계 서류 또는 증거물의 열람·복사에 앞서 사건관계인의 성명 등 개인정보가 공개되지 아니하도록 보호조치를 할 수 있다. ○ ×

> **해설**
>
> **형사소송법 제35조(서류·증거물의 열람·복사)** ③ 재판장은 피해자, 증인 등 사건관계인의 생명 또는 신체의 안전을 현저히 해칠 우려가 있는 경우에는 제1항 및 제2항에 따른 열람·복사에 앞서 사건관계인의 성명 등 개인정보가 공개되지 아니하도록 보호조치를 할 수 있다.

정답 ○

039 판결선고 후 판결확정 전 구금일수(판결선고 당일의 구금일수를 포함한다)는 전부를 본형에 산입한다. ○ ×

> **해설**
>
> **형사소송법 제482조(판결확정 전 구금일수 등의 산입)** ① 판결선고 후 판결확정 전 구금일수(판결선고 당일의 구금일수를 포함한다)는 전부를 본형에 산입한다.

정답 ○

040 사람을 살해한 범죄(종범은 제외한다)로 사형에 해당하는 범죄에 대하여는 「형사소송법」 제249조부터 제253조까지에 규정된 공소시효를 적용하지 아니한다. ○ ×

> **해설**
>
> **형사소송법 제253조의2(공소시효의 적용 배제)** 사람을 살해한 범죄(종범은 제외한다)로 사형에 해당하는 범죄에 대하여는 제249조부터 제253조까지에 규정된 공소시효를 적용하지 아니한다.

정답 ○

041 검사가 공소시효 만료일 30일 전까지 공소를 제기하지 아니하는 경우에는 검찰항고를 거치지 않고 공소시효 만료일 전날까지 재정신청서를 제출할 수 있다. ○ ×

> **해설**
>
> **형사소송법 제260조(재정신청)** ② 제1항에 따른 재정신청을 하려면 「검찰청법」 제10조에 따른 항고를 거쳐야 한다. 다만, 다음 각 호의 어느 하나에 해당하는 경우에는 그러하지 아니하다. 3. 검사가 공소시효 만료일 30일 전까지 공소를 제기하지 아니하는 경우
> ③ 제1항에 따른 재정신청을 하려는 자는 항고기각 결정을 통지받은 날 또는 제2항 각 호의 사유가 발생한 날부터 10일 이내에 지방검찰청검사장 또는 지청장에게 재정신청서를 제출하여야 한다. 다만, 제2항 제3호의 경우에는 공소시효 만료일 전날까지 재정신청서를 제출할 수 있다.

정답 ○

042

법원은 재정신청서를 송부 받은 날부터 10일 이내에 피의자에게 그 사실을 통지하여야 한다. ○ ×

해설

형사소송규칙 제120조(재정신청인에 대한 통지) 법원은 재정신청서를 송부받은 때에는 송부받은 날로부터 10일 이내에 피의자 이외에 재정신청인에게도 그 사유를 통지하여야 한다.

정답 ○

043

법원은 재정신청 기각결정 또는 재정신청 취소가 있는 경우에는 결정으로 재정신청인에게 신청절차에 의하여 생긴 비용의 전부 또는 일부를 부담하게 하여야 한다. ○ ×

해설

형사소송법 제262조의3(비용부담 등) ① 법원은 제262조 제2항 제1호의 결정 또는 제264조 제2항의 취소가 있는 경우에는 결정으로 재정신청인에게 신청절차에 의하여 생긴 비용의 전부 또는 일부를 부담하게 할 수 있다.

정답 ×

044

재정신청이 있는 경우에 법원은 검사의 무혐의 불기소처분이 위법하다 하더라도 기록에 나타난 여러 가지 사정을 고려하여 기소유예의 불기소처분을 할 만한 사건이라고 인정되는 경우에는 재정신청을 기각할 수 있다. ○ ×

해설 대법원 96모1

정답 ○

045

재정신청의 관할법원은 불기소처분을 한 검사 소속의 지방검찰청 소재지를 관할하는 지방법원 합의부이다. ○ ×

해설

형사소송법 제260조(재정신청) ① 고소권자로서 고소를 한 자(「형법」 제123조부터 제126조까지의 죄에 대하여는 고발을 한 자를 포함한다. 이하 이 조에서 같다)는 검사로부터 공소를 제기하지 아니한다는 통지를 받은 때에는 그 검사 소속의 지방검찰청 소재지를 관할하는 고등법원(이하 "관할 고등법원"이라 한다)에 그 당부에 관한 재정을 신청할 수 있다. 다만, 「형법」 제126조의 죄에 대하여는 피공표자의 명시한 의사에 반하여 재정을 신청할 수 없다.

정답 ×

046

고등법원은 재정신청서를 송부받은 날부터 3개월 이내에 항고의 절차에 준하여 기각 또는 공소제기의 결정을 하여야 하고, 필요한 때에는 증거를 조사할 수 있다. ○ ×

해설

형사소송법 제262조(심리와 결정) ② 법원은 재정신청서를 송부받은 날부터 3개월 이내에 항고의 절차에 준하여 다음 각 호의 구분에 따라 결정한다. 이 경우 필요한 때에는 증거를 조사할 수 있다.

정답 ○

047 고등법원이 공소제기를 결정한 경우 검사는 그 결정에 대해서는 불복할 수 없으며, 기각결정이 확정된 사건에 대하여는 다른 중요한 증거를 발견한 경우를 제외하고는 소추할 수 없다. ○ ×

> **해설**
>
> **형사소송법 제262조(심리와 결정)** ④ 제2항 제1호의 결정에 대하여는 제415조에 따른 즉시항고를 할 수 있고, 제2항 제2호의 결정에 대하여는 불복할 수 없다. 제2항 제1호의 결정이 확정된 사건에 대하여는 다른 중요한 증거를 발견한 경우를 제외하고는 소추할 수 없다.

정답 ○

048 재정신청인이 교도소에 수감되어 있는 경우 재정신청 기각결정에 대한 재항고의 법정기간 준수 여부는 재항고장을 교도소장에게 제출한 시점을 기준으로 판단하여야 한다. ○ ×

> **해설** 법정기간 준수에 대하여 도달주의 원칙을 정하고 재소자 피고인 특칙의 예외를 개별적으로 인정한 형사소송법의 규정 내용과 입법 취지, 재정신청절차가 형사재판절차와 구별되는 특수성, 법정기간 내의 도달주의를 보완할 수 있는 여러 형사소송법상의 제도 및 신속한 특급우편제도의 이용 가능성 등을 종합하여 보면, 재정신청 기각결정에 대한 재항고나 그 재항고 기각결정에 대한 즉시항고로서의 재항고에 대한 법정기간의 준수 여부는 도달주의 원칙에 따라 재항고장이나 즉시항고장이 법원에 도달한 시점을 기준으로 판단하여야 하고, 거기에 재소자 피고인 특칙은 준용되지 아니한다고 해석함이 타당하다. (대법원 2013모2347 전합)

정답 ×

049 재정신청은 검사가 협의의 불기소처분을 하는 경우뿐만 아니라 기소유예처분을 하는 때에도 허용된다. ○ ×

> **해설**
>
> **형사소송법 제260조(재정신청)** ① 고소권자로서 고소를 한 자(「형법」제123조부터 제126조까지의 죄에 대하여는 고발을 한 자를 포함한다. 이하 이 조에서 같다)는 검사로부터 공소를 제기하지 아니한다는 통지를 받은 때에는 그 검사 소속의 지방검찰청 소재지를 관할하는 고등법원(이하 "관할 고등법원"이라 한다)에 그 당부에 관한 재정을 신청할 수 있다. 다만, 「형법」제126조의 죄에 대하여는 피공표자의 명시한 의사에 반하여 재정을 신청할 수 없다.

정답 ○

050 재정신청사건의 심리결과 혐의없음을 이유로 한 검사의 불기소처분이 위법하지만 여러 정상들을 참작하여 기소유예의 불기소처분을 할 만한 사건이라고 인정되는 경우에는 재정신청을 기각할 수 없다. ○ ×

> **해설** 공소를 제기하지 아니하는 검사의 처분의 당부에 관한 재정신청이 있는 경우에 법원은 검사의 무혐의 불기소처분이 위법하다 하더라도 기록에 나타난 여러 가지 사정을 고려하여 기소유예의 불기소처분을 할 만한 사건이라고 인정되는 경우에는 재정신청을 기각할 수 있다. (대법원 97모30)

정답 ×

051

구금 중인 고소인이 재정신청서를 재정신청기간 내에 교도소장에게 제출하였다면, 재정신청서가 이 기간 내에 불기소 처분을 한 검사가 속하는 지방검찰청 검사장 또는 지청장에게 도달하지 않았더라도 재정신청서의 제출은 적법하다.

O X

해설 구금중인 고소인이 재정신청서를 그 기간 안에 교도소장 또는 그 직무를 대리하는 사람에게 제출하였다 하더라도 재정신청서가 위의 기간 안에 불기소 처분을 한 검사가 소속한 지방검찰청의 검사장 또는 지청장에게 도달하지 아니한 이상 이를 적법한 재정신청서의 제출이라고 할 수 없다. (대법원 98도127)

정답 ×

052

재정신청이 있으면 재정결정이 확정될 때까지 공소시효의 진행이 정지되고 공소제기결정이 있는 때에는 공소시효에 관하여 그 결정이 있는 날에 공소가 제기된 것으로 본다.

O X

해설

형사소송법 제262조의4(공소시효의 정지 등) ① 제260조에 따른 재정신청이 있으면 제262조에 따른 재정결정이 확정될 때까지 공소시효의 진행이 정지된다.
② 제262조 제2항 제2호의 결정이 있는 때에는 공소시효에 관하여 그 결정이 있는 날에 공소가 제기된 것으로 본다.

정답 O

053

재정신청은 대리인에 의하여 할 수 있으며 공동신청권자 중 1인의 신청은 그 전원을 위하여 효력을 발생하고, 재정신청의 취소도 다른 공동신청권자에게 효력을 발생한다.

O X

해설

형사소송법 제264조(대리인에 의한 신청과 1인의 신청의 효력, 취소) ① 재정신청은 대리인에 의하여 할 수 있으며 공동신청권자 중 1인의 신청은 그 전원을 위하여 효력을 발생한다.
② 재정신청은 제262조 제2항의 결정이 있을 때까지 취소할 수 있다. 취소한 자는 다시 재정신청을 할 수 없다.
③ 전항의 취소는 다른 공동신청권자에게 효력을 미치지 아니한다.

정답 ×

054

재정신청의 신청권자는 불기소처분의 통지를 받은 고소인 또는 고발인인데 고소인은 모든 범죄에 대해, 고발인은 「형법」 제123조부터 제126조까지의 죄에 대해서만 재정신청이 가능하다.

O X

해설

형사소송법 제260조(재정신청) ① 고소권자로서 고소를 한 자(「형법」 제123조부터 제126조까지의 죄에 대하여는 고발을 한 자를 포함한다. 이하 이 조에서 같다)는 검사로부터 공소를 제기하지 아니한다는 통지를 받은 때에는 그 검사 소속의 지방검찰청 소재지를 관할하는 고등법원(이하 "관할 고등법원"이라 한다)에 그 당부에 관한 재정을 신청할 수 있다. 다만, 「형법」 제126조의 죄에 대하여는 피공표자의 명시한 의사에 반하여 재정을 신청할 수 없다.

정답 O

055

재정신청에 대한 공소제기결정에 대하여는 검사는 물론 공소제기결정의 대상이 된 피의자도 불복할 수 없다. 그러나 공소제기한 검사는 통상의 공판절차에서와 마찬가지로 권한을 행사하고 피고인의 이익을 위해서 공소취소도 할 수 있다. ○ ×

> **해설**
>
> **형사소송법 제264조의2(공소취소의 제한)** 검사는 제262조 제2항 제2호의 결정에 따라 공소를 제기한 때에는 이를 취소할 수 없다.

정답 ×

056

검사가 공소시효 만료일 30일 전까지 공소를 제기하지 아니하는 경우에는 검찰항고를 거치지 않고 공소시효 만료일까지 재정신청서를 제출할 수 있다. ○ ×

> **해설**
>
> **형사소송법 제260조(재정신청)** ③ 제1항에 따른 재정신청을 하려는 자는 항고기각 결정을 통지받은 날 또는 제2항 각 호의 사유가 발생한 날부터 10일 이내에 지방검찰청검사장 또는 지청장에게 재정신청서를 제출하여야 한다. 다만, 제2항 제3호의 경우에는 공소시효 만료일 전날까지 재정신청서를 제출할 수 있다.

정답 ×

057

법원이 재정신청서에 재정신청을 이유 있게 하는 사유가 기재되어 있지 않음에도 이를 간과한 채 형사소송법 제262조 제2항 제2호 소정의 공소제기결정을 한 관계로 그에 따른 공소가 제기되어 본안사건의 절차가 개시된 후에는 다른 특별한 사정이 없는 한 이제 그 본안사건에서 그와 같은 잘못을 다툴 수 없다. ○ ×

> **해설** 대법원 2009도224

정답 ○

058

법원이 재정신청인에게 신청절차에 의하여 생긴 비용의 전부 또는 일부를 부담하게 하는 결정을 내린 경우 재정신청인은 이에 불복할 수 없다. ○ ×

> **해설**
>
> **형사소송법 제262조의3(비용부담 등)** ① 법원은 제262조 제2항 제1호의 결정 또는 제264조 제2항의 취소가 있는 경우에는 결정으로 재정신청인에게 신청절차에 의하여 생긴 비용의 전부 또는 일부를 부담하게 할 수 있다.
> ③ 제1항 및 제2항의 결정에 대하여는 즉시항고를 할 수 있다.

정답 ×

059 재정신청사건의 심리 중에는 관련 서류 및 증거물을 열람 또는 등사할 수 있다. ○ ×

> **해설**
> 형사소송법 제262조의2(재정신청사건 기록의 열람·등사 제한) 재정신청사건의 심리 중에는 관련 서류 및 증거물을 열람 또는 등사할 수 없다. 다만, 법원은 제262조 제2항 후단의 증거조사과정에서 작성된 서류의 전부 또는 일부의 열람 또는 등사를 허가할 수 있다.

정답 ×

060 법원이 재정신청 대상 사건이 아닌 공직선거법 제251조의 후보자비방죄에 관한 재정신청임을 간과한 채 공소제기결정을 한 관계로 그에 따른 공소가 제기되어 본안사건의 절차가 개시되었다면, 다른 특별한 사정이 없는 한 그 본안사건에서 그 잘못을 다툴 수 있다. ○ ×

해설 법원이 재정신청 대상 사건이 아님에도 이를 간과한 채 형사소송법 제262조 제2항 제2호에 따라 공소제기결정을 하였더라도, 그에 따른 공소가 제기되어 본안사건의 절차가 개시된 후에는 다른 특별한 사정이 없는 한 본안사건에서 위와 같은 잘못을 다툴 수 없다. (대법원 2017도13465)

정답 ×

061 형사소송법 제262조 제4항 후문은 재정신청 기각결정이 확정된 사건에 대하여 다른 중요한 증거를 발견한 경우를 제외하고는 소추할 수 없도록 규정하고 있는데, 재정신청기각결정의 대상에 명시적으로 포함되지 않았다고 하더라도 고소의 효력이 미치는 객관적 범위 내에서는 위와 같은 재소추 제한의 효력이 그대로 미친다. ○ ×

해설 형사소송법 제262조 제2항, 제4항과 형사소송법 제262조 제4항 후문의 입법 취지 등에 비추어 보면, 형사소송법 제262조 제4항 후문에서 말하는 '제2항 제1호의 결정이 확정된 사건'은 재정신청사건을 담당하는 법원에서 공소제기의 가능성과 필요성 등에 관한 심리와 판단이 현실적으로 이루어져 재정신청 기각결정의 대상이 된 사건만을 의미한다. 따라서 재정신청 기각결정의 대상이 되지 않은 사건은 형사소송법 제262조 제4항 후문에서 말하는 '제2항 제1호의 결정이 확정된 사건'이라고 할 수 없고, 재정신청 기각결정의 대상이 되지 않은 사건이 고소인의 고소내용에 포함되어 있었다 하더라도 이와 달리 볼 수 없다. (대법원 2012도14755)

정답 ×

062 재정신청 제기기간이 경과된 후에 재정신청보충서를 제출하면서 원래의 재정신청에 재정신청 대상으로 포함되어 있지 않은 고발사실을 재정신청의 대상으로 추가한 경우, 그 재정신청보충서에서 추가한 부분에 관한 재정신청은 법률상 방식에 어긋난 것으로서 부적법하다. ○ ×

해설 대법원 97모30

정답 ○

063

재정신청절차는 고소·고발인이 검찰의 불기소처분에 불복하여 법원에 그 당부에 관한 판단을 구하는 절차로서 검사가 공소를 제기하여 공판절차가 진행되는 형사재판절차와는 다르며, 또한 고소·고발인인 재정신청인은 검사에 의하여 공소가 제기되어 형사재판을 받는 피고인과는 지위가 본질적으로 다르다. ○ ×

해설 대법원 2013모2347 전합

정답 ○

064

검사의 불기소처분에 대하여 고소권자의 경우 재정신청을 할 수 있는 대상 범죄에 제한이 없으며, 기소유예 처분에 대해서도 재정신청을 할 수 있다. ○ ×

해설 검사의 불기소처분에 대하여 재정신청을 할 수 있는 대상 범죄에는 제한이 없다. 따라서 기소유예 처분에 대해서도 재정신청을 할 수 있다.

정답 ○

065

고소인과 달리 고발인의 재정신청은 사전에 검찰항고를 경유하여야 한다. ○ ×

해설

> **형사소송법 제260조(재정신청)** ① 고소권자로서 고소를 한 자(「형법」 제123조부터 제126조까지의 죄에 대하여는 고발을 한 자를 포함한다. 이하 이 조에서 같다)는 검사로부터 공소를 제기하지 아니한다는 통지를 받은 때에는 그 검사 소속의 지방검찰청 소재지를 관할하는 고등법원(이하 "관할 고등법원"이라 한다)에 그 당부에 관한 재정을 신청할 수 있다. 다만, 「형법」 제126조의 죄에 대하여는 피공표자의 명시한 의사에 반하여 재정을 신청할 수 없다.
> ② 제1항에 따른 재정신청을 하려면 「검찰청법」 제10조에 따른 항고를 거쳐야 한다.
> 다만, 다음 각 호의 어느 하나에 해당하는 경우에는 그러하지 아니하다.
> 　1. 항고 이후 재기수사가 이루어진 다음에 다시 공소를 제기하지 아니한다는 통지를 받은 경우
> 　2. 항고 신청 후 항고에 대한 처분이 행하여지지 아니하고 3개월이 경과한 경우
> 　3. 검사가 공소시효 만료일 30일 전까지 공소를 제기하지 아니하는 경우

정답 ×

066

형사소송법 제262조 제4항 후문은 재정신청 기각결정이 확정된 사건에 대하여는 다른 중요한 증거를 발견한 경우를 제외하고는 소추할 수 없다고 규정하고 있다. 여기에서 '다른 중요한 증거를 발견한 경우'란 재정신청 기각결정 당시에 제출된 증거에 새로 발견된 증거를 추가하면 충분히 유죄의 확신을 가지게 될 정도의 증거가 있는 경우를 말하고, 단순히 재정신청 기각결정의 정당성에 의문이 제기되거나 범죄피해자의 권리를 보호하기 위하여 형사재판절차를 진행할 필요가 있는 정도의 증거가 있는 경우는 여기에 해당하지 않는다. 그리고 관련 민사판결에서의 사실인정 및 판단은, 그러한 사실인정 및 판단의 근거가 된 증거자료가 새로 발견된 증거에 해당할 수 있음은 별론으로 하고, 그 자체가 새로 발견된 증거라고 할 수는 없다. ○ ×

해설 대법원 2014도17182

정답 ○

067 법원은 재정신청서를 송부받은 때에는 송부받은 날부터 7일 이내에 피의자에게 그 사실을 통지하여야 한다. ○ ×

> **해설**
>
> **형사소송법 제262조(심리와 결정)** ① 법원은 재정신청서를 송부받은 때에는 송부받은 날부터 10일 이내에 피의자에게 그 사실을 통지하여야 한다.

정답 ×

068 검사의 불기소처분에 대한 고소권자의 재정신청 대상범죄에는 제한이 없으나, 기소편의주의를 채택하고 있는 우리 법제하에서 형법 제51조(양형의 조건)에 정한 사항을 참작한 기소유예처분에 대해서는 재정신청을 할 수 없다. ○ ×

해설 기소편의주의를 채택하고 있는 우리 법제하에서, 검사는 범죄의 혐의가 충분하고 소송조건이 구비되어 있는 경우에도 개개의 구체적 사안에 따라 형법 제51조에 정한 사항을 참작하여 불기소처분(기소유예)을 할 수 있는 재량을 갖고 있기는 하나 그 재량에도 스스로 합리적 한계가 있는 것으로서 이 한계를 초월하여 기소를 하여야 할 극히 상당한 이유가 있는 사안을 불기소처분한 경우 이는 기소편의주의의 법리에 어긋나는 부당한 조처라 하지 않을 수 없고 이러한 부당한 처분을 시정하기 위한 방법의 하나로 우리 형사소송법은 재정신청제도를 두고 있다. (대법원 86모58)

정답 ×

069 검사의 무혐의 불기소처분이 위법하다 하더라도, 법원은 심리결과 기소유예의 불기소처분을 할 만한 사건이라고 인정되는 경우에는 재정신청을 기각할 수 있다. ○ ×

해설 대법원 96모53

정답 ○

070 항고법원의 재정신청 기각결정에 대해서는 재판에 영향을 미친 헌법 법률 명령 또는 규칙의 위반이 있음을 이유로 하는 때에 한하여 대법원에 즉시항고를 할 수 있다. ○ ×

> **해설**
>
> **형사소송법 제262조(심리와 결정)** ④ 제2항 제1호의 결정에 대하여는 제415조에 따른 즉시항고를 할 수 있고, 제2항 제2호의 결정에 대하여는 불복할 수 없다. 제2항 제1호의 결정이 확정된 사건에 대하여는 다른 중요한 증거를 발견한 경우를 제외하고는 소추할 수 없다.

정답 ○

071

법원이 재정신청서를 송부받은 날부터 10일 이내에 피의자에게 그 사실을 통지하지 않았는데 재정신청이 이유 있다고 보아 공소제기결정을 하였고 그에 따라 공소가 제기되어 본안사건의 절차가 개시되었다면, 피고인은 본안사건에서 그와 같은 잘못을 다툴 수 있다. ○ ×

해설 법원이 재정신청서를 송부받았음에도 송부받은 날부터 형사소송법 제262조 제1항에서 정한 기간 안에 피의자에게 그 사실을 통지하지 아니한 채 형사소송법 제262조 제2항 제2호에서 정한 공소제기결정을 하였더라도, 그에 따른 공소가 제기되어 본안사건의 절차가 개시된 후에는 다른 특별한 사정이 없는 한 본안사건에서 위와 같은 잘못을 다툴 수 없다. (대법원 2013도16162)

정답 ×

072

재정신청은 그에 대한 결정이 있을 때까지 취소할 수 있으나, 이를 취소한 자는 다시 재정신청을 할 수 없다. ○ ×

해설

> **형사소송법 제264조(대리인에 의한 신청과 1인의 신청의 효력, 취소)** ② 재정신청은 제262조 제2항의 결정이 있을 때까지 취소할 수 있다. 취소한 자는 다시 재정신청을 할 수 없다.

정답 ○

073

재정신청에 따른 공소제기의 결정에 대하여는 형사소송법 제415조의 재항고가 허용되지 않으며, 그러한 재항고가 제기된 경우에 원심법원은 결정으로 이를 기각하여야 한다. ○ ×

해설

> **형사소송법 제262조(심리와 결정)** ④ 제2항 제1호의 결정에 대하여는 제415조에 따른 즉시항고를 할 수 있고, 제2항 제2호의 결정에 대하여는 불복할 수 없다. 제2항 제1호의 결정이 확정된 사건에 대하여는 다른 중요한 증거를 발견한 경우를 제외하고는 소추할 수 없다.
> **형사소송법 제407조(원심법원의 항고기각 결정)** ① 항고의 제기가 법률상의 방식에 위반하거나 항고권소멸 후인 것이 명백한 때에는 원심법원은 결정으로 항고를 기각하여야 한다.
> ② 전항의 결정에 대하여는 즉시항고를 할 수 있다.

정답 ○

03 공소제기 후의 수사

074 검사 또는 사법경찰관이 피고인에 대한 구속영장을 집행하는 경우에 필요한 때에는 영장 없이 구속현장에서 압수·수색·검증을 할 수 있다. O X

> **해설**
>
> **형사소송법 제216조(영장에 의하지 아니한 강제처분)** ① 검사 또는 사법경찰관은 제200조의2 · 제200조의3 · 제201조 또는 제212조의 규정에 의하여 피의자를 체포 또는 구속하는 경우에 필요한 때에는 영장 없이 다음 처분을 할 수 있다.
> 1. 타인의 주거나 타인이 간수하는 가옥, 건조물, 항공기, 선차 내에서의 피의자 수색. 다만, 제200조의2 또는 제201조에 따라 피의자를 체포 또는 구속하는 경우의 피의자 수색은 미리 수색영장을 발부받기 어려운 긴급한 사정이 있는 때에 한정한다.
> 2. 체포현장에서의 압수, 수색, 검증
> ② 전항 제2호의 규정은 검사 또는 사법경찰관이 피고인에 대한 구속영장의 집행의 경우에 준용한다.

정답 O

075 공판준비 또는 공판기일에서 이미 증언을 마친 증인을 검사가 소환한 후 피고인에게 유리한 증언내용을 추궁하여 이를 일방적으로 번복시키는 방식으로 작성한 진술조서는 피고인이 증거로 할 수 있음에 동의하지 아니하는 한 증거능력이 없다. O X

> **해설**
>
> **형사소송법 제248조(공소의 효력 범위)** ① 공소의 효력은 검사가 피고인으로 지정한 자에게만 미친다.

정답 O

076 검사가 공소제기 후에 피고인을 피의자로 신문하여 작성한 진술조서는 증거능력이 없다. O X

> **해설** 검사작성의 피고인에 대한 진술조서가 공소제기 후에 작성된 것이라는 이유만으로는 곧 그 증거능력이 없다고 할 수 없다. (대법원 84도1646)

정답 X

077 공소제기 된 피고인의 구속상태를 계속 유지할 것인지 여부에 관한 판단은 전적으로 당해 수소법원의 전권에 속한다. O X

> **해설** 대법원 97모88

정답 O

078 검사는 공소를 제기한 피고사건에 대하여 판결이 확정될 때까지 그 공소를 취소할 수 있다. ○ ×

해설

형사소송법 제255조(공소의 취소) ① 공소는 제1심판결의 선고 전까지 취소할 수 있다.

정답 ×

079 공소는 검사가 피고인으로 지정한 사람 외의 다른 사람에게는 그 효력이 미치지 아니한다. ○ ×

해설

형사소송법 제248조(공소의 효력 범위) ① 공소의 효력은 검사가 피고인으로 지정한 자에게만 미친다.

정답 ○

080 공판기일에서 이미 증언을 마친 증인을 검사가 소환한 후 피고인에게 유리한 증언내용을 추궁하여 이를 일방적으로 번복시키는 방식으로 진술조서를 작성하였더라도 검사의 수사가 적법하게 이루어졌으며 원진술자인 종전 증인이 다시 법정에 출석하여 증언을 하면서 그 진술조서의 성립의 진정함을 인정하고 피고인 측에 반대신문의 기회가 부여되었다면 그 진술조서는 피고인의 증거동의와는 관계없이 증거능력이 있다. ○ ×

해설 공판준비 또는 공판기일에서 이미 증언을 마친 증인을 검사가 소환한 후 피고인에게 유리한 증언 내용을 추궁하여 이를 일방적으로 번복시키는 방식으로 작성한 진술조서를 유죄의 증거로 삼는 것은 당사자주의·공판중심주의·직접주의를 지향하는 현행 형사소송법의 소송구조에 어긋나는 것일 뿐만 아니라, 헌법 제27조가 보장하는 기본권, 즉 법관의 면전에서 모든 증거자료가 조사·진술되고 이에 대하여 피고인이 공격·방어할 수 있는 기회가 실질적으로 부여되는 재판을 받을 권리를 침해하는 것이므로, 이러한 진술조서는 피고인이 증거로 할 수 있음에 동의하지 아니하는 한 증거능력이 없고, 그 후 원진술자인 종전 증인이 다시 법정에 출석하여 증언을 하면서 그 진술조서의 성립의 진정함을 인정하고 피고인 측에 반대신문의 기회가 부여되었다고 하더라도 그 증언 자체를 유죄의 증거로 할 수 있음은 별론으로 하고 위와 같은 진술조서의 증거능력이 없다는 결론은 달리할 것이 아니다. 이는 검사가 공판준비 또는 공판기일에서 이미 증언을 마친 증인에게 수사기관에 출석할 것을 요구하여 그 증인을 상대로 위증의 혐의를 조사한 내용을 담은 피의자신문조서의 경우도 마찬가지이다. (대법원 2012도13665)

정답 ×

081 검사가 공소제기 후 수소법원 이외의 지방법원 판사에게 청구하여 발부받은 영장에 의하여 압수·수색을 한 경우, 그와 같이 수집된 증거도 원칙적으로 유죄의 증거로 삼을 수 있다. ○ ×

해설 검사가 공소제기 후 형사소송법 제215조에 따라 수소법원 이외의 지방법원 판사에게 청구하여 발부받은 영장에 의하여 압수·수색을 하였다면, 그와 같이 수집된 증거는 기본적 인권 보장을 위해 마련된 적법한 절차에 따르지 않은 것으로서 원칙적으로 유죄의 증거로 삼을 수 없다. (대법원 2009도10412)

정답 ×

082 공소제기 후 수사기관이 피고인에 대한 구속영장을 집행하는 경우에도 피고인이 소지하고 있는 당해 사건의 증거물을 압수할 수 있다. ○ ×

해설

> 형사소송법 제216조(영장에 의하지 아니한 강제처분) ② 전항 제2호의 규정은 검사 또는 사법경찰관이 피고인에 대한 구속영장의 집행의 경우에 준용한다.

정답 ○

083 피고인에게 유리한 증언을 한 증인을 수사기관이 법정 외에서 다시 참고인으로 조사하면서 그 증언을 번복하게 하여 작성한 참고인 진술조서는 피고인이 동의하더라도 증거로 사용할 수 없다. ○ ×

해설 형사소송법 제316조 제2항은 "피고인 아닌 자의 공판준비 또는 공판기일에서의 진술이 피고인 아닌 타인의 진술을 그 내용으로 하는 것인 때에는 원진술자가 사망, 질병, 외국거주, 소재불명, 그 밖에 이에 준하는 사유로 인하여 진술할 수 없고, 그 진술이 특히 신빙할 수 있는 상태하에서 행하여졌음이 증명된 때에 한하여 이를 증거로 할 수 있다"고 규정하고 있고, 같은 조 제1항에 따르면 위 '피고인 아닌 자'에는 공소제기 전에 피고인 아닌 타인을 조사하였거나 그 조사에 참여하였던 자(이하 '조사자'라고 한다)도 포함된다. 따라서 조사자의 증언에 증거능력이 인정되기 위해서는 원진술자가 사망, 질병, 외국거주, 소재불명, 그 밖에 이에 준하는 사유로 인하여 진술할 수 없어야 하는 것이라서, 원진술자가 법정에 출석하여 수사기관에서 한 진술을 부인하는 취지로 증언한 이상 원진술자의 진술을 내용으로 하는 조사자의 증언은 증거능력이 없다. (대법원 2008도6985)

정답 ×

084 공소제기 후 증거물의 소유자인 제3자가 임의로 제출하는 피고사건에 대한 그 증거물을 수사기관이 압수하는 것은 위법하다. ○ ×

해설

> 형사소송법 제218조(영장에 의하지 아니한 압수) 검사, 사법경찰관은 피의자 기타인의 유류한 물건이나 소유자, 소지자 또는 보관자가 임의로 제출한 물건을 영장 없이 압수할 수 있다.

정답 ×

085 불구속으로 기소된 피고인이 도망하거나 증거인멸의 염려가 있는 경우 검사는 지방법원판사에게 구속영장을 청구하여 발부받아 피고인을 구속할 수 있다. ○ ×

해설 공소가 제기된 후에는 그 피고사건에 관한 형사절차의 모든 권한이 사건을 주재하는 수소법원의 권한에 속하게 되며, 수사의 대상이던 피의자는 검사와 대등한 당사자인 피고인으로서의 지위에서 방어권을 행사하게 되므로, 공소제기 후 구속·압수·수색 등 피고인의 기본적 인권에 직접 영향을 미치는 강제처분은 원칙적으로 수소법원의 판단에 의하여 이루어지지 않으면 안 된다. (대법원 2009도10412)

정답 ×

086 피고인에 대한 수소법원의 구속영장을 집행하는 경우 필요한 때에도 수사기관은 그 집행현장에서 영장 없이는 압수·수색·검증을 할 수 없다. ○ ×

해설

형사소송법 제216조(영장에 의하지 아니한 강제처분) ① 검사 또는 사법경찰관은 제200조의2·제200조의3·제201조 또는 제212조의 규정에 의하여 피의자를 체포 또는 구속하는 경우에 필요한 때에는 영장 없이 다음 처분을 할 수 있다.
   1. 타인의 주거나 타인이 간수하는 가옥, 건조물, 항공기, 선차 내에서의 피의자 수색. 다만, 제200조의2 또는 제201조에 따라 피의자를 체포 또는 구속하는 경우의 피의자 수색은 미리 수색영장을 발부받기 어려운 긴급한 사정이 있는 때에 한정한다.
   2. 체포현장에서의 압수, 수색, 검증
② 전항 제2호의 규정은 검사 또는 사법경찰관이 피고인에 대한 구속영장의 집행의 경우에 준용한다.

정답 ×

CRIMINAL PROCEDURE LAW

PART 03
증거

CHAPTER 01　　증거

CHAPTER 01 증거

01 증거의 기본개념

001 유죄의 심증은 반드시 직접증거에 의하여 형성되어야만 하는 것은 아니며 경험칙과 논리법칙에 위반되지 아니하는 한 간접증거에 의하여 형성되어도 된다. ○ ×

해설 대법원 2013도4172

정답 ○

002 형사재판에서 유죄로 인정하기 위한 심증형성의 정도는 합리적인 의심을 할 여지가 없을 정도여야 하나, 이는 모든 가능한 의심을 배제할 정도에 이를 것까지 요구하는 것은 아니다. ○ ×

해설 대법원 2004도2221

정답 ○

003 간접증거에 의하여 주요사실의 전제가 되는 수개의 간접사실을 인정할 때에는 하나하나의 간접사실 사이에 모순, 저촉이 없어야 할 정도까지는 요구되지 않으며 전체적으로 고찰하여 유죄의 심증을 형성할 수 있으면 충분하다. ○ ×

해설 살인죄와 같이 법정형이 무거운 범죄의 경우에도 직접증거 없이 간접증거만으로도 유죄를 인정할 수 있으나, 그 경우에도 주요사실의 전제가 되는 간접사실의 인정은 합리적 의심을 허용하지 않을 정도의 증명이 있어야 하고, 그 하나하나의 간접사실이 상호 모순, 저촉이 없어야 함은 물론 논리와 경험칙, 과학법칙에 의하여 뒷받침되어야 한다. (대법원 2017도1549)

정답 ×

004 간접증거가 개별적으로 완전한 증명력을 가지지 못한다면, 전체 증거를 상호 관련하여 종합적으로 고찰하여 증명력이 있는 것으로 판단되더라도 그에 의하여 범죄사실을 인정할 수 없다. ○ ×

해설 간접증거가 개별적으로는 범죄사실에 대한 완전한 증명력을 가지지 못하더라도 전체 증거를 상호 관련하에 종합적으로 고찰할 경우 그 단독으로는 가지지 못하는 종합적 증명력이 있는 것으로 판단되면 그에 의하여도 범죄사실을 인정할 수가 있다. (대법원 2013도4172)

정답 ×

005 살인죄와 같이 법정형이 무거운 범죄의 경우에도 직접증거 없이 간접증거만으로도 유죄를 인정할 수 있다. ○ ×

해설 대법원 2011도1902

정답 ○

006 상해사건에서 피해자 진단서는 상해 사실자체에 대한 직접증거에 해당한다. ○ ×

해설 상해죄의 피해자가 제출하는 상해진단서는 일반적으로 의사가 당해 피해자의 진술을 토대로 상해의 원인을 파악한 후 의학적 전문지식을 동원하여 관찰·판단한 상해의 부위와 정도 등을 기재한 것으로서 거기에 기재된 상해가 곧 피고인의 범죄행위로 인하여 발생한 것이라는 사실을 직접 증명하는 증거가 되기에 부족한 것이지만, 그 상해에 대한 진단일자 및 상해진단서 작성일자가 상해 발생시점과 시간상으로 근접하고 상해진단서 발급 경위에 특별히 신빙성을 의심할 만한 사정이 없으며 거기에 기재된 상해 부위와 정도가 피해자가 주장하는 상해의 원인 내지 경위와 일치하는 경우에는, 그 무렵 피해자가 제3자로부터 폭행을 당하는 등으로 달리 상해를 입을 만한 정황이 발견되거나 의사가 허위로 진단서를 작성한 사실이 밝혀지는 등의 특별한 사정이 없는 한, 그 상해진단서는 피해자의 진술과 더불어 피고인의 상해 사실에 대한 유력한 증거가 되고, 합리적인 근거 없이 그 증명력을 함부로 배척할 수 없다. (대법원 2010도12728) 정답 ×

007 증거능력이란 요증사실을 증명하는 증거의 힘, 증거의 실질적 가치를 말하며, 이는 법관의 자유심증에 의해 결정된다. ○ ×

해설 증거능력은 증거로 사용될 수 있는 증거의 자격을 뜻하는 것이고, 요증사실을 증명하는 증거의 힘, 증거의 실질적 가치를 말하는 것은 증명력이다. 정답 ×

008 사법경찰관이 작성한 피고인의 공범에 대한 피의자신문조서의 경우에 사망 등의 사유로 인하여 법정에서 진술할 수 없는 때에는 예외적으로 증거능력을 인정하는 규정인 형사소송법 제314조가 적용된다. ○ ×

해설 당해 피고인과 공범관계가 있는 다른 피의자에 대한 검사 이외의 수사기관 작성의 피의자신문조서는 그 피의자의 법정진술에 의하여 그 성립의 진정이 인정되더라도 당해 피고인이 공판기일에서 그 조서의 내용을 부인하면 증거능력이 부정되므로, 그 당연한 결과로 그 피의자신문조서에 대하여는 사망 등 사유로 인하여 법정에서 진술할 수 없는 때에 예외적으로 증거능력을 인정하는 규정인 형사소송법 제314조가 적용되지 않는다. (대법원 2009도6602) 정답 ×

009 형사소송법 제312조 제3항의 '그 내용을 인정할 때'라 함은 피의자신문조서의 기재내용이 진술 내용대로 기재되어 있다는 의미가 아니고 그와 같이 진술한 내용이 실제 사실과 부합한다는 것을 의미한다. ○ ×

해설 대법원 2010도3359 정답 ○

010 피고인과 공범관계에 있는 공동피고인에 대하여 수사과정에서 작성된 피의자신문조서는 그 공동피고인에 의하여 성립의 진정이 인정되더라도 해당 피고인이 공판기일에 그 조서의 내용을 부인하면 증거능력이 없다. ○ ×

해설 대법원 2014도5939 정답 ○

011 사법경찰관이 작성한 양벌규정 위반 행위자의 피의자신문조서가 적법한 절차와 방식에 따라 작성된 것이지만, 공판기일에 양벌규정에 의해 기소된 사업주가 그 내용을 증거로 함에 동의하지 않고 그 내용을 부인하였다면 증거로 할 수 없다. ○ ×

해설 대법원 2016도9367　　　　　　　　　　　　　　　　　　　　　　　　　　　　　　정답 ○

012 제1심에서 간이공판절차에 의하여 상당하다고 인정하는 방법으로 증거조사를 한 이상, 피고인이 항소심에 이르러 범행을 부인하였다고 하더라도 제1심에서 이미 증거능력이 있었던 증거는 항소심에서도 증거능력이 그대로 유지된다. ○ ×

해설 대법원 97도3421　　　　　　　　　　　　　　　　　　　　　　　　　　　　　　정답 ○

013 경찰이 피고인 아닌 제3자를 사실상 강제연행하여 불법체포한 상태에서 위 제3자를 처벌하기 위하여 그로부터 자술서를 받은 경우 위 자술서는 위법수사로 얻은 진술증거에 해당하여 증거능력이 없고, 이는 위 제3자가 아닌 피고인에 대한 증거로도 삼을 수 없다. ○ ×

해설 대법원 2009도6717　　　　　　　　　　　　　　　　　　　　　　　　　　　　　　정답 ○

014 수사기관이 피고인이 2018.5.경 피해자 甲(여, 10세)에 대하여 저지른 간음유인미수 및 통신매체이용음란 범행과 관련하여 압수·수색영장을 받아 피고인의 휴대전화를 압수하였는데, 이에 대한 디지털정보분석 결과 피고인이 2017.12.경부터 2018.4.경까지 사이에 다른 피해자 乙(여, 12세), 丙(여, 10세) 등에 대하여 저지른 간음유인, 미성년자의제강간, 통신매체이용음란 등 범행에 관한 추가 자료들이 획득된 경우, 위 추가 자료들은 피고인의 乙, 丙 등에 대한 범행에 관하여 유죄 인정의 증거로 사용할 수 있다. ○ ×

해설 대법원 2019도14341, 2019전도130(병합)　　　　　　　　　　　　　　　　　　　　정답 ○

015 제3자가 피고인으로부터 건축허가 담당 공무원이 외국연수를 가므로 사례비를 주어야 한다는 말을 들었다는 취지로 한 진술은 피고인에 대한 알선수재죄에 있어 전문증거에 해당하므로 피고인의 부동의에도 불구하고 증거능력이 인정되기 위해서는 형사소송법 제311조 내지 제316조에서 정한 사유가 인정되어야 한다. ○ ×

해설 공소외 2는 전화를 통하여 피고인으로부터 2005.8.경 건축허가 담당 공무원이 외국연수를 가므로 사례비를 주어야 한다는 말과 2006.2.경 건축허가 담당 공무원이 4,000만 원을 요구하는데 사례비로 2,000만 원을 주어야 한다는 말을 들었다는 취지로 수사기관, 제1심 및 원심 법정에서 진술하였음을 알 수 있는데, 피고인의 위와 같은 원진술의 존재 자체가 이 사건 알선수재죄에 있어서의 요증사실이므로, 이를 직접 경험한 공소외 2가 피고인으로부터 위와 같은 말들을 들었다고 하는 진술들은 전문증거가 아니라 본래증거에 해당된다. (대법원 2008도8007)　　　　　정답 ×

02 증거재판주의·자유심증주의

016 '공무원의 직무에 속한 사항을 알선한다는 명목'으로 수수하였다는 범의는 엄격한 증명의 대상에 해당한다. ○ ×

해설 대법원 2013도6570 정답 ○

017 교사범에 있어서의 교사사실은 엄격한 증명의 대상에 해당한다. ○ ×

해설 대법원 99도1252 정답 ○

018 「형법」 제334조 제2항 소정의 합동범에 있어서의 공모나 모의는 엄격한 증명의 대상에 해당한다. ○ ×

해설 대법원 2001도4013 정답 ○

019 친고죄에서 적법한 고소가 있었는지 여부는 엄격한 증명의 대상에 해당한다. ○ ×

해설 친고죄에서 적법한 고소가 있었는지는 자유로운 증명의 대상이 되고, 일죄의 관계에 있는 범죄사실 일부에 대한 고소의 효력은 일죄 전부에 대하여 미친다. (대법원 2011도4451, 2011전도76) 정답 ×

020 피고인의 검찰 진술의 임의성의 유무는 엄격한 증명의 대상에 해당한다. ○ ×

해설 피고인의 검찰 진술의 임의성의 유무가 다투어지는 경우, 법원은 구체적인 사건에 따라 피고인의 학력, 경력, 직업, 사회적 지위, 지능 정도, 진술의 내용, 피의자신문조서의 형식 등 제반 사정을 참작하여 자유로운 심증으로 위 진술이 임의로 된 것인지의 여부를 판단하면 된다. (대법원 2003도8077) 정답 ×

021 공모나 모의는 공모공동정범에 있어서의 '범죄될 사실'이라 할 것이므로 이를 인정하기 위하여서는 엄격한 증명에 의하지 않으면 아니 된다. ○ ×

해설 대법원 2007도236 정답 ○

022

뇌물죄의 수뢰액은 그 다과에 따라 범죄구성요건이 되므로 엄격한 증명의 대상이 된다. ○ ×

해설 대법원 2009도2453 정답 ○

023

피고인이 변호인과 함께 출석한 공판기일의 공판조서에 검사가 제출한 증거에 대하여 동의한다고 기재되어 있다면 그 기재는 절대적인 증명력을 가진다. ○ ×

해설 대법원 2015도19139 정답 ○

024

형의 선고를 하는 때에는 판결이유에 범죄 될 사실, 증거의 요지와 법령의 적용을 명시하여야 하며, 여기에서 '증거의 요지'는 어느 증거의 어느 부분에 의하여 범죄사실을 인정하였느냐 하는 이유 설명까지 포함한다. ○ ×

해설 형사소송법 제323조 제1항은 형의 선고를 하는 때에는 판결이유에 범죄될 사실, 증거의 요지와 법령의 적용을 명시하여야 한다고 규정하고 있는바, 여기에서 '증거의 요지'는 어느 증거의 어느 부분에 의하여 범죄사실을 인정하였냐 하는 이유 설명까지 할 필요는 없지만 적어도 어떤 증거에 의하여 어떤 범죄사실을 인정하였는가를 알아볼 정도로 증거의 중요부분을 표시하여야 하고, 피고인의 자백이 그 피고인에게 불이익한 유일의 증거인 때에는 이를 유죄의 증거로 하지 못하는 것이므로, "피고인의 법정 진술과 적법하게 채택되어 조사된 증거들"로만 기재된 제1심판결의 증거의 요지를 그대로 인용한 항소심판결은 증거 없이 그 범죄사실을 인정하였거나 형사소송법 제323조 제1항을 위반한 위법을 저지른 것이라고 아니할 수 없다. (대법원 99도5312) 정답 ×

025

상고심으로부터 사건을 환송받은 법원은 환송 후의 심리과정에서 새로운 증거가 제시되어 기속적 판단의 기초가 된 증거관계에 변동이 생기지 않는 한 그 사건을 재판함에 있어서 상고법원이 파기이유로 한 사실상 및 법률상의 판단에 기속된다. ○ ×

해설 대법원 2008도11036 정답 ○

026

자백에 대한 보강증거는 범죄사실의 전부 또는 중요 부분을 인정할 수는 없어도 피고인의 자백이 가공적인 것이 아닌 진실한 것임을 인정할 수 있는 정도만 되면 족하며, 직접증거가 아닌 간접증거도 보강증거가 될 수 있다. ○ ×

해설 대법원 2011도8015 정답 ○

027

몰수대상이 되는지 여부나 추징액의 인정 등 '몰수·추징의 사유' 입증은 엄격한 증명의 대상이면서 검사에게 거증책임이 있다. ○ ×

해설 몰수, 추징의 대상이 되는지 여부나 추징액의 인정은 엄격한 증명을 필요로 하지 아니한다. (대법원 2006도9314) 정답 ×

028 명예훼손죄의 위법성조각사유인 「형법」 제310조 규정 중 '진실한 사실로서 오로지 공공의 이익에 관한 것'인지 여부에 대한 입증은 엄격한 증명의 대상이면서 검사에게 거증책임이 있다. ○ | ✕

해설 공연히 사실을 적시하여 사람의 명예를 훼손한 행위가 형법 제310조의 규정에 따라서 위법성이 조각되어 처벌대상이 되지 않기 위하여는 그것이 진실한 사실로서 오로지 공공의 이익에 관한 때에 해당된다는 점을 행위자가 증명하여야 하는 것이나, 그 증명은 유죄의 인정에 있어 요구되는 것과 같이 법관으로 하여금 의심할 여지가 없을 정도의 확신을 가지게 하는 증명력을 가진 엄격한 증거에 의하여야 하는 것은 아니므로, 이 때에는 전문증거에 대한 증거능력의 제한을 규정한 형사소송법 제310조의2는 적용될 여지가 없다. (대법원 95도1473)   정답 ✕

029 피해자가 피고인으로부터 당한 공갈 등 피해 내용을 담아 자신의 남동생에게 보낸 문자메시지의 내용을 촬영한 사진은 증거서류 중 피해자의 진술서에 준하는 것으로 보아야 한다. ○ | ✕

해설 대법원 2010도8735   정답 ○

030 형사소송법 제318조의2 제1항에 규정된 이른바 탄핵증거는 범죄사실을 인정하는 증거가 아니어서 엄격한 증거능력을 요하지 않으므로, 이를 유죄 증거의 증명력을 다투기 위한 반대증거로 사용할 수 있다. ○ | ✕

해설 대법원 95도1333   정답 ○

031 피고인의 검찰 진술의 임의성의 유무가 다투어지는 경우에는 법원은 법률이 자격을 인정한 증거에 의하여 법률이 규정한 증거조사방식에 따라 증명하여야 한다는 엄격한 증명의 방법으로 그 임의성 유무를 판단하여야 한다. ○ | ✕

해설 피고인의 검찰 진술의 임의성의 유무가 다투어지는 경우에는 법원은 구체적인 사건에 따라 증거조사의 방법이나 증거능력의 제한을 받지 아니하고 제반 사정을 종합 참작하여 적당하다고 인정되는 방법에 의하여 자유로운 증명으로 그 임의성 유무를 판단하면 된다. (대법원 2000도1216)   정답 ✕

032 대한민국 영역 외에서 대한민국 국민에 대하여 범죄를 저지른 외국인에 대하여 우리나라 형법을 적용하여 처벌함에 있어 행위지의 법률에 의하여 범죄를 구성하는지는 엄격한 증명을 요하나, 몰수 또는 추징의 대상이 되는지 여부나 추징액의 인정은 엄격한 증명을 요하지 아니한다. ○ | ✕

해설 대법원 2011도6507   정답 ○

033 뇌물수수죄에서 공무원의 직무에 관하여 수수하였다는 범의를 인정하기 위해서는 엄격한 증명이 요구되나, 내란선동죄에서 국헌문란의 목적은 범죄 성립을 위하여 고의 외에 요구되는 초과주관적 위법요소로서 엄격한 증명을 요하지 아니한다. ○ ×

해설 내란선동죄에서 '국헌을 문란할 목적'이란 "헌법 또는 법률에 정한 절차에 의하지 아니하고 헌법 또는 법률의 기능을 소멸시키는 것(형법 제91조 제1호)" 또는 "헌법에 의하여 설치된 국가기관을 강압에 의하여 전복 또는 그 권능행사를 불가능하게 하는 것(같은 조 제2호)"을 말한다. 국헌문란의 목적은 범죄 성립을 위하여 고의 외에 요구되는 초과주관적 위법요소로서 엄격한 증명사항에 속하나, 확정적 인식임을 요하지 아니하며, 다만 미필적 인식이 있으면 족하다. (대법원 2014도10978 전합)

정답 ×

034 횡령죄에서 목적과 용도를 정하여 금전을 위탁한 사실 및 그 목적과 용도가 무엇인지는 엄격한 증명의 대상이 되나, 횡령한 재물의 가액이 특정경제범죄 가중처벌 등에 관한 법률의 적용 기준이 되는 하한 금액을 초과한다는 점은 엄격한 증명을 요하지 않는다. ○ ×

해설 횡령한 재물의 가액이 특정경제범죄법의 적용 기준이 되는 하한 금액을 초과한다는 점도 다른 구성요건 요소와 마찬가지로 엄격한 증거에 의하여 증명되어야 한다. (대법원 2016도9027)

정답 ×

035 공모공동정범에서 공모관계를 인정하기 위해서는 엄격한 증명이 요구되나, 특정범죄 가중처벌 등에 관한 법률 제5조의9 제1항 위반죄의 '보복의 목적'이 행위자에게 있었다는 점은 엄격한 증명을 요하지 아니한다. ○ ×

해설 형사재판에서 공소가 제기된 범죄의 구성요건을 이루는 사실에 대한 증명책임은 검사에게 있으므로 특정범죄 가중처벌 등에 관한 법률 제5조의9 제1항 위반의 죄의 행위자에게 보복의 목적이 있었다는 점 또한 검사가 증명하여야 하고 그러한 증명은 법관으로 하여금 합리적인 의심을 할 여지가 없을 정도의 확신을 생기게 하는 엄격한 증명에 의하여야 하며 이와 같은 증명이 없다면 피고인의 이익으로 판단할 수밖에 없다. (대법원 2014도9030)

정답 ×

036 외국인의 국외범(「형법」제6조)에 해당되는 사실이 행위지 법률에 의하여 범죄를 구성하는지 여부는 엄격한 증명의 대상이 된다. ○ ×

해설 대법원 2016도17465

정답 ○

037 몰수의 대상이 되는지 여부나 추징액의 인정 등 몰수·추징의 사유는 엄격한 증명의 대상이 된다. ○ ×

해설 몰수, 추징의 대상이 되는지 여부나 추징액의 인정은 엄격한 증명을 필요로 하지 아니한다. (대법원 2015도1233)

정답 ×

038 법원은 재심청구 이유의 유무를 판단함에 필요한 경우에는 사실을 조사할 수 있으며, 공판절차에 적용되는 엄격한 증거조사 방식에 따라야 한다. ○ ×

해설 재심의 청구를 받은 법원은 재심청구 이유의 유무를 판단함에 필요한 경우에는 사실을 조사할 수 있으며(형사소송법 제37조 제3항), 공판절차에 적용되는 엄격한 증거조사 방식에 따라야만 하는 것은 아니다. (대법원 2015모2229 전합)

정답 ×

039 공모관계를 인정하기 위해서는 엄격한 증명이 요구되지만 피고인이 공모관계를 부인하는 경우에는 상당한 관련성이 있는 간접사실 또는 정황사실을 증명하는 방법으로 이를 증명할 수밖에 없다. ○ ×

해설 대법원 2017도14322 전합

정답 ○

040 목적범의 목적은 내심의 의사로서 이를 직접 증명하는 것이 불가능하므로 고의 등과 같이 내심의 의사를 인정하는 통상적인 방법에 따라 정황사실 또는 간접사실 등에 의하여 이를 증명하여야 한다. ○ ×

해설 대법원 2010도1189 전합

정답 ○

041 강간죄에서 공소사실을 인정할 증거로 사실상 피해자의 진술이 유일하고 피고인의 진술은 경험칙상 합리성이 없고 그 자체로 모순되어 믿을 수 없는 경우, 이러한 사정은 법관의 자유판단의 대상이 되지 않는다. ○ ×

해설 강간죄에서 공소사실을 인정할 증거로 사실상 피해자의 진술이 유일한 경우에 피고인의 진술이 경험칙상 합리성이 없고 그 자체로 모순되어 믿을 수 없다고 하여 그것이 공소사실을 인정하는 직접증거가 되는 것은 아니지만, 이러한 사정은 법관의 자유판단에 따라 피해자 진술의 신빙성을 뒷받침하거나 직접증거인 피해자 진술과 결합하여 공소사실을 뒷받침하는 간접정황이 될 수 있다. (대법원 2018도7709)

정답 ×

042 충분한 증명력이 있는 증거를 합리적인 근거 없이 배척하거나 반대로 객관적인 사실에 명백히 반하는 증거를 아무런 합리적인 근거 없이 채택·사용하는 등으로 논리와 경험의 법칙에 어긋나는 것이 아닌 이상, 법관은 자유심증으로 증거를 채택하여 사실을 인정할 수 있다. ○ ×

해설 대법원 2018도16002 전합

정답 ○

043 몰수는 부가형이자 형벌이므로 몰수의 대상 여부는 엄격한 증명의 대상이나, 추징은 형벌이 아니므로 추징의 대상, 추징액의 인정은 자유로운 증명의 대상이다. ○ ×

해설 몰수, 추징의 대상이 되는지 여부나 추징액의 인정은 엄격한 증명을 필요로 하지 아니한다. (대법원 91도3346) 정답 ×

CHAPTER 01 증거

044

사실의 인정은 증거에 의하여야 하고 범죄사실의 인정은 합리적인 의심이 없는 정도의 증명에 이르러야 한다. ○×

> 해설
>
> 형사소송법 제307조(증거재판주의) ① 사실의 인정은 증거에 의하여야 한다.
> ② 범죄사실의 인정은 합리적인 의심이 없는 정도의 증명에 이르러야 한다.

정답 ○

045

공모공동정범에 있어서 공모나 모의는 범죄 될 사실이라 할 것이므로 이를 인정하기 위하여는 엄격한 증명에 의하여야 한다. ○×

해설 대법원 2017도12649

정답 ○

046

피고인이 공판정에서 진정성립을 인정한 검사 작성의 피의자신문조서에 기재된 자신의 진술의 임의성을 다투는 경우 법원은 자유로운 심증으로 임의성 유무를 판정할 수 있다. ○×

해설 대법원 2010도3029

정답 ○

047

증거능력이 없는 증거라도 구성요건 사실을 추인하게 하는 간접사실이나 직접증거의 증명력을 보강하는 보조사실의 인정자료로는 사용할 수 있다. ○×

해설 증거능력이 없는 증거는 구성요건 사실을 추인하게 하는 간접사실이나 구성요건 사실을 입증하는 직접증거의 증명력을 보강하는 보조사실의 인정자료로도 사용할 수 없으며, 이러한 간접사실이나 보조사실도 범죄의 구성요건과 관련된 것인 이상 합리적인 의심의 여지가 없는 엄격한 증명을 요한다. (대법원 2014도10978 전합)

정답 ×

048

피고인의 자필로 작성된 진술서의 경우에 증거능력 인정요건인 '특히 신빙할 수 있는 상태'는 엄격한 증명의 대상이다. ○×

해설 피고인의 자필로 작성된 진술서의 경우에는 서류의 작성자가 동시에 진술자이므로 진정하게 성립된 것으로 인정되어 형사소송법 제313조 단서에 의하여 그 진술이 특히 신빙할 수 있는 상태하에서 행하여진 때에는 증거능력이 있고, 이러한 특신상태는 증거능력의 요건에 해당하므로 검사가 그 존재에 대하여 구체적으로 주장·입증하여야 하는 것이지만, 이는 소송상의 사실에 관한 것이므로, 엄격한 증명을 요하지 아니하고 자유로운 증명으로 족하다. (대법원 2000도1743)

정답 ×

049 상고심으로부터 사건을 환송받은 법원은 환송 후의 심리과정에서 새로운 증거가 제시되어 기속적 판단의 기초가 된 증거관계에 변동이 생기지 않는 한 그 사건을 재판함에 있어서 상고법원이 파기이유로 한 사실상 및 법률상의 판단에 기속된다. ○ ×

해설 대법원 2008도10572   정답 ○

050 형사재판에 있어서 관련된 다른 형사사건의 확정판결에서 인정된 사실은 특별한 사정이 없는 한 유력한 증거자료가 되기 때문에 당해 형사재판에서 제출된 다른 증거 내용에 비추어 관련 형사사건 확정판결의 사실판단을 그대로 채택하기 어렵다고 인정될 경우라도 이를 배척할 수 없다. ○ ×

해설 형사재판에서 이와 관련된 다른 형사사건의 확정판결에서 인정된 사실은 특별한 사정이 없는 한 유력한 증거자료가 되는 것이나, 당해 형사재판에서 제출된 다른 증거 내용에 비추어 관련 형사사건 확정판결의 사실판단을 그대로 채택하기 어렵다고 인정될 경우에는 이를 배척할 수 있다. (대법원 2011도15653)   정답 ×

051 심신장애의 유무는 법원이 형벌제도의 목적 등에 비추어 판단하여야 할 법률문제로서 그 판단에 전문감정인의 정신감정결과가 중요한 참고자료가 되기는 하나, 법원이 반드시 그 의견에 구속되는 것은 아니다. ○ ×

해설 대법원 96도638   정답 ○

052 항소법원이 제1심에서 채용된 증거의 신빙성에 의문이 있는 경우 이미 증거조사를 거친 동일한 증거라도 그 증거의 신빙성에 대하여 더 심리하여 본 후 그 채부를 판단하여야 한다. ○ ×

해설 대법원 96도2461   정답 ○

053 도로교통법위반(음주운전)죄에서 혈중 알코올농도의 추정방식으로 위드마크 공식을 이용한 경우에 그 적용을 위한 자료인 섭취한 알코올의 양, 음주시각, 체중 등의 사실은 자유로운 증명으로 족하다. ○ ×

해설 범죄구성요건사실의 존부를 알아내기 위해 과학공식 등의 경험칙을 이용하는 경우에 그 법칙 적용의 전제가 되는 개별적이고 구체적인 사실에 대하여는 엄격한 증명을 요하는바, 위드마크 공식의 경우 그 적용을 위한 자료로 섭취한 알코올의 양, 음주 시각, 체중 등이 필요하므로 그런 전제사실에 대한 엄격한 증명이 요구된다. (대법원 2008도5531)   정답 ×

054 형법 제307조 제1항의 명예훼손죄 성립 여부에 있어서 동법 제310조의 위법성조각사유의 존재는 자유로운 증명으로 족하다. ○ ×

해설 대법원 95도1473   정답 ○

055

형사재판에서 엄격한 증명이 요구되는 대상에는 검사가 공소장에 기재한 구체적 범죄사실 모두가 포함되고, 특히 공소사실에 특정된 범죄의 일시는 범죄의 성격상 특수한 사정이 있는 경우가 아닌 한 엄격한 증명을 통하여 인정되어야 한다. O X

해설 대법원 2012도3722 정답 O

056

목적과 용도를 정하여 위탁한 금전을 수탁자가 임의로 소비하면 횡령죄를 구성할 수 있으나, 이 경우 피해자가 목적과 용도를 정하여 금전을 위탁한 사실 및 그 목적과 용도가 무엇인지는 엄격한 증명의 대상이다. O X

해설 대법원 2013도8121 정답 O

057

형사소송법 제312조 제4항에서 "특히 신빙할 수 있는 상태"는 증거능력의 요건에 해당하므로 검사가 그 존재에 대하여 구체적으로 주장·증명하여야 하며 그러한 증명은 엄격한 증명을 요한다. O X

해설 형사소송법 제312조 제4항에서 '특히 신빙할 수 있는 상태'란 진술 내용이나 조서 작성에 허위개입의 여지가 거의 없고, 진술 내용의 신빙성이나 임의성을 담보할 구체적이고 외부적인 정황이 있는 것을 말한다. 그리고 이러한 '특히 신빙할 수 있는 상태'는 증거능력의 요건에 해당하므로 검사가 그 존재에 대하여 구체적으로 주장·증명하여야 하지만, 이는 소송상의 사실에 관한 것이므로 엄격한 증명을 요하지 아니하고 자유로운 증명으로 족하다. (대법원 2012도2937) 정답 X

058

친고죄에 있어서의 고소는 고소권 있는 자가 수사기관에 대하여 범죄사실을 신고하고 범인의 처벌을 구하는 의사표시로서 서면뿐만 아니라 구술로도 할 수 있는 것이고, 친고죄에서 적법한 고소가 있었는지 여부는 자유로운 증명의 대상이 된다. O X

해설 대법원 2011도4451, 2011전도76 정답 O

059

정보통신망을 통하여 공포심이나 불안감을 유발하는 글을 반복적으로 상대방에게 도달하게 하는 행위를 하였다는 공소사실에 대하여 휴대전화기에 저장된 문자정보가 그 증거가 되는 경우, 그 문자정보는 범행의 직접적인 수단이고 경험자의 진술에 갈음하는 대체물에도 해당하지 않으므로 「형사소송법」 제310조의2에서 정한 전문법칙이 적용되지 않는다. O X

해설 대법원 2006도2556 정답 O

060

영장 발부의 사유로 된 범죄 혐의사실과 무관한 별개의 증거를 압수하였을 경우 이는 원칙적으로 유죄의 증거로 사용할 수 없으나, 수사기관이 그 증거를 피압수자에게 환부한 후에 임의 제출받아 다시 압수하였다면 최초의 절차 위반 행위와 최종적인 증거수집 사이의 인과관계가 단절되었다고 평가할 수 있고, 제출에 임의성이 있다는 점을 검사가 합리적 의심을 배제할 수 있을 정도로 증명한 경우에는 증거능력을 인정할 수 있다. O X

해설 대법원 2013도11233 정답 O

061 피고인의 수사기관 및 제1심 법정에서의 자백이 항소심에서의 법정진술과 다른 경우 그 사진 자백의 증명력 내지 신빙성이 의심스럽다고 할 것이고, 같은 사람의 검찰에서의 진술과 법정에서의 증언이 다를 경우 검찰에서의 진술을 믿고서 범죄사실을 인정하는 것은 자유심증주의의 한계를 벗어나는 것이다. ○ ×

해설 피고인의 수사기관에서나 제1심 법정에서의 자백이 그 후의 제1심 내지 항소심에서의 법정진술과 다르다는 사유만으로는 그 자백의 증명력 내지 신빙성이 의심스럽다고 할 수는 없는 것이고, 자백의 신빙성 유무를 판단함에 있어서는 자백의 진술 내용 자체가 객관적으로 합리성을 띠고 있는지, 자백의 동기나 이유가 무엇이며, 자백에 이르게 된 경위는 어떠한지, 그리고 자백 이외의 정황증거 중 자백과 저촉되거나 모순되는 것이 없는지 하는 점 등을 고려하여 피고인의 자백에 형사소송법 제309조 소정의 사유 또는 자백의 동기나 과정에 합리적인 의심을 갖게 할 상황이 있었는지를 판단하여야 한다. (대법원 2008도1994) 정답 ×

062 동일한 사항에 관하여 두 개의 서로 다른 내용이 기재된 공판조서가 병존하는 경우에 그 중 어느 쪽을 진실한 것으로 볼 것인지는 법관의 자유로운 심증에 따를 수밖에 없다. ○ ×

해설 대법원 86도1646 정답 ○

063 증거의 증명력을 법관의 자유판단에 의하도록 하는 것은 그것이 실체적 진실발견에 적합하기 때문이지 법관의 자의적인 판단을 인용한다는 것은 아니다. ○ ×

해설 대법원 2015도17869 정답 ○

064 형사재판에 있어 심증형성은 간접증거에 의할 수도 있으며, 간접증거는 이를 개별적·고립적으로 평가하고, 치밀하고 모순 없는 논증을 거쳐야 한다. ○ ×

해설 형사재판에 있어 심증형성은 반드시 직접증거에 의하여 형성되어야만 하는 것은 아니고 간접증거에 의할 수도 있는 것이며, 간접증거는 이를 개별적·고립적으로 평가하여서는 아니 되고 모든 관점에서 빠짐없이 상호 관련시켜 종합적으로 평가하고, 치밀하고 모순 없는 논증을 거쳐야 한다. (대법원 2016도6757) 정답 ×

065 증명력이 있는 것으로 인정되는 증거를 합리적인 근거가 없는 의심을 일으켜 이를 배척하는 것은 자유심증주의의 한계를 벗어나는 것으로 허용되지 않는다. ○ ×

해설 대법원 94도1335 정답 ○

066 범죄구성요건에 해당하는 사실을 증명하기 위한 근거가 되는 과학적인 연구 결과는 적법한 증거조사를 거친 증거능력 있는 증거에 의하여 엄격한 증명으로 증명되어야 한다. ○ ×

해설 대법원 2009도2338 정답 ○

067

전문 감정인이 공인된 표준 검사기법으로 분석한 후 법원에 제출한 과학적 증거는 모든 과정에서 시료의 동일성이 인정되고 인위적인 조작·훼손·첨가가 없었음이 담보되었다면, 각 단계에서 시료에 대한 정확한 인수·인계 절차를 확인할 수 있는 기록이 유지되지 않았다 하더라도 사실인정에 있어서 상당한 정도로 구속력을 가진다. ○ ×

해설 과학적 증거방법이 사실인정에 있어서 상당한 정도로 구속력을 갖기 위해서는 감정인이 전문적인 지식·기술·경험을 가지고 공인된 표준 검사기법으로 분석한 후 법원에 제출하였다는 것만으로는 부족하고, 시료의 채취·보관·분석 등 모든 과정에서 시료의 동일성이 인정되고 인위적인 조작·훼손·첨가가 없었음이 담보되어야 하며 각 단계에서 시료에 대한 정확한 인수·인계 절차를 확인할 수 있는 기록이 유지되어야 한다. (대법원 2017도14222)   정답 ×

068

컴퓨터 디스켓에 들어 있는 문건이 증거로 사용되는 경우 그 컴퓨터 디스켓은 그 기재의 매체가 다를 뿐 실질에 있어서는 피고인 또는 피고인 아닌 자의 진술을 기재한 서류와 크게 다를 바 없고, 압수 후의 보관 및 출력과정에 조작의 가능성이 있으며, 기본적으로 반대신문의 기회가 보장되지 않는 점 등에 비추어 그 기재내용의 진실성에 관하여는 전문법칙이 적용된다. ○ ×

해설 대법원 99도2317   정답 ○

069

검사는 체포영장의 유효기간을 연장할 필요가 있다고 인정하는 때에는 그 사유를 증명하여 다시 체포영장을 청구하여야 하지만, 그 증명은 자유로운 증명으로 족하다. ○ ×

해설

> **형사소송규칙 제96조의4(체포영장의 갱신)** 검사는 체포영장의 유효기간을 연장할 필요가 있다고 인정하는 때에는 그 사유를 소명하여 다시 체포영장을 청구하여야 한다.

정답 ×

070

탄핵증거는 범죄사실을 인정하는 증거가 아니므로 엄격한 증거조사를 거쳐야 할 필요가 없다. ○ ×

해설 대법원 97도1770   정답 ○

071

교통사고로 인하여 업무상과실치상죄 또는 중과실치상죄를 범한 운전자에 대하여 피해자의 명시한 의사에 반하여 공소를 제기할 수 있도록 하고 있는 교통사고처리 특례법 제3조 제2항 단서의 각 호에서 규정한 신호위반 등의 예외 사유는 같은 법 제3조 제1항 위반죄의 구성요건 요소에 해당하므로 엄격한 증명을 필요로 한다. ○ ×

해설 교통사고로 인하여 업무상과실치상죄 또는 중과실치상죄를 범한 운전자에 대하여 피해자의 명시한 의사에 반하여 공소를 제기할 수 있도록 하고 있는 교통사고처리특례법 제3조 제2항 단서의 각 호에서 규정한 신호위반 등의 예외사유는 같은 법 제3조 제1항 위반죄의 구성요건 요소가 아니라 그 공소제기의 조건에 관한 사유이다. (대법원 2006도4322)   정답 ×

072 살인죄와 같이 법정형이 무거운 범죄의 경우에도 직접증거 없이 간접증거만으로도 유죄를 인정할 수 있는데, 이 경우 주요사실의 전제가 되는 간접사실의 인정은 합리적 의심을 허용하지 않을 정도의 증명이 있어야 하지만, 그 하나하나의 간접사실이 상호모순, 저촉이 없어야 할 필요는 없다. ○ ×

해설 살인죄 등과 같이 법정형이 무거운 범죄의 경우에도 직접증거 없이 간접증거만으로 유죄를 인정할 수 있으나, 그러한 유죄 인정에는 공소사실에 대한 관련성이 깊은 간접증거들에 의하여 신중한 판단이 요구되므로, 간접증거에 의하여 주요사실의 전제가 되는 간접사실을 인정할 때에는 증명이 합리적인 의심을 허용하지 않을 정도에 이르러야 하고, 하나하나의 간접사실 사이에 모순, 저촉이 없어야 하는 것은 물론 간접사실이 논리와 경험칙, 과학법칙에 의하여 뒷받침되어야 한다. (대법원 2011도1902)   정답 ×

073 형사재판에 있어서 유죄로 인정하기 위한 심증형성의 정도는 합리적인 의심을 할 여지가 없을 정도여야 하지만, 이는 모든 가능한 의심을 배제할 정도에 이를 것까지 요구하는 것은 아니다. ○ ×

해설 대법원 2004도2221   정답 ○

074 공소사실의 내용 자체로 전후 연속되거나 견련되어 있는 여러 범죄사실에 대하여 그 중 일부는 무죄로 판단하면서도 나머지는 유죄로 인정하려면, 그와 같이 무죄로 본 근거가 되는 사정들이 나머지 부분의 유죄 인정에 방해가 되지 않는다는 점이 합리적으로 설명될 수 있어야 한다. ○ ×

해설 대법원 2012도3722   정답 ○

075 증거능력이 없는 증거는 유죄의 직접적인 증거로 삼을 수 없으나, 구성요건 사실을 추인하게 하는 간접사실이나 구성요건 사실을 입증하는 직접증거의 증명력을 보강하는 보조사실의 인정자료로는 사용할 수 있다. ○ ×

해설 구성요건에 해당하는 사실은 엄격한 증명에 의하여 이를 인정하여야 하고, 증거능력이 없는 증거는 구성요건 사실을 추인하게 하는 간접사실이나 구성요건 사실을 입증하는 직접증거의 증명력을 보강하는 보조사실의 인정자료로서도 허용되지 아니한다. (대법원 2006도6356)   정답 ×

076 형법 제307조 제2항 허위사실 적시 명예훼손죄에서 허위사실의 인식과 달리 허위사실 자체는 엄격한 증명의 대상이 된다. ○ ×

해설 형사재판에서 공소가 제기된 범죄의 구성요건을 이루는 사실은 그것이 주관적 요건이든 객관적 요건이든 그 증명책임이 검사에게 있으므로, 허위사실 적시 명예훼손죄로 기소된 사건에서 사람의 사회적 평가를 떨어뜨리는 사실이 적시되었다는 점, 그 적시된 사실이 객관적으로 진실에 부합하지 아니하여 허위일 뿐만 아니라 그 적시된 사실이 허위라는 것을 피고인이 인식하고서 이를 적시하였다는 점은 모두 검사가 증명하여야 한다. 그런데 위 증명책임을 다하였는지 여부를 결정함에 있어서는, 어느 사실이 적극적으로 존재한다는 것의 증명은 물론, 그 사실의 부존재의 증명이라도 특정 기간과 특정 장소에서의 특정행위의 부존재에 관한 것이라면 적극적 당사자인 검사가 이를 합리적 의심의 여지가 없이 증명하여야 한다. (대법원 2017도16939)   정답 ×

077

예비군법 제15조 제9항 제1호에서 정한 정당한 사유가 없다는 사실은 범죄구성요건이므로 검사가 증명하여야 하지만, 양심적 예비군훈련거부를 주장하는 피고인은 자신의 예비군훈련거부가 그에 따라 행동하지 않고서는 인격적 존재가치가 파멸되고 말 것이라는 절박하고 구체적인 양심에 따른 것이며 그 양심이 깊고 확고하며 진실한 것이라는 사실의 존재를 수긍할 만한 소명자료를 제시하고, 검사는 제시된 자료의 신빙성을 탄핵하는 방법으로 진정한 양심의 부존재를 증명할 수 있다. ○ ×

해설 [1] 양심적 병역거부자에게 병역의무의 이행을 일률적으로 강제하고 그 불이행에 대하여 형사처벌 등 제재를 하는 것은 양심의 자유를 비롯한 헌법상 기본권 보장체계와 전체 법질서에 비추어 타당하지 않을 뿐만 아니라 소수자에 대한 관용과 포용이라는 자유민주주의 정신에도 위배된다. 따라서 진정한 양심에 따른 병역거부라면, 이는 병역법 제88조 제1항의 '정당한 사유'에 해당한다(대법원 2018.11.1. 선고 2016도10912 전원합의체 판결 참조). 진정한 양심은 그 신념이 깊고, 확고하며, 진실하여야 한다. 인간의 내면에 있는 양심을 직접 객관적으로 증명할 수는 없으므로 사물의 성질상 양심과 관련성이 있는 간접사실 또는 정황사실을 증명하는 방법으로 판단하여야 한다.

[2] 예비군법 제15조 제9항 제1호는 병역법 제88조 제1항과 마찬가지로 국민의 국방의 의무를 구체화하기 위하여 마련된 것이고, 예비군훈련도 집총이나 군사훈련을 수반하는 병역의무의 이행이라는 점에서 병역법 제88조 제1항에서 정한 '정당한 사유'에 관한 위 전원합의체 판결의 법리에 따라 예비군법 제15조 제9항 제1호에서 정한 '정당한 사유'를 해석함이 타당하다. 따라서 진정한 양심에 따른 예비군훈련거부의 경우에도 예비군법 제15조 제9항 제1호에서 정한 '정당한 사유'에 해당한다고 보아야 한다. (대법원 2020도3439) 정답 ○

078

합리적 의심이란 요증사실과 양립할 수 없는 사실의 개연성에 대한 합리성 있는 의문을 의미하는 것으로서, 관념적인 의심이나 추상적인 가능성에 기초한 의심도 포함된다. ○ ×

해설 합리적 의심이라 함은 모든 의문, 불신을 포함하는 것이 아니라 논리와 경험칙에 기하여 요증사실과 양립할 수 없는 사실의 개연성에 대한 합리성 있는 의문을 의미하는 것으로서, 피고인에게 유리한 정황을 사실인정과 관련하여 파악한 이성적 추론에 그 근거를 두어야 하는 것이므로 단순히 관념적인 의심이나 추상적인 가능성에 기초한 의심은 합리적 의심에 포함된다고 할 수 없다. (대법원 2004도2221) 정답 ×

079

양자는 증거능력의 유무와 증거조사방법에 차이가 있을 뿐 심증의 정도에는 차이가 없다. ○ ×

해설 엄격한 증명과 자유로운 증명은 증거능력의 유무와 증거조사의 방법에 차이가 있을 뿐이고, 사실인정을 위해 요구되는 심증형성의 정도에 차이가 있는 것으로서 자유로운 증명의 경우에도 법관의 확신을 요한다. 정답 ○

080

자유로운 증명은 증거능력 없는 증거나 적법한 증거조사절차를 거치지 아니한 증거에 의한 증명을 의미한다. ○ ×

해설 자유로운 증명이란 증거능력 없는 증거 또는 증거조사 방법을 거치지 아니한 증거에 의한 증명이다. 정답 ○

081 법원은 전과조회서가 변론종결 후에 회보되었다 하더라도 변론재개 없이 전과조회서에 기재된 누범전과의 사실을 근거로 형을 가중할 수 있다. ○ ×

해설 사실심 변론종결 후 검사나 피해자 등에 의해 피고인에게 불리한 새로운 양형조건에 관한 자료가 법원에 제출되었다면 사실심 법원으로서는 변론을 재개하여 그 양형자료에 대하여 피고인에게 의견진술 기회를 주는 등 필요한 양형심리절차를 거침으로써 피고인의 방어권을 실질적으로 보장해야 한다. (대법원 2021도5777) = 누범 전과에 관한 사실은 엄격한 증명의 대상이 되기 때문에 법원이 변론의 재개 없이 전과조회서에 기재된 누범 전과의 사실을 근거로 형을 가중할 수는 없다. 정답 ×

082 구성요건에 해당하는 사실은 엄격한 증명에 의하여 이를 인정하여야 하지만, 증거능력이 없는 증거는 구성요건 사실을 추인하게 하는 간접사실이나 구성요건 사실을 입증하는 직접증거의 증명력을 보강하는 보조사실의 인정자료로는 사용할 수 있다. ○ ×

해설 구성요건에 해당하는 사실은 엄격한 증명에 의하여 이를 인정하여야 하고, 증거능력이 없는 증거는 구성요건 사실을 추인하게 하는 간접사실이나 구성요건 사실을 입증하는 직접증거의 증명력을 보강하는 보조사실의 인정자료로도 사용할 수 없다. (대법원 2008도7112) 정답 ×

083 법원은 범죄의 구성요건이나 법률상 규정된 형의 가중·감면의 사유가 되는 경우를 제외하고는, 법률이 규정한 증거로서의 자격이나 증거조사방식에 구애됨이 없이 상당한 방법으로 조사하여 양형의 조건이 되는 사항을 인정할 수 있다. ○ ×

해설 대법원 2010도750 정답 ○

084 공연히 사실을 적시하여 사람의 명예를 훼손한 행위가 형법 제310조의 규정에 따라서 위법성이 조각되어 처벌대상이 되지 않기 위하여는 그것이 진실한 사실로서 오로지 공공의 이익에 관한 때에 해당된다는 점을 행위자가 증명하여야 하나, 그 증명은 유죄의 인정에 있어 요구되는 것과 같이 법관으로 하여금 의심할 여지가 없을 정도의 확신을 가지게 하는 증명력을 가진 엄격한 증거에 의하여야 하는 것은 아니다. ○ ×

해설 대법원 2006도8544 정답 ○

085 탄핵증거는 범죄사실을 인정하는 증거가 아니므로 엄격한 증거조사를 거쳐야 할 필요가 없지만, 법정에서 이에 대한 탄핵증거로서의 증거조사는 필요하다. ○ ×

해설 대법원 2005도2617 정답 ○

CHAPTER 01 증거 213

086

조서의 내용에 대한 증명력은 전체적으로 고찰되어야 하므로, 진술조서의 기재 중 일부분을 믿고 다른 부분을 믿지 아니한다면 곧바로 부당하다고 평가되어야 한다. ○ ×

해설 진술조서의 기재 중 일부분을 믿고 다른 부분을 믿지 아니한다고 하여도 그것이 곧 부당하다고 할 수 없다. (대법원 80도145)

정답 ×

087

검찰에서의 피고인의 자백이 법정진술과 다르다거나 피고인에게 지나치게 불리한 내용이라는 사유만으로는 그 자백의 신빙성이 의심스럽다고 할 수는 없다. ○ ×

해설 대법원 2018도2642

정답 ○

088

유전자검사 결과 주사기에서 마약성분과 함께 피고인의 혈흔이 확인됨으로써 피고인이 필로폰을 투약한 사정이 적극적으로 증명되는 경우, 반증의 여지가 있는 소변 및 모발검사에서 마약성분이 검출되지 않았다는 소극적 사정에 관한 증거만으로 이를 쉽사리 뒤집을 수 없다. ○ ×

해설 대법원 2008도8486

정답 ○

089

동일한 사실관계에 관하여 이미 확정된 형사판결이 인정한 사실은 유력한 증거자료가 되므로, 그 형사재판의 사실판단을 채용하기 어렵다고 인정되는 특별한 사정이 없는 한 이와 배치되는 사실은 인정할 수 없다. ○ ×

해설 대법원 2018도20188

정답 ○

03 위법수집증거배제법칙

090 수사기관으로부터 통신제한조치의 집행을 위탁받은 통신기관 등이 집행에 필요한 설비가 없을 때에는 수사기관에 설비의 제공을 요청하여야 하는데, 그러한 요청 없이 통신제한조치허가서에 기재된 사항을 준수하지 아니한 채 통신제한조치를 집행하였더라도, 그러한 집행으로 취득한 전기통신의 내용 등은 유죄 인정의 증거로 할 수 있다. O X

해설 수사기관으로부터 통신제한조치의 집행을 위탁받은 통신기관 등이 집행에 필요한 설비가 없을 때에는 수사기관에 설비의 제공을 요청하여야 하고, 그러한 요청 없이 통신제한조치허가서에 기재된 사항을 준수하지 아니한 채 통신제한조치를 집행하였다면, 그러한 집행으로 취득한 전기통신의 내용 등은 헌법과 통신비밀보호법이 국민의 기본권인 통신의 비밀을 보장하기 위해 마련한 적법한 절차를 따르지 아니하고 수집한 증거에 해당하므로(형사소송법 제308조의2), 이는 유죄 인정의 증거로 할 수 없다. (대법원 2016도8137) 정답 X

091 범죄의 피해자인 검사가 그 사건의 수사에 관여하거나, 압수·수색영장의 집행에 참여한 검사가 다시 수사에 관여하였다는 이유만으로 바로 그 수사가 위법하다거나 그에 따른 참고인이나 피의자의 진술에 임의성이 없다고 볼 수는 없다. O X

해설 대법원 2011도12918 정답 O

092 수사기관이 피의자를 신문함에 있어서 피의자에게 미리 진술거부권을 고지하지 않은 때에는 그 피의자의 진술은 위법하게 수집된 증거로서 진술의 임의성이 인정되는 경우라도 증거능력이 부인되어야 한다. O X

해설 대법원 2014도1779 정답 O

093 수사기관이 영장 또는 감정처분허가장을 발부받지 아니한 채 피의자의 동의 없이 피의자 신체로부터 혈액을 채취하고 사후에도 지체 없이 영장을 발부받지 않았다면, 그 혈액 중 알코올농도에 관한 감정의뢰회보서는 원칙적으로 유죄의 증거로 사용할 수 없다. O X

해설 대법원 2009도2109 정답 O

094 수사기관으로부터 참고인 자격으로 조사를 받으면서 진술거부권을 고지 받지 않았다고 하더라도 그 이유만으로 그 진술조서가 위법수집증거로서 증거능력이 없다고 할 수 없다. O X

해설 대법원 2011도8125 정답 O

095 위법한 강제연행 상태에서 호흡측정 방법에 의한 음주측정을 한 다음, 강제연행 상태로부터 시간적·장소적으로 단절되었다고 볼 수 없는 상황에서 피의자가 호흡측정 결과를 탄핵하기 위하여 스스로 혈액채취 방법에 의한 측정을 할 것을 요구하여 혈액채취가 이루어진 경우, 그러한 혈액채취에 의한 측정결과를 유죄 인정의 증거로 쓸 수는 없다. ○ ×

해설 대법원 2010도2094 정답 ○

096 위법한 체포에 의한 유치 중에 작성된 피의자신문조서는 위법하게 수집된 증거로서 특별한 사정이 없는 한 이를 유죄의 증거로 할 수 없다. ○ ×

해설 대법원 2000도5701 정답 ○

097 피고인이 범행 후 피해자에게 전화를 걸어오자 피해자가 증거를 수집하려고 그 전화내용을 녹음한 경우, 이는 위법하게 수집된 증거에 해당하여 증거능력이 없다. ○ ×

해설 피고인이 범행 후 피해자에게 전화를 걸어오자 피해자가 증거를 수집하려고 그 전화내용을 녹음한 경우, 그 녹음테이프가 피고인 모르게 녹음된 것이라 하여 이를 위법하게 수집된 증거라고 할 수 없다. (대법원 97도240) 정답 ×

098 비변호인과의 접견이 금지된 상태에서 작성된 피의자신문조서는 당연히 임의성이 부정된다. ○ ×

해설 검사의 접견금지 결정으로 피고인들의 접견이 제한된 상황하에서 피의자 신문조서가 작성되었다는 사실만으로 바로 그 조서가 임의성이 없는 것이라고는 볼 수 없다. (대법원 84도846) 정답 ×

099 형사소송법 제218조는 "사법경찰관은 소유자, 소지자 또는 보관자가 임의로 제출한 물건을 영장 없이 압수할 수 있다"고 규정하고 있는 바, 위 규정을 위반하여 소유자, 소지자 또는 보관자가 아닌 자로부터 제출받은 물건을 영장 없이 압수한 경우 그 '압수물' 및 '압수물을 찍은 사진'은 이를 유죄 인정의 증거로 사용할 수 없는 것이고, 헌법과 형사소송법이 선언한 영장주의의 중요성에 비추어 볼 때 피고인이나 변호인이 이를 증거로 함에 동의하였다고 하더라도 달리 볼 것은 아니다. ○ ×

해설 대법원 2009도10092 정답 ○

100 사법경찰관이 압수·수색영장을 제시하여 압수·수색을 실시하고 그 집행을 종료한 후 영장의 유효기간 내에 종전의 영장을 제시하고 동일한 장소 또는 목적물에 대하여 다시 압수·수색한 경우 그 압수물은 위법수집증거로서 증거능력이 배제된다. ○ ×

해설 대법원 99모161 정답 ○

101 甲이 휴대전화기로 乙과 통화한 후 예우차원에서 바로 전화를 끊지 않고 기다리던 중 그 휴대전화기로부터 乙과 丙이 대화하는 내용이 들리자 이를 그 휴대전화기로 녹음한 경우, 이 녹음은 위법하다고 할 수 없다. ○ ×

해설 피고인이 ○○○신문사 빌딩에서 휴대폰의 녹음기능을 작동시킨 상태로 공소외 1 재단법인(이하 '공소외 1 재단법인'라고 한다)의 이사장실에서 집무 중이던 공소외 1 재단법인 이사장인 공소외 2의 휴대폰으로 전화를 걸어 공소외 2와 약 8분간의 전화통화를 마친 후 상대방에 대한 예우차원에서 바로 전화통화를 끊지 않고 공소외 2가 전화를 먼저 끊기를 기다리던 중, 평소 친분이 있는 △△방송 기획홍보본부장 공소외 3이 공소외 2와 인사를 나누면서 △△방송 전략기획부장 공소외 4를 소개하는 목소리가 피고인의 휴대폰을 통해 들려오고, 때마침 공소외 2가 실수로 휴대폰의 통화종료 버튼을 누르지 아니한 채 이를 이사장실 내의 탁자 위에 놓아두자, 공소외 2의 휴대폰과 통화연결상태에 있는 자신의 휴대폰 수신 및 녹음기능을 이용하여 이 사건 대화를 몰래 청취하면서 녹음한 사실을 인정한 다음, 피고인은 이 사건 대화에 원래부터 참여하지 아니한 제3자이므로, 통화연결상태에 있는 휴대폰을 이용하여 이 사건 대화를 청취·녹음하는 행위는 작위에 의한 구 통신비밀보호법 제3조의 위반행위로서 같은 법 제16조 제1항 제1호에 의하여 처벌된다고 판단하였다. (대법원 2013도15616) 정답 ×

102 수사기관이 피의자 甲의 공직선거법 위반 범행을 영장 범죄사실로 하여 발부받은 압수·수색영장의 집행과정에서 乙, 丙 사이의 대화가 녹음된 녹음파일을 압수하여 乙, 丙의 공직선거법 위반 혐의사실을 발견하였다면, 위 녹음파일은 별도의 압수수색영장을 발부받지 않더라도 증거능력이 있다. ○ ×

해설 수사기관이 피의자 甲의 공직선거법 위반 범행을 영장 범죄사실로 하여 발부받은 압수·수색영장의 집행 과정에서 乙, 丙 사이의 대화가 녹음된 녹음파일(이하 '녹음파일'이라 한다)을 압수하여 乙, 丙의 공직선거법 위반 혐의사실을 발견한 사안에서, 압수·수색영장에 기재된 '피의자'인 甲이 녹음파일에 의하여 의심되는 혐의사실과 무관한 이상, 수사기관이 별도의 압수·수색영장을 발부받지 아니한 채 압수한 녹음파일은 형사소송법 제219조에 의하여 수사기관의 압수에 준용되는 형사소송법 제106조 제1항이 규정하는 '피고사건' 내지 같은 법 제215조 제1항이 규정하는 '해당 사건'과 '관계가 있다고 인정할 수 있는 것'에 해당하지 않으며, 이와 같은 압수에는 헌법 제12조 제1항 후문, 제3항 본문이 규정하는 영장주의를 위반한 절차적 위법이 있으므로, 녹음파일은 형사소송법 제308조의2에서 정한 '적법한 절차에 따르지 아니하고 수집한 증거'로서 증거로 쓸 수 없고, 그 절차적 위법은 헌법상 영장주의 내지 적법절차의 실질적 내용을 침해하는 중대한 위법에 해당하여 예외적으로 증거능력을 인정할 수도 없다. (대법원 2013도7101) 정답 ×

103 교도관이 재소자가 맡긴 비망록을 수사기관에 임의로 제출하였다면 그 비망록의 증거사용에 대하여도 재소자의 사생활의 비밀 기타 인격적 법익이 침해되는 등의 특별한 사정이 없는 한 반드시 그 재소자의 동의를 받아야 하는 것은 아니며, 검사가 교도관으로부터 그가 보관하고 있던 피고인의 비망록을 임의로 제출받아 이를 압수한 경우, 피고인의 승낙 및 영장이 없더라도 적법절차를 위반한 위법이 있다고 할 수 없다. ○ ×

해설 대법원 2008도1097 정답 ○

104 비진술증거인 압수물은 압수절차가 위법하다 하더라도 그 물건자체의 성질, 형태에 변경을 가져오는 것은 아니어서 그 형태 등에 관한 증거가치에는 변함이 없다 할 것이므로 증거능력이 있다. ○ ×

해설 피고인측에서 검사의 압수수색이 적법절차를 위반하였다고 다투고 있음에도 불구하고 주장된 위법사유가 적법절차의 실질적인 내용을 침해하였는지 여부 등에 관하여 충분히 심리하지 아니한 채, 압수절차가 위법하더라도 압수물의 증거능력은 인정된다는 이유만으로 압수물의 증거능력을 인정한 것은 위법하다. (대법원 2007도3061 전합) 정답 ×

105 피의자가 변호인의 참여를 원한다는 의사를 명백하게 표시하였음에도 수사기관이 정당한 사유 없이 변호인을 참여하게 하지 아니한 채 피의자를 신문하여 작성한 피의자신문조서는 증거능력이 인정되지 않는다. ○ ×

해설 대법원 2010도3359   정답 ○

106 현장에서 압수·수색을 당하는 사람이 여러 명일 경우에는 그 사람들 모두에게 개별적으로 영장을 제시해야 하는 것이 원칙이고, 수사기관이 압수·수색에 착수하면서 물건을 소지하고 있는 다른 사람으로부터 이를 압수하고자 하는 때에는 그 사람에게 따로 영장을 제시하여야 한다. ○ ×

해설 대법원 2008도763   정답 ○

107 음란물 유포의 범죄혐의를 이유로 압수수색영장을 발부받은 사법경찰관이 피고인의 주거지를 수색하는 과정에서 대마를 발견하자, 피고인을 마약류관리에 관한 법률 위반죄의 현행범으로 체포하면서 대마를 압수하였으나 그 다음 날 피고인을 석방하고도 사후 압수수색영장을 발부받지 않은 사안에서, 위 압수물과 압수조서는 형사소송법상 영장주의를 위반하여 수집한 증거로서 증거능력이 부정된다. ○ ×

해설 대법원 2008도10914   정답 ○

108 「형사소송법」 제219조가 준용하는 제118조는 '압수수색영장은 처분을 받는 자에게 반드시 제시하여야 한다.'고 규정하고 있으므로, 피처분자가 현장에 없거나 현장에서 그를 발견할 수 없는 경우 등 영장제시가 현실적으로 불가능한 경우에도 영장을 제시하지 아니한 채 압수·수색을 하였다면 이는 위법하다고 보아야 한다. ○ ×

해설 형사소송법 제219조가 준용하는 제118조는 "압수·수색영장은 처분을 받는 자에게 반드시 제시하여야 한다."고 규정하고 있으나, 이는 영장제시가 현실적으로 가능한 상황을 전제로 한 규정으로 보아야 하고, 피처분자가 현장에 없거나 현장에서 그를 발견할 수 없는 경우 등 영장제시가 현실적으로 불가능한 경우에는 영장을 제시하지 아니한 채 압수·수색을 하더라도 위법하다고 볼 수 없다. (대법원 2014도10978 전합)   정답 ×

109 우편물 통관검사절차에서 이루어지는 우편물의 개봉, 시료채취, 성분분석 등의 검사는 수출입물품에 대한 적정한 통관 등을 목적으로 한 행정조사의 성격을 가지는 것으로서 수사기관의 강제처분이라고 할 수 없으므로 압수·수색영장 없이 우편물의 개봉, 시료채취, 성분분석 등의 검사가 진행되었다고 하더라도 특별한 사정이 없는 한 위법하다고 볼 수 없다. ○ ×

해설 대법원 2013도7718   정답 ○

110 수사기관이 법관의 영장에 의하지 아니하고 신용카드 매출전표의 거래명의자에 관한 정보를 획득한 경우, 이에 터 잡아 수집한 2차적 증거들의 증거능력을 판단할 때, 수사기관이 의도적으로 영장주의의 정신을 회피하는 방법으로 증거를 확보한 것이 아니라고 볼 만한 사정, 체포되었던 피의자가 석방된 후 상당한 시간이 경과하였음에도 다시 동일한 내용의 자백을 하였다거나 그 범행의 피해품을 수사기관에 임의로 제출하였다는 사정 등은 통상 2차적 증거의 증거능력을 인정할 만한 정황에 속한다. ○ ×

해설 대법원 2012도13607 정답 ○

111 선거관리위원회 위원·직원이 관계인에게 진술이 녹음된다는 사실을 미리 알려주지 아니한 채 진술을 녹음하였더라도, 그와 같은 조사절차에 의하여 수집한 녹음파일 내지 그에 터 잡아 작성된 녹취록이 증거능력이 부정된다고 할 수 없다. ○ ×

해설 공직선거법 제272조의2 제6항은 선거관리위원회 위원·직원이 선거범죄와 관련하여 질문·조사하거나 자료의 제출을 요구하는 경우에는 관계인에게 그 신분을 표시하는 증표를 제시하고 소속과 성명을 밝히고 그 목적과 이유를 설명하여야 한다고 규정하고 있는데, 이는 선거범죄 조사와 관련하여 조사를 받는 관계인의 사생활의 비밀과 자유 내지 자신에 대한 정보를 결정할 자유, 재산권 등이 침해되지 않도록 하기 위한 절차적 규정이므로, 선거관리위원회 직원이 관계인에게 사전에 설명할 '조사의 목적과 이유'에는 조사할 선거범죄혐의의 요지, 관계인에 대한 조사가 필요한 이유뿐만 아니라 관계인의 진술을 기록 또는 녹음·녹화한다는 점도 포함된다. 따라서 선거관리위원회 위원·직원이 관계인에게 진술이 녹음된다는 사실을 미리 알려 주지 아니한 채 진술을 녹음하였다면, 그와 같은 조사절차에 의하여 수집한 녹음파일 내지 그에 터 잡아 작성된 녹취록은 형사소송법 제308조의2에서 정하는 '적법한 절차에 따르지 아니하고 수집한 증거'에 해당하여 원칙적으로 유죄의 증거로 쓸 수 없다. (대법원 2011도3509) 정답 ×

112 경찰관이 이른바 전화사기죄 범행의 혐의자를 긴급체포하면서 그가 보관하고 있던 다른 사람의 주민등록증, 운전면허증 등을 압수한 사안에서, 이는 적법한 압수로서 위 혐의자의 점유이탈물횡령죄 범행에 대한 증거로 사용할 수 있다. ○ ×

해설 대법원 2008도2245 정답 ○

113 위법한 절차에 의하여 수집된 증거의 증거능력을 부정하는 증거법칙으로 「형사소송법」은 이를 명문으로 규정하고 있다. ○ ×

해설

형사소송법 제308조의2(위법수집증거의 배제) 적법한 절차에 따르지 아니하고 수집한 증거는 증거로 할 수 없다.

정답 ○

114 위법수집증거배제법칙은 진술증거와 비진술증거 모두에 적용된다. ○ ×

해설 대법원 2014도10978 전합 정답 ○

115 수사기관의 절차위반행위가 적법절차의 실질적 내용을 침해하는 경우에 해당하지 않는다면, 법원은 예외적으로 위법하게 수집된 증거를 유죄 인정의 증거로 사용할 수 있다. O X

해설 대법원 2014도10978 전합 정답 O

116 경찰이 피고인의 집에서 20m 떨어진 곳에서 피고인을 체포한 후 피고인의 집안을 수색하여 칼과 합의서를 압수하였고, 적법한 시간 내에 압수수색영장을 청구하여 발부받지 않은 경우, 위 칼과 합의서를 기초로 한 2차 증거인 '임의제출동의서', '압수조서 및 목록', '압수품 사진'은 원칙적으로 피고인에 대한 유죄 인정의 증거로 삼을 수 있다. O X

해설 경찰이 피고인의 집에서 20m 떨어진 곳에서 피고인을 체포하여 수갑을 채운 후 피고인의 집으로 가서 집안을 수색하여 칼과 합의서를 압수하였을 뿐만 아니라 적법한 시간 내에 압수수색영장을 청구하여 발부받지도 않았음을 알 수 있는바, 이를 위 법리에 비추어 보면 위 칼과 합의서는 임의제출물이 아니라 영장 없이 위법하게 압수된 것으로서 증거능력이 없고, 따라서 이를 기초로 한 2차 증거인 임의제출동의서, 압수조서 및 목록, 압수품 사진 역시 증거능력이 없다고 할 것이다. (대법원 2009도14376) 정답 X

117 미성년자인 피고인의 음주운전과 관련된 도로교통법위반죄의 수사를 위하여 의식을 잃은 피고인을 대신하여 법정대리인인 아버지의 동의를 받아 혈액을 채취하였으나 사후 영장은 발부받지 않은 경우, 피고인의 혈중알코올농도에 대한 국립과학수사연구소의 감정의뢰회보는 원칙적으로 피고인에 대한 유죄 인정의 증거로 삼을 수 있다. O X

해설 형사소송법상 소송능력이란 소송당사자가 유효하게 소송행위를 할 수 있는 능력, 즉 피고인 또는 피의자가 자기의 소송상의 지위와 이해관계를 이해하고 이에 따라 방어행위를 할 수 있는 의사능력을 의미하는데, 피의자에게 의사능력이 있으면 직접 소송행위를 하는 것이 원칙이고, 피의자에게 의사능력이 없는 경우에는 형법 제9조 내지 제11조의 규정의 적용을 받지 아니하는 범죄사건에 한하여 예외적으로 법정대리인이 소송행위를 대리할 수 있다(형사소송법 제26조). 따라서 음주운전과 관련한 도로교통법 위반죄의 범죄수사를 위하여 미성년자인 피의자의 혈액채취가 필요한 경우에도 피의자에게 의사능력이 있다면 피의자 본인만이 혈액채취에 관한 유효한 동의를 할 수 있고, 피의자에게 의사능력이 없는 경우에도 명문의 규정이 없는 이상 법정대리인이 피의자를 대리하여 동의할 수는 없다. (대법원 2013도1228) 정답 X

118 피고인에 대하여 뇌물수수죄로 공소가 제기된 사건에서 공판절차 진행 중 수소법원 이외의 지방법원 판사로부터 발부받은 뇌물공여자 을(乙)에 대한 압수·수색영장에 의해 수집한 '자립예탁금 거래내역표' 및 '수표 사본'은 원칙적으로 피고인에 대한 유죄 인정의 증거로 삼을 수 있다. O X

해설 검사가 공소제기 후 형사소송법 제215조에 따라 수소법원 이외의 지방법원 판사에게 청구하여 발부받은 영장에 의하여 압수·수색을 하였다면, 그와 같이 수집된 증거는 기본적 인권 보장을 위해 마련된 적법한 절차에 따르지 않은 것으로서 원칙적으로 유죄의 증거로 삼을 수 없다. (대법원 2009도10412) 정답 X

119 조사대상자의 진술 내용이 제3자의 피의사실뿐만 아니라 자신의 피의사실에 관한 것이기도 하여 그 실질이 피의자신문조서의 성격을 가지는 경우에 수사기관은 진술을 듣기 전에 미리 진술거부권을 고지하여야 한다. O X

해설 대법원 2014도5939 정답 O

120 수사기관이 피의자를 조사하는 경우에는 그 조사과정을 기록하여야 하나 피의자가 아닌 자를 조사하는 과정에서 그 진술을 청취하여 증거로 남기는 방법으로 진술조서가 아닌 진술서를 작성·제출받는 경우에는 그 절차를 준수할 것을 요하지 아니한다. ○ ×

해설 형사소송법 제221조 제1항, 제244조의4 제1항, 제3항, 제312조 제4항, 제5항 및 그 입법 목적 등을 종합하여 보면, 피고인이 아닌 자가 수사과정에서 진술서를 작성하였지만 수사기관이 그에 대한 조사과정을 기록하지 아니하여 형사소송법 제244조의4 제3항, 제1항에서 정한 절차를 위반한 경우에는, 특별한 사정이 없는 한 '적법한 절차와 방식'에 따라 수사과정에서 진술서가 작성되었다 할 수 없으므로 증거능력을 인정할 수 없다. (대법원 2013도3790) 정답 ×

121 수사기관이 정보저장매체에 기억된 정보 중에서 검색을 통해 범죄 혐의사실과 관련 있는 정보를 선별한 다음 정보저장매체와 동일한 방식으로 복제하여 생성한 파일을 제출받아 압수한 후 수사기관의 사무실에서 압수된 파일을 탐색·복제·출력하는 경우에도 수사기관은 피의자 등에게 참여의 기회를 보장하여야 한다. ○ ×

해설 수사기관이 정보저장매체에 기억된 정보 중에서 키워드 또는 확장자 검색 등을 통해 범죄 혐의사실과 관련 있는 정보를 선별한 다음 정보저장매체와 동일하게 비트열 방식으로 복제하여 생성한 파일(이하 '이미지 파일'이라 한다)을 제출받아 압수하였다면 이로써 압수의 목적물에 대한 압수·수색 절차는 종료된 것이므로, 수사기관이 수사기관 사무실에서 위와 같이 압수된 이미지 파일을 탐색·복제·출력하는 과정에서도 피의자 등에게 참여의 기회를 보장하여야 하는 것은 아니다. (대법원 2017도13263) 정답 ×

122 압수·수색영장의 집행과정에서 폭행 등의 피해를 당한 검사 등이 수사에 관여하였다는 이유만으로 그 검사 등이 작성한 참고인 진술조서 등의 증거능력이 부정될 수 없다. ○ ×

해설 대법원 2011도12918 정답 ○

123 판례는 고소인이 피고인의 주거에 침입하여 절취한 증거물의 증거능력을 인정하였다. ○ ×

해설 대법원 2008도3990 정답 ○

124 긴급체포 당시의 상황으로 보아서도 그 요건의 충족 여부에 관한 검사나 사법경찰관의 판단이 경험칙에 비추어 현저히 합리성을 잃은 경우에는 그 체포는 위법한 체포라 할 것이고, 이러한 위법은 영장주의에 위배되는 중대한 것이니 그 체포에 의한 유치 중에 작성된 피의자신문조서는 위법하게 수집된 증거로서 특별한 사정이 없는 한 이를 유죄의 증거로 할 수 없다. ○ ×

해설 대법원 2000도5701 정답 ○

125 경찰이 피고인 아닌 甲, 乙을 사실상 강제연행한 상태에서 받은 각 자술서 및 이들에 대하여 작성한 각 진술조서는 위법수사로 얻은 진술증거에 해당하여 증거능력이 없다. ○ ×

해설 대법원 2009도6717 정답 ○

126 당초의 적법절차 위반행위와 증거수집 행위의 중간에 그 행위의 위법 요소가 제거 내지 배제되었다고 볼 만한 다른 사정이 개입됨으로써 인과관계가 단절된 것으로 평가할 수 있는 예외적인 경우에는 이를 유죄 인정의 증거로 사용할 수 있다. ○ ×

해설 대법원 2010도2094 정답 ○

127 적법한 절차를 따르지 않고 수집한 증거를 예외적으로 유죄인정의 증거로 사용할 수 있는 구체적이고 특별한 사정이 존재한다는 점에 대한 입증책임은 검사에게 있다. ○ ×

해설 대법원 2015도12400 정답 ○

128 위법수집증거배제법칙은 헌법 제12조의 적법절차를 보장하기 위한 성격을 가지기 때문에, 자신의 기본권을 침해당한 사람만이 위법수집증거배제법칙을 주장할 수 있다. 따라서 수사기관이 피고인 아닌 자를 상대로 적법한 절차에 따르지 아니하고 수집한 증거는 원칙적으로 피고인에 대한 유죄 인정의 증거로 삼을 수 있다. ○ ×

해설 형사소송법 제308조의2는 "적법한 절차에 따르지 아니하고 수집한 증거는 증거로 할 수 없다."고 규정하고 있는데, 수사기관이 헌법과 형사소송법이 정한 절차에 따르지 아니하고 수집한 증거는 유죄 인정의 증거로 삼을 수 없는 것이 원칙이므로, 수사기관이 피고인 아닌 자를 상대로 적법한 절차에 따르지 아니하고 수집한 증거는 원칙적으로 피고인에 대한 유죄 인정의 증거로 삼을 수 없다. (대법원 2009도6717) 정답 ×

129 위법하게 수집된 증거에서 파생하는 2차적 증거는 원칙적으로 증거능력이 배제되어야 하지만, 절차에 따르지 않은 증거수집과 2차적 증거수집 사이의 인과관계의 희석 또는 단절 여부를 중심으로 2차적 증거수집과 관련된 모든 사정을 전체적 종합적으로 고려하여 예외적인 경우에는 2차적 증거의 증거능력을 인정할 수 있다. ○ ×

해설 대법원 2013도12155 정답 ○

130 수사기관이 영장 없이 범죄 수사를 목적으로 금융회사로부터 획득한 금융실명거래 및 비밀보장에 관한 법률 제4조 제1항의 '거래정보등'은 원칙적으로 형사소송법 제308조의2에서 정하는 '적법한 절차에 따르지 아니하고 수집한 증거'에 해당하여 유죄의 증거로 삼을 수 없다. ○ ×

해설 대법원 2012도13607 정답 ○

131

영장 발부의 사유로 된 범죄사실과 별개의 증거를 압수하였을 경우 이는 원칙적으로 유죄 인정의 증거로 사용할 수 없으나, 예외적으로 그 범죄사실과 객관적·인적 관련성이 있는 때에는 사용할 수 있다. 이 때 객관적 관련성은 압수·수색영장에 기재된 혐의사실의 내용과 수사의 대상, 수사 경위 등을 종합하여 혐의사실과 구체적·개별적 연관관계가 있는 경우뿐만 아니라 단순히 동종 또는 유사 범행인 경우도 인정된다. ○ ×

해설 압수·수색영장의 범죄 혐의사실과 관계있는 범죄라는 것은 압수·수색영장에 기재한 혐의사실과 객관적 관련성이 있고 압수·수색영장 대상자와 피의자 사이에 인적 관련성이 있는 범죄를 의미한다. 그중 혐의사실과의 객관적 관련성은 압수·수색영장에 기재된 혐의사실 자체 또는 그와 기본적 사실관계가 동일한 범행과 직접 관련되어 있는 경우는 물론 범행 동기와 경위, 범행 수단과 방법, 범행 시간과 장소 등을 증명하기 위한 간접증거나 정황증거 등으로 사용될 수 있는 경우에도 인정될 수 있다. 이러한 객관적 관련성은 압수·수색영장에 기재된 혐의사실의 내용과 수사의 대상, 수사 경위 등을 종합하여 구체적·개별적 연관관계가 있는 경우에만 인정된다고 보아야 하고, 혐의사실과 단순히 동종 또는 유사 범행이라는 사유만으로 객관적 관련성이 있다고 할 것은 아니다. (대법원 2019도14341, 2019전도130(병합)) 정답 ×

132

형사소송법은 전문진술에 대하여 제316조에서 실질상 단순한 전문의 형태를 취하는 경우에 한하여 예외적으로 그 증거능력을 인정하는 규정을 두고 있을 뿐, 재전문진술이나 재전문진술을 기재한 조서에 대하여는 달리 그 증거능력을 인정하는 규정을 두고 있지 아니하고 있으므로, 피고인이 증거로 하는데 동의하지 아니하는 한 형사소송법 제310조의2의 규정에 의하여 이를 증거로 할 수 없다. ○ ×

해설 대법원 2010도5948 정답 ○

133

검사가 조사과정에서 피의자의 진술을 진술조서의 형식으로 작성한 경우 이는 피의자신문조서와 다르므로 피의자에게 진술거부권을 고지할 필요는 없고, 고지하지 않고 작성된 위 진술조서라도 증거능력이 있다. ○ ×

해설 검사가 국가보안법 위반죄로 구속영장을 발부받아 피의자신문을 한 다음, 구속 기소한 후 다시 피의자를 소환하여 공범들과의 조직구성 및 활동 등에 관한 신문을 하면서 피의자신문조서가 아닌 일반적인 진술조서의 형식으로 조서를 작성한 사안에서, 진술조서의 내용이 피의자신문조서와 실질적으로 같고, 진술의 임의성이 인정되는 경우라도 미리 피의자에게 진술거부권을 고지하지 않았다면 위법수집증거에 해당하므로, 유죄인정의 증거로 사용할 수 없다. (대법원 2008도8213) 정답 ×

134

수사기관이 구속 수감되어 있던 자에게 그의 압수된 휴대전화를 제공하여 피고인과 통화하게 하고 범행에 관한 통화 내용을 녹음하게 하였더라도 그 녹음 자체는 수사기관이 아닌 사인이 수집한 증거에 해당하므로 피고인이 증거로 함에 동의한 이상 증거능력이 인정된다. ○ ×

해설 수사기관이 甲으로부터 피고인의 마약류관리에 관한 법률 위반(향정) 범행에 대한 진술을 듣고 추가적인 증거를 확보할 목적으로, 구속 수감되어 있던 甲에게 그의 압수된 휴대전화를 제공하여 피고인과 통화하고 위 범행에 관한 통화 내용을 녹음하게 한 행위는 불법감청에 해당하므로, 그 녹음 자체는 물론 이를 근거로 작성된 녹취록 첨부 수사보고는 피고인의 증거동의에 상관없이 그 증거능력이 없다. (대법원 2010도9016) 정답 ×

135

범행 현장에서 지문채취 대상물에 대한 지문채취가 먼저 이루어지고, 수사기관이 그 이후에 지문채취 대상물을 적법한 절차에 의하지 아니한 채 압수하였다면 위와 같이 채취된 지문은 위법하게 압수한 지문채취 대상물로부터 획득한 2차적 증거에 해당하여 위법수집증거이다. ○ ×

해설 범행 현장에서 지문채취 대상물에 대한 지문채취가 먼저 이루어진 이상, 수사기관이 그 이후에 지문채취 대상물을 적법한 절차에 의하지 아니한 채 압수하였다고 하더라도(한편, 이 사건 지문채취 대상물인 맥주컵, 물컵, 맥주병 등은 피해자 공소외 1이 운영하는 주점 내에 있던 피해자 공소외 1의 소유로서 이를 수거한 행위가 피해자 공소외 1의 의사에 반한 것이라고 볼 수 없으므로, 이를 가리켜 위법한 압수라고 보기도 어렵다), 위와 같이 채취된 지문은 위법하게 압수한 지문채취 대상물로부터 획득한 2차적 증거에 해당하지 아니함이 분명하여, 이를 가리켜 위법수집증거라고 할 수 없으므로, 원심이 이를 증거로 채택한 것이 위법하다고 할 수 없다. (대법원 2008도7471) 정답 ×

136

수출입물품 통관검사절차에서는 압수·수색영장 없이 우편물의 개봉이나 시료채취 등을 할 수 있지만, 마약류 불법거래 방지를 위한 조치로서 수사기관의 요청으로 특정한 수출입물품을 개봉하여 그 내용물의 점유를 취득하면서 사전이나 사후에 영장을 발부받지 않았다면 이는 위법한 증거수집에 해당한다. ○ ×

해설 대법원 2014도8719 정답 ○

137

甲이 적법하게 긴급체포되어 조사를 받고 구속영장이 청구되지 아니하여 석방된 후 검사가 석방통지를 법원에 하지 아니하였다면 긴급체포에 의한 유치 중에 작성된 甲에 대한 피의자신문조서는 증거능력이 부정된다. ○ ×

해설 공소외 7이 2009.11.2. 22:00경 긴급체포되어 조사를 받고 구속영장이 청구되지 아니하여 2009.11.4. 20:10경 석방되었음에도 검사가 그로부터 30일 이내에 법 제200조의4에 따른 석방통지를 법원에 하지 아니한 사실을 알 수 있으나, 공소외 7에 대한 긴급체포 당시의 상황과 경위, 긴급체포 후 조사 과정 등에 특별한 위법이 있다고 볼 수 없는 이상, 단지 사후에 석방통지가 법에 따라 이루어지지 않았다는 사정만으로 그 긴급체포에 의한 유치 중에 작성된 공소외 7에 대한 피의자신문조서들의 작성이 소급하여 위법하게 된다고 볼 수는 없다. (대법원 2011도6035) 정답 ×

138

법원의 증인신문절차 공개금지결정이 피고인의 공개재판을 받을 권리를 침해하는 경우, 그 절차에 의하여 이루어진 증인의 증언은 변호인의 반대신문권이 보장되지 않는 한 증거능력이 없다. ○ ×

해설 헌법 제27조 제3항 후문, 제109조와 법원조직법 제57조 제1항, 제2항의 취지에 비추어 보면, 헌법 제109조, 법원조직법 제57조 제1항에서 정한 공개금지사유가 없음에도 불구하고 재판의 심리에 관한 공개를 금지하기로 결정하였다면 그러한 공개금지결정은 피고인의 공개재판을 받을 권리를 침해한 것으로서 그 절차에 의하여 이루어진 증인의 증언은 증거능력이 없고, 변호인의 반대신문권이 보장되었더라도 달리 볼 수 없으며, 이러한 법리는 공개금지결정의 선고가 없는 등으로 공개금지결정의 사유를 알 수 없는 경우에도 마찬가지이다. (대법원 2013도2511) 정답 ×

139 위법수집증거배제법칙은 영미법상 판례에 의해 확립된 증거법칙으로 우리나라 「형사소송법」에는 명문의 규정이 없지만 일반적인 형사법의 대원칙으로 자리잡고 있다. ○ ×

> **해설**
> 형사소송법 제308조의2(위법수집증거의 배제) 적법한 절차에 따르지 아니하고 수집한 증거는 증거로 할 수 없다.

정답 ×

140 수사기관이 영장 또는 감정처분허가장을 발부받지 아니한 채 피의자의 동의 없이 피의자의 신체로부터 혈액을 채취하고 사후에도 지체 없이 영장을 발부받지 않았다면, 그 혈액 중 알코올 농도에 관한 감정의뢰회보는 원칙적으로 유죄의 증거로 사용할 수 없다. ○ ×

해설 대법원 2011도15258

정답 ○

141 사법경찰관이 피의자를 긴급체포하는 현장에서 영장 없이 압수한 물건을 계속 압수할 필요가 있어 압수·수색영장을 청구하였으나 이를 발부받지 못하고도 즉시 반환하지 아니한 압수물은 이를 유죄 인정의 증거로 사용할 수 없지만, 피고인이나 변호인이 이를 증거로 함에 동의하였다면 유죄의 증거로 사용할 수 있다. ○ ×

해설 형사소송법 제217조 제2항, 제3항에 위반하여 압수수색영장을 청구하여 이를 발부받지 아니하고도 즉시 반환하지 아니한 압수물은 이를 유죄 인정의 증거로 사용할 수 없는 것이고, 헌법과 형사소송법이 선언한 영장주의의 중요성에 비추어 볼 때 피고인이나 변호인이 이를 증거로 함에 동의하였다고 하더라도 달리 볼 것은 아니다. (대법원 2009도11401)

정답 ×

142 위법수집증거배제법칙은 국가기관의 기본권 침해와 위법한 수사활동을 규제하기 위한 원칙이므로, 사인이 타인의 기본권을 침해하는 방법으로 수집한 증거에 대해서는 항상 적용되지 않는다. ○ ×

해설 국민의 인간으로서의 존엄과 가치를 보장하는 것은 국가기관의 기본적인 의무에 속하는 것이고 이는 형사절차에서도 당연히 구현되어야 하는 것이지만, 국민의 사생활 영역에 관계된 모든 증거의 제출이 곧바로 금지되는 것으로 볼 수는 없으므로, 법원으로서는 효과적인 형사소추 및 형사소송에서의 진실발견이라는 공익과 개인의 인격적 이익 등의 보호이익을 비교형량하여 그 허용 여부를 결정하여야 한다. (대법원 2008도3990)

정답 ×

143 소송사기의 피해자가 제3자로부터 대가를 지급하고 취득한 업무일지는 그것이 제3자에 의해 절취된 것이라면 위법수집증거에 해당하며, 그로 인하여 피고인의 사생활영역을 침해하는 결과가 초래된다면 공익의 실현을 위한 것이라도 사기죄에 대한 증거로 사용할 수 없다. ○ ×

해설 사문서위조·위조사문서행사 및 소송사기로 이어지는 일련의 범행에 대하여 피고인을 형사소추하기 위해서는 이 사건 업무일지가 반드시 필요한 증거로 보이므로, 설령 그것이 제3자에 의하여 절취된 것으로서 위 소송사기 등의 피해자 측이 이를 수사기관에 증거자료로 제출하기 위하여 대가를 지급하였다 하더라도, 공익의 실현을 위하여는 이 사건 업무일지를 범죄의 증거로 제출하는 것이 허용되어야 하고, 이로 말미암아 피고인의 사생활 영역을 침해하는 결과가 초래된다 하더라도 이는 피고인이 수인하여야 할 기본권의 제한에 해당된다. (대법원 2008도1584) 정답 ×

144 제3자가 대화당사자 일방만의 동의를 받고 통화내용을 녹음한 경우, 그 통화내용은 다른 상대방 동의가 없었다고 하더라도 증거능력이 인정된다. ○ ×

해설 제3자의 경우는 설령 전화통화 당사자 일방의 동의를 받고 그 통화 내용을 녹음하였다 하더라도 그 상대방의 동의가 없었던 이상, 이는 여기의 감청에 해당하여 법 제3조 제1항 위반이 되고, 이와 같이 법 제3조 제1항에 위반한 불법감청에 의하여 녹음된 전화통화의 내용은 법 제4조에 의하여 증거능력이 없다. (대법원 2010도9016) 정답 ×

145 호텔 투숙객 甲이 마약을 투약하였다는 신고를 받고 출동한 경찰관이 임의동행을 거부하는 甲을 강제로 경찰서로 데리고 가서 채뇨 요구를 하자 이에 甲이 응하여 소변검사가 이루어진 경우, 그 결과물인 소변검사시인서는 증거능력이 없다. ○ ×

해설 피의자가 동행을 거부하는 의사를 표시하였음에도 불구하고 경찰관들이 영장에 의하지 아니하고 피의자를 강제로 연행한 행위는 수사상의 강제처분에 관한 형사소송법상의 절차를 무시한 채 이루어진 것으로 위법한 체포에 해당하고, 이와 같이 위법한 체포상태에서 마약 투약 혐의를 확인하기 위한 채뇨 요구가 이루어진 경우, 채뇨 요구를 위한 위법한 체포와 그에 이은 채뇨 요구는 마약 투약이라는 범죄행위에 대한 증거 수집을 위하여 연속하여 이루어진 것으로서 개별적으로 그 적법 여부를 평가하는 것은 적절하지 아니하므로 그 일련의 과정을 전체적으로 보아 위법한 채뇨 요구가 있었던 것으로 볼 수밖에 없다. 마약 투약 혐의를 받고 있던 피고인이 임의동행을 거부하겠다는 의사를 표시하였는데도 경찰관들이 피고인을 영장 없이 강제로 연행한 상태에서 마약 투약 여부의 확인을 위한 1차 채뇨절차가 이루어졌는데, 그 후 압수영장에 기하여 2차 채뇨절차가 이루어지고 그 결과를 분석한 소변 감정서 등이 증거로 제출된 사안에서, <u>1차 채뇨 요구에 의하여 수집된 증거는 증거능력이 없으나, 제반 사정을 고려할 때 2차적 증거인 소변 감정서 등은 증거능력이 인정된다.</u> (대법원 2012도13611) 정답 ○

146 검사가 甲을 긴급체포하여 조사 중, 甲의 친구인 변호사 A가 甲의 변호인이 되기 위하여 검사에게 접견신청을 하였으나, 검사가 변호인선임신고서의 제출을 요구하면서 변호인 접견을 못하게 한 상태에서 검사가 작성한 甲에 대한 피의자신문조서는 甲에 대한 유죄의 증거로 사용할 수 없다. ○ ×

해설 대법원 90도1285 정답 ○

147 사인이 위법하게 수집한 증거에 대해서는 효과적인 형사소추 및 형사소송에서의 진실발견이라는 공익과 개인의 인격적 이익 등의 보호이익을 비교형량하여 그 허용 여부를 결정하여야 한다. ○ ×

해설 국민의 인간으로서의 존엄과 가치를 보장하는 것은 국가기관의 기본적인 의무에 속하고 이는 형사절차에서도 당연히 구현되어야 하지만, 국민의 사생활 영역에 관계된 모든 증거의 제출이 곧바로 금지되는 것으로 볼 수는 없으므로 법원으로서는 효과적인 형사소추 및 형사소송에서 진실발견이라는 공익과 개인의 인격적 이익 등 보호이익을 비교형량하여 그 허용 여부를 결정하여야 한다. 이때 법원이 그 비교형량을 함에 있어서는 증거수집 절차와 관련된 모든 사정 즉, 사생활 내지 인격적 이익을 보호하여야 할 필요성 여부 및 정도, 증거수집 과정에서 사생활 기타 인격적 이익을 침해하게 된 경위와 침해의 내용 및 정도, 형사소추의 대상이 되는 범죄의 경중 및 성격, 피고인의 증거동의 여부 등을 전체적·종합적으로 고려하여야 하고, 단지 형사소추에 필요한 증거라는 사정만을 들어 곧바로 형사소송에서 진실발견이라는 공익이 개인의 인격적 이익 등 보호이익보다 우월한 것으로 섣불리 단정하여서는 아니 된다. (대법원 2010도12244) 정답 ○

148 '악'과 같은 대화가 아닌 사람의 목소리를 녹음하거나 청취하는 행위가 개인의 사생활의 비밀과 자유 또는 인격권을 중대하게 침해하여 사회통념상 허용되는 한도를 벗어난 것이 아니라면 위와 같은 목소리를 들었다는 진술을 형사절차에서 증거로 사용할 수 있다. ○ ×

해설 대법원 2016도19843 정답 ○

149 압수·수색영장의 집행과정에서 별건 범죄혐의와 관련된 증거를 우연히 발견하여 압수한 경우에는 별건 범죄혐의에 대해 별도의 압수·수색영장을 발부받지 않았다 하더라도 위법한 압수·수색에 해당하지 않는다. ○ ×

해설 전자정보에 대한 압수·수색이 종료되기 전에 혐의사실과 관련된 전자정보를 적법하게 탐색하는 과정에서 별도의 범죄혐의와 관련된 전자정보를 우연히 발견한 경우라면, 수사기관은 더 이상의 추가 탐색을 중단하고 법원에서 별도의 범죄혐의에 대한 압수·수색영장을 발부받은 경우에 한하여 그러한 정보에 대하여도 적법하게 압수·수색을 할 수 있다. (대법원 2011모1839 전합) 정답 ×

150 위법수집증거배제법칙에 대한 예외를 인정하기 위해서는 예외적인 경우에 해당한다고 볼만한 구체적이고 특별한 사정이 존재한다는 점을 검사가 증명하여야 한다. ○ ×

해설 대법원 2008도763 정답 ○

151 수사기관에 의한 진술거부권 고지 대상이 되는 피의자 지위는 수사기관이 조사대상자에 대한 범죄혐의를 인정하여 수사를 개시하는 행위를 한 때 인정되는 것으로 보아야 한다. 따라서 이러한 피의자 지위에 있지 아니한 자에 대하여는 진술거부권이 고지되지 아니하였더라도 진술의 증거능력을 부정할 것은 아니다. ○ ×

해설 대법원 2011도8125 정답 ○

152 제1심에서 피고인에 대하여 무죄판결이 선고되어 검사가 항소한 후, 수사기관이 항소심 공판기일에 증인으로 신청하여 신문할 수 있는 사람을 특별한 사정없이 미리 수사기관에 소환하여 작성한 진술조서는 피고인이 증거로 할 수 있음에 동의하지 않는 한 증거능력이 없으나 위 참고인이 나중에 법정에 증인으로 출석하여 위 진술조서의 성립의 진정을 인정하고 피고인 측에 반대신문의 기회가 부여된다면 위 진술조서의 증거능력을 인정할 수 있다. ○ ×

해설 제1심에서 피고인에 대하여 무죄판결이 선고되어 검사가 항소한 후, 수사기관이 항소심 공판기일에 증인으로 신청하여 신문할 수 있는 사람을 특별한 사정 없이 미리 수사기관에 소환하여 작성한 진술조서는 피고인이 증거로 할 수 있음에 동의하지 않는 한 증거능력이 없다. 검사가 공소를 제기한 후 참고인을 소환하여 피고인에게 불리한 진술을 기재한 진술조서를 작성하여 이를 공판절차에 증거로 제출할 수 있게 한다면, 피고인과 대등한 당사자의 지위에 있는 검사가 수사기관으로서의 권한을 이용하여 일방적으로 법정 밖에서 유리한 증거를 만들 수 있게 하는 것이므로 당사자주의·공판중심주의·직접심리주의에 반하고 피고인의 공정한 재판을 받을 권리를 침해하기 때문이다. 위 참고인이 나중에 법정에 증인으로 출석하여 위 진술조서의 성립의 진정을 인정하고 피고인 측에 반대신문의 기회가 부여된다 하더라도 위 진술조서의 증거능력을 인정할 수 없음은 마찬가지이다. (대법원 2013도6825) 정답 ×

153 강도 현행범으로 체포된 피고인에게 진술거부권을 고지하지 아니한 채 자백을 받았다면, 비록 최초 자백 이후 40여 일이 지난 후에 변호인의 충분한 조력을 받으면서 공개된 법정에서 피고인이 다시 임의로 자백하였다고 하더라도 그 법정자백은 증거로 할 수 없다. ○ ×

해설 강도 현행범으로 체포된 피고인에게 진술거부권을 고지하지 아니한 채 강도범행에 대한 자백을 받고, 이를 기초로 여죄에 대한 진술과 증거물을 확보한 후 진술거부권을 고지하여 피고인의 임의자백 및 피해자의 피해사실에 대한 진술을 수집한 사안에서, 제1심 법정에서의 피고인의 자백은 진술거부권을 고지 받지 않은 상태에서 이루어진 최초 자백 이후 40여 일이 지난 후에 변호인의 충분한 조력을 받으면서 공개된 법정에서 임의로 이루어진 것이고, 피해자의 진술은 법원의 적법한 소환에 따라 자발적으로 출석하여 위증의 벌을 경고 받고 선서한 후 공개된 법정에서 임의로 이루어진 것이어서, 예외적으로 유죄 인정의 증거로 사용할 수 있는 2차적 증거에 해당한다. (대법원 2008도11437) 정답 ×

154 법관의 서명날인란에 서명만 있고 날인이 없는 영장은 형사소송법이 정한 요건을 갖추지 못하여 적법하게 발부되었다고 볼 수 없으므로, 비록 판사의 의사에 기초하여 진정하게 영장이 발부되었다는 점이 외관상 분명하고 의도적으로 적법절차의 실질적인 내용을 침해한다거나 영장주의를 회피할 의도를 가지고 이 영장에 따른 압수·수색을 하였다고 보기 어렵다 하더라도, 이 영장에 따라 압수한 파일 출력물과 이에 기초하여 획득한 2차적 증거인 피의자신문조서도 유죄 인정의 증거로 사용할 수 없다. ○ ×

해설 이 사건 영장은 법관의 서명날인란에 서명만 있고 날인이 없으므로, 형사소송법이 정한 요건을 갖추지 못하여 적법하게 발부되었다고 볼 수 없다. 그러나 이 사건 영장에는 야간집행을 허가하는 판사의 수기와 날인, 그 아래 서명날인란에 판사 서명, 영장 앞면과 별지 사이에 판사의 간인이 있으므로, 판사의 의사에 기초하여 진정하게 영장이 발부되었다는 점은 외관상 분명하다. 당시 수사기관으로서는 영장이 적법하게 발부되었다고 신뢰할 만한 합리적인 근거가 있었고, 의도적으로 적법절차의 실질적인 내용을 침해한다거나 영장주의를 회피할 의도를 가지고 이 사건 영장에 따른 압수·수색을 하였다고 보기 어렵다. 요컨대, 이 사건 영장이 형사소송법이 정한 요건을 갖추지 못하여 적법하게 발부되지 못하였다고 하더라도, 그 영장에 따라 수집한 이 사건 파일 출력물의 증거능력을 인정할 수 있다. 이에 기초하여 획득한 2차적 증거인 위 각 증거 역시 증거능력을 인정할 수 있다. (대법원 2018도20504)   정답 ×

155 유흥주점 업주인 피고인이 성매매업을 하면서 금품을 수수하였다고 하여 기소된 사안에서, 경찰이 피고인 아닌 甲, 乙을 사실상 강제 연행하여 불법체포한 상태에서 받은 자술서 및 진술조서가 위법수사로 얻은 진술증거에 해당하더라도, 이를 피고인에 대한 유죄인정의 증거로 삼을 수 있다. ○ ×

해설 유흥주점 업주와 종업원인 피고인들이 이른바 '티켓영업' 형태로 성매매를 하면서 금품을 수수하였다고 하여 구 식품위생법 위반으로 기소된 사안에서, 경찰이 피고인 아닌 갑, 을을 사실상 강제 연행한 상태에서 받은 각 자술서 및 이들에 대하여 작성한 각 진술조서는 위법수사로 얻은 진술증거에 해당하여 증거능력이 없다는 이유로, 이를 피고인들에 대한 유죄 인정의 증거로 삼을 수 없다. (대법원 2009도6717)   정답 ×

156 피고인이 발송한 이메일에 대한 압수·수색영장을 집행하면서 수사기관이 甲 회사에 팩스로 영장 사본을 송신하였다면, 비록 영장 원본을 제시하거나 압수조서와 압수물 목록을 작성하여 피압수·수색 당사자에게 교부하지 않았더라도, 이 같은 방법으로 압수된 피고인의 이메일은 위법수집증거의 증거능력을 인정할 수 있는 예외적인 경우에 해당하므로 증거능력이 부정되지 않는다. ○ ×

해설 수사기관이 甲 주식회사에서 압수수색영장을 집행하면서 甲 회사에 팩스로 영장 사본을 송신하기만 하고 영장 원본을 제시하거나 압수조서와 압수물 목록을 작성하여 피압수·수색 당사자에게 교부하지도 않은 채 피고인의 이메일을 압수한 후 이를 증거로 제출한 사안에서, 위와 같은 방법으로 압수된 이메일은 증거능력이 없다. (대법원 2015도10648)   정답 ×

157

검사가 형사사법공조절차를 거치지 아니한 채 과테말라공화국에 머무르는 우리나라 사람을 직접 만나 그를 참고인으로 조사하여 작성한 진술조서는 국제법상 마땅히 보장되어야 하는 외국의 영토주권을 침해하고 국제형사사법공조절차를 위반한 위법수집증거로서 그 증거능력이 부정되어야 한다. ○ ×

해설 검찰관이 피고인을 뇌물수수 혐의로 기소한 후, 형사사법공조절차를 거치지 아니한 채 과테말라공화국에 현지 출장하여 그곳 호텔에서 뇌물공여자 甲을 상대로 참고인 진술조서를 작성한 사안에서, 검찰관의 甲에 대한 참고인조사가 증거수집을 위한 수사행위에 해당하고 그 조사 장소가 우리나라가 아닌 과테말라공화국의 영역에 속하기는 하나, 조사의 상대방이 우리나라 국민이고 그가 조사에 스스로 응함으로써 조사의 방식이나 절차에 강제력이나 위력은 물론 어떠한 비자발적 요소도 개입될 여지가 없었음이 기록상 분명한 이상, 이는 서로 상대방 국민의 여행과 거주를 허용하는 우호국 사이에서 당연히 용인되는 우호국 국가기관과 그 국민 사이의 자유로운 의사연락의 한 형태에 지나지 않으므로 어떠한 영토주권 침해의 문제가 생겨날 수 없고, 더욱이 이는 우리나라와 과테말라공화국 사이의 국제법적 문제로서 피고인은 그 일방인 과테말라공화국과 국제법상 관할의 원인이 될 만한 아무런 연관성도 갖지 아니하므로, 피고인에 대한 국내 형사소송절차에서 위와 같은 사유로 인하여 위법수집증거배제법칙이 적용된다고 볼 수 없다. (대법원 2011도3809) **정답 ×**

158

압수·수색은 영장 발부의 사유로 된 범죄 혐의사실과 관련된 증거에 한하여 할 수 있는 것이므로, 영장 발부의 사유로 된 범죄 혐의사실과 무관한 별개의 증거를 압수하였을 경우 이는 원칙적으로 유죄 인정의 증거로 사용할 수 없지만, 수사기관이 그 별개의 증거를 피압수자 등에게 환부하고 후에 이를 임의 제출받아 다시 압수하였다면 그 증거를 압수한 최초의 절차 위반행위와 최종적인 증거수집 사이의 인과관계가 단절되었다고 평가할 수 있는 사정이 될 수 있다. ○ ×

해설 대법원 2013도11233 **정답 ○**

159

압수·수색영장의 집행에 피압수자나 변호인의 참여 기회를 보장하여야 하나, 피압수자 측이 압수·수색영장의 집행과정에 참여하지 않는다는 의사를 명시적으로 표시하였거나 절차 위반행위가 이루어진 과정의 성질과 내용 등에 비추어 피압수자에게 절차 참여를 보장한 취지가 실질적으로 침해되었다고 볼 수 없는 경우에는 압수·수색의 적법성을 부정할 수 없다. ○ ×

해설 형사소송법 제219조, 제121조는 '수사기관이 압수·수색영장을 집행할 때에는 피압수자 또는 변호인은 그 집행에 참여할 수 있다.'고 정하고 있다. 저장매체에 대한 압수·수색 과정에서 범위를 정하여 출력·복제하는 방법이 불가능하거나 압수의 목적을 달성하기에 현저히 곤란한 예외적인 사정이 인정되어 전자정보가 담긴 저장매체, 하드카피나 이미징(imaging) 등 형태(이하 '복제본'이라 한다)를 수사기관 사무실 등으로 옮겨 복제·탐색·출력하는 경우에도, 피압수자나 변호인에게 참여 기회를 보장하고 혐의사실과 무관한 전자정보의 임의적인 복제 등을 막기 위한 적절한 조치를 취하는 등 영장주의 원칙과 적법절차를 준수하여야 한다. 만일 그러한 조치를 취하지 않았다면 압수·수색이 적법하다고 평가할 수 없다. 다만 피압수자 측이 위와 같은 절차나 과정에 참여하지 않는다는 의사를 명시적으로 표시하였거나 절차 위반행위가 이루어진 과정의 성질과 내용 등에 비추어 피압수자에게 절차 참여를 보장한 취지가 실질적으로 침해되었다고 볼 수 없는 경우에는 압수·수색의 적법성을 부정할 수 없다. (대법원 2018도20504) **정답 ○**

04 자백배제법칙

160 임의성이 인정되지 아니하여 증거능력이 없는 진술증거는 피고인이 증거로 함에 동의하더라도 증거로 삼을 수 없다. ○ ×

해설 대법원 2011도14044 정답 ○

161 「형사소송법」 제309조는 "피고인의 자백이 고문, 폭행, 협박, 신체구속의 부당한 장기화 또는 기망 기타의 방법으로 임의로 진술한 것이 아니라고 의심할 만한 이유가 있을 때에는 이를 유죄의 증거로 하지 못한다."고 규정하고 있는데, 위 법조에서 규정된 피고인의 진술의 자유를 침해하는 위법사유는 원칙적으로 예시사유로 보아야 한다. ○ ×

해설 대법원 82도2413 정답 ○

162 피고인이 수사기관에서 가혹행위 등으로 인하여 임의성 없는 자백을 하고 그 후 법정에서도 임의성 없는 심리상태가 계속되어 동일한 내용의 자백을 하였더라도 법정에서의 자백은 임의성 없는 자백이라고 볼 수 없다. ○ ×

해설 피고인이 수사기관에서 가혹행위 등으로 인하여 임의성 없는 자백을 하고 그 후 법정에서도 임의성 없는 심리상태가 계속되어 동일한 내용의 자백을 하였다면 법정에서의 자백도 임의성 없는 자백이라고 보아야 한다. (대법원 2010도3029) 정답 ×

163 피고인의 자백이 신문에 참여한 검찰주사가 피의사실을 자백하면 피의사실부분은 가볍게 처리하고 보호감호의 청구를 하지 않겠다는 각서를 작성하여 주면서 자백을 유도한 것에 기인한 것이라 하여도 위 자백이 기망에 의하여 임의로 진술한 것이 아니라고 의심할 만한 이유가 있는 때에 해당한다고 볼 수 없다. ○ ×

해설 피고인의 자백이 심문에 참여한 검찰주사가 피의사실을 자백하면 피의사실부분은 가볍게 처리하고 보호감호의 청구를 하지 않겠다는 각서를 작성하여 주면서 자백을 유도한 것에 기인한 것이라면 위 자백은 기망에 의하여 임의로 진술한 것이 아니라고 의심할 만한 이유가 있는 때에 해당하여 형사소송법 제309조 및 제312조 제1항의 규정에 따라 증거로 할 수 없다. (대법원 85도2182, 85감도313) 정답 ×

164 피고인이 검사 이전의 수사기관에서 가혹행위로 인하여 임의성 없는 자백을 하고 그 후 검사 조사단계에서도 임의성 없는 심리상태가 계속되어 동일한 내용의 자백을 하였다면 검사 조사단계에서 고문 등 자백의 강요행위가 없었더라도 검사 앞에서의 자백은 임의성 없는 자백이라고 보아야 한다. ○ ×

해설 대법원 2011도14044 정답 ○

165 상업장부나 항해일지, 진료일지 등의 경우 설사 그 문서가 우연히 피고인이 작성하였고 그 문서의 내용 중 피고인의 범죄사실의 존재를 추론해 낼 수 있는 공소사실에 일부 부합되는 사실의 기재가 있다면 피고인이 범죄사실을 자백하는 문서라고 볼 수 있다. ○ ×

해설 상법장부나 항해일지, 진료일지 또는 이와 유사한 금전출납부 등과 같이 범죄사실의 인정 여부와는 관계없이 자기에게 맡겨진 사무를 처리한 사무 내역을 그때그때 계속적, 기계적으로 기재한 문서 등의 경우는 사무처리 내역을 증명하기 위하여 존재하는 문서로서 그 존재 자체 및 기재가 그러한 내용의 사무가 처리되었음의 여부를 판단할 수 있는 별개의 독립된 증거자료이고, 설사 그 문서가 우연히 피고인이 작성하였고 그 문서의 내용 중 피고인의 범죄사실의 존재를 추론해 낼 수 있는, 즉 공소사실에 일부 부합되는 사실의 기재가 있다고 하더라도, 이를 일컬어 피고인이 범죄사실을 자백하는 문서라고 볼 수는 없다. (대법원 94도2865 전합)   정답 ×

166 검사가 피고인들에게 공소사실 그대로의 사실 유·무를 묻자, 피고인들이 동시에 "예, 있습니다.", "예, 그랬습니다."라고 답을 하였으나, 재판장의 물음에서는 다시 부동산전매업을 도와주는 모집책이 아니고 단순한 고객일 뿐이라고 진술하면서 범행을 부인하였다면 피고인들이 공모하여 기망 내지 편취하였다는 내용까지 자백한 것이라고 볼 수 없다. ○ ×

해설 대법원 84도141   정답 ○

167 자백의 임의성에 다툼이 있을 때에는 검사가 그 임의성에 대한 의문점을 해소하는 입증을 하여야 한다. ○ ×

해설 대법원 97도3234   정답 ○

168 자백의 임의성에 다툼이 있는 때에는 검사가 그 임의성의 의문점을 없애는 증명을 하여야 하고, 검사가 그 임의성의 의문점을 없애는 증명을 하지 못한 경우, 그 진술증거는 증거능력이 부정된다. ○ ×

해설 대법원 2012도9879   정답 ○

169 직접증거가 아닌 간접증거나 정황증거도 자백의 보강증거가 될 수 있고, 자백과 보강증거가 서로 어울려서 전체로서 범죄사실을 인정할 수 있으면 유죄의 증거로 충분하다. ○ ×

해설 직접증거가 아닌 간접증거나 정황증거도 보강증거가 될 수 있고, 자백과 보강증거가 서로 어울려서 전체로서 범죄사실을 인정할 수 있으면 유죄의 증거로 충분하다. (대법원 2017도20247)   정답 ○

170 형사소송법 제310조 소정의 '피고인의 자백'에 공범인 공동피고인의 진술은 포함되지 아니하므로 공범인 공동피고인들의 각 진술은 상호간에 서로 보강증거가 될 수 있다. ○ ×

해설 대법원 90도1939   정답 ○

171 검찰에서의 피고인의 자백이 법정진술과 다르다는 사유만으로는 그 자백의 신빙성이 의심스럽다고 볼 수 없다. ○ ×

해설 대법원 2009도1151

정답 ○

172 피고인의 자백에 임의성이 없다고 의심할 만한 사유가 있다면, 임의성이 없다고 의심하게 된 사유와 피고인의 자백과의 사이에 인과관계 여부를 불문하고 그 자백의 증거능력은 부정된다. ○ ×

해설 피고인의 자백이 임의성이 없다고 의심할 만한 사유가 있는 때에 해당한다 할지라도 그 임의성이 없다고 의심하게 된 사유들과 피고인의 자백과의 사이에 인과관계가 존재하지 않은 것이 명백한 때에는 그 자백은 임의성이 있는 것으로 인정된다. (대법원 84도2252)

정답 ×

173 피고인이나 그 변호인이 검사 작성의 당해 피고인에 대한 피의자신문조서의 임의성을 인정하는 진술을 하였다가 이를 번복하는 경우에는 검사가 아니라 피고인이 그 임의성의 의문점을 없애는 증명을 하여야 한다. ○ ×

해설 검사 작성의 당해 피고인에 대한 피의자신문조서에 기재된 진술의 임의성에 다툼이 있을 때에는 그 임의성을 의심할 만한 합리적이고 구체적인 사실을 피고인이 증명할 것이 아니라 검사가 그 임의성의 의문점을 없애는 증명을 하여야 하고, 검사가 그 임의성의 의문점을 없애는 증명을 하지 못한 경우에는 그 조서는 유죄 인정의 증거로 사용할 수 없는데, 이러한 법리는 피고인이나 그 변호인이 검사 작성의 당해 피고인에 대한 피의자신문조서의 임의성을 인정하는 진술을 하였다가 이를 번복하는 경우에도 마찬가지로 적용되어야 한다. 따라서 증거조사를 마친 조서의 임의성을 다투는 주장이 받아들여지게 되면, 그 조서는 구 형사소송규칙(2007.10.29. 대법원규칙 제2106호로 개정되기 전의 것) 제139조 제4항의 증거배제결정을 통하여 유죄 인정의 자료에서 제외하여야 한다. (대법원 2007도7760)

정답 ×

174 진술거부권을 고지하지 아니하고 받은 자백도 진술의 임의성이 인정되는 경우에는 증거능력이 인정된다. ○ ×

해설 피의자의 진술을 녹취 내지 기재한 서류 또는 문서가 수사기관에서의 조사 과정에서 작성된 것이라면, 그것이 '진술조서, 진술서, 자술서'라는 형식을 취하였다고 하더라도 피의자신문조서와 달리 볼 수 없다. 형사소송법이 보장하는 피의자의 진술거부권은 헌법이 보장하는 형사상 자기에게 불리한 진술을 강요당하지 않는 자기부죄거부의 권리에 터 잡은 것이므로, 수사기관이 피의자를 신문함에 있어서 피의자에게 미리 진술거부권을 고지하지 않은 때에는 그 피의자의 진술은 위법하게 수집된 증거로서 진술의 임의성이 인정되는 경우라도 증거능력이 부인되어야 한다. (대법원 2008도8213) 정답 ×

175 횡령죄의 피고인이 제출한 항소이유서에 "피고인은 돈이 급해 지어서는 안 될 죄를 지었습니다.", "진심으로 뉘우치고 있습니다."라고 기재되어 있더라도, 이어진 검사와 재판장 및 변호인의 각 신문에 대하여 범죄사실을 일관되게 부인한다면 범죄사실을 자백한 것이라고 볼 수 없다. ○ ×

해설 대법원 99도3341

정답 ○

176 형사소송법 제309조에서 피고인의 진술이 임의로 한 것이 아니라고 특히 의심할 사유의 입증은 자유로운 증명으로 부족하다. ○ ×

해설 대법원 83도1718									정답 ○

177 피고인이 위조신분증을 제시·행사한 사실을 자백하고 있고 위 제시·행사한 신분증이 현존한다면 그 자백이 임의성이 없는 것이 아닌 한 위 신분증은 피고인의 위 자백사실의 진실성을 인정할 간접증거가 된다. ○ ×

해설 대법원 82도3107									정답 ○

178 자백에 대한 보강증거는 범죄사실의 전부 또는 중요부분을 인정할 수 있는 정도가 되지 아니하더라도 피고인의 자백이 가공적인 것이 아닌 진실한 것임을 인정할 수 있는 정도만 되면 족할 뿐만 아니라 직접증거가 아닌 간접증거나 정황증거도 보강증거가 될 수 있으며 또한 자백과 보강증거가 서로 어울러서 전체로서 범죄사실을 인정할 수 있으면 유죄의 증거로 충분하다. ○ ×

해설 대법원 2001도1897									정답 ○

179 검찰에서의 피고인의 자백이 임의성이 있어 그 증거능력이 부여된다면 자백의 진실성과 신빙성까지도 당연히 인정된다. ○ ×

해설 검찰에서의 피고인의 자백이 임의성이 있어 그 증거능력이 부여된다 하여 자백의 진실성과 신빙성까지도 당연히 인정되어야 하는 것은 아니므로 그 자백이 증명력이 있다고 하기 위해서는 그 자백의 진술내용 자체가 객관적인 합리성을 띠고 있는가, 그 자백의 동기나 이유 및 자백에 이르게 된 경위가 어떠한가, 자백 외의 정황증거 중 자백과 저촉되거나 모순되는 것이 없는가 하는 점을 합리적으로 따져 보아야 한다. (대법원 2007도4959)									정답 ×

180 피고인의 자백이 고문, 폭행, 협박, 신체구속의 부당한 장기화 또는 기망 기타의 방법으로 임의로 진술한 것이 아니라고 의심할만한 이유가 있는 때에는 이를 유죄의 증거로 하지 못한다. ○ ×

해설

> **형사소송법 제309조(강제 등 자백의 증거능력)** 피고인의 자백이 고문, 폭행, 협박, 신체구속의 부당한 장기화 또는 기망 기타의 방법으로 임의로 진술한 것이 아니라고 의심할 만한 이유가 있는 때에는 이를 유죄의 증거로 하지 못한다.

정답 ○

181 임의성이 인정되지 아니하여 증거능력이 없는 진술증거는 피고인이 증거로 함에 동의하더라도 증거로 삼을 수 없으나, 임의성이 의심되는 자백은 피고인의 법정에서의 진술을 탄핵하기 위한 반대증거로는 사용할 수 있다. ○ ☒

해설 사법경찰리 작성의 피고인에 대한 피의자신문조서와 피고인이 작성한 자술서들은 모두 검사가 유죄의 자료로 제출한 증거들로서 피고인이 각 그 내용을 부인하는 이상 증거능력이 없으나 그러한 증거라 하더라도 그것이 임의로 작성된 것이 아니라고 의심할 만한 사정이 없는 한 피고인의 법정에서의 진술을 탄핵하기 위한 반대증거로 사용할 수 있다. (대법원 97도1770) = 형사소송법 제309조는 임의성 없는 자백을 증거의 세계에서 완전히 배제하려는 취지이므로, 임의성이 의심되는 자백은 증거동의가 있더라도 증거능력이 인정될 수 없고 또한 탄핵증거로도 사용할 수 없다.   정답 ✕

182 피고인이 피의자신문조서에 기재된 피고인의 진술 및 공판기일에서의 피고인의 진술의 임의성을 다투면서 그것이 허위자백이라고 다투는 경우, 법원은 제반 사정을 참작하여 자유로운 심증으로 임의성 여부를 판단하면 된다. ○ ☒

해설 대법원 2009도1603   정답 ○

183 피고인이 경찰에서 가혹행위 등으로 인하여 임의성 없는 자백을 하고 그 후 검찰이나 법정에서도 임의성 없는 심리상태가 계속되어 동일한 내용의 자백을 하였다면, 검찰에서의 자백은 임의성 없는 자백이라고 보아야 하지만 공개된 법정에서의 자백은 그러하지 아니하다. ○ ☒

해설 피고인이 경찰에서 가혹행위 등으로 인하여 임의성 없는 자백을 하고 그 후 검찰이나 법정에서도 임의성 없는 심리상태가 계속되어 동일한 내용의 자백을 하였다면 각 자백도 임의성 없는 자백이라고 보아야 한다. (대법원 2012도9879)   정답 ✕

184 경찰에서 부당한 신체구속을 당하였다 하더라도 검사 앞에서의 진술에 임의성이 인정되는 경우, 그와 같은 부당한 신체구속이 있었다는 사유만으로 검사가 작성한 피의자신문조서의 증거능력이 상실된다고 할 수 없다. ○ ☒

해설 대법원 83도1718   정답 ○

185 검사 작성의 피의자신문조서가 사건의 송치를 받은 당일에 작성된 경우, 그와 같은 조서의 작성시기만으로는 그 조서에 기재된 피의자의 자백진술이 임의성 없다고 의심하여 증거능력을 부정할 수 없다. ○ ☒

해설 대법원 84도378   정답 ○

186

일정한 증거가 발견되면 피의자가 자백하겠다고 한 약속이 검사의 강요나 위계에 의하여 이루어졌다던가 또는 불기소나 경한 죄의 소추 등 이익과 교환조건으로 된 것이라고 인정되지 아니한 경우, 이와 같은 자백의 약속하에 된 자백을 곧 임의성이 없는 자백이라고 단정할 수는 없다. ○ ×

해설 대법원 83도712 정답 ○

187

피고인이 피의자신문조서에 기재된 피고인의 진술 및 공판기일에서의 피고인의 진술의 임의성을 다투면서 그것이 허위자백이라고 다투는 경우, 법원은 구체적인 사건에 따라 피고인의 학력, 경력, 직업, 사회적 지위, 지능 정도, 진술의 내용, 피의자신문조서의 경우 그 조서의 형식 등 제반 사정을 참작하여 자유로운 심증으로 위 진술이 임의로 된 것인지의 여부를 판단하면 된다. ○ ×

해설 대법원 2010도3029 정답 ○

188

피고인이 범행을 자인하는 것을 들었다는 피고인 아닌 자의 진술내용은 형사소송법 제310조(불이익한 자백의 증거능력)의 피고인의 자백에는 포함되지 아니하나 이는 피고인의 자백의 보강증거로 될 수 있다. ○ ×

해설 피고인이 범행을 자인하는 것을 들었다는 피고인 아닌 자의 진술내용은 형사소송법 제310조의 피고인의 자백에는 포함되지 아니하나 이는 피고인의 자백의 보강증거로 될 수 없다. (대법원 2007도10937) 정답 ×

189

기록상 진술증거의 임의성에 관하여 의심할 만한 사정이 나타나 있는 경우에는 법원은 직권으로 그 임의성 여부에 관하여 조사를 하여야 하고, 임의성이 인정되지 아니하여 증거능력이 없는 진술증거는 피고인이 증거로 함에 동의하더라도 증거로 삼을 수 없으며, 피고인의 법정에서의 진술을 탄핵하기 위한 탄핵증거로도 사용할 수 없다. ○ ×

해설 대법원 2004도7900 정답 ○

190

임의성이 인정되지 아니하여 증거능력이 없는 진술증거라도 피고인이 증거로 함에 동의한 때에는 이를 증거로 삼을 수 있다. ○ ×

해설 기록상 진술증거의 임의성에 관하여 의심할 만한 사정이 나타나 있는 경우에는 법원은 직권으로 그 임의성 여부에 관하여 조사를 하여야 하고, 임의성이 인정되지 아니하여 증거능력이 없는 진술증거는 피고인이 증거로 함에 동의하더라도 증거로 삼을 수 없다. (대법원 2004도7900) 정답 ×

05 전문법칙

191 검사 작성의 피고인이 아닌 자의 진술을 기재한 조서는 공판준비 또는 공판기일에서 원진술자의 진술에 의하여 형식적 진정성립이 인정되면 특별한 사정이 없는 한 실질적 진정성립이 추정되어 증거로 사용할 수 있다. ○ ×

해설 형식적 진정성립이 인정된다고 하여 실질적 진정성립이 추정되지 않는다. 정답 ×

192 피의자 아닌 자의 진술을 기재한 조서는 공판정에서 원진술자의 진술에 의하여 그 성립의 진정함이 인정된 것이 아니면 설사 공판정에서 피고인이 그 성립을 인정하여도 이를 증거로 할 수 있음에 동의한 것이 아닌 이상 증거로 할 수 없다. ○ ×

해설 대법원 83도196 정답 ○

193 사법경찰관이 작성한 검증조서에 피의자이던 피고인이 검사 이외의 수사기관 앞에서 자백한 범행내용을 현장에 따라 진술·재연한 내용이 기재되고 그 재연 과정을 촬영한 사진이 첨부되어 있다면, 그러한 기재나 사진은 피고인이 공판정에서 그 진술내용 및 범행재연의 상황을 모두 부인하더라도 증거능력이 있다. ○ ×

해설 사법경찰관이 작성한 검증조서에 피의자이던 피고인이 검사 이외의 수사기관 앞에서 자백한 범행내용을 현장에 따라 진술·재연한 내용이 기재되고 그 재연 과정을 촬영한 사진이 첨부되어 있다면, 그러한 기재나 사진은 피고인이 공판정에서 그 진술내용 및 범행재연의 상황을 모두 부인하는 이상 증거능력이 없다. (대법원 2003도6548) 정답 ×

194 디지털 저장매체 원본을 대신하여 저장매체에 저장된 자료를 '하드카피' 또는 '이미징'한 매체로부터 출력한 문건의 경우에는 디지털 저장매체 원본과 '하드카피' 또는 '이미징'한 매체 사이에 자료의 동일성이 인정되어야 하는 것은 아니다. ○ ×

해설 정보저장매체 원본을 대신하여 저장매체에 저장된 자료를 '하드카피' 또는 '이미징'한 매체로부터 출력한 문건의 경우에는 정보저장매체 원본과 '하드카피' 또는 '이미징'한 매체 사이에 자료의 동일성도 인정되어야 할 뿐만 아니라, 이를 확인하는 과정에서 이용한 컴퓨터의 기계적 정확성, 프로그램의 신뢰성, 입력·처리·출력의 각 단계에서 조작자의 전문적인 기술능력과 정확성이 담보되어야 한다. (대법원 2013도2511) 정답 ×

195 검사 이외의 수사기관이 작성한 피의자신문조서는 적법한 절차와 방식에 따라 작성된 것으로서 공판준비 또는 공판기일에 그 피의자였던 피고인 또는 변호인이 그 내용을 인정할 때에 한하여 증거로 할 수 있다. ○ ×

해설

> 형사소송법 제312조(검사 또는 사법경찰관의 조서 등) ③ 검사 이외의 수사기관이 작성한 피의자신문조서는 적법한 절차와 방식에 따라 작성된 것으로서 공판준비 또는 공판기일에 그 피의자였던 피고인 또는 변호인이 그 내용을 인정할 때에 한하여 증거로 할 수 있다.

정답 ○

196 검찰주사가 검사의 지시에 따라 검사가 참석하지 않은 상태에서 피의자였던 피고인을 신문하여 작성하고 검사는 검찰주사의 조사 직후 피고인에게 개괄적으로 질문한 사실이 있을 뿐인데도 검사가 작성한 것으로 되어 있는 피고인에 대한 피의자신문조서는 검사 작성의 피의자신문조서로서 인정될 수 없다. O X

해설 대법원 90도1483   정답 O

197 미국 연방수사국(FBI)의 수사관이 작성한 수사보고서는 「형사소송법」 제315조에 의해서 당연히 증거능력이 인정된다. O X

해설 형사소송법 제312조 제2항은 검사 이외의 수사기관이 작성한 피의자신문조서는 그 피의자였던 피고인이나 변호인이 그 내용을 인정할 때에 한하여 증거로 할 수 있다고 규정하고 있는바, 피고인이 검사 이외의 수사기관에서 범죄 혐의로 조사받는 과정에서 작성하여 제출한 진술서는 그 형식 여하를 불문하고 당해 수사기관이 작성한 피의자신문조서와 달리 볼 수 없고, 피고인이 수사 과정에서 범행을 자백하였다는 검사 아닌 수사기관의 진술이나 같은 내용의 수사보고서 역시 피고인이 공판 과정에서 앞서의 자백의 내용을 부인하는 이상 마찬가지로 보아야 하며, 여기서 말하는 검사 이외의 수사기관에는 달리 특별한 사정이 없는 한 외국의 권한 있는 수사기관도 포함된다. 미국 범죄수사대(CID), 연방수사국(FBI)의 수사관들이 작성한 수사보고서 및 피고인이 위 수사관들에 의한 조사를 받는 과정에서 작성하여 제출한 진술서는 피고인이 그 내용을 부인하는 이상 증거로 쓸 수 없다. (대법원 2003도6548)   정답 X

198 사인(私人)인 제3자가 절취한 업무일지를 소송사기의 피해자가 대가를 지급하고 취득한 경우, 그 업무일지는 사기죄에 대한 증거로 사용될 수 있다. O X

해설 대법원 2008도1584   정답 O

199 「형사소송법」은 전문진술에 대하여 제316조에서 실질상 단순한 전문의 형태를 취하는 경우에 한하여 예외적으로 그 증거능력을 인정하는 규정을 두고 있을 뿐, 재전문진술이나 재전문진술을 기재한 조서에 대하여는 달리 그 증거능력을 인정하는 규정을 두고 있지 아니하고 있으므로, 피고인이 증거로 하는데 동의하지 아니하는 한 「형사소송법」 제310조의2의 규정에 의하여 이를 증거로 할 수 없다. O X

해설 대법원 2000도159   정답 O

200 증인으로 채택되어 국내의 주소지 등으로 소환하였으나 소환장이 송달불능되었고 미국으로 출국하여 그곳에 거주하고 있음이 밝혀져 다시 미국 내 주소지로 증인소환증을 발송하자, 제1심법원에 경위서를 제출하면서 장기간 귀국할 수 없음을 통보한 경우는 형사소송법 제314조에 규정된 '진술을 요하는 자가 사망, 질병, 외국거주, 소재불명 그 밖에 이에 준하는 사유로 인하여 진술할 수 없는 때'에 해당한다. O X

해설 대법원 2004도5561   정답 O

201

증인이 형사소송법에 정한 바에 따라 정당하게 증언거부권을 행사하여 증언을 거부하는 경우는 형사소송법 제314조에 규정된 '진술을 요하는 자가 사망, 질병, 외국거주, 소재불명 그 밖에 이에 준하는 사유로 인하여 진술할 수 없는 때'에 해당한다. ○ ×

해설 형사소송법 제314조의 문언과 개정 취지, 증언거부권 관련 규정의 내용 등에 비추어 보면, 법정에 출석한 증인이 형사소송법 제148조, 제149조 등에서 정한 바에 따라 정당하게 증언거부권을 행사하여 증언을 거부한 경우는 형사소송법 제314조의 '그 밖에 이에 준하는 사유로 인하여 진술할 수 없는 때'에 해당하지 아니한다. (대법원 2009도6788 전합)   정답 ×

202

중풍, 언어장애 등 장애등급 3급 5호의 장애로 인하여 법정에 출석할 수 없었던 것이고, 그 후 신병을 치료하기 위하여 속초로 간 후에는 그에 대한 소재탐지가 불가능하게 된 경우는 형사소송법 제314조에 규정된 '진술을 요하는 자가 사망, 질병, 외국거주, 소재불명 그 밖에 이에 준하는 사유로 인하여 진술할 수 없는 때'에 해당한다. ○ ×

해설 대법원 99도202   정답 ○

203

법원이 형사소송법 제297조에 따라 변호인이 없는 피고인을 일시 퇴정하게 하고 증인신문을 한 경우, 추후 피고인에게 실질적인 반대신문의 기회를 부여하지 않았다면 특별한 사정이 없는 한 그 증인의 법정진술은 증거능력이 인정되지 않는다. ○ ×

해설 대법원 2009도9344   정답 ○

204

소유자, 소지자 또는 보관자가 아닌 자로부터 제출받은 물건을 영장 없이 압수한 경우 그 '압수물' 및 '압수물을 찍은 사진'은 이를 유죄 인정의 증거로 사용할 수 없으나, 피고인이나 변호인이 이를 증거로 함에 동의한 경우에는 증거로 사용할 수 있다. ○ ×

해설 형사소송법 제218조는 "사법경찰관은 소유자, 소지자 또는 보관자가 임의로 제출한 물건을 영장 없이 압수할 수 있다"고 규정하고 있는바, 위 규정을 위반하여 소유자, 소지자 또는 보관자가 아닌 자로부터 제출받은 물건을 영장 없이 압수한 경우 그 '압수물' 및 '압수물을 찍은 사진'은 이를 유죄 인정의 증거로 사용할 수 없는 것이고, 헌법과 형사소송법이 선언한 영장주의의 중요성에 비추어 볼 때 피고인이나 변호인이 이를 증거로 함에 동의하였다고 하더라도 달리 볼 것은 아니다. (대법원 2009도10092)   정답 ×

205

형사소송법 제312조 제2항에 규정된 '영상녹화물이나 그 밖의 객관적인 방법'이란 형사소송법 및 형사소송규칙에 규정된 방식과 절차에 따라 제작된 영상녹화물 또는 그러한 영상녹화물에 준할 정도로 피고인의 진술을 과학적·기계적·객관적으로 재현해 낼 수 있는 방법만을 의미하고, 그 외에 조사관 또는 조사과정에 참여한 통역인 등의 증언은 이에 해당한다고 볼 수 없다. ○ ×

해설 검사 작성의 피의자신문조서에 대한 실질적 진정성립을 증명할 수 있는 수단으로서 형사소송법 제312조 제2항에 규정된 '영상녹화물이나 그 밖의 객관적인 방법'이란 형사소송법 및 형사소송규칙에 규정된 방식과 절차에 따라 제작된 영상녹화물 또는 그러한 영상녹화물에 준할 정도로 피고인의 진술을 과학적·기계적·객관적으로 재현해 낼 수 있는 방법만을 의미하고, 그 외에 조사관 또는 조사과정에 참여한 통역인 등의 증언은 이에 해당한다고 볼 수 없다. (대법원 2015도16586) = 현재 형사소송법 제311조 제2항은 현재 삭제되었다.   정답 ○

206 피고인이 수표를 발행하였으나 예금부족 또는 거래정지처분으로 지급되지 아니하게 하였다는 부정수표단속법위반의 공소사실을 증명하기 위하여 제출되는 수표는 그 서류의 존재 또는 상태 자체가 증거가 되는 것이어서 증거물인 서면에 해당하고 어떠한 사실을 직접 경험한 사람의 진술에 갈음하는 대체물이 아니므로, 증거능력은 증거물의 예에 의하여 판단하여야 하고, 이에 대하여는 형사소송법 제310조의2에서 정한 전문법칙이 적용될 여지가 없다. ○ ×

해설 대법원 2015도227 정답 ○

207 그 문건을 간접사실에 대한 정황증거로 사용하는 경우 언제나 전문증거에 해당하므로 공판준비기일 또는 공판기일에 그 작성자의 진술에 의해 성립의 진정이 증명되어야 한다. ○ ×

해설 어떤 진술이 기재된 서류가 그 내용의 진실성이 범죄사실에 대한 직접증거로 사용될 때는 전문증거가 된다고 하더라도, 그와 같은 진술을 하였다는 것 자체 또는 그 진술의 진실성과 관계없는 간접사실에 대한 정황증거로 사용될 때는 반드시 전문증거가 되는 것은 아니다. (대법원 2012도16001) 정답 ×

208 제1심 법정에서 피해자 甲이 '피고인 乙이 88체육관 부지를 공시지가로 매입하게 해 주고 KBS와의 시설이주 협의도 2개월 내로 완료하겠다고 말하였다'고 진술한 경우 위와 같은 원진술의 존재 자체가 피고인 乙의 각 사기죄 또는 변호사법위반죄에 있어서의 요증사실이므로, 이를 직접 경험한 甲이 乙로부터 위와 같은 말을 들었다고 하는 진술은 전문증거가 아니라 본래증거에 해당한다. ○ ×

해설 대법원 2012도2937 정답 ○

209 수사기관이 아닌 사인이 피고인 아닌 사람과의 대화내용을 녹음한 녹음테이프는 형사소송법 제311조, 제312조 규정 이외의 피고인 아닌 자의 진술을 기재한 서류와 다를 바 없으므로, 피고인이 그 녹음테이프를 증거로 할 수 있음에 동의하지 아니하는 이상 어떠한 경우라도 증거능력이 없다. ○ ×

해설 수사기관 아닌 사인(私人)이 피고인 아닌 사람과의 대화내용을 녹음한 녹음테이프는 형사소송법 제311조, 제312조 규정 이외의 피고인 아닌 자의 진술을 기재한 서류와 다를 바 없으므로, 피고인이 녹음테이프를 증거로 할 수 있음에 동의하지 아니하는 이상 그 증거능력을 부여하기 위해서는, 첫째 녹음테이프가 원본이거나 원본으로부터 복사한 사본일 경우 복사과정에서 편집되는 등의 인위적 개작 없이 원본 내용 그대로 복사된 사본일 것, 둘째 형사소송법 제313조 제1항에 따라 공판준비나 공판기일에서 원진술자의 진술에 의하여 녹음테이프에 녹음된 각자의 진술내용이 자신이 진술한 대로 녹음된 것이라는 점이 인정되어야 한다. (대법원 2010도7497) 정답 ×

210

간접증거가 개별적으로 완전한 증명력을 가지지 못한다면 종합적으로 고찰하여 증명력이 있는 것으로 판단되더라도 그에 의하여 범죄사실을 인정할 수 없다. ○ ×

해설 형사재판에 있어서 유죄의 인정은 법관으로 하여금 합리적인 의심을 할 여지가 없을 정도로 공소사실이 진실한 것이라는 확신을 가지게 할 수 있는 증명력을 가진 증거에 의하여야 하고 이러한 정도의 심증을 형성하는 증거가 없다면 설령 피고인에게 유죄의 의심이 간다 하더라도 피고인의 이익으로 판단할 수밖에 없다. 다만 그와 같은 심증이 반드시 직접증거에 의하여 형성되어야만 하는 것은 아니고 경험칙과 논리법칙에 위반되지 아니하는 한 간접증거에 의하여 형성되어도 되는 것이며, 간접증거가 개별적으로는 범죄사실에 대한 완전한 증명력을 가지지 못하더라도 전체 증거를 상호 관련하에 종합적으로 고찰할 경우 그 단독으로는 가지지 못하는 종합적 증명력이 있는 것으로 판단되면 그에 의하여도 범죄사실을 인정할 수가 있다. (대법원 2013도4172) 정답 ×

211

전문진술의 증거능력 인정기준 중의 하나인 '그 진술이 특히 신빙할 수 있는 상태하에서 행하여진 때'라 함은 그 진술을 하였다는 것에 허위개입의 여지가 거의 없고, 그 진술내용의 신빙성이나 임의성을 담보할 구체적이고 외부적인 정황이 있는 경우를 말한다. ○ ×

해설 대법원 2010도5948 정답 ○

212

형사소송법은 전문진술에 대하여 제316조에서 실질상 단순한 전문의 형태를 취하는 경우에 한하여 예외적으로 그 증거능력을 인정하는 규정을 두고 있을 뿐, 재전문진술이나 재전문진술을 기재한 조서에 대하여는 달리 그 증거능력을 인정하는 규정을 두고 있지 아니하고 있으므로, 피고인이 증거로 하는 데 동의하더라도 이를 증거로 할 수 없다. ○ ×

해설 형사소송법은 전문진술에 대하여 제316조에서 실질상 단순한 전문의 형태를 취하는 경우에 한하여 예외적으로 그 증거능력을 인정하는 규정을 두고 있을 뿐, 재전문진술이나 재전문진술을 기재한 조서에 대하여는 달리 그 증거능력을 인정하는 규정을 두고 있지 아니하고 있으므로, 피고인이 증거로 하는 데 동의하지 아니하는 한 형사소송법 제310조의2의 규정에 의하여 이를 증거로 할 수 없다. (대법원 2010도5948) 정답 ×

213

대화내용을 녹음한 원본파일로부터 대화내용을 복사한 사본을 증거로 제출하는 경우, 원본 제출이 불능 또는 곤란하고 원본내용 그대로 복사된 사본임이 입증되어야만 증거능력을 인정할 수 있다. ○ ×

해설 대법원 2012도7461 정답 ○

214 피고인 아닌 자가 작성한 진술서에 대하여 작성자가 그 진정성립을 부인하는 경우에는 과학적 분석결과에 기초한 디지털포렌식 자료, 감정 등 객관적인 방법으로 성립의 진정이 증명되고, 반대신문의 기회가 제공되었다면 증거로 할 수 있다. ○ ×

> **해설**
>
> 형사소송법 제313조(진술서 등) ② 제1항 본문에도 불구하고 진술서의 작성자가 공판준비나 공판기일에서 그 성립의 진정을 부인하는 경우에는 과학적 분석결과에 기초한 디지털포렌식 자료, 감정 등 객관적 방법으로 성립의 진정함이 증명되는 때에는 증거로 할 수 있다. 다만, 피고인 아닌 자가 작성한 진술서는 피고인 또는 변호인이 공판준비 또는 공판기일에 그 기재 내용에 관하여 작성자를 신문할 수 있었을 것을 요한다.

정답 ○

215 형사소송법 제314조에 따라 참고인의 소재불명 등의 경우에 그 참고인이 진술하거나 작성한 진술조서나 진술서에 대하여 증거능력을 인정하는 경우 참고인의 진술 또는 작성이 '특히 신빙할 수 있는 상태하에서 행하여 졌음에 대한 증명'은 그러할 개연성이 있다는 정도에 이르러야 한다. ○ ×

해설 형사소송법이 원진술자 또는 작성자(이하 '참고인'이라 한다)의 소재불명 등의 경우에 참고인이 진술하거나 작성한 진술조서나 진술서에 대하여 증거능력을 인정하는 것은, 형사소송법이 제312조 또는 제313조에서 참고인 진술조서 등 서면증거에 대하여 피고인 또는 변호인의 반대신문권이 보장되는 등 엄격한 요건이 충족될 경우에 한하여 증거능력을 인정할 수 있도록 함으로써 직접심리주의 등 기본원칙에 대한 예외를 인정한 데 대하여 다시 중대한 예외를 인정하여 원진술자 등에 대한 반대신문의 기회조차 없이 증거능력을 부여할 수 있도록 한 것이므로, 그 경우 참고인의 진술 또는 작성이 '특히 신빙할 수 있는 상태하에서 행하여졌음에 대한 증명'은 단지 그러할 개연성이 있다는 정도로는 부족하고 합리적인 의심의 여지를 배제할 정도에 이르러야 한다. (대법원 2013도12652)

정답 ×

216 피고인에 대한 당해 사건이 아닌 다른 사건의 공판조서는 기타 특히 신용할 만한 정황에 의하여 작성된 문서로 형사소송법 제315조 제3호의 당연히 증거능력이 있는 서류에 해당하여 그 증거능력이 인정된다. ○ ×

해설 대법원 2004도4428

정답 ○

217 수사기관이 참고인을 조사하는 과정에서 참고인의 동의를 받아 작성한 영상녹화물은 언제든지 공소사실을 직접 증명할 수 있는 독립적 증거로 사용할 수 있다. ○ ×

해설 수사기관이 참고인을 조사하는 과정에서 형사소송법 제221조 제1항에 따라 작성한 영상녹화물은, 다른 법률에서 달리 규정하고 있는 등의 특별한 사정이 없는 한, 공소사실을 직접 증명할 수 있는 독립적인 증거로 사용될 수는 없다. (대법원 2012도5041)

정답 ×

218 진술의 임의성에 다툼이 있을 때에는 그 임의성을 의심할만한 합리적이고 구체적인 사실을 피고인이 증명할 것이 아니고 검사가 그 임의성의 의문점을 없애는 증명을 하여야 한다. ○ ×

해설 대법원 2012도9879   정답 ○

219 증거동의의 의사표시는 증거조사가 완료된 뒤에는 취소할 수 없다. ○ ×

해설 대법원 2015도3467   정답 ○

220 피의자의 진술을 녹취 내지 기재한 서류 또는 문서가 수사기관에서의 조사 과정에서 작성된 것이지만 그것이 진술서라는 형식을 취하였다면 피의자신문조서와 달리 보아야 한다. ○ ×

해설 피의자의 진술을 녹취 내지 기재한 서류 또는 문서가 수사기관에서의 조사 과정에서 작성된 것이라면, 그것이 '진술조서, 진술서, 자술서'라는 형식을 취하였다고 하더라도 피의자신문조서와 달리 볼 수 없다. 형사소송법이 보장하는 피의자의 진술거부권은 헌법이 보장하는 형사상 자기에게 불리한 진술을 강요당하지 않는 자기부죄거부의 권리에 터 잡은 것이므로, 수사기관이 피의자를 신문함에 있어서 피의자에게 미리 진술거부권을 고지하지 않은 때에는 그 피의자의 진술은 위법하게 수집된 증거로서 진술의 임의성이 인정되는 경우라도 증거능력이 부인되어야 한다. (대법원 2014도1779)

정답 ×

221 당해 피고인과 공범관계가 있는 다른 피의자에 대한 사법경찰관 작성 피의자신문조서에 대하여는 사망 등 사유로 인하여 법정에서 진술할 수 없는 때에 예외적으로 증거능력을 인정하는 규정인 「형사소송법」 제314조가 적용되지 아니한다. ○ ×

해설 대법원 2003도7185 전합   정답 ○

222 「형사소송법」 제312조 제3항은 사법경찰관이 작성한 당해 피고인에 대한 피의자신문조서를 유죄의 증거로 하는 경우뿐만 아니라 사법경찰관이 작성한 당해 피고인과 공범관계에 있는 다른 피고인이나 피의자에 대한 피의자신문조서를 당해 피고인에 대한 유죄의 증거로 채택할 경우에도 적용된다. ○ ×

해설 대법원 2003도7185 전합   정답 ○

223 검사가 작성한 피의자신문조서는 적법한 절차와 방식에 따라 작성된 것으로서 공판준비, 공판기일에 그 피의자였던 피고인 또는 변호인이 그 내용을 인정할 때에 한정하여 증거로 할 수 있다. ○ ×

해설
> 형사소송법 제312조(검사 또는 사법경찰관의 조서 등) ① 검사가 작성한 피의자신문조서는 적법한 절차와 방식에 따라 작성된 것으로서 공판준비, 공판기일에 그 피의자였던 피고인 또는 변호인이 그 내용을 인정할 때에 한정하여 증거로 할 수 있다.

정답 ○

224 사법경찰관이 피의자에게 진술거부권을 행사할 수 있음을 알려 주고 그 행사 여부를 질문하였다 하더라도, 진술거부권 행사 여부에 대한 피의자의 답변이 자필로 기재되어 있지 아니하거나 그 답변 부분에 피의자의 기명날인 또는 서명이 되어 있지 않은 사법경찰관 작성의 피의자신문조서는 「형사소송법」 제312조 제3항에 위반되어 그 증거능력을 인정할 수 없다. ○ ×

해설 대법원 2014도1779

정답 ○

225 검사 작성의 피의자신문조서에 작성자인 검사의 서명날인이 되어 있지 아니한 경우, 피고인이 법정에서 그 피의자신문조서에 대하여 진정성립과 임의성을 인정하면 증거능력을 인정할 수 있다. ○ ×

해설 형사소송법 제57조 제1항은 공무원이 작성하는 서류에는 법률에 다른 규정이 없는 때에는 작성년월일과 소속공무소를 기재하고 서명날인하여야 한다고 규정하고 있는바, 그 서명날인은 공무원이 작성하는 서류에 관하여 그 기재 내용의 정확성과 완전성을 담보하는 것이므로 검사 작성의 피의자신문조서에 작성자인 검사의 서명날인이 되어 있지 아니한 경우 그 피의자신문조서는 공무원이 작성하는 서류로서의 요건을 갖추지 못한 것으로서 위 법규정에 위반되어 무효이고 따라서 이에 대하여 증거능력을 인정할 수 없다고 보아야 할 것이며, 그 피의자신문조서에 진술자인 피고인의 서명날인이 되어 있다거나, 피고인이 법정에서 그 피의자신문조서에 대하여 진정성립과 임의성을 인정하였다고 하여 달리 볼 것은 아니다. (대법원 2001도4091)

정답 ×

226 검사 이외의 수사기관이 작성한 피의자신문조서는 공판준비 또는 공판기일에 그 피의자였던 피고인 또는 변호인이 그 내용을 인정할 때에 한하여 증거로 할 수 있으며, 여기에서 '그 내용을 인정할 때'라 함은 피의자신문조서의 기재 내용이 실제 사실과 부합한다는 것을 의미한다. ○ ×

해설 대법원 2010도3359

정답 ○

227

참고인과의 전화대화내용을 문답형식으로 기재한 사법경찰리 작성의 수사보고서는 진술자의 서명 또는 날인이 없으므로 「형사소송법」 제313조의 진술기재서류가 아니지만, 피고인이 증거로 함에 동의한 경우에는 증거로 사용할 수 있다. O X

해설 대법원 98도2742

정답 O

228

「형사소송법」 제314조에 규정된 '특히 신빙할 수 있는 상태'란 그 진술내용이나 조서의 작성에 허위개입의 여지가 거의 없고, 그 진술내용의 신용성이나 임의성을 담보할 구체적이고 외부적인 정황이 있는 경우를 말하며, 검사가 자유로운 증명을 통하여 증명하여야 한다. O X

해설 대법원 2012도2937

정답 O

229

비디오테이프는 공판준비나 공판기일에서 작성자인 촬영자의 진술에 의하여 그 비디오테이프에 녹음된 진술내용이 진술한 대로 녹음된 것이라는 점이 인정되어야 성립의 진정을 인정할 수 있다. O X

해설 수사기관이 아닌 사인(私人)이 피고인 아닌 사람과의 대화 내용을 촬영한 비디오테이프는 형사소송법 제311조, 제312조의 규정 이외에 피고인 아닌 자의 진술을 기재한 서류와 다를 바 없으므로, 피고인이 그 비디오테이프를 증거로 함에 동의하지 아니하는 이상 그 진술 부분에 대하여 증거능력을 부여하기 위하여는, 첫째 비디오테이프가 원본이거나 원본으로부터 복사한 사본일 경우에는 복사과정에서 편집되는 등 인위적 개작 없이 원본의 내용 그대로 복사된 사본일 것, 둘째 형사소송법 제313조 제1항에 따라 공판준비나 공판기일에서 원진술자의 진술에 의하여 그 비디오테이프에 녹음된 각자의 진술내용이 자신이 진술한 대로 녹음된 것이라는 점이 인정되어야 할 것인바, 비디오테이프는 촬영대상의 상황과 피촬영자의 동태 및 대화가 녹화된 것으로서, 녹음테이프와 달리 피촬영자의 동태를 그대로 재현할 수 있기 때문에 비디오테이프의 내용에 인위적인 조작이 가해지지 않은 것이 전제된다면, 비디오테이프에 촬영, 녹음된 내용을 재생기에 의해 시청을 마친 원진술자가 비디오테이프의 피촬영자의 모습과 음성을 확인하고 자신과 동일인이라고 진술한 것은 비디오테이프에 녹음된 진술내용이 자신이 진술한 대로 녹음된 것이라는 취지의 진술을 한 것으로 보아야 한다. (대법원 2004도3161)

정답 ×

230

비디오테이프의 내용에 인위적인 조작이 가해지지 않은 것을 전제로, 원진술자가 비디오테이프의 시청을 마친 후 피촬영자인 자신의 모습과 음성을 확인하고 자신과 동일인이라고 진술한 것은 비디오테이프에 녹음된 진술내용이 자신이 진술한 대로 녹음된 것이라는 취지의 진술을 한 것으로 보아야 한다. O X

해설 대법원 2004도3161

정답 O

231   공소제기 전에 피고인을 피의자로 조사한 자의 법정진술이 피고인의 진술을 그 내용으로 하는 때에는 그 진술이 특히 신빙할 수 있는 상태하에서 행하여 졌음이 증명되면 증거로 할 수 있다.   O X

> **해설**
>
> **형사소송법 제316조(전문의 진술)** ① 피고인이 아닌 자(공소제기 전에 피고인을 피의자로 조사하였거나 그 조사에 참여하였던 자를 포함한다. 이하 이 조에서 같다)의 공판준비 또는 공판기일에서의 진술이 피고인의 진술을 그 내용으로 하는 것인 때에는 그 진술이 특히 신빙할 수 있는 상태하에서 행하여졌음이 증명된 때에 한하여 이를 증거로 할 수 있다.

정답 O

232   피의자의 진술을 영상녹화하기 위해서는 미리 피의자에게 영상녹화사실을 알려주어야 하는 반면, 피의자 아닌 자의 진술을 영상녹화하기 위해서는 그의 동의가 필요하다.   O X

> **해설**
>
> **형사소송법 제244조의2(피의자진술의 영상녹화)** ① 피의자의 진술은 영상녹화할 수 있다. 이 경우 미리 영상녹화사실을 알려주어야 하며, 조사의 개시부터 종료까지의 전 과정 및 객관적 정황을 영상녹화하여야 한다.
> **형사소송법 제221조(제3자의 출석요구 등)** ① 검사 또는 사법경찰관은 수사에 필요한 때에는 피의자가 아닌 자의 출석을 요구하여 진술을 들을 수 있다. 이 경우 그의 동의를 받아 영상녹화할 수 있다.

정답 O

233   피고인 甲과 공범관계에 있는 공동피고인 乙에 대해 검사 이외의 수사기관이 작성한 피의자신문조서는, 乙의 법정진술에 의하여 그 성립의 진정이 인정되는 등 형사소송법 제312조 제4항의 요건을 갖춘 경우라고 하더라도 甲이 공판기일에서 그 조서의 내용을 부인한 이상 이를 甲의 공소사실에 대한 유죄 인정의 증거로 사용할 수 없다.   O X

해설   대법원 2009도2865

정답 O

234   형사소송법 제310조의 피고인의 자백에는 공범인 공동피고인의 진술은 포함되지 않으며, 이러한 공동피고인의 진술에 대하여는 피고인의 반대신문권이 보장되어 있어 독립한 증거능력이 있다.   O X

해설   대법원 92도917

정답 O

235   공범인 공동피고인은 당해 소송절차에서는 피고인의 지위에 있으므로 다른 공동피고인에 대한 공소사실에 관하여 증인이 될 수 없으나, 소송절차가 분리되어 피고인의 지위에서 벗어나게 되면 다른 공동피고인에 대한 공소사실에 관하여 증인이 될 수 있다.   O X

해설   대법원 2008도3300

정답 O

236 절도범과 장물범이 공동피고인으로 재판을 받는 경우 절도범과 장물범은 공범인 공동피고인의 관계에 있으므로 법정에서 장물범이 행한 자백은 절도범이 증거로 함에 부동의해도 절도범의 범죄사실을 인정하는 증거로 사용할 수 있다. ○ ×

해설 공동피고인인 절도범과 그 장물범은 서로 다른 공동피고인의 범죄사실에 관하여는 증인의 지위에 있다 할 것이므로, 피고인이 증거로 함에 동의한 바 없는 공동피고인에 대한 피의자신문조서는 공동피고인의 증언에 의하여 그 성립의 진정이 인정되지 아니하는 한 피고인의 공소 범죄사실을 인정하는 증거로 할 수 없다. (대법원 2005도7601) = 현재 공동피고인에 대한 피의자신문조서가 증거로 제출된 경우, 적법한 절차와 방식에 따라 작성된 것으로서 공판준비, 공판기일에 그 피의자였던 피고인 또는 변호인이 그 내용을 인정할 때에 한하여 증거로 할 수 있다.

정답 ×

237 검사 또는 사법경찰관이 검증의 결과를 기재한 조서는 적법한 절차와 방식에 따라 작성된 것으로서 공판준비 또는 공판기일에서의 피고인의 진술에 따라 그 성립의 진정함이 증명된 때에는 증거로 할 수 있다. ○ ×

해설

> 형사소송법 제312조(검사 또는 사법경찰관의 조서 등) ⑥ 검사 또는 사법경찰관이 검증의 결과를 기재한 조서는 적법한 절차와 방식에 따라 작성된 것으로서 공판준비 또는 공판기일에서의 작성자의 진술에 따라 그 성립의 진정함이 증명된 때에는 증거로 할 수 있다.

정답 ×

238 공판준비 또는 공판기일에 피고인이나 피고인 아닌 자의 진술을 기재한 조서와 법원 또는 법관의 검증의 결과를 기재한 조서는 증거로 할 수 있다. ○ ×

해설

> 형사소송법 제311조(법원 또는 법관의 조서) 공판준비 또는 공판기일에 피고인이나 피고인 아닌 자의 진술을 기재한 조서와 법원 또는 법관의 검증의 결과를 기재한 조서는 증거로 할 수 있다. 제184조 및 제221조의2의 규정에 의하여 작성한 조서도 또한 같다.

정답 ○

239 피고인 아닌 자의 공판준비 또는 공판기일에서의 진술이 피고인 아닌 타인의 진술을 그 내용으로 하는 것인 때에는 원진술자가 사망, 질병, 외국거주, 소재불명 그 밖에 이에 준하는 사유로 인하여 진술할 수 없고, 그 진술이 특히 신빙할 수 있는 상태하에서 행하여 졌음이 증명된 때에 한하여 이를 증거로 할 수 있다. ○ ×

해설

> 형사소송법 제316조(전문의 진술) ② 피고인 아닌 자의 공판준비 또는 공판기일에서의 진술이 피고인 아닌 타인의 진술을 그 내용으로 하는 것인 때에는 원진술자가 사망, 질병, 외국거주, 소재불명 그 밖에 이에 준하는 사유로 인하여 진술할 수 없고, 그 진술이 특히 신빙할 수 있는 상태하에서 행하여졌음이 증명된 때에 한하여 이를 증거로 할 수 있다.

정답 ○

240 형사소송법 제316조에 규정된 '그 진술이 특히 신빙할 수 있는 상태하에서 행하여진 때'라 함은 그 진술을 하였다는 것에 허위개입의 여지가 거의 없고, 그 진술내용의 신빙성이나 임의성을 담보할 구체적이고 외부적인 정황이 있는 경우이어야만 한다. ○ ×

해설 대법원 2012도725   정답 ○

241 전문의 진술을 증거로 함에 있어서는 전문진술자가 원진술자로부터 진술을 들을 당시 원진술자가 증언능력에 준하는 능력을 갖춘 상태에 있어야 하는 것은 아니다. ○ ×

해설 전문의 진술을 증거로 함에 있어서는 전문진술자가 원진술자로부터 진술을 들을 당시 원진술자가 증언능력에 준하는 능력을 갖춘 상태에 있어야 할 것인데, 증인의 증언능력은 증인 자신이 과거에 경험한 사실을 그 기억에 따라 공술할 수 있는 정신적인 능력이라 할 것이므로, 유아의 증언능력에 관해서도 그 유무는 단지 공술자의 연령만에 의할 것이 아니라 그의 지적수준에 따라 개별적이고 구체적으로 결정되어야 함은 물론 공술의 태도 및 내용 등을 구체적으로 검토하고, 경험한 과거의 사실이 공술자의 이해력, 판단력 등에 의하여 변식될 수 있는 범위 내에 속하는가의 여부도 충분히 고려하여 판단하여야 한다. (대법원 2005도9561)   정답 ×

242 증인의 주소지가 아닌 곳으로 소환장을 보내 송달불능이 되자 그 곳을 중심한 소재탐지 끝에 소재불능회보를 받은 경우에는 「형사소송법」 제314조에서 말하는 원진술자가 공판정에서 진술할 수 없는 때에 해당한다. ○ ×

해설 형사소송법 제314조에서 말하는 "공판기일에 진술을 요할 자가 사망, 질병 기타 사유로 인하여 진술할 수 없을 때"라 함은 단순히 소환장이 주소불명 등으로 송달불능된 것만으로는 부족하고, 송달불능이 되어 소재탐지촉탁까지 하여 소재수사를 하였음에도 불구하고, 그 소재를 확인할 수 없어 출석하지 아니한 경우에 비로소 이에 해당한다고 할 것이며, 증인의 주소지가 아닌 곳으로 소환장을 보내 송달불능이 되자 그 곳을 중심으로 소재탐지를 한 끝에 소재탐지불능 회보를 받은 경우에는 이에 해당한다고 볼 수 없다. (대법원 2006도7479)   정답 ×

243 상업장부나 항해일지, 진료일지 또는 이와 유사한 금전출납부 등과 같이 범죄사실의 인정 여부와는 관계없이 자기에게 맡겨진 사무를 처리한 내역을 그때그때 계속적, 기계적으로 기재한 문서는 사무처리 내역을 증명하기 위하여 존재하는 문서로서 당연히 증거능력이 인정된다. ○ ×

해설 대법원 2017도12671   정답 ○

244 피고인 본인 진술에 의한 실질적 진정성립의 인정은 공판준비 또는 공판기일에서 한 명시적인 진술에 의하여야 하지만, 피고인이 실질적 진정성립에 대하여 이의를 제기하지 않았고 조서 작성 절차와 방식의 적법성을 인정하였다면 실질적 진정성립을 인정한 것으로 볼 수 있다. ○ ×

해설 피고인 본인의 진술에 의한 실질적 진정성립의 인정은 공판준비 또는 공판기일에서 한 명시적인 진술에 의하여야 하고, 단지 피고인이 실질적 진정성립에 대하여 이의하지 않았다거나 조서 작성절차와 방식의 적법성을 인정하였다는 것만으로 실질적 진정성립까지 인정한 것으로 보아서는 아니 된다. 또한 특별한 사정이 없는 한 이른바 '입증취지 부인'이라고 진술한 것만으로 이를 조서의 진정성립을 인정하는 전제에서 그 증명력만을 다투는 것이라고 가볍게 단정해서도 안 된다. (대법원 2011도8325)   정답 ×

245

사법경찰관이 작성한 피의자신문조서는 적법한 절차와 방식에 따라 작성된 것으로서 피고인이 진술한 내용과 동일하게 기재되어 있음이 공판준비 또는 공판기일에서의 피고인 진술에 의하여 인정되고, 그 조서에 기재된 진술이 특히 신빙할 수 있는 상태에서 행하여졌음이 증명된 때에 한하여 증거로 할 수 있다. ○ ×

해설

> 형사소송법 제312조(검사 또는 사법경찰관의 조서 등) ③ 검사 이외의 수사기관이 작성한 피의자신문조서는 적법한 절차와 방식에 따라 작성된 것으로서 공판준비 또는 공판기일에 그 피의자였던 피고인 또는 변호인이 그 내용을 인정할 때에 한하여 증거로 할 수 있다.

정답 ×

246

「형사소송법」 제312조 제3항은 검사 이외의 수사기관이 작성한 당해 피고인과 공범관계에 있는 다른 피고인이나 피의자에 대한 피의자신문조서를 당해 피고인에 대한 유죄의 증거로 채택할 경우에도 적용된다. ○ ×

해설 대법원 2014도1779

정답 ○

247

간이공판절차에서는 검사·피고인·변호인이 증거로 함에 이의를 제기하지 않는 한 전문법칙에 의하여 증거능력이 부정되는 증거일지라도 증거동의가 의제 되어 증거능력이 부여된다. ○ ×

해설

> 형사소송법 제318조의3(간이공판절차에서의 증거능력에 관한 특례) 제286조의2(간이공판절차의 결정)의 결정이 있는 사건의 증거에 관하여는 제310조의2, 제312조 내지 제314조 및 제316조의 규정에 의한 증거에 대하여 제318조 제1항의 동의가 있는 것으로 간주한다. 단, 검사, 피고인 또는 변호인이 증거로 함에 이의가 있는 때에는 그러하지 아니하다.

정답 ○

248

"甲이 乙을 살해하는 것을 목격했다."라는 丙의 말을 들은 丁이 丙의 진술내용을 증언하는 경우, 甲의 살인 사건에 대하여는 전문증거이지만, 丙의 명예훼손 사건에 대하여는 전문증거가 아니다. ○ ×

해설 타인의 진술을 내용으로 하는 진술이 전문증거인지 여부는 요증사실과의 관계에서 정하여지는바, 원진술의 내용인 사실이 요증사실인 경우에는 전문증거이나, 원진술의 존재 자체가 요증사실인 경우에는 본래증거이지 전문증거가 아닙니다. (대법원 2008도8007)

정답 ○

249

사인이 피고인 아닌 사람과의 대화내용을 녹음한 녹음테이프에 대하여 법원이 그 진술당시 진술자의 상태 등을 확인하기 위하여 작성한 검증조서는 법원의 검증결과를 기재한 조서로서 「형사소송법」 제311조에 의하여 증거로 할 수 있다.
○ ×

해설 수사기관이 아닌 사인(私人)이 피고인 아닌 자와의 전화대화를 녹음한 녹음테이프에 대하여 법원이 실시한 검증의 내용이 녹음테이프에 녹음된 전화대화의 내용이 검증조서에 첨부된 녹취서에 기재된 내용과 같다는 것에 불과한 경우에는 증거자료가 되는 것은 여전히 녹음테이프에 녹음된 대화 내용이므로, 그 중 피고인 아닌 자와의 대화의 내용은 실질적으로 형사소송법 제311조, 제312조 규정 이외의 피고인 아닌 자의 진술을 기재한 서류와 다를 바 없어서, 피고인이 그 녹음테이프를 증거로 할 수 있음에 동의하지 않은 이상 그 녹음테이프 검증조서의 기재 중 피고인 아닌 자의 진술내용을 증거로 사용하기 위해서는 형사소송법 제313조 제1항에 따라 공판준비나 공판기일에서 원진술자의 진술에 의하여 그 녹음테이프에 녹음된 진술내용이 자신이 진술한 대로 녹음된 것이라는 점이 인정되어야 하는 것이지만 (대법원 1996.10.15. 선고 96도1669 판결, 대법원 1997.3.28. 선고 96도2417 판결 등 참조), 이와는 달리 녹음테이프에 대한 검증의 내용이 그 진술 당시 진술자의 상태 등을 확인하기 위한 것인 경우에는, 녹음테이프에 대한 검증조서의 기재 중 진술내용을 증거로 사용하는 경우에 관한 위 법리는 적용되지 아니하고, 따라서 위 검증조서는 법원의 검증의 결과를 기재한 조서로서 형사소송법 제311조에 의하여 당연히 증거로 할 수 있다. (대법원 2007도10755)
정답 ○

250

"甲이 도둑질 하는 것을 보았다"라는 乙의 발언사실을 A가 법정에서 증언하는 경우, 乙의 명예훼손 사건에 대한 전문증거로서 전문법칙이 적용된다.
○ ×

해설 타인의 진술을 내용으로 하는 진술이 전문증거인지는 요증사실과 관계에서 정하여지는데, 원진술의 내용인 사실이 요증사실인 경우에는 전문증거이나, 원진술의 존재 자체가 요증사실인 경우에는 본래증거이지 전문증거가 아니다. (대법원 2012도2937)
정답 ×

251

법인의 대표자나 법인 또는 개인의 대리인, 사용인, 그 밖의 종업원 등 행위자의 위반행위에 대하여 행위자가 아닌 법인 또는 개인이 양벌규정에 따라 기소된 경우, 이러한 법인 또는 개인과 행위자 사이의 관계에서도 마찬가지로 적용된다고 보아야 하며 사법경찰관 작성의 행위자에 대한 피의자신문조서는 피고인 아닌 자의 진술을 기재한 조서에 관한 형사소송법 제312조 제3항이 적용된다.
○ ×

해설 형사소송법 제312조 제3항은 검사 이외의 수사기관이 작성한 해당 피고인에 대한 피의자신문조서를 유죄의 증거로 하는 경우뿐만 아니라 검사 이외의 수사기관이 작성한 해당 피고인과 공범관계에 있는 다른 피고인이나 피의자에 대한 피의자신문조서를 해당 피고인에 대한 유죄의 증거로 채택할 경우에도 적용된다. 따라서 해당 피고인과 공범관계가 있는 다른 피의자에 대하여 검사 이외의 수사기관이 작성한 피의자신문조서는 그 피의자의 법정진술에 의하여 성립의 진정이 인정되는 등 형사소송법 제312조 제4항의 요건을 갖춘 경우라도 해당 피고인이 공판기일에서 그 조서의 내용을 부인한 이상 이를 유죄 인정의 증거로 사용할 수 없고, 그 당연한 결과로 위 피의자신문조서에 대하여는 사망 등 사유로 인하여 법정에서 진술할 수 없는 때에 예외적으로 증거능력을 인정하는 규정인 형사소송법 제314조가 적용되지 아니한다. 그리고 이러한 법리는 공동정범이나 교사범, 방조범 등 공범관계에 있는 자들 사이에서뿐만 아니라, 법인의 대표자나 법인 또는 개인의 대리인, 사용인, 그 밖의 종업원 등 행위자의 위반행위에 대하여 행위자가 아닌 법인 또는 개인이 양벌규정에 따라 기소된 경우, 이러한 법인 또는 개인과 행위자 사이의 관계에서도 마찬가지로 적용된다. (대법원 2016도9367)
정답 ○

252

사법경찰관작성의 공동피고인(乙)에 대한 피의자신문조서를 乙이 법정에서 진정성립 및 내용을 인정한 경우, 공동피고인(甲)이 그 피의자신문조서의 진정성립 및 내용을 인정하지 않더라도 甲에 대하여 증거능력이 있다. ○ ×

해설 피고인과 공범관계가 있는 다른 피의자에 대한 검사 이외의 수사기관 작성의 피의자신문조서는 그 피의자의 법정진술에 의하여 그 성립의 진정이 인정되더라도 당해 피고인이 공판기일에서 그 조서의 내용을 부인하면 증거능력이 부정된다. (대법원 2014도1779)

정답 ×

253

의사가 작성한 진단서는 업무상 필요에 의하여 순서적, 계속적으로 작성되는 것이고 그 작성이 특히 신빙할 만한 정황에 의하여 작성된 문서이므로 당연히 증거능력이 인정되는 서류라고 할 수 있다. ○ ×

해설 사인인 의사가 작성한 진단서는 당연히 증거능력 있는 경우에 해당하지 않는다. (대법원 69도179)

정답 ×

254

수사기관이 압수물목록을 작성하는 경우 압수된 정보의 상세목록에는 정보의 파일 명세를 특정하여야 하고, 이를 출력한 서면을 피의자 등에게 교부하여야 하되 전자파일 형태로 복사해 주는 방식으로 교부하는 것은 허용되지 않는다. ○ ×

해설 압수물 목록은 피압수자 등이 압수처분에 대한 준항고를 하는 등 권리행사절차를 밟는 가장 기초적인 자료가 되므로, 수사기관은 이러한 권리행사에 지장이 없도록 압수 직후 현장에서 압수물 목록을 바로 작성하여 교부해야 하는 것이 원칙이다. 이러한 압수물 목록 교부 취지에 비추어 볼 때, 압수된 정보의 상세목록에는 정보의 파일 명세가 특정되어 있어야 하고, 수사기관은 이를 출력한 서면을 교부하거나 전자파일 형태로 복사해 주거나 이메일을 전송하는 등의 방식으로도 할 수 있다. (대법원 2017도13263)

정답 ×

255

컴퓨터 디스켓에 들어있는 기재 내용을 증거로 사용하는 경우 컴퓨터 디스켓 자체를 물증으로 취급하여야 하므로 그 기재 내용의 진실성에 관하여는 전문법칙이 적용되지 않는다. ○ ×

해설 컴퓨터 디스켓에 담긴 문건이 증거로 사용되는 경우 그 기재 내용의 진실성에 관하여는 전문법칙이 적용된다 할 것이고, 따라서 피고인 또는 피고인 아닌 자가 작성하거나 또는 그 진술을 기재한 문건의 경우 원칙적으로 형사소송법 제313조 제1항 본문에 의하여 그 작성자 또는 진술자의 진술에 의하여 그 성립의 진정함이 인정된 때에 이를 증거로 사용할 수 있다. (대법원 2000도486)

정답 ×

256 성매매업소에 고용된 여성들이 성매매를 업으로 하면서 영업에 참고하기 위하여 성매매 상대방의 아이디와 전화번호 및 성매매 방법 등을 메모지에 적어두었다가 그 내용을 직접 입력하여 작성한 메모리카드의 기재 내용은 형사소송법 제315조의 각 호에 해당하여 증거능력이 인정될 수 있다. ○ ×

해설 피고인에 관한 메모리카드의 출력물을 유죄의 증거로 삼고 있는 것이 아니라 단지 위 메모리카드의 출처와 그 기록의 주체, 경위, 위 메모리카드에 저장된 내용 및 그 진위 등에 관한 공소외 2, 3의 각 증언 및 각 피의자신문조서상의 진술기재를 유죄의 증거로 삼고 있음이 명백한데, 원심판결 이유와 원심이 적법하게 채택한 증거에 의하면, 위 메모리카드에 기재된 내용은 공소외 2가 고용한 성매매 여성들이 성매매를 업으로 하면서 영업에 참고하기 위하여 성매매를 전후하여 상대 남성의 아이디와 전화번호 및 성매매방법 등을 메모지에 적어두었다가 직접 또는 공소외 2가 고용한 또 다른 여직원이 입력하여 작성된 것임을 알 수 있는바, 이는 실질적으로 형사소송법 제315조 제2호 소정의 영업상 필요로 작성된 통상문서로서 그 자체가 당연히 증거능력 있는 문서에 해당한다고 할 것이니, 그 내용에 관한 공소외 2, 3의 각 증언 및 피의자신문조서상의 진술기재 역시 증거능력이 없다고 할 수 없다. (대법원 2007도3219) 정답 ○

257 전문진술이 기재된 조서로서 재전문서류는 「형사소송법」 제312조 또는 제314조의 전문서류의 증거능력 인정요건을 갖추어야 함은 물론 나아가 「형사소송법」 제316조 제2항의 전문진술의 증거능력 인정요건을 모두 갖추어야 증거능력이 인정된다. ○ ×

해설 대법원 2015도12981, 2015전도218 정답 ○

258 디지털 저장매체에 저장된 로그파일의 원본이 아니라 그 복사본의 일부내용을 요약·정리하는 방식으로 새로운 문서파일이 작성된 경우에 피고인이 증거사용에 동의하지 않은 상황에서 새로운 문서파일에 대해 진술증거로서 증거능력을 인정하기 위해서는 로그파일 원본과의 동일성이 인정되는 외에 전문법칙에 따라 작성자 또는 진술자의 진술에 의해 성립의 진정이 증명되어야 한다. ○ ×

해설 대법원 2015도3467 정답 ○

259 대한민국 법원의 형사사법공조요청에 따라 미합중국 법원의 지명을 받은 수명자(미합중국 검사)가 작성한 피해자 및 공범에 대한 증언녹취서(deposition)는 이를 「형사소송법」 제315조 소정의 당연히 증거능력이 인정되는 서류로 볼 수 없다. ○ ×

해설 대법원 97도1351 정답 ○

260 무인장비에 의한 속도위반차량의 단속은 제한 속도를 위반하여 차량을 주행하는 범죄가 현재 행하여지고 있고, 긴급하게 증거보전을 할 필요가 있는 상태에서 일반적으로 허용되는 한도를 넘지 않는 상당한 방법에 의한 것이므로 차량번호 등을 촬영한 사진은 증거능력이 인정된다. ○ ×

해설 대법원 98도3329 정답 ○

261 사법경찰관이 작성한 검증조서에 피의자이던 피고인이 검사 이외의 수사기관 앞에서 자백한 범행내용을 현장에 따라 진술·재연한 내용이 기재되고 그 재연 과정을 촬영한 사진이 첨부되어 있다면, 그러한 사진은 피고인이 공판정에서 그 진술내용 및 범행재연의 상황을 모두 부인하는 이상 증거능력이 없다. ○ ×

해설 대법원 2003도6548   정답 ○

262 「정보통신망 이용촉진 및 정보보호 등에 관한 법률」에 의하면 정보통신망을 통하여 공포심을 유발하는 글을 반복적으로 상대방에게 도달케 하는 행위를 처벌하고 있는데, 검사가 위 죄에 대한 증거로 휴대전화기에 저장된 문자정보를 촬영한 사진을 법원에 제출한 경우, 해당 증거에 대해서는 피고인이 성립 및 내용의 진정을 부인하면 증거능력이 부정된다. ○ ×

해설 형사소송법 제310조의2는 사실을 직접 경험한 사람의 진술이 법정에 직접 제출되어야 하고 이에 갈음하는 대체물인 진술 또는 서류가 제출되어서는 안 된다는 이른바 전문법칙을 선언한 것이다. 그런데 정보통신망을 통하여 공포심이나 불안감을 유발하는 글을 반복적으로 상대방에게 도달하게 하는 행위를 하였다는 공소사실에 대하여 휴대전화기에 저장된 문자정보가 그 증거가 되는 경우, 그 문자정보는 범행의 직접적인 수단이고 경험자의 진술에 갈음하는 대체물에 해당하지 않으므로, 형사소송법 제310조의2에서 정한 전문법칙이 적용되지 않는다. (대법원 2006도2556)   정답 ×

263 검사가 피의자와 그 사건에 관하여 대화하는 내용과 장면을 녹화한 비디오테이프에 대한 법원의 검증조서는 이러한 비디오테이프의 녹화내용이 피의자의 진술을 기재한 피의자신문조서와 실질적으로 같다고 볼 것이므로 피의자신문조서에 준하여 그 증거능력을 가려야 한다. ○ ×

해설 대법원 92도682   정답 ○

264 수사기관에 의한 진술거부권 고지의 대상이 되는 피의자의 지위는 수사기관이 범죄인지서를 작성하는 등의 형식적인 사건수리 절차를 거치기 전이라도 조사대상자에 대하여 범죄의 혐의가 있다고 보아 실질적으로 수사를 개시하는 행위를 한 때에 인정된다. ○ ×

해설 대법원 2014도5939   정답 ○

265 피고인은 방어권에 기하여 범죄사실에 대하여 진술을 거부할 수 있지만, 그러한 진술거부권의 행사가 피고인에게 보장된 방어권 행사의 범위를 넘어 객관적이고 명백한 증거가 있음에도 진실의 발견을 적극적으로 숨기거나 법원을 오도하려는 시도에 기인한 경우에는 가중적 양형의 조건으로 참작될 수 있다. ○ ×

해설 대법원 2001도192   정답 ○

266 체포의 이유와 변호인 선임권의 고지 등 적법한 절차를 무시한 채 이루어진 강제연행은 전형적인 위법한 체포에 해당하고, 위법한 체포 상태에서 이루어진 음주측정요구는 주취운전의 범죄행위에 대한 증거수집을 목적으로 한 일련의 과정에서 이루어진 것이므로, 그 측정 결과는 형사소송법 제308조의2에 의하여 원칙적으로 증거능력을 인정할 수 없다. ○ ×

해설 대법원 2010도2094   정답 ○

267 자백에 대한 보강증거는 피고인의 자백이 가공적인 것이 아닌 진실한 것임을 인정할 수 있는 정도만 되면 충분하고, 직접증거가 아닌 간접증거나 정황증거도 보강증거가 될 수 있다. ○ ×

해설 대법원 2017도20247   정답 ○

268 피고인이 변호인과 함께 출석한 공판기일의 공판조서에 검사가 제출한 증거에 대하여 동의한다는 기재가 되어 있다면 피고인이 증거동의를 한 것으로 보아야 하고, 그 기재는 절대적인 증명력을 가진다. ○ ×

해설 대법원 2015도19139   정답 ○

269 피의자가 변호인 참여를 원하는 의사를 표시하였는데도 수사기관이 정당한 사유 없이 변호인을 참여하게 하지 아니한 채 피의자를 신문하여 작성한 피의자신문조서는 증거능력이 없다. ○ ×

해설 대법원 2010도3359   정답 ○

270 보험사기 사건에서 건강보험심사평가원이 수사기관의 의뢰에 따라 수사기관이 보내온 자료를 토대로 입원진료의 적정성에 대한 의견을 제시하는 내용의 건강보험심사평가원의 입원진료 적정성 여부 등 검토의뢰에 대한 회신은 「형사소송법」 제315조에 의하여 당연히 증거능력이 인정된다. ○ ×

해설 사무처리 내역을 계속적, 기계적으로 기재한 문서가 아니라 범죄사실의 인정 여부와 관련 있는 어떠한 의견을 제시하는 내용을 담고 있는 문서는 형사소송법 제315조 제3호에서 규정하는 당연히 증거능력이 있는 서류에 해당한다고 볼 수 없으므로, 이른바 보험사기 사건에서 건강보험심사평가원이 수사기관의 의뢰에 따라 그 보내온 자료를 토대로 입원진료의 적정성에 대한 의견을 제시하는 내용의 '건강보험심사평가원의 입원진료 적정성 여부 등 검토의뢰에 대한 회신'은 형사소송법 제315조 제3호의 '기타 특히 신용할 만한 정황에 의하여 작성된 문서'에 해당하지 않는다. (대법원 2017도12671)

정답 ×

271 일본 세관공무원 작성의 필로폰에 대한 범칙물건감정서등본과 분석의뢰서 및 분석 회답서 등본은 「형사소송법」 제315조에 의하여 당연히 증거능력이 인정된다. ○ ×

해설 대법원 83도3145   정답 ○

272 디지털 녹음기에 녹음된 내용을 전자적 방법으로 테이프에 전사한 사본인 녹음테이프를 대상으로 법원이 검증절차를 진행하여, 녹음된 내용이 녹취록의 기재와 일치하고 그 음성이 진술자의 음성임을 확인하였다면 그것만으로 녹음테이프의 증거능력을 인정할 수 있다. ○ ×

해설 디지털 녹음기에 녹음된 내용을 전자적 방법으로 테이프에 전사한 사본인 녹음테이프를 대상으로 법원이 검증절차를 진행하여, 녹음된 내용이 녹취록의 기재와 일치하고 그 음성이 진술자의 음성임을 확인하였더라도, 그것만으로 녹음테이프의 증거능력을 인정할 수 없다. (대법원 2008도9414)   정답 ×

273 수사기관이 피의자를 신문함에 있어서 피의자에게 미리 진술거부권을 고지하지 않은 때에는 그 피의자의 진술은 위법하게 수집된 증거이나, 진술의 임의성이 인정되는 경우에는 증거능력이 인정된다. ○ ×

해설 피의자의 진술을 녹취 내지 기재한 서류 또는 문서가 수사기관에서의 조사과정에서 작성된 것이라면, 그것이 '진술조서, 진술서, 자술서'라는 형식을 취하였다고 하더라도 피의자신문조서와 달리 볼 수 없고, 한편 「형사소송법」이 보장하는 피의자의 진술거부권은 헌법이 보장하는 형사상 자기에 불리한 진술을 강요당하지 않는 자기부죄거부의 권리에 터 잡은 것이므로 수사기관이 피의자를 신문함에 있어서 피의자에게 미리 진술거부권을 고지하지 않은 때에는 그 피의자의 진술은 위법하게 수집된 증거로서 진술의 임의성이 인정되는 경우라도 증거능력이 부인되어야 한다. (대법원 2010도8294)   정답 ×

274 형사소송법 제316조의 증거능력과 관련하여 원진술자가 법정에 출석하여 수사기관에서 한 진술을 부인하는 취지로 증언하더라도 원진술자의 진술을 내용으로 하는 조사자의 증언은 증거능력이 있다. ○ ×

해설 조사자의 증언에 증거능력이 인정되기 위해서는 원진술자가 사망, 질병, 외국거주, 소재불명, 그 밖에 이에 준하는 사유로 인하여 진술할 수 없어야 하는 것이라서, 원진술자가 법정에 출석하여 수사기관에서 한 진술을 부인하는 취지로 증언한 이상 원진술자의 진술을 내용으로 하는 조사자의 증언은 증거능력이 없다. (대법원 2008도6985)   정답 ×

275 검찰주사가 검사의 지시에 따라 검사가 참석하지 않은 상태에서 피의자였던 피고인을 신문하여 작성하고 검사는 검찰주사의 조사 직후 피고인에게 개괄적으로 질문한 사실이 있을 뿐인데도 검사가 작성한 것으로 되어 있는 피고인에 대한 피의자신문조서는 검사 작성의 피의자신문조서로서 인정될 수 없다. ○ ×

해설 대법원 2002도4372   정답 ○

276 인감증명은 형사소송법 제315조에 의하여 당연히 증거능력이 인정된다. ○ ×

해설

형사소송법 제315조(당연히 증거능력이 있는 서류) 다음에 게기한 서류는 증거로 할 수 있다.
1. 가족관계기록사항에 관한 증명서, 공정증서등본 기타 공무원 또는 외국공무원의 직무상 증명할 수 있는 사항에 관하여 작성한 문서

정답 ○

277 의사의 진료부는 형사소송법 제315조에 의하여 당연히 증거능력이 인정된다. ○ ×

해설

형사소송법 제315조(당연히 증거능력이 있는 서류) 다음에 게기한 서류는 증거로 할 수 있다.
2. 상업장부, 항해일지 기타 업무상 필요로 작성한 통상문서

정답 ○

278 전과조회보는 형사소송법 제315조에 의하여 당연히 증거능력이 인정된다. ○ ×

해설

형사소송법 제315조(당연히 증거능력이 있는 서류) 다음에 게기한 서류는 증거로 할 수 있다.
1. 가족관계기록사항에 관한 증명서, 공정증서등본 기타 공무원 또는 외국공무원의 직무상 증명할 수 있는 사항에 관하여 작성한 문서

정답 ○

279 감정서는 형사소송법 제315조에 의하여 당연히 증거능력이 인정된다. ○ ×

해설

형사소송법 제313조(진술서 등) ① 전 2조의 규정 이외에 피고인 또는 피고인이 아닌 자가 작성한 진술서나 그 진술을 기재한 서류로서 그 작성자 또는 진술자의 자필이거나 그 서명 또는 날인이 있는 것(피고인 또는 피고인 아닌 자가 작성하였거나 진술한 내용이 포함된 문자·사진·영상 등의 정보로서 컴퓨터용디스크, 그 밖에 이와 비슷한 정보저장매체에 저장된 것을 포함한다. 이하 이 조에서 같다)은 공판준비나 공판기일에서의 그 작성자 또는 진술자의 진술에 의하여 그 성립의 진정함이 증명된 때에는 증거로 할 수 있다. 단, 피고인의 진술을 기재한 서류는 공판준비 또는 공판기일에서의 그 작성자의 진술에 의하여 그 성립의 진정함이 증명되고 그 진술이 특히 신빙할 수 있는 상태하에서 행하여 진 때에 한하여 피고인의 공판준비 또는 공판기일에서의 진술에 불구하고 증거로 할 수 있다.

정답 ×

280 민사판결문 사본은 형사소송법 제315조에 의하여 당연히 증거능력이 인정된다. ○ ×

> **해설**
>
> 형사소송법 제315조(당연히 증거능력이 있는 서류) 다음에 게기한 서류는 증거로 할 수 있다. 3. 기타 특히 신용할 만한 정황에 의하여 작성된 문서

군법회의판결사본(교도소장이 교도소에 보관 중인 판결등본을 사본한 것)은 특히 신용할 만한 정황에 의하여 작성된 문서라고 볼 여지가 있으므로 피고인이 증거로 함에 부동의하거나 그 진정성립의 증명이 없다는 이유로 그 증거능력을 부인할 수 없다. (대법원 81도2591)   정답 ○

281 「형사소송법」 제314조에서의 '진술 또는 작성이 특히 신빙할 수 있는 상태하에서 행하여졌음에 대한 증명'은 단지 그러한 개연성이 있다는 정도로는 부족하고, 합리적인 의심의 여지를 배제할 정도에 이르러야 한다. ○ ×

해설 대법원 2016도15868   정답 ○

282 수사기관이, 정보저장매체에 기억된 정보 중에서 키워드 또는 확장자 검색 등을 통해 범죄 혐의사실과 관련 있는 정보를 선별한 다음, 정보저장매체와 동일하게 비트열 방식으로 복제하여 생성한 파일을 제출받아 압수한 경우, 수사기관이 수사기관 사무실에서 위와 같이 압수된 이미지 파일을 탐색·복제·출력하는 과정에서도 피의자 등에게 참여의 기회를 보장하여야 하는 것은 아니다. ○ ×

해설 대법원 2017도13263   정답 ○

283 수사기관이 범죄 증거를 수집할 목적으로 피의자의 동의 없이 피의자의 소변을 채취하는 경우, 법원으로부터 감정허가장 또는 감정유치장을 받아야 하고, 압수·수색의 방법으로는 할 수 없다. ○ ×

해설 수사기관이 범죄 증거를 수집할 목적으로 피의자의 동의 없이 피의자의 소변을 채취하는 것은 법원으로부터 감정허가장을 받아 형사소송법 제221조의4 제1항, 제173조 제1항에서 정한 '감정에 필요한 처분'으로 할 수 있지만(피의자를 병원 등에 유치할 필요가 있는 경우에는 형사소송법 제221조의3에 따라 법원으로부터 감정유치장을 받아야 한다), 형사소송법 제219조, 제106조 제1항, 제109조에 따른 압수·수색의 방법으로도 할 수 있다. 이러한 압수·수색의 경우에도 수사기관은 원칙적으로 형사소송법 제215조에 따라 판사로부터 압수·수색영장을 적법하게 발부받아 집행해야 한다. (대법원 2018도6219)   정답 ×

284 통신비밀보호법상 '전기통신의 감청'은 전기통신이 이루어지고 있는 상황에서 실시간으로 전기통신의 내용을 지득·채록하는 경우, 통신의 송·수신을 직접적으로 방해하는 경우, 이미 수신이 완료된 전기통신에 관하여 남아 있는 기록이나 내용을 열어보는 경우 등을 의미한다. ○ ×

해설 '전기통신의 감청'은 '감청'의 개념 규정에 비추어 전기통신이 이루어지고 있는 상황에서 실시간으로 전기통신의 내용을 지득·채록하는 경우와 통신의 송·수신을 직접적으로 방해하는 경우를 의미하는 것이지, 이미 수신이 완료된 전기통신에 관하여 남아 있는 기록이나 내용을 열어보는 등의 행위는 포함하지 않는다. (대법원 2016도8137)   정답 ×

285 피고인이 아닌 자가 수사과정에서 진술서를 작성하였지만 수사기관이 그에 대한 조사과정을 기록하지 아니하여 형사소송법 제244조의4 제3항 및 제1항에서 정한 절차를 위반한 경우, 특별한 사정이 없는 한 '적법한 절차와 방식'에 따라 수사과정에서 진술서가 작성되었다 할 수 없으므로 증거능력을 인정할 수 없다. ○ ×

해설 대법원 2013도3790   정답 ○

286 피고인이 제1심 제4회 공판기일부터 공소사실을 일관되게 부인하여 경찰 작성 피의자신문조서의 진술 내용을 인정하지 않는 경우, 제1심 제4회 공판기일에 피고인이 그 서증의 내용을 인정한 것으로 공판조서에 기재된 것은 착오 기재 등으로 보아 피의자신문조서의 증거능력을 부정하여야 한다. ○ ×

해설 대법원 2010도5040   정답 ○

287 사법경찰관이 피의자에게 진술거부권을 행사할 수 있음을 알려주고 그 행사 여부를 질문하였다면, 비록 형사소송법 제244조의3 제2항에 규정한 방식에 위반하여 진술거부권 행사 여부에 대한 피의자의 답변이 자필로 기재되어 있지 않더라도 사법경찰관 작성의 피의자신문조서는 특별한 사정이 없는 한 그 증거능력을 인정할 수 있다. ○ ×

해설 사법경찰관이 피의자에게 진술거부권을 행사할 수 있음을 알려 주고 그 행사 여부를 질문하였다 하더라도, 형사소송법 제244조의3 제2항에 규정한 방식에 위반하여 진술거부권 행사 여부에 대한 피의자의 답변이 자필로 기재되어 있지 아니하거나 그 답변 부분에 피의자의 기명날인 또는 서명이 되어 있지 아니한 사법경찰관 작성의 피의자신문조서는 특별한 사정이 없는 한 형사소송법 제312조 제3항에서 정한 '적법한 절차와 방식'에 따라 작성된 조서라 할 수 없으므로 그 증거능력을 인정할 수 없다. (대법원 2014도1779)   정답 ×

288 조서말미에 피고인의 서명만이 있고, 그 날인(무인 포함)이나 간인이 없는 검사 작성의 피고인에 대한 피의자신문조서는 피고인이 법정에서 그 피의자신문조서의 임의성을 인정하였다고 하여도 증거능력이 없다. ○ ×

해설 대법원 99도237   정답 ○

289 사법경찰리 작성의 피해자에 대한 진술조서가 피해자의 화상으로 인한 서명불능이라는 이유로 입회하고 있던 동생에게 대신 읽어 주고 그 동생으로 하여금 서명날인하게 한 서류인 경우, 그 진술조서는 형식적 요건을 결여한 서류로서 증거로 사용할 수 없다. ○ ×

해설 대법원 96도2865   정답 ○

290 피고인 아닌 자의 공판기일에서의 진술이 피고인의 진술을 그 내용으로 하는 것인 때에는 「형사소송법」 제316조 제1항이 적용되므로, 피고인 아닌 자의 공판기일에서의 진술이 공동피고인의 진술을 그 내용으로 하는 것인 때에도 공동피고인 역시 피고인의 지위인 이상 「형사소송법」 제316조 제1항이 적용된다. ○ ×

해설 형사소송법 제316조 제2항은 피고인 아닌 자가 공판준비 또는 공판기일에서 한 진술이 피고인 아닌 타인의 진술을 그 내용으로 하는 것인 때에는 원진술자가 사망, 질병 기타 사유로 인하여 진술할 수 없고 그 진술이 특히 신빙할 수 있는 상태 하에서 행하여진 때에 한하여 이를 증거로 할 수 있다고 규정하고 있는데, 여기서 말하는 '피고인 아닌 자'에는 공동피고인이나 공범자도 포함된다. (대법원 2017도19499)
정답 ×

291 검사가 피의자나 피의자 아닌 자의 진술을 기재한 조서는 전체로서 완결성을 갖는 것이므로 원진술자는 조서 전체의 실질적 진정성립을 인정하거나 부인할 수는 있어도 조서 중 일부에 관하여만 실질적 진정성립을 인정할 수는 없다. ○ ×

해설 검사가 피의자나 피의자 아닌 자의 진술을 기재한 조서 중 일부에 관하여만 원진술자가 공판준비 또는 공판기일에서 실질적 진정성립을 인정하는 경우에는 법원은 당해 조서 중 어느 부분이 원진술자가 진술한 대로 기재되어 있고 어느 부분이 달리 기재되어 있는지 여부를 구체적으로 심리한 다음 진술한 대로 기재되어 있다고 하는 부분에 한하여 증거능력을 인정하여야 하고, 그 밖에 실질적 진정성립이 부정되는 부분에 대해서는 증거능력을 부정하여야 한다. (대법원 2007도7671)
정답 ×

292 형사소송법 제312조 제3항에서 '그 내용을 인정할 때'라 함은 피의자신문조서의 기재 내용이 진술 내용대로 기재되어 있다는 의미이다. ○ ×

해설 형사소송법 제312조 제2항에서 "그 내용을 인정할 때"라 함은 검사 이외의 수사기관 작성의 피의자신문조서의 기재내용이 진술내용대로 기재되어 있다는 의미가 아니고(그것은 문서의 진정성립에 속하는 사항임), 그와 같이 진술한 내용이 실제 사실과 부합한다는 것을 의미한다. (대법원 94도1735)
정답 ×

293 「형사소송법」 제314조에 따라 참고인의 소재불명 등의 경우에 그 참고인이 진술하거나 작성한 진술조서나 진술서에 대하여 증거능력을 인정하는 경우 참고인의 진술 또는 작성이 '특히 신빙할 수 있는 상태하에서 행하여졌음에 대한 증명'은 그러할 개연성이 있다는 정도에 이르러야 한다. ○ ×

해설 형사소송법 제314조는 참고인 소재불명 등의 경우에 직접심리주의 등 기본원칙에 대한 예외를 인정한 것에 대하여 다시 중대한 예외를 인정하여 원진술자 등에 대한 반대신문의 기회조차 없이 증거능력을 부여할 수 있도록 한 것이다. 따라서 이러한 경우 참고인의 진술 또는 작성이 '특히 신빙할 수 있는 상태 하에서 행하여졌음에 대한 증명'은 단지 그러할 개연성이 있다는 정도로는 부족하고 합리적인 의심의 여지를 배제할 정도에 이르러야 한다. 나아가 이러한 법리는 원진술자의 소재불명 등을 전제로 하고 있는 형사소송법 제316조 제2항의 경우에도 그대로 적용된다. (대법원 2015도12981, 2015전도218)
정답 ×

294 당해 사건에서 공판기일에서 피고인이 행한 진술 및 구속적부심문절차에서 구속된 피의자의 진술 등을 기재한 구속적부심문조서는 「형사소송법」 제311조의 법관면전조서로서 당연히 증거능력이 인정된다. ○ ×

해설 당해 사건에서 공판기일에서 피고인이 행한 진술은 특별한 사정이 없는 한 원본증거이고 제311조에서 규정한 피고인의 진술을 기재한 조서가 아니다. 전문증거에 대한 제311조가 적용되지 않는다. 구속적부심문조서는 형사소송법 제311조가 규정한 문서에는 해당하지 않는다 할 것이나, 특히 신용할 만한 정황에 의하여 작성된 문서라고 할 것이므로 특별한 사정이 없는 한, 피고인이 증거로 함에 부동의하더라도 형사소송법 제315조 제3호에 의하여 당연히 그 증거능력이 인정된다. (대법원 2003도5693)

정답 ×

295 검사 또는 사법경찰관이 작성한 참고인진술조서의 실질적 진정성립을 영상녹화물에 의하여 증명할 수 있다. ○ ×

해설

> 형사소송법 제312조(검사 또는 사법경찰관의 조서 등) ④ 검사 또는 사법경찰관이 피고인이 아닌 자의 진술을 기재한 조서는 적법한 절차와 방식에 따라 작성된 것으로서 그 조서가 검사 또는 사법경찰관 앞에서 진술한 내용과 동일하게 기재되어 있음이 원진술자의 공판준비 또는 공판기일에서의 진술이나 영상녹화물 또는 그 밖의 객관적인 방법에 의하여 증명되고, 피고인 또는 변호인이 공판준비 또는 공판기일에 그 기재 내용에 관하여 원진술자를 신문할 수 있었던 때에는 증거로 할 수 있다. 다만, 그 조서에 기재된 진술이 특히 신빙할 수 있는 상태하에서 행하여졌음이 증명된 때에 한한다.

정답 ○

296 대한민국 주중국 대사관 영사가 공무수행과정에서 작성하였지만 공적인 증명보다는 상급자에 대한 보고를 목적으로 작성한 사실확인서(공인(公印) 부분은 제외)는 「형사소송법」 제315조에 규정된 당연히 증거능력 있는 서류에 해당한다. ○ ×

해설 대한민국 주중국 대사관 영사가 작성한 사실확인서 중 공인 부분을 제외한 나머지 부분이 비록 영사의 공무수행과정 중 작성되었지만 공적인 증명보다는 상급자 등에 대한 보고를 목적으로 하는 것인 경우, 형사소송법 제315조 제1호의 '공무원의 직무상 증명할 수 있는 사항에 관하여 작성한 문서' 또는 제3호의 '기타 특히 신뢰할 만한 정황에 의하여 작성된 문서'라고 볼 수 없으므로 증거능력이 없다. (대법원 2007도7257)

정답 ×

297 검찰에서 피고인이 소지·탐독을 인정한 유인물에 대하여, 사법경찰관이 그 내용을 분석하고 이를 기계적으로 복사하여 그 말미에 그대로 첨부하여 작성한 수사보고서는 「형사소송법」 제315조에 규정된 당연히 증거능력 있는 서류에 해당한다. ○ ×

해설 대법원 92도1211

정답 ○

298

변호사가 피고인에 대한 법률자문 과정에 작성하여 피고인에게 전송한 전자문서를 출력한 법률의견서는 '업무상 필요로 작성한 통상문서'에 해당하지 않는다. ○ ×

해설 대법원 2009도6788 전합 정답 ○

299

'기타 특히 신용할 만한 정황에 의하여 작성된 문서'는 굳이 반대신문의 기회 부여 여부가 문제되지 않을 정도로 고도의 신용성의 정황적 보장이 있는 문서를 의미한다. ○ ×

해설 대법원 2017도12671 정답 ○

300

특별한 자격이 없이 범칙물자에 대한 시가감정업무에 4~5년 종사해 온 세관공무원이 세관에 비치된 기준과 수입신고서에 기재된 가격을 참작하여 작성한 감정서는 '공무원의 직무상 증명할 수 있는 사항에 관하여 작성한 문서'에 해당하지 않는다. ○ ×

해설 특별한 자격이 있지는 아니하나 범칙물자에 대한 시가감정업무에 4~5년 종사해온 세관공무원이 세관에 비치된 기준과 수입신고서에 기재된 가격을 참작하여 작성한 감정서는 공무원이 그 직무상 작성한 공문서라 할 것이므로 피고인의 동의여부에 불구하고 형사소송법 제315조 제1호에 의하여 당연히 증거능력이 있다고 할 것이며 또 그 증명력에 무슨 하자가 있다고도 할 수 없다. (대법원 85도225) 정답 ×

301

甲이 乙로부터 들은 피고인 A의 진술내용을 수사기관이 진술조서에 기재하여 증거로 제출하였다면, 그 진술조서 중 피고인 A의 진술을 기재한 부분은 乙이 증거로 하는 데 동의하지 않는 한 「형사소송법」 제310조의2의 규정에 의하여 이를 증거로 할 수 없다. ○ ×

해설 형사소송법은 전문진술에 대하여 제316조에서 실질상 단순한 전문의 형태를 취하는 경우에 한하여 예외적으로 그 증거능력을 인정하는 규정을 두고 있을 뿐, 재전문진술이나 재전문진술을 기재한 조서에 대하여는 달리 그 증거능력을 인정하는 규정을 두고 있지 아니하고 있으므로, 피고인이 증거로 하는 데 동의하지 아니하는 한 형사소송법 제310조의2의 규정에 의하여 이를 증거로 할 수 없다. (대법원 2003도171) = 乙이 증거로 하는데 동의하지 않는 한 → A가 증거로 하는데 동의하지 않는 한 「형사소송법」 제310조의2의 규정에 의하여 이를 증거로 할 수 없다. 정답 ×

302

「형사소송법」 제312조부터 제316조까지의 규정에 따라 증거로 할 수 없는 서류나 진술이라도 공판준비 또는 공판기일에서의 피고인 또는 피고인 아닌 자의 진술의 증명력을 다투기 위하여 증거로 할 수 있다. ○ ×

해설

> 형사소송법 제318조의2(증명력을 다투기 위한 증거) ① 제312조부터 제316조까지의 규정에 따라 증거로 할 수 없는 서류나 진술이라도 공판준비 또는 공판기일에서의 피고인 또는 피고인이 아닌 자(공소제기 전에 피고인을 피의자로 조사하였거나 그 조사에 참여하였던 자를 포함한다. 이하 이 조에서 같다)의 진술의 증명력을 다투기 위하여 증거로 할 수 있다.

정답 ○

303

검사 이외의 수사기관이 작성한 피의자신문조서의 증거능력에 관한 「형사소송법」 제312조 제3항은 당해 사건에서 작성한 피의자신문조서 뿐만 아니라 별개 사건에서 작성한 피의자신문조서에 대해서도 적용되므로, 피의자였던 피고인이 별개 사건에서 작성된 피의자신문조서의 내용을 부인하는 이상 그 조서는 당해 사건에 대한 유죄의 증거로 사용할 수 없다. ○ ×

해설 대법원 2009도1889 정답 ○

304

「형사소송법」 제312조 제3항은 검사 이외의 수사기관이 작성한 당해 피고인 甲에 대한 피의자신문조서를 유죄의 증거로 하는 경우에만 적용되고 甲과 공범관계에 있는 다른 피의자 乙에 대한 피의자신문조서에는 적용되지 않으므로, 乙에 대한 사법경찰관 작성의 피의자신문조서는 甲이 공판기일에서 그 조서의 내용을 부인하더라도 乙의 법정진술에 의하여 그 성립의 진정이 인정되면 증거로 할 수 있다. ○ ×

해설 피고인과 공범관계가 있는 다른 피의자에 대한 검사 이외의 수사기관 작성의 피의자신문조서는 그 피의자의 법정진술에 의하여 성립의 진정이 인정되더라도 당해 피고인이 공판기일에서 그 조서의 내용을 부인하면 증거능력이 부정된다. (대법원 2014도5939) 정답 ×

305

사법경찰관이 피의자 아닌 자의 진술을 기재한 조서를 작성함에 있어서 진술자의 성명을 가명으로 기재하였다면 그 이유만으로도 그 조서는 적법한 절차와 방식에 따라 작성되었다고 할 수 없고, 공판기일에 원진술자가 출석하여 자신의 진술을 기재한 조서임을 확인함과 아울러 그 조서의 실질적 진정성립을 인정하고 나아가 그에 대한 반대신문이 이루어졌다고 하더라도 그 증거능력이 인정되지 않는다. ○ ×

해설 수사기관이 진술자의 성명을 가명으로 기재하여 조서를 작성하였다고 해서 그 이유만으로 그 조서가 '적법한 절차와 방식'에 따라 작성되지 않았다고 할 것은 아니다. 그러한 조서라도 공판기일 등에 원진술자가 출석하여 자신의 진술을 기재한 조서임을 확인함과 아울러 그 조서의 실질적 진정성립을 인정하고 나아가 그에 대한 반대신문이 이루어지는 등 형사소송법 제312조 제4항에서 규정한 조서의 증거능력 인정에 관한 다른 요건이 모두 갖추어진 이상 그 증거능력을 부정할 것은 아니라고 할 것이다. (대법원 2011도7757) 정답 ×

306

압수된 디지털 저장매체로부터 출력한 문건을 진술증거로 사용하는 경우, 그 기재 내용의 진실성에 관하여는 전문법칙이 적용되므로 「형사소송법」 제313조 제1항에 따라 그 작성자 또는 진술자의 진술에 의하여 그 성립의 진정함이 증명된 때에는 이를 증거로 사용할 수 있다. ○ ×

해설 대법원 2012도16001 정답 ○

307

대화 내용을 녹음한 파일 등 전자매체는 성질상 작성자 진술자의 서명 또는 날인이 없을 뿐만 아니라, 녹음자의 의도나 특정한 기술에 의하여 내용이 편집·조작될 위험성이 있음을 고려하여, 대화 내용을 녹음한 원본이거나 원본으로부터 복사한 사본일 경우에는 복사과정에서 편집되는 등의 인위적 개작 없이 원본의 내용 그대로 복사된 사본임이 입증되어야 한다. ○ ×

해설 대법원 2014도10978 전합 정답 ○

308 피고인 또는 피고인 아닌 사람이 컴퓨터용 디스크에 입력하여 기억된 문자정보 또는 그 출력물을 증거로 사용하는 경우 컴퓨터용 디스크 자체를 물증으로 취급하여야 하므로 그 기재내용의 진실성에 관하여는 전문법칙이 적용되지 않는다. ○ ×

해설 피고인 또는 피고인 아닌 사람이 컴퓨터용디스크 그 밖에 이와 비슷한 정보저장매체에 입력하여 기억된 문자정보 또는 그 출력물을 증거로 사용하는 경우, 이는 실질에 있어서 피고인 또는 피고인 아닌 사람이 작성한 진술서나 그 진술을 기재한 서류와 크게 다를 바 없고, 압수 후의 보관 및 출력과정에 조작의 가능성이 있으며, 기본적으로 반대신문의 기회가 보장되지 않는 점 등에 비추어 그 내용의 진실성에 관하여는 전문법칙이 적용되고, 따라서 원칙적으로 형사소송법 제313조 제1항에 의하여 작성자 또는 진술자의 진술에 의하여 성립의 진정함이 증명된 때에 한하여 이를 증거로 사용할 수 있다. 다만 정보저장매체에 기억된 문자정보의 내용의 진실성이 아닌 그와 같은 내용의 문자정보의 존재 자체가 직접 증거로 되는 경우에는 전문법칙이 적용되지 아니한다. (대법원 2010도3504)   정답 ×

309 피고인과 공범관계에 있는 다른 피의자에 대한 검사 이외의 수사기관 작성의 피의자신문조서에 대하여는 사망 등 사유로 인하여 법정에서 진술할 수 없는 때에 예외적으로 증거능력을 인정하는 규정인 형사소송법 제314조가 적용되지 않는다. ○ ×

해설 대법원 2009도6602   정답 ○

310 형사소송법 제312조 제3항은 형법 총칙의 공범 이외에도, 서로 대향된 행위의 존재를 필요로 할 뿐 각자의 구성요건을 실현하고 별도의 형벌 규정에 따라 처벌되는 강학상 필요적 공범 내지 대향범 관계에 있는 자들 사이에서도 적용된다. ○ ×

해설 대법원 2016도9367   정답 ○

311 "甲이 乙을 살해하는 것을 목격했다"라는 丙의 말을 들은 丁이 丙의 진술내용을 증언하는 경우, 甲의 살인 사건에 대하여는 전문증거이지만, 丙의 명예훼손 사건에 대하여는 전문증거가 아니다. ○ ×

해설 甲이 乙을 살해하는 것을 목격했다"라는 丙의 말을 들은 丁이 丙의 진술내용을 증언하는 경우, 甲의 살인 사건에 대하여는 원진술의 내용인 사실이 요증사실이므로 전문증거이지만, 丙의 명예훼손 사건에 대하여는 원진술 그 자체가 요증사실이기 때문에 전문증거가 아니다.   정답 ○

312 A가 특정범죄가중처벌등에관한법률위반(알선수재)죄로 기소된 피고인으로부터 건축허가를 받으려면 담당공무원에게 사례비를 주어야 한다는 말을 들었다는 취지의 법정진술을 한 경우, 원진술의 존재 자체가 알선수재죄에서의 요증사실이므로 A의 진술은 전문증거가 아니라 본래증거에 해당한다. ○ ×

해설 대법원 2008도8007   정답 ○

313

「형사소송법」 제312조 제4항에서 '적법한 절차와 방식에 따라 작성'한다는 것은 「형사소송법」이 피고인 아닌 사람의 진술에 대한 조서 작성 과정에서 지켜야 한다고 정한 여러 절차를 준수하고 조서의 작성 방식에도 어긋나지 않아야 한다는 것을 의미한다. O X

해설 대법원 2015도12981, 2015전도218   정답 O

314

「형사소송법」 제313조에 따르면 피고인이 작성한 진술서는 공판준비나 공판기일에서의 피고인의 진술에 의하여 그 성립의 진정함이 증명된 때에만 증거로 할 수 있고, 피고인이 그 성립의 진정을 부인한 경우에는 증거로 할 수 있는 방법은 없다. O X

해설

> 형사소송법 제313조(진술서 등) ① 전 2조의 규정 이외에 피고인 또는 피고인이 아닌 자가 작성한 진술서나 그 진술을 기재한 서류로서 그 작성자 또는 진술자의 자필이거나 그 서명 또는 날인이 있는 것(피고인 또는 피고인 아닌 자가 작성하였거나 진술한 내용이 포함된 문자·사진·영상 등의 정보로서 컴퓨터용디스크, 그 밖에 이와 비슷한 정보저장매체에 저장된 것을 포함한다. 이하 이 조에서 같다)은 공판준비나 공판기일에서의 그 작성자 또는 진술자의 진술에 의하여 그 성립의 진정함이 증명된 때에는 증거로 할 수 있다. 단, 피고인의 진술을 기재한 서류는 공판준비 또는 공판기일에서의 그 작성자의 진술에 의하여 그 성립의 진정함이 증명되고 그 진술이 특히 신빙할 수 있는 상태하에서 행하여 진 때에 한하여 피고인의 공판준비 또는 공판기일에서의 진술에 불구하고 증거로 할 수 있다.
> ② 제1항 본문에도 불구하고 진술서의 작성자가 공판준비나 공판기일에서 그 성립의 진정을 부인하는 경우에는 과학적 분석결과에 기초한 디지털포렌식 자료, 감정 등 객관적 방법으로 성립의 진정함이 증명되는 때에는 증거로 할 수 있다. 다만, 피고인 아닌 자가 작성한 진술서는 피고인 또는 변호인이 공판준비 또는 공판기일에 그 기재 내용에 관하여 작성자를 신문할 수 있었을 것을 요한다.

정답 X

315

「형사소송법」 제314조의 '외국거주'는 진술을 하여야 할 사람이 외국에 있다는 사정만으로는 부족하고, 가능하고 상당한 수단을 다하더라도 그 사람을 법정에 출석하게 할 수 없는 사정이 있어야 예외적으로 그 요건이 충족될 수 있다. O X

해설 대법원 2015도17115   정답 O

316

유류물의 경우 영장 없이 압수하였더라도 영장주의를 위반한 잘못이 있다 할 수 없고, 압수 후 압수조서의 작성 및 압수목록의 작성·교부 절차가 제대로 이행되지 아니한 잘못이 있다 하더라도, 그것이 적법절차의 실질적인 내용을 침해하는 경우에 해당하는 것은 아니다. O X

해설 대법원 2011도1902   정답 O

317 제1심에서 피고인에 대하여 무죄판결이 선고되어 검사가 항소한 후, 수사기관이 항소심 공판기일에 증인으로 신청하여 신문할 수 있는 사람을 특별한 사정없이 미리 수사기관에 소환하여 작성한 진술조서나 피의자신문조서는 피고인이 증거로 삼는 데 동의하지 않는 한 증거능력이 없지만, 참고인 등이 나중에 법정에 증인으로 출석하여 위 진술조서 등의 진정성립을 인정하고 피고인 측에 반대신문의 기회까지 충분히 부여되었다면 하자가 치유되었다고 할 것이므로 위 진술조서 등의 증거능력을 인정할 수 있다. ○ ×

해설 제1심에서 피고인에 대하여 무죄판결이 선고되어 검사가 항소한 후, 수사기관이 항소심 공판기일에 증인으로 신청하여 신문할 수 있는 사람을 특별한 사정없이 미리 수사기관에 소환하여 작성한 진술조서는 피고인이 증거로 할 수 있음에 동의하지 않는 한 증거능력이 없다. 검사가 공소를 제기한 후 참고인을 소환하여 피고인에게 불리한 진술을 기재한 진술조서를 작성하여 이를 공판절차에 증거로 제출할 수 있게 한다면, 피고인과 대등한 당사자의 지위에 있는 검사가 수사기관으로서의 권한을 이용하여 일방적으로 법정 밖에서 유리한 증거를 만들 수 있게 하는 것이므로 당사자주의·공판중심주의·직접심리주의에 반하고 피고인의 공정한 재판을 받을 권리를 침해하기 때문이다. 위 참고인이 나중에 법정에 증인으로 출석하여 위 진술조서의 성립의 진정을 인정하고 피고인 측에 반대신문의 기회가 부여된다 하더라도 위 진술조서의 증거능력을 인정할 수 없음은 마찬가지이다. (대법원 2013도6825) 정답 ×

318 압수조서의 '압수경위'란에 피고인이 범행을 저지르는 현장을 목격한 사법경찰관 및 사법경찰리의 진술이 담겨 있고, 그 하단에 피고인의 범행을 직접 목격하면서 위 압수조서를 작성한 사법경찰관 및 사법경찰리의 각 기명날인이 들어가 있다면, 위 압수조서 중 '압수경위'란에 기재된 내용은 형사소송법 제312조 제5항에서 정한 '피고인이 아닌 자가 수사과정에서 작성한 진술서'에 준하는 것으로 볼 수 있다. ○ ×

해설 대법원 2019도13290 정답 ○

319 피고인과 공범관계가 있는 다른 피의자에 대하여 검사 이외의 수사기관이 작성한 피의자신문조서는 그 피의자의 법정진술에 의하여 성립의 진정이 인정되는 등 형사소송법 제312조 제4항의 요건을 갖춘 경우라면 해당 피고인이 공판기일에서 그 조서의 내용을 부인하여도 이를 유죄 인정의 증거로 사용할 수 있다. ○ ×

해설 해당 피고인과 공범관계가 있는 다른 피의자에 대하여 검사 이외의 수사기관이 작성한 피의자신문조서는 그 피의자의 법정진술에 의하여 성립의 진정이 인정되는 등 형사소송법 제312조 제4항의 요건을 갖춘 경우라도 해당 피고인이 공판기일에서 그 조서의 내용을 부인한 이상 이를 유죄 인정의 증거로 사용할 수 없고, 그 당연한 결과로 위 피의자신문조서에 대하여는 사망 등 사유로 인하여 법정에서 진술할 수 없는 때에 예외적으로 증거능력을 인정하는 규정인 형사소송법 제314조가 적용되지 아니한다. (대법원 2016도9367) 정답 ×

320 수사기관에서 진술한 참고인이 법정에서 증언을 거부하여 피고인이 반대신문을 하지 못한 경우에는 증인이 정당하게 증언거부권을 행사한 것이 아니라면 형사소송법 제314조의 '그 밖에 이에 준하는 사유로 인하여 진술할 수 없는 때'에 해당한다고 보아야 한다. ○ ×

해설 수사기관에서 진술한 참고인이 법정에서 증언을 거부하여 피고인이 반대신문을 하지 못한 경우에는 정당하게 증언거부권을 행사한 것이 아니라도, 피고인이 증인의 증언거부 상황을 초래하였다는 등의 특별한 사정이 없는 한 형사소송법 제314조의 '그 밖에 이에 준하는 사유로 인하여 진술할 수 없는 때'에 해당하지 않는다고 보아야 한다. 따라서 증인이 정당하게 증언거부권을 행사하여 증언을 거부한 경우와 마찬가지로 수사기관에서 그 증인의 진술을 기재한 서류는 증거능력이 없다. (대법원 2018도13945 전합) 정답 ×

321 피고인이 증거서류의 진정성립을 묻는 검사의 질문에 대하여 진술거부권을 행사하여 진술을 거부한 경우는 형사소송법 제314조의 '그 밖에 이에 준하는 사유로 인하여 진술할 수 없는 때'에 해당하지 아니한다. ○|×

해설 대법원 2012도16001 정답 ○

322 원진술자인 만 4세의 피해자가 공판정에서 진술을 하였더라도 증인신문 당시 일정한 사항에 관하여 기억이 나지 않는다는 취지로 진술하여 그 진술의 일부가 재현 불가능하게 된 경우는 형사소송법 제314조의 '그 밖에 이에 준하는 사유로 인하여 진술할 수 없는 때'에 해당하지 아니한다. ○|×

해설 수사기관에서 진술한 피해자인 유아가 공판정에서 진술을 하였더라도 증인신문 당시 일정한 사항에 관하여 기억이 나지 않는다는 취지로 진술하여 그 진술의 일부가 재현 불가능하게 된 경우, 형사소송법 제314조, 제316조 제2항에서 말하는 '원진술자가 진술을 할 수 없는 때'에 해당한다. (대법원 2005도9561) 정답 ×

323 형사소송법은 헌법이 요구하는 적법절차를 구현하기 위하여 사건의 실체에 대한 심증 형성은 법관의 면전에서 본래 증거에 대한 반대신문이 보장된 증거조사를 통하여 이루어져야 한다는 실질적 직접심리주의와 전문법칙을 채택하고 있다. ○|×

해설 대법원 2010도12 정답 ○

324 전문진술이 기재된 조서는 형사소송법 제312조 또는 제314조의 규정에 의하여 각 그 증거능력이 인정될 수 있는 경우에 해당하여야 함은 물론 형사소송법 제316조의 규정에 따른 요건을 갖추어야 예외적으로 증거능력이 있다. ○|×

해설 대법원 2007도3798 정답 ○

325 형사소송법은 재전문진술이나 재전문진술을 기재한 조서에 대하여는 그 증거능력을 인정하는 규정을 두고 있지 아니하고 있으므로, 피고인이 증거로 하는데 동의하지 아니하는 한 형사소송법 제310조의2의 규정에 의하여 이를 증거로 할 수 없다. ○|×

해설 대법원 2007도3798 정답 ○

326 녹음파일에 담긴 진술 내용의 진실성이 증명의 대상이 되는 때에는 전문법칙이 적용된다고 할 것이나, 녹음파일에 담긴 진술 내용의 진실성이 아닌 그와 같은 진술이 존재하는 것 자체가 증명의 대상이 되는 경우에는 전문법칙이 적용되지 아니한다. ○|×

해설 대법원 2014도10978 전합 정답 ○

327

"피해자로부터 '피고인이 자신을 추행했다.'는 취지의 말을 들었다."는 A의 진술을 "피고인이 자신을 추행했다."는 피해자의 진술내용의 진실성을 증명하는 간접사실로 사용하는 경우에는 전문증거에 해당하지 않는다. O X

해설 어떠한 내용의 진술을 하였다는 사실 자체에 대한 정황증거로 사용될 것이라는 이유로 서류의 증거능력을 인정한 다음 그 사실을 다시 진술 내용이나 그 진실성을 증명하는 간접사실로 사용하는 경우에 그 서류는 전문증거에 해당한다. 서류가 그곳에 기재된 원진술의 내용인 사실을 증명하는 데 사용되어 원진술의 내용인 사실이 요증사실이 되기 때문이다. (대법원 2018도14303 전합)

정답 X

328

전문증거라도 당사자가 동의한 경우에는 전문법칙이 적용되지 않으며, 증인의 신용성을 탄핵하기 위한 탄핵증거로 제출된 경우에도 전문법칙이 적용되지 않는다. O X

해설

형사소송법 제318조(당사자의 동의와 증거능력) ① 검사와 피고인이 증거로 할 수 있음을 동의한 서류 또는 물건은 진정한 것으로 인정한 때에는 증거로 할 수 있다.
형사소송법 제318조의2(증명력을 다투기 위한 증거) ① 제312조부터 제316조까지의 규정에 따라 증거로 할 수 없는 서류나 진술이라도 공판준비 또는 공판기일에서의 피고인 또는 피고인이 아닌 자(공소제기 전에 피고인을 피의자로 조사하였거나 그 조사에 참여하였던 자를 포함한다. 이하 이 조에서 같다)의 진술의 증명력을 다투기 위하여 증거로 할 수 있다. = 전문증거라도 당사자가 동의한 경우 전문법칙이 적용되지 않아 증거능력이 부여되고, 증거능력 없는 전문증거는 탄핵증거로 사용할 수 있다.

정답 O

329

A에 대한 사기죄로 공소제기된 甲의 공판에서 甲이 자신의 처에게 보낸 "내가 A를 속여 투자금을 받았는데 그 돈을 송금한다."라는 내용의 문자메시지가 증거로 제출되었다면 이 메시지는 전문증거에 해당한다. O X

해설

형사소송법 제313조(진술서 등) ① 전 2조의 규정 이외에 피고인 또는 피고인이 아닌 자가 작성한 진술서나 그 진술을 기재한 서류로서 그 작성자 또는 진술자의 자필이거나 그 서명 또는 날인이 있는 것(피고인 또는 피고인 아닌 자가 작성하였거나 진술한 내용이 포함된 문자·사진·영상 등의 정보로서 컴퓨터용디스크, 그 밖에 이와 비슷한 정보저장매체에 저장된 것을 포함한다. 이하 이 조에서 같다)은 공판준비나 공판기일에서의 그 작성자 또는 진술자의 진술에 의하여 그 성립의 진정함이 증명된 때에는 증거로 할 수 있다. 단, 피고인의 진술을 기재한 서류는 공판준비 또는 공판기일에서의 그 작성자의 진술에 의하여 그 성립의 진정함이 증명되고 그 진술이 특히 신빙할 수 있는 상태하에서 행하여 진 때에 한하여 피고인의 공판준비 또는 공판기일에서의 진술에 불구하고 증거로 할 수 있다. = 甲이 자신의 처에게 보낸 범죄를 시인하는 내용의 문자메시지는 원진술의 내용의 진실이 요증사실이므로 전문증거에 해당한다.

정답 O

330

사법경찰관이 적법한 절차와 방식에 따라 작성한 검증조서에 피의자 아닌 자의 진술이 기재된 경우 그 진술이 영상녹화물에 의하여 증명되고 공판기일에서 작성자인 사법경찰관의 진술에 따라 그 성립의 진정함이 증명된 때에는 증거로 할 수 있다. ○ ×

해설

> 형사소송법 제312조(검사 또는 사법경찰관의 조서 등) ④ 검사 또는 사법경찰관이 피고인이 아닌 자의 진술을 기재한 조서는 적법한 절차와 방식에 따라 작성된 것으로서 그 조서가 검사 또는 사법경찰관 앞에서 진술한 내용과 동일하게 기재되어 있음이 원진술자의 공판준비 또는 공판기일에서의 진술이나 영상녹화물 또는 그 밖의 객관적인 방법에 의하여 증명되고, 피고인 또는 변호인이 공판준비 또는 공판기일에 그 기재 내용에 관하여 원진술자를 신문할 수 있었던 때에는 증거로 할 수 있다. 다만, 그 조서에 기재된 진술이 특히 신빙할 수 있는 상태하에서 행하여 졌음이 증명된 때에 한한다. = 실질적 진정성립 인정의 주체는 작성자인 사법경찰관이 아니다. 즉 원진술자인 피의자 아닌 자이어야 한다.

정답 ×

331

A는 살인현장을 목격한 친구 B가 "甲이 길 가던 여자를 죽였다."고 말한 내용을 자필 일기장에 작성하였고, 훗날 이 일기장이 甲의 살인죄 공판에 증거로 제출된 경우 이 일기장은 형사소송법 제313조 제1항의 진술기재서류에 해당된다. ○ ×

해설 일기장은 목격자 B의 진술(전문진술)을 기재한 진술서이므로 형사소송법 제316조 제2항이 적용된다. 일기장은 수사과정 외에서 A가 살인현장 목격자 B의 진술을 기재한 서류에 해당하므로, B의 원진술에 대한 A의 전문진술이 기재된 서류인 재전문서류에 해당한다. 따라서 형사소송법 제316조 제2항과 제313조 제1항의 요건을 충족하여야 증거로 사용할 수 있다.

정답 ×

332

자기에게 맡겨진 사무를 처리한 내역을 그때그때 계속적, 기계적으로 기재한 문서라 하더라도 불법적인 업무과정에서 작성한 문서는 신용성이 없으므로 당연히 증거능력이 인정되지 않는다. ○ ×

해설 성매매업소에 고용된 여성들이 성매매를 업으로 하면서 영업에 참고하기 위하여 성매매 상대방의 아이디와 전화번호 및 성매매 방법 등을 메모지에 적어두었다가 직접 메모리카드에 입력하거나 업주가 고용한 다른 여직원이 그 내용을 입력한 사안에서, 위 메모리카드의 내용은 형사소송법 제315조 제2호의 '영업상 필요로 작성한 통상문서'로서 당연히 증거능력 있는 문서에 해당한다. (대법원 2007도3219)

정답 ×

333

甲이 살인죄로 공소제기된 공판에서 A가 증인으로 출석하여 교통사고로 사망한 B가 생전에 자신에게 "甲이 C를 살해하는 것을 보았다."는 말을 한 적이 있다고 진술한 경우 B의 진술이 특히 신빙할 수 있는 상태 하에서 행하여졌음이 증명된 때에 한하여 이를 증거로 할 수 있다. ○ ×

> **해설**
>
> > 형사소송법 제316조(전문의 진술) ② 피고인 아닌 자의 공판준비 또는 공판기일에서의 진술이 피고인 아닌 타인의 진술을 그 내용으로 하는 것인 때에는 원진술자가 사망, 질병, 외국거주, 소재불명 그 밖에 이에 준하는 사유로 인하여 진술할 수 없고, 그 진술이 특히 신빙할 수 있는 상태하에서 행하여 졌음이 증명된 때에 한하여 이를 증거로 할 수 있다.
>
> 정답 ○

334

甲이 진술 당시 술에 취하여 횡설수설하였다는 것을 확인하기 위하여 제출된 甲의 진술이 녹음된 녹음테이프는 전문증거에 해당한다. ○ ×

> **해설** 수사기관이 아닌 사인(私人)이 피고인 아닌 자와의 전화대화를 녹음한 녹음테이프에 대하여 법원이 실시한 검증의 내용이 녹음테이프에 녹음된 전화대화의 내용이 검증조서에 첨부된 녹취서에 기재된 내용과 같다는 것에 불과한 경우에는 증거자료가 되는 것은 여전히 녹음테이프에 녹음된 대화 내용이므로, 그 중 피고인 아닌 자와의 대화의 내용은 실질적으로 형사소송법 제311조, 제312조 규정 이외의 피고인 아닌 자의 진술을 기재한 서류와 다를 바 없어서, 피고인이 그 녹음테이프를 증거로 할 수 있음에 동의하지 않은 이상 그 녹음테이프 검증조서의 기재 중 피고인 아닌 자의 진술내용을 증거로 사용하기 위해서는 형사소송법 제313조 제1항에 따라 공판준비나 공판기일에서 원진술자의 진술에 의하여 그 녹음테이프에 녹음된 진술내용이 자신이 진술한 대로 녹음된 것이라는 점이 인정되어야 하는 것이지만, 이와는 달리 녹음테이프에 대한 검증의 내용이 그 진술 당시 진술자의 상태 등을 확인하기 위한 것인 경우에는, 녹음테이프에 대한 검증조서의 기재 중 진술내용을 증거로 사용하는 경우에 관한 위 법리는 적용되지 아니하고, 따라서 위 검증조서는 법원의 검증의 결과를 기재한 조서로서 형사소송법 제311조에 의하여 당연히 증거로 할 수 있다. (대법원 2007도10755) 정답 ×

335

성폭력 피해아동이 어머니에게 진술한 내용을 어머니가 상담원에게 전한 후, 상담원이 그 내용을 검사 면전에서 진술하여 작성된 진술조서는 이른바 '재전문진술을 기재한 조서'로서, 피고인이 동의하지 않는 한 증거능력이 인정되지 않는다. ○ ×

> **해설** 대법원 2010도5948 정답 ○

336

만약 동석한 사람이 피의자를 대신하여 진술한 부분이 조서에 기재되어 있다면 그 부분은 피의자의 진술을 기재한 것이 아니라 동석한 사람의 진술을 기재한 조서에 해당하므로 그 사람에 대한 진술조서로서의 증거능력을 취득하기 위한 요건을 충족하지 못하는 한 이를 유죄 인정의 증거로 사용할 수 없다. ○ ×

> **해설** 대법원 2009도1322 정답 ○

337

원진술자가 법정에서 증인으로 나와 진술조서의 기재 내용을 열람하거나 고지받지 못한 채 단지 검사나 재판장의 신문에 대하여 수사기관에서 사실대로 진술하였다는 취지의 증언만을 하고 있을 뿐이라면, 그 진술조서는 증거능력을 인정할 수 없다. ○ ×

해설 대법원 96도1301

정답 ○

338

형사소송법 제314조에서 말하는 '외국거주'라고 함은 진술을 요할 자가 외국에 있다는 것만으로는 부족하고, 가능하고 상당한 수단을 다하더라도 그 진술을 요할 자를 법정에 출석하게 할 수 없는 사정이 있어야 예외적으로 그 적용이 있다. ○ ×

해설 대법원 2007도10004

정답 ○

339

진술을 요할 자가 일정한 주거를 가지고 있더라도 법원의 소환에 계속 불응하고 구인하여도 구인장이 집행되지 아니하는 등 법정에서의 신문이 불가능한 상태의 경우에는 형사소송법 제314조 소정의 '진술할 수 없는 때'에 해당한다. ○ ×

해설 대법원 95도523

정답 ○

340

체포·구속인접견부는 유치된 피의자가 죄증을 인멸하거나 도주를 기도하는 등 유치장의 안전과 질서를 위태롭게 하는 것을 방지하기 위한 목적으로 작성되는 서류일 뿐이어서 형사소송법 제315조 제2, 3호에 따라 당연히 증거능력이 인정되는 서류로 볼 수는 없다. ○ ×

해설 대법원 2011도5459

정답 ○

341

당해 사건에서 상소심에 의한 파기환송 전의 공판조서는 형사소송법 제311조에 따라서 증거능력이 인정되는 전문증거이다. ○ ×

해설

> 형사소송법 제311조(법원 또는 법관의 조서) 공판준비 또는 공판기일에 피고인이나 피고인 아닌 자의 진술을 기재한 조서와 법원 또는 법관의 검증의 결과를 기재한 조서는 증거로 할 수 있다. 제184조(증거보전의 청구와 그 절차) 및 제221조의2(증인신문의 청구)의 규정에 의하여 작성한 조서도 또한 같다. = 공판기일에 피고인이나 피고인 아닌 자의 진술을 기재한 조서에 해당한다.

정답 ○

342

당해 사건에서 공판절차 갱신 전의 공판조서는 형사소송법 제311조에 따라서 증거능력이 인정되는 전문증거이다. ○ ×

해설 공판기일에 피고인이나 피고인 아닌 자의 진술을 기재한 조서에 해당한다. 정답 ○

343

당해 사건의 공판준비절차에서 작성된 감정인신문조서는 형사소송법 제311조에 따라서 증거능력이 인정되는 전문증거이다. ○ ×

해설

> 형사소송법 제311조(법원 또는 법관의 조서) 공판준비 또는 공판기일에 피고인이나 피고인 아닌 자의 진술을 기재한 조서와 법원 또는 법관의 검증의 결과를 기재한 조서는 증거로 할 수 있다. 제184조 및 제221조의2의 규정에 의하여 작성한 조서도 또한 같다. = ⓒ의 감정인신문조서는 감정서가 아니다. (형사소송법 제313조(진술서 등) 제3항)

정답 ○

344

당해 사건의 공판기일에서 피고인이 행한 진술은 형사소송법 제311조에 따라서 증거능력이 인정되는 전문증거이다. ○ ×

해설 당해 사건의 공판기일에서 피고인이 행한 진술은 전문증거가 아니며 그 자체로서 증거능력이 인정되는 원본증거이고, 피고인의 진술을 기재한 조서가 아니므로 전문증거에 대한 규정인 제311조가 적용될 필요가 없다. 정답 ×

345

증거보전절차에서 작성된 증인신문조서 중 증인에 대한 반대신문과정에서 피의자가 진술한 내용을 기재한 부분은 형사소송법 제311조에 따라서 증거능력이 인정되는 전문증거이다. ○ ×

해설 증인신문조서가 증거보전절차에서 피고인이 증인으로서 증언한 내용을 기재한 것이 아니라 증인(갑)의 증언내용을 기재한 것이고 다만 피의자였던 피고인이 당사자로 참여하여 자신의 범행사실을 시인하는 전제하에 위 증인에게 반대신문한 내용이 기재되어 있을 뿐이라면, 위 조서는 공판준비 또는 공판기일에 피고인 등의 진술을 기재한 조서도 아니고, 반대신문과정에서 피의자가 한 진술에 관한 한 형사소송법 제184조에 의한 증인신문조서도 아니므로 위 조서중 피의자의 진술기재부분에 대하여는 형사소송법 제311조에 의한 증거능력을 인정할 수 없다. (대법원 84도508) 정답 ×

346

상해의 공소사실에서, 피해자 A의 상해 부위를 촬영한 사진은 비진술증거로서 전문법칙이 적용되지 아니한다. ○ ×

해설 대법원 2007도3906 정답 ○

347 감금된 피해자 A가 甲으로부터 풀려나는 당일 남동생 B에게 도움을 요청하면서 甲이 협박한 말을 포함하여 공갈 등 甲으로부터 피해를 입은 내용을 문자메시지로 보낸 경우, 이 문자메시지의 내용을 촬영한 사진은 A의 진술서로 볼 수 없다. O X

해설 이 사건 문자메시지는 피해자가 피고인으로부터 풀려난 당일에 남동생에게 도움을 요청하면서 피고인이 협박한 말을 포함하여 공갈 등 피고인으로부터 피해를 입은 내용을 문자메시지로 보낸 것이므로, 이 사건 문자메시지의 내용을 촬영한 사진은 증거서류 중 피해자의 진술서에 준하는 것으로 취급함이 상당할 것인바, 진술서에 관한 형사소송법 제313조에 따라 이 사건 문자메시지의 작성자인 피해자 공소외 1이 제1심 법정에 출석하여 자신이 이 사건 문자메시지를 작성하여 동생에게 보낸 것과 같음을 확인하고, 동생인 공소외 3도 제1심 법정에 출석하여 피해자 공소외 1이 보낸 이 사건 문자메시지를 촬영한 사진이 맞다고 확인한 이상, 이 사건 문자메시지를 촬영한 사진은 그 성립의 진정함이 증명되었다고 볼 수 있으므로 이를 증거로 할 수 있다. (대법원 2010도8735) 정답 ×

348 협박의 공소사실에 대하여 휴대전화기에 저장된 협박 문자정보가 그 증거가 되는 경우, 그 문자정보에는 전문법칙이 적용되지 아니한다. O X

해설 대법원 2006도2556 정답 O

349 외국에 거주하는 참고인과의 전화 대화내용을 문답형식으로 기재한 검찰수사관 작성의 수사보고서는 증거능력이 없다. O X

해설 대법원 98도2742 정답 O

350 甲이 乙과 합동하여 A의 재물을 절취하려다가 미수에 그쳤다는 내용의 공소사실을 자백한 사안에서, 甲이 범행에 사용한 도구와 손괴된 A의 집 문 쇠창살의 모습이 촬영된 현장사진이 첨부된 수사보고서는 甲의 자백의 진실성을 담보하기에 충분한 보강증거가 된다. O X

해설 대법원 2011도8015 정답 O

351 증거능력이 없는 수사보고서를 피해자들의 처벌희망 의사표시 철회의 효력 여부를 판단하는 증거로 사용할 수 있다. O X

해설 대법원 2010도5610, 2010전도31 정답 O

352 상해사건 피해자의 피해부위에 대해 사법경찰리가 작성한 수사보고서는 진술서로 볼 수는 없고 검증조서로 보아야 한다. ○ ×

해설 수사보고서에 검증의 결과에 해당하는 기재가 있는 경우, 그 기재 부분은 검찰사건사무규칙 제17조에 의하여 검사가 범죄의 현장 기타 장소에서 실황조사를 한 후 작성하는 실황조서 또는 사법경찰관리집무규칙 제49조 제1항, 제2항에 의하여 사법경찰관이 수사상 필요하다고 인정하여 범죄현장 또는 기타 장소에 임하여 실황을 조사할 때 작성하는 실황조사서에 해당하지 아니하며, 단지 수사의 경위 및 결과를 내부적으로 보고하기 위하여 작성된 서류에 불과하므로 그 안에 검증의 결과에 해당하는 기재가 있다고 하여 이를 형사소송법 제312조 제1항의(현재 제312조 제6항) '검사 또는 사법경찰관이 검증의 결과를 기재한 조서'라고 할 수 없을 뿐만 아니라 이를 같은 법 제313조 제1항의 '피고인 또는 피고인이 아닌 자가 작성한 진술서나 그 진술을 기재한 서류'라고 할 수도 없고, 같은 법 제311조, 제315조, 제316조의 적용대상이 되지 아니함이 분명하므로 그 기재 부분은 증거로 할 수 없다. (대법원 2000도2933)

정답 ×

353 경찰관이 피고인이 아닌 자의 주거지·근무지를 방문한 곳에서 진술서 작성을 요구하여 제출받은 경우 등 그 진술서가 경찰서에서 작성한 것이 아니라 작성자가 원하는 장소를 방문하여 받은 것이라면, 형사소송법 제244조의4(수사과정의 기록) 제1항 규정이 적용되지 않는다. ○ ×

해설 경찰관이 입당원서 작성자의 주거지·근무지를 방문하여 입당원서 작성 경위 등을 질문한 후 진술서 작성을 요구하여 이를 제출받은 이상 형사소송법 제312조 제5항이 적용되어야 한다는 이유로 형사소송법 제244조의4에서 정한 절차를 준수하지 않은 위 각 증거의 증거능력이 인정되지 않는다고 판단하고, 이와 달리 위 진술서는 경찰서에서 작성한 것이 아니라 작성자가 원하는 장소를 방문하여 받은 것이므로 위 각 절차에 관한 규정이 적용되지 아니한다는 검사의 주장을 배척하였다. 원심판결 이유를 관련 법리 및 적법하게 채택된 증거에 비추어 살펴보면, 이러한 원심의 판단에 형사소송법 제312조 제5항의 적용 여부, 형사소송법 제221조 제1항 및 제244조의4 제1항, 제3항의 적용 여부 등에 관한 법리를 오해함으로써 판결에 영향을 미친 잘못이 없다. (대법원 2022도9510)

정답 ×

06 당사자의 동의와 증거능력

354 필요적 변호사건이라 하여도 피고인이 재판거부의 의사를 표시하고 재판장의 허가 없이 퇴정하고 변호인마저 이에 동조하여 퇴정해 버렸다면, 법원은 피고인이나 변호인의 재정 없이도 심리·판결할 수 있고 이 경우 피고인의 진의와는 관계없이 증거동의가 있는 것으로 간주된다. O X

해설 대법원 91도865 정답 O

355 약식명령에 불복하여 정식재판을 청구한 피고인이 정식재판 절차의 제1심에서 2회 불출정하여 「형사소송법」 제318조 제2항에 따른 증거동의가 간주된 후 증거조사를 완료하였더라도 피고인이 항소심에 출석하여 간주된 증거동의를 철회 또는 취소한다는 의사표시를 하면 제1심에서 부여된 증거의 증거능력은 상실된다. O X

해설 약식명령에 불복하여 정식재판을 청구한 피고인이 정식재판절차의 제1심에서 2회 불출정하여 법 제318조 제2항에 따른 증거동의가 간주된 후 증거조사를 완료한 이상, 간주의 대상인 증거동의는 증거조사가 완료되기 전까지 철회 또는 취소할 수 있으나 일단 증거조사를 완료한 뒤에는 취소 또는 철회가 인정되지 아니하는 점, 증거동의 간주가 피고인의 진의와는 관계없이 이루어지는 점 등에 비추어, 비록 피고인이 항소심에 출석하여 공소사실을 부인하면서 간주된 증거동의를 철회 또는 취소한다는 의사표시를 하더라도 그로 인하여 적법하게 부여된 증거능력이 상실되는 것이 아니라고 할 것이다. (대법원 2007도5776) 정답 X

356 유죄의 자료가 되는 것으로 제출된 증거의 반대증거 서류에 대하여는 그것이 유죄사실을 인정하는 증거가 되는 것이 아닌 이상 반드시 그 진정성립이 증명되지 아니하거나 이를 증거로 함에 있어서의 상대방의 동의가 없다고 하더라도 증거판단의 자료로 할 수 있다. O X

해설 대법원 80도1547 정답 O

357 진술에 임의성이 인정되지 않아 증거능력이 없는 증거라도 피고인이 증거로 함에 동의한다면 증거로 삼을 수 있다. O X

해설 기록상 진술증거의 임의성에 관하여 의심할 만한 사정이 나타나 있는 경우에는 법원은 직권으로 그 임의성 여부에 관하여 조사를 하여야 하고, 임의성이 인정되지 아니하여 증거능력이 없는 진술증거는 피고인이 증거로 함에 동의하더라도 증거로 삼을 수 없다. (대법원 2011도14044) 정답 X

358 증거동의의 의사표시는 증거조사가 완료되기 전까지 취소 또는 철회할 수 있으나, 일단 증거조사가 완료된 뒤에는 취소 또는 철회가 인정되지 아니하므로 취소 또는 철회 이전에 이미 취득한 증거능력은 상실되지 아니한다. ○ ×

해설 대법원 2015도3467

정답 ○

359 제1회 공판기일에서 피고인과 변호인이 함께 출석하여 검사가 제출한 일부 증거에 대하여 증거로 함에 부동의한다는 의견이 진술된 경우, 그 후 피고인이 출석하지 아니한 제2회 공판기일에 변호인만이 출석하여 종전 의견을 번복하여 이들 증거에 대하여 증거로 함에 동의하였다 하더라도 이는 특별한 사정이 없는 한 효력이 없다. ○ ×

해설 대법원 2013도3

정답 ○

360 증거동의는 공판절차의 갱신이 있거나, 심급을 달리하는 경우에도 미친다. 따라서 제1심에서 한 증거동의는 항소심에서도 그 효력이 있다. ○ ×

해설 대법원 2004도4428

정답 ○

361 피고인의 명시적 의사에 반하지 않는 한 변호인은 피고인을 대리하여 증거동의를 할 수 있다. ○ ×

해설 대법원 2004도4428

정답 ○

362 수사기관이 법원으로부터 영장 또는 감정처분허가장을 발부받지 아니한 채 피의자의 동의 없이 피의자의 신체로부터 혈액을 채취하고 사후적으로도 지체 없이 이에 대한 영장을 발부받지 아니하고서 강제 채혈한 피의자의 혈액 중 알코올농도에 관한 감정이 이루어진 경우 '감정결과보고서'는 피고인이 증거로 함에 동의한 경우 증거능력이 인정될 수 있다. ○ ×

해설 수사기관이 법원으로부터 영장 또는 감정처분허가장을 발부받지 아니한 채 피의자의 동의 없이 피의자의 신체로부터 혈액을 채취하고 사후에도 지체 없이 영장을 발부받지 아니한 채 혈액 중 알코올농도에 관한 감정을 의뢰하였다면, 이러한 과정을 거쳐 얻은 감정의뢰회보 등은 형사소송법상 영장주의 원칙을 위반하여 수집하거나 그에 기초하여 획득한 증거로서, 원칙적으로 절차위반행위가 적법절차의 실질적인 내용을 침해하여 피고인이나 변호인의 동의가 있더라도 유죄의 증거로 사용할 수 없다. (대법원 2011도15258)

정답 ×

363 강압수사로 인한 정신적 강압상태가 계속된 상태에서 작성된 것으로 의심되어 그 임의성을 의심할 만한 사정이 있는데도 검사가 그 임의성의 의문점을 없애는 증명을 하지 못하고, 법원의 직권조사 결과 임의성이 인정되지 아니하여 증거능력이 없는 참고인에 대한 '검찰진술조서'는 피고인이 증거로 함에 동의한 경우 증거능력이 인정될 수 있다. ○ ×

해설 참고인에 대한 검찰 진술조서가 강압상태 내지 강압수사로 인한 정신적 강압상태가 계속된 상태에서 작성된 것으로 의심되어 그 임의성을 의심할 만한 사정이 있는데도, 검사가 그 임의성의 의문점을 없애는 증명을 하지 못하였으므로 증거능력이 없다. (대법원 2004도7900) 정답 ×

364 피고인이 제1심에서 사법경찰관 작성 조서에 대해 증거로 함에 동의하고 증거조사를 마쳤다면, 그 후 항소심에서 범행인정 여부를 다투고 있다 하여도 이미 한 증거동의의 효과에 아무런 영향이 없다. ○ ×

해설 대법원 89도2366 정답 ○

365 피고인이 참고인의 진술조서에 대하여 이견이 없다고 진술하고 공판정에서도 그 진술조서의 기재내용과 부합되는 진술을 하였다 하더라도 증거동의에 대한 명시적 의사표시가 없는 한, 그 진술조서를 증거로 채용하는 데 동의한 것으로 볼 수 없다. ○ ×

해설 피고인이 신청한 증인의 증언이 피고인 아닌 타인의 진술을 그 내용으로 하는 전문진술이라고 하더라도 피고인이 그 증언에 대하여 별 의견이 없다고 진술하였다면 그 증언을 증거로 함에 동의한 것으로 볼 수 있으므로 이는 증거능력 있다. (대법원 83도516) 정답 ×

366 피고인의 출정 없이 증거조사를 할 수 있는 경우에 피고인이 출정하지 아니한 때에는 피고인의 증거동의가 있는 것으로 간주한다. 단, 대리인 또는 변호인이 출정한 때에는 예외로 한다. ○ ×

해설

형사소송법 제318조(당사자의 동의와 증거능력) ② 피고인의 출정 없이 증거조사를 할 수 있는 경우에 피고인이 출정하지 아니한 때에는 전항의 동의가 있는 것으로 간주한다. 단, 대리인 또는 변호인이 출정한 때에는 예외로 한다.

정답 ○

367 개개의 증거에 대하여 개별적인 증거조사방식을 거치지 아니하고 검사가 제시한 모든 증거에 대하여 피고인이 증거로 함에 동의한다는 방식은 증거동의로서의 효력을 가질 수 없다. ○ ×

해설 개개의 증거에 대하여 개별적인 증거조사방식을 거치지 아니하고 검사가 제시한 모든 증거에 대하여 피고인이 증거로 함에 동의한다는 방식으로 이루어진 것이라 하여도 증거동의로서의 효력을 부정할 이유가 되지 못한다. (대법원 82도2873) 정답 ×

368 사법경찰관 A는 살인죄 혐의로 B를 긴급체포하면서 흉기를 긴급히 압수할 필요가 있다고 판단하여 압수·수색영장 없이 압수하였음에도 영장을 발부받지 못하였다면, 이후 공판절차에서 B가 그 흉기를 증거로 사용함에 동의하였더라도 그 압수물의 증거능력은 인정할 수 없다. ○ ×

해설 대법원 2009도11401   정답 ○

369 증거동의의 주체는 검사와 피고인이지만 피고인이 증거로 함에 동의하지 아니한다고 명시적인 의사표시를 한 경우 외에는 변호인은 서류나 물건에 대하여 증거로 함에 동의할 수 있고 이에 대해 피고인이 즉시 이의하지 아니하는 경우에는 증거능력이 인정된다. ○ ×

해설 대법원 2004도4428   정답 ○

370 대화 내용을 녹음한 파일 등의 전자매체는 성질상 작성자나 진술자의 서명 혹은 날인이 없을 뿐만 아니라, 녹음자의 의도나 특정한 기술에 의하여 내용이 편집 조작될 위험성이 있음을 고려하여 대화 내용을 녹음한 원본이거나 혹은 원본으로부터 복사한 사본일 경우에는 복사과정에서 편집되는 등 인위적 개작 없이 원본의 내용 그대로 복사된 사본임이 입증되어야만 하고, 그러한 입증이 없는 경우에는 쉽게 그 증거능력을 인정 할 수 없다. ○ ×

해설 대법원 2012도7461   정답 ○

371 정보통신망을 통하여 공포심이나 불안감을 유발하는 글을 반복적으로 상대방에게 도달하게 하는 행위를 하였다는 공소사실에 대하여 휴대전화기에 저장된 문자정보가 그 증거가 되는 경우 형사소송법 제310조의2에서 정한 전문법칙이 적용되지 않는다. ○ ×

해설 대법원 2006도2556   정답 ○

372 수사기관이 甲으로부터 피고인의 마약류관리에 관한 법률 위반(향정) 범행에 대한 진술을 듣고 추가적인 증거를 확보할 목적으로, 구속수감되어 있던 甲에게 그의 압수된 휴대전화를 제공하여 피고인과 통화하고 위 범행에 관한 통화 내용을 녹음하게 하여 작성된 녹취록 첨부 수사보고는 피고인이 동의하는 한 증거능력이 있다. ○ ×

해설 수사기관이 甲으로부터 피고인의 마약류관리에 관한 법률 위반(향정) 범행에 대한 진술을 듣고 추가적인 증거를 확보할 목적으로, 구속수감되어 있던 甲에게 그의 압수된 휴대전화를 제공하여 피고인과 통화하고 위 범행에 관한 통화 내용을 녹음하게 한 행위는 불법감청에 해당하므로, 그 녹음 자체는 물론 이를 근거로 작성된 녹취록 첨부 수사보고는 피고인의 증거동의에 상관없이 그 증거능력이 없다. (대법원 2010도9016)   정답 ×

373

수사기관이 작성한 피고인 아닌 자의 진술을 기재한 조서에 대하여 원진술자가 성립의 진정함을 진정하는 진술을 하였다 하더라도, 그 피의자신문조서에 대하여 증거조사가 완료되기 전에는 최초의 진술을 번복함으로써 그 피의자신문조서를 유죄인정을 자료로 사용할 수 없도록 할 수 있다. ○ ×

해설 피고인이나 그 변호인이 검사 작성의 당해 피고인에 대한 피의자신문조서의 성립의 진정함을 인정하는 진술을 하였다 하더라도, 그 피의자신문조서에 대하여 구 형사소송법(2007.6.1. 법률 제8496호로 개정되기 전의 것) 제292조에서 정한 증거조사가 완료되기 전에는 최초의 진술을 번복함으로써 그 피의자신문조서를 유죄 인정의 자료로 사용할 수 없도록 할 수 있으나, 그 피의자신문조서에 대하여 위의 증거조사가 완료된 뒤에는 그와 같은 번복의 의사표시에 의하여 이미 인정된 조서의 증거능력이 당연히 상실되는 것은 아니다. 다만, 적법절차 보장의 정신에 비추어 성립의 진정함을 인정한 최초의 진술에 그 효력을 그대로 유지하기 어려운 중대한 하자가 있고 그에 관하여 진술인에게 귀책사유가 없는 경우에 한하여 예외적으로 증거조사 절차가 완료된 뒤에도 그 진술을 취소할 수 있고, 그 취소 주장이 이유 있는 것으로 받아들여지게 되면 법원은 구 형사소송규칙(2007.10.29. 대법원규칙 제2106호로 개정되기 전의 것) 제139조 제4항의 증거배제결정을 통하여 그 조서를 유죄 인정의 자료에서 제외하여야 한다. (대법원 2007도7760) **정답** ○

374

피고인이 변호인과 함께 출석한 공판기일의 공판조서에 검사가 제출한 증거에 대하여 동의한다는 기재가 되어 있더라도 이를 피고인이 증거동의 한 것으로 보아서는 안 된다. ○ ×

해설 형사소송법 제318조에 규정된 증거 동의는 소송 주체인 검사와 피고인이 하는 것이고, 변호인은 피고인을 대리하여 증거 동의에 관한 의견을 낼 수 있을 뿐이므로, 피고인이 변호인과 함께 출석한 공판기일의 공판조서에 검사가 제출한 증거에 대하여 동의한다는 기재가 되어 있다면 이는 피고인이 증거 동의를 한 것으로 보아야 하고, 그 기재는 절대적인 증명력을 가진다. (대법원 2015도19139) **정답** ×

375

피고인과의 대화내용을 피해자가 녹음한 보이스펜 자체에 대해서는 피고인이 증거동의하였으나, 그 녹음내용을 재녹음한 녹음테이프의 녹취록의 기재가 위 각 녹음된 내용과 모두 일치하는 것으로 확인하였을 뿐 녹음테이프를 증거로 함에 동의하지 않았더라도, 그 진술이 특히 신빙할 수 있는 상태하에서 행하여진 것으로 인정된다면 녹취록은 증거능력이 있다. ○ ×

해설 대법원 2007도10804 **정답** ○

376

증거동의는 구두변론 종결시까지 철회할 수 있다. ○ ×

해설 형사소송법 제318조 제1항은 "검사와 피고인이 증거로 할 수 있음을 동의한 서류 또는 물건은 진정한 것으로 인정한 때에는 증거로 할 수 있다."고 규정하고 있을 뿐 진정한 것으로 인정하는 방법을 제한하고 있지 아니하므로, 증거동의가 있는 서류 또는 물건은 법원이 제반 사정을 참작하여 진정한 것으로 인정하면 증거로 할 수 있다. 그리고 증거동의의 의사표시는 증거조사가 완료되기 전까지 취소 또는 철회할 수 있으나, 일단 증거조사가 완료된 뒤에는 취소 또는 철회가 인정되지 아니하므로 취소 또는 철회 전에 이미 취득한 증거능력은 상실되지 아니한다. (대법원 2015도3467) **정답** ×

377 '재전문진술'이나 '전문진술이 기재된 조서', 그리고 '재전문진술을 기재한 조서'는 피고인이 증거로 하는 데 동의하더라도 증거능력이 없다. ○ ×

해설 형사소송법은 전문진술에 대하여 제316조에서 실질상 단순한 전문의 형태를 취하는 경우에 한하여 예외적으로 그 증거능력을 인정하는 규정을 두고 있을 뿐, 재전문진술이나 재전문진술을 기재한 조서에 대하여는 달리 그 증거능력을 인정하는 규정을 두고 있지 아니하고 있으므로, 피고인이 증거로 하는 데 동의하지 아니하는 한 형사소송법 제310조의2의 규정에 의하여 이를 증거로 할 수 없다. (대법원 2010도5948)

정답 ×

378 간이공판절차에서는 검사, 피고인 또는 변호인이 증거로 함에 이의가 없는 한 전문증거에 대하여 동의가 있는 것으로 간주한다. ○ ×

해설

> 형사소송법 제318조의3(간이공판절차에서의 증거능력에 관한 특례) 제286조의2의 결정이 있는 사건의 증거에 관하여는 제310조의2, 제312조 내지 제314조 및 제316조의 규정에 의한 증거에 대하여 제318조 제1항의 동의가 있는 것으로 간주한다. 단, 검사, 피고인 또는 변호인이 증거로 함에 이의가 있는 때에는 그러하지 아니하다.

정답 ○

379 진술에 임의성이 인정되지 않아 증거능력이 없는 증거라고 할지라도 당사자가 동의하고 법원이 진정한 것으로 인정한 경우에는 증거능력이 있다. ○ ×

해설 기록상 진술증거의 임의성에 관하여 의심할 만한 사정이 나타나 있는 경우에는 법원은 직권으로 그 임의성 여부에 관하여 조사를 하여야 하고, 임의성이 인정되지 아니하여 증거능력이 없는 진술증거는 피고인이 증거로 함에 동의하더라도 증거로 삼을 수 없다. (대법원 2004도7900)

정답 ×

380 국가는 무죄판결이 확정되어 당해 사건의 피고인이었던 자에 대하여 그 재판에 소요된 비용을 보상할 경우에 그 비용의 보상은 피고인이었던 자의 청구에 따라 무죄판결을 선고한 법원의 합의부에서 결정으로 한다. 다만, 이 청구는 무죄판결이 확정된 사실을 안 날부터 3년, 무죄판결이 확정된 때부터 5년 이내에 하여야 한다. ○ ×

해설

> 형사소송법 제194조의2(무죄판결과 비용보상) ① 국가는 무죄판결이 확정된 경우에는 당해 사건의 피고인이었던 자에 대하여 그 재판에 소요된 비용을 보상하여야 한다.
> 형사소송법 제194조의3(비용보상의 절차 등) ① 제194조의2 제1항에 따른 비용의 보상은 피고인이었던 자의 청구에 따라 무죄판결을 선고한 법원의 합의부에서 결정으로 한다.
> ② 제1항에 따른 청구는 무죄판결이 확정된 사실을 안 날부터 3년, 무죄판결이 확정된 때부터 5년 이내에 하여야 한다.

정답 ○

381 피의자의 지위에 있지 아니한 자가 한 진술은 수사기관에 의하여 진술거부권이 고지되지 아니하였더라도 증거능력을 부정할 것은 아니다. ○ ×

해설 대법원 2012도725 정답 ○

382 음주운전자가 정당한 이유 없이 상당한 시간이 경과한 후에야 경찰관의 호흡측정 결과에 이의를 제기하면서 2차 호흡측정 또는 혈액채취의 방법에 의한 측정을 요구하는 경우에, 경찰공무원이 2차 호흡측정 또는 혈액채취의 방법에 의한 측정을 실시하지 않았다고 하더라도 1차 호흡측정기에 의한 측정의 결과만으로 음주운전 사실을 증명할 수 있다. ○ ×

해설 대법원 2008도2170 정답 ○

383 압수물인 디지털 저장매체로부터 출력한 문건을 증거로 사용하기 위해서는 디지털 저장매체 원본에 저장된 내용과 출력한 문건의 동일성이 인정되어야 하고, 이를 위해서는 디지털 저장매체 원본이 압수시부터 문건 출력시까지 변경되지 않았음이 담보되어야 한다. ○ ×

해설 대법원 2007도7257 정답 ○

384 수사기관이 법원으로부터 영장 또는 감정처분허가장을 발부받지 아니한 채 피의자의 동의 없이 피의자의 신체로부터 혈액을 채취하고 사후적으로도 지체 없이 영장을 발부받지 아니한 채 알콜농도에 관한 감정이 이루어졌다면, 이러한 감정결과보고서 등은 영장주의를 위반한 위법수집증거에 해당하고, 피고인이나 변호인의 증거동의가 있다고 하더라도 유죄의 증거로 사용할 수 없다. ○ ×

해설 대법원 2009도2109 정답 ○

385 피고인이 범행 후 피해자에게 전화를 걸어오자 피해자가 증거를 수집하려고 그 전화내용을 녹음한 경우, 그 녹음테이프가 피고인 모르게 녹음되었다 하더라도 이를 위법하게 수집된 증거라고 할 수 없다. ○ ×

해설 대법원 97도240 정답 ○

386 수사기관이 범죄 피해자를 참고인으로 조사하는 과정에서 형사소송법 제221조 제1항에 따라 그 참고인의 진술을 녹화한 영상녹화물은 피고인의 공소사실을 직접 증명할 수 있는 별개의 독립적인 증거로 사용될 수 없다. ○ ×

해설 대법원 2012도5041   정답 ○

387 소유자, 소지자 또는 보관자가 아닌 자로부터 제출받은 물건을 영장 없이 압수한 경우 그 압수물 및 압수물을 찍은 사진은 이를 유죄의 증거로 사용할 수 없고, 피고인이나 변호인이 이를 증거로 함에 동의하였다고 하더라도 달리 볼 것은 아니다. ○ ×

해설 대법원 2009도10092   정답 ○

388 수사기관이 법원으로부터 영장 또는 감정처분허가장을 발부받지 아니한 채 피의자의 동의 없이 피의자의 신체로부터 혈액을 채취하고 사후적으로도 지체 없이 이에 대한 영장을 발부받지 아니한 채 피의자의 혈액 중 알코올농도에 관한 감정이 이루어졌다면, 이러한 감정결과보고서는 영장주의 원칙을 위반하여 수집한 증거로서 피고인이나 변호인의 증거동의가 있다고 하더라도 유죄의 증거로 사용할 수 없다. ○ ×

해설 대법원 2009도10871   정답 ○

389 검사와 피고인이 증거로 할 수 있음을 동의한 서류 또는 물건은 법원이 진정한 것으로 인정한 때에는 증거로 할 수 있다. ○ ×

해설

> **형사소송법 제194조의2(무죄판결과 비용보상)** ① 국가는 무죄판결이 확정된 경우에는 당해 사건의 피고인이었던 자에 대하여 그 재판에 소요된 비용을 보상하여야 한다.
> **형사소송법 제194조의3(비용보상의 절차 등)** ① 제194조의2 제1항에 따른 비용의 보상은 피고인이었던 자의 청구에 따라 무죄판결을 선고한 법원의 합의부에서 결정으로 한다.
> ② 제1항에 따른 청구는 무죄판결이 확정된 사실을 안 날부터 3년, 무죄판결이 확정된 때부터 5년 이내에 하여야 한다.
> **형사소송법 제318조(당사자의 동의와 증거능력)** ① 검사와 피고인이 증거로 할 수 있음을 동의한 서류 또는 물건은 진정한 것으로 인정한 때에는 증거로 할 수 있다.

정답 ○

390 공판준비 또는 공판기일에서 피고인에게 유리한 증언을 한 증인을 수사기관이 법정 외에서 다시 참고인으로 조사하면서 그 증언을 번복하게 하여 작성한 참고인진술조서는 피고인이 동의하더라도 증거로 사용할 수 없다. ○ ×

해설 공판준비 또는 공판기일에서 이미 증언을 마친 증인을 검사가 소환한 후 피고인에게 유리한 그 증언 내용을 추궁하여 이를 일방적으로 번복시키는 방식으로 작성한 진술조서를 유죄의 증거로 삼는 것은 당사자주의·공판중심주의·직접주의를 지향하는 현행 형사소송법의 소송구조에 어긋나는 것일 뿐만 아니라, 헌법 제27조가 보장하는 기본권, 즉 법관의 면전에서 모든 증거자료가 조사·진술되고 이에 대하여 피고인이 공격·방어할 수 있는 기회가 실질적으로 부여되는 재판을 받을 권리를 침해하는 것이므로, 이러한 진술조서는 <u>피고인이 증거로 할 수 있음에 동의하지 아니하는 한 그 증거능력이 없다고 하여야 할 것이고</u>, 그 후 원진술자인 종전 증인이 다시 법정에 출석하여 증언을 하면서 그 진술조서의 성립의 진정함을 인정하고 피고인측에 반대신문의 기회가 부여되었다고 하더라도 그 증언 자체를 유죄의 증거로 할 수 있음은 별론으로 하고 위와 같은 진술조서의 증거능력이 없다는 결론은 달리할 것이 아니다. (대법원 2008도6985) 정답 ×

391 경찰의 검증조서 가운데 범행부분은 부동의하고 현장상황 부분에 대해서만 동의하는 것도 가능하고, 그 효력은 동의한 부분에 한하여 발생한다. ○ ×

해설 대법원 90도1303 정답 ○

392 재전문진술을 기재한 조서도 동의의 대상이 된다. ○ ×

해설 대법원 2003도171 정답 ○

393 검사가 제시한 모든 증거에 대하여 동의한다는 포괄적 방식은 효력이 없다. ○ ×

해설 피고인들의 의사표시가 하나 하나의 증거에 대하여 형사소송법상의 증거조사방식을 거쳐 이루어진 것이 아니라 검사가 제시한 모든 증거에 대하여 증거로 함에 동의한다는 방식으로 이루어진 것이라 하여 그 효력을 부정할 이유가 되지 못한다. (대법원 82도2873) 정답 ×

394 증거신청 시 그 입증취지를 명시하여 개별적으로 하지 않았음에도 증거동의를 거쳐 법원이 증거로 채택하는 결정을 하였다면 그 결정이 취소되지 않는 이상 단순히 입증취지를 명시하여 개별적으로 신청하지 않았다는 이유만을 내세워 그 증거에 대한 조사가 위법하다고 할 수 없다. ○ ×

해설 대법원 2009도5945 정답 ○

395 피고인이 사법경찰관 작성의 피해자진술조서를 증거로 동의함에 있어서 그 동의가 법률적으로 어떠한 효과가 있는지를 모르고 한 것이었다고 주장하더라도, 변호인이 그 동의시 공판정에 재정하고 있으면서 피고인이 하는 동의에 대하여 아무런 이의나 취소를 한 사실이 없다면 그 동의에 무슨 하자가 있다고 할 수 없다. ○|×

해설 대법원 83도1019   정답 ○

396 피고인이 공소사실을 부인하고 있는 상황에서 검사가 신청한 증인의 법정진술이 전문증거로서 증거능력이 없는 경우, 피고인 또는 변호인에게 의견을 묻는 등의 적절한 방법으로 그러한 사정에 대하여 고지가 이루어지지 않은 채 증인신문이 진행되었다면, 피고인이 그 증거조사 결과에 대하여 별 의견이 없다고 진술하였더라도 증인의 법정증언을 증거로 삼는 데에 동의한 것으로 볼 수 없다. ○|×

해설 대법원 2019도11552   정답 ○

397 증거동의의 의사표시는 증거조사가 완료되기 전까지 취소 또는 철회할 수 있으나, 일단 증거조사가 완료된 뒤에는 취소 또는 철회가 인정되지 아니하므로 이를 취소 또는 철회하더라도 이미 취득한 증거능력은 상실되지 않는다. ○|×

해설 대법원 96도2507   정답 ○

398 피고인의 변호인이 증거 부동의 의견을 밝힌 고발장을 첨부문서로 포함하고 있는 검찰주사보 작성의 수사보고가 수사기관이 첨부한 자료를 통하여 얻은 인식 판단 추론이거나 자료의 단순한 요약에 불과하더라도, 피고인이 증거에 동의하여 증거조사가 행하여졌다면 그 수사보고에 대한 증거동의의 효력은 첨부된 고발장에도 당연히 미친다고 볼 것이므로 이를 유죄의 증거로 삼을 수 있다. ○|×

해설 검찰관이 공판기일에 제출한 증거 중 뇌물공여자 갑이 작성한 고발장에 대하여 피고인의 변호인이 증거 부동의 의견을 밝히고, 같은 고발장을 첨부문서로 포함하고 있는 검찰주사보 작성의 수사보고에 대하여는 증거에 동의하여 증거조사가 행하여졌는데, 원심법원이 수사보고에 대한 증거동의의 효력이 첨부된 고발장에도 당연히 미친다고 보아 이를 유죄의 증거로 삼은 사안에서, 수사기관이 수사과정에서 수집한 자료를 기록에 현출시키는 방법으로 자료의 의미, 성격, 혐의사실과의 관련성 등을 수사보고의 형태로 요약·설명하고 해당 자료를 수사보고에 첨부하는 경우, 수사보고에 기재된 내용은 수사기관이 첨부한 자료를 통하여 얻은 인식·판단·추론이거나 자료의 단순한 요약에 불과하여 원자료로부터 독립하여 공소사실에 대한 증명력을 가질 수 없고, 피고인이나 변호인도 수사보고의 증명력을 위와 같은 취지로 이해하여 공소사실을 부인하면서도 수사보고의 증거능력을 다투지 않은 것으로 보이는 등의 제반 사정에 비추어, 위 고발장은 군사법원법에 따른 적법한 증거신청·증거결정·증거조사 절차를 거쳤다고 볼 수 없거나 공소사실을 뒷받침하는 증명력을 가진 증거가 아니므로 이를 유죄의 증거로 삼을 수 없다. (대법원 2011도3809) = 수사보고에 대한 증거동의의 효력이 첨부된 고발장에 당연히 미친다고 볼 수 없으므로 유죄의 증거로 삼을 수 없다.   정답 ×

399 증거동의의 효력은 당해 심급에만 미치므로 공판절차의 갱신이 있거나 심급을 달리하면 그 효력이 상실된다. ○ ×

해설 사법경찰관 및 검사 작성의 갑에 대한 각 피의자신문조서는 제1심 공판기일에서 피고인이 증거로 함에 동의하였다면 제2심 공판기일에서 피고인이 이를 번복하여 증거로 함에 부동의하였더라도 이미 적법하게 부여된 위 조서들의 증거능력이 상실되지는 않는다. (대법원 90도2525) = 증거동의의 효력은 공판절차의 갱신이 있거나 심급을 달리하는 경우에도 소멸되지 아니한다.

정답 ×

400 서류의 기재내용이 가분적인 경우에는 서류의 일부에 대한 증거동의도 가능하다. ○ ×

해설 대법원 90도1303 = 증거동의는 증거가 가분적인 경우에는 일부의 동의도 가능하다.

정답 ○

401 증거동의는 반대신문과 관계있는 증거를 대상으로 하는 것이므로 모든 전문증거는 증거동의의 대상이 되지만 물건은 증거동의의 대상이 될 수 없고 관련성만 인정되면 증거로 사용할 수 있다. ○ ×

해설 형사소송법 제318조 제1항에 의하여 피고인이 증거로 할 수 있음을 동의한 서류 또는 물건은 진정한 것으로 인정한 때에는 증거로 할 수 있는 것이고, 여기에서 말하는 동의의 대상이 될 서류는 원본에 한하는 것이 아니라 그 사본도 포함된다. (대법원 86도893)

정답 ×

402 증거동의 의사표시는 증거조사가 완료되기 전까지 취소 또는 철회할 수 있으나 일단 증거조사가 완료된 뒤에는 증거동의 의사표시의 취소 또는 철회가 인정되지 아니한다. ○ ×

해설 대법원 99도2029

정답 ○

07 탄핵증거

403 피고인의 진술을 내용으로 하는 영상녹화물은 공판준비 또는 공판기일에 피고인 진술의 증명력을 다투기 위한 증거로 사용할 수 없다. O X

> **해설**
>
> **형사소송법 제318조의2(증명력을 다투기 위한 증거)** ② 제1항에도 불구하고 피고인 또는 피고인이 아닌 자의 진술을 내용으로 하는 영상녹화물은 공판준비 또는 공판기일에 피고인 또는 피고인이 아닌 자가 진술함에 있어서 기억이 명백하지 아니한 사항에 관하여 기억을 환기시켜야 할 필요가 있다고 인정되는 때에 한하여 피고인 또는 피고인이 아닌 자에게 재생하여 시청하게 할 수 있다. = 영상녹화물은 탄핵증거로 사용할 수 없다.

정답 O

404 탄핵증거의 제출에 있어서도 상대방에게 이에 대한 공격방어의 수단을 강구할 기회를 사전에 부여하여야 한다는 점에서 그 증거와 증명하고자 하는 사실과의 관계 및 입증취지 등을 미리 구체적으로 명시하여야 할 것이므로, 증명력을 다투고자 하는 증거의 어느 부분에 의하여 진술의 어느 부분을 다투려고 한다는 것을 사전에 상대방에게 알려야 한다. O X

해설 대법원 2005도2617

정답 O

405 피고인이 내용을 부인하여 증거능력이 없는 사법경찰리 작성의 피의자신문조서가 당초 증거제출 당시 탄핵증거라는 입증취지를 명시하지 아니하였지만 피고인의 법정 진술에 대한 탄핵증거로서의 증거조사절차가 대부분 이루어졌다고 볼 수 있는 점 등의 사정에 비추어 위 피의자신문조서를 피고인의 법정진술에 대한 탄핵증거로 사용할 수 있다. O X

해설 대법원 2005도2617

정답 O

406 탄핵증거는 엄격한 증거조사를 거쳐야 할 필요가 없지만 법정에서 이에 대한 탄핵증거로서의 증거조사는 필요하다. O X

해설 대법원 97도1770

정답 O

407

사법경찰리 작성의 피고인에 대한 피의자신문조서와 피고인이 작성한 자술서들은 모두 검사가 유죄의 자료로 제출한 증거들로서 피고인이 각 그 내용을 부인하는 이상 증거능력이 없으므로 그것이 임의로 작성된 것이 아니라고 의심할 만한 사정이 없더라도 피고인의 법정에서의 진술을 탄핵하기 위한 반대증거로도 사용할 수 없다. ○ ×

해설 사법경찰리 작성의 피고인에 대한 피의자신문조서와 피고인이 작성한 자술서들은 모두 검사가 유죄의 자료로 제출한 증거들로서 피고인이 각 그 내용을 부인하는 이상 증거능력이 없으나 그러한 증거라 하더라도 그것이 임의로 작성된 것이 아니라고 의심할 만한 사정이 없는 한 피고인의 법정에서의 진술을 탄핵하기 위한 반대증거로 사용할 수 있다. (대법원 97도1770)

정답 ×

408

탄핵증거는 진술의 증명력을 감쇄하기 위하여 인정되는 것이지만, 범죄사실 또는 간접사실의 인정의 증거로도 허용된다. ○ ×

해설 탄핵증거는 진술의 증명력을 감쇄하기 위하여 인정되는 것이고 범죄사실 또는 그 간접사실의 인정의 증거로서는 허용되지 않는다. (대법원 2011도5459)

정답 ×

409

피고인의 공판정 외의 자백에 관하여 피고인이 그 내용을 부인하더라도 그것이 임의로 작성된 것이 아니라고 의심할 만한 사정이 없는 한, 그 자백은 피고인의 공판정에서의 진술의 증명력을 다투기 위한 탄핵증거로 사용할 수 있다. ○ ×

해설 대법원 2013도12507

정답 ○

410

진술자의 서명·날인이 없어 성립의 진정이 인정되지 아니한 증거도 탄핵증거가 될 수 있다. ○ ×

해설 대법원 94도1159

정답 ○

411

피고인이 도로교통법위반(음주운전)으로 기소된 사안에서, 피고인이 음주측정을 위해 경찰서에 동행할 것을 요구받고 자발적인 의사로 경찰차에 탑승하였고, 경찰서로 이동 중 하차를 요구하였으나 그 직후 수사과정에 관한 설명을 듣고 빨리 가자고 요구하였다면, 피고인에 대한 임의동행은 적법하고 그 후 이루어진 음주측정 결과는 증거능력이 있다. ○ ×

해설 대법원 2015도2798

정답 ○

412

제1심법원에서 이미 증거능력이 있었던 증거는 항소심에서도 증거능력이 그대로 유지되어 심판의 기초가 될 수 있고, 다시 증거조사를 할 필요가 없다. ○ ×

해설 대법원 97도3421

정답 ○

413 탄핵증거는 범죄사실을 인정하는 증거가 아니어서 엄격한 증거능력을 요하지 아니한다. ○ ×

해설 대법원 2012도7467   정답 ○

414 검사가 유죄의 자료로 제출한 사법경찰리 작성의 피고인에 대한 피의자신문조서는 피고인이 그 내용을 부인하는 이상 증거능력이 없지만, 그것이 임의로 작성된 것이 아니라고 하더라도 피고인의 법정에서의 진술을 탄핵하기 위한 반대증거로는 사용할 수 있다. ○ ×

해설 검사가 유죄의 자료로 제출한 사법경찰리 작성의 피고인에 대한 피의자신문조서는 피고인이 그 내용을 부인하는 이상 증거능력이 없으나, 그것이 임의로 작성된 것이 아니라고 의심할 만한 사정이 없는 한 피고인의 법정에서의 진술을 탄핵하기 위한 반대증거로 사용할 수 있다. (대법원 2005도2617)   정답 ×

415 탄핵증거에 대해서는 유죄증거에 관한 소송법상의 엄격한 증거능력을 요하지 아니한다. ○ ×

해설 대법원 2005도2617   정답 ○

416 공소사실에 부합하는 증거인 피해자의 진술을 탄핵하는 증거로 삼은 변호인 제출의 신용카드 사용내역승인서 사본이 비록 공판과정에서 그 입증취지가 구체적으로 명시되고 제시까지 되었더라도 증거목록에 기재되지 않았고 증거결정이 있지 아니하였다면 탄핵증거로서의 증거조사가 이루어졌다고 볼 수 없다. ○ ×

해설 원심이 공소사실에 부합하는 증거인 피해자의 진술을 탄핵하는 증거로 삼은 변호인 제출의 신용카드 사용내역승인서 사본 및 현금서비스 취급내역서 사본에 관하여 살펴보면, 변호인은 항소이유서에 현금서비스 취급내역서 사본을 첨부하여 제출하면서 2004.4.2.자 공소사실을 탄핵하였고, 원심 제1회 공판기일에는 피고인 반대신문을 하면서 신용카드 사용내역승인서 사본과 함께 다시 이를 제시하여 2004.3.15.자 공소사실까지 아울러 탄핵하였는바, 비록 증거목록에 기재되지 않았고 증거결정이 있지 아니하였다 하더라도 공판과정에서 그 입증취지가 구체적으로 명시되고 제시까지 된 이상 위 각 서증들에 대하여 탄핵증거로서의 증거조사는 이루어졌다고 보아야 할 것이다. (대법원 2005도6271)   정답 ×

417 원심이 법정에서 증거로 제출된 바가 없어 전혀 증거조사가 이루어지지 아니한 채 수사기록에만 편철되어 있는 서류를 탄핵증거로 사용하였다면, 이러한 원심의 조치에는 탄핵증거의 조사방법에 관한 법리오해의 위법이 있다. ○ ×

해설 대법원 97도1770   정답 ○

418 검사가 증거로 신청한 체포·구속인접견부 사본이 피고인의 부인진술을 탄핵한다는 것이라면, 결국 검사에게 입증책임이 있는 공소사실 자체를 입증하기 위한 것에 불과하므로 그 사본을 탄핵증거로 볼 수 없다. ○ ×

해설 대법원 2011도5459   정답 ○

08 자백보강법칙

419 뇌물수수자가 무자격자인 뇌물공여자로 하여금 건축공사를 하도급 받도록 알선하고 그 하도급계약을 승인받을 수 있도록 하였으며, 공사와 관련된 각종의 편의를 제공한 사실을 인정할 수 있는 증거들은 뇌물공여자의 자백에 대한 보강증거가 될 수 있다. ○ ×

해설 대법원 98도2890 정답 ○

420 피고인이 자신이 거주하던 다세대주택의 여러 세대에서 7건의 절도행위를 한 것으로 기소되었는데 그 중 4건은 범행장소인 구체적 호수가 특정되지 않은 사안에서, 위 4건에 관한 피고인의 범행 관련 진술이 매우 사실적·구체적·합리적이고 진술의 신빙성을 의심할 만한 사유도 없어 자백의 진실성이 인정되므로, 피고인의 집에서 해당 피해품을 압수한 압수조서와 압수물 사진은 위 자백에 대한 보강증거가 된다. ○ ×

해설 대법원 2008도2343 정답 ○

421 피고인이 甲과 합동하여 乙의 재물을 절취하려다가 미수에 그쳤다는 내용의 공소사실을 자백한 사안에서, 피고인을 현행범으로 체포한 乙의 수사기관에서의 진술과 현장사진이 첨부된 수사보고서가 피고인 자백에 대한 보강증거가 될 수 없다. ○ ×

해설 피고인이 甲과 합동하여 乙의 재물을 절취하려다가 미수에 그쳤다는 내용의 공소사실을 자백한 사안에서, 피고인을 현행범으로 체포한 乙의 수사기관에서의 진술과 현장사진이 첨부된 수사보고서가 피고인 자백의 진실성을 담보하기에 충분한 보강증거가 될 수 있다. (대법원 2011도8015) 정답 ×

422 공범인 공동피고인들의 각 진술은 상호 간에 서로 보강증거가 될 수 있다. ○ ×

해설 대법원 96도2715 정답 ○

423 소년보호사건에서는 피고인의 자백만을 증거로 범죄사실을 인정할 수 있다. ○ ×

해설 대법원 82모36 정답 ○

424 공판정의 자백에 대해서도 보강법칙은 적용된다. ○ ×

해설 대법원 78도743 정답 ○

425 공동피고인의 자백은 이에 대한 피고인의 반대신문권이 보장되어 있어 증인으로 신문한 경우와 다를 바 없으므로 독립한 증거능력이 있고, 이는 피고인들 간에 이해관계가 상반된다고 하여도 마찬가지이다. ○ ×

해설 대법원 2006도1944 정답 ○

426 고의는 자백만으로도 인정할 수 있다. ○ ×

해설 대법원 4294형상171 정답 ○

427 자백에 대한 보강증거는 범죄사실의 전부 또는 중요 부분을 인정할 수 있는 정도가 되어야 하고, 피고인의 자백이 가공적인 것이 아닌 진실한 것임을 인정할 수 있는 정도만 되면 충분하다. ○ ×

해설 자백에 대한 보강증거는 범죄사실의 전부 또는 중요 부분을 인정할 수 있는 정도가 되지 아니하더라도 피고인의 자백이 가공적인 것이 아닌 진실한 것임을 인정할 수 있는 정도만 되면 족한 것으로서, 자백과 서로 어울려서 전체로서 범죄사실을 인정할 수 있으면 유죄의 증거로 충분하다. (대법원 2011도8015) 정답 ×

428 금전출납부 등과 같이 자기에게 맡겨진 사무를 처리한 사무내역을 그때그때 계속적, 기계적으로 기재한 문서의 경우는 그 존재 자체 및 기재가 그러한 내용의 사무가 처리되었음의 여부를 판단할 수 있는 별개의 독립된 증거자료이므로, 피고인이 우연히 작성한 그 문서의 내용 중 공소사실에 일부 부합되는 사실의 기재가 있다면 피고인의 자백에 대한 보강증거가 될 수 있다. ○ ×

해설 대법원 94도2865 전합 정답 ○

429 피고인의 범행을 자인하는 것을 들었다는 피고인 아닌 자의 진술내용은 「형사소송법」 제310조의 피고인의 자백에 포함되지 아니하므로 피고인의 자백의 보강증거가 될 수 있다. ○ ×

해설 피고인이 범행을 자인하는 것을 들었다는 피고인 아닌 자의 진술내용은 형사소송법 제310조의 피고인의 자백에는 포함되지 아니하나 이는 피고인의 자백의 보강증거로 될 수 없다. (대법원 2007도10937) 정답 ×

430

자백보강법칙은 일반형사사건은 물론이고 간이공판절차와 약식명령절차 및 즉결심판절차에서도 적용된다. ○ ×

해설

즉결심판에 관한 절차법 제10조(증거능력) 즉결심판절차에 있어서는 형사소송법 제310조, 제312조 제3항 및 제313조의 규정은 적용하지 아니한다.

정답 ×

431

피고인이 경찰에서 임의성 없는 자백을 한 후 검찰이나 심지어 법정에서도 임의성 없는 심리상태가 계속되어 동일한 내용의 자백을 한 경우 각 자백의 임의성은 인정되지 아니한다. ○ ×

해설 대법원 2012도9879

정답 ○

432

자백의 임의성에 다툼이 있는 때에는 검사가 그 임의성의 의문점을 없애는 증명을 하여야 하고, 검사가 그 임의성의 의문점을 없애는 증명을 하지 못한 경우, 그 진술증거는 증거능력이 부정된다. ○ ×

해설 대법원 2010도3029

정답 ○

433

피고인이 우연히 작성한 항해일지의 내용 중 공소사실에 일부 부합되는 사실의 기재가 있는 경우, 이 항해일지는 피고인이 범죄사실을 자백하는 문서라고 볼 수 있다. ○ ×

해설 상법장부나 항해일지, 진료일지 또는 이와 유사한 금전출납부 등과 같이 범죄사실의 인정 여부와는 관계없이 자기에게 맡겨진 사무를 처리한 사무 내역을 그때그때 계속적, 기계적으로 기재한 문서 등의 경우는 사무처리 내역을 증명하기 위하여 존재하는 문서로서 그 존재 자체 및 기재가 그러한 내용의 사무가 처리되었음의 여부를 판단할 수 있는 별개의 독립된 증거자료이고, 설사 그 문서가 우연히 피고인이 작성하였고 그 문서의 내용 중 피고인의 범죄사실의 존재를 추론해 낼 수 있는, 즉 공소사실에 일부 부합되는 사실의 기재가 있다고 하더라도, 이를 일컬어 피고인이 범죄사실을 자백하는 문서라고 볼 수는 없다. (대법원 94도2865 전합)

정답 ×

434

직접증거가 아닌 간접증거나 정황증거도 자백의 보강증거가 될 수 있고, 자백과 보강증거가 서로 어울려서 전체로서 범죄사실을 인정할 수 있으면 유죄의 증거로 충분하다. ○ ×

해설 대법원 2017도20247

정답 ○

435 자동차등록증에 차량의 소유자가 피고인으로 등록·기재된 사실은 피고인이 그 차량을 운전하였다는 사실의 자백 부분에 대한 보강증거가 될 수 있고, 결과적으로 피고인의 무면허운전이라는 전체 범죄사실의 보강증거가 될 수 있다. ○ ×

해설 대법원 2000도2365   정답 ○

436 2010.2.18. 01:35경 자동차를 타고 온 피고인으로부터 필로폰을 건네받은 후 피고인이 위 차량조서와 압수물을 운전해 갔다고 한 甲의 진술과 2010.2.20, 피고인으로부터 채취한 소변에서 나온 필로폰 양성 반응은, 피고인이 2010.2.18. 02:00경의 필로폰 투약으로 정상적으로 운전하지 못할 우려가 있는 상태에 있었다는 공소사실 부분에 대한 자백을 보강하는 증거가 되기에 충분하다. ○ ×

해설 대법원 2010도11272   정답 ○

437 뇌물공여의 상대방이 뇌물을 수수한 사실을 부인하면서도 그 일시경에 뇌물공여자를 만났던 사실 및 공무에 관한 청탁을 받기도 한 사실 자체는 시인하였다면, 이는 뇌물을 공여하였다는 뇌물공여자의 자백에 대한 보강증거가 될 수 있다. ○ ×

해설 대법원 94도993   정답 ○

438 전과에 관한 사실은 엄격한 의미에서의 범죄사실과는 구별되는 것으로서 피고인의 자백만으로서도 이를 인정할 수 있다. ○ ×

해설 대법원 79도1528   정답 ○

439 피고인 甲이 乙로부터 필로폰을 매수하면서 그 대금을 乙이 지정하는 은행계좌로 송금한 사실에 대한 압수·수색·검증영장 집행보고는 甲의 필로폰 매수 행위와 실체적 경합범 관계에 있는 필로폰 투약행위에 대한 보강증거가 될 수 있다. ○ ×

해설 실체적 경합범은 실질적으로 수죄이므로 각 범죄사실에 관하여 자백에 대한 보강증거가 있어야 한다. 필로폰 매수 대금을 송금한 사실에 대한 증거가 필로폰 매수죄와 실체적 경합범 관계에 있는 필로폰 투약행위에 대한 보강증거가 될 수 없다. (대법원 2007도10937)   정답 ×

440 즉결심판이나 소년보호사건에서는 피고인의 자백만을 증거로 범죄사실을 인정할 수 있다. O X

해설

> 즉결심판에 관한 절차법 제10조(증거능력) 즉결심판절차에 있어서는 형사소송법 제310조, 제312조 제3항 및 제313조의 규정은 적용하지 아니한다.

정답 O

441 범행에 사용된 노루발못뽑이와 손괴된 쇠창살의 모습이 촬영되어 수사보고서에 첨부된 현장사진은 「형법」 제331조 제1항(야간손괴침입절도)의 죄에 관한 피고인의 자백에 대한 보강증거로 인정될 수 있다. O X

해설 대법원 2011도8015

정답 O

442 형의 선고를 받은 자가 집행에 관하여 재판의 해석에 대한 의의(疑義)가 있는 때에는 형을 집행하는 검사에게 의의신청을 할 수 있다. O X

해설

> 형사소송법 제488조(의의신청) 형의 선고를 받은 자는 집행에 관하여 재판의 해석에 대한 의의가 있는 때에는 재판을 선고한 법원에 의의신청을 할 수 있다.

정답 X

443 현행범 체포 당시 임의제출 방식으로 압수된 피고인 소유 휴대전화기에 대한 압수조서 중 '압수경위'란에 기재된 내용에 피고인이 범행을 저지르는 현장을 직접 목격한 사람의 진술이 포함되어 있다면, 그 내용은 휴대전화기에 대한 임의제출 절차가 적법하였는지에 영향을 받지 않는 별개의 독립적인 증거에 해당한다. O X

해설 대법원 2019도13290

정답 O

444 구속전 피의자 심문에서 피의자에게 변호인이 없는 경우 지방법원판사는 직권으로 변호인을 선정하여야 하고, 영장의 청구가 기각되더라도 변호인 선정의 효력은 제1심까지 지속된다. ○ ×

> **해설**
> 형사소송법 제201조의2(구속영장 청구와 피의자 심문) ⑧ 심문할 피의자에게 변호인이 없는 때에는 지방법원판사는 직권으로 변호인을 선정하여야 한다. 이 경우 변호인의 선정은 피의자에 대한 구속영장 청구가 기각되어 효력이 소멸한 경우를 제외하고는 <u>제1심까지</u> 효력이 있다.

정답 ×

445 피의자를 긴급체포하면서 영장 없이 압수한 후에 사후 압수·수색영장을 발부받지 않고 즉시 반환하지 않은 압수물이라도 피고인이나 변호인이 공판정에서 증거동의를 하면 증거능력이 인정된다. ○ ×

해설 형사소송법 제216조 제1항 제2호, 제217조 제2항, 제3항은 사법경찰관은 형사소송법 제200조의3(긴급체포)의 규정에 의하여 피의자를 체포하는 경우에 필요한 때에는 영장 없이 체포현장에서 압수·수색을 할 수 있고, 압수한 물건을 계속 압수할 필요가 있는 경우에는 지체 없이 압수수색영장을 청구하여야 하며, 청구한 압수수색영장을 발부받지 못한 때에는 압수한 물건을 즉시 반환하여야 한다고 규정하고 있는바, 형사소송법 제217조 제2항, 제3항에 위반하여 압수수색영장을 청구하여 이를 발부받지 아니하고도 즉시 반환하지 아니한 압수물은 이를 유죄 인정의 증거로 사용할 수 없는 것이고, 헌법과 형사소송법이 선언한 영장주의의 중요성에 비추어 볼 때 피고인이나 변호인이 이를 증거로 함에 동의하였다고 하더라도 달리 볼 것은 아니다. (대법원 2009도11401)

정답 ×

446 피고인의 증거동의의 의사표시가 검사가 제시한 모든 증거에 대하여 증거로 함에 동의한다는 방식으로 이루어진 것이라도 증거동의의 효력이 인정된다. ○ ×

해설 대법원 82도2873

정답 ○

447 피고인이 범행을 자인하는 것을 들었다는 피고인 아닌 자의 진술내용은 피고인의 자백에 포함되지 않으므로 피고인의 자백의 보강증거가 될 수 있다. ○ ×

해설 피고인이 범행을 자인하는 것을 들었다는 피고인 아닌 자의 진술내용은 형사소송법 제310조의 피고인의 자백에는 포함되지 아니하나 이는 피고인의 자백의 보강증거로 될 수 없다. (대법원 81도1314)

정답 ×

448 수사기관에서 진술한 참고인이 법정에서 증언을 거부하여 피고인이 반대신문을 하지 못한 경우, 정당하게 증언거부권을 행사한 것이 아니라도 피고인이 증인의 증언거부 상황을 초래하였다는 등의 특별한 사정이 없는 한 「형사소송법」 제314조의 '그 밖에 이에 준하는 사유로 인하여 진술할 수 없는 때'에 해당하지 않으므로 수사기관에서 그 증인의 진술을 기재한 서류는 증거능력이 없다. ○ ×

해설 대법원 2018도13945 전합 정답 ○

449 실체적 경합범은 실질적으로 수죄이기 때문에 각 범죄사실에 관한 자백에 대하여는 각각 보강증거가 있어야 한다. ○ ×

해설 대법원 2007도10937 정답 ○

450 자백에 대한 보강증거는 피고인의 자백이 가공적인 것이 아닌 진실한 것임을 인정할 수 있는 정도로는 부족하고 범죄사실의 전부 또는 중요부분을 인정할 수 있는 정도가 되어야 한다. ○ ×

해설 자백에 대한 보강증거는 자백사실이 가공적인 것이 아니고 진실한 것이라고 담보할 수 있는 정도이면 족한 것이지 범죄사실의 전부나 그 중요부분의 전부에 일일이 그 보강증거를 필요로 하는 것이 아니다. (대법원 94도1146) 정답 ×

451 형사소송법 제310조 소정의 피고인의 자백에 공범인 공동피고인의 진술은 포함되지 아니하므로 공범인 공동피고인의 진술은 다른 공동피고인에 대한 범죄사실을 인정하는 증거로 할 수 있는 것일 뿐만 아니라 공범인 공동피고인들의 각 진술은 상호 간에 서로 보강증거가 될 수 있다. ○ ×

해설 대법원 90도1939 정답 ○

452 자백에 대한 보강증거는 자백과 보강증거가 서로 어울려서 전체로서 범죄사실을 인정할 수 있으면 유죄의 증거로 충분하나 직접증거가 아닌 간접증거나 정황증거는 자백에 대한 보강증거가 될 수 없다. ○ ×

해설 자백에 대한 보강증거는 범죄사실의 전부 또는 중요 부분을 인정할 수 있는 정도가 되지 아니하더라도 피고인의 자백이 가공적인 것이 아닌 진실한 것임을 인정할 수 있는 정도만 되면 족할 뿐만 아니라 직접증거가 아닌 간접증거나 정황증거도 보강증거가 될 수 있으며, 또한 자백과 보강증거가 서로 어울려서 전체로서 범죄사실을 인정할 수 있으면 유죄의 증거로 충분하다. (대법원 99도338) 정답 ×

453 직접증거가 아닌 간접증거나 정황증거도 자백에 대한 보강증거가 될 수 있고, 자백과 보강증거가 서로 어울려서 전체로서 범죄사실을 인정할 수 있으면 유죄의 증거로 충분하다. ○ ×

해설 대법원 2017도17628 정답 ○

454 형사소송법 제310조에서 말하는 피고인의 자백에는 공범인 공동피고인의 진술은 포함되지 않으며, 이러한 공동피고인의 진술에 대하여는 피고인의 반대신문권이 보장되어 있어 독립한 증거능력이 있다. ○ ×

해설 대법원 92도917 정답 ○

455 공동피고인의 자백은 이에 대한 피고인의 반대신문권이 보장되어 있어 증인으로 신문한 경우와 다를 바 없으므로 독립한 증거능력이 있으나, 피고인들간에 이해관계가 상반되는 경우에는 독립한 증거로 보기 어렵다. ○ ×

해설 공동피고인의 자백은 이에 대한 피고인의 반대신문권이 보장되어 있어 증인으로 신문한 경우와 다를 바 없으므로 독립한 증거능력이 있다. (대법원 85도691) 정답 ×

456 피고인의 습벽을 범죄구성요건으로 하며 포괄일죄인 상습범에 있어서도 이를 구성하는 각 행위에 관하여 개별적으로 보강증거를 요구하고 있는 점에 비추어 보면 투약습성에 관한 정황증거만으로 향정신성의약품관리법위반죄의 객관적 구성요건인 각 투약행위가 있었다는 점에 관한 보강증거로 삼을 수는 없다. ○ ×

해설 소변검사 결과는 1995.1.17.자 투약행위로 인한 것일 뿐 그 이전의 4회에 걸친 투약행위와는 무관하고, 압수된 약물도 이전의 투약행위에 사용되고 남은 것이 아니므로, 위 소변검사 결과와 압수된 약물은 결국 피고인이 투약습성이 있다는 점에 관한 정황증거에 불과하다 할 것인바, 피고인의 습벽을 범죄구성요건으로 하며 포괄1죄인 상습범에 있어서도 이를 구성하는 각 행위에 관하여 개별적으로 보강증거를 요구하고 있는 점에 비추어 보면 투약습성에 관한 정황증거만으로 향정신성의약품관리법위반죄의 객관적 구성요건인 각 투약행위가 있었다는 점에 관한 보강증거로 삼을 수는 없다. (대법원 95도1794) 정답 ○

457 사람의 기억에는 한계가 있는 만큼 자백과 보강증거 사이에 어느 정도의 차이가 있어도 중요부분이 일치하고 그로써 진실성이 담보되면 보강증거로서의 자격이 있다. ○ ×

해설 사람의 기억에는 한계가 있는 만큼 자백과 보강증거 사이에 어느 정도의 차이가 있어도 중요부분이 일치하고 그로써 진실성이 담보되면 보강증거로서의 자격이 있다고 보아야 할 것이다. (대법원 2008도2343) 정답 ○

09 공판조서의 증명력

458 공판조서의 기재가 명백한 오기인 경우를 제외하고는 공판기일의 소송절차로서 공판조서에 기재된 것은 조서만으로써 증명하여야 하고, 그 증명력은 공판조서 이외의 자료에 의한 반증이 허용되지 않는 절대적인 것이다. O X

해설 대법원 96도1252 정답 O

459 공판기일의 소송절차에 관하여는 참여한 법원사무관등이 공판조서를 작성하여야 한다. O X

해설

> 형사소송법 제51조(공판조서의 기재요건) ① 공판기일의 소송절차에 관하여는 참여한 법원사무관등이 공판조서를 작성하여야 한다.

정답 O

460 공판기일의 소송절차로서 공판조서에 기재된 것은 조서만으로 증명하여야 하고 그 증명력은 공판조서 이외의 자료에 의한 반증이 허용되지 않는 절대적인 것이다. O X

해설 대법원 2005도6557 정답 O

461 당해 공판기일에 열석하지 아니한 판사가 재판장으로서 서명날인한 공판조서는 적식의 공판조서라고 할 수 없어 소송법상 무효이므로, 공판기일에 있어서의 소송절차를 증명할 공판조서로서의 증명력은 인정될 수 없다. O X

해설 대법원 82도2940 정답 O

462 피고인이 자신의 진술 내용을 확인하기 위해 공판조서에 대한 열람·등사 청구를 하였으나 법원이 이에 불응하여 열람·등사청구권이 침해된 경우에도 공판조서의 기재 내용 자체에는 영향이 없으므로 위 공판조서에 기재된 당해 피고인의 진술은 유죄의 증거로 할 수 있다. O X

해설 형사소송법 제55조 제1항이 피고인에게 공판조서의 열람 또는 등사청구권을 부여한 이유는 공판조서의 열람 또는 등사를 통하여 피고인으로 하여금 진술자의 진술내용과 그 기재된 조서의 기재내용의 일치 여부를 확인할 수 있도록 기회를 줌으로써 그 조서의 정확성을 담보함과 아울러 피고인의 방어권을 충실하게 보장하려는 데 있으므로 피고인의 공판조서에 대한 열람 또는 등사청구에 법원이 불응하여 피고인의 열람 또는 등사청구권이 침해된 경우에는 그 공판조서를 유죄의 증거로 할 수 없을 뿐만 아니라, 공판조서에 기재된 당해 피고인이나 증인의 진술도 증거로 할 수 없다. (대법원 2003도3282)

정답 ×

463 결심공판에 검사가 출석하여 의견을 진술하였다고 하더라도 결심공판에 관한 공판조서에 검사의 의견진술이 누락 되어 있다면 검사의 의견진술이 없는 것으로 보아야 하므로 판결에 영향을 미친 잘못이 있다. ○ ×

해설 결심공판에 출석한 검사가 사실과 법률적용에 관하여 의견을 진술하지 않더라도 공판절차가 무효로 되는 것은 아니며 위 공판조서에 검사의 의견진술이 누락되어 있다 하여도 이로써 판결에 영향을 미친 법률위반이 있는 경우에 해당한다고는 볼 수 없다. (대법원 74도3293)   정답 ×

464 공판조서에 그 공판에 관여한 법관의 성명이 기재되어 있지 않다면 공판절차가 법령에 위반되어 판결에 영향을 미친 위법이 있다. ○ ×

해설 대법원 70도1312   정답 ○

465 공판조서에 재판장이 판결서에 의하여 판결을 선고하였음이 기재되어 있다면 동 판결선고 절차는 적법하게 이루어졌음이 증명되었다고 할 것이고 여기에는 다른 자료에 의한 반증은 허용되지 않는다. ○ ×

해설 대법원 82도571   정답 ○

466 공판조서의 기재가 명백한 오기인 경우에는 공판조서의 기재에도 불구하고 공판조서에 기재된 내용과 다른 사실을 인정할 수 있다. ○ ×

해설 대법원 95도1289   정답 ○

467 공판기일에 검사가 제출한 증거에 관하여 동의 또는 진정성립 여부 등에 관한 피고인의 의견이 증거목록에 기재된 경우에 그 증거목록의 기재는 공판조서의 일부로서 명백한 오기가 아닌 이상 절대적인 증명력을 가진다. ○ ×

해설 대법원 98도2890   정답 ○

468 동일한 사항에 관하여 두 개의 서로 다른 내용이 기재된 공판조서가 병존하는 경우에 그 중 어느 쪽이 진실한 것으로 볼 것인지는 법관의 자유로운 심증에 따를 수밖에 없다. ○ ×

해설 대법원 86도1646   정답 ○

469 피고인이 변호인과 함께 출석한 공판기일의 공판조서에 검사가 제출한 증거에 대하여 동의한다는 기재가 되어 있다면 이는 피고인이 증거동의를 한 것으로 보아야 하고, 그 기재는 절대적인 증명력을 가진다. ○ ×

해설 대법원 2015도19139   정답 ○

470 공판기일의 소송절차로서 공판조서에 기재된 것은 그 조서만으로 증명하고, 명백한 오기인 경우를 제외하고는 다른 자료에 의한 반증이 허용되지 않는다. ○ ×

해설 대법원 2107도19019   정답 ○

471 검사가 제출한 증거에 대하여 동의 또는 진정성립 여부 등에 관한 피고인의 의견이 증거목록에 기재된 경우, 그 증거목록의 기재도 공판조서의 일부로서 명백한 오기가 아닌 이상 절대적인 증명력을 가진다. ○ ×

해설 대법원 2015도3467   정답 ○

472 피고인이 공판조서에 대해 열람 또는 등사를 청구하였는데 법원이 불응하여 피고인의 열람 또는 등사청구권이 침해된 경우, 그 공판조서를 유죄의 증거로 할 수 없으나 그 공판조서에 기재된 증인의 진술은 다른 절차적 위법이 없는 이상 증거로 할 수 있다. ○ ×

해설 형사소송법 제55조 제1항은 공판조서의 정확성을 담보함과 아울러 피고인의 방어권을 충실하게 보장하려는 취지에서 피고인에게 공판조서의 열람 또는 등사청구권을 인정하고, 제3항은 피고인의 위와 같은 청구에 응하지 아니하는 때에는 공판조서를 유죄의 증거로 할 수 없다고 규정하고 있다. 따라서 피고인이 공판조서의 열람 또는 등사를 청구하였음에도 법원이 불응하여 피고인의 열람 또는 등사청구권이 침해된 경우에는 공판조서를 유죄의 증거로 할 수 없을 뿐만 아니라 공판조서에 기재된 당해 피고인이나 증인의 진술도 증거로 할 수 없다고 보아야 한다. 다만 그러한 증거들 이외에 적법하게 채택하여 조사한 다른 증거들만에 의하더라도 범죄사실을 인정하기에 충분하고, 또한 당해 공판조서의 내용 등에 비추어 보아 공판조서의 열람 또는 등사에 응하지 아니한 것이 피고인의 방어권이나 변호인의 변호권을 본질적으로 침해한 정도에 이르지는 않은 경우에는, 판결에서 공판조서 등을 증거로 사용하였다고 하더라도 그러한 잘못이 판결에 영향을 미친 위법이라고 할 수는 없다. (대법원 2011도15869)   정답 ×

473 간접증거만으로 유죄를 인정하는 경우에는 여러 간접사실로 보아 피고인이 범행한 것으로 보기에 충분할 만큼 압도적으로 우월한 증명이 있어야 한다. ○ ×

해설 대법원 2017도1549   정답 ○

474 피고인이 수표를 발행하였으나 예금부족 또는 거래정지처분으로 지급되지 아니하게 하였다는 부정수표단속법위반의 공소사실을 증명하기 위하여 제출되는 수표는 증거물의 예에 의하여 증거능력을 판단하여야 한다. ○ ×

해설 대법원 2015도2275   정답 ○

475 타인의 진술을 내용으로 하는 진술이 전문증거인지 여부는 요증사실과의 관계에서 정하여지는바, 원진술의 내용인 사실이 요증사실인 경우에는 전문증거가 아니라 본래증거이다. ○ ×

해설 다른 사람의 진술을 내용으로 하는 진술이 전문증거인지는 요증사실이 무엇인지에 따라 정해진다. 다른 사람의 진술, 즉 원진술의 내용인 사실이 요증사실인 경우에는 전문증거이지만, 원진술의 존재 자체가 요증사실인 경우에는 본래증거이지 전문증거가 아니다. (대법원 2020도17109)   정답 ×

476 형사소송법 제150조 증언거부사유의 소명, 제184조 제3항 증거보전청구사유의 소명, 제221조의2 제3항 증인신문청구사유의 소명은 증명의 정도에 이르지 않더라도 입증이 허용된다. ○ ×

해설 소명이란 확신까지는 얻지 못하였지만 대강의 심증을 얻은 경우를 의미한다. 따라서 소명은 엄격한 형식이나 절차가 요구되지 아니하고 증명에 이르지 않더라도 입증이 허용된다. 위의 경우는 모두 소명의 대상이 맞다. 정답 ○

477 공판기일의 소송절차로서 공판조서에 기재된 것은 물론 공판조서에 기재되지 않은 사항이라 하더라도 자유심증주의의 예외로서 배타적 증명력이 인정된다. ○ ×

해설

> 형사소송법 제56조(공판조서의 증명력) 공판기일의 소송절차로서 공판조서에 기재된 것은 그 조서만으로써 증명한다.

정답 ×

478 진정한 양심에 따른 병역거부는 「병역법」 제88조 제1항에서 정한 '정당한 사유'에 해당하며, 정당한 사유가 없다는 사실은 범죄구성요건이므로 검사가 증명하여야 한다. ○ ×

해설 정당한 사유가 없다는 사실은 범죄구성요건이므로 검사가 증명하여야 한다. 다만 진정한 양심의 부존재를 증명한다는 것은 마치 특정되지 않은 기간과 공간에서 구체화되지 않은 사실의 부존재를 증명하는 것과 유사하다. 위와 같은 불명확한 사실의 부존재를 증명하는 것은 사회통념상 불가능한 반면 그 존재를 주장·증명하는 것이 좀 더 쉬우므로, 이러한 사정은 검사가 증명책임을 다하였는지를 판단할 때 고려하여야 한다. (대법원 2018도4708) 정답 ○

479 공판조서에 기재되지 않은 소송절차는 공판조서 이외의 자료에 의한 증명이 허용되므로 공판조서에 피고인에 대하여 인정신문을 한 기재가 없다면 같은 조서에 피고인이 공판기일에 출석하여 공소사실신문에 대하여 이를 시정하고 있는 기재가 있다 하더라도 인정신문이 있었던 사실이 추정된다고 할 수는 없다. ○ ×

해설 공판조서에 피고인에 대하여 인정신문을 한 기재가 없다 하여도 같은 조서에 피고인이 공판기일에 출석하여 공소사실신문에 대하여 이를 시정하고 있는 기재가 있으니 인정신문이 있었던 사실이 추정된다 할 것이고 다만 조서의 기재에 이 점에 관한 누락이 있었을 따름인 것이 인정된다. (대법원 72도2421) 정답 ×

480 공판조서에 재판장이 판결서에 의하여 판결을 선고하였음이 기재되어 있다면 검찰서기의 판결서 없이 판결선고 되었다는 내용의 보고서가 있더라도 공판조서의 기재내용이 허위라고 판정할 수 없다. ○ ×

해설 대법원 82도571

정답 ○

CRIMINAL PROCEDURE LAW
ADDENDUM

부록

CHAPTER 01 수사준칙
CHAPTER 02 최신판례

CHAPTER 01 수사준칙

수사
준칙
	수사의 기본원칙
	(제3조)
		① 검사와 사법경찰관은 모든 수사과정에서 헌법과 법률에 따라 보장되는 피의자와 그 밖의 피해자·참고인 등(이하 "사건관계인"이라 한다)의 권리를 보호하고, 적법한 절차에 따라야 한다.
		② 검사와 사법경찰관은 예단(豫斷)이나 편견 없이 신속하게 수사해야 하고, 주어진 권한을 자의적으로 행사하거나 남용해서는 안 된다.
		③ 검사와 사법경찰관은 수사를 할 때 다음 각 호의 사항에 유의하여 실체적 진실을 발견해야 한다.
		  1. 물적 증거(인적증거×)를 기본으로 하여 객관적이고 신빙성 있는 증거를 발견하고 수집하기 위해 노력할 것
		  2. 과학수사 기법과 관련 지식·기술 및 자료를 충분히 활용하여 합리적으로 수사할 것
		  3. 수사과정에서 선입견을 갖지 말고, 근거 없는 추측을 배제하며, 사건관계인의 진술을 과신하지 않도록 주의할 것
		④ 검사와 사법경찰관은 다른 사건의 수사를 통해 확보된 증거 또는 자료를 내세워 관련이 없는 사건에 대한 자백이나 진술을 강요해서는 안 된다.

수사 준칙	불이익 금지 (제4조)	검사와 사법경찰관은 피의자나 사건관계인이 인권침해 신고나 그 밖에 인권 구제를 위한 신고, 진정, 고소, 고발 등의 행위를 하였다는 이유로 부당한 대우를 하거나 불이익을 주어서는 안 된다.
수사 준칙	형사사건의 공개금지 등 (제5조)	① 검사와 사법경찰관은 공소제기 전의 형사사건에 관한 내용을 공개해서는 안 된다. ② 검사와 사법경찰관은 수사의 전(全) 과정에서 피의자와 사건관계인의 사생활의 비밀을 보호하고 그들의 명예나 신용이 훼손되지 않도록 노력해야 한다. ③ 제1항에도 불구하고 법무부장관, 경찰청장 또는 해양경찰청장은 무죄추정의 원칙과 국민의 알권리 등을 종합적으로 고려하여 형사사건 공개에 관한 준칙을 정할 수 있다.
수사 준칙	상호협력의 원칙 (제6조)	① 검사와 사법경찰관은 상호 존중해야 하며, 수사, 공소제기 및 공소유지와 관련하여 협력해야 한다. ② 검사와 사법경찰관은 수사와 공소제기 및 공소유지를 위해 필요한 경우 수사·기소·재판 관련 자료를 서로 요청할 수 있다. ③ 검사와 사법경찰관의 협의는 신속히 이루어져야 하며, 협의의 지연 등으로 수사 또는 관련 절차가 지연되어서는 안 된다.

수사
준칙
	중요사건 협력절차
	(제7조)
	★
		① 검사와 사법경찰관은 다음 각 호의 어느 하나에 해당하는 사건(이하 "중요사건"이라 한다)의 경우에는 송치 전에 수사할 사항, 증거 수집의 대상, 법령의 적용, 범죄수익 환수를 위한 조치 등에 관하여 상호 의견을 제시·교환할 것을 요청할 수 있다. <u>이 경우 검사와 사법경찰관은 특별한 사정이 없으면 상대방의 요청에 응해야 한다.</u>
		  1. 공소시효가 임박한 사건
		  2. 내란, 외환, 대공(對共), 선거(정당 및 정치자금 관련 범죄를 포함한다), "노동", "집단행동", 테러, 대형참사 또는 연쇄살인 관련 사건
		  3. 범죄를 목적으로 하는 단체 또는 집단의 조직·구성·가입·활동 등과 관련된 사건
		  4. 주한 미합중국 군대의 구성원·외국인군무원 및 그 가족이나 초청계약자의 범죄 관련 사건
		  5. 그 밖에 많은 피해자가 발생하거나 국가적·사회적 피해가 큰 중요한 사건
		② 제1항에도 불구하고 검사와 사법경찰관은 다음 각 호의 어느 하나에 따른 공소시효가 적용되는 사건에 대해서는 공소시효 만료일 3개월 전까지 제1항 각 호 외의 부분 전단에 규정된 사항 등에 관하여 상호 의견을 제시·교환해야 한다. <u>다만, 공소시효 만료일 전 3개월 이내에 수사를 개시한 때에는 지체 없이 상호 의견을 제시·교환해야 한다.</u>
		  1. 「공직선거법」 제268조
		  2. 「공공단체등 위탁선거에 관한 법률」 제71조
		  3. 「농업협동조합법」 제172조제4항
		  4. 「수산업협동조합법」 제178조제5항
		  5. 「산림조합법」 제132조제4항
		  6. 「소비자생활협동조합법」 제86조제4항
		  7. 「염업조합법」 제59조제4항
		  8. 「엽연초생산협동조합법」 제42조제5항

		9. 「중소기업협동조합법」 제137조제3항 10. 「새5」「교육공무원법」 제62조제5항 [전문개정 2023. 10. 17.] *참고* 1호 ~ 11호 : 조합법, 선거법, 공소시효 만료 3개월 전

수사
준칙
	검사와 사법경찰관의
	협의
	(제8조)
	★
		① 검사와 사법경찰관은 수사와 사건의 송치, 송부 등에 관한 이견의 조정이나 협력 등이 필요한 경우 서로 협의를 요청할 수 있다. 이 경우 특별한 사정이 없으면 상대방의 협의 요청에 응해야 한다. 〈개정 2023. 10. 17.〉
		② 제1항에 따른 협의에도 불구하고 이견이 해소되지 않는 경우로서 다음 각 호의 어느 하나에 해당하는 경우에는 해당 검사가 소속된 검찰청의 장과 해당 사법경찰관이 소속된 경찰관서(지방해양경찰관서를 포함한다. 이하 같다)의 장의 협의에 따른다. 〈개정 2023. 10. 17.〉
		  1. 중요사건에 관하여 상호 의견을 제시·교환하는 것에 대해 이견이 있거나 제시·교환한 의견의 내용에 대해 이견이 있는 경우
		  2. 「형사소송법」(이하 "법"이라 한다) 제197조의2 제2항 및 제3항(보완수사요구)에 따른 정당한 이유의 유무에 대해 이견이 있는 경우
		  3. 법 제197조의4 제2항 단서(수사의 경합)에 따라 사법경찰관이 계속 수사할 수 있는지 여부나 사법경찰관이 계속 수사할 수 있는 경우 수사를 계속할 주체 또는 사건의 이송 여부 등에 대해 이견이 있는 경우
		  4. 법 제245조의8 제2항(재수사요청)에 따른 재수사의 결과에 대해 이견이 있는 경우
		
		참고 3호, 7호 시정조치, 전문진술 삭제
		  3. 법 제197조의3 제4항 및 제5항(시정조치요구)에 따른 정당한 이유의 유무에 대해 이견이 있는 경우,
		  7. 법 제316조 제1항(전문진술)에 따라 사법경찰관이 조사자로서 공판준비 또는 공판기일에서 진술하게 된 경우

수사
준칙
	수사기관 협의회
	(제9조)
		① 대검찰청, 경찰청 및 해양경찰청 간에 수사에 관한 제도 개선 방안 등을 논의하고, 수사기관 간 협조가 필요한 사항에 대해 서로 의견을 협의·조정하기 위해 수사기관협의회를 둔다.
		② 수사기관협의회는 다음 각 호의 사항에 대해 협의·조정한다.
		  1. 국민의 인권보호, 수사의 신속성·효율성 등을 위한 제도 개선 및 정책 제안
		  2. 국가적 재난 상황 등 관련 기관 간 긴밀한 협조가 필요한 업무를 공동으로 수행하기 위해 필요한 사항
		  3. 그 밖에 제1항의 어느 한 기관이 수사기관협의회의 협의 또는 조정이 필요하다고 요구한 사항
		③ 수사기관협의회는 반기마다 정기적으로 개최하되, 제1항의 어느 한 기관이 요청하면 수시로 개최할 수 있다.
		④ 제1항의 각 기관은 수사기관협의회에서 협의·조정된 사항의 세부 추진계획을 수립·시행해야 한다.
		⑤ 제1항부터 제4항까지의 규정에서 정한 사항 외에 수사기관협의회의 운영 등에 필요한 사항은 수사기관협의회에서 정한다.

수사 준칙	임의수사 우선의 원칙과 강제수사 시 유의사항 (제10조)	① 검사와 사법경찰관은 수사를 할 때 수사 대상자의 자유로운 의사에 따른 임의수사를 원칙으로 해야 하고, 강제수사는 법률에서 정한 바에 따라 필요한 경우에만 최소한의 범위에서 하되, 수사 대상자의 권익 침해의 정도가 더 적은 절차와 방법을 선택해야 한다. ② 검사와 사법경찰관은 피의자를 체포·구속하는 과정에서 피의자 및 현장에 있는 가족 등 지인들의 인격과 명예를 침해하지 않도록 유의해야 한다. ③ 검사와 사법경찰관은 압수·수색 과정에서 사생활의 비밀, 주거의 평온을 최대한 보장하고, 피의자 및 현장에 있는 가족 등 지인들의 인격과 명예를 침해하지 않도록 유의해야 한다.
수사 준칙	회피 (제11조)	검사 또는 사법경찰관리는 피의자나 사건관계인과 친족관계 또는 이에 준하는 관계가 있거나 그 밖에 수사의 공정성을 의심 받을 염려가 있는 사건에 대해서는 소속 기관의 장의 허가를 받아 그 수사를 회피해야 한다.
수사 준칙	수사 진행상황의 통지 (제12조)	① 검사 또는 사법경찰관은 수사에 대한 진행상황을 사건관계인에게 적절히 통지하도록 노력해야 한다. ② 제1항에 따른 통지의 구체적인 방법·절차 등은 법무부장관, 경찰청장 또는 해양경찰청장이 정한다.

수사 준칙	변호인의 피의자신문 참여·조력 (제13조)	① 검사 또는 사법경찰관은 피의자신문에 참여한 변호인이 피의자의 옆자리 등 실질적인 조력을 할 수 있는 위치에 앉도록 해야 하고, 정당한 사유가 없으면 피의자에 대한 법적인 조언·상담을 보장해야 하며, 법적인 조언·상담을 위한 변호인의 메모를 허용해야 한다. ② 검사 또는 사법경찰관은 피의자에 대한 신문이 아닌 단순 면담 등이라는 이유로 변호인의 참여·조력을 제한해서는 안 된다. ③ 제1항 및 제2항은 검사 또는 사법경찰관의 사건관계인에 대한 조사·면담 등의 경우에도 적용한다.
수사 준칙	변호인의 의견진술 (제14조)	① 피의자신문에 참여한 변호인은 검사 또는 사법경찰관의 신문 후 조서를 열람하고 의견을 진술할 수 있다. 이 경우 변호인은 별도의 서면으로 의견을 제출할 수 있으며, 검사 또는 사법경찰관은 해당 서면을 사건기록에 편철한다. ② 피의자신문에 참여한 변호인은 신문 중이라도 검사 또는 사법경찰관의 승인을 받아 의견을 진술할 수 있다. 이 경우 검사 또는 사법경찰관은 정당한 사유가 있는 경우를 제외하고는 변호인의 의견진술 요청을 승인해야 한다. ③ 피의자신문에 참여한 변호인은 제2항에도 불구하고 부당한 신문방법에 대해서는 검사 또는 사법경찰관의 승인 없이 이의를 제기할 수 있다. ④ 검사 또는 사법경찰관은 제1항부터 제3항까지의 규정에 따른 의견진술 또는 이의제기가 있는 경우 해당 내용을 조서에 적어야 한다.
수사 준칙	피해자 보호 (제15조)	① 검사 또는 사법경찰관은 피해자의 명예와 사생활의 평온을 보호하기 위해 「범죄피해자 보호법」 등 피해자 보호 관련 법령의 규정을 준수해야 한다. ② 검사 또는 사법경찰관은 피의자의 범죄수법, 범행 동기, 피해자와의 관계, 언동 및 그 밖의 상황으로 보아 피해자가 피의자 또는 그 밖의 사람으로부터 생명·신체에 위해를 입거나 입을 염려가 있다고 인정되는 경우에는 직권 또는 피해자의 신청에 따라 신변보호에 필요한 조치를 강구해야 한다.

수사 준칙	수사의 개시 (제16조)	① 검사 또는 사법경찰관이 다음 각 호의 어느 하나에 해당하는 행위에 착수한 때에는 수사를 개시한 것으로 본다. 이 경우 검사 또는 사법경찰관은 해당 사건을 즉시 입건해야 한다.
		  1. 피혐의자의 수사기관 출석조사
		  2. 피의자신문조서의 작성
		  3. 긴급체포
		  4. 체포·구속영장의 청구 또는 신청
		  5. 사람의 신체, 주거, 관리하는 건조물, 자동차, 선박, 항공기 또는 점유하는 방실에 대한 압수·수색 또는 검증영장(부검을 위한 검증영장은 제외한다)의 청구 또는 신청
		② 검사 또는 사법경찰관은 수사 중인 사건의 범죄 혐의를 밝히기 위한 목적으로 관련 없는 사건의 수사를 개시하거나 수사기간을 부당하게 연장해서는 안 된다.
		③ 검사 또는 사법경찰관은 입건 전에 범죄를 의심할 만한 정황이 있어 수사 개시 여부를 결정하기 위한 사실관계의 확인 등 필요한 조사를 할 때에는 적법절차를 준수하고 사건관계인의 인권을 존중하며, 조사가 부당하게 장기화되지 않도록 신속하게 진행해야 한다.
		④ 검사 또는 사법경찰관은 제3항에 따른 조사 결과 입건하지 않는 결정을 한 때에는 피해자에 대한 보복범죄나 2차 피해가 우려되는 경우 등을 제외하고는 피혐의자 및 사건관계인에게 통지해야 한다.
		⑤ 제4항에 따른 통지의 구체적인 방법 및 절차 등은 법무부장관, 경찰청장 또는 해양경찰청장이 정한다.
		⑥ 제3항에 따른 조사와 관련한 서류 등의 열람 및 복사에 관하여는 제69조제1항, 제3항, 제5항(같은 조 제1항 및 제3항을 준용하는 부분으로 한정한다. 이하 이 항에서 같다) 및 제6항(같은 조 제1항, 제3항 및 제5항에 따른 신청을 받은 경우로 한정한다)을 준용한다.

수사 준칙	고소·고발 사건의 수리 등 (제16조의2) ★신설	① 검사 또는 사법경찰관은 고소 또는 고발을 받은 경우에는 이를 수리해야 한다. ② 검사 또는 사법경찰관은 고소 또는 고발에 따라 범죄를 수사하는 경우에는 고소 또는 고발을 수리한 날부터 "3개월" 이내에 수사를 마쳐야 한다. [본조신설 2023. 10. 17.]
수사 준칙	변사자의 검시 등 (제17조)	① 사법경찰관은 변사자 또는 변사한 것으로 의심되는 사체가 있으면 변사사건 발생사실을 검사에게 통보해야 한다. ② 검사는 법 제222조제1항에 따라 검시를 했을 경우에는 검시조서를, 검증영장이나 같은 조 제2항에 따라 검증을 했을 경우에는 검증조서를 각각 작성하여 사법경찰관에게 송부해야 한다.

		③ 사법경찰관은 법 제222조제1항 및 제3항에 따라 검시를 했을 경우에는 검시조서를, 검증영장이나 같은 조 제2항 및 제3항에 따라 검증을 했을 경우에는 검증조서를 각각 작성하여 검사에게 송부해야 한다. ④ 검사와 사법경찰관은 법 제222조에 따라 변사자의 검시를 한 사건에 대해 사건 종결 전에 수사할 사항 등에 관하여 상호 의견을 제시·교환해야 한다.

수사
준칙
	검사의 사건 이송 등
	(제18조)
	★
		① 검사는 「검찰청법」 제4조 제1항 제1호 각 목에 해당되지 않는 범죄에 대한 고소·고발·진정 등이 접수된 때에는 사건을 검찰청 외의 수사기관에 이송해야 한다. 〈개정 2023. 10. 17.〉
		② 검사는 다음 각 호의 어느 하나에 해당하는 때에는 사건을 검찰청 외의 수사기관에 이송할 수 있다.
		    1. 법 제197조의4 제2항 단서에 따라 사법경찰관이 범죄사실을 계속 수사할 수 있게 된 때
		    2. 그 밖에 다른 수사기관에서 수사하는 것이 적절하다고 판단되는 때
		③ 검사는 제1항 또는 제2항에 따라 사건을 이송하는 경우에는 관계 서류와 증거물을 해당 수사기관에 함께 송부해야 한다.
		④ 검사는 제2항 제2호에 따른 이송을 하는 경우에는 특별한 사정이 없으면 사건을 수리한 날부터 "1개월 이내"에 이송해야 한다. 〈신설 2023. 10. 17.〉

수사
준칙
	출석요구
	(제19조)
		① 검사 또는 사법경찰관은 피의자에게 출석요구를 할 때에는 다음 각 호의 사항을 유의해야 한다.
		    1. 출석요구를 하기 전에 우편·전자우편·전화를 통한 진술 등 출석을 대체할 수 있는 방법의 선택 가능성을 고려할 것
		    2. 출석요구의 방법, 출석의 일시·장소 등을 정할 때에는 피의자의 명예 또는 사생활의 비밀이 침해되지 않도록 주의할 것
		    3. 출석요구를 할 때에는 피의자의 생업에 지장을 주지 않도록 충분한 시간적 여유를 두도록 하고, 피의자가 출석 일시의 연기를 요청하는 경우 특별한 사정이 없으면 출석 일시를 조정할 것
		    4. 불필요하게 여러 차례 출석요구를 하지 않을 것
		② 검사 또는 사법경찰관은 피의자에게 출석요구를 하려는 경우 피의자와 조사의 일시·장소에 관하여 협의해야 한다. 이 경우 변호인이 있는 경우에는 변호인과도 협의해야 한다.
		③ 검사 또는 사법경찰관은 피의자에게 출석요구를 하려는 경우 피의사실의 요지 등 출석요구의 취지를 구체적으로 적은 출석요구서를 발송해야 한다. 다만, 신속한 출석요구가 필요한 경우 등 부득이한 사정이 있는 경우에는 전화, 문자메시지, 그 밖의 상당한 방법으로 출석요구를 할 수 있다.
		④ 검사 또는 사법경찰관은 제3항 본문에 따른 방법으로 출석요구를 했을 때에는 출석요구서의 사본을, 같은 항 단서에 따른 방법으로 출석요구를 했을 때에는 그 취지를 적은 수사보고서를 각각 사건기록에 편철한다.
		⑤ 검사 또는 사법경찰관은 피의자가 치료 등 수사관서에 출석하여 조사를 받는 것이 현저히 곤란한 사정이 있는 경우에는 수사관서 외의 장소에서 조사할 수 있다.
		⑥ 제1항부터 제5항까지의 규정은 피의자 외의 사람에 대한 출석요구의 경우에도 적용한다.

수사 준칙	수사상 임의동행 시의 고지 (제20조)	검사 또는 사법경찰관은 임의동행을 요구하는 경우 상대방에게 동행을 거부할 수 있다는 것과 동행하는 경우에도 언제든지 자유롭게 동행 과정에서 이탈하거나 동행 장소에서 퇴거할 수 있다는 것을 알려야 한다.

수사
준칙
	심야조사 제한
	(제21조)
		① 검사 또는 사법경찰관은 조사, 신문, 면담 등 그 명칭을 불문하고 피의자나 사건관계인에 대해 오후 9시부터 오전 6시까지 사이에 조사(이하 "심야조사"라 한다)를 해서는 안 된다. 다만, 이미 작성된 조서의 열람을 위한 절차는 자정 이전까지 진행할 수 있다.
		② 제1항에도 불구하고 다음 각 호의 어느 하나에 해당하는 경우에는 심야조사를 할 수 있다. 이 경우 심야조사의 사유를 조서에 명확하게 적어야 한다.
		    1. 피의자를 체포한 후 48시간 이내에 구속영장의 청구 또는 신청 여부를 판단하기 위해 불가피한 경우
		    2. 공소시효가 임박한 경우
		    3. 피의자나 사건관계인이 출국, 입원, 원거리 거주, 직업상 사유 등 재출석이 곤란한 구체적인 사유를 들어 심야조사를 요청한 경우(변호인이 심야조사에 동의하지 않는다는 의사를 명시한 경우는 제외한다)로서 해당 요청에 상당한 이유가 있다고 인정되는 경우
		    4. 그 밖에 사건의 성질 등을 고려할 때 심야조사가 불가피하다고 판단되는 경우 등 법무부장관, 경찰청장 또는 해양경찰청장이 정하는 경우로서 검사 또는 사법경찰관의 소속 기관의 장이 지정하는 인권보호 책임자의 허가 등을 받은 경우

수사
준칙
	장시간 조사 제한
	(제22조)
		① 검사 또는 사법경찰관은 조사, 신문, 면담 등 그 명칭을 불문하고 피의자나 사건관계인을 조사하는 경우에는 대기시간, 휴식시간, 식사시간 등 모든 시간을 합산한 조사시간(이하 "총조사시간"이라 한다)이 <u>12시간을 초과하지 않도록 해야 한다</u>. 다만, 다음 각 호의 어느 하나에 해당하는 경우에는 예외로 한다.
		   1. 피의자나 사건관계인의 서면 요청에 따라 조서를 열람하는 경우
		   2. 제21조 제2항 각 호의 어느 하나에 해당하는 경우
		② 검사 또는 사법경찰관은 특별한 사정이 없으면 총조사시간 중 식사시간, 휴식시간 및 조서의 열람시간 등을 제외한 실제 조사시간이 8시간을 초과하지 않도록 해야 한다.
		③ 검사 또는 사법경찰관은 피의자나 사건관계인에 대한 조사를 마친 때부터 <u>8시간이 지나기 전에는 다시 조사할 수 없다</u>. 다만, 제1항 제2호에 해당하는 경우에는 예외로 한다.

수사 준칙	휴식시간 부여 (제23조)	① 검사 또는 사법경찰관은 조사에 상당한 시간이 소요되는 경우에는 특별한 사정이 없으면 피의자 또는 사건관계인에게 조사 도중에 최소한 2시간마다 10분 이상의 휴식시간을 주어야 한다. ② 검사 또는 사법경찰관은 조사 도중 피의자, 사건관계인 또는 그 변호인으로부터 휴식시간의 부여를 요청받았을 때에는 그때까지 조사에 소요된 시간, 피의자 또는 사건관계인의 건강상태 등을 고려해 적정하다고 판단될 경우 휴식시간을 주어야 한다. ③ 검사 또는 사법경찰관은 조사 중인 피의자 또는 사건관계인의 건강상태에 이상 징후가 발견되면 의사의 진료를 받게 하거나 휴식하게 하는 등 필요한 조치를 해야 한다.
수사 준칙	신뢰관계인 동석 (제24조)	① 법 제244조의5에 따라 피의자와 동석할 수 있는 신뢰관계에 있는 사람과 법 제221조제3항에서 준용하는 법 제163조의2에 따라 피해자와 동석할 수 있는 신뢰관계에 있는 사람은 피의자 또는 피해자의 직계친족, 형제자매, 배우자, 가족, 동거인, 보호·교육시설의 보호·교육담당자 등 피의자 또는 피해자의 심리적 안정과 원활한 의사소통에 도움을 줄 수 있는 사람으로 한다. ② 피의자, 피해자 또는 그 법정대리인이 제1항에 따른 신뢰관계에 있는 사람의 동석을 신청한 경우 검사 또는 사법경찰관은 그 관계를 적은 동석신청서를 제출받거나 조서 또는 수사보고서에 그 관계를 적어야 한다.
수사 준칙	자료·의견의 제출기회 보장 (제25조)	① 검사 또는 사법경찰관은 조사과정에서 피의자, 사건관계인 또는 그 변호인이 사실관계 등의 확인을 위해 자료를 제출하는 경우 그 자료를 수사기록에 편철한다. ② 검사 또는 사법경찰관은 조사를 종결하기 전에 피의자, 사건관계인 또는 그 변호인에게 자료 또는 의견을 제출할 의사가 있는지를 확인하고, 자료 또는 의견을 제출받은 경우에는 해당 자료 및 의견을 수사기록에 편철한다.

수사
준칙
	수사과정의 기록
	(제26조)
		① 검사 또는 사법경찰관은 법 제244조의4에 따라 조사(신문, 면담 등 명칭을 불문한다. 이하 이 조에서 같다) 과정의 진행경과를 다음 각 호의 구분에 따른 방법으로 기록해야 한다.
		   1. 조서를 작성하는 경우: 조서에 기록(별도의 서면에 기록한 후 조서의 끝부분에 편철하는 것을 포함한다)
		   2. 조서를 작성하지 않는 경우: 별도의 서면에 기록한 후 수사기록에 편철
		② 제1항에 따라 조사과정의 진행경과를 기록할 때에는 다음 각 호의 구분에 따른 사항을 구체적으로 적어야 한다.
		   1. 조서를 작성하는 경우에는 다음 각 목의 사항
		     가. 조사 대상자가 조사장소에 도착한 시각
		     나. 조사의 시작 및 종료 시각
		     다. 조사 대상자가 조사장소에 도착한 시각과 조사를 시작한 시각에 상당한 시간적 차이가 있는 경우에는 그 이유
		     라. 조사가 중단되었다가 재개된 경우에는 그 이유와 중단 시각 및 재개 시각
		   2. 조서를 작성하지 않는 경우에는 다음 각 목의 사항
		     가. 조사 대상자가 조사장소에 도착한 시각
		     나. 조사 대상자가 조사장소를 떠난 시각
		     다. 조서를 작성하지 않는 이유
		     라. 조사 외에 실시한 활동
		     마. 변호인 참여 여부

수사 준칙	긴급체포 (제27조)	① 사법경찰관은 법 제200조의3제2항에 따라 긴급체포 후 12시간 내에 검사에게 긴급체포의 승인을 요청해야 한다. 다만, 다음 각 호의 어느 하나에 해당하는 경우에는 긴급체포 후 24시간 이내에 긴급체포의 승인을 요청해야 한다. 〈개정 2023. 10. 17.〉

		1. 제51조제1항제4호가목에 따른 피의자중지 또는 제52조제1항제3호에 따른 기소중지 결정이 된 피의자를 소속 경찰서가 위치하는 특별시·광역시·특별자치시·도 또는 특별자치도 외의 지역에서 긴급체포한 경우 2. 「해양경비법」 제2조제2호에 따른 경비수역에서 긴급체포한 경우 ② 제1항에 따라 긴급체포의 승인을 요청할 때에는 범죄사실의 요지, 긴급체포의 일시·장소, 긴급체포의 사유, 체포를 계속해야 하는 사유 등을 적은 긴급체포 승인요청서로 요청해야 한다. 다만, 긴급한 경우에는 「형사사법절차 전자화 촉진법」 제2조제4호에 따른 형사사법정보시스템(이하 "형사사법정보시스템"이라 한다) 또는 팩스를 이용하여 긴급체포의 승인을 요청할 수 있다. ③ 검사는 사법경찰관의 긴급체포 승인 요청이 이유 있다고 인정하는 경우에는 지체 없이 긴급체포 승인서를 사법경찰관에게 송부해야 한다. ④ 검사는 사법경찰관의 긴급체포 승인 요청이 이유 없다고 인정하는 경우에는 지체 없이 사법경찰관에게 불승인 통보를 해야 한다. 이 경우 사법경찰관은 긴급체포된 피의자를 즉시 석방하고 그 석방 일시와 사유 등을 검사에게 통보해야 한다.
수사 준칙	현행범인 조사 및 석방 (제28조)	① 검사 또는 사법경찰관은 법 제212조 또는 제213조에 따라 현행범인을 체포하거나 체포된 현행범인을 인수했을 때에는 조사가 현저히 곤란하다고 인정되는 경우가 아니면 지체 없이 조사해야 하며, 조사 결과 계속 구금할 필요가 없다고 인정할 때에는 현행범인을 즉시 석방해야 한다. ② 검사 또는 사법경찰관은 제1항에 따라 현행범인을 석방했을 때에는 석방 일시와 사유 등을 적은 피의자 석방서를 작성해 사건기록에 편철한다. 이 경우 사법경찰관은 석방 후 지체 없이 검사에게 석방 사실을 통보해야 한다.
수사 준칙	구속영장의 청구·신청 (제29조)	① 검사 또는 사법경찰관은 구속영장을 청구하거나 신청하는 경우 법 제209조에서 준용하는 법 제70조제2항의 필요적 고려사항이 있을 때에는 구속영장 청구서 또는 신청서에 그 내용을 적어야 한다. ② 검사 또는 사법경찰관은 체포한 피의자에 대해 구속영장을 청구하거나 신청할 때에는 구속영장 청구서 또는 신청서에 체포영장, 긴급체포서, 현행범인 체포서 또는 현행범인 인수서를 첨부해야 한다.
수사 준칙	구속 전 피의자 심문(제30조)	사법경찰관은 법 제201조의2제3항 및 같은 조 제10항에서 준용하는 법 제81조제1항에 따라 판사가 통지한 피의자 심문 기일과 장소에 체포된 피의자를 출석시켜야 한다.
수사 준칙	체포·구속 영장의 재청구·재신청 (제31조)	검사 또는 사법경찰관은 동일한 범죄사실로 다시 체포·구속영장을 청구하거나 신청하는 경우(체포·구속영장의 청구 또는 신청이 기각된 후 다시 체포·구속영장을 청구하거나 신청하는 경우와 이미 발부받은 체포·구속영장과 동일한 범죄사실로 다시 체포·구속영장을 청구하거나 신청하는 경우를 말한다)에는 그 취지를 체포·구속영장 청구서 또는 신청서에 적어야 한다.
수사 준칙	체포·구속영장 집행 시의 권리 고지 (제32조)	① 검사 또는 사법경찰관은 피의자를 체포하거나 구속할 때에는 법 제200조의5(법 제209조에서 준용하는 경우를 포함한다)에 따라 피의자에게 피의사실의 요지, 체포·구속의 이유와 변호인을 선임할 수 있음을 말하고, 변명할 기회를 주어야 하며, 진술거부권을 알려주어야 한다. ② 제1항에 따라 피의자에게 알려주어야 하는 진술거부권의 내용은 법 제244조의3제1항제1호부터 제3호까지의 사항으로 한다. ③ 검사와 사법경찰관이 제1항에 따라 피의자에게 그 권리를 알려준 경우에는 피의자로부터 권리 고지 확인서를 받아 사건기록에 편철한다.
수사 준칙	체포·구속영장 사본의 교부 (제32조의2) ★신설	① 검사 또는 사법경찰관은 영장에 따라 피의자를 체포하거나 구속하는 경우에는 법 제200조의6 또는 제209조에서 준용하는 법 제85조제1항 또는 제4항에 따라 피의자에게 반드시 영장을 제시하고 그 사본을 교부해야 한다. ② 검사 또는 사법경찰관은 제1항에 따라 피의자에게 영장을 제시하거나 영장의 사본을 교부할 때에는 사건관계인의 개인정보가 피의자의 방어권 보장을 위해 필요한 정도를 넘어 불필요하게 노출되지 않도록 유의해야 한다. ③ 검사 또는 사법경찰관은 제1항에 따라 피의자에게 영장의 사본을 교부한 경우에는 피의자로부터 영장 사본 교부 확인서를 받아 사건기록에 편철한다. ④ 피의자가 영장의 사본을 수령하기를 거부하거나 영장 사본 교부 확인서에 기명날인 또는 서명하는 것을 거부하는 경우에는 검사 또는 사법경찰관이 영장 사본 교부 확인서 끝 부분에 그 사유를 적고 기명날인 또는 서명해야 한다. [본조신설 2023. 10. 17.]

수사 준칙	체포·구속 영장의 반환 (제35조)	① 검사 또는 사법경찰관은 체포·구속영장의 유효기간 내에 영장의 집행에 착수하지 못했거나, 그 밖의 사유로 영장의 집행이 불가능하거나 불필요하게 되었을 때에는 즉시 해당 영장을 법원에 반환해야 한다. 이 경우 체포·구속영장이 여러 통 발부된 경우에는 모두 반환해야 한다. ② 검사 또는 사법경찰관은 제1항에 따라 체포·구속영장을 반환하는 경우에는 반환사유 등을 적은 영장반환서에 해당 영장을 첨부하여 반환하고, 그 사본을 사건기록에 편철한다. ③ 제1항에 따라 사법경찰관이 체포·구속영장을 반환하는 경우에는 그 영장을 청구한 검사에게 반환하고, 검사는 사법경찰관이 반환한 영장을 법원에 반환한다.

수사 준칙	피의자의 석방 (제36조) ★	① 검사 또는 사법경찰관은 법 제200조의2제5항 또는 제200조의4제2항에 따라 구속영장을 청구하거나 신청하지 않고(사법경찰관이 구속영장의 청구를 신청하였으나 검사가 그 신청을 기각한 경우를 포함한다) 체포 또는 긴급체포한 피의자를 석방하려는 때에는 다음 각 호의 구분에 따른 사항을 적은 피의자 석방서를 작성해야 한다. 〈개정 2023. 10. 17.〉
		  1. 체포한 피의자를 석방하려는 때: 체포 일시·장소, 체포 사유, 석방 일시·장소, 석방 사유 등
		  2. 긴급체포한 피의자를 석방하려는 때: 법 제200조의4제4항 각 호의 사항
		② 사법경찰관은 제1항에 따라 피의자를 석방한 경우 다음 각 호의 구분에 따라 처리한다. 〈개정 2023. 10. 17.〉
		  1. 체포한 피의자를 석방한 때: 지체 없이 검사에게 석방사실을 통보하고, 그 통보서 사본을 사건기록에 편철한다.
		  2. 긴급체포한 피의자를 석방한 때: 즉시 검사에게 석방 사실을 보고하고, 그 보고서 사본을 사건기록에 편철한다.

수사 준칙	압수·수색 또는 검증영장의 청구·신청 (제37조) ★후단 신설	검사 또는 사법경찰관은 압수·수색 또는 검증영장을 청구하거나 신청할 때에는 압수·수색 또는 검증의 범위를 범죄 혐의의 소명에 필요한 최소한으로 정해야 하고, 수색 또는 검증할 장소·신체·물건 및 압수할 물건 등을 구체적으로 특정해야 한다. 이 경우 수사기밀이나 사건관계인의 개인정보가 압수·수색 또는 검증을 필요로 하는 사유의 소명에 필요한 정도를 넘어 불필요하게 노출되지 않도록 유의해야 한다. 〈개정 2023. 10. 17.〉
수사 준칙	압수·수색 또는 검증영장의 제시·교부 (제38조) ★후단 신설	① 검사 또는 사법경찰관은 법 제219조에서 준용하는 법 제118조에 따라 영장을 제시할 때에는 처분을 받는 자에게 법관이 발부한 영장에 따른 압수·수색 또는 검증이라는 사실과 영장에 기재된 범죄사실 및 수색 또는 검증할 장소·신체·물건, 압수할 물건 등을 명확히 알리고, 처분을 받는 자가 해당 영장을 열람할 수 있도록 해야 한다. 이 경우 처분을 받는 자가 피의자인 경우에는 해당 영장의 사본을 교부해야 한다. 〈개정 2023. 10. 17.〉 ② 압수·수색 또는 검증의 처분을 받는 자가 여럿인 경우에는 모두에게 개별적으로 영장을 제시해야 한다. 이 경우 피의자에게는 개별적으로 해당 영장의 사본을 교부해야 한다. 〈개정 2023. 10. 17.〉 ③ 검사 또는 사법경찰관은 제1항 및 제2항에 따라 피의자에게 영장을 제시하거나 영장의 사본을 교부할 때에는 사건관계인의 개인정보가 피의자의 방어권 보장을 위해 필요한 정도를 넘어 불필요하게 노출되지 않도록 유의해야 한다. 〈신설 2023. 10. 17.〉 ④ 검사 또는 사법경찰관은 제1항 후단 및 제2항 후단에 따라 피의자에게 영장의 사본을 교부한 경우에는 피의자로부터 영장 사본 교부 확인서를 받아 사건기록에 편철한다. 〈신설 2023. 10. 17.〉 ⑤ 피의자가 영장의 사본을 수령하기를 거부하거나 영장 사본 교부 확인서에 기명날인 또는 서명하는 것을 거부하는 경우에는 검사 또는 사법경찰관이 영장 사본 교부 확인서 끝 부분에 그 사유를 적고 기명날인 또는 서명해야 한다. 〈신설 2023. 10. 17.〉 [제목개정 2023. 10. 17.]
수사 준칙	압수조서와 압수목록 (제40조)	검사 또는 사법경찰관은 증거물 또는 몰수할 물건을 압수했을 때에는 압수의 일시·장소, 압수 경위 등을 적은 압수조서와 압수물건의 품종·수량 등을 적은 압수목록을 작성해야 한다. 다만, 피의자신문조서, 진술조서, 검증조서에 압수의 취지를 적은 경우에는 그렇지 않다.
수사 준칙	전자정보의 압수·수색 또는 검증 방법 (제41조)	① 검사 또는 사법경찰관은 법 제219조에서 준용하는 법 제106조제3항에 따라 컴퓨터용디스크 및 그 밖에 이와 비슷한 정보저장매체(이하 이 항에서 "정보저장매체등"이라 한다)에 기억된 정보(이하 "전자정보"라 한다)를 압수하는 경우에는 해당 정보저장매체등의 소재지에서 수색 또는 검증한 후 범죄사실과 관련된 전자정보의 범위를 정하여 출력하거나 복제하는 방법으로 한다.

		② 제1항에도 불구하고 제1항에 따른 압수 방법의 실행이 불가능하거나 그 방법으로는 압수의 목적을 달성하는 것이 현저히 곤란한 경우에는 압수·수색 또는 검증 현장에서 정보저장매체등에 들어 있는 전자정보 전부를 복제하여 그 복제본을 정보저장매체등의 소재지 외의 장소로 반출할 수 있다. ③ 제1항 및 제2항에도 불구하고 제1항 및 제2항에 따른 압수 방법의 실행이 불가능하거나 그 방법으로는 압수의 목적을 달성하는 것이 현저히 곤란한 경우에는 피압수자 또는 법 제123조에 따라 압수·수색영장을 집행할 때 참여하게 해야 하는 사람(이하 "피압수자등"이라 한다)이 참여한 상태에서 정보저장매체등의 원본을 봉인(封印)하여 정보저장매체등의 소재지 외의 장소로 반출할 수 있다.
수사 준칙	전자정보의 압수·수색 또는 검증 시 유의사항 (제42조)	① 검사 또는 사법경찰관은 전자정보의 탐색·복제·출력을 완료한 경우에는 지체 없이 피압수자등에게 압수한 전자정보의 목록을 교부해야 한다. ② 검사 또는 사법경찰관은 제1항의 목록에 포함되지 않은 전자정보가 있는 경우에는 해당 전자정보를 지체 없이 삭제 또는 폐기하거나 반환해야 한다. 이 경우 삭제·폐기 또는 반환확인서를 작성하여 피압수자등에게 교부해야 한다. ③ 검사 또는 사법경찰관은 전자정보의 복제본을 취득하거나 전자정보를 복제할 때에는 해시값(파일의 고유값으로서 일종의 전자지문을 말한다)을 확인하거나 압수·수색 또는 검증의 과정을 촬영하는 등 전자적 증거의 동일성과 무결성(無缺性)을 보장할 수 있는 적절한 방법과 조치를 취해야 한다. ④ 검사 또는 사법경찰관은 압수·수색 또는 검증의 전 과정에 걸쳐 피압수자등이나 변호인의 참여권을 보장해야 하며, 피압수자등과 변호인이 참여를 거부하는 경우에는 신뢰성과 전문성을 담보할 수 있는 상당한 방법으로 압수·수색 또는 검증을 해야 한다. ⑤ 검사 또는 사법경찰관은 제4항에 따라 참여한 피압수자등이나 변호인이 압수 대상 전자정보와 사건의 관련성에 관하여 의견을 제시한 때에는 이를 조서에 적어야 한다.
형사 소송법	사법경찰관이 신청한 영장의 청구 여부에 대한 심의 (제221조의5)	① 검사가 사법경찰관이 신청한 영장을 정당한 이유 없이 판사에게 청구하지 아니한 경우 사법경찰관은 그 검사 소속의 지방검찰청 소재지를 관할하는 고등검찰청에 영장 청구 여부에 대한 심의를 신청할 수 있다. ② 제1항에 관한 사항을 심의하기 위하여 각 고등검찰청에 영장심의위원회(이하 이 조에서 "심의위원회"라 한다)를 둔다. ③ 심의위원회는 위원장 1명을 포함한 10명 이내의 외부 위원으로 구성하고, 위원은 각 고등검찰청 검사장이 위촉한다. ④ 사법경찰관은 심의위원회에 출석하여 의견을 개진할 수 있다. ⑤ 심의위원회의 구성 및 운영 등 그 밖에 필요한 사항은 법무부령으로 정한다.
형사 소송법	시정조치요구 등 (제197조의3)	① 검사는 사법경찰관리의 수사과정에서 법령위반, 인권침해 또는 현저한 수사권 남용이 의심되는 사실의 신고가 있거나 그러한 사실을 인식하게 된 경우에는 사법경찰관에게 사건기록 등본의 송부를 요구할 수 있다. (등본) ② 제1항의 송부 요구를 받은 사법경찰관은 지체 없이 검사에게 사건기록 등본을 송부하여야 한다. ③ 제2항의 송부를 받은 검사는 필요하다고 인정되는 경우에는 사법경찰관에게 시정조치를 요구할 수 있다. (시정조치요구) ④ 사법경찰관은 제3항의 시정조치 요구가 있는 때에는 정당한 이유가 없으면 지체 없이 이를 이행하고, 그 결과를 검사에게 통보하여야 한다. ⑤ 제4항의 통보를 받은 검사는 제3항에 따른 시정조치 요구가 정당한 이유 없이 이행되지 않았다고 인정되는 경우에는 사법경찰관에게 사건을 송치할 것을 요구할 수 있다. (송치요구) ⑥ 제5항의 송치 요구를 받은 사법경찰관은 검사에게 사건을 송치하여야 한다. ⑦ 검찰총장 또는 각급 검찰청 검사장은 사법경찰관리의 수사과정에서 법령위반, 인권침해 또는 현저한 수사권 남용이 있었던 때에는 권한 있는 사람에게 해당 사법경찰관리의 징계를 요구할 수 있고, 그 징계 절차는 「공무원 징계령」 또는 「경찰공무원 징계령」에 따른다. ⑧ 사법경찰관은 피의자를 신문하기 전에 수사과정에서 법령위반, 인권침해 또는 현저한 수사권 남용이 있는 경우 검사에게 구제를 신청할 수 있음을 피의자에게 알려주어야 한다.
수사 준칙	징계요구의 방법 등 (제46조)	① 검찰총장 또는 각급 검찰청 검사장은 법 제197조의3제7항에 따라 사법경찰관리의 징계를 요구할 때에는 서면에 그 사유를 구체적으로 적고 이를 증명할 수 있는 관계 자료를 첨부하여 해당 사법경찰관리가 소속된 경찰관서의 장(이하 "경찰관서장"이라 한다)에게 통보해야 한다. ② 경찰관서장은 제1항에 따른 징계요구에 대한 처리 결과와 그 이유를 징계를 요구한 검찰총장 또는 각급 검찰청 검사장에게 통보해야 한다.

수사 준칙	구제신청 고지의 확인 (제47조)	사법경찰관은 법 제197조의3제8항에 따라 검사에게 구제를 신청할 수 있음을 피의자에게 알려준 경우에는 피의자로부터 고지 확인서를 받아 사건기록에 편철한다. 다만, 피의자가 고지 확인서에 기명날인 또는 서명하는 것을 거부하는 경우에는 사법경찰관이 고지 확인서 끝부분에 그 사유를 적고 기명날인 또는 서명해야 한다.
수사 준칙	시정조치 요구의 방법 및 절차 등 (제45조)	① 검사는 법 제197조의3제1항에 따라 사법경찰관에게 사건기록 등본의 송부를 요구할 때에는 그 내용과 이유를 구체적으로 적은 서면으로 해야 한다. ② 사법경찰관은 제1항에 따른 요구를 받은 날부터 7일 이내에 사건기록 등본을 검사에게 송부해야 한다. ③ 검사는 제2항에 따라 사건기록 등본을 송부받은 날부터 30일(사안의 경중 등을 고려하여 10일의 범위에서 한 차례 연장할 수 있다) 이내에 법 제197조의3제3항에 따른 시정조치 요구 여부를 결정하여 사법경찰관에게 통보해야 한다. 이 경우 시정조치 요구의 통보는 그 내용과 이유를 구체적으로 적은 서면으로 해야 한다. ④ 사법경찰관은 제3항에 따라 시정조치 요구를 통보받은 경우 정당한 이유가 있는 경우를 제외하고는 지체 없이 시정조치를 이행하고, 그 이행 결과를 서면에 구체적으로 적어 검사에게 통보해야 한다. ⑤ 검사는 법 제197조의3제5항에 따라 사법경찰관에게 사건송치를 요구하는 경우에는 그 내용과 이유를 구체적으로 적은 서면으로 해야 한다. ⑥ 사법경찰관은 제5항에 따라 서면으로 사건송치를 요구받은 날부터 7일 이내에 사건을 검사에게 송치해야 한다. 이 경우 관계 서류와 증거물을 함께 송부해야 한다. ⑦ 제5항 및 제6항에도 불구하고 검사는 공소시효 만료일의 임박 등 특별한 사유가 있을 때에는 제5항에 따른 서면에 그 사유를 명시하고 별도의 송치기한을 정하여 사법경찰관에게 통지할 수 있다. 이 경우 사법경찰관은 정당한 이유가 있는 경우를 제외하고는 통지받은 송치기한까지 사건을 검사에게 송치해야 한다.
형사 소송법	수사경합 (제197조의4)	① 검사는 사법경찰관과 동일한 범죄사실을 수사하게 된 때에는 사법경찰관에게 사건을 송치할 것을 요구할 수 있다. ② 제1항의 요구를 받은 사법경찰관은 지체 없이 검사에게 사건을 송치하여야 한다. 다만, 검사가 영장을 청구하기 전에 동일한 범죄사실에 관하여 사법경찰관이 영장을 신청한 경우에는 해당 영장에 기재된 범죄사실을 계속 수사할 수 있다. *참고* 제1항에 따른 영장 청구·신청의 시간적 선후관계는 검사의 영장청구서와 사법경찰관의 영장신청서가 각각 법원과 검찰청에 접수된 시점을 기준으로 판단한다.
수사 준칙	수사경합에 따른 사건송치 (제49조)	① 검사는 법 제197조의4제1항에 따라 사법경찰관에게 사건송치를 요구할 때에는 그 내용과 이유를 구체적으로 적은 서면으로 해야 한다. ② 사법경찰관은 제1항에 따른 요구를 받은 날부터 7일 이내에 사건을 검사에게 송치해야 한다. 이 경우 관계 서류와 증거물을 함께 송부해야 한다.
수사 준칙	중복수사의 방지 (제50조)	검사는 법 제197조의4제2항 단서에 따라 사법경찰관이 범죄사실을 계속 수사할 수 있게 된 경우에는 정당한 사유가 있는 경우를 제외하고는 그와 동일한 범죄사실에 대한 사건을 이송하는 등 중복수사를 피하기 위해 노력해야 한다.
수사 준칙	사법경찰관의 결정 (제51조) 수사종결	① 사법경찰관은 사건을 수사한 경우에는 다음 각 호의 구분에 따라 결정해야 한다. 　1. 법원송치 　2. 검찰송치 　3. 불송치 　　가. 혐의없음 　　　1) 범죄인정안됨 　　　2) 증거불충분 　　나. 죄가안됨 　　다. 공소권없음 　　라. 각하 　4. 수사중지 　　가. 피의자중지 　　나. 참고인중지 　5. 이송

		② 사법경찰관은 하나의 사건 중 피의자가 여러 사람이거나 피의사실이 여러 개인 경우로서 분리하여 결정할 필요가 있는 경우 그중 일부에 대해 제1항 각 호의 결정을 할 수 있다.
		③ 사법경찰관은 제1항 제3호 나목 또는 다목에 해당하는 사건이 다음 각 호의 어느 하나에 해당하는 경우에는 해당 사건을 검사에게 이송한다. 〈개정 2023. 10. 17.〉
		    1. 「형법」 제10조 제1항에 따라 벌할 수 없는 경우
		    2. 기소되어 사실심 계속 중인 사건과 포괄일죄를 구성하는 관계에 있거나 「형법」 제40조에 따른 상상적 경합 관계에 있는 경우
		④ 사법경찰관은 제1항 제4호에 따른 수사중지 결정을 한 경우 7일 이내에 사건기록을 검사에게 송부해야 한다. 이 경우 검사는 사건기록을 송부받은 날부터 30일 이내에 반환해야 하며, 그 기간 내에 법 제197조의3(시정조치요구)에 따라 시정조치요구를 할 수 있다.
		⑤ 사법경찰관은 제4항 전단에 따라 검사에게 사건기록을 송부한 후 피의자 등의 소재를 발견한 경우에는 소재 발견 및 수사 재개 사실을 검사에게 통보해야 한다. 이 경우 통보를 받은 검사는 지체 없이 사법경찰관에게 사건기록을 반환해야 한다.

형사
소송법
	사법경찰관의
	사건송치 등
	(제245조의5)
		사법경찰관은 고소·고발 사건을 포함하여 범죄를 수사한 때에는 다음 각 호의 구분에 따른다.
		    1. 범죄의 혐의가 있다고 인정되는 경우에는 지체 없이 검사에게 사건을 송치하고, 관계 서류와 증거물을 검사에게 송부하여야 한다.
		    2. 그 밖의 경우에는 그 이유를 명시한 서면과 함께 관계 서류와 증거물을 지체 없이 검사에게 송부하여야 한다. 이 경우 검사는 송부받은 날부터 90일 이내에 사법경찰관에게 반환하여야 한다.

형사 소송법	고소인 등에 대한 송부 통지 (제245조의6)	사법경찰관은 제245조의5제2호의 경우에는 그 송부한 날부터 7일 이내에 서면으로 고소인·고발인·피해자 또는 그 법정대리인(피해자가 사망한 경우에는 그 배우자·직계친족·형제자매를 포함한다)에게 사건을 검사에게 송치하지 아니하는 취지와 그 이유를 통지하여야 한다.
형사 소송법	고소인 등의 이의신청 (제245조의7)	① 제245조의6의 통지를 받은 사람(고발인을 제외한다)은 해당 사법경찰관의 소속 관서의 장에게 이의를 신청할 수 있다. ② 사법경찰관은 제1항의 신청이 있는 때에는 지체 없이 검사에게 사건을 송치하고 관계 서류와 증거물을 송부하여야 하며, 처리결과와 그 이유를 제1항의 신청인에게 통지하여야 한다.
수사 준칙	사법경찰관의 사건송치 (제58조)	① 사법경찰관은 관계 법령에 따라 검사에게 사건을 송치할 때에는 송치의 이유와 범위를 적은 송치 결정서와 압수물 총목록, 기록목록, 범죄경력 조회 회보서, 수사경력 조회 회보서 등 관계 서류와 증거물을 함께 송부해야 한다. ② 사법경찰관은 피의자 또는 참고인에 대한 조사과정을 영상녹화한 경우에는 해당 영상녹화물을 봉인한 후 검사에게 사건을 송치할 때 봉인된 영상녹화물의 종류와 개수를 표시하여 사건기록과 함께 송부해야 한다. ③ 사법경찰관은 사건을 송치한 후에 새로운 증거물, 서류 및 그 밖의 자료를 추가로 송부할 때에는 이전에 송치한 사건명, 송치 연월일, 피의자의 성명과 추가로 송부하는 서류 및 증거물 등을 적은 추가송부서를 첨부해야 한다.

형사
소송법
	보완수사요구
	(제197조의2)
		① 검사는 다음 각 호의 어느 하나에 해당하는 경우에 사법경찰관에게 보완수사를 요구할 수 있다.
		    1. 송치사건의 공소제기 여부 결정 또는 공소의 유지에 관하여 필요한 경우
		    2. 사법경찰관이 신청한 영장의 청구 여부 결정에 관하여 필요한 경우
		② 사법경찰관은 제1항의 요구가 있는 때에는 정당한 이유가 없는 한 지체 없이 이를 이행하고, 그 결과를 검사에게 통보하여야 한다.
		③ 검찰총장 또는 각급 검찰청 검사장은 사법경찰관이 정당한 이유 없이 제1항의 요구에 따르지 아니하는 때에는 권한 있는 사람에게 해당 사법경찰관의 직무배제 또는 징계를 요구할 수 있고, 그 징계 절차는 「공무원 징계령」 또는 「경찰공무원 징계령」에 따른다.

수사 준칙	직무배제 또는 징계 요구의 방법과 절차 (제61조)	① 검찰총장 또는 각급 검찰청 검사장은 법 제197조의2제3항에 따라 사법경찰관의 직무배제 또는 징계를 요구할 때에는 그 이유를 구체적으로 적은 서면에 이를 증명할 수 있는 관계 자료를 첨부하여 해당 사법경찰관이 소속된 경찰관서장에게 통보해야 한다. ② 제1항의 직무배제 요구를 통보받은 경찰관서장은 정당한 이유가 있는 경우를 제외하고는 그 요구를 받은 날부터 20일 이내에 해당 사법경찰관을 직무에서 배제해야 한다. ③ 경찰관서장은 제1항에 따른 요구의 처리 결과와 그 이유를 직무배제 또는 징계를 요구한 검찰총장 또는 각급 검찰청 검사장에게 통보해야 한다.

구분	항목	내용

수사 준칙	보완수사 요구의 대상과 범위 (제59조) ★	① 검사는 사법경찰관으로부터 송치받은 사건에 대해 보완수사가 필요하다고 인정하는 경우에는 직접 보완수사를 하거나 법 제197조의2제1항제1호에 따라 사법경찰관에게 보완수사를 요구할 수 있다. 다만, 송치사건의 공소제기 여부 결정에 필요한 경우로서 다음 각 호의 어느 하나에 해당하는 경우에는 특별히 사법경찰관에게 보완수사를 요구할 필요가 있다고 인정되는 경우를 제외하고는 검사가 직접 보완수사를 하는 것을 원칙으로 한다. 〈개정 2023. 10. 17.〉
		  1. 사건을 수리한 날(이미 보완수사요구가 있었던 사건의 경우 보완수사 이행 결과를 통보받은 날을 말한다)부터 1개월이 경과한 경우
		  2. 사건이 송치된 이후 검사가 해당 피의자 및 피의사실에 대해 상당한 정도의 보완수사를 한 경우
		  3. 법 제197조의3제5항, 제197조의4제1항 또는 제198조의2제2항에 따라 사법경찰관으로부터 사건을 송치받은 경우
		  4. 제7조 또는 제8조에 따라 검사와 사법경찰관이 사건 송치 전에 수사할 사항, 증거수집의 대상 및 법령의 적용 등에 대해 협의를 마치고 송치한 경우
		② 검사는 법 제197조의2제1항에 따른 보완수사요구 여부를 판단하는 경우 필요한 보완수사의 정도, 수사 진행 기간, 구체적 사건의 성격에 따른 수사 주체의 적합성 및 검사와 사법경찰관의 상호 존중과 협력의 취지 등을 종합적으로 고려한다. 〈신설 2023. 10. 17.〉
		③ 검사는 법 제197조의2제1항제1호에 따라 사법경찰관에게 송치사건 및 관련사건(법 제11조에 따른 관련사건 및 법 제208조제2항에 따라 간주되는 동일한 범죄사실에 관한 사건을 말한다. 다만, 법 제11조제1호의 경우에는 수사기록에 명백히 현출(現出)되어 있는 사건으로 한정한다)에 대해 다음 각 호의 사항에 관한 보완수사를 요구할 수 있다. 〈개정 2023. 10. 17.〉
		  1. 범인에 관한 사항
		  2. 증거 또는 범죄사실 증명에 관한 사항
		  3. 소송조건 또는 처벌조건에 관한 사항
		  4. 양형 자료에 관한 사항
		  5. 죄명 및 범죄사실의 구성에 관한 사항
		  6. 그 밖에 송치받은 사건의 공소제기 여부를 결정하는 데 필요하거나 공소유지와 관련해 필요한 사항
		④ 검사는 사법경찰관이 신청한 영장(「통신비밀보호법」 제6조 및 제8조에 따른 통신제한조치허가서 및 같은 법 제13조에 따른 통신사실 확인자료 제공 요청 허가서를 포함한다. 이하 이 항에서 같다)의 청구 여부를 결정하기 위해 필요한 경우 법 제197조의2제1항제2호에 따라 사법경찰관에게 보완수사를 요구할 수 있다. 이 경우 보완수사를 요구할 수 있는 범위는 다음 각 호와 같다. 〈개정 2023. 10. 17.〉
		  1. 범인에 관한 사항
		  2. 증거 또는 범죄사실 소명에 관한 사항
		  3. 소송조건 또는 처벌조건에 관한 사항
		  4. 해당 영장이 필요한 사유에 관한 사항
		  5. 죄명 및 범죄사실의 구성에 관한 사항
		  6. 법 제11조(법 제11조제1호의 경우는 수사기록에 명백히 현출되어 있는 사건으로 한정한다)와 관련된 사항
		  7. 그 밖에 사법경찰관이 신청한 영장의 청구 여부를 결정하기 위해 필요한 사항

수사 준칙	보완수사 요구의 방법과 절차 (제60조) ★	① 검사는 법 제197조의2제1항에 따라 보완수사를 요구할 때에는 그 이유와 내용 등을 구체적으로 적은 서면과 관계 서류 및 증거물을 사법경찰관에게 함께 송부해야 한다. 다만, 보완수사 대상의 성질, 사안의 긴급성 등을 고려하여 관계 서류와 증거물을 송부할 필요가 없거나 송부하는 것이 적절하지 않다고 판단하는 경우에는 해당 관계 서류와 증거물을 송부하지 않을 수 있다. ② 보완수사를 요구받은 사법경찰관은 제1항 단서에 따라 송부받지 못한 관계 서류와 증거물이 보완수사를 위해 필요하다고 판단하면 해당 서류와 증거물을 대출하거나 그 전부 또는 일부를 등사할 수 있다. ③ 사법경찰관은 법 제197조의2제1항에 따른 보완수사요구가 접수된 날부터 3개월 이내에 보완수사를 마쳐야 한다. 〈신설 2023. 10. 17.〉 ④ 사법경찰관은 법 제197조의2제2항에 따라 보완수사를 이행한 경우에는 그 이행 결과를 검사에게 서면으로 통보해야 하며, 제1항 본문에 따라 관계 서류와 증거물을 송부받은 경우에는 그 서류와 증거물을 함께 반환해야 한다. 다만, 관계 서류와 증거물을 반환할 필요가 없는 경우에는 보완수사의 이행 결과만 검사에게 통보할 수 있다. (항상 서류 반환 ×) 〈개정 2023. 10. 17.〉 ⑤ 사법경찰관은 법 제197조의2제1항제1호에 따라 보완수사를 이행한 결과 법 제245조의5제1호에 해당하지 않는다고 판단한 경우에는 제51조제1항제3호에 따라 사건을 불송치하거나 같은 항 제4호에 따라 수사중지할 수 있다. 〈개정 2023. 10. 17.〉

형사 소송법	사법경찰관의 사건송치 등 (제245조의5)	사법경찰관은 고소·고발 사건을 포함하여 범죄를 수사한 때에는 다음 각 호의 구분에 따른다. 　1. 범죄의 혐의가 있다고 인정되는 경우에는 지체 없이 검사에게 사건을 송치하고, 관계 서류와 증거물을 검사에게 송부하여야 한다. 　2. 그 밖의 경우에는 그 이유를 명시한 서면과 함께 관계 서류와 증거물을 지체 없이 검사에게 송부하여야 한다. 이 경우 검사는 송부받은 날부터 90일 이내에 사법경찰관에게 반환하여야 한다.
형사 소송법	고소인 등에 대한 송부통지 (제245조의6)	사법경찰관은 제245조의5제2호의 경우에는 그 송부한 날부터 7일 이내에 서면으로 고소인·고발인·피해자 또는 그 법정대리인(피해자가 사망한 경우에는 그 배우자·직계친족·형제자매를 포함한다)에게 사건을 검사에게 송치하지 아니하는 취지와 그 이유를 통지하여야 한다.
형사 소송법	고소인 등의 이의신청 (제245조의7)	① 제245조의6의 통지를 받은 사람(고발인을 제외한다)은 해당 사법경찰관의 소속 관서의 장에게 이의를 신청할 수 있다. ② 사법경찰관은 제1항의 신청이 있는 때에는 지체 없이 검사에게 사건을 송치하고 관계 서류와 증거물을 송부하여야 하며, 처리결과와 그 이유를 제1항의 신청인에게 통지하여야 한다.
수사 준칙	사법경찰관의 사건불송치 (제62조)	① 사법경찰관은 법 제245조의5제2호 및 이 영 제51조제1항제3호에 따라 불송치 결정을 하는 경우 불송치의 이유를 적은 불송치 결정서와 함께 압수물 총목록, 기록목록 등 관계 서류와 증거물을 검사에게 송부해야 한다. [기록송부] ② 제1항의 경우 영상녹화물의 송부 및 새로운 증거물 등의 추가 송부에 관하여는 제58조제2항 및 제3항을 준용한다. *참고* 이 경우 검사는 송부받은 날로부터 90일 이내에 사법경찰관에게 반환해야 한다. [기록반환]
형사 소송법	재수사요청 등 (제245조의8)	① 검사는 제245조의5제2호의 경우에 사법경찰관이 사건을 송치하지 아니한 것이 위법 또는 부당한 때에는 그 이유를 문서로 명시하여 사법경찰관에게 재수사를 요청할 수 있다. [재수사요청] ② 사법경찰관은 제1항의 요청이 있는 때에는 사건을 재수사하여야 한다.
수사 준칙	재수사요청의 절차 등 (제63조) ★	① 검사는 법 제245조의8에 따라 사법경찰관에게 재수사를 요청하려는 경우에는 법 제245조의5제2호에 따라 관계 서류와 증거물을 송부받은 날부터 90일 이내에 해야 한다. 다만, 다음 각 호의 어느 하나에 해당하는 경우에는 관계 서류와 증거물을 송부받은 날부터 90일이 지난 후에도 재수사를 요청할 수 있다. 　1. 불송치 결정에 영향을 줄 수 있는 명백히 새로운 증거 또는 사실이 발견된 경우 　2. 증거 등의 허위, 위조 또는 변조를 인정할 만한 상당한 정황이 있는 경우 ② 검사는 제1항에 따라 재수사를 요청할 때에는 그 내용과 이유를 구체적으로 적은 서면으로 해야 한다. 이 경우 법 제245조의5제2호에 따라 송부받은 관계 서류와 증거물을 사법경찰관에게 반환해야 한다. ③ 검사는 법 제245조의8에 따라 재수사를 요청한 경우 그 사실을 고소인등에게 통지해야 한다. ④ 사법경찰관은 법 제245조의8제1항에 따른 재수사의 요청이 접수된 날부터 3개월 이내에 재수사를 마쳐야 한다. 〈신설 2023. 10. 17.〉
수사 준칙	재수사 결과의 처리 (제64조) ★	① 사법경찰관은 법 제245조의8제2항에 따라 재수사를 한 경우 다음 각 호의 구분에 따라 처리한다. 　1. 범죄의 혐의가 있다고 인정되는 경우: 법 제245조의5제1호에 따라 검사에게 사건을 송치하고 관계 서류와 증거물을 송부 [사건송치] 　2. 기존의 불송치 결정을 유지하는 경우: 재수사 결과서에 그 내용과 이유를 구체적으로 적어 검사에게 통보 [통보] ② 검사는 사법경찰관이 제1항제2호에 따라 재수사 결과를 통보한 사건에 대해서 다시 재수사를 요청하거나 송치 요구를 할 수 없다. 다만, 검사는 사법경찰관이 사건을 송치하지 않은 위법 또는 부당이 시정되지 않아 사건을 송치받아 수사할 필요가 있는 다음 각 호의 경우에는 법 제197조의3에 따라 사건송치를 요구할 수 있다. 〈개정 2023. 10. 17.〉 　1. 관련 법령 또는 법리에 위반된 경우 　2. 범죄 혐의의 유무를 명확히 하기 위해 재수사를 요청한 사항에 관하여 그 이행이 이루어지지 않은 경우. 다만, 불송치 결정의 유지에 영향을 미치지 않음이 명백한 경우는 제외한다. 　3. 송부받은 관계 서류 및 증거물과 재수사 결과만으로도 범죄의 혐의가 명백히 인정되는 경우 　4. 공소시효 또는 형사소추의 요건을 판단하는 데 오류가 있는 경우

		③ 검사는 제2항 각 호 외의 부분 단서에 따른 사건송치 요구 여부를 판단하기 위해 필요한 경우에는 사법경찰관에게 관계 서류와 증거물의 송부를 요청할 수 있다. 이 경우 요청을 받은 사법경찰관은 이에 협력해야 한다. 〈신설 2023. 10. 17.〉 ④ 검사는 재수사 결과를 통보받은 날(제3항에 따라 관계 서류와 증거물의 송부를 요청한 경우에는 관계 서류와 증거물을 송부받은 날을 말한다)부터 30일 이내에 제2항 각 호 외의 부분 단서에 따른 사건송치 요구를 해야 하고, 그 기간 내에 사건송치 요구를 하지 않을 경우에는 송부받은 관계 서류와 증거물을 사법경찰관에게 반환해야 한다. 〈신설 2023. 10. 17.〉
수사 준칙	재수사 중의 이의신청 (제65조)	사법경찰관은 법 제245조의8제2항에 따라 재수사 중인 사건에 대해 법 제245조의7제1항에 따른 이의신청이 있는 경우에는 재수사를 중단해야 하며, 같은 조 제2항에 따라 해당 사건을 지체 없이 검사에게 송치하고 관계 서류와 증거물을 송부해야 한다.
형사 소송법	고소인 등에 대한 송부통지 (제245조의6)	사법경찰관은 제245조의5제2호의 경우에는 그 송부한 날부터 7일 이내에 서면으로 고소인·고발인·피해자 또는 그 법정대리인(피해자가 사망한 경우에는 그 배우자·직계친족·형제자매를 포함한다)에게 사건을 검사에게 송치하지 아니하는 취지와 그 이유를 통지하여야 한다.
형사 소송법	고소인 등의 이의신청 (제245조의7)	① 제245조의6의 통지를 받은 사람(고발인을 제외한다)은 해당 사법경찰관의 소속 관서의 장에게 이의를 신청할 수 있다. [이의신청] ② 사법경찰관은 제1항의 신청이 있는 때에는 지체 없이 검사에게 사건을 송치하고 관계 서류와 증거물을 송부하여야 하며, 처리결과와 그 이유를 제1항의 신청인에게 통지하여야 한다. [사건송치]
수사 준칙	수사중지 결정에 대한 이의제기 등 (제54조)	① 제53조(수사 결과의 통지)에 따라 사법경찰관으로부터 제51조제1항제4호(사법경찰관의 결정-수사중지)에 따른 수사중지 결정의 통지를 받은 사람은 해당 사법경찰관이 소속된 바로 위 상급경찰관서의 장에게 이의를 제기할 수 있다. ② 제1항에 따른 이의제기의 절차·방법 및 처리 등에 관하여 필요한 사항은 경찰청장 또는 해양경찰청장이 정한다. ③ 제1항에 따른 통지를 받은 사람은 해당 수사중지 결정이 법령위반, 인권침해 또는 현저한 수사권 남용이라고 의심되는 경우 검사에게 법 제197조의3제1항(시정조치요구 등)에 따른 신고를 할 수 있다. ④ 사법경찰관은 제53조(수사 결과의 통지)에 따라 고소인등에게 제51조제1항제4호(사법경찰관의 결정-수사중지)에 따른 수사중지 결정의 통지를 할 때에는 제3항에 따라 신고할 수 있다는 사실을 함께 고지해야 한다.
수사 준칙	수사 결과의 통지 (제53조) ★신설	① 검사 또는 사법경찰관은 제51조 또는 제52조에 따른 결정을 한 경우에는 그 내용을 고소인·고발인·피해자 또는 그 법정대리인(피해자가 사망한 경우에는 그 배우자·직계친족·형제자매를 포함한다. 이하 "고소인등"이라 한다)과 피의자에게 통지해야 한다. 다만, 다음 각 호의 어느 하나에 해당하는 경우에는 고소인등에게만 통지한다. 〈개정 2023. 10. 17.〉 1. 제51조제1항제4호가목에 따른 피의자중지 결정 또는 제52조제1항제3호에 따른 기소중지 결정을 한 경우 2. 제51조제1항제5호(이송) 또는 제52조제1항제7호(이송)에 따른 이송(법 제256조에 따른 송치(타관송치)는 제외한다) 결정을 한 경우로서 검사 또는 사법경찰관이 해당 피의자에 대해 출석요구 또는 제16조제1항(수사개시-출신긴장) 각 호의 어느 하나에 해당하는 행위를 하지 않은 경우 ② 고소인등은 법 제245조의6에 따른 통지를 받지 못한 경우 사법경찰관에게 불송치 통지서로 통지해 줄 것을 요구할 수 있다. ③ 제1항에 따른 통지의 구체적인 방법·절차 등은 법무부장관, 경찰청장 또는 해양경찰청장이 정한다.
수사 준칙	송치사건 관련 자료 제공 (제57조)	검사는 사법경찰관이 송치한 사건에 대해 검사의 공소장, 불기소결정서, 송치결정서 및 법원의 판결문을 제공할 것을 요청하는 경우 이를 사법경찰관에게 지체 없이 제공해야 한다.

CHAPTER 02 최신판례

01 형법총론

001
법령 자체에 스스로 유효기간을 구체적인 일자나 기간으로 특정하여 효력의 상실을 예정하고 있었는데 그 유효기간이 경과되어 실효된 경우에는 형법 제1조 제2항이 적용되지 않고 특별한 사정이 없는 한 제1조 제2항이 적용되지 않고 유효기간 경과 전 법령 위반행위는 유효기간 경과 후에도 그대로 처벌된다. ○ ×

해설 대법원 2020도16420

정답 ○

002
형벌법규가 행정규칙, 행정명령, 조례 등 구성요건의 일부를 수권 내지 위임하였는데 이러한 행정규칙 등이 변경되어 범죄를 구성하지 아니하게 되거나 형이 가벼워진 경우 형법 제1조 제2항이 적용되지 않는다. ○ ×

해설 형벌법규가 대통령령, 총리령, 부령과 같은 법규명령이 아닌 고시 등 행정규칙, 조례에 구성요건의 일부를 수권 내지 위임한 경우도 위임입법의 한계에서 벗어나지 않는 한 법령을 보충하는 기능을 하는 것이므로 그 변경에 따라 범죄를 구성하지 아니하거나 형이 가벼워졌다면 마찬가지로 제1조 제2항과 제326조 제4호가 적용된다. (대법원 2020도16420)

정답 ×

003
형벌을 신설하거나 가중하는 형법법규는 그 시행 이후에 이루어진 행위에 대하여만 적용되고 그 시행 이전의 행위까지 소급할 수 없다는 것이 소급효금지원칙인데 이때 소급효는 형벌에 대해서 적용되며 자유형이든, 벌금형이든, 주형이든 부가형이든 묻지 않는다. ○ ×

해설 소급효금지원칙의 개념이다. 올바른 지문이다. 이때 소급효는 형벌에 대해서 적용되며 자유형이든, 벌금형이든, 주형이든 부가형이든 묻지 않는다.

정답 ○

004
법률의 시행령이나 시행규칙의 내용이 모법의 입법 취지와 관련 조항 전체를 유기적 체계적으로 보아 모법의 해석상 가능한 것을 명시한 것에 지나지 아니하거나 모법 조항의 취지에 근거하여 구체화하기 위한 것일 때 모법에 위임하는 규정을 직접 두고 있지 않더라도 무효라 볼 수는 없다. ○ ×

해설 대법원 2012두19526

정답 ○

005
한의사가 진단용 의료기기를 사용하는 것이 한의사의 '면허된 것 이외의 의료행위'에 해당하는지에 관한 새로운 판단 기준에 따르면, 한의사가 초음파 진단기기를 사용하여 환자의 신체내부를 촬영하여 화면에 나타난 모습을 보고 이를 한의학적 진단의 보조수단으로 사용하는 것은 한의사의 '면허된 것 이외의 의료행위'에 해당하지 않는다. ○ ×

해설 대법원 2016도21314

정답 ○

006 환자가 사망한 경우 사망진단 전에 이루어지는 사망징후관찰은 구 「의료법」 제2조 제2항 제5호에서 간호사의 임무로 정한 '상병자 등의 요양을 위한 간호 또는 진료 보조'에 해당한다고 할 수 있다. 그리고 사망의 진단은 의사 등이 환자의 사망 당시 또는 사후에라도 현장에 입회해서 직접 환자를 대면하여 수행해야 하는 의료행위이지만, 간호사는 의사 등의 개별적 지도·감독이 있으면 사망의 진단을 할 수 있다. O X

해설 의사·치과의사 또는 한의사가 간호사로 하여금 의료행위에 관여하게 하는 경우에도 그 의료행위는 의사 등의 책임 아래 이루어지는 것이고 간호사는 보조자이다. 간호사가 의사 등의 진료를 보조하는 경우 모든 행위 하나하나마다 항상 의사 등이 현장에 입회하여 일일이 지도·감독해야 한다고 할 수는 없고, 경우에 따라서는 의사 등이 진료의 보조행위 현장에 입회할 필요 없이 일반적인 지도·감독을 하는 것으로 충분한 경우도 있을 수 있으나, 이는 어디까지나 의사 등이 그의 주도로 의료행위를 실시하면서 그 의료행위의 성질과 위험성 등을 고려하여 그중 일부를 간호사로 하여금 보조하도록 지시 내지 위임할 수 있다는 것을 의미하는 것에 그친다. 이와 달리 의사 등이 간호사에게 의료행위의 실시를 개별적으로 지시하거나 위임한 적이 없음에도 간호사가 그의 주도 아래 전반적인 의료행위의 실시 여부를 결정하고 간호사에 의한 의료행위의 실시과정에도 의사 등이 지시·관여하지 않은 경우라면, 이는 구 의료법 제27조 제1항이 금지하는 무면허 의료행위에 해당한다. (대법원 2017도10007) 정답 X

007 법무사인 甲이 개인파산·회생사건 관련 법률사무를 위임받아 취급하여 비변호사의 법률사무취급을 금지하는 「변호사법」 제109조 제1호 위반으로 기소되었는데 범행 이후에 개정된 「법무사법」 제2조 제1항 제6호에 의하여 '개인의 파산사건 및 개인회생사건 신청의 대리'가 법무사의 업무로 추가되었다면, 위 「법무사법」 개정은 형사법적 관점의 변화를 주된 근거로 하는 법령의 변경에 해당하므로 「형법」 제1조 제2항이 적용된다. O X

해설 법무사법 제2조는 법무사의 업무범위에 관한 규정으로서 기본적으로 형사법과 무관한 행정적 규율에 관한 내용이다. 따라서 이는 타법에서의 비형사적 규율의 변경이 문제된 형벌법규의 가벌성에 간접적인 영향을 미치는 경우에 해당할 뿐이므로, 원칙적으로 형법 제1조 제2항과 형사소송법 제326조 제4호의 적용 대상인 형사법적 관점의 변화에 근거한 법령의 변경에 해당한다고 볼 수 없다. (대법원 2022도6434) 정답 X

008 업무상 군사기밀을 취급하는 사람이 그 취급 과정에서 단순히 보호조치 의무를 이행하지 않은 경우 또는 이미 알고 있거나 점유하고 있는 군사기밀의 보관 장소를 이동하는 등 보관 상태를 변경한 경우는 군사기밀 보호법 제11조의 적법한 절차에 의하지 아니한 방법으로 탐지하거나 수집한 경우에 해당한다고 보기 어렵다. O X

해설 업무상 군사기밀을 취급하는 피고인이 업무를 수행하면서 참고자료로 필요한 관련 군사기밀을 업무 편의를 위하여 프린터로 출력하여 사용하거나 대출받아 복사하고 원본을 반납하거나 회의에서 제공받은 다음 업무 참고용으로 계속 사용하기 위해 출력물 또는 사본 등을 파기하지 않고 사무실에 보관하다가, 보안감사에 대비하여 자신의 아파트로 반출함으로써 적법한 절차에 의하지 않은 방법으로 군사기밀을 탐지·수집하였다고 하여 군사기밀 보호법 위반으로 기소된 사안에서, 피고인이 업무상 필요에 따라 출력물 또는 사본을 계속 보관하거나 반출한 행위는 같은 법 제11조의 탐지·수집에 해당하지 않는다. (대법원 2013도5539) 정답 O

009 형법 제232조의2(사전자기록위작 변작)에서 정한 '위작'에 권한 있는 사람이 그 권한을 남용하여 허위의 정보를 입력함으로써 전자기록을 생성하는 행위까지도 포함하여 해석하는 것은 유추해석 금지의 원칙에 반한다. ○ ×

해설 코미드라는 상호로 인터넷 가상화폐 거래소를 운영하는 주식회사 코미드의 대표이사 내지 사내이사인 피고인들이 가상화폐 거래시스템상 차명계정에 허위의 원화 포인트 및 가상화폐 포인트를 입력하고, 이를 위 거래시스템상 표시하게 한 것은 사전자기록등위작죄 및 위작사전자기록등행사죄에 해당한다고 보아, 이를 유죄로 판단한 원심판결을 수긍하였다. (대법원 2019도11294)
정답 ×

010 「청소년의 성보호에 관한 법률」 제10조 제4항이 위계 또는 위력을 사용하여 여자 청소년을 간음한 자에 대한 법정형을 여자 청소년을 강간한 자에 대한 법정형과 동일하게 정하였다면 이는 형벌체계상의 균형을 잃은 자의적인 입법이다. ○ ×

해설 위계 또는 위력에 의한 간음죄라 하여도 범행의 동기와 범행 당시의 정황 및 보호법익에 대한 침해의 정도 등을 고려할 때 강간죄보다 무겁게 처벌하거나 동일하게 처벌하여야 할 필요가 있는 경우도 실무상 흔히 있어 위계 또는 위력에 의한 간음죄를 강간죄에 비하여 가볍게 처벌하는 것이 구체적인 경우에 있어서 오히려 불균형인 처벌결과를 가져올 염려가 없지 않은 점 등을 종합하여 보면, 위계 또는 위력을 사용하여 여자 청소년을 간음한 자에 대한 비난가능성의 정도가 여자 청소년을 강간한 자에 비하여 반드시 가볍다고 단정할 수 없으므로, 청소년의 성보호에 관한 법률 제10조 제4항이 위계 또는 위력을 사용하여 여자 청소년을 간음한 자에 대한 법정형을 여자 청소년을 강간한 자에 대한 법정형과 동일하게 정하였다고 하여 이를 두고 형벌체계상의 균형을 잃은 자의적인 입법이라고 할 수는 없다. (대법원 2007도4818)
정답 ×

011 음주운전 금지규정을 2회 이상 위반한 사람을 2년 이상 5년 이하의 징역이나 1천만 원 이상 2천만 원 이하의 벌금에 처하도록 한 구 「도로교통법」 제148조의2 제1항은 음주운전 금지규정을 반복하여 위반하는 사람에 대한 처벌을 강화하기 위한 규정인데, 가중요건이 되는 과거 위반행위와 처벌대상이 되는 재범 음주운전행위 사이에 아무런 시간적 제한을 두지 않아 책임과 형벌 간의 비례원칙에 위반된다. ○ ×

해설 음주운전 금지규정을 2회 이상 위반한 사람을 2년 이상 5년 이하의 징역이나 1천만 원 이상 2천만 원 이하의 벌금에 처하도록 한 구 도로교통법 제148조의2 제1항 중 '제44조 제1항을 2회 이상 위반한 사람'에 관한 부분은 죄형법정주의의 명확성 원칙에 위반되지 않는다. 그러나 심판대상조항이 책임과 형벌 간의 비례원칙에 위반된다. (헌재 2019헌바446)
정답 ○

012 상관살해죄에 대하여 법정형으로 사형만을 규정하고 있는 「군형법」(1962.1.20. 법률 제1003호로 제정된 것) 제53조 제1항은 범죄의 중대성 정도에 비하여 심각하게 불균형적인 과중한 형벌을 규정함으로써 죄질과 그에 따른 행위자의 책임 사이에 비례관계가 준수되지 않아 형벌체계상 정당성을 상실한 것이다. ○ ×

해설 헌법재판소 2006헌가13
정답 ○

013

「형법」(1995.12.19. 법률 제5057호로 개정된 것) 제332조 중 절도죄(제329조)에 관한 부분은 상습절도의 형을 기본범죄에 정한 형의 2분의 1까지 가중한다고 정하고 있는바, 이는 법정형과 선고형 모두 가중하는 것으로 형벌에 관한 입법재량이나 형성의 자유를 현저히 일탈하여 책임과 형벌의 비례원칙에 위반된다. ○ ×

해설 1. '특정범죄가중처벌 등에 관한 법률'(2005.8.4. 법률 제7654호로 개정된 것, 이하 '특가법'이라 한다) 제5조의4 제6항 중 상습절도에 대한 가중처벌규정인 동조 제1항 또는 제2항에 해당하는 죄로 2회 이상 실형을 받아 그 집행을 종료하거나 면제받은 후 3년 이내에 다시 위 제1항의 죄를 범한 때에 형법 제35조 누범가중과 별도로 형의 단기의 2배까지 가중하도록 규정한 부분이 헌법상 과잉금지의 원칙에 위배되지 않는다. 2. 이 사건 법률조항의 법정형의 하한이 "6년 이상의 징역"으로 강도·강간 및 살인죄의 그것보다 높아 형벌체계상의 균형을 상실한 것은 아니다. (헌재 2006헌바94) 정답 ×

014

「성폭력범죄의 처벌 및 피해자 보호 등에 관한 법률」 제5조 제2항이 특수강도죄를 범한 자가 강간죄를 범한 경우와 강제추행죄를 범한 경우를 구별하지 않고 법정형을 동일하게 규정한 것은 특수강도죄를 범하고 강간죄를 범한 자와 강제추행죄를 범한 자를 합리적 이유 없이 차별한 것으로 형벌과 책임간의 비례성의 원칙, 형벌의 체계 정당성, 평등의 원칙 등에 어긋나 공정한 재판을 받을 권리를 침해한다. ○ ×

해설 가. 특수강도강제추행죄의 법정형을 특수강도강간죄의 그것과 동일하게 규정한 구 '성폭력범죄의 처벌 및 피해자 보호 등에 관한 법률'(1997.8.22. 법률 제5343호로 개정되고, 2010.4.15. 법률 제10258호로 개정되기 전의 것) 제5조 제2항 중 "형법 제334조(특수강도)의 죄를 범한 자가 동법 제298조(강제추행)의 죄를 범한 때에는 사형·무기 또는 10년 이상의 징역에 처한다."는 부분이 책임과 형벌 간의 비례원칙을 위반되지 않는다. (헌재 2009헌바350) 정답 ×

015

농업용 동력운반차는 농업기계로서 구 자동차관리법 제2조 제1호에서 정한 자동차나 이를 전제로 하는 구 자동차관리법 제3조에서 정한 각종 자동차에 해당하지 않으므로 무면허운전 처벌규정의 적용대상인 구 도로교통법 제2조 제18호에 정한 자동차에도 해당하지 않는다. ○ ×

해설 대법원 2017도13182 정답 ○

016

구 부동산 가격공시 및 감정평가에 관한 법률 제37조 제1항의 성실의무 등이 적용되는 감정평가업자의 업무 중 같은 법 제29조 제1항 제6호의 '금융기관·보험회사·신탁회사 등 타인의 의뢰에 의한 토지 등의 감정평가'에 금융기관·보험회사·신탁회사와 이에 준하는 공신력 있는 기관의 의뢰에 의한 감정평가 외에 널리 제3자의 의뢰에 의한 감정평가도 포함된다. ○ ×

해설 대법원 2019도3595 정답 ○

017

양벌규정에 의하여 개인정보처리자 아닌 행위자도 위 벌칙규정의 적용대상이 된다. 그러나 구 개인정보 보호법은 제2조 제5호, 제6호에서 공공기관 중 법인격이 없는 '중앙행정기관 및 그 소속 기관' 등을 개인정보처리자 중 하나로 규정하고 있으면서도, 양벌규정에 의하여 처벌되는 개인정보처리자로는 같은 법 제74조 제2항에서 '법인 또는 개인'만을 규정하고 있을 뿐이고, 법인격 없는 공공기관에 대하여도 위 양벌규정을 적용할 것인지 여부에 대하여는 명문의 규정을 두고 있지 않으므로, 죄형법정주의의 원칙상 '법인격 없는 공공기관'을 위 양벌규정에 의하여 처벌할 수 없고, 그 경우 행위자 역시 위 양벌규정으로 처벌할 수 없다. ○ ×

해설 대법원 2020도1942 정답 ○

018 민사소송법 제335조에 따른 법원의 감정인 지정결정 또는 같은 법 제341조 제1항에 따른 법원의 감정촉탁을 받은 경우, 감정평가업자가 아닌 사람이더라도 그 감정사항에 포함된 토지 등의 감정평가를 할 수 있으며 이러한 행위가 형법 제20조의 정당행위에 해당하여 위법성이 조각된다. ○ ×

해설 대법원 2017도10634   정답 ○

019 성폭력범죄의 처벌 등에 관한 특례법 제6조에서 정하는 '정신적인 장애가 있는 사람'이란 '정신적인 기능이나 손상 등의 문제로 일상생활이나 사회생활에서 상당한 제약을 받는 사람'을 가리킨다. 장애인복지법에 따른 장애인 등록을 하지 않았다거나 그 등록 기준을 충족하지 못하더라도 여기에 해당할 수 있다. ○ ×

해설 대법원 2021도9051   정답 ○

020 절도죄에 있어서 재물의 타인성을 오신하여 그 재물이 자기에게 취득할 것이 허용된 동일한 물건으로 오인하고 가져온 경우에는 범죄사실에 대한 인식이 있다고 할 수 없으므로 고의가 인정되지 않는다. ○ ×

해설 그 재물이 자기에게 취득(빌린 것)할 것이 허용된 동일한 물건으로 오인하고 가져온 경우에는 범죄사실에 대한 인식이 있다고 할 수 없으므로 범의가 조각된다. (대법원 83도1762,83감도315)   정답 ○

021 어떠한 표현이 공표된 사실의 내용 전체의 취지를 살펴볼 때 중요한 부분에서 객관적 사실과 합치되는 경우, 이를 허위사실의 공표라고 볼 수는 없다. ○ ×

해설 대법원 2019도12901   정답 ○

022 형법상 고의란 자기가 의도한 바 행위에 의하여 범죄사실이 발생할 것을 인식하면서 그 행위를 감행하거나 하려고 할 뿐만 아니라 그 결과발생을 희망함을 의미한다. ○ ×

해설 살인죄에 있어 범의는 자기의 행위로 인하여 타인의 사망의 결과를 발생시킬만한 가능 또는 위험이 있음을 인식 또는 예견하면 족한 것이고 사망의 결과발생 또는 희망할 것은 필요치 않으며, 그 인식 또는 예견은 불확정적인 것이라도 소위 미필적 고의가 있다고 보아야 할 것이다. (대법원 88도692)   정답 ×

023 개괄적 고의의 인과관계 착오이론은 인과과정의 불일치를 본질적으로 보는 한 발생결과의 고의기수범이 성립한다. ○ ×

해설 비본질적이면 고의기수가 성립하지만 본질적인 경우 인식사실의 미수와 발생사실의 과실이 성립한다.   정답 ×

024
낮에 직장상사에게 엄청난 꾸중을 들은 A는 퇴근 후 밤늦은 시간에, 그 분풀이로 자신의 친구 B와 함께 길 가는 사람을 살해하기로 계획하고 지나가던 행인을 살해하였다. 다음 날 신문에 난 기사를 보고 자신이 살해한 사람이 자신의 아버지 C인 것을 알았다. 이 때 A는 보통살인죄로 처벌된다. ○ ×

해설 친구 B는 존속이 아니므로 보통살인죄 성립처벌하며 A는 존속살해의 고의가 없어 제15조 제1항에 의해 보통살인죄로 처벌된다. 정답 ○

025
내란죄에서 국헌문란의 목적은 확정적 인식을 요한다. ○ ×

해설 국헌문란의 목적은 범죄 성립을 위하여 고의 외에 요구되는 초과주관적 위법요소로서 엄격한 증명사항에 속하나, 확정적 인식임을 요하지 아니하며, 다만 미필적 인식이 있으면 족하다. (대법원 2014도10978) 정답 ×

026
아동·청소년의 성을 사는 행위를 알선하는 행위를 업으로 하는 갑에게 아동·청소년의 성보호에 관한 법률 제15조 제1항 제2호의 위반죄가 성립하려면 갑 자신이 아동·청소년을 알선의 대상으로 삼아 그 성을 사는 행위를 알선한다는 것을 인식하여야 하고, 알선행위로 아동청소년의 성을 사는 행위를 한 사람도 행위의 상대방이 아동·청소년임을 인식하여야 한다. ○ ×

해설 아동·청소년의 성을 사는 행위를 알선하는 행위를 업으로 하여 청소년성보호법 제15조 제1항 제2호의 위반죄가 성립하기 위해서는 알선행위를 업으로 하는 사람이 아동·청소년을 알선의 대상으로 삼아 그 성을 사는 행위를 알선한다는 것을 인식하여야 하지만, 이에 더하여 알선행위로 아동·청소년의 성을 사는 행위를 한 사람이 행위의 상대방이 아동·청소년임을 인식하여야 한다고 볼 수는 없다. (대법원 2015도15664) 정답 ×

027
구성요건행위가 시간적 계속을 요하는가에 따라서 상태범과 계속범으로 구분된다. 그 중 상태범의 경우 행위의 계속과 위법상태의 계속은 일치하지 않고, 계속범의 경우 행위의 계속과 위법상태의 계속은 일치한다. ○ ×

해설 계속범은 구성요건적 행위가 위법상태의 야기뿐만 아니라 시간적 계속을 요하므로 행위의 계속과 위법상태의 계속이 일치하는 범죄를 의미한다. 예를 들면 체포감금죄, 주거침입죄가 이에 해당한다. 반면에 상태범은 구성요건적 결과의 발생과 동시에 범죄도 완성되는 죄를 말한다. 정답 ○

028
상태범은 기수와 범죄행위의 종료 시점이 일치하므로 기수 이후에는 공범이 성립할 수 없지만, 계속범은 범죄가 기수로 된 이후에도 행위가 계속되는 동안 공범이 성립할 수 있다. ○ ×

정답 ○

029
공소시효는 범죄가 종료된 때부터 진행되므로 계속범에 있어서는 구성요건적 결과의 발생 시가 시효의 기산점이 되며, 상태범에 있어서는 위법상태가 종료된 때가 시효의 기산점이 된다. ○ ×

해설 공소시효는 범죄행위종료시부터 진행한다. 계속범의 경우 범죄행위는 계속되고 있기 때문에 공소시효의 진행은 기수시부터가 아닌 범죄실행행위가 종료된 때로부터 진행된다. 계속범에 대응되는 상태범(구성요건적 결과의 발생과 동시에 범죄도 완성되는 범죄)이 있으며 즉시범의 일종이 상태범이다. 즉시범은 공소시효의 기산점은 종료시=기수시=결과발생시이며 계속범은 종료시가 된다. 정답 ×

030
형법 제230조의 공문서 부정행사죄는 공무원 또는 공무소의 문서 또는 도화를 부정행사함으로써 성립하는 죄로 추상적 위험범에 해당한다. ○ ×

해설 추상적 위험범이다. (대법원 2021도14514) 정답 ○

031
형법 제158조의 장례식방해죄는 장례식을 방해함으로써 성립하는 죄로 구체적 위험범에 해당한다. ○ ×

해설 추상적 위험범이다. (대법원 2010도13450) 정답 ×

032
과실범의 주의의무는 반드시 개별적인 법령에서 일일이 그 근거나 내용이 명시되어 있어야만 하는 것이 아니며, 결과 발생에 즈음한 구체적인 상황에서 이와 관련된 제반 사정들을 종합적으로 평가하여 결과 발생에 대한 예견 및 회피 가능성을 기준으로 삼아 그 결과 발생을 방지하여야 할 주의의무를 인정할 수 있는 것이다. ○ ×

해설 과실범의 주의의무는 반드시 개별적인 법령에서 일일이 그 근거나 내용이 명시되어 있어야만 하는 것이 아니며, 결과 발생에 즈음한 구체적인 상황에서 이와 관련된 제반 사정들을 종합적으로 평가하여 결과 발생에 대한 예견 및 회피 가능성을 기준으로 삼아 그 결과 발생을 방지하여야 할 주의의무를 인정할 수 있는 것이다. 정답 ○

033
「형법」 제364조에 따른 업무상과실장물취득죄는 업무상과실에 의하여 「형법」 제362조 제1항에 따른 단순과실장물취득죄보다 형이 가중되는 가중적 구성요건이다. ○ ×

해설 업무상과실 또는 중과실로 장물죄를 범한 자를 처벌하는 범죄이다. 재산죄 가운데 과실범이 처벌되는 유일한 경우이며, 일반과실장물은 처벌하지 않으면서 업무상과실 및 중과실만을 처벌한다. 업무상과실장물취득죄는 '업무'가 신분요소로 작용하는 경우로서, 업무자의 신분이 있는 경우에만 범죄가 성립하는 진정신분범이다. 정답 ×

034
甲이 자동차를 운행하던 중 과실로 A를 충격하여 반대차로에 넘어지게 했는데 그 직후 A가 반대차로를 운행하던 다른 자동차에 깔려 사망한 경우, 甲의 과실행위와 A의 사망 사이에는 인과관계가 인정되지 않는다. ○ ×

해설 피고인이 운행하던 자동차로 도로를 횡단하던 피해자를 충격하여 피해자로 하여금 반대차선의 1차선상에 넘어지게 하였다면 비록 피해자가 반대차선을 운행하던 자동차에 역과되어 사망하였다 하더라도 피고인은 그와 같은 사고를 충분히 예견할 수 있었고 또한 피고인의 과실과 피해자의 사망 사이에는 인과관계가 있다고 할 것이므로 피고인은 업무상과실치사죄의 죄책을 면할 수 없는 것이다. (대법원 88도928) 정답 ×

035 甲이 예리한 칼로 A를 찔러 부상케 한 후 1개월이 지난 후에 A가 그 찔린 상처로 인한 과다 출혈과 상처의 감염 등으로 말미암은 패혈증으로 사망한 경우, 甲이 A를 찌른 행위와 A의 사망 사이에는 인과관계가 인정되지 않는다. ○ ×

해설 피고인의 자상행위가 피해자를 사망하게 한 직접적 원인은 아니었다 하더라도 이로부터 발생된 다른 간접적 원인이 결합되어 사망의 결과를 발생하게 한 경우라도 그 행위와 사망간에는 인과관계가 있다고 할 것인바, 이 사건 진단서에는 직접사인 심장마비, 호흡부전, 중간선행사인 패혈증, 급성심부전증, 선행사인 자상, 장골정맥파열로 되어 있으며, 피해자가 부상한 후 1개월이 지난 후에 위 패혈증 등으로 사망하였다 하더라도 그 패혈증이 위 자창으로 인한 과다한 출혈과 상처의 감염 등에 연유한 것인 이상 자상행위와 사망과의 사이에 인과관계의 존재를 부정할 수 없다. (대법원 82도2525)

정답 ×

036 행위와 결과 사이에 그 행위가 없었더라면 결과가 발생하지 않았다고 볼 수 있는 모든 조건에 대하여 인과관계가 인정된다는 견해로서 중요한 원인과 중요하지 않은 원인을 구별하지 않고 모든 조건을 동일한 원인으로 파악한다. 이 학설에 대한 비판은 단독으로 동일한 결과를 발생시킬 수 있는 수 개의 조건이 결합하여 결과가 발생한 경우에 행위자의 책임이 인정해야 함에도 인과관계를 부인하게 되는 불합리한 결과가 발생한다. ○ ×

해설 조건설에 관한 설명으로 올바른 지문이다.

정답 ○

037 행위가 시간적으로 뒤따르는 외계의 변화에 연결되고 외계의 변화가 합법칙적으로 결합되어 구성요건적 결과로 실현되었을 때 인과관계가 인정된다는 견해로서 행위와 결과 간의 전개과정이 이미 확립되어 있는 자연과학적 인과법칙에 부합하는가를 심사하여 인과관계를 판단한다. 이 학설에 대한 비판은 당대의 지식수준에서 알려진 법칙적 관계의 내용이 명확하게 제시되어 있지 않고 인과관계를 인정하는 범위가 너무 넓어 결과책임을 제한하려는 형법의 목적을 실현하는데 문제가 있다. ○ ×

해설 조건설의 결함을 일상적 경험법칙으로서 합법칙성에 의해서 시정하여 수정하는 학설로서 통설적 견해이다.

정답 ○

038 결과발생을 위해 경험칙상 상당한 조건만이 원인이 되고 이 경우 인과관계를 인정된다는 견해로서 사실적 측면과 규범적 측면을 모두 고려하여 행위와 결과 사이에 높은 가능성이라는 개연성 관계를 판단한다. 이 학설에 대한 비판 : 인과관계와 결과귀속을 혼동한 잘못이 있을 뿐만 아니라 인과관계의 판단척도가 모호하여 법적안정성을 해칠 우려가 있다. ○ ×

해설 상당인과관계설은 조건설의 무제한적인 인과관계의 범위를 구성요건 단계에서 제한하고자 하는 이론이다. 정답 ○

039 갑은 주식회사를 운영하면서 발주처로부터 공사완성의 대가로 공사대금을 지급받았으나, 법인인수과정에서 법인 등록요건 중 인력요건을 외형상 갖추기 위해 관련 자격증 소지자들로부터 자격증을 대여받은 사실을 발주처에 숨기는 행위를 하였다면, 그 기망행위와 공사대금 지급 사이 상당인과관계가 인정된다. ○ ×

해설 피고인이 운영하는 한국임업은 이러한 공사 완성의 대가로 발주처로부터 공사대금을 지급받은 것이므로, 설령 피고인이 발주처에 대하여 기술자격증 대여 사실을 숨기는 등의 행위를 하였다고 하더라도 그 행위와 공사대금 지급 사이에 상당인과관계를 인정하기도 어렵다. (대법원 2017도20911)

정답 ×

040

인과관계 유무 판단과 관련하여 객관적 귀속론은 자연과학적 인과관계를 인정하는 문제와 형사책임의 범위를 정하는 문제를 분리하여 판단하자는 입장이다. ○ⅹ

해설 객관적 귀속이론은 두 가지를 분리하자는 입장이다. 이 이론에 따르면 합법칙적 조건설에 의해 인과관계를 확정하고 형사책임의 귀속은 귀속이론에 의해서 결정하자고 주장한다.
정답 ○

041

설치된 기계의 수리, 작업과정에 대한 공원의 훈련 및 감독 신규 공원의 채용 등 공장운영 전반에 대한 실무적 감독자가 따로 있는 경우에도 공장을 임차경영하고 있으면 그에게 피해자인 공원에 대한 사전 안전교육과 기계조작 등 작업방법에 대한 구체적이고 직접적 감독책임이 있다. ○ⅹ

해설 설치된 기계의 수리. 작업과정에 대한 공원의 훈련 및 감독, 신규 공원의 채용등 공장운영 전반에 대한 실무적인 감독자가 따로 있는 경우에는 공장을 임차경영하고 있다 하여 그에게 피해자인 공원에 대한 사전안전교육과 기계조작 및 작업방법 등에 관한 구체적이고 직접적인 감독책임이 있다고 할 수 없다. (대법원 84도2025)
정답 ⅹ

042

대법원은 과실범의 객관적 주의의무의 판단기준을 행위자 개인의 주의능력이 아니라 "같은 업무 또는 분야에 종사하는 일반적 보통인의 주의정도를 표준으로 하여야 한다"고 판시하여 객관설의 입장을 따르고 있다. ○ⅹ

해설 객관설(통설, 판례)은 구성요건적 과실을 객관적 주의의무 위반으로 보고, 일반적 보통인에게 요구되는 정도의 주의능력을 기준으로 한다. 즉, 행위자가 정상의 주의를 하였더라면 범죄결과의 발생을 인식하고 예견할 수 있었고, 이 예견으로부터 결과발생을 회피할 수 있었다고 할 경우에 과실범의 주의의무 위반이 인정된다. 참고로 주관설은 구성요건적 과실에 주관적 주의의무 위반을 포함시킨다. 행위자 본인의 주의능력을 표준으로 하여 주의의무위반 여부를 판단한다.
정답 ○

043

과실범에서 결과는 주의의무위반으로 인하여 발생한 때에만 행위자에게 객관적으로 귀속될 수 있어 행위자가 주의의무에 위반하여 구성요건적 결과가 발생한 경우, 주의의무를 이행한 때에도 같은 결과가 발생했을 것이라고 인정되는 경우라면 객관적 귀속이 인정된다. ○ⅹ

해설 과실범의 결과는 주의의무위반으로 이하여 발생한 때에 행위자에게 객관적으로 귀속시킬 수 있으므로 행위자가 주의의무를 위반하였고 구성요건적 결과가 발생하였다 하더라도 주의의무를 다한 때 이와 같은 결과가 발생했으리라고 인정되는 경우에는 객관적 귀속을 부정한다. 이를 주의의무위반관련성이라고 한다.
정답 ⅹ

044

과실범은 결과범이기 때문에 결과발생이 없으면 과실범의 결과불법이 부정되고, 결과발생이 있어도 객관적 주의의무 위반이 없으면 행위불법이 부정되어 과실범은 성립하지 않는다. ○ⅹ

정답 ○

045

과실범의 경우 "행위 당시의 외부적 사정에 비추어 보아 행위자에게 주의의무를 준수할 것을 기대할 수 있을 때"에 행위자에 대하여 과실책임을 물을 수 있고, 그 같은 기대를 할 수 "없을 때"에는 과실책임이 조각된다. O X

정답 O

046

제한책임설은 위법성조각사유의 전제사실에 관한 착오를 법률의 착오로 보는 것이다. O X

해설 법률의 착오로 보는 것은 엄격 책임설이다.

정답 X

047

정당방위, 긴급피난, 자구행위의 성립요건으로 '상당한 이유가 있을 것'이 요구된다. O X

해설 정당방위, 긴급피난, 자구행위의 성립요건으로 '상당한 이유가 있을 것'이 요구된다.

정답 O

048

甲이 「가정폭력범죄의 처벌 등에 관한 특례법」상의 임시보호명령을 위반하여 피해자인 A의 주거지에 접근하고 문자 메시지를 보낸 경우, 이에 대하여 A의 양해 내지 승낙이 있었다면 甲의 행위가 사회상규에 위배되는 행위로 볼 것은 아니다. O X

해설 대법원 2021도14015

정답 X

049

타인의 승낙을 받아 촬영한 영상물도 반포 시에 그 촬영대상자의 의사에 반하여 반포하였다면, 성폭력 범죄의 처벌 등에 관한 특례법 제14조 제2항(카메라등이용촬영·반포)이 적용된다. O X

해설 구 성폭력범죄의 처벌 등에 관한 특례법(2020.5.19. 법률 제17264호로 개정되기 전의 것, 이하 '구 성폭력처벌 법'이라 한다)은 제14조 제1항에서 '카메라나 그 밖에 이와 유사한 기능을 갖춘 기계장치를 이용하여 성적 욕망 또는 수치심을 유발할 수 있는 사람의 신체를 촬영대상자의 의사에 반하여 촬영'하는 행위를 처벌하면서, 같은 조 제2항에서 제1항에 따른 촬영물 또는 복제물을 반포·판매 임대·제공 또는 공공연하게 전시·상영한 자'뿐만 아니라 '제1항의 촬영이 촬영 당시에는 촬영대상자의 의사에 반하지 아니한 경우에도 사후에 그 촬영물 또는 복제물을 촬영대상자의 의사에 반하여 반포 판매 임대·제공 또는 공공연하게 전시·상영한 자'도 5년 이하의 징역 또는 3천만 원 이하의 벌금에 처하도록 규정하고 있다. 이는 성적 욕망 또는 수치심을 유발할 수 있는 타인의 신체를 촬영한 촬영물 또는 복제물(이하 '촬영물 등'이라 한다)이 인터넷 등 정보통신망을 통하여 급속도로 광범위하게 유포됨으로써 피해자에게 엄청난 피해와 고통을 초래하는 사회적 문제를 감안하여, 죄책이나 비난 가능성이 촬영 행위 못지않게 크다고 할 수 있는 촬영물 등의 반포 등 유포 행위를 한 자에 대해서도 촬영자와 동일하게 처벌하기 위함이다. (대법원 2022도1683)

정답 O

050

형법 제305조 제2항에 의하면 13세 이상 16세 미만의 사람에 대하여 간음 또는 추행을 한 19세 이상의 자는 상대방의 동의 유무를 불문하고 형법 제297조(강간), 제297조의2(유사강간), 제298조(강제추행), 제301조(강간등상해·치상) 또는 제301조의2(강간등살인·치사)의 예에 의하여 처벌된다. ○ ×

해설 형법 제305조에 규정된 13세미만 부녀에 대한 의제강간, 추행죄는 그 성립에 있어 위계 또는 위력이나 폭행 또는 협박의 방법에 의함을 요하지 아니하며 피해자의 동의가 있었다고 하여도 성립하는 것이다. (대법원 82도218) 정답 ○

051

공격자의 공격행위를 유발하는 의도적 도발의 경우라 하더라도 그 공격행위에 대해서는 방위행위를 인정할 수 있어 정당방위가 성립한다. ○ ×

해설 피고인이 피해자를 살해하려고 먼저 가격한 이상 피해자의 반격이 있었더라도 피해자를 살해한 소위가 정당방위에 해당한다고 볼 수는 없다. (대법원 83도1467) 정답 ×

052

정당방위에서 침해의 현재성이란 침해행위가 형식적으로 기수에 이르렀는지에 따라 결정되는 것이 아니라 자기 또는 타인의 법익에 대한 침해상황이 종료되기 전까지를 의미한다. ○ ×

해설 형법 제21조 제1항은 "현재의 부당한 침해로부터 자기 또는 타인의 법익을 방위하기 위하여 한 행위는 상당한 이유가 있는 경우에는 벌하지 아니한다."라고 규정하여 정당방위를 위법성조각사유로 인정하고 있다. 이때 '침해의 현재성'이란 침해행위가 형식적으로 기수에 이르렀는지에 따라 결정되는 것이 아니라 자기 또는 타인의 법익에 대한 침해상황이 종료되기 전까지를 의미하는 것이므로, 일련의 연속되는 행위로 인해 침해상황이 중단되지 아니하거나 일시 중단되더라도 추가 침해가 곧바로 발생할 객관적인 사유가 있는 경우에는 그중 일부 행위가 범죄의 기수에 이르렀더라도 전체적으로 침해상황이 종료되지 않은 것으로 볼 수 있다. (대법원 2020도6874) 정답 ○

053

甲 아파트 입주자대표회의 회장인 피고인이 자신의 승인 없이 동대표들이 관리소장과 함께 게시한 입주자대표회의 소집공고문을 뜯어내 제거함으로써 그 효용을 해하였다고 하여 재물손괴로 기소된 사안에서, 피고인이 위 공고문을 손괴한 조치는, 그에 선행하는 위법한 공고문 작성 및 게시에 따른 위법상태의 구체적 실현이 임박한 상황하에서 그 위법성을 바로잡기 위한 것으로 사회통념상 허용되는 범위를 크게 넘어서지 않는 행위로 볼 수 있다. ○ ×

해설 대법원 2021도9680 정답 ○

054

피고인이 '접근금지, 문언송신금지' 등을 명한 임시보호명령을 위반하여 피해자의 주거지에 접근하고 문자메시지를 보낸 사안에서, 설령 이에 관한 피해자의 양해나 승낙이 있었다고 하더라도 가정폭력처벌법 위반죄의 구성요건에 해당하고, 피고인이 이 사건 임시보호명령의 발령 사실을 알면서도 피해자에게 먼저 연락하였고 이에 피해자가 대응한 것으로 보이는 점, 피해자가 피고인과 문자메시지를 주고받던 중 수회에 걸쳐 '더 이상 연락하지 말라'는 문자메시지를 보내기도 한 점 등에 비추어 정당행위로 볼 수도 없다는 이유로 가정폭력처벌법 위반죄를 인정하였다. ○ ×

해설 피해자가 양해, 승낙해도 위법하다. (대법원 2021도14015) 정답 ○

055

「형법」 제18조에서 규정한 부작위는 법적 기대라는 규범적 가치판단 요소에 의해 사회적 중요성을 가지는 사람의 행태이다. ○ ×

해설 대법원 2015도6809

정답 ○

056

원인에 있어서 자유로운 행위에 관한 「형법」 제10조 제3항은 원인행위시 심신장애 상태에서 위법행위로 나아갈 예견가능성이 없었던 경우에도 적용된다. ○ ×

해설 행위자가 고의나 과실로 심신장애를 초래했으며 구성요건해당행위의 실현에 대해서 예견가능성은 있는 경우이다. 즉 과실에 의한 원인에 있어서의 자유로운 행위도 가능하다. (대법원 92도999)

정답 ×

057

甲은 2022.12.21. 경부터 보이스피싱 사기범행에 사용된다는 사정을 알면서도 유령법인 설립, 그 법인 명의 계좌 개설 후 그 접근매체를 채팅 애플리케이션을 통해 대화명 A에게 전달 유통하는 행위를 계속하였다. 그 후 2023.1.15. 경 보이스피싱 조직원의 제안에 따라 이른바 '전달책' 역할을 승낙하고, 2023.1.28.부터 '전달책'에 해당하는 실행행위를 하였다. 甲이 '전달책' 역할까지 승낙한 행위 역시 정범의 범행 결의를 강화시키는 무형적·정신적 방조행위이다. 甲이 '전달책'으로서의 행위를 한 때부터 비로소 피해자들에 대한 사기죄의 종범에 해당한다. ○ ×

해설 피고인의 이러한 접근매체 전달·유통행위는 보이스피싱 사기 범행에 사용된다는 정을 알면서도 정범이 실행에 착수하기 이전부터 장래의 실행행위를 예상하고서 이를 용이하게 하는 유형적·물질적 방조행위이고, 이러한 상태에서 '전달책' 역할까지 승낙한 행위 역시 정범의 범행 결의를 강화시키는 무형적·정신적 방조행위이므로, 피고인은 '전달책'으로서 실행행위를 한 시기에 관계없이 피해자들에 대한 사기죄의 종범에 해당한다. (대법원 2022도649) = 행위를 한 때부터가 아니라 실행행위 시기와 상관없이 사기죄의 종범에 해당한다.

정답 ×

058

갑이 주차된 자동차를 A소유로 알고 손괴하였는데 알고 보니 B의 소유였던 경우 주관적 정당화요소를 결한 사례이며 갑은 판례에 의하면 재물손괴죄의 불능미수이다. ○ ×

해설 구성요건 착오 중 객체의 착오에 해당하므로 손괴죄 기수이다.

정답 ×

059

유흥접객업소 업주 乙이 청소년의 출입을 금지하는 관련 규정을 몰라 청소년을 자신의 유흥접객업소에 출입시킨 경우는 법률의 착오 사례이며 판례에 의하면 乙은 그 오인에 정당한 이유가 있어 책임이 조각된다. ○ ×

해설 판례는 법률의 부지는 법률의 착오에 해당하지 않는다고 본다. 따라서 이 사례는 법률의 부지에 해당하므로 고의 기수이다.

정답 ×

060

형법 제32조 제1항은 "타인의 범죄를 방조한 자는 종범으로 처벌한다."라고 정하고 있다. 방조란 정범의 구체적인 범행준비나 범행사실을 알고 그 실행행위를 가능·촉진·용이하게 하는 지원행위 또는 정범의 범죄행위가 종료하기 전에 정범에 의한 법익침해를 강화·증대시키는 행위로서, 정범의 범죄 실현과 밀접한 관련이 있는 행위를 말한다. 방조범은 정범에 종속하여 성립하는 범죄이므로 방조행위와 정범의 범죄 실현 사이에는 인과관계가 필요하다. 방조범이 성립하려면 방조행위가 정범의 범죄 실현과 밀접한 관련이 있고 정범으로 하여금 구체적 위험을 실현시키거나 범죄 결과를 발생시킬 기회를 높이는 등으로 정범의 범죄 실현에 현실적인 기여를 하였다고 평가할 수 있어야 한다. 정범의 범죄 실현과 밀접한 관련이 없는 행위를 도와준 데 지나지 않는 경우에는 방조범이 성립하지 않는다. ○ ×

해설 대법원 2017도9835   정답 ○

061

교사범이 피교사자에게 자신의 교사행위를 철회한다는 명시적인 의사표시를 하는 것만으로는 교사의 책임이 면제되지 않는다. ○ ×

해설 대법원 2012도7407   정답 ○

062

자의로 실행행위를 중지한 공범은 다른 공동정범이 결과를 발생시킨 것에 대해 공동정범으로서 책임을 지지 않는다. ○ ×

해설 대법원 83도2941   정답 ×

063

위험의 발생을 예견하고도 자의로 심신장애를 야기한 자의 행위에 대하여는 심신장애에 관한 「형법」 제10조 제1항 및 제2항의 적용이 배제된다. ○ ×

해설 형법 제10조 제3항   정답 ○

064

피고인이 자신의 차를 운전하여 술집에 가서 술을 마신 후 운전을 하다가 교통사고를 일으켰다는 사실만으로는 피고인이 음주할 때 교통사고를 일으킬 수 있다는 위험성을 예견하고도 자의로 심신장애를 야기한 경우에 해당하지 않는다. ○ ×

해설 고의에 의한 원인에 있어서의 자유로운 행위만이 아니라 과실에 의한 원인에 있어서의 자유로운 행위까지도 포함하는 것으로서, 위험의 발생을 예견할 수 있었는데도 자의로 심신장애를 야기한 경우도 그 적용대상이 된다고 할 것이어서, 피고인이 음주 운전을 할 의사를 가지고 음주 만취한 후 운전을 결행하여 교통사고를 일으켰다면 피고인은 음주시에 교통사고를 일으킬 위험성을 예견하였는데도 자의로 심신장애를 야기한 경우에 해당하므로 위 법조항에 의하여 심신장애로 인한 감경 등을 할 수 없다. (대법원 92도999)   정답 ×

065

제한책임설은 위법성조각사유의 전제사실에 관한 착오를 법률의 착오로 보는 것이다. ○ ×

해설 법률의 착오로 보는 것은 엄격 책임설이다.   정답 ×

066 음주운전을 할 의사를 가지고 음주만취한 후 운전을 결행하여 교통사고를 일으킨 경우는 음주시에 교통사고를 일으킬 위험성을 예견하였는데도 자의로 심신장애를 야기한 경우에 해당하므로 과실에 의한 원인에 있어서 자유로운 행위에 해당한다. ○ ×

해설 형법 제10조 제3항은 "위험의 발생을 예견하고 자의로 심신장애를 야기한 자의 행위에는 전2항의 규정을 적용하지 아니한다"고 규정하고 있는 바, 이 규정은 고의에 의한 원인에 있어서의 자유로운 행위만이 아니라 과실에 의한 원인에 있어서의 자유로운 행위까지도 포함하는 것으로서 위험의 발생을 예견할 수 있었는데도 자의로 심신장애를 야기한 경우도 그 적용 대상이 된다고 할 것이어서, 피고인이 음주운전을 할 의사를 가지고 음주만취한 후 운전을 결행하여 교통사고를 일으켰다면 피고인은 음주시에 교통사고를 일으킬 위험성을 예견하였는데도 자의로 심신장애를 야기한 경우에 해당하므로 위 법조항에 의하여 심신장애로 인한 감경 등을 할 수 없다. (대법원 92도999) 정답 ○

067 피고인에게 이 사건 범행 당시 '경도 지적장애'가 있으며 그로 말미암아 사물에 대한 변별능력과 그에 따른 행위통제능력이 결여되거나 감소되었으므로, 피고인이 심신장애의 상태였다고 볼 수 있다. ○ ×

해설 피고인에게 이 사건 범행 당시 '경도 지적장애'가 있었다고 하더라도 그로 말미암아 사물에 대한 변별능력과 그에 따른 행위통제능력이 결여되거나 감소되었다고 볼 수 없으므로, 피고인이 심신장애의 상태였다고 볼 수 없다. (대법원 2021도8657) 정답 ×

068 자의성 판단기준에 관한 학설 중 객관설에 따르면 외부적 사정에 의하여 범죄가 완성되지 않은 경우에는 장애미수로 본다. ○ ×

정답 ○

069 미수범이란 행위를 종료했더라도 결과가 발생하지 아니한 경우를 말하는 것이므로 결과가 발생한 경우에는 미수범이 성립할 여지가 없다. ○ ×

해설 인과관계나 객관적 귀속이 부정되는 경우에는 미수범이 성립될 수 있다. 정답 ×

070 심리적 책임론은 고의는 있으나 책임조각사유에 의해서 책임이 부정되는 경우를 설명할 수 없으며, 결과에 대한 심리적 관계가 없는 '인식 없는 과실'의 책임도 인정할 수 없다. ○ ×

정답 ○

071 규범적 책임론은 형법과 형사정책의 관계를 혼동함으로써 일반예방에 대한 관계에서 책임주의가 가지고 있는 제한적 기능을 무의미하게 만들 위험성이 있다. ○ ×

해설 예방적 책임론에 대한 비판이다. 예방적 책임론은 형벌제한의 표지로서 책임은 그대로 인정하면서, 처벌의 필요성은 특별예방과 일반예방의 형벌 목적에 의해 결정된다는 견해이다. 비판점은 예방목적을 강조할 경우 책임무능력자나 면책될 자까지도 처벌되는 문제가 있으며 책임주의가 가지는 제한적 기능을 무의미하게 할 위험성이 있다. 정답 ×

072 책임은 자유의사를 가진 자가 그 의사에 의하여 적법한 행위를 할 수 있었음에도 불구하고 위법한 행위를 선택하였으므로 이에 윤리적 비난을 가하는 것이다는 견해는 심리적 책임론이다. O X

해설 도의적 책임론에 관한 설명이다. 정답 ×

073 인간의 행위는 자유의사가 아니라 환경과 소질에 의해 결정되는 것으로 책임의 근거가 행위자의 반사회적 성격에 있다는 견해는 규범적 책임론이다. O X

해설 사회적 책임론에 관한 설명이다. 정답 ×

074 책임은 행위 당시 행위자가 가지고 있었던 고의과실이라는 심리적 관계로 이해하여 심리적 사실인고의과실이 있으면 책임이 있고 그것이 없으면 책임도 없다는 견해는 도의적 책임론이다. O X

해설 심리적 책임론에 관한 설명이다. 정답 ×

075 책임을 심리적 사실관계로 보지 않고 규범적 평가 관계로 이해하여 행위자가 적법행위를 할 수 있었음에도 위법행위를 한 것에 대한 규범적 비난이 책임이라고 보는 견해는 사회적 책임론이다. O X

해설 규범적 책임론에 관한 설명이다. 정답 ×

076 저작권침해 게시물을 인터넷 웹사이트 서버 등에 업로드하여 공중의 구성원이 개별적으로 선택한 시간과 장소에서 접근할 수 있도록 이용에 제공하였더라도 공중에게 침해 게시물을 실제 송신하지 않았다면 저작권법상 공중송신권 침해는 기수에 이르지 않는다. O X

해설 정범이 침해 게시물을 인터넷 웹사이트 서버 등에 업로드하여 공중의 구성원이 개별적으로 선택한 시간과 장소에서 접근할 수 있도록 이용에 제공하면, 공중에게 침해 게시물을 실제로 송신하지 않더라도 공중송신권 침해는 기수에 이른다. (대법원 2017도19025) 정답 ×

077 A가 갑으로부터 폭행을 당하고 얼마 후 함께 A를 폭행하자는 갑의 연락을 받고 달려온 을로부터 다시 폭행을 당하고 사망하였으나 사망의 원인행위가 판명되지 않았다면 형법 제263조가 적용되어 갑과 을은 폭행치사죄의 공동정범의 예에 의하여 처벌된다. O X

해설 2인 이상이 상호의사의 연락이 없이 동시에 범죄구성요건에 해당하는 행위를 하였을 때에는 원칙적으로 각인에 대하여 그 죄를 논하여야 하나, 그 결과발생의 원인이 된 행위가 분명하지 아니한 때에는 각 행위자를 미수범으로 처벌하고(독립행위의 경합), 이 독립행위가 경합하여 특히 상해의 경우에는 공동정범의 예에 따라 처단(동시범)하는 것이므로, 상호의사의 연락이 있어 공동정범이 성립한다면, 독립행위경합 등의 문제는 아예 제기될 여지가 없다. (대법원 97도1740)

정답 ×

078
갑이 을에게 사기를 교사하였는데 을이 공갈을 실행한 경우 교사내용과 실행행위의 질적 차이가 본질적이지 않으므로 갑은 교사한 범죄에 대한 교사범의 책임을지지 않는다. ○ ×

해설 교사한 범죄보다 양적으로 중한 죄를 저지른 경우에는 교사한 범죄에 대한 교사범만 성립한다. 정답 ×

079
갑이 책임무능력자를 이용하여 범행한 사례에서 공범의 종속 정도와 관련하여 제한종속형식설을 취하는 경우 공범의 우위성에 따라서 갑에게는 교사범이 성립하므로 간접정범이 성립할 여지가 없다. ○ ×

해설 제한적 종속설은 정범이 책임무능력자이더라도 간접정범이나 교사범이 가능하다. 정범개념의 우위성에 의해서 의사지배가 있으면 간접정범이고 의사지배가 없으면 교사범이 될 수는 있다. 정답 ×

080
제한적 종속형식에 의하면 갑이 A를(만10세) 교사하여 A가 재물을 절취한 경우 갑에게는 절도교사범이 성립한다. ○ ×

정답 ○

081
절도미수범인이 폭행협박을 가한 경우 강도미수에 준하여 처벌하여야 한다. ○ ×

해설 준강도죄의 기수 여부는 절도행위의 기수여부를 기준으로 하여 판단하여야 한다. (대법원 2004도5074) 정답 ×

082
甲이 A회사의 전문건설업등록증 등의 이미지 파일을 위조하여 공사 수주에 사용하기 위해 발주업체 직원 B에게 이메일로 송부하여 위조 사실을 모르는 B로 하여금 위 이미지 파일을 출력하게 한 경우, 간접정범을 통한 위조문서행사 범행의 피이용자인 B는 甲과 동일시할 수 있는 자와 마찬가지이므로 甲에게는 위조문서행사죄의 간접정범이 성립하지 아니한다. ○ ×

해설 피고인이 위조·변조한 공문서의 이미지 파일을 甲 등에게 이메일로 송부하여 프린터로 출력하게 함으로써 '행사'하였다는 내용으로 기소되었는데, 甲 등은 출력 당시 위 파일이 위조된 것임을 알지 못한 사안에서, 피고인의 행위가 위조·변조공문서행사죄를 구성한다. (대법원 2011도14441) 정답 ×

083
장애미수범(「형법」 제25조)에 해당하기 위하여는 물론이고 중지미수범(「형법」 제26조)에 해당하기 위하여도 실행의 착수가 있어야 한다. ○ ×

해설 미수범의 성립에는 실행의 착수가 필요하다. 정답 ○

084

고의는 미필적 인식으로도 족하므로, 공동가공의 의사 역시 타인의 범행을 인식하면서 제지하지 않고 용인한 것만으로 공동가공의 의사는 인정된다. ○ ×

해설 공동가공의 의사는 타인의 범행을 인식하면서도 이를 제지하지 아니하고 용인하는 것만으로는 부족하고, 공동의 의사로 특정한 범죄행위를 하기 위하여 일체가 되어 서로 다른 사람의 행위를 이용하여 자기의 의사를 실행에 옮기는 것을 내용으로 하여야 한다. (대법원 2018도7658) 정답 ×

085

방조범은 정범에 종속하여 성립하는 범죄이므로 방조행위와 정범의 범죄 실현 사이에는 인과관계가 필요하다. 방조범이 성립하려면 방조행위가 정범의 범죄 실현과 밀접한 관련이 있고 정범으로 하여금 구체적 위험을 실현시키거나 범죄결과를 발생시킬 기회를 높이는 등으로 정범의 범죄 실현에 현실적 기여를 하였다고 평가할 수 있어야 한다. 정범의 범죄 실현과 밀접한 관련이 없는 행위를 도와준 데 지나지 않는 경우에는 방조범이 성립하지 않는다. ○ ×

해설 대법원 2015도12632 정답 ○

086

미수범의 공범은 정범이 미수에 그친 경우로서 갑이 을에게 살인을 교사하면 갑은 살인미수의 교사범이 되며 공범의 미수는 교사행위 자체가 미수에 그친 경우를 의미하므로 공범종속성설에 의하면 공범의 미수는 인정되지 않는다. ○ ×

해설 통설에 의하면 미수의 공범(정범이 미수인 경우)은 인정되나 공범의 미수(정범의 실행행위가 없는 경우)는 인정되지 않는다. 정답 ○

087

공범종속성설에 의하면 형법 제31조 제2항과 제3항은 공범의 미수를 처벌한 것으로 공범독립성설의 근거이자 당연규정이다. 교사행위나 방조행위 그 자체가 범죄실행행위이므로 미수범의 공범과 공범의 미수가 모두 가능하다. ○ ×

해설 공범독립성설에 의하면 형법 제31조 제2항과 제3항은 공범의 미수를 처벌한 것으로 공범독립성설의 근거이자 당연규정이다. 교사행위나 방조행위 그 자체가 범죄실행행위이므로 미수범의 공범과 공범의 미수가 모두 가능하다. 정답 ×

088

「형법」 제30조는 "공동정범은 각자를 그 죄의 정범으로 처벌한다"라고 규정하고 있어 甲과 乙이 절도를 공모하고 乙이 절도를 한 후 단독으로 강간한 경우에도 甲과 乙의 법정형은 같다. ○ ×

해설 절도의 공동정범이 될 수 있으나 법정형이 상이하다. 정답 ×

089 「형법」 제31조는 "타인을 교사하여 죄를 범하게 한 자는 죄를 실행한 자와 동일한 형으로 처벌한다"라고 규정하고 있어 甲이 乙에게 절도를 교사했는데 乙이 강도를 한 경우 甲과 乙은 강도 기수죄가 성립한다. ○ ×

해설 甲은 양적 초과로 절도의 교사가 성립한다. 정답 ×

090 「형법」 제32조는 "타인의 범죄를 방조한 자는 종범으로 처벌하고, 종범의 형은 정범의 형보다 감경한다"라고 규정하고 있어 甲이 乙의 절도를 방조하였는데 乙이 살인을 한 경우 甲은 절도죄의 방조범, 乙은 살인죄가 성립한다. ○ ×

해설 질적 착오로 실행범죄의 방조가 성립되지 않고 기도된 방조도 없으므로 불가벌이다. 정답 ×

091 합동범이 성립하기 위한 주관적 요건으로서 공모는 법률상 정형을 요구하는 것이 아니어서 공동가공의사가 암묵리에 서로 상통하면 되지만 적어도 그 모의과정은 사전에 있어야 한다. ○ ×

해설 사전에 모의과정이 있어야 하는 것은 아니다. (대법원 95도2655) 정답 ×

092 피고인이 다른 피고인들과 택시강도 모의를 한 일이 있다 하더라도 다른 피고인들이 폭행에 착수하기 전에 겁을 먹고 미리 현장에서 도주하면 특수강도 합동범으로 다스릴 수 없다. ○ ×

해설 대법원 84도2956 정답 ○

093 1심에서 별도로 판결된 수개의 죄가 항소심에서 병합심리된 경우 이들 범죄는 동시적 경합범 관계에 있지 않다. ○ ×

해설 두개의 공소사실들이 형법 제37조 전단 소정의 경합범 관계에 있는 경우 그 사실들에 대하여 병합심리를 하고 한 판결로서 처단하는 이상 형법 제38조 제1항 소정의 예에 따라 경합 가중한 형기 범위 내에서 피고인을 단일한 선고형으로 처단하여야 한다. (대법원 72도597) 정답 ×

094 판결이 확정된 죄와 그 판결확정 전 범한 죄는 사후적 경합의 관계에 있다. ○ ×

해설 형법 제37조 경합범 정답 ×

095 경합범에서 확정판결이란 선고된 판결을 말한다. ○ ×

해설 경합범에서 확정판결은 불복절차에 의해서 더 이상 다툴수 없게 된 판결이다. 정답 ×

096 경합범 관계에서 횡령죄(법정형 5년이하의 징역 또는 1500만원 이하의 벌금)와 학대죄(법정형:2년이하의 징역 또는 500만원 이하의 벌금)의 처단형은 7년이다. ○ ×

정답 ○

097 「폭력행위 등 처벌에 관한 법률」 제4조 제1항은 그 법에 규정된 범죄행위를 목적으로 하는 단체를 구성하거나 이에 가입하는 행위(범죄단체구성·가입죄) 또는 구성원으로 활동하는 행위(범죄단체 활동죄)를 처벌하도록 정하고 있는데, 범죄단체를 구성하거나 이에 가입한 자가 더 나아가 구성원으로 활동하는 경우, 각 행위는 실체적 경합관계에 있다. ○ ×

해설 범죄단체 구성원으로서의 활동은 범죄단체의 구성이나 가입을 당연히 전제로 하는 것이므로, 양자는 모두 범죄단체의 생성 및 존속·유지를 도모하는, 범죄행위에 대한 일련의 예비·음모 과정에 해당한다는 점에서 범의의 단일성과 계속성을 인정할 수 있을 뿐만 아니라 피해법익도 다르지 않다. 따라서 범죄단체를 구성하거나 이에 가입한 자가 더 나아가 구성원으로 활동하는 경우, 이는 포괄일죄의 관계에 있다. (대법원 2015도7081)

정답 ×

098 범죄단체 등에 소속된 조직원이 저지른 폭력행위 등 처벌에 관한 법률 위반(단체 등의 공동강요)죄 등의 개별적 범행과 동법 위반(단체 등의 활동)죄는 범행의 목적이나 행위 등 측면에서 일부 중첩되는 부분이 있고, 이에 특별한 사정이 없는 한 법률상 1개의 행위로 평가되어 실체적 경합이 아닌 상상적 경합관계에 있다고 보아야 한다. ○ ×

해설 대법원 2022도6993

정답 ×

099 석유를 수입하는 것처럼 가장하여 신용장 개설 은행들로 하여금 신용장을 개설하게 하고 신용장 대금 상당액의 지급을 보증하게 함으로써 동액 상당의 재산상 이익을 취득한 행위와 분식회계에 의한 재무제표 및 감사보고서 등으로 은행으로 하여금 신용장을 개설하게 하여 신용장 대금 상당액의 지급을 보증하게 함으로써 동액 상당의 재산상 이익을 취득한 행위는 범행방법이 동일하여 포괄일죄가 성립한다. ○ ×

해설 석유를 수입하는 것처럼 가장하여 신용장 개설은행들로 하여금 신용장을 개설하게 하고 신용장 대금 상당액의 지급을 보증하게 함으로써 동액 상당의 재산상 이익을 취득한 행위는 피해자들인 신용장 개설은행별로 각각 포괄하여 1죄가 성립하고, 분식회계에 의한 재무제표 및 감사보고서 등으로 은행으로 하여금 신용장을 개설하게 하여 신용장 대금 상당액의 지급을 보증하게 함으로써 동액 상당의 재산상 이익을 취득한 행위도 포괄하여 1죄가 성립한다고 할 것이나, 위와 같이 '가장거래에 의한 사기죄'와 '분식회계에 의한 사기죄'는 범행 방법이 동일하지 않아 그 피해자가 동일하더라도 포괄일죄가 성립한다고 할 수 없다. (대법원 2007도10056)

정답 ×

100 범인이 알선 대가로 수수한 금품에 관하여 소득신고를 하고 이에 관하여 법인세 등 세금을 납부하였다면 이는 범인이 자신의 알선수재행위를 정당화시키기 위한 것으로 이를 추징에서 제외하여야 한다. ○ ×

해설 피고인이 알선 대가로 수수한 금품에 관하여 소득신고를 하고 법인세 등 세금을 납부한 경우, 이를 구 특정범죄가중처벌 등에 관한 법률 제13조의 규정에 의한 추징액에서 제외하는 것은 아니다. (대법원 2009도11660)

정답 ×

101 행위 표준설은 무면허운전으로 인한「도로교통법」위반죄에 있어서는 어느 날에 운전을 시작하여 다음날까지 동일한 기회에 일련의 과정에서 계속 운전을 한 경우 등 특별한 경우를 제외하고는 사회통념상 운전한 날을 기준으로 운전한 날마다 1개의 운전행위가 있다고 보는 것이 상당하므로 운전한 날마다 무면허운전으로 인한「도로교통법」위반의 1죄가 성립한다. ○ ×

정답 ○

102 법익표준설은 수인의 피해자에 대하여 각별로 기망행위를 하여 각각 재물을 편취한 경우에는 범의가 단일하고 범행방법이 동일하더라도 각 피해자의 피해법익은 독립한 것이므로 이를 포괄일죄로 파악할 수 없고 피해자별로 독립한 사기죄가 성립된다. ○ ×

정답 ○

103 행위표준설은 강도가 시간적으로 접착된 상황에서 가족을 이루는 수인에게 폭행·협박을 가하여 집안에 있는 재물을 탈취한 경우 그 재물은 가족의 공동점유 아래 있는 것으로서, 이를 탈취하는 행위는 그 소유자가 누구인지에 불구하고 단일한 강도죄의 죄책을 진다. ○ ×

해설 행위표준설은 행위의 수에 따라 범죄의 수를 결정하는 견해이다. 따라서 행위가 한 개이면 범죄이며 행위가 수개이면 범죄도 수개이다. 상상적 경합은 1죄이고 연속범은 수죄이다. 강간과 추행의 죄가 대표적인 예이다. 정답 ×

104 의사표준설에 의하면 뇌물을 여러 차례에 걸쳐 수수함으로써 그 행위가 여러 개이더라도 그것이 단일하고 계속적 범의에 의하여 이루어지고 동일법익을 침해한 때에는 포괄일죄로 처벌함이 상당하다. ○ ×

해설 의사표준설은 범죄의사의 수를 기존으로 범죄의 수를 결정한다는 견해이다. 정답 ○

105 구성요건표준설에 의하면 예금통장과 인장을 절취한 행위와 예금환급금수령증을 위조한 행위는 별개의 독립된 행위이므로 경합범이 성립한다. ○ ×

해설 구성요건해당사실의 수를 표준으로 하여 범죄의 수를 결정한다는 견해이다. 정답 ○

106 장물죄는 타인(본인)이 불법하게 영득한 재물의 처분에 관여하는 범죄이므로, 평소 본범과 공동하여 수차 상습으로 절도 등 범행을 자행함으로써 실질적인 범죄집단을 이루고 있었던 경우에는 당해 범죄행위의 정범자(공동정범이나 합동범)가 아닐지라도 그 장물의 취득은 불가벌적 사후행위에 해당한다. ○ ×

해설 장물죄는 타인(본범)이 불법하게 영득한 재물의 처분에 관여하는 범죄이므로 자기의 범죄에 의하여 영득한 물건에 대하여는 성립하지 아니하고 이는 불가벌적 사후행위에 해당하나 여기에서 자기의 범죄라 함은 정범자(공동정범과 합동범을 포함한다)에 한정되는 것이므로 평소 본범과 공동하여 수차 상습으로 절도등 범행을 자행함으로써 실질적인 범죄집단을 이루고 있었다 하더라도, 당해 범죄행위의 정범자(공동정범이나 합동범)로 되지 아니한 이상 이를 자기의 범죄라고 할 수 없고 따라서 그 장물의 취득을 불가벌적 사후행위라고 할 수 없다. (대법원 86도1273) 정답 ×

107 향정신성의약품 수수의 죄가 성립하는 경우에는 그에 수반되는 향정신성의약품의 소지행위는 수수죄의 불가벌적 수반행위로서 수수죄에 흡수되고 별도의 범죄를 구성하지 않는다. ○ ×

해설 대법원 89도1211   정답 ○

108 1개의 행위에 관하여 사기죄와 업무상배임죄의 각 구성요건이 모두 구비된 때에는 양 죄를 법조경합 관계로 볼 것이 아니라 상상적 경합관계로 보아야 하고, 이는 업무상배임죄가 아닌 단순배임죄라고 하여도 마찬가지이다. ○ ×

해설 대법원 2002도669 전원   정답 ○

109 친구의 신용카드를 절취하여 대금결제에 사용한 다음 매출전표에 그 친구의 서명까지 하였더라도 사문서위조나 위조사문서행사죄는 성립하지 않는다. ○ ×

해설 대법원 92도77   정답 ○

110 사후행위는 주된범죄와 보호법익을 같이 하거나 침해의 양을 초과하지 않아야 한다. ○ ×

정답 ○

111 주된행위는 독립된 범죄구성요건에 해당하여야 하지만, 사후행위는 독립된 범죄가 구성요건에 해당할 것을 요하는 것은 아니다. ○ ×

해설 불가벌적 사후행위는 독립된 범죄의 구성요건에 해당하여야 한다.   정답 ×

112 불가벌적 사후행위는 재산죄에 한한다. ○ ×

해설 불가벌적 사후행위란 범죄로 획득한 위법한 이익을 확보하여 사용·처분하는 행위가 별개의 구성요건에 해당하지만, 그 불법은 범죄에서 이미 평가되었기 때문에 따로 범죄를 구성하지 않는 경우를 말한다. 불가벌적 사후행위는 재산범죄에 한하지 않는다. (간첩의 국가기밀누설)   정답 ×

113 불가벌적 사후행위는 제3자에 대한 관계에서는 불가벌이 아니다. ○ ×

해설 사후행위는 제3자에 대한 관계에서는 불가벌적 사후행위가 되지 않는다. 따라서 사후행위에 관여한 제3자는 공동정범 또는 공범으로 처벌한다.   정답 ○

114 불가벌적 사후행위는 주된 행위가 처벌받았을 것을 요하지 않는다. ○ ×

정답 ○

115 주거에 침입하여 수색한 경우는 주거침입죄와 주거수색죄의 경합범이 된다. ○ ×

정답 ○

116 A와 B는 강도할 의사로 C의 집에 들어가 거실에 있던 C를 폭행하고 안방으로 들어가 C의 처 D를 협박하고 그 집안에 있는 금품을 강취한 경우 A는 특수강도죄의 단순일죄가 성립한다. ○ ×

해설 강도가 시간적으로 접착된 상황에서 가족을 이루는 수인에게 폭행·협박을 가하여 집안에 있는 재물을 탈취한 경우 그 재물은 가족의 공동점유 아래 있는 것으로서, 이를 탈취하는 행위는 그 소유자가 누구인지에 불구하고 단일한 강도죄의 죄책을 진다. (대법원 96도1285)

정답 ○

117 신용카드를 절취한 후 이를 사용한 경우 신용카드의 부정사용행위는 새로운 법익의 침해가 없고 그 법익침해도 절도범행보다 작은 것이 대부분이므로, 이 부정사용행위는 절도범행의 불가벌적 사후행위가 된다. ○ ×

해설 신용카드를 절취한 후 이를 사용한 경우 신용카드의 부정사용행위는 새로운 법익의 침해로 보아야 하고 그 법익침해가 절도범행보다 큰 것이 대부분이므로 위와 같은 부정사용행위가 절도범행의 불가벌적 사후행위가 되는 것은 아니다. (대법원 96도1181)

정답 ×

118 절취한 타인의 신용카드로 여러 가맹점들로부터 물품을 구입하였더라도 그 부정사용한 행위는 단일한 범의가 계속된 가운데 동일한 방법으로 반복하여 행하여졌고 그 피해법익도 거래의 안전 및 이에 대한 공중의 신뢰로 모두 동일하다면 신용카드부정사용죄의 포괄일죄가 성립한다. ○ ×

해설 피고인은 절취한 카드로 가맹점들로부터 물품을 구입하겠다는 단일한 범의를 가지고 그 범의가 계속된 가운데 동종의 범행인 신용카드 부정사용행위를 동일한 방법으로 반복하여 행하였고, 또 위 신용카드의 각 부정사용의 피해법익도 모두 위 신용카드를 사용한 거래의 안전 및 이에 대한 공중의 신뢰인 것으로 동일하므로, 피고인이 동일한 신용카드를 위와 같이 부정사용한 행위는 포괄하여 일죄에 해당하고, 신용카드를 부정사용한 결과가 사기죄의 구성요건에 해당하고 그 각 사기죄가 실체적 경합관계에 해당한다고 하여도 신용카드부정사용죄와 사기죄는 그 보호법익이나 행위의 태양이 전혀 달라 실체적 경합관계에 있으므로 신용카드 부정사용행위를 포괄일죄로 취급하는데 아무런 지장이 없다. (대법원 96도1181)

정답 ○

119 실체법상 상습사기의 일죄로 포괄될 수 있는 관계의 일련의 사기 범행의 중간에 동종의 죄에 관한 확정판결이 있는 경우에는 그 확정판결에 의하여 원래 일죄로 포괄될 수 있었던 일련의 범행은 2죄로 분리되지 않고 확정판결 후인 최종의 범죄행위시에 완성된다. ○ ×

해설 원래 실체법상 상습사기의 일죄로 포괄될 수 있는 관계에 있는 일련의 사기 범행의 중간에 동종의 죄에 관한 확정판결이 있는 경우에는 그 확정판결에 의하여 원래 일죄로 포괄될 수 있었던 일련의 범행은 그 확정판결의 전후로 분리되고, 이와 같이 분리된 각 사건은 서로 동일성이 있다고 할 수 없어 이중으로 기소되더라도 각 사건에 대하여 각각의 주문을 선고하여야 한다. (대법원 99도4797) 　　　　　　　　　　　　　　　　　　　　　　　　　　　정답 ×

120 동일 죄명에 해당하는 수개의 행위를 단일하고 계속된 범의하에 일정 기간 계속하여 행하고 그 피해법익도 동일한 경우에는 이들 각 행위를 통틀어 포괄일죄로 처단하여야 할 것이나, 범의의 단일성과 계속성이 인정되지 아니하거나 범행방법이 동일하지 않은 경우에는 각 범행은 실체적 경합범에 해당한다. ○ ×

해설 대법원 2005도4051 　　　　　　　　　　　　　　　　　　　　　　　정답 ○

121 포괄일죄는 그 중간에 다른 범죄에 대한 확정판결이 끼어 있는 경우 그 확정판결 전후로 그 포괄적 범죄는 둘로 나뉘어지고, 그 중 확정판결 전의 포괄적 범죄는 그 확정판결로 확정된 범죄와 경합범으로서 따로 형을 선고한다. ○ ×

해설 사기죄에 있어서 동일한 피해자에 대하여 수회에 걸쳐 기망행위를 하여 금원을 편취한 경우, 그 범의가 단일하고 범행 방법이 동일하다면 사기죄의 포괄일죄만이 성립한다 할 것이고, 포괄일죄는 그 중간에 별종의 범죄에 대한 확정판결이 끼어 있어도 그 때문에 포괄적 범죄가 둘로 나뉘는 것은 아니라 할 것이고, 또 이 경우에는 그 확정판결 후의 범죄로서 다루어야 한다. (대법원 2002도2029) 포괄일죄로 되는 개개의 범죄행위가 다른 종류의 죄의 확정판결의 전후에 걸쳐서 행하여진 경우에는 그 죄는 2죄로 분리되지 않고 확정판결 후인 최종의 범죄행위시에 완성되는 것이다. (대법원 2002도5341) 　　　　　　　　　　　　　　　　　　　　　　　　　　　정답 ×

122 백화점 식품부차장이 재고품에 가공일자가 당일로 된 바코드라벨을 부착하여 수많은 고객들에게 판매한 경우 사기죄의 포괄일죄가 성립한다. ○ ×

해설 소비자들이 신선하지 아니한 것으로 판단하여 구매하지 아니할 것을 염려하여 포장지를 교체하면서 가공일자가 재포장일자로 기재된 바코드라벨을 부착하여 냉장매대에 진열해 놓음으로써 그것이 마치 판매 당일 가공된 신선한 상품인 것처럼 소비자들을 기망하여 1991.9.5.경부터 1994.7.11.까지 사이에 고객들에게 1일 평균 200,000원 상당씩 판매하여 그 대금 상당액을 편취한 경우 피해자별로 1개씩의 사기죄가 성립한다. (대법원 95도594) 　　　　　　　　　　　　정답 ×

123 도박의 습벽이 있는 자가 도박을 하고 또 도박방조를 하였을 경우, 상습도박의 죄가 성립하는 이외에 별도로 상습도박방조의 죄가 성립하므로 이를 포괄시켜 1죄로서 처단하여서는 아니된다. ○ ×

해설 상습도박의 죄나 상습도박방조의 죄에 있어서의 상습성은 행위의 속성이 아니라 행위자의 속성으로서 도박을 반복해서 거듭하는 습벽을 말하는 것인 바, 도박의 습벽이 있는 자가 타인의 도박을 방조하면 상습도박방조의 죄에 해당하는 것이며, 도박의 습벽이 있는 자가 도박을 하고 또 도박방조를 하였을 경우 상습도박방조의 죄는 무거운 상습도박의 죄에 포괄시켜 1죄로서 처단하여야 한다. (대법원 84도195) 정답 ×

124 상습으로 절도, 야간주거침입절도, 특수절도 또는 그 미수 등의 범행을 저지른 자가 마찬가지로 절도 습벽의 발현으로 자동차등불법사용의 범행도 함께 저지른 경우에는 검사가 형법상의 상습절도죄로 기소하는 때는 물론이고, 자동차등불법사용의 점을 제외한 나머지 범행에 대하여 특정범죄가중처벌법상의 상습절도 등의 죄로 기소하는 때에도 자동차등불법사용의 범행은 상습절도 등의 죄에 흡수되어 1죄만이 성립하고 이와 별개로 자동차등불법사용죄는 성립하지 않는다. ○ ×

해설 대법원 2002도429 정답 ○

125 특정범죄가중처벌등에관한법률 제5조의4 제3항에 규정된 상습강도죄를 범한 범인이 그 범행 외에 상습적인 강도의 목적으로 강도예비를 하였다가 강도에 이르지 아니하고 강도예비에 그친 경우에도 그것이 강도상습성의 발현이라고 보여지는 때에는 상습강도죄의 1죄만을 구성하고 이와 별개로 강도예비죄를 구성하지 아니한다. ○ ×

해설 대법원 2003도665 정답 ○

126 A는 피해자의 방안에 침입하여 잠을 자고 있던 피해자를 식칼로 위협하여 반항을 억압한 다음 1회 강간하고, 그로 인하여 피해자로 하여금 경부압박상 등의 상해를 입게 하였다. 이 경우 A의 행위는 그 전체가 포괄하여 구 성폭력범죄의처벌및피해자보호등에관한법률 제9조 제1항의 죄를 구성할 뿐이지, 그 중 주거침입의 행위가 별도로 주거침입죄를 구성하지는 않는다. ○ ×

해설 대법원 99도354 정답 ○

127 '가장거래에 의한 사기죄'와 '분식회계에 의한 사기죄'는 범행 방법이 유사하고 그 피해자가 동일하므로 포괄일죄가 성립한다. ○ ×

해설 석유를 수입하는 것처럼 가장하여 신용장 개설은행들로 하여금 신용장을 개설하게 하고 신용장 대금 상당액의 지급을 보증하게 함으로써 동액 상당의 재산상 이익을 취득한 행위는 피해자들인 신용장 개설은행별로 각각 포괄하여 1죄가 성립하고, 분식회계에 의한 재무제표 및 감사보고서 등으로 은행으로 하여금 신용장을 개설하게 하여 신용장 대금 상당액의 지급을 보증하게 함으로써 동액 상당의 재산상 이익을 취득한 행위도 포괄하여 1죄가 성립한다고 할 것이나, 위와 같이 '가장거래에 의한 사기죄'와 '분식회계에 의한 사기죄'는 범행 방법이 동일하지 않아 그 피해자가 동일하더라도 포괄일죄가 성립한다고 할 수 없다. (대법원 2007도10056) 정답 ×

128 A는 혈중알콜농도 0.112%의 음주상태에서 택시를 운전하던 중 피해자들이 타고 있던 승용찰르 들이받아 피해자들에게 상해를 입게 하였다. 이 경우 특정범죄가중처벌등에관한법률위반(위험운전치사상)죄는 도로교통법위반(음주운전)죄를 기본범죄로 하는 결과적가중범에 해당하고 특정범죄가중처벌등에관한법률위반(위험운전치사상)죄가 성립하면 도로교통법위반(음주운전)죄는 이에 흡수된다. ○ ×

해설 음주로 인한 특정범죄가중처벌 등에 관한 법률 위반(위험운전치사상)죄와 도로교통법 위반(음주운전)죄는 입법취지와 보호법익 및 적용영역을 달리하는 별개의 범죄로서 양 죄가 모두 성립하는 경우 두 죄는 실체적 경합관계에 있는 것으로 보아야 할 것이다. 이와 달리 원심은 음주로 인한 특정범죄가중처벌 등에 관한 법률 위반(위험운전치사상)죄는 도로교통법 위반(음주운전)죄를 기본범죄로 하는 결과적 가중범으로 그 행위유형과 보호법익을 모두 포함하고 있다는 이유로 특정범죄가중처벌 등에 관한 법률 위반(위험운전치사상)죄가 성립하면 도로교통법 위반(음주운전)죄는 이에 흡수된다고 판단하였으니, 원심판결에는 위 두 죄의 죄수관계에 관한 법리를 오해하여 판결에 영향을 미친 위법이 있다고 할 것이다.(대법원 2008도7143)

정답 ×

129 피고인이 '2015.4.16. 13:10경부터 14:30경까지 갑 업체 사무실에서 직원 6명가량이 있는 가운데 직원들에게 행패를 하면서 피해자 을의 업무를 방해하였다'는 공소사실로 기소되었는데, 피고인은 '2015.4.16. 13:30경부터 15:00경 사이에 갑 업체 사무실에 찾아와 피해자 병, 정과 일반직원들이 근무를 하고 있음에도 피해자들에게 욕설을 하는 등 큰 소리를 지르고 돌아다니며 위력으로 업무를 방해하였다'는 등의 범죄사실로 이미 유죄판결을 받아 확정된 사안에서, 본질적으로 다르지 않아 상상적경합 관계에 있다. ○ ×

해설 대법원 2017도11687

정답 ○

130 절도범이 갑의 집에 침입하여 그 집의 방안에서 그 소유의 재물을 절취하고 그 무렵 그 집에 세들어 사는 을의 방에 침입하여 재물을 절취하려다 미수에 그쳤다면 위 두 범죄는 그 범행장소와 물품의 관리자를 달리하고 있어서 별개의 범죄를 구성한다. ○ ×

해설 대법원 89도664

정답 ○

131 여러 사람으로부터 각각 부정한 청탁을 받고 그들로부터 각각 금품을 수수한 경우에는 비록 그 청탁이 동종의 것이라고 하더라도 단일하고 계속된 범의 아래 이루어진 범행으로 보기 어려워 그 전체를 포괄일죄로 볼 수 없다. ○ ×

해설 대법원 2008도6987

정답 ○

132 무면허운전으로 인한 도로교통법위반죄에 있어서는 특별한 경우를 제외하고는 운전한 날마다 무면허운전으로 인한 도로교통법위반의 1죄가 성립하고 비록 계속적으로 무면허운전을 할 의사를 가지고 여러 날에 걸쳐 무면허운전행위를 반복하였다 하더라도 이를 포괄하여 일죄로 볼 수는 없다. ○ ×

해설 대법원 2001도6281

정답 ○

133 피고인이 운전면허 없이 주취상태에서 오토바이를 운전하다가 피해자를 치어 사망케 한 경우 무면허운전 행위와 주취운전을 한 행위는 상상적경합범 관계이고, 위 각 죄와 교통사고처리특례법 제3조 제1항 위반죄도 상상적경합 관계이다. ○ ×

해설 무면허 운전행위와 주취 운전행위가 상상적 경합관계이고 위 각죄와 교통사고처리특례법 제3조 제1항의 위반의 경우는 실체적 경합이다. (대법원 86도2731) 정답 ×

134 음주운전으로 단속된 피고인이 경찰관의 음주측정 요구를 3차에 걸쳐 거부하여 음주측정거부로 입건된 후 경찰관에게 채혈을 요구하여 혈중알콜농도가 0.130%로 판명된 경우, 음주운전으로 인한 도로교통법위반죄와 음주측정거부로 인한 도로교통법위반죄가 모두 성립하고, 두 죄의 관계는 실체적 경합이다. ○ ×

해설 대법원 2004도5257 정답 ○

135 여러 사람의 권리의 목적이 된 자기의 물건을 취거, 은닉 또는 손괴함으로써 그 여러 사람의 권리행사를 방해하였다면 권리자별로 각각 권리행사방해죄가 성립하고 각 죄는 서로 상상적 경합범의 관계에 있다. ○ ×

해설 대법원 2021도16876 정답 ○

136 동일 죄명에 해당하는 수 개의 행위를 단일하고 계속된 범의로 일정 기간 계속하여 행하고 그 피해법익도 동일한 경우에는 이들 각 행위를 통틀어 포괄일죄로 처단하여야 하고, 그 경우 공소시효는 최종의 범죄행위가 종료한 때로부터 진행한다. ○ ×

해설 대법원 2020도12583 정답 ○

137 단일하고도 계속된 범의 아래 일정 기간 반복하여 일련의 뇌물수수 행위와 부정한 행위가 행하여졌고 뇌물수수 행위와 부정한 행위 사이에 인과관계가 인정되며 피해법익도 동일한 경우, 최후의 부정한 행위 이후에 저질러진 뇌물수수 행위도 최후의 부정한 행위 이전의 뇌물수수 행위 및 부정한 행위와 함께 수뢰후부정처사죄의 포괄일죄로 처벌하여야 한다. ○ ×

해설 대법원 2020도12103 정답 ○

138 거짓신고에 의한 경범죄처벌법위반죄와 위계에 의한 공무집행방해죄의 죄수는 법조경합관계이다. ○ ×

해설 대법원 2022도10402 정답 ○

139

「폭력행위 등 처벌에 관한 법률」(이하 '폭력행위처벌법'이라 한다) 제4조 제1항은 그 법에 규정된 범죄를 목적으로 하는 단체 등을 구성하거나 이에 가입하는 행위 또는 구성원으로 활동하는 행위를 처벌하도록 정하고 있고, 여기서 말하는 범죄단체 구성원으로서의 '활동'이란 범죄단체의 내부 규율 및 통솔 체계에 따른 조직적·집단적 의사 결정에 기초하여 행하는 범죄단체의 존속·유지를 지향하는 적극적인 행위를 의미한다. 한편 범죄단체 등에 소속된 조직원이 저지른 폭력행위처벌법 위반(단체 등의 공동강요)죄 등의 개별적 범행과 폭력행위처벌법 위반(단체 등의 활동)죄는 범행의 목적이나 행위 등 측면에서 일부 중첩되는 부분이 있더라도, 일반적으로 구성요건을 달리하는 별개의 범죄로서 범행의 상대방, 범행 수단 내지 방법, 결과 등이 다를 뿐만 아니라 그 보호법익이 일치한다고 볼 수 없다. 또한 폭력행위처벌법 위반(단체 등의 구성·활동)죄와 위 개별적 범행은 특별한 사정이 없는 한 법률상 1개의 행위로 평가되는 경우로 보기 어려워 상상적 경합이 아닌 실체적 경합관계에 있다고 보아야 한다. ○ ×

해설 대법원 2022도6993

정답 ○

140

게임장에서 사행성간주게임물인 게임기에 경품으로 문화상품권을 넣은 후 점수에 따라 손님들에게 제공함으로써 문화관광부장관이 고시하는 방법에 의하지 아니하고 경품을 제공하였다는 공소사실로 두 차례 기소된 경우, 각 공소사실은 모두 단일하고 계속된 범의하에 동일 죄명의 범행을 일정기간 반복하여 행한 것으로서 그 피해 법익도 동일한 것이므로 포괄일죄에 해당한다. ○ ×

해설 게임장에서 사행성간주게임물인 게임기에 경품으로 문화상품권을 넣은 후 점수에 따라 손님들에게 제공함으로써 문화관광부장관이 고시하는 방법에 의하지 아니하고 경품을 제공하였다는 공소사실로 두 차례 기소된 경우, 각 공소사실은 모두 단일하고 계속된 범의하에 동일 죄명의 범행을 일정기간 반복하여 행한 것으로서 그 피해 법익도 동일한 것이므로 포괄일죄에 해당한다고 한 사례 (대법원2007도595)

정답 ○

141

연속범은 개별적인 행위가 범죄의 요소인 구성요건에 해당하고 위법, 유책해야 하며 동일한 법익의 침해가 있어야 성립되므로 피해법익의 동일성에 따라 보호법익을 같이 하는 횡령, 배임등의 행위와 사기의 행위는 포괄일죄를 구성한다. ○ ×

해설 배임행위와 사기죄를 구성하는 경우 판례는 배임죄와 별개로 사기죄가 성립한다고 본다. (대법원 2010도10690)

정답 ×

142

집합범은 다수의 동종 행위와 동종의 의사에 의하여 반복될 것이 구성요건에 당연히 예상되는 범죄를 말하며 집합범의 종류는 영업범과 상습범이 있다. ○ ×

해설 집합범은 다수의 동종행위가 동일한 의사에 의해 반복되지만 포괄하여 일죄를 구성하는 경우를 말한다. 판례도 집합범을 포괄적 일죄로 본다. 집합법의 종류로는 영업범, 상습범 등이 있다.

정답 ○

143 접속범은 동일한 법익에 대하여 수개의 구성요건 행위가 불가분하게 접속하여 행하여지는 범행형태로 같은 기회에 하나의 행위로 여러 개의 영업비밀을 취득하였다면 일죄로 평가된다. O X

해설 같은 기회에 하나의 행위로 여러 개의 영업비밀(모바일 게임물)을 취득한 행위는 구 부정경쟁방지 및 영업비밀보호에 관한 법률(2007.12.21. 법률 제8767호로 개정되기 전의 것) 제18조 제2항위반죄의 일죄로 평가되어야 한다. (대법원 2006도9022판결) 예컨대, A회사에 근무하는 갑이 자신이 사용하던 피해자 회사 소유의 컴퓨터를 이용하여 그 하드디스크에 저장되어 있던 피해자 회사의 영업비밀인 별지 범죄일람표 순번 2 내지 8 기재 문서를 CD복사한 후 가지고 나온 경우는 접속범에 해당한다.
정답 O

144 결합범은 개별적으로 독립된 범죄의 구성요건에 해당하는 수개의 행위가 결합하여 일죄를 구성하는 경우로 결합범 자체는 1개의 범죄완성을 위한 수개 행위의 결합이고 수개 행위의 불법내용을 함께 평가하므로 포괄일죄가 된다. O X

해설 개별적으로는 독립된 범죄의 구성요건에 해당하는 수개의 행위가 1개의 구성요건에 결합되어 일죄가 되는 경우를 말한다. 예컨대, 강도죄(폭행죄·협박죄 + 절도죄), 강도강간죄(강도죄 + 강간죄), 강도살인죄(강도+살인) 등이 해당한다.
정답 O

145 주취운전과 음주측정거부의 각 도로교통법 위반죄는 실체적 경합관계이다. O X

해설 도로교통법 제107조의2 제2호 음주측정불응죄의 규정 취지 및 입법 연혁 등을 종합하여 보면, 주취운전은 이미 이루어진 도로교통안전침해만을 문제삼는 것인 반면 음주측정거부는 기왕의 도로교통안전침해는 물론 향후의 도로교통안전 확보와 위험 예방을 함께 문제삼는 것이고, 나아가 주취운전은 도로교통법시행령이 정한 기준 이상으로 술에 '취한' 자가 행위의 주체인 반면, 음주측정거부는 술에 취한 상태에서 자동차 등을 운전하였다고 인정할 만한 상당한 이유가 있는 자가 행위의 주체인 것이어서, 결국 양자가 반드시 동일한 법익을 침해하는 것이라거나 주취운전의 불법과 책임내용이 일반적으로 음주측정거부의 그것에 포섭되는 것이라고는 단정할 수 없으므로, 결국 주취운전과 음주측정거부의 각 도로교통법위반죄는 실체적 경합관계에 있는 것으로 보아야 한다. (대법원 2004도5257)
정답 O

146 피고인이 부부인 피해자 갑과 을에게 '토지를 매수하여 분필한 후 이를 분양해서 원금 및 수익금을 지급하겠다.'면서 기망한 후, 이에 속아 피고인에게 투자하기 위해 공동재산인 건물을 매도하여 돈을 마련한 피해자들로부터 피해자 갑 명의 예금계좌에서 1억 원, 피해자 을 명의 예금계좌에서 4억 7,500만 원, 합계 5억 7,500만 원을 송금받아 이를 편취하였다는 이유로 특정경제범죄 가중처벌 등에 관한 법률 위반(사기)죄로 기소된 사안에서, 피해자들에 대한 사기죄의 피해법익이 동일하다고 평가될 수 있어 이들에 대한 사기죄가 포괄일죄를 구성한다. O X

해설 대법원 2023도13514
정답 O

02 형법각론

001 폭력행위등처벌에관한법률 제2조 제2항의 "2인 이상이 공동하여"라고 함은 그 수인간에 소위 공범관계가 존재하는 것을 요건으로 하는 것이며, 수인이 동일 장소에서 동일기회에 상호 다른 자의 범행을 인식하고 이를 이용하여 범행을 한 경우임을 요하고, 형법 제30조의 소위 공동정범은 공범자 전원간에 범죄에 대한 공동가공의 의사는 필요하지 않다. ○ ×

해설 폭력행위등처벌에관한법률 제2조 제2항의 "2인 이상이 공동하여"라고 함은 그 수인간에 소위 공범관계가 존재하는 것을 요건으로 하는 것이며, 수인이 동일 장소에서 동일기회에 상호 다른 자의 범행을 인식하고 이를 이용하여 범행을 한 경우임을 요하고, 형법 제30조의 소위 공동정범은 공범자 전원간에 범죄에 대한 공동가공의 의사가 있는 경우 즉 범행자 상호간에 범의의 연락이 있고 그 일부자가 범죄의 실행에 당한 경우에 성립되고, 이때에는 그 전원이 공동일체로서 범죄를 실행한 것이 되고 비록 스스로 직접 그 실행행위를 분담하지 아니한 자이더라도 그 범죄 전체에 관하여 공동정범으로서의 책임을 져야 한다. (대법원 85도119) **정답 ×**

002 상해를 입힌 행위가 동일한 일시, 장소에서 동일한 목적으로 저질러진 것이라고 하더라도 피해자를 달리하는 경우 상해죄는 각각 피해자별로 성립한다고 보아야 한다. ○ ×

해설 대법원 83도524 **정답 ○**

003 의사가 환자에 대하여 주된 의사의 지위에서 진료하는 경우라도, 자신은 환자의 수술이나 시술에 전념하고 마취과 의사로 하여금 마취와 환자 감시 등을 담당토록 하는 경우처럼 서로 대등한 지위에서 각자의 의료영역을 나누어 환자 진료의 일부를 분담하였다면, 진료를 분담받은 다른 의사의 전적인 과실로 환자에게 발생한 결과에 대하여는 주된 의사의 책임을 인정할 수 없다. ○ ×

해설 의사가 환자에 대하여 주된 의사의 지위에서 진료하는 경우라도, 자신은 환자의 수술이나 시술에 전념하고 마취과 의사로 하여금 마취와 환자 감시 등을 담당토록 하거나, 특정 의료영역에 관한 진료 도중 환자에게 나타난 문제점이 자신이 맡은 의료영역 내지 전공과목에 관한 것이 아니라 그에 선행하거나 병행하여 이루어진 다른 의사의 의료영역 내지 전공과목에 속하는 등의 사유로 다른 의사에게 그 관련된 협의진료를 의뢰한 경우처럼 서로 대등한 지위에서 각자의 의료영역을 나누어 환자 진료의 일부를 분담하였다면, 진료를 분담받은 다른 의사의 전적인 과실로 환자에게 발생한 결과에 대하여는 책임을 인정할 수 없다. (대법원 2022도1499) **정답 ○**

004 피고인과 甲은 각각 한국과 프랑스에서 따로 살며 이혼소송 중인 부부로서 자녀인 피해아동 乙(만 5세)은 프랑스에서 甲과 함께 생활하였는데, 피고인이 乙을 면접교섭하기 위하여 그를 보호·양육하던 甲으로부터 乙을 인계받아 국내로 데려온 후 면접교섭 기간이 종료하였음에도 乙을 데려다주지 아니한 채 甲과 연락을 두절한 후 법원의 유아인도명령 등에도 불응한 사안에서, 피고인의 행위가 미성년자약취죄의 약취행위에 해당한다. ○ ×

해설 대법원 2019도16421 **정답 ○**

005 피해자가 깊은 잠에 빠져 있거나 술·약물 등에 의해 일시적으로 의식을 잃은 상태 또는 완전히 의식을 잃지는 않았더라도 그와 같은 사유로 정상적인 판단능력과 대응·조절능력을 행사할 수 없는 상태에 있는 경우, 준강간죄 및 준강제추행죄에서의 심신상실 또는 항거불능 상태에 해당한다. ○ ×

해설 대법원 2018도9781 판결

정답 ○

006 성적 자기결정 능력은 피해자의 나이, 성장과정, 환경 등 개인별로 차이가 있으므로 성적 자기결정권이 침해되었는지 여부를 판단함에 있어서도 구체적인 범행 상황에 놓인 행위자의 입장과 관점이 충분히 고려되어야 한다. ○ ×

해설 성적 자기결정 능력은 피해자의 나이, 성장과정, 환경 등 개인별로 차이가 있으므로 성적 자기결정권이 침해되었는지 여부를 판단함에 있어서도 구체적인 범행 상황에 놓인 피해자의 입장과 관점이 충분히 고려되어야 한다. (대법원 2019도12282)

정답 ×

007 준강간죄의 행위의 대상은 심신상실 또는 항거불능의 상태에 있는 사람이 아니라 사람이고, 심신상실 또는 항거불능 상태를 이용하는 것은 구성요건의 특별한 행위양태에 해당한다. ○ ×

해설 심신상실 또는 항거불능의 상태는 피해자인 사람에게 존재하여야 하므로 준강간죄에서 행위의 대상은 '심신상실 또는 항거불능의 상태에 있는 사람'이다. 그리고 구성요건에 해당하는 행위는 그러한 '심신상실 또는 항거불능의 상태를 이용하여 간음'하는 것이다. 심신상실 또는 항거불능의 상태에 있는 사람에 대하여 그 사람의 그러한 상태를 이용하여 간음행위를 하면 구성요건이 충족되어 준강간죄가 기수에 이른다. (대법원 2018도16002)

정답 ×

008 피고인이 타인의 주거에 침입하여 피해자를 강제추행한 경우, 성폭력범죄의 처벌등에 관한 특례법 제3조 제1항에 따라 주거침입강제추행죄로 가중처벌된다. ○ ×

해설 해당 조항은 2021헌가9 판결에 의해 효력이 없어 주거침입강제추행죄로 가중처벌할 수 없다.

정답 ×

009 13세 내지 14세의 중학생인 피해자들에 대하여, 중학교 교사인 피고인이 한 이 부분 공소사실 기재 행위가 아동학대처벌법이 가중처벌하는 '아동의 신체에 손상을 주거나 신체의 건강 및 발달을 해치는 신체적 학대행위'에 해당하는지를 판단함에 있어서도 초·중등교육법 시행령과 그 학교의 생활지도 규정이 적용되고, 따라서 위 법령과 규정에서 금지하는 수단과 방법을 사용하여 체벌을 하였다면 훈육 또는 지도 목적으로 행하여졌다고 할지라도 신체적 학대행위에 해당한다. ○ ×

해설 대법원 2022도1718

정답 ○

010

성폭력처벌법 제14조 제2항에서 유포 행위의 한 유형으로 열거하고 있는 '공공연한 전시'란 불특정 또는 다수인이 촬영물 등을 인식할 수 있는 상태에 두는 것을 의미하고, 촬영물 등의 '공공연한 전시'로 인한 범죄는 불특정 또는 다수인이 전시된 촬영물 등을 실제 인식하지 못했기 때문에 촬영물 등을 위와 같은 상태에 둔 것이 아니므로 이 죄가 성립하지 않는다. ○ ×

해설 '공공연한 전시'란 불특정 또는 다수인이 촬영물 등을 인식할 수 있는 상태에 두는 것을 의미하고, 촬영물 등의 '공공연한 전시'로 인한 범죄는 불특정 또는 다수인이 전시된 촬영물 등을 실제 인식하지 못했다고 하더라도 촬영물 등을 위와 같은 상태에 둠으로써 성립한다. (대법원 2022도1683) 　　정답 ×

011

성적 자기결정권은 군형법의 적용 대상인 군인에게도 당연히 인정되는 보편적 권리로서, 군인의 신분에 수반되는 국가안전보장·질서유지 또는 공공복리를 위하여 필요한 범위 내에서 법률로 이를 제한하는 경우에도 그 본질적인 내용은 침해될 수 없다. ○ ×

해설 대법원 2019도3047 　　정답 ○

012

아동·청소년은 성적 가치관을 형성하고 성 건강을 완성해가는 과정에 있으므로 아동·청소년에 대한 성적 침해 또는 착취행위는 아동·청소년이 성과 관련한 정신적·신체적 건강을 추구하고 자율적 인격을 형성·발전시키는 데에 심각하고 지속적인 부정적 영향을 미칠 수 있다. 따라서 아동·청소년이 외관상 성적 결정 또는 동의로 보이는 언동을 하였더라도, 그것이 타인의 기망이나 왜곡된 신뢰관계의 이용에 의한 것이라면, 이를 아동·청소년의 온전한 성적 자기결정권의 행사에 의한 것이라고 평가하기 어렵다. ○ ×

해설 대법원 2020도12419 　　정답 ○

013

강제추행죄의 '폭행 또는 협박'은 상대방의 항거를 곤란하게 할 정도로 강력할 것이 요구되지 아니하고, 상대방의 신체에 대하여 불법한 유형력을 행사(폭행)하거나 일반적으로 보아 상대방으로 하여금 공포심을 일으킬 수 있는 정도의 해악을 고지(협박)하는 것이라고 보아야 한다. ○ ×

해설 이와 같이 피해자의 '항거곤란'을 요구하는 것은 여전히 피해자에게 '정조'를 수호하는 태도를 요구하는 입장을 전제하고 있다고 볼 수 있고, 개인의 성적 자유 내지 성적 자기결정권을 보호법익으로 하는 현행법의 해석으로 더 이상 타당하다고 보기 어렵다. 강제추행죄는 상대방의 신체에 대해 불법한 유형력을 행사하거나 상대방으로 하여금 공포심을 일으킬 수 있는 정도의 해악을 고지하여 상대방을 추행한 경우에 성립한다. 어떠한 행위가 강제추행죄의 '폭행 또는 협박'에 해당하는지 여부는 행위의 목적과 의도, 구체적인 행위태양과 내용, 행위의 경위와 행위 당시의 정황, 행위자와 상대방과의 관계, 그 행위가 상대방에게 주는 고통의 유무와 정도 등을 종합하여 판단하여야 한다. (대법원 2018도13877) 　　정답 ○

014

갑 고등학교의 교장인 피고인이 신입생 입학 사정회의 과정에서 면접위원인 피해자들에게 "참 선생님들이 말을 안 듣네. 중학교는 이 정도면 교장 선생님한테 권한을 줘서 끝내는데. 왜 그러는 거죠?" 등 특정 학생을 합격시키라는 취지의 발언을 하여 특정 학생의 면접 점수를 상향시켜 신입생으로 선발되도록 함으로써 갑이 학교 교장이자 학교입학전형위원회 위원장으로서 사정회의에 참석하여 자신의 의견을 밝힌 후 계속하여 논의가 길어지자 발언을 한 것이라도 위력으로 면접위원들의 신입생 면접 업무를 방해한 것이다. ○ ×

해설 그 발언에 다소 과도한 표현이 사용되었더라도 위력을 행사하였다고 단정하기 어렵고, 그로 인하여 피해자들의 신입생 면접 업무가 방해될 위험이 발생하였다고 보기도 어렵다고 한 사례 (대법원 2019도7446) 　　정답 ×

015

계좌개설 신청인 甲이 접근매체를 양도할 의사로 금융기관에 법인명의 계좌를 개설하면서 예금거래신청서 등에 금융거래의 목적이나 접근매체의 양도의사 유무 등에 관한 사실을 허위로 기재하였으나, 계좌개설 심사업무를 담당하는 금융기관의 업무담당자가 단순히 예금거래신청서 등에 기재된 계좌개설 신청인의 허위 답변만을 그대로 믿고 그 내용의 진실 여부를 확인할 수 있는 증빙자료의 요구 등 추 확인조치 없이 법인 명의의 계좌를 개설해 준 경우, 甲에게 위계에 의한 업무방해죄가 성립한다. ○ ×

해설 계좌개설 신청인이 접근매체를 양도할 의사로 금융기관에 법인 명의 계좌를 개설하면서 예금거래신청서 등에 금융거래의 목적이나 접근매체의 양도의사 유무 등에 관한 사실을 허위로 기재하였으나, 계좌개설 심사업무를 담당하는 금융기관의 업무담당자가 단순히 예금거래신청서 등에 기재된 계좌개설 신청인의 허위 답변만을 그대로 믿고 그 내용의 진실 여부를 확인할 수 있는 증빙자료의 요구 등 추가적인 확인조치 없이 법인 명의의 계좌를 개설해 준 경우 그 계좌개설은 금융기관 업무담당자의 불충분한 심사에 기인한 것이므로, 계좌개설 신청인의 위계가 업무방해의 위험성을 발생시켰다고 할 수 없어 위계에 의한 업무방해죄를 구성하지 않는다. (대법원 2021도 17151) 정답 ×

016

박사학위논문심사와 달리 예비심사는 본격적인 연구가 시작되기 전 논문연구에 착수할 수 있는지를 평가하는 간단한 절차이므로 일부가 대신 작성되었다고 해서 이를 업무방해죄의 '위계'라고 볼 수는 없다. ○ ×

해설 학위논문을 작성함에 있어 자료를 분석, 정리하여 논문의 내용을 완성하는 일의 대부분을 타인에게 의존하였다면 그 논문은 타인에 의하여 대작된 것이라고 보아야 할 것이나(대법원 1996.7.30. 선고 94도2708 판결 참조), 학위청구논문의 작성계획을 밝히는 예비심사 단계에서 제출된 논문 또는 자료의 경우에는 아직 본격적인 연구가 이루어지기 전이고, 연구주제 선정, 목차 구성, 논문작성계획의 수립, 기존 연구성과의 정리 등에 논문지도교수의 폭넓은 지도를 예정하고 있다고 할 것이어서 학위논문과 동일하게 볼 수 없다. (대법원 2021도13708) 정답 ○

017

이사회가 의안 심의 및 결의에 관한 업무와 관련하여 특정 안건의 심의 및 의결 절차의 편의상 이사회 구성원이 아닌 감사 등의 의견을 청취하는 것은 그 실질에 있어 이사회 구성원인 이사들의 의안 심의 및 결의에 관한 계속적 업무 혹은 그와 밀접불가분의 관계에 있는 업무에 해당할 뿐, 피고인들의 행위로 이사회에 출석하여 의견을 진술한 이사회 구성원 아닌 감사의 업무가 방해된 경우에 해당한다고 볼 수 없다. ○ ×

해설 업무방해죄의 보호대상이 되는 '업무'라 함은 직업 또는 사회생활상의 지위에 기하여 계속적으로 종사하는 사무나 사업을 말하는 것으로, 이러한 주된 업무와 밀접불가분의 관계에 있는 부수적인 업무도 이에 포함된다. (대법원 2023도9332) 정답 ○

018

숙박업체 예약 서비스를 제공하는 회사 직원인 피고인들이 경쟁회사에서 운영하는 모바일 어플리케이션용 서버에 크롤링 프로그램으로 접속하여 제휴 숙박업소 목록 등 정보를 무단으로 복제한 행위가 컴퓨터등장애업무방해죄가 성립한다. ○ ×

해설 컴퓨터등장애업무방해에서 피고인들이 입력한 숙박업소 관련 정보의 검색 명령구문들이 이 사건 서버의 본래 목적과 상이한 부정한 명령이라고 보기 어렵고, 피고인들의 크롤링 프로그램 사용으로 인하여 이 사건 서버에 장애가 발생하였다고 단정하기 어렵다는 이유이다. (대법원 2021도1533) 정답 ×

019

인터넷 신문사 소속 기자 甲이 작성한 기사가 인터넷 포털 사이트의 '핫이슈' 난에 게재되자, 피고인이 "이런걸 기레기라고 하죠?"라는 댓글을 게시함으로써 공연히 甲을 모욕하였다는 내용으로 기소된 사안에서, '기레기'는 모욕적 표현에 해당하나, 위 댓글의 내용, 작성 시기와 위치, 위 댓글 전후로 게시된 다른 댓글의 내용과 흐름 등을 종합하면, 위 댓글을 작성한 행위는 구성요건 해당성이 조각된다. ○ ×

해설 위 댓글의 내용, 작성 시기와 위치, 위 댓글 전후로 게시된 다른 댓글의 내용과 흐름 등을 종합하면, 위 댓글을 작성한 행위는 사회상규에 위배되지 않는 행위로서 형법 제20조에 의하여 위법성이 조각된다. (대법원 2017도17643) 정답 ×

020

갑이 인터넷 포털사이트 뉴스 댓글난에 연예인 A를 국민호텔녀로 지칭하는 댓글을 게시하는 행위는 A를 성적 대상화하는 방법으로 비하하는 것으로서 A의 사회적 평가를 저하시킬 만한 모멸적 표현으로 평가할 수 있지만 정당한 비판의 범위를 벗어나지 않은 것으로 정당행위에 해당한다. ○ ×

해설 '국민호텔녀'라는 표현은 피해자의 사생활을 들추어 피해자가 종전에 대중에게 호소하던 청순한 이미지와 반대의 이미지를 암시하면서 피해자를 성적 대상화하는 방법으로 비하하는 것으로서 여성 연예인인 피해자의 사회적 평가를 저하시킬 만한 모멸적인 표현으로 평가할 수 있고, 정당한 비판의 범위를 벗어난 것으로서 정당행위로 보기도 어렵다. (대법원 2017도19229) 정답 ×

021

행위자가 전파가능성을 용인하였는지 여부는 외부에 나타난 행위의 형태·상황 등 구체적 사정을 기초로 하여 일반인이라면 전파가능성을 어떻게 평가할 것인가를 고려하면서 행위자의 입장에서 심리상태를 추인하여야 하므로, 행위자의 고의를 인정함에 있어 신중할 필요가 있다. 한편 발언 후 실제로 전파되었는지 여부는 전파가능성 유무를 판단함에 있어 소극적 사정으로 고려될 수 있다. ○ ×

해설 대법원 2020도5813 정답 ○

022

피고인이 같은 정당에 소속된 상대방에게 카카오톡 메신저로 피해자가 같은 정당 소속 의원과 간담회에 참석한 사진을 보내면서 '거기에 술꾼인 피해자가 송총이랑 가 있네요 ㅋ 거기는 술 안 사주는데. 입 열면 막말과 비속어, 욕설이 난무하는 피해자와 가까이 해서 대장님이 득 될 것은 없다 봅니다.'는 취지의 메시지를 전송한 사건에서 모욕죄의 공연성이 있었다거나 전파가능성에 대한 인식과 그 위험을 용인하는 의사가 있었다고 단정할 수 없다. ○ ×

해설 대법원 2022도14571 정답 ○

023

발언 상대방이 직무상 비밀유지의무가 있는 경우에는 그러한 관계나 신분으로 인하여 비밀의 보장이 상당히 높은 정도로 기대되는 경우로서 공연성이 부정되고, 공연성을 인정하기 위해서 그러한 관계나 신분에도 불구하고 불특정 또는 다수인에게 전파될 수 있다고 볼 만한 특별한 사정이 존재하여야 한다. ○ ×

해설 대법원 2021도1677 정답 ○

024

의료인인 갑의 명의로 의료인이 아닌 을이 개설하여 운영하는 병 병원에서, 피고인이 단독으로 또는 공모하여 11회에 걸쳐 큰 소리를 지르거나 환자 진료 예약이 있는 갑을 붙잡고 있는 등의 방법으로 위력으로써 갑의 진료 업무를 방해하였다는 내용으로 기소된 사안에서, 피고인의 행위와 당시의 주변 상황 등을 종합하면, 공소사실 전부 또는 그중 일부는 피고인이 갑의 환자에 대한 진료행위를 방해한 것으로 볼 여지가 있으므로, 피고인이 병 병원의 일반적인 운영 외에 갑의 진료행위를 방해한 것인지에 대해 더 세밀하게 심리하여 업무방해죄 성립 여부를 판단하였어야 함에도, 원심이 병 병원의 운영에 관한 업무는 업무방해죄의 보호대상이 되는 업무에 해당하지 않는다고 전제한 다음, 갑의 진료행위도 병 병원의 운영에 관한 업무에 포함되어 별개의 보호가치 있는 업무로 볼 수 없다고 단정하여 공소사실을 무죄로 판단한 것에 업무방해죄의 업무에 관한 법리오해의 잘못이 있다. ○ ✕

해설 대법원 2021도16482   정답 ○

025

형법 제314조 제2항은 '컴퓨터 등 정보처리장치 또는 전자기록 등 특수매체기록을 손괴하거나 정보처리장치에 허위의 정보 또는 부정한 명령을 입력하거나 기타 방법으로 정보처리에 장애를 발생하게 하여 사람의 업무를 방해한 자'를 처벌하도록 정하고 있다. 여기에서 '허위의 정보 또는 부정한 명령의 입력'이란 객관적으로 진실에 반하는 내용의 정보를 입력하거나 정보처리장치를 운영하는 본래의 목적과 상이한 명령을 입력하는 것이고, '기타 방법'이란 컴퓨터의 정보처리에 장애를 초래하는 가해수단으로 컴퓨터의 작동에 직접·간접으로 영향을 미치는 일체의 행위를 말한다. 한편 위 죄가 성립하기 위해서는 위와 같은 가해행위 결과 정보처리장치가 그 사용목적에 부합하는 기능을 하지 못하거나 사용목적과 다른 기능을 하는 등 정보처리에 장애가 현실적으로 발생하여야 한다. ○ ✕

해설 대법원 2021도1533   정답 ○

026

주택재개발정비사업조합 구역 내 건물의 소유자인 피고인들이 위 건물에 대한 건물명도소송 확정판결에 따른 강제집행을 보상액이 적다는 이유로 위력으로 방해함으로써 집행관에게 집행위임을 한 조합의 이주·철거업무를 방해하였다는 내용으로 기소된 사안에서, 위 강제집행은 특별한 사정이 없는 한 집행위임을 한 조합의 업무가 아닌 집행관의 고유한 직무에 해당하고, 설령 피고인들이 집행관의 강제집행 업무를 방해하였더라도 이를 채권자인 조합의 업무를 직접 방해한 것으로 볼 만한 증거도 부족하므로, 피고인들이 조합의 업무를 방해하였다고 볼 수 없고 피고인들의 행위와 조합의 업무방해 사이에 상당인과관계가 있다고 단정할 수도 없다. ○ ✕

해설 대법원 2020도34   정답 ○

027

전화금융사기 조직의 현금 수거책인 피고인이 무매체 입금거래의 '1인 1일 100만 원' 한도 제한을 회피하기 위하여 은행 자동화기기에 제3자의 주민등록번호를 입력하는 방법으로 이른바 '쪼개기 송금'을 한 것이 은행에 대한 업무방해죄가 성립한다. ○ ✕

해설 피고인의 행위가 업무방해죄에서 말하는 위계에 해당하지 않는다는 전제에서 위계에 의한 업무방해죄가 성립하지 않는다. (대법원 2021도12394)   정답 ✕

028 수산업 협동조합의 신규직원 채용에 응시한 A와 B가 필기시험에서 합격선에 못 미치는 점수를 받게 되자, 채점업무 담당자들이 조합장인 피고인의 지시에 따라 점수조작행위를 통하여 이들을 필기시험에 합격시킴으로써 필기시험 합격자를 대상으로 하는 면접시험에 응시할 수 있도록 한 사안에서 위 점수조작행위에 공모 또는 양해하였다고 볼 수 없는 일부 면접위원들이 조합의 신규직원 채용업무로서 수행한 면접업무는 위 점수조작행위에 의하여 방해되었다고 보아야 한다. ○ ✕

해설 대법원 2009도8506   정답 ○

029 지방공기업 사장인 피고인이 내부 인사규정 변경을 위한 적법한 절차를 거치지 않은 채 채용공고상 자격요건을 무단으로 변경하여 공동피고인을 2급 경력직의 사업처장으로 채용한 행위는 업무방해죄에 해당한다. ○ ✕

해설 채용공고가 인사규정에 부합하는지 여부는 서류심사위원과 면접위원의 업무와 무관하고, 피고인들이 서류심사위원과 면접위원에게 오인, 착각 또는 부지를 일으키게 하여 이를 이용하였다고 볼 수 없으며, 공기업 대표이사인 피고인은 직원 채용 여부에 관한 결정에 있어 인사담당자의 의사결정에 관여할 수 있는 권한을 갖고 있어 관련 업무지시를 위력 행사로 볼 수 없다. (대법원 2020도16182)   정답 ✕

030 부정입학과 관련된 금품수수 등의 혐의로 구속되었던 대학교 전 이사장이 다시 총장으로 복귀함에 따라 학내 갈등이 악화되었고, 대학교 총학생회는 대학교 교수협의회와 총장 퇴진운동을 벌이면서 총장과의 면담을 요구하였으나 면담이 실질적으로 성사되지 않았으며 총학생회 간부인 피고인들이 총장실 입구에서 진입을 시도하거나 회의실에 들어가 총장 사퇴를 요구하다가 이를 막는 교직원들과 실랑이를 벌였고, 이로 인해 위력에 의한 업무방해로 기소되었다. 대법원은 위 법리에 따라, 피고인들의 행위에 대하여 동기와 목적의 정당성, 행위의 수단이나 방법의 상당성, 법익균형성이 인정되고, 특히 학습권 침해가 예정된 이상 긴급성이 인정되고, 피고인들이 선택할 수 있는 법률적 수단이 더 이상 존재하지 않는다거나 다른 구제절차를 모두 취해본 후에야 면담 추진 등이 가능하다고 할 것은 아니어서 보충성도 인정되므로 정당행위 성립을 인정하였다. ○ ✕

해설 대법원 2017도2760   정답 ○

031 형법 제20조는 '사회상규에 위배되지 아니하는 행위'를 정당행위로서 위법성이 조각되는 사유로 규정하고 있다. 위 규정에 따라 사회상규에 의한 정당행위를 인정하려면, 첫째 그 행위의 동기나 목적의 정당성, 둘째 행위의 수단이나 방법의 상당성, 셋째 보호이익과 침해이익과의 법익균형성, 넷째 긴급성, 다섯째로 그 행위 외에 다른 수단이나 방법이 없다는 보충성 등의 요건을 갖추어야 하는데위 '목적·동기', '수단', '법익균형', '긴급성', '보충성'은 불가분적으로 연관되어 하나의 행위를 이루는 요소들로 종합적으로 평가되어야 한다. '목적의 정당성'과 '수단의 상당성' 요건은 행위의 측면에서 사회상규의 판단기준이 된다. 사회상규에 위배되지 아니하는 행위로 평가되려면 행위의 동기와 목적을 고려하여 그것이 법질서의 정신이나 사회윤리에 비추어 용인될 수 있어야 한다. 수단의 상당성·적합성도 고려되어야 한다. 또한 보호이익과 침해이익 사이의 법익균형은 결과의 측면에서 사회상규에 위배되는지를 판단하기 위한 기준이다. 이에 비하여 행위의 긴급성과 보충성은 수단의 상당성을 판단할 때 고려요소의 하나로 참작하여야 하고 이를 넘어 독립적인 요건으로 요구할 것은 아니다. 또한 그 내용 역시 다른 실효성 있는 적법한 수단이 없는 경우를 의미하고 '일체의 법률적인 적법한 수단이 존재하지 않을 것'을 의미하는 것은 아니라고 보아야 한다. ○ ✕

해설 대법원 2017도2760   정답 ○

032 대법원은 정당행위인 판단기준인 '목적·동기', '수단', '법익균형', '긴급성', '보충성'은 불가분적으로 연관되어 하나의 행위를 이루는 요소들로 종합적으로 평가되어야 하고, 특히 행위의 긴급성과 보충성은 수단의 상당성을 판단할 때 고려요소의 하나로 참작하여야 하고 이를 넘어 독립적인 요건으로 요구할 것은 아니며, 다른 실효성 있는 적법한 수단이 없는 경우를 의미하는 것으로 '일체의 법률적인 적법한 수단이 존재하지 않을 것'을 의미하는 것은 아니라고 판단하였다. ○ ×

해설 대법원 2017도2760 정답 ○

033 입찰방해죄는 위계 또는 위력 기타의 방법으로 입찰의 공정을 해하는 경우에 성립하는 위태범(위험범)이기는 하지만 입찰방해의 특성상 결과의 불공정이 현실적으로 나타나는 것을 필요로 한다. ○ ×

해설 입찰참가자들 중 일부 사이에만 담합이 이루어진 경우라고 하더라도 그것이 입찰의 공정을 해하는 것으로 평가되는 이상 입찰방해죄가 성립한다. 그리고 방해의 대상인 '입찰'은 공정한 자유경쟁을 통한 적정한 가격형성을 목적으로 하는 입찰절차를 말하고, 공적·사적 경제주체가 임의의 선택에 따라 진행하는 계약체결 과정은 이에 해당하지 않는다. (대법원 2022도8459) = 입찰방해죄는 위계 또는 위력 기타의 방법으로 입찰의 공정을 해하는 경우에 성립하는 위태범(위험범)으로서 결과의 불공정이 현실적으로 나타나는 것을 필요로 하지 않는다. 정답 ×

034 피고인이 민사집행법상 기일입찰 방식의 경매절차에서 경매목적물을 매수할 의사나 능력 없이 오로지 경매목적물이 제3자에게 매각되는 것을 저지하기 위하여 경매절차를 지연할 목적으로 다른 사람의 명의를 이용하여 감정가와 현저하게 차이가 나는 금액으로 입찰하는 행위를 반복함으로써 제3자의 매수를 사실상 봉쇄하여 전체적으로 경매절차를 형해화하는 정도에 이르렀고 이는 위계로써 경매의 공정을 해한 것으로 볼 수 있다. ○ ×

해설 대법원 2023도10254 정답 ○

035 학문적 표현의 자유를 실질적으로 보장하기 위해서는, 학문적 연구 결과 발표에 사용된 표현의 적절성은 형사 법정에서 가려지기보다 자유로운 공개토론이나 학계 내부의 동료평가 과정을 통하여 검증되는 것이 바람직하다. 그러므로 학문적 연구에 따른 의견 표현을 명예훼손죄에서 사실의 적시로 평가하는 데에는 신중할 필요가 있다. 역사학 또는 역사적 사실을 연구 대상으로 삼는 학문 영역에서의 '역사적 사실'과 같이, 그것이 분명한 윤곽과 형태를 지닌 고정적인 사실이 아니라 사후적 연구, 검토, 비판의 끊임없는 과정 속에서 재구성되는 사실인 경우에는 더욱 그러하다. 이러한 점에서 볼 때, 학문적 표현을 그 자체로 이해하지 않고, 표현에 숨겨진 배경이나 배후를 섣불리 단정하는 방법으로 암시에 의한 사실 적시를 인정하는 것은 허용된다고 보기 어렵다. ○ ×

해설 대법원 2017도18697 정답 ○

036 동장인 피고인이 동 주민자치위원에게 전화를 걸어 '어제 열린 당산제(마을제사) 행사에 남편과 이혼한 甲도 참석을 하여, 이에 대해 행사에 참여한 사람들 사이에 안 좋게 평가하는 말이 많았다.'는 취지로 말하고, 동 주민들과 함께한 저녁식사 모임에서 '甲은 이혼했다는 사람이 왜 당산제에 왔는지 모르겠다.'는 취지로 이야기한 사건에서 사실의 적시에 해당하므로 명예훼손죄에 해당한다. ○ ×

해설 甲의 당산제 참여에 관한 의견표현에 지나지 않는다. (대법원 2020도15642) 정답 ×

037
빌라를 관리하고 있는 피고인들이 빌라 아랫집에 거주하는 甲으로부터 누수 문제로 공사 요청을 받게 되자, 甲과 전화통화를 하면서 빌라를 임차하여 거주하고 있는 피해자들에 대하여 누수 공사 협조의 대가로 과도하고 부당한 요구를 하거나 막말과 욕설을 하였다는 취지로 발언하고, '무식한 것들', '이중인격자' 등으로 말하여 명예훼손죄와 모욕죄로 기소된 사안에서, 위 발언들은 신속한 누수 공사 진행을 요청하는 甲에게 임차인인 피해자들의 협조 문제로 공사가 지연되는 상황을 설명하는 과정에서 나온 것으로서, 이에 관한 피고인들의 진술내용을 종합해 보더라도 피고인들이 전파가능성에 대한 인식과 위험을 용인하는 내심의 의사에 기하여 위 발언들을 하였다고 단정하기 어려운 점에서 명예훼손죄가 성립되지 않는다. ○ ×

해설 대법원 2020도8336　　　　　　　　　　　　　　　　　　　　　　　　　　　　　정답 ○

038
피고인이 고등학교 동창인 甲으로부터 사기 범행을 당했던 사실과 관련하여 같은 학교 동창 10여 명이 참여하던 단체 채팅방에서 '甲이 내 돈을 갚지 못해 사기죄로 감방에서 몇 개월 살다가 나왔다. 집에서도 포기한 애다. 너희들도 조심해라.'라는 내용의 글을 게시함으로서 비방할 목적이 있어 정보통신망 이용촉진 및 정보보호 등에 관한 법률 위반의 명예훼손죄에 해당한다. ○ ×

해설 대법원 2022도4171　　　　　　　　　　　　　　　　　　　　　　　　　　　　　정답 ×

039
피고인이 유튜브 영상에서 피해자를 '개'로 지칭하지는 않은 점 및 피고인이 효과음, 자막을 사용하지 않았다는 점 등을 무죄의 근거로 든 원심의 설시가 적절하다고 보기 어려우나, 영상의 전체적인 내용을 살펴볼 때, 피고인이 피해자의 얼굴을 가리는 용도로 동물 그림을 사용하면서 피해자에 대한 부정적인 감정을 다소 해학적으로 표현하려 한 것에 불과하다고 볼 여지도 상당하므로, 해당 영상이 피해자를 불쾌하게 할 수 있는 표현이기는 하지만 객관적으로 피해자의 인격적 가치에 대한 사회적 평가를 저하시킬 만한 모욕적 표현을 한 경우에 해당한다고 단정하기는 어렵다. ○ ×

해설 대법원 2022도4719　　　　　　　　　　　　　　　　　　　　　　　　　　　　　정답 ○

040
건조물침입죄는 건조물의 사실상 평온을 보호법익으로 하고 있으므로 건조물 관리자의 의사에 반하여 건조물에 침입함으로써 성립한다. 건조물의 거주자나 관리자와의 관계 등으로 평소 건조물에 출입이 허용된 사람이라 하더라도 건조물에 들어간 행위가 거주자나 관리자의 명시적 또는 추정적 의사에 반함에도 불구하고 감행된 것이라면 건조물침입죄가 성립한다. ○ ×

해설 대법원 2017도21323　　　　　　　　　　　　　　　　　　　　　　　　　　　　　정답 ○

041
정당한 이유 없이 비밀번호를 임의로 입력하거나 조작하는 등의 방법으로 거주자나 관리자 모르게 공동현관에 출입한 경우와 같이, 그 출입 목적 및 경위, 출입의 태양과 출입한 시간 등을 종합적으로 고려할 때 공동주택 거주자의 사실상 주거의 평온상태를 해치는 행위태양으로 볼 수 있는 경우라면 공동주택 거주자들에 대한 주거침입에 해당할 것이다. ○ ×

해설 대법원 2021도15507　　　　　　　　　　　　　　　　　　　　　　　　　　　　　정답 ○

042 피고인이 甲의 부재중에 甲의 처(妻) 乙과 혼외 성관계를 가질 목적으로 乙이 열어 준 현관 출입문을 통하여 甲과 乙이 공동으로 거주하는 아파트에 들어간 사안에서, 피고인이 乙로부터 현실적인 승낙을 받아 통상적인 출입방법에 따라 주거에 들어갔으므로 주거의 사실상 평온상태를 해치는 행위태양으로 주거에 들어간 것이 아니어서 주거에 침입한 것으로 볼 수 없고, 피고인의 주거 출입이 부재 중인 甲의 의사에 반하는 것으로 추정되더라도 주거침입죄의 성립 여부에 영향을 미치지 않는다. ○ ×

해설 대법원 2020도12630   정답 ○

043 주거침입강제추행죄 및 주거침입강간죄 등은 사람의 주거 등을 침입한 자가 피해자를 간음, 강제추행 등 성폭력을 행사한 경우에 성립하는 것으로서, 주거침입죄를 범한 후에 사람을 강간하는 등의 행위를 하여야 하는 일종의 신분범이고, 선후가 바뀌어 강간죄 등을 범한 자가 그 피해자의 주거에 침입한 경우에는 이에 해당하지 않고 강간죄 등과 주거침입죄 등의 실체적 경합범이 된다. 그 실행의 착수시기는 주거침입행위 후 강간죄 등의 실행행위에 나아간 때이다. ○ ×

해설 대법원 2020도17796   정답 ○

044 일반인의 출입이 허용된 음식점에 영업주의 승낙을 받아 통상적인 출입방법으로 들어갔다면 특별한 사정이 없는 한 주거침입죄에서 규정하는 침입행위에 해당하지 않는다. ○ ×

해설 대법원 2017도18272   정답 ○

045 공동거주자 중 한 사람인 A가 정당한 이유 없이 다른 공동거주자가 공동생활의 장소에 출입하는 것을 금지한 경우, 다른 공동거주자인 甲이 이에 대항하여 공동생활의 장소에 들어갔더라도 주거침입죄는 성립하지 않고, 다만 甲이 그 장소에 출입하기 위하여 출입문의 잠금장치를 손괴하는 등 다소간의 물리력을 행사한 경우 주거침입죄가 성립할 수 있다. ○ ×

해설 공동생활의 장소에 들어간 경우, 주거침입죄가 성립하지 않는다. 또한 그 공동거주자가 공동생활의 장소에 출입하기 위하여 출입문의 잠금장치를 손괴하는 등 다소간의 물리력을 행사하여 그 출입을 금지한 공동거주자의 사실상 평온상태를 해쳤더라도 마찬가지이다. (대법원 2020도6085)   정답 ×

046 상해보험계약 체결 당시 이미 발생한 교통사고로 생긴질환으로 입통원치료를 받고 있을 뿐 아니라 기왕증으로 인해 향후 추가 입원치료를 받게 될 개연성이 농후함을 인식하고 있었음에도 자신의 과거 병력과 치료 이력을 묵비하고 그 보험계약을 체결하였다면 부작위에 의한 기망행위가 인정된다. ○ ×

해설 고지의무 위반은 보험사고가 이미 발생하였음에도 이를 묵비한 채 보험계약을 체결하거나 보험사고 발생의 개연성이 농후함을 인식하면서도 보험계약을 체결하는 경우 또는 보험사고를 임의로 조작하려는 의도를 가지고 보험계약을 체결하는 경우와 같이 '보험사고의 우연성'이라는 보험의 본질을 해할 정도에 이르러야 비로소 보험금 편취를 위한 고의의 기망행위에 해당한다. 특히 상해·질병보험계약을 체결하는 보험계약자가 보험사고 발생의 개연성이 농후함을 인식하였는지는 보험계약 체결 전 기왕에 입은 상해의 부위 및 정도, 기존 질병의 종류와 증상 및 정도, 상해나 질병으로 치료받은 전력 및 시기와 횟수, 보험계약 체결 후 보험사고 발생 시까지의 기간과 더불어 이미 가입되어 있는 보험의 유무 및 종류와 내역, 보험계약 체결의 동기 내지 경과 등을 두루 살펴 판단하여야 한다. (대법원 2017도1405)   정답 ○

047

동업체에 제공된 물품은 동업관계가 청산되지 않는 한 동업자들의 공동점유에 속하므로 그 물품이 원래 피고인의 소유라거나 피고인이 다른 곳에서 빌려서 제공하였다는 사유만으로는 절도죄의 객체가 됨에 지장이 없다. O X

해설 동업체에 제공된 물품은 동업관계가 청산되지 않는 한 동업자들의 공동점유에 속하므로, 그 물품이 원래 피고인의 소유라거나 피고인이 다른 곳에서 빌려서 제공하였다는 사유만으로는 절도죄의 객체가 됨에 지장이 없다. (대법원 94도2076)

정답 O

048

업무상배임죄가 성립하려면 재산상 이익과 손해 사이에 서로 대응하는 관계에 있는 등 일정한 관련성이 인정되어야 할 필요성은 없다. O X

해설 갑 새마을금고 임원인 피고인이 새마을금고의 여유자금 운용에 관한 규정을 위반하여 금융기관으로부터 원금 손실의 위험이 있는 금융상품을 매입함으로써 갑 금고에 액수 불상의 재산상 손해를 가하고 금융기관에 수수료 상당의 재산상 이익을 취득하게 하였다고 하여 업무상배임으로 기소된 사안에서, 피고인의 임무위배행위로 갑 금고에 액수 불상의 재산상 손해가 발생하였더라도 금융기관이 취득한 수수료 상당의 이익을 그와 관련성 있는 재산상 이익이라고 인정할 수 없고, 또한 위 수수료 상당의 이익은 배임죄에서의 재산상 이익에 해당한다고 볼 수도 없다. (대법원 2016도3452) 정답 X

049

신용카드 가맹점주가 신용카드회사로부터 금원을 교부받을 당시 신용카드회사에게 매출전표가 용역의 제공을 가장하여 허위로 작성된 것임을 고지하지 아니한 채 제출하여 대금을 청구하였고, 신용카드회사는 매출전표에 기재된 바와 같은 가맹점의 용역의 제공이 실제로 있은 것으로 오신하여 그에게 그 대금 상당의 금원을 교부한 경우, 신용카드회사가 가맹점의 용역의 제공을 가장한 허위 내용의 매출전표에 의한 대금청구에 대하여는 이를 거절할 수 있는 등 매출전표가 허위임을 알았더라면 가맹점주에게 그 대금의 지급을 하지 아니하였을 관계가 인정된다면, 가맹점주가 용역의 제공을 가장한 허위의 매출전표임을 고지하지 아니한 채 신용카드회사에게 제출하여 대금을 청구한 행위는 사기죄의 실행행위로서의 기망행위에 해당하고, 가맹점주에게 이러한 기망행위에 대한 범의가 있었다면, 비록 당시 그에게 신용카드 이용대금을 변제할 의사와 능력이 있었다고 하더라도 사기죄의 범의가 있었음을 인정할 수 있다. O X

해설 신용카드 가맹점주가 신용카드회사에게 용역의 제공을 가장한 허위의 매출전표를 제출하여 대금을 청구한 행위가 기망행위에 해당한다. (대법원 98도3549)

정답 O

050

甲이 乙로부터 18억원을 차용하면서 담보로 甲 소유의 아파트에 乙 명의의 4순위 근저당권을 설정해 주기로 약정하였음에도 제3자에게 채권최고액을 12억 원으로 하는 4순위 근저당권을 설정하여 준 경우 특정경제범죄가중처벌등에관한법률위반(배임)죄가 성립한다. O X

해설 채무자가 제3자에게 먼저 담보물에 관한 저당권을 설정하거나 담보물을 양도하는 등으로 담보가치를 감소 또는 상실시켜 채권자의 채권실현에 위험을 초래하는 경우, 배임죄가 성립하지 않는다. (대법원 2019도14340) 정답 X

051 甲이 성명불상자로부터 계좌를 빌려주면 대가를 주겠다는 제안을 받고 자신의 계좌에 연결된 체크카드를 양도하였는데, A가 보이스피싱 사기 범행에 속아 위 계좌로 금원을 송금하여 甲이 보관하던 중 이를 현금으로 인출하여 개인 용도로 사용한 경우, 甲이 사기범행에 이용되리라는 사정을 알지 못한 채 체크카드를 양도한 것이라면 A에 대한 횡령죄가 성립한다. ○ ×

해설 피고인이 사기범행에 이용되리라는 사정을 알지 못한 채 단순히 자신 명의 계좌의 접근매체를 양도하였을 뿐이어서 사기의 공범에 해당하지 않는 경우, 성명불상자의 사기범행에 속은 피해자가 위 계좌로 송금하여 입금된 돈을 피고인이 임의로 인출한 행위가 횡령죄를 구성한다. (대법원 2018도5255) 정답 ○

052 피고인이 당초부터 피해자를 기망하여 약속어음을 교부받은 경우 그 교부시 사기죄가 성립하고 그 후 이를 피해자에 대한 피고인의 채권의 변제에 충당하였다면 새로운 법익침해로서 별도의 횡령죄를 구성한다. ○ ×

해설 피고인이 당초부터 피해자를 기망하여 약속어음을 교부받은 경우에는 그 교부받은 즉시 사기죄가 성립하고 그 후 이를 피해자에 대한 피고인의 채권의 변제에 충당하였다 하더라도 불가벌적 사후행위가 됨에 그칠 뿐, 별도로 횡령죄를 구성하지 않는다. (대법원 82도3079) 정답 ×

053 업무상배임죄는 타인과의 신뢰관계에서 일정한 임무에 따라 사무를 처리할 법적 의무가 있는 자가 그 상황에서 당연히 할 것이 법적으로 요구되는 행위를 하지 않는 부작위에 의해서도 성립할 수는 없다. ○ ×

해설 업무상배임죄는 타인과의 신뢰관계에서 일정한 임무에 따라 사무를 처리할 법적 의무가 있는 자가 그 상황에서 당연히 할 것이 법적으로 요구되는 행위를 하지 않는 부작위에 의해서도 성립할 수 있다. (대법원 2020도15529) 정답 ×

054 비록 피기망자가 처분행위의 의미나 내용을 인식하지 못하였더라도, 피기망자의 작위 또는 부작위가 직접 재산상 손해를 초래하는 재산적 처분행위로 평가되고, 이러한 작위 또는 부작위를 피기망자가 인식하고 한 것이라면 처분행위에 상응하는 처분의사는 인정된다. ○ ×

해설 피기망자가 처분행위의 의미나 내용을 인식하지 못하였으나 피기망자의 작위 또는 부작위가 직접 재산상 손해를 초래하는 재산적 처분행위로 평가되고, 이러한 작위 또는 부작위를 피기망자가 인식하고 한 경우, 사기죄의 처분행위에 상응하는 처분의사가 인정된다. (대법원 2016도13362) 정답 ○

055 사기 범행에 이용되리라는 사정을 알고서 자신 명의 계좌의 접근매체를 양도함으로써 사기범행을 방조한 종범이 사기이용계좌로 송금된 피해자의 자금을 임의로 인출한 경우 그 종범에게 횡령죄가 성립한다. ○ ×

해설 전기통신금융사기(이른바 보이스피싱 범죄)의 범인이 피해자를 기망하여 피해자의 자금을 사기이용계좌로 송금·이체받은 후 사기이용계좌에서 현금을 인출한 행위가 사기의 피해자에 대하여 별도의 횡령죄를 구성하지 않는다. 이러한 법리는 사기범행에 이용되리라는 사정을 알고서 자신 명의 계좌의 접근매체를 양도함으로써 사기범행을 방조한 종범이 사기이용계좌로 송금된 피해자의 자금을 임의로 인출한 경우에도 마찬가지이다. (대법원 2017도3894) 정답 ×

056 회사의 대표이사가 자신이 당사자일 뿐만 아니라 자신의 경영권을 방어하기 위한 목적으로 신주를 발행하는 과정에서 저지른 배임행위에 대한 소송을 수행하면서 그 변호사 비용을 회사의 자금으로 지급하여도 횡령죄가 성립하지 않는다. ○ ×

해설 회사의 대표이사가 자신이 당사자일 뿐만 아니라 자신의 경영권을 방어하기 위한 목적으로 신주를 발행하는 과정에서 저지른 배임행위에 대한 소송을 수행하면서 그 변호사 비용을 회사의 자금으로 지급한 사안에서, 업무상횡령죄의 성립을 인정한 사례이다. (대법원 2007도9679)

정답 ×

057 조합 또는 내적 조합과 달리 익명조합의 경우에는 익명조합원이 영업을 위하여 출자한 금전 기타의 재산은 상대편인 영업자의 재산이 되므로 영업자는 타인의 재물을 보관하는 자의 지위에 있지 않아 영업자가 영업이익금 등을 임의로 소비하였더라도 횡령죄가 성립하지 아니한다. ○ ×

해설 조합 또는 내적 조합과 달리 익명조합의 경우에는 익명조합원이 영업을 위하여 출자한 금전 기타의 재산은 상대편인 영업자의 재산이 되므로 영업자는 타인의 재물을 보관하는 자의 지위에 있지 않고, 따라서 영업자가 영업이익금 등을 임의로 소비하였더라도 횡령죄가 성립할 수는 없다. (대법원 2010도5014)

정답 ○

058 횡령죄의 본질에 관한 학설 중 월권행위설은 횡령의 의미를 위탁된 보관물에 대한 신뢰관계의 배신과 그 보관물을 불법하게 영득하는 것이라고 한다. ○ ×

해설 횡령죄의 영득행위설에 대한 설명이므로 틀린 지문이다. 영득행위설은 횡령죄가 성립하기 위하여는 불법영득의사를 필요로 한다. 횡령죄의 본질에 관한 학설 중 월권행위설은 월권행위만 있으면 영득행위를 하지 않더라도 횡령죄가 성립하므로 횡령죄 성립에 불법영득의사를 필요로 하지 않는다.

정답 ×

059 횡령죄에 있어서 재물의 보관이란 함은 재물에 대한 법률상의 지배력이 있는 상태를 의미하는 것으로서, 그 보관이 위탁관계에 기인하여야 할 것은 물론이고, 그것이 반드시 사용대차, 임대차, 위임 등의 계약에 의하여 설정되어야 한다. ○ ×

해설 횡령죄에 있어서의 재물의 보관이라 함은 재물에 대한 사실상 또는 법률상 지배력이 있는 상태를 의미하므로 그 보관이 위탁관계에 기인하여야 할 것임은 물론이나 그것이 반드시 사용대차, 임대차, 위임 등의 계약에 의하여 설정되는 것임을 요하지 아니하고 사무관리, 관습, 조리, 신의칙에 의해서도 성립된다. (대법원 87도1778)

정답 ×

060 재산범죄를 저지른 이후에 별도의 재산범죄의 구성요건에 해당하는 사후행위가 있었다면 비록 그 행위가 불가벌적 사후행위로서 처벌의 대상이 되지 않는다 할지라도 그 사후행위로 인하여 취득한 물건은 재산범죄로 인하여 취득한 물건으로서 장물이 될 수 있다. ○ ×

해설 그 사후행위로 인하여 취득한 물건은 재산범죄로 인하여 취득한 물건으로서 장물이 될 수 있다. (대법원 2004도353)

정답 ○

061 타인 소유의 토지에 수목을 식재할 당시 토지의 소유권자로부터 그에 관한 명시적 또는 묵시적 승낙·동의·허락 등을 받았다면, 이는 민법 제256조에서 부동산에의 부합의 예외사유로 정한 '권원'에 해당한다고 볼 수 있으므로, 해당 수목은 토지에 부합하지 않고 식재한 자에게 그 소유권이 귀속된다. ○ ×

해설 대법원 2023도11885

정답 ○

062 甲이 자신이 경락받은 농수산물 저온저장 공장건물 중 공랭식 저온창고를 수냉식으로 개조함에 있어 기존에 그 공장에 시설된 A 소유의 자재에 관하여 A에게 철거를 최고하는 등 적법한 조치를 취하지 않고 일방적으로 이를 철거하였다면 재물손괴죄가 성립한다. ○ ×

해설 피고인이 경락받은 농수산물 저온저장 공장건물 중 공냉식 저온창고를 수냉식으로 개조함에 있어 그 공장에 시설된 피해자 소유의 자재에 관하여 피해자에게 철거를 최고하는 등 적법한 조치를 취함이 없이 이를 일방적으로 철거하게 하여 손괴하였다면 이는 재물손괴의 범의가 없었다고 할 수 없고 이것이 사회상규상 당연히 허용되는 것이라고 할 수도 없다. (대법원 90도700)

정답 ○

063 甲 종합건설회사가 유치권 행사를 위하여 점유하고 있던 주택에 피고인이 그 소유자인 처와 함께 출입문 용접을 해제하고 들어가 거주한 행위는, 유치권자인 甲 종합건설회사의 권리행사를 방해한 행위로써 권리행사방해죄가 성립한다. ○ ×

해설 甲 종합건설회사가 유치권 행사를 위하여 점유하고 있던 주택에 피고인이 그 소유자인 처(妻)와 함께 출입문 용접을 해제하고 들어가 거주한 사안에서, 유치권자인 甲 회사의 권리행사를 방해하였다고 보아 형법 제323조의 권리행사방해죄의 유죄를 인정하였다. (대법원 2011도2368)

정답 ○

064 여러 사람의 권리의 목적이 된 자기의 물건을 취거, 은닉 또는 손괴함으로써 그 여러 사람의 권리행사를 방해하였다면 권리자별로 각각 권리행사방해죄가 성립하고 각 죄는 서로 상상적 경합범의 관계에 있다. ○ ×

해설 대법원 2021도16876

정답 ○

065 만약 갑이 A를 살해할 고의로 방화를 하였으나 A가 사망하지 않았다면 갑에게는 현주건조물방화치사죄의 미수범이 성립한다. ○ ×

해설 현주건조물방화치상죄의 미수범 처벌규정이 없다. 따라서 현주건조물방화죄와 살인미수의 상상적 경합범이 된다.

정답 ×

066 A가 사망하였더라도 갑의 방화가 미수에 그쳤다면 갑은 현주건조물방화치사죄의 미수범의 죄책을 진다. O X

해설 현주건조물방화치사죄의 사망에 이르게 한 때에는 사형 무기 또는 7년이상의 징역에 처한다. 정답 ×

067 甲이 한국은행이 발행한 일만원권 지폐의 앞·뒷면을 전자복사기로 복사하여 비슷한 크기로 자른 후, 그 위조통화를 乙의 택시 이용에 대한 요금지불 수단으로 사용하였으나, 乙은 甲이 지불한 위조통화를 진정한 통화로 오인하지 않은 경우, 甲의 행위는 통화위조죄 및 위조통화행사죄가 성립하지 않는다. O X

정답 O

068 은행에 대출을 신청하면서 담보 부동산의 매매계약서상 매매대금을 허위로 부풀려 기재한 매매계약서를 제출하고, 이 부풀린 금액이 정당한 매매대금임을 전제로 하여 대출을 받은 경우, 사기죄가 성립하며 지급받은 대출금 전부가 사기죄의 이득액에 해당한다. O X

해설 담보 부동산의 매매계약서상 매매대금은 피해자가 대출가능금액을 산정하는 데 기준이 되는 사항이므로 피고인이 피해자에게 이를 허위로 부풀려 기재한 매매계약서를 제출한 행위는 기망행위에 해당하고, 위와 같이 부풀린 금액이 정당한 매매대금임을 전제로 하여 대출금을 교부받은 이상 사기죄가 성립하며, 지급받은 대출금 전부가 사기죄의 이득액에 해당한다. (대법원 2018도19772) 정답 O

069 주식회사의 적법한 대표이사라 하더라도 그 권한을 포괄적으로 위임하여 다른 사람으로 하여금 대표이사의 업무를 처리하게 하는 것은 허용되지 않는다. 따라서 대표이사로부터 포괄적으로 권한 행사를 위임받은 사람이 주식회사 명의로 문서를 작성하는 행위는 원칙적으로 권한 없는 사람의 문서 작성행위로서 자격모용사문서작성 또는 위조에 해당하고, 대표이사로부터 개별적·구체적으로 주식회사 명의의 문서 작성에 관하여 위임 또는 승낙을 받은 경우에만 예외적으로 적법하게 주식회사 명의로 문서를 작성할 수 있다. O X

해설 대법원 2006도2016 정답 O

070 공전자기록등위작죄에서 말하는 전자기록의 '위작'에, 전자적 방식에 의한 정보의 생성·처리·저장·출력을 목적으로 구축하여 설치·운영하는 시스템의 설치·운영 주체와의 관계에서 전자기록의 생성에 관여할 권한이 없는 사람이 전자기록을 작출하거나 전자기록의 생성에 필요한 단위정보의 입력을 하는 경우 외에 시스템의 설치·운영 주체로부터 각자의 직무 범위에서 개개의 단위정보의 입력 권한을 부여받은 사람이 그 권한을 남용하여 허위의 정보를 입력함으로써 시스템 설치·운영 주체의 의사에 반하는 전자기록을 생성하는 경우도 포함되며 위 법리는 사전자기록등위작죄에서 행위의 태양으로 규정한 '위작'에 대해서도 마찬가지로 적용된다. O X

해설 대법원 2019도11294 정답 O

071 자신의 이름과 나이를 속이는 용도로 사용할 목적으로 주민등록증의 이름·주민등록번호란에 글자를 오려붙인 후 이를 컴퓨터 스캔 장치를 이용하여 이미지 파일로 만들어 컴퓨터 모니터로 출력하는 한편 타인에게 이메일로 전송한 사안에서, 컴퓨터 모니터 화면에 나타나는 이미지는 형법상 문서에 관한 죄의 문서에 해당하지 않으므로 공문서위조 및 위조공문서행사죄를 구성하지 않는다. ○ ×

해설 대법원 2007도7480 정답 ○

072 피고인이 위조·변조한 공문서의 이미지 파일을 甲 등에게 이메일로 송부하여 프린터로 출력하게 함으로써 '행사'하였다는 내용으로 기소되었는데, 甲 등은 출력 당시 위 파일이 위조된 것임을 알지 못했으므로 위조공문서행사죄로 처벌할 수 없다. ○ ×

해설 피고인이 위조·변조한 공문서의 이미지 파일을 甲 등에게 이메일로 송부하여 프린터로 출력하게 함으로써 '행사'하였다는 내용으로 기소되었는데, 甲 등은 출력 당시 위 파일이 위조된 것임을 알지 못한 사안에서, 피고인의 행위가 위조·변조공문서행사죄를 구성한다고 보아야 하는데도, 이와 달리 보아 무죄를 선고한 원심판결에 법리오해의 위법이 있다고 한 사례이다. (대법원 2011도14441) 정답 ×

073 부동산 매수인(乙)이 매도인(甲)과 부동산계약서 2통을 작성하고 그중 1통을 가지고 있는 기회를 이용하여 행사할 목적으로 그 부동산계약서의 좌단 난외에 '전기 부동산에 대한 제삼자에 대여한 전세계약은 乙이 승계하고 전세금반환의무를 부하기로 함'이라고 권한 없이 가필(加筆)하고 그 밑에 자신의 인장을 날인하였다면 사문서위조죄가 성립한다. ○ ×

해설 문서에 2인 이상의 작성명의인이 있는 때에 그 명의자의 한 사람이 타명의자와 합의 없이 행사할 목적으로 그 문서의 내용을 변경하였을 때는 사문서변조죄가 성립된다. (대법원 77도1736) 정답 ×

074 허위진단서작성죄에 있어서 허위의 기재는 사실에 관한 것이건 판단에 관한 것이건 불문하나, 본죄는 원래 허위의 증명을 금지하려는 것이므로 그 내용이 허위라는 주관적 인식이 필요함은 물론 실질상 진실에 반하는 기재일 것이 필요하다. ○ ×

해설 대법원 89도2083 정답 ○

075 피고인이 인터넷을 통하여 열람·출력한 등기사항전부증명서 하단의 열람 일시 부분을 수정 테이프로 지우고 복사해두었다가 이를 타인에게 교부하여 공문서변조 및 변조공문서행사로 기소된 사안에서, 피고인이 등기사항전부증명서의 열람 일시를 삭제하여 복사한 행위는 등기사항전부증명서가 나타내는 권리·사실관계와 다른 새로운 증명력을 가진 문서를 만든 것에 해당하고 그로 인하여 공공적 신용을 해할 위험성도 발생하였다. ○ ×

해설 피고인이 등기사항전부증명서의 열람 일시를 삭제하여 복사한 행위는 등기사항전부증명서가 나타내는 권리·사실관계와 다른 새로운 증명력을 가진 문서를 만든 것에 해당하고 그로 인하여 공공적 신용을 해할 위험성도 발생하였다는 이유로, 이와 달리 본 원심판결에 공문서변조에 관한 법리오해의 잘못이 있다. (대법원 2018도19043) 정답 ○

076 공증담당 변호사가 법무사 직원으로부터 인증촉탁서류를 제출받은 후, 법무사가 공증사무실에 출석하여 사서 날인이 당사자 본인의 것임을 확인한 바 없지만 업계의 관행에 따라 그러한 확인을 한 것처럼 인증서에 기재한 경우 허위공문서작성죄가 성립하지 않는다. ○ ×

해설 공증인이 사서증서 인증서를 작성함에 있어, 당사자가 공증인의 면전에서 사서증서에 서명 또는 날인을 하거나 당사자 본인이나 그 대리인으로 하여금 사서증서의 서명 또는 날인이 본인의 것임을 확인하게 한 바가 없음에도 불구하고 마치 그렇게 한 것처럼 인증서에 기재한 경우, 허위공문서작성죄의 성립한다. (대법원 2006도3844) 정답 ×

077 형법 제238조의 공기호는 해당 부호를 공무원 또는 공무소가 사용하는 것만으로는 부족하고, 그 부호를 통하여 증명을 하는 사항이 구체적으로 특정되어 있고 해당 사항은 그 부호에 의하여 증명이 이루어질 것이 요구되지는 않는다. ○ ×

해설 형법 제238조의 공기호는 해당 부호를 공무원 또는 공무소가 사용하는 것만으로는 부족하고, 그 부호를 통하여 증명을 하는 사항이 구체적으로 특정되어 있고 해당 사항은 그 부호에 의하여 증명이 이루어질 것이 요구된다. (대법원 2023도11313) 정답 ×

078 특정 후보자에 대한 지지선언 형식의 기자회견을 위해 허무인 명의 서명부는 실체법 또는 절차법에서 정한 구체적인 권리·의무에 관한 문서 내지 거래상 중요한 사실을 증명하는 문서에 해당한다. ○ ×

해설 피고인이 허무인 명의로 작성한 이 사건 서명부 21장은 주된 취지가 특정 대통령후보자에 대한 정치적인 지지 의사를 집단적 형태로 표현하고자 한 것일 뿐, 실체법 또는 절차법에서 정한 구체적인 권리·의무에 관한 문서 내지 거래상 중요한 사실을 증명하는 문서에 해당한다고 보기 어렵다. (대법원 2023도1178) = 실체법 또는 절차법에서 정한 구체적인 권리·의무에 관한 문서 내지 거래상 중요한 사실을 증명하는 문서에 해당한다고 보기 어렵다. 정답 ×

079 피의자 신문조서 말미에 작성자의 서명, 날인이 없으나, 첫머리에 작성 사법경찰리와 참여 사법경찰리의 직위와 성명을 적어 넣은 것이 있다면 그 문서 자체에 의하여 작성자를 추지할 수 있으므로 피의자신문조서는 허위공문서작성죄의 객체가 되는 공문서로 볼 수 있다. ○ ×

해설 대법원 73도1765 정답 ○

080 공증담당 변호사가 법문사 직원으로부터 인증촉탁서류를 제출받은 후 법무사가 공증사무실에 출석하여 사서증서 날인이 당사자 본인인 것임을 확인한 바 없으나 업계의 관행에 따라 그러한 확인을 한 것처럼 인증서에 기재한 경우 허위공문서작성죄가 성립하지 아니한다. ○ ×

해설 공증담당 변호사가 법무사의 직원으로부터 인증촉탁서류를 제출받았을 뿐, 법무사가 공증사무실에 출석하여 사서증서의 날인이 당사자 본인의 것임을 확인한 바 없음에도 마치 그러한 확인을 한 것처럼 인증서에 기재한 경우, 허위공문서작성죄가 성립한다. (대법원 2006도3844) 정답 ×

081

직권남용권리행사방해죄는 단순히 공무원이 직권을 남용하는 행위를 하였다는 것만으로 곧바로 성립하는 것이 아니다. 직권을 남용하여 현실적으로 다른 사람이 법령상 의무 없는 일을 하게 하였거나 다른 사람의 구체적인 권리행사를 방해하는 결과가 발생하여야 하고, 그 결과의 발생은 직권남용 행위로 인한 것이어야 한다. O X

해설 대법원 2018도2236

정답 O

082

공무원 甲이 A에게 2,000만 원을 뇌물로 요구하였으나 A가 이를 즉각 거부한 경우에는 요구한 금품이 특정되었으므로, 甲으로부터 2,000만 원을 몰수하여야 한다. O X

해설 요구만으로는 아직 특정이 이루어지지 않았으므로 몰수를 할 수는 없다.

정답 X

083

수수된 금품의 뇌물성을 인정하기 위해서는 금품의 개개의 직무행위와 대가관계가 증명되어야 한다. O X

해설 개개의 대가관계는 필요가 없다. 직무행위가 특정일 필요도 없다. (대법원 96도3377)

정답 X

084

집행관이 법원으로부터 피신청인에 대하여 부작위를 명하는 가처분이 발령되었음을 고시하는 데 그치고 나아가 봉인 또는 물건을 자기의 점유로 옮기는 등의 구체적인 집행행위를 하지 아니한 경우, 단순히 피신청인이 가처분의 부작위명령을 위반하였다는 것만으로는 공무상표시무효죄가 성립하지 않는다. O X

해설 대법원 2006도1819

정답 O

085

집행관이 유체동산을 가압류하면서 이를 채무자에게 보관하도록 한 경우, 채무자가 가압류된 유체동산을 제삼자에게 양도하고 그 점유를 이전한 경우라도 채무자와 양수인이 가압류된 유체동산을 원래 있던 장소에 그대로 두었다면 특별한 사정이 없는 한 공무상표시무효죄가 성립하지 않는다. O X

해설 형법 제140조 제1항의 공무상 표시무효죄는 공무원이 그 직무에 관하여 봉인, 동산의 압류, 부동산의 점유 등과 같은 구체적인 강제처분을 실시하였다는 표시를 손상 또는 은닉하거나 기타 방법으로 그 효용을 해함으로써 성립하는 범죄이다. 따라서 집행관이 법원으로부터 피신청인에 대하여 부작위를 명하는 가처분이 발령되었음을 고시하는 데 그치고 나아가 봉인 또는 물건을 자기의 점유로 옮기는 등의 구체적인 집행행위를 하지 아니하였다면, 단순히 피신청인이 가처분의 부작위명령을 위반하였다는 것만으로는 공무상 표시의 효용을 해하는 행위에 해당하지 아니한다. (대법원 2015도20322)

정답 X

086 민원상담시도 종료 이후 소란을 피우고 있는 민원인을 사무실에서 퇴거시키는 등의 후속조치는 민원안내 업무와 관련된 직무수행이라고 할 수 없다. ○ ×

해설 시청 청사 내 주민생활복지과 사무실에 술에 취한 상태로 찾아가 소란을 피우던 피고인을 소속 공무원 갑과 을이 제지하며 밖으로 데리고 나가려 하자, 피고인이 갑과 을의 멱살을 잡고 수회 흔든 다음 휴대전화를 휘둘러 갑의 뺨을 때림으로써 시청 공무원들의 주민생활복지에 대한 통합조사 및 민원 업무에 관한 정당한 직무집행을 방해하였다는 공소사실로 기소된 사안에서, 피고인의 행위는 시청 소속 공무원들의 적법한 직무집행을 방해한 행위에 해당하므로 공무집행방해죄를 구성한다. (대법원 2021도13883)

정답 ×

087 단순히 장래의 직무집행을 예상하여 폭행·협박을 가하는 행위는 공무집행방해죄에 해당하지 않는다. ○ ×

해설 공무집행방해죄의 직무를 집행하는이란 공무원이 현실적으로 행하고 있는 때만이 아니라 근무중인 상태를 포괄한다. (대법원 2021도13883)

정답 ○

088 법령에서 일정한 행위를 금지하면서 이를 위반하는 행위에 대한 벌칙을 정하고 공무원으로 하여금 금지규정의 위반여부를 감시·단속하도록 한 경우, 공무원의 감시·단속을 피하여 금지규정을 위반한 행위가 위계에 의한 공무집행방해죄에 해당하지 않는다. ○ ×

해설 녹음·녹화 등을 할 수 있는 전자장비가 교정시설의 안전 또는 질서를 해칠 우려가 있는 금지물품에 해당하여 반입을 금지할 필요가 있는 경우, 수용자가 아닌 사람이 교도관의 검사·단속을 피하여 위와 같은 금지물품을 교정시설 내로 반입한 행위가 위계에 의한 공무집행방해죄를 구성하지 않는다. (대법원 2020도8030)

정답 ○

089 사법경찰관이 피고인을 수사관서까지 동행한 것이 사실상의 강제연행, 즉 불법 체포에 해당하고, 불법 체포로부터 6시간 상당이 경과한 후에 이루어진 긴급체포 또한 위법하므로 피고인이 불법체포된 자로서 형법 제145조 제1항에 정한 '법률에 의하여 체포 또는 구금된 자'가 아니어서 도주죄의 주체가 될 수 없다. ○ ×

해설 대법원 2005도6810

정답 ○

090 법원이 선고기일에 피고인에 대하여 실형을 선고하면서 구속영장을 발부하는 경우 검사가 법정에 재정하여 법원으로부터 구속영장을 전달받아 집행을 지휘하고, 그에 따라 피고인이 피고인 대기실로 인치되었다면 다른 특별한 사정이 없는 한 피고인은 형법 제145조 제1항의 '법률에 의하여 체포 또는 구금된 자'에 해당한다. ○ ×

해설 대법원 2020도12586

정답 ○

091

소송절차가 분리된 상태에서 피고인들이 증언거부권을 고지받았음에도 불구하고 증언거부권을 행사하지 아니한 채 허위의 진술을 하였다면, 자신의 범죄사실에 대하여 증인으로서 신문을 받았더라도 피고인으로서의 진술거부권 내지 자기부죄거부특권 등이 침해되었다고 할 수 없고, 위증죄가 성립한다. ○ ×

해설 대법원 2023도7528

정답 ○

092

무고죄를 범한 자가 신고한 사건의 재판 또는 징계처분이 확정되기 전에 자백 또는 자수한 때에는 형을 감경 또는 면제한다고 하여 재판확정 전의 자백을 필요적 감경 또는 면제사유로 정하고 있다. 위와 같은 자백의 절차에 관해서는 아무런 법령상 제한이 없으므로 그가 신고한 사건을 다루는 기관에 대한 고백이나 사건을 다루는 재판부에 증인으로 다시 출석하여 전에 한 신고가 허위의 사실이었음을 고백하는 것은 물론 무고 사건의 피고인 또는 피의자로서 법원이나 수사기관에서의 신문에 의한 고백 또한 자백의 개념에 포함된다. 그리고 형법 제153조에서 정한 '재판이 확정되기 전'에는 피고인의 고소사건 수사 결과 피고인의 무고 혐의가 밝혀져 피고인에 대한 공소가 제기되고 피고소인에 대해서는 불기소결정이 내려져 재판절차가 개시되지 않은 경우도 포함된다. ○ ×

해설 대법원 2022도15197

정답 ○

093

특정되지 아니한 '성명불상자'에 대한 무고죄는 성립하지 아니하므로 '관리부장 등'에 대한 무고행위와 그 행위의 내용과 태양이 서로 달라서 그에 대응할 피고인의 방어행위가 달라질 수밖에 없다. ○ ×

해설 특정되지 않은 성명불상자에 대한 무고죄가 성립하지 않는다. (대법원 2020도11754)

정답 ○

03 형사소송법

001 사법경찰관은 피의자를 신문하기 전에 수사과정에서 법령위반, 인권침해 또는 현저한 수사권 남용이 있는 경우 '검사에게 구제를 신청할 수 있음'을 피의자에게 알려주어야 하며, 이때 사법경찰관은 피의자로부터 고지 확인서를 받아 사건기록에 편철하여야 한다. ○×

> **해설**
>
> 형사소송법 제197조의3(시정조치요구 등) ⑧ 사법경찰관은 피의자를 신문하기 전에 수사과정에서 법령위반, 인권침해 또는 현저한 수사권 남용이 있는 경우 검사에게 구제를 신청할 수 있음을 피의자에게 알려주어야 한다.

정답 ○

002 검사와 사법경찰관은 수사 및 공소제기 뿐만 아니라 공소유지에 관하여도 서로 협력하여야 한다. ○×

> **해설**
>
> 수사준칙 제6조(상호협력의 원칙) ① 검사와 사법경찰관은 상호 존중해야 하며, 수사, 공소제기 및 공소유지와 관련하여 협력해야 한다.

정답 ○

003 검사와 사법경찰관은 수사를 할 때 물적 및 인적 증거를 기본으로 하여 객관적이고 신빙성 있는 증거를 발견하고 수집하기 위해 노력하여 실체적 진실을 발견하여야 한다. ○×

> **해설**
>
> 수사준칙 제3조(수사의 기본원칙) ① 검사와 사법경찰관은 모든 수사과정에서 헌법과 법률에 따라 보장되는 피의자와 그 밖의 피해자·참고인 등(이하 "사건관계인"이라 한다)의 권리를 보호하고, 적법한 절차에 따라야 한다.
> ② 검사와 사법경찰관은 예단(豫斷)이나 편견 없이 신속하게 수사해야 하고, 주어진 권한을 자의적으로 행사하거나 남용해서는 안 된다.
> ③ 검사와 사법경찰관은 수사를 할 때 다음 각 호의 사항에 유의하여 실체적 진실을 발견해야 한다.
>   1. 물적 증거를 기본으로 하여 객관적이고 신빙성 있는 증거를 발견하고 수집하기 위해 노력할 것
>   2. 과학수사 기법과 관련 지식·기술 및 자료를 충분히 활용하여 합리적으로 수사할 것
>   3. 수사과정에서 선입견을 갖지 말고, 근거 없는 추측을 배제하며, 사건관계인의 진술을 과신하지 않도록 주의할 것

정답 ×

004 검사는 사법경찰관과 동일한 범죄사실을 수사하게 된 때에는 사법경찰관에게 사건을 송치할 것을 요구할 수 있으며 송치요구를 받은 사법경찰관은 지체없이 검사에게 사건을 송치하여야 하나, 검사가 영장을 청구하기 전에 동일한 범죄사실에 관하여 사법경찰관이 영장을 신청한 경우에는 해당영장에 기재된 범죄사실을 계속 수사할 수 있다. ○ ×

> **해설**
>
> 형사소송법 제197조의4(수사의 경합) ① 검사는 사법경찰관과 동일한 범죄사실을 수사하게 된 때에는 사법경찰관에게 사건을 송치할 것을 요구할 수 있다.
> ② 제1항의 요구를 받은 사법경찰관은 지체 없이 검사에게 사건을 송치하여야 한다. 다만, 검사가 영장을 청구하기 전에 동일한 범죄사실에 관하여 사법경찰관이 영장을 신청한 경우에는 해당 영장에 기재된 범죄사실을 계속 수사할 수 있다.

정답 ○

005 법원이 선임한 부재자 재산관리인은 관리대상 재산에 관한 범죄행위에 대하여 법원으로부터 고소권행사 허가를 받은 경우, 독립하여 고소권을 가지는 법정대리인에 해당한다. ○ ×

해설 부재자 재산관리인은 재산관리를 위하여 필요한 경우 법원의 허가를 받아 관리행위의 범위를 넘는 행위를 하는 것도 가능하고, 여기에는 관리대상 재산에 관한 범죄행위에 대한 형사고소도 포함된다. 따라서 부재자 재산관리인은 관리대상이 아닌 사항에 관해서는 고소권이 없겠지만, 관리대상 재산에 관한 범죄행위에 대하여 법원으로부터 고소권 행사 허가를 받은 경우에는 독립하여 고소권을 가지는 법정대리인에 해당한다. (대법원 2021도2488) 정답 ○

006 검사와 사법경찰관은 다음 각 호의 어느 하나에 해당하는 사건(이하 "중요사건"이라 한다)의 경우에는 송치 전에 수사할 사항, 증거 수집의 대상, 법령의 적용, 범죄수익 환수를 위한 조치 등에 관하여 상호 의견을 제시·교환할 것을 요청할 수 있다. 이 경우 검사와 사법경찰관은 특별한 사정이 없으면 상대방의 요청에 응해야 한다. 검사와 사법경찰관은 공직선거법이나 농협협동조합법 등에 따른 공소시효가 적용되는 사건에 대해서는 공소시효 만료일 6개월 전까지 상호 의견을 제시·교환해야 한다. ○ ×

해설 수사준칙 제7조 검사와 사법경찰관은 다음 각 호의 어느 하나에 해당하는 사건(이하 "중요사건"이라 한다)의 경우에는 송치 전에 수사할 사항, 증거 수집의 대상, 법령의 적용, 범죄수익 환수를 위한 조치 등에 관하여 상호 의견을 제시·교환할 것을 요청할 수 있다. 이 경우 검사와 사법경찰관은 특별한 사정이 없으면 상대방의 요청에 응해야 한다. 검사와 사법경찰관은 공직선거법이나 농협협동조합법 등에 따른 공소시효가 적용되는 사건에 대해서는 공소시효 만료일 3개월 전까지 상호 의견을 제시·교환해야 한다. 다만, 공소시효 만료일 전 3개월 이내에 수사를 개시한 때에는 지체 없이 상호 의견을 제시·교환해야 한다. 정답 ×

007 고소조서는 반드시 독립된 조서일 필요가 없으므로 참고인으로 조사하는 과정에서 고소권자가 처벌을 희망하는 의사표시를 하고 그 의사표시가 참고인진술조서에 기재된 경우에도 고소는 유효하나, 다만 그러한 의사표시가 사법경찰관의 질문에 답하는 형식으로 이루어진 것은 유효하지 않다. ○ ×

해설 피해자가 강제추행 당한 사실을 진술하면서 피고인의 처벌을 요구하는 의사표시를 하였고 이러한 의사표시가 수사기관이 작성한 피해자진술조서에 기재되었다면, 그러한 의사표시가 경찰관의 질문에 답하는 형식으로 이루어졌다고 하더라도 적법한 고소에 해당한다. (대법원 2009도3860) 정답 ×

008 친고죄 피해자 A의 법정대리인 甲의 고소기간은 甲이 범인을 알게 된 날로부터 진행하고, A가 변호사 乙을 선임하여 乙이 고소를 제기한 경우에는 乙이 범인을 알게 된 날부터 고소기간이 기산된다. ○ ×

해설 형사소송법 제225조 제1항이 규정한 법정대리인의 고소권은 무능력자의 보호를 위하여 법정대리인에게 주어진 고유권이어서 피해자의 고소권 소멸여부에 관계없이 고소할 수 있는 것이며, 그 고소기간은 법정대리인 자신이 범인을 알게 된 날로부터 진행한다. (대법원 84도1579).

정답 ×

009 관련 민사사건에서 제1심판결 선고 전에 '이 사건과 관련하여 서로 상대방에 대하여 제기한 형사 고소 사건의 일체를 모두 취하한다'는 내용이 포함된 조정이 성립되었다면, 조정성립 후 고소인이 제1심 법정에서 여전히 피고인의 처벌을 원한다는 취지로 진술하더라도 고소를 취소한 것으로 볼 수 있다. ○ ×

해설 관련 민사사건에서 '이 사건과 관련하여 서로 상대방에 대하여 제기한 형사 고소 사건 일체를 모두 취하한다'는 내용이 포함된 조정이 성립된 것만으로는 고소 취소나 처벌불원의 의사표시를 한 것으로 보기 어렵다. (대법원 2003도8136)

정답 ×

010 사법경찰관으로부터 불송치결정의 통지를 받은 고소인, 고발인, 피해자 또는 그 법정대리인은 해당 사법경찰관의 소속 관서의 장에게 이의를 신청할 수 있고, 사법경찰관은 그러한 신청이 있는 때 지체없이 검사에게 사건을 송치하고 관계 서류와 증거물을 송부하여야 하며, 처리결과와 그 이유를 신청인에게 통지하여야 한다. ○ ×

해설

> 형사소송법 제245조의 7(고소인 등 이의신청) 제245조의6의 통지를 받은 사람(고발인을 제외한다)은 해당 사법경찰관의 소속 관서의 장에게 이의를 신청할 수 있다.

정답 ×

011 수사기관은 고소장에 범죄사실로 기재된 내용이 불명확하고 특정되어 있지 않은 경우에도 고소의 수리를 거부하거나 진정으로 접수하여 처리할 수는 없다. ○ ×

해설 범죄수사규칙에 따라 경찰은 고소, 고발한 사실이 범죄를 구성하지 않은 경우 등에는 그 고소나 고발을 반려할 수 있다.

정답 ×

012 검사는 고소 또는 고발있는 사건에 관하여 공소를 제기하지 아니하는 처분을 한 경우에 고소인 또는 고발인의 청구가 있는 때에는 7일 이내에 고소인 또는 고발인에게 그 이유를 구두 또는 서면으로 설명하여야 한다. ○ ×

해설 제259조(고소인등에의 공소불제기이유고지) 검사는 고소 또는 고발있는 사건에 관하여 공소를 제기하지 아니하는 처분을 한 경우에 고소인 또는 고발인의 청구가 있는 때에는 7일 이내에 고소인 또는 고발인에게 그 이유를 서면으로 설명하여야 한다.

정답 ×

013 구 컴퓨터프로그램보호법 제48조는 프로그램저작권자 또는 프로그램배타적 발행권자 등의 고소가 있어야 공소를 제기할 수 있다고 규정하고 있는데, 프로그램저작권이 명의신탁된 경우 제3자의 침해행위에 대한 고소권자는 명의신탁자이다. ○ ×

해설 컴퓨터프로그램보호법 제48조에서 정한 고소 역시 명의수탁자만 할 수 있다. (대법원 2010도8467) 정답 ×

014 피해자의 법정대리인은 피해자의 고소권 소멸 여부와 관계없이 고소할 수 있지만 피해자의 명시한 의사에 반해서는 행사할 수 없다. ○ ×

해설 법정대리인은 피해자의 고소권 소멸 여부와 관계없이 고소할 수 있고 피해자의 명시한 의사에 반하여도 행사할 수 있다. (대법원 99도3784) 정답 ×

015 특정 캐릭터의 국내 상품화를 위하여 저작재산권자와 사이에 저작물의 이용허락계약을 체결한 사람은 저작재산권침해에 관하여 독자적으로 고소할 수 있다. ○ ×

해설 이 사건 '원피스' 애니메이션 및 캐릭터에 대하여 도에이와 사이에 국내 상품화 계약을 체결한 자로서, 저작권법 제42조 제1항에 의해 저작물의 이용을 허락받은 자에 해당할 수는 있다고 하더라도 저작재산권자로 볼 수는 없으므로 저작재산권침해에 관하여 독자적으로 고소할 수 있는 권한이 있다고 할 수 없다. (대법원 2005도4002) 정답 ×

016 「형사소송법」에서 규정하고 있는 임의수사로는 피의자신문, 참고인조사, 공무소 등에 대한 사실조회, 감정·통역·번역의 위촉이 있다. ○ ×

정답 ○

017 피의자의 진술은 조서에 기재하여야 하며, 조서를 열람하게 하거나 읽어 들려주는 과정에서 피의자가 이의를 제기하거나 의견을 진술한 때에는 이를 조서에 추가로 기재하여야 한다. ○ ×

해설

형사소송법 제244조(피의자신문조서의 작성) ① 피의자의 진술은 조서에 기재하여야 한다.
② 제1항의 조서는 피의자에게 열람하게 하거나 읽어 들려주어야 하며, 진술한 대로 기재되지 아니하였거나 사실과 다른 부분의 유무를 물어 피의자가 증감 또는 변경의 청구 등 이의를 제기하거나 의견을 진술한 때에는 이를 조서에 추가로 기재하여야 한다. 이 경우 피의자가 이의를 제기하였던 부분은 읽을 수 있도록 남겨두어야 한다.

정답 ○

018 고소사건을 조사하던 경찰관이 수사기록에 철하지 아니한 채 보관하던 참고인 乙의 진술서를 돌려달라는 甲의 부탁을 받고 이 진술서가 없더라도 수사에 지장이 없겠다는 스스로의 판단에 따라 내어 주면서 乙에게 확인시키고 찢어버리라고 하였고, 甲이 이를 받아와서 乙에게 보여주고 찢어버린 경우, 공용서류무효죄가 성립한다. ○ ×

해설 형법 제141조 제1항에 규정한 공용서류무효죄는 공문서나 사문서를 묻지 아니하고 공무소에서 사용중이거나 사용할 목적으로 보관하는 서류 기타 물건을 그 객체로 하므로, 형사사건을 조사하던 경찰관이 스스로의 판단에 따라 자신이 보관하던 진술서를 임의로 피고인에게 넘겨준 것이라면, 위 진술서의 보관책임자인 경찰관은 장차 이를 공무소에서 사용하지 아니하고 폐기할 의도하에 처분한 것이라고 보아야 할 것이므로, 위 진술서는 더 이상 공무소에서 사용하거나 보관하는 문서가 아닌 것이 되어 공용서류로서의 성질을 상실하였다고 보아야 한다. (대법원 98도4350) 정답 ×

019 「조세범처벌법」에 의한 국세청장 등의 고발의 경우 '고소·고발 불가분원칙'이 적용되지 아니하므로, 고발의 구비여부는 양벌규정에 의해 처벌받는 자연인 행위자와 법인에 대하여 개별적으로 논하여야 한다. ○ ×

해설 대법원 2004도4066 정답 ○

020 구속영장 발부에 의하여 적법하게 구금된 피의자가 피의자신문을 위한 출석요구에 응하지 아니하면서 수사기관 조사실에 출석을 거부한다면 수사기관은 별도의 체포영장을 발부받아 피의자를 조사실로 구인해야 한다. ○ ×

해설 구속영장 발부에 의하여 적법하게 구금된 피의자가 피의자신문을 위한 출석요구에 응하지 아니하면서 수사기관 조사실에 출석을 거부한다면 수사기관은 그 구속영장의 효력에 의하여 피의자를 조사실로 구인할 수 있다고 보아야 한다. 다만 이러한 경우에도 그 피의자신문 절차는 어디까지나 법 제199조 제1항 본문, 제200조의 규정에 따른 임의수사의 한 방법으로 진행되어야 하므로, 피의자는 헌법 제12조 제2항과 법 제244조의3에 따라 일체의 진술을 하지 아니하거나 개개의 질문에 대하여 진술을 거부할 수 있고, 수사기관은 피의자를 신문하기 전에 그와 같은 권리를 알려주어야 한다. (대법원 2013모160) 정답 ×

021 검사 또는 사법경찰관의 변호인의 피의자신문 참여에 관한 처분에 대하여 불복이 있으면 그 직무집행지의 관할법원 또는 검사의 소속검찰청에 대응한 법원에 그 처분의 취소 또는 변경을 청구할 수 있고, 이에 대한 결정에 불복이 있으면 대법원에 재항고할 수 있다. ○ ×

해설 제243조의2에 따른 변호인의 참여 등에 관한 처분에 대하여 불복이 있으면 그 집무집행지의 관할법원 또는 검사의 소속 검찰청에 대응한 법원에 그 처분의 취소 또는 변경을 청구할 수 있다. (준항고) 정답 ○

022 검사의 구속영장 청구 전 피의자 대면조사는 강제수사가 아니며 긴급체포의 적법성을 의심할 만한 사유가 기록 기타 객관적 자료에 나타나고 피의자의 대면조사를 통해 그 여부의 판단이 가능할 것으로 보이는 경우 및 긴급체포의 합당성이나 구속영장 청구에 필요한 사유를 보강하기 위한 목적으로만 실시되어야 한다. ○ ×

해설 검사가 구속영장 청구 전에 피의자를 대면조사하기 위하여 사법경찰관리에게 피의자를 검찰청으로 인치할 것을 명하는 것은 적법하고 타당한 수사지휘 활동에 해당하고, 수사지휘를 전달받은 사법경찰관리는 이를 준수할 의무를 부담한다. 다만 체포된 피의자의 구금 장소가 임의적으로 변경되는 점, 법원에 의한 영장실질심사 제도를 도입하고 있는 현행 형사소송법하에서 체포된 피의자의 신속한 법관 대면권 보장이 지연될 우려가 있는 점 등을 고려하면, 위와 같은 검사의 구속영장 청구 전 피의자 대면조사는 긴급체포의 적법성을 의심할 만한 사유가 기록 기타 객관적 자료에 나타나고 피의자의 대면조사를 통해 그 여부의 판단이 가능할 것으로 보이는 예외적인 경우에 한하여 허용될 뿐, 긴급체포의 합당성이나 구속영장 청구에 필요한 사유를 보강하기 위한 목적으로 실시되어서는 아니 된다. (대법원 2008도11999) 정답 ×

023 경찰관들이 성폭력범죄 혐의에 대한 체포영장을 근거로 체포절차에 착수하였으나 피의자가 흥분하여 타고 있던 승용차를 출발시켜 경찰관들에게 상해를 입히는 범죄를 추가로 저지르자, 경찰관들이 그 승용차를 멈춘 후 저항하는 피의자를 별도 범죄인 특수공무집행방해치상의 현행범으로 적법하게 체포하였더라도, 집행완료에 이르지 못한 성폭력 범죄 체포영장은 사후에 그 피의자에게 제시하여야 한다. ○ ×

해설 긴급을 요하여 체포영장을 제시하지 않은 채 체포영장에 기한 체포 절차에 착수하였으나, 이에 피고인이 저항하면서 경찰관을 폭행하는 등 행위를 하여 특수공무집행방해의 현행범으로 체포한 후 체포영장을 별도로 제시하지 않은 사안에서, 이 사건 당시 체포영장에 의한 체포절차가 착수된 단계에 불과하였고, 피고인에 대한 체포가 체포영장과 관련 없는 새로운 피의사실인 특수공무집행방해치상을 이유로 별도의 현행범 체포 절차에 따라 진행된 이상, 집행 완료에 이르지 못한 체포영장을 사후에 피고인에게 제시할 필요는 없는 점까지 더하여 보면, 피고인에 대한 체포절차가 적법하다. (대법원 2021도4648)

정답 ×

024 긴급체포의 요건을 갖추었는지 여부는 사후에 밝혀진 사정을 기초로 판단하는 것이 아니라 체포 당시 상황을 기초로 판단하여 수사주체의 판단에 상당한 재량의 여지가 있지만, 긴급체포 당시의 상황으로 보아서도 그 요건의 충족 여부에 관한 수사주체의 판단이 경험칙에 비추어 현저히 합리성을 잃은 경우에는 그 체포는 위법한 체포가 된다. ○ ×

해설 대법원 2006도148

정답 ○

025 사법경찰관은 긴급체포한 피의자에 대하여 구속영장을 신청하지 아니하고 석방한 경우에는 즉시 검사에게 보고하여야 하고, 검사는 석방한 날부터 30일 이내에 서면으로 긴급체포 후 석방된 자의 인적사항, 긴급체포의 일시·장소와 긴급체포하게 된 구체적 이유 등을 법원에 통지하여야 한다. ○ ×

해설 검사는 구속영장을 청구하지 아니하고 피의자를 석방한 경우에는 석방한 날부터 30일 이내에 서면으로 1. 긴급체포 후 석방된 자의 인적사항, 2. 긴급체포의 일시·장소와 긴급체포하게 된 구체적 이유, 3. 석방의 일시·장소 및 사유, 4. 긴급체포 및 석방한 검사 또는 사법경찰관의 성명을 법원에 통지하여야 한다. 이 경우 긴급체포서의 사본을 첨부하여야 한다. (제200조의4 제4항)

정답 ○

026 체포한 피의자를 구속하고자 할 때에는 체포한 때부터 48시간 이내에 구속영장을 청구해야 하는데, 검사 또는 사법경찰관이 아닌 이에 의하여 현행범인이 체포된 후 불필요한 지체 없이 검사 등에게 인도된 경우 위 48시간의 기산점은 체포시이다. ○ ×

해설 체포한 현행범인을 구속하고자 할 때에는 체포한 때부터 48시간 이내에 구속영장을 청구하여야 한다. (제213조의2, 제200조의2 제5항) 수사기관이 아닌 자에 의하여 현행범인이 체포된 후 불필요한 지체 없이 검사들에게 인도된 경우 위 48시간의 기산점을 체포시가 아니라 검사 등이 현행범인을 인도받은 때이다. (대법원 2011도12927)

정답 ×

027 체포영장을 청구받은 지방법원판사는 피의자가 죄를 범하였다고 의심할 만한 이유가 있는 경우에 체포의 사유를 판단하기 위하여 피의자를 구인한 후 심문할 수 있다. ○ ×

해설

> **형사소송법 제201조의2 (구속영장 청구와 피의자 심문)** ② 제1항 외의 피의자에 대하여 **구속영장을 청구받은 판사는** 피의자가 죄를 범하였다고 의심할 만한 이유가 있는 경우에 구인을 위한 구속영장을 발부하여 피의자를 구인한 후 심문하여야 한다. 다만, 피의자가 도망하는 등의 사유로 심문할 수 없는 경우에는 그러하지 아니하다.

정답 ×

028 구속기간이 만료될 무렵에 재판장이 종전 구속영장에 기재된 범죄사실과는 다른 범죄사실로 구속영장을 발부해 다시 구속하였다는 사정만으로는 구속이 위법하다고 단정할 수는 없다. ○ ×

해설 형사소송법 제75조 제1항은, "구속영장에는 피고인의 성명, 주거, 죄명, 공소사실의 요지, 인치구금할 장소, 발부연월일, 그 유효기간과 그 기간을 경과하면 집행에 착수하지 못하며 영장을 반환하여야 할 취지를 기재하고 재판장 또는 수명법관이 서명날인 하여야 한다."고 규정하고 있는바, 구속의 효력은 원칙적으로 위 방식에 따라 작성된 구속영장에 기재된 범죄사실에만 미치는 것이므로, 구속기간이 만료될 무렵에 종전 구속영장에 기재된 범죄사실과 다른 범죄사실로 피고인을 구속하였다는 사정만으로는 피고인에 대한 구속이 위법하다고 할 수 없다. (대법원 2000모134)

정답 ○

029 영장실질심사절차에서 심문할 피의자에게 변호인이 없는 때에는 지방법원판사는 직권으로 변호인을 선정하여야 한다. ○ ×

해설

> **형사소송법 제201조의2 (구속영장 청구와 피의자 심문)** ⑧ 심문할 피의자에게 변호인이 없는 때에는 지방법원판사는 직권으로 변호인을 선정하여야 한다. 이 경우 변호인의 선정은 피의자에 대한 구속영장 청구가 기각되어 효력이 소멸한 경우를 제외하고는 제1심까지 효력이 있다.

정답 ○

030 구속은 구금과 구인을 포함하며, 구인한 피고인을 법원에 인치한 경우에 구금할 필요가 없다고 인정한 때에는 그 인치한 때로부터 24시간 내에 석방하여야 한다. ○ ×

해설

> **형사소송법 제71조 (구인의 효력)** 구인한 피고인을 법원에 인치한 경우에 구금할 필요가 없다고 인정한 때에는 그 인치한 때로부터 24시간 내에 석방하여야 한다.

정답 ○

031 사인에 의하여 현행범인으로 체포된 후 불필요한 지체 없이 사법경찰관리에게 인도된 경우, 구속영장 청구기간인 48시간의 기산점은 사법경찰관리가 현행범인을 인도받은 때이다. ○ ×

해설 형사소송법 제213조 제1항에서 '즉시'의 의미 및 검사 또는 사법경찰관리 아닌 이에 의하여 현행범인이 체포된 후 불필요한 지체 없이 검사 등에게 인도된 경우, 구속영장 청구기간인 48시간의 기산점 (=검사 등이 현행범인을 인도받은 때)

정답 ○

032 검사의 체포영장 또는 구속영장 청구에 대한 지방법원판사의 재판은 준항고의 대상이 된다. ○ ×

해설 검사의 체포영장 또는 구속영장 청구에 대한 지방법원판사의 재판은 형사소송법 제402조의 규정에 의하여 항고의 대상이 되는 '법원의 결정'에 해당하지 아니하고, 제416조 제1항의 규정에 의하여 준항고의 대상이 되는 '재판장 또는 수명법관의 구금 등에 관한 재판'에도 해당하지 아니한다. (대법원 2006모646)

정답 ×

033 구속적부심사 청구에 대한 법원의 기각결정 및 석방결정에 대해서는 항고할 수 없지만, 보증금납입조건부 석방결정에 대해서는 피의자나 검사가 그 취소의 실익이 있으면 「형사소송법」 제402조에 의하여 항고할 수 있다. ○ ×

해설 체포·구속적부심사청구에 대한 법원의 기각결정 및 석방결정에 대하여는 항고하지 못한다. (제214조의2 제8항) 항고로 인한 수사의 지연과 심사의 장기화를 피하기 위해서이다. 그러나 보증금납입조건부 석방결정에 대해서는 제402조에 의하여 항고할 수 있다. (대법원 97모21)

정답 ○

034 지방법원 판사가 구속기간의 연장을 허가하지 않는 결정을 하더라도 「형사소송법」 제402조 또는 제403조가 정하는 항고의 방법으로는 불복할 수 없으며, 다만, 「형사소송법」 제416조가 정하는 준항고의 대상이 될 뿐이다. ○ ×

해설 지방법원판사는 수소법원의 재판장 또는 수명법관이 아니기 때문에 구속기간의 연장이나 연장신청을 기각하는 지방법원판사의 결정에 대해서는 항고 또는 준항고가 허용되지 않는다. (대법원 97모1)

정답 ×

035 검사 또는 사법경찰관은 피의자신문 전에 진술거부권과 신문받을 때 변호인의 조력을 받을 수 있음을 고지해야 하나, 이러한 권리를 행사할 것인지의 여부에 대한 피의자의 답변을 반드시 조서에 기재할 필요는 없다. ○ ×

해설

> **형사소송법 제244조의3 (진술거부권 등의 고지)** ① 검사 또는 사법경찰관은 피의자를 신문하기 전에 다음 각 호의 사항을 알려주어야 한다.
> 1. 일체의 진술을 하지 아니하거나 개개의 질문에 대하여 진술을 하지 아니할 수 있다는 것
> 2. 진술을 하지 아니하더라도 불이익을 받지 아니한다는 것
> 3. 진술을 거부할 권리를 포기하고 행한 진술은 법정에서 유죄의 증거로 사용될 수 있다는 것 4. 신문을 받을 때에는 변호인을 참여하게 하는 등 변호인의 조력을 받을 수 있다는 것

정답 ×

036

검사 또는 사법경찰관은 조사, 신문, 면담 등 그 명칭을 불문하고 피의자에 대해 원칙적으로 오후 9시부터 오전 6시까지 사이에는 심야조사를 해서는 안 되며, 조서를 열람하거나 예외적으로 심야조사가 허용되는 경우를 제외하고는 총 조사시간은 12시간을 초과하지 않아야 한다. ○|×

해설

특별사법경찰관리에 대한 검사의 수사지휘 및 특별사법경찰관리의 수사준칙에 관한 규칙 제38조(심야조사 제한)
① 특별사법경찰관은 조사, 신문, 면담 등 그 명칭을 불문하고 피의자나 사건관계인에 대해 오후 9시부터 오전 6시까지 사이에 조사(이하 "심야조사"라 한다)를 해서는 안 된다. 다만, 이미 작성된 조서의 열람을 위한 절차는 자정 이전까지 진행할 수 있다.

제39조(장시간 조사 제한) ① 특별사법경찰관은 조사, 신문, 면담 등 그 명칭을 불문하고 피의자나 사건관계인을 조사하는 경우에는 대기시간, 휴식시간, 식사시간 등 모든 시간을 합산한 조사시간(이하 "총조사시간"이라 한다)이 12시간을 초과하지 않도록 해야 한다. 다만, 다음 각 호의 어느 하나에 해당하는 경우에는 예외로 한다.
　1. 피의자나 사건관계인의 서면 요청에 따라 조서를 열람하는 경우
　2. 제38조제2항 각 호의 어느 하나에 해당하는 경우

정답 ○

037

변호인의 수사방해나 수사기밀의 유출에 대한 우려가 없고, 조사실의 장소적 제약 등이 없음에도 수사관이 피의자신문에 참여한 변호인에게 '피의자 후방에 앉으라'고 요구한 행위는 변호인의 변호권을 침해하는 것이다. ○|×

해설
헌법재판소 2016헌마503

정답 ○

038

피의자의 진술은 피의자 또는 변호인의 동의없이도 영상을 녹화할 수 있으나, 다만 미리 영상녹화사실을 알려주어야 하며 조사의 개시부터 종료까지의 전 과정 및 객관적 정황을 영상녹화해야 한다. ○|×

해설

형사소송법 제244조의2 (피의자진술의 영상녹화) ① 피의자의 진술은 영상녹화할 수 있다. 이 경우 미리 영상녹화사실을 알려주어야 하며, 조사의 개시부터 종료까지의 전 과정 및 객관적 정황을 영상녹화하여야 한다.

정답 ○

039

피의자가 죄를 범하였다고 의심할 만한 상당한 이유가 있고 정당한 이유없이 출석요구에 응하지 아니하거나 응하지 아니할 우려가 있는 때라고 하더라도 명백히 체포의 필요가 없다고 인정되는 때에는 체포영장 청구를 받은 지방법원 판사는 체포영장의 청구를 기각하여야 한다. O X

해설

형사소송법 제200조의2 (영장에 의한 체포) ③ 제1항의 청구를 받은 지방법원판사는 상당하다고 인정할 때에는 체포영장을 발부한다. 다만, 명백히 체포의 필요가 인정되지 아니하는 경우에는 그러하지 아니하다.
④ 검사가 제1항의 청구를 함에 있어서 동일한 범죄사실에 관하여 그 피의자에 대하여 전에 체포영장을 청구하였거나 발부받은 사실이 있는 때에는 다시 체포영장을 청구하는 취지 및 이유를 기재하여야 한다.

정답 O

040

검사 또는 사법경찰관은 긴급체포되었다가 구속영장이 청구되지 아니하여 석방된 자를 영장없이는 동일한 범죄사실에 관하여 다시 체포하지 못한다. O X

해설

형사소송법 제200조의4 ③ 제2항의 규정에 의하여 석방된 자는 영장없이는 동일한 범죄사실에 관하여 체포하지 못한다.

정답 O

041

체포영장의 청구서에는 체포사유로서 도망이나 증거인멸의 우려가 있는 사유를 기재하여야 한다. O X

해설

형사소송규칙 제95조 (체포영장청구서의 기재사항) 체포영장의 청구서에는 다음 각 호의 사항을 기재하여야 한다.
1. 피의자의 성명(분명하지 아니한 때에는 인상, 체격, 그 밖에 피의자를 특정할 수 있는 사항), 주민등록번호 등, 직업, 주거
2. 피의자에게 변호인이 있는 때에는 그 성명
3. 죄명 및 범죄사실의 요지
4. 7일을 넘는 유효기간을 필요로 하는 때에는 그 취지 및 사유
5. 여러 통의 영장을 청구하는 때에는 그 취지 및 사유
6. 인치구금할 장소
7. 법 제200조의2 제1항에 규정한 체포의 사유 → 죄를 범하였다고 의심할 만한 상당한 이유가 있고, 정당한 이유없이 제200조의 규정에 의한 출석요구에 응하지 아니하거나 응하지 아니할 우려가 있다는 사실
8. 동일한 범죄사실에 관하여 그 피의자에 대하여 전에 체포영장을 청구하였거나 발부받은 사실이 있는 때에는 다시 체포영장을 청구하는 취지 및 이유 9. 현재 수사 중인 다른 범죄사실에 관하여 그 피의자에 대하여 발부된 유효한 체포영장이 있는 경우에는 그 취지 및 그 범죄사실

정답 X

042

체포영장을 집행하는 경우 피의자에게 반드시 체포영장을 제시하고 그 사본을 교부하여야 하며 신속히 지정된 법원 기타 장소에 인치하여야 한다. ○ ×

해설

> 형사소송법 제85조(구속영장집행의 절차) ① 구속영장을 집행함에는 피고인에게 반드시 이를 제시하고 그 사본을 교부하여야 하며 신속히 지정된 법원 기타 장소에 인치하여야 한다.

정답 ○

043

수사기관의 청구에 의하여 발부하는 구속영장은 허가장으로서의 성질을 가지며, 법원이 직권으로 발부하는 영장은 명령장으로서의 성질을 가진다. ○ ×

해설 법원이 직권으로 발부하는 영장과 수사기관의 청구에 의하여 발부하는 구속영장의 법적 성격은 같지 않다. 즉, 전자는 명령장으로서의 성질을 갖지만 후자는 허가장으로서의 성질을 갖는 것으로 이해되고 있다(헌법재판소 96헌바28).

정답 ○

044

적법하게 체포된 피의자에 대하여 구속영장을 청구받은 판사는 필요하다고 인정되는 때에는 지체없이 영장실질심사를 위하여 피의자를 심문할 수 있으며, 심문할 피의자에게 변호인이 없는 때에는 판사는 직권으로 변호인을 선정하여야 한다. ○ ×

해설

> 형사소송법 제201조의2(구속영장 청구와 피의자 심문) ① 제200조의2·제200조의3 또는 제212조에 따라 체포된 피의자에 대하여 구속영장을 청구받은 판사는 지체 없이 피의자를 심문하여야 한다. 이 경우 특별한 사정이 없는 한 구속영장이 청구된 날의 다음날까지 심문하여야 한다. → 필요하다고 인정하는 때에 심문하는 것 ×

정답 ×

045

구속 전 피의자심문을 하는 경우 법원이 구속영장청구서·수사관계 서류 및 증거물을 접수한 날부터 구속영장을 발부하여 검찰청에 반환한 날까지의 기간은 사법경찰관 및 검사의 피의자 구속기간에 산입하지 아니한다. ○ ×

해설

> 형사소송법 제201조의2(구속영장 청구와 피의자 심문) ⑦ 피의자심문을 하는 경우 법원이 구속영장청구서·수사 관계 서류 및 증거물을 접수한 날부터 구속영장을 발부하여 검찰청에 반환한 날까지의 기간은 제202조 및 제203조의 적용에 있어서 그 구속기간에 산입하지 아니한다.

정답 ○

046
피의자에 대한 심문절차는 공개하지 아니하지만, 판사는 상당하다고 인정하는 경우에는 일반인의 방청을 허가할 수 있다.　　○ ×

해설

> 형사소송규칙 제96조의14(심문의 비공개) 피의자에 대한 심문절차는 공개하지 아니한다. 다만, 판사는 상당하다고 인정하는 경우에는 피의자의 친족, 피해자 등 이해관계인의 방청을 허가할 수 있다.

정답 ×

047
체포·구속적부심사결정에 의하여 석방(보증금납입조건부 피의자석방의 경우는 제외한다)된 피의자가 도망할 우려가 있거나 범죄의 증거를 인멸할 염려가 있는 경우에는 동일한 범죄사실로 재차 체포하거나 구속할 수 있다.　　○ ×

해설

> 형사소송법 제214조의3(재체포 및 재구속의 제한) ① 제214조의2 제4항에 따른 체포 또는 구속 적부심사결정에 의하여 석방된 피의자가 도망하거나 범죄의 증거를 인멸하는 경우를 제외하고는 동일한 범죄사실로 재차 체포하거나 구속할 수 없다.
> ② 제214조의2 제5항에 따라 석방된 피의자에게 다음 각 호의 어느 하나에 해당하는 사유가 있는 경우를 제외하고는 동일한 범죄사실로 재차 체포하거나 구속할 수 없다.
> 　1. 도망한 때
> 　2. 도망하거나 범죄의 증거를 인멸할 염려가 있다고 믿을 만한 충분한 이유가 있는 때
> 　3. 출석요구를 받고 정당한 이유없이 출석하지 아니한 때
> 　4. 주거의 제한이나 그 밖에 법원이 정한 조건을 위반한 때

정답 ×

048
보증금납입을 조건으로 석방된 피의자가 동일한 범죄사실에 관하여 형의 선고를 받고 그 판결이 확정된 후, 집행하기 위한 소환을 받고 정당한 이유없이 출석하지 아니하거나 도망한 때에는 검사의 결정으로 보증금의 전부 또는 일부를 몰수하여야 한다.　　○ ×

해설

> 제103조(보증금 등의 몰취) ① 법원은 보석을 취소하는 때에는 직권 또는 검사의 청구에 따라 결정으로 보증금 또는 담보의 전부 또는 일부를 몰취할 수 있다.
> ② 법원은 보증금의 납입 또는 담보제공을 조건으로 석방된 피고인이 동일한 범죄사실에 관하여 형의 선고를 받고 그 판결이 확정된 후 집행하기 위한 소환을 받고 정당한 사유 없이 출석하지 아니하거나 도망한 때에는 직권 또는 검사의 청구에 따라 결정으로 보증금 또는 담보의 전부 또는 일부를 몰취하여야 한다.

정답 ×

049 현행범을 체포한 경찰관의 진술이라 하더라도 범행을 목격한 부분에 관하여는 여느 목격자의 진술과 다름없이 증거능력이 있으며, 다만 그 증거의 신빙성만 문제가 될 뿐이다. ○ ×

해설 현행범을 체포한 경찰관의 진술이라 하더라도 범행을 목격한 부분에 관하여는 여느 목격자와 다름없이 증거능력이 있고, 다만 그 증거의 신빙성만 문제되는 것이라 할 것이며, 위와 같은 경찰관의 체포행위를 도운 자가 범인의 범행을 목격하였다는 취지의 진술은 그 사람이 경찰정보원이라 하더라도 그 증거능력을 부인할 아무런 이유가 없다. (대법원 95도353). 정답 ○

050 甲과 乙이 주차문제로 다투던 중 乙이 112신고를 하였고, 甲이 출동한 경찰관에게 폭행을 가하여 공무집행방해죄의 현행범으로 체포된 경우, 甲이 파출소에 도착한 이후에도 경찰관의 신분증 제시 요구에 20여 분 동안 응하지 아니하면서 인적 사항을 밝히지 않았다면, 甲에게는 현행범체포 당시에 도망 또는 증거인멸의 염려가 있었다고 할 수 있다. ○ ×

해설 경찰관의 신분증 제시 요구에 응하지 아니하면서 인적 사항을 밝히지 아니한 점 등을 고려하면, 현행범 체포 당시 피고인에게 도망 또는 증거인멸의 염려가 있었다. (대법원 2017도21537). 정답 ○

051 범행 중 또는 범행 직후의 범죄 장소에서 영장 없이 압수·수색 또는 검증을 할 수 있도록 규정한 「형사소송법」 제216조 제3항의 요건 중 어느 하나라도 갖추지 못한 경우 압수·수색 또는 검증은 잠정적으로 위법하지만, 사후에 법원으로부터 영장을 발부받을 경우 그 위법성은 소급하여 치유될 수 있다. ○ ×

해설 범행 중 또는 범행 직후의 범죄 장소에서 긴급을 요하여 법원 판사의 영장을 받을 수 없는 때에는 영장 없이 압수·수색 또는 검증을 할 수 있으나, 사후에 지체없이 영장을 받아야 한다. 형사소송법 제216조 제3항의 요건 중 어느 하나라도 갖추지 못한 경우에 그러한 압수·수색 또는 검증은 위법하며, 이에 대하여 사후에 법원으로부터 영장을 발부받았다고 하여 그 위법성이 치유되지 아니한다. (대법원 2014도16080) 정답 ×

052 수사기관이 압수·수색영장에 적힌 '수색할 장소'에 있는 컴퓨터 등 정보처리장치에 저장된 전자정보 외에 원격지 클라우드에 저장된 전자정보를 압수·수색하기 위해서는 압수·수색영장에 적힌 '압수할 물건'에 별도로 원격지 클라우드 저장 전자정보가 특정되어 있어야 한다. ○ ×

해설 수사기관이 압수·수색영장에 적힌 '수색할 장소'에 있는 컴퓨터 등 정보처리장치에 저장된 전자정보 외에 원격지 서버에 저장된 전자정보를 압수·수색하기 위해서는 압수·수색영장에 적힌 '압수할 물건'에 별도로 원격지 서버 저장 전자정보가 특정되어 있어야 한다. (대법원 2020모735) 정답 ○

053 수사기관이 전자정보에 대한 압수·수색이 종료되기 전에 혐의사실과 관련된 전자정보를 적법하게 탐색하는 과정에서 별도 범죄혐의와 관련된 전자정보를 우연히 발견한 경우, 대법원은 '우연한 육안발견 원칙(plain view doctrine)'에 의해 별도의 영장 없이 우연히 발견한 별도 범죄혐의와 관련된 전자정보를 압수·수색할 수 있다고 판시하였다. ○ ×

해설 전자정보에 대한 압수·수색이 종료되기 전에 혐의사실과 관련된 전자정보를 적법하게 탐색하는 과정에서 별도의 범죄혐의와 관련된 전자정보를 우연히 발견한 경우라면, 수사기관으로서는 더 이상의 추가 탐색을 중단하고 법원으로부터 별도의 범죄혐의에 대한 압수·수색영장을 발부 받은 경우에 한하여 그러한 정보에 대하여도 적법하게 압수·수색을 할 수 있다. (대법원 2011모1839 전합) 정답 ×

054 수사기관이 피의자의 이메일 계정에 대한 접근권한에 갈음하여 발부받은 압수·수색영장에 따라, 원격지의 저장매체에 적법하게 접속하여 내려받거나 현출된 전자정보를 대상으로 하여 범죄 혐의사실과 관련된 부분에 대하여 압수·수색하는 것은 특별한 사정이 없는 한 허용되지만, 원격지 저장매체가 국외에 있는 경우에는 허용되지 않는다. ○ ×

해설 압수·수색할 전자정보가 압수·수색영장에 기재된 수색장소에 있는 컴퓨터 등 정보처리장치 내에 있지 아니하고 그 정보처리장치와 정보통신망으로 연결되어 제3자가 관리하는 원격지의 서버 등 저장매체에 저장되어 있는 경우에도 피의자의 이메일 계정에 대한 접근권한에 갈음하여 발부받은 압수·수색영장에 따라 원격지의 저장매체에 적법하게 접속하여 내려받거나 현출된 전자정보를 대상으로 하여 범죄 혐의사실과 관련된 부분에 대하여 압수·수색하는 것은, 압수·수색영장의 집행을 원활하고 적정하게 행하기 위하여 필요한 최소한도의 범위 내에서 이루어지며 그 수단과 목적에 비추어 사회통념상 타당하다고 인정되는 대물적 강제처분 행위로서 허용되며, 형사소송법 제120조 제1항에서 정한 압수·수색영장의 집행에 필요한 처분에 해당한다. 그리고 이러한 법리는 원격지의 저장매체가 국외에 있는 경우라 하더라도 그 사정만으로 달리 볼 것은 아니다. (대법원 2017도9747) 정답 ×

055 수사기관이 범죄 혐의사실과 관련 있는 정보를 선별하여 압수한 후에도 그와 관련이 없는 나머지 정보를 법원의 영장 내용에 반하여 삭제·폐기·반환하지 아니한 채 그대로 보관하고 있다면, 범죄 혐의사실과 관련이 없는 부분에 대하여는 압수의 대상이 되는 전자정보의 범위를 넘어서는 전자정보를 영장 없이 압수·수색하여 취득한 것이어서 위법하다. ○ ×

해설 수사기관이 범죄 혐의사실과 관련 있는 정보를 선별하여 압수한 후에도 그와 관련이 없는 나머지 정보를 삭제·폐기·반환하지 아니한 채 그대로 보관하고 있는 경우, 범죄 혐의사실과 관련이 없는 부분에 대한 압수가 위법하다. 사후에 법원으로부터 압수·수색영장이 발부되었다거나 피고인이나 변호인이 이를 증거로 함에 동의하였다고 하여 그 위법성이 치유된다고 볼 수 없다. (대법원 2021모1586) 정답 ○

056 피의자가 휴대전화를 임의제출하면서 휴대전화에 저장된 전자정보가 아닌 클라우드 등 제3자가 관리하는 원격지에 저장되어 있는 전자정보를 수사기관에 제출한다는 의사로 수사기관에게 클라우드 등에 접속하기 위한 아이디와 비밀번호를 임의로 제공하였다면 위 클라우드 등에 저장된 전자정보를 임의제출하는 것으로 볼 수 있다. ○ ×

해설 수사기관이 범죄 혐의사실과 관련 있는 정보를 선별하여 압수한 후에도 그와 관련이 없는 나머지 정보를 삭제·폐기·반환하지 아니한 채 그대로 보관하고 있는 경우, 범죄 혐의사실과 관련이 없는 부분에 대한 압수가 위법하다. 사후에 법원으로부터 압수·수색영장이 발부되었다거나 피고인이나 변호인이 이를 증거로 함에 동의하였다고 하여 그 위법성이 치유된다고 볼 수 없다. (대법원 2021모1586) 정답 ○

057 형사소송법은 피고인뿐만 아니라 피의자의 진술거부권도 함께 규정하고 있다. ○ ×

해설

형사소송법 제244조의3 (진술거부권 등의 고지) ① 검사 또는 사법경찰관은 피의자를 신문하기 전에 다음 각 호의 사항을 알려주어야 한다.
1. 일체의 진술을 하지 아니하거나 개개의 질문에 대하여 진술을 하지 아니할 수 있다는 것
2. 진술을 하지 아니하더라도 불이익을 받지 아니한다는 것 3. 진술을 거부할 권리를 포기하고 행한 진술은 법정에서 유죄의 증거로 사용될 수 있다는 것 4. 신문을 받을 때에는 변호인을 참여하게 하는 등 변호인의 조력을 받을 수 있다는 것

정답 ×

058 증인으로 출석한 피해자가 판사를 상대로 피고인을 엄벌해 달라고 하더라도 고소로서 효력이 없다. ○ ×

해설 고소는 서면 또는 구술로서 검사 또는 사법경찰관에게 하여야 하는 것이기 때문이다. (대법원 84도709)

정답 ○

059 심문할 피의자에게 변호인이 없는 때에는 지방법원판사는 직권으로 변호인을 선정하여야 한다. 이 경우 변호인의 선정은 피의자에 대한 구속영장 청구가 기각되어 효력이 소멸하는 경우를 제외하고는 심문시까지 효력이 있다. ○ ×

해설

형사소송법 제201조의2 ⑧ 심문할 피의자에게 변호인이 없는 때에는 지방법원판사는 직권으로 변호인을 선정하여야 한다. 이 경우 변호인의 선정은 피의자에 대한 구속영장 청구가 기각되어 효력이 소멸한 경우를 제외하고는 제1심까지 효력이 있다.

정답 ×

060 피의자가 휴대전화를 임의제출하면서 원격지에 저장되어 있는 전자정보를 수사기관에 제출한다는 의사로 클라우드에 접속하기 위한 아이디와 비밀번호를 임의로 제공하였더라도, 그 클라우드에 저장된 전자정보를 임의제출하는 것으로 볼 수는 없다. ○ ×

해설 피의자가 휴대전화를 임의제출하면서 휴대전화에 저장된 전자정보가 아닌 클라우드 등 제3자가 관리하는 원격지에 저장되어 있는 전자정보를 수사기관에 제출한다는 의사로 수사기관에게 클라우드 등에 접속하기 위한 아이디와 비밀번호를 임의로 제공하였다면 위 클라우드 등에 저장된 전자정보를 임의제출하는 것으로 볼 수 있다. (대법원 2020도14654)

정답 ×

061 수사기관이 甲을 피의자로 하여 발부받은 압수·수색영장에 기하여 인터넷서비스업체인 A주식회사를 상대로 A주식회사의 본사 서버에 저장되어 있는 甲의 전자정보인 SNS 대화내용 등에 대하여 압수·수색을 실시한 경우, 수사기관은 압수·수색 과정에서 甲에게 참여권을 보장하여야 한다. ○×

해설 대법원 2016모587

정답 ○

062 피압수자가 수사기관에 압수·수색영장의 집행에 참여하지 않는다는 의사를 명시하였다고 하더라도, 특별한 사정이 없는 한 그 변호인에게는 「형사소송법」 제219조, 제122조에 따라 미리 집행의 일시와 장소를 통지하는 등으로 압수·수색영장의 집행에 참여할 기회를 별도로 보장하여야 한다. ○×

해설 피압수자가 수사기관에 압수·수색영장의 집행에 참여하지 않는다는 의사를 명시한 경우, 그 변호인에게는 미리 집행의 일시와 장소를 통지하는 등으로 압수·수색영장의 집행에 참여할 기회를 별도로 보장하여야 하여야 한다. (대법원 2020도10729)

정답 ○

063 수사기관이 임의제출받은 정보저장매체가 대부분 임의제출에 따른 적법한 압수의 대상이 되는 전자정보만 저장되어 있어서 그렇지 않은 전자정보와 혼재될 여지가 거의 없는 경우라고 하더라도, 전자정보인 이상 소지보관자의 임의제출에 따른 통상의 압수절차 외에 피압수자에게 참여기회를 보장하지 않았고 전자정보 압수목록을 작성 교부하지 않았다면 곧바로 증거능력을 인정할 수 없다. ○×

해설 수사기관이 임의제출받은 정보저장매체가 그 기능과 속성상 임의제출에 따른 적법한 압수의 대상이 되는 전자정보와 그렇지 않은 전자정보가 혼재될 여지가 거의 없어 사실상 대부분 압수의 대상이 되는 전자정보만이 저장되어 있는 경우에는 소지·보관자의 임의제출에 따른 통상의 압수절차 외에 피압수자에게 참여의 기회를 보장하지 않고 전자정보 압수목록을 작성·교부하지 않았다는 점만으로 곧바로 증거능력을 부정할 것은 아니다. (대법원 2019도7342)

정답 ×

064 '변호인이 되려는 자'의 접견교통권은 피의자 또는 피고인을 조력하기 위한 핵심적인 부분으로서 헌법상 기본권으로 보장된다. ○×

해설 헌법재판소 2015헌마1204

정답 ○

065 공선법 제11조에 의하면 대통령선거 후보자는 후보자의 등록이 끝난 때부터 개표 종료시까지 사형무기 또는 장기 7년 이상의 징역이나 금고에 해당하는 죄를 범한 경우를 제외하고는 현행범인이 아니면 체포 또는 구속되지 아니하며 병역소집의 유예를 받는다. ○×

해설

> 공직선거법 제11조(후보자 등의 신분보장) ① 대통령선거의 후보자는 후보자의 등록이 끝난 때부터 개표종료시까지 사형·무기 또는 장기 7년 이상의 징역이나 금고에 해당하는 죄를 범한 경우를 제외하고는 현행범인이 아니면 체포 또는 구속되지 아니하며, 병역소집의 유예를 받는다.

정답 ○

066 긴급체포 대상 피의자의 범죄혐의는 법정형을 의미하고 주관적 혐의로 족하다. ○ ×

해설 범죄혐의는 법정형을 의미하고 객관적 혐의가 필요하다. 주관적 혐의로 부족하다.

정답 ×

067 형사소송법 제34조가 규정한 변호인의 접견교통권은 이를 제한하는 법령이 없다면 법원의 결정으로만 제한할 수 있고 수사기관의 처분으로는 제한할 수 없다. ○ ×

해설 접견교통권은 필수불가결한 권리이므로 법령에 의한 제한이 없는 한 수사기관의 처분은 물론, 법원의 결정으로도 이를 제한할 수 없는 것이다. (대법원 89모37)

정답 ×

068 비변호인과의 접견이 금지된 상태에서 작성된 피의자 신문조서는 당연히 임의성이 부정된다. ○ ×

해설 검사의 접견금지 결정으로 피고인들의 접견이 제한된 상황하에서 피의자 신문조서가 작성되었다는 사실만으로 바로 그 조서가 임의성이 없는 것이라고는 볼 수 없다. (대법원 84도846) (비교) 단, 검사작성의 피신조서가 검사에 의해 변호인의 접견이 부당하게 제한되고 있는 동안 작성된 경우 증거능력 없다. (대법원 90도1285)

정답 ×

069 압수·수색영장의 범죄 혐의사실과 객관적 관련성이 있는 범죄라는 것은 압수·수색영장에 기재된 혐의사실 자체 또는 그와 기본적 사실관계가 동일한 범행과 직접 관련되어 있는 경우는 포함되지만 단지 범행 동기와 경위, 범행 수단과 방법, 범행 시간과 장소 등을 증명하기 위한 간접증거나 정황증거 등으로 사용될 수 있는 경우는 인정되지 않는다. ○ ×

해설 압수·수색영장의 범죄 혐의사실과 관계있는 범죄라는 것은 압수·수색영장에 기재한 혐의사실과 객관적 관련성이 있고 압수·수색영장 대상자와 피의자 사이에 인적 관련성이 있는 범죄를 의미한다. 그중 혐의사실과의 객관적 관련성은 압수·수색영장에 기재된 혐의사실 자체 또는 그와 기본적 사실관계가 동일한 범행과 직접 관련되어 있는 경우는 물론 범행 동기와 경위, 범행 수단과 방법, 범행 시간과 장소 등을 증명하기 위한 간접증거나 정황증거 등으로 사용될 수 있는 경우에도 인정될 수 있다. (대법원 2017도13458)

정답 ×

070 수사기관이 압수·수색영장을 집행하면서 甲 회사에 팩스로 영장 사본을 송신하기만 하고 영장 원본을 제시하거나 압수조서와 압수물 목록을 작성하여 피압수·수색 당사자에게 교부하지도 않았다면 그 압수·수색은 위법하다. ○ ×

해설 수사기관이 甲 주식회사에서 압수수색영장을 집행하면서 甲 회사에 팩스로 영장 사본을 송신하기만 하고 영장 원본을 제시하거나 압수조서와 압수물 목록을 작성하여 피압수·수색 당사자에게 교부하지도 않은 채 피고인의 이메일을 압수한 후 이를 증거로 제출한 사안에서, 위와 같은 방법으로 압수된 이메일은 증거능력이 없다. (대법원 2015도10648)

정답 ○

071 전자정보의 압수·수색과정에서 생성되는 하드카피나 이미징 형태의 복제본에는 범죄혐의와 관련된 유관정보와 무관정보를 모두 포함하고 있어 압수 완료시 이후 새로운 범죄혐의의 수사를 위한 수사기관의 추가적인 탐색 및 출력의 대상이 될 수 있다. O X

해설 수사기관은 하드카피나 이미징 등 형태(이하 '복제본'이라 한다)에 담긴 전자정보를 탐색하여 혐의사실과 관련된 정보(이하 '유관정보'라 한다)를 선별하여 출력하거나 다른 저장매체에 저장하는 등으로 압수를 완료하면 혐의사실과 관련 없는 전자정보(이하 '무관정보'라 한다)를 삭제·폐기하여야 한다. 수사기관이 새로운 범죄 혐의의 수사를 위하여 무관정보가 남아 있는 복제본을 열람하는 것은 압수·수색영장으로 압수되지 않은 전자정보를 영장 없이 수색하는 것과 다르지 않다. 따라서 복제본은 더 이상 수사기관의 탐색, 복제 또는 출력 대상이 될 수 없으며, 수사기관은 새로운 범죄 혐의의 수사를 위하여 필요한 경우에도 유관정보만을 출력하거나 복제한 기존 압수·수색의 결과물을 열람할 수 있을 뿐이다. (대법원 2018도19782)

정답 ✕

072 수사기관이 구속수감 중인 자에게 그의 압수된 휴대전화를 제공하여 피의자와 통화하게 하고 범행에 관한 통화내용을 녹음한 경우, 그 녹음 자체는 물론 이를 근거로 작성된 녹취록 첨부 수사보고서도 증거로 사용할 수 없다. O X

해설 수사기관은 하드카피나 이미징 등 형태(이하 '복제본'이라 한다)에 담긴 전자정보를 탐색하여 혐의사실과 관련된 정보(이하 '유관정보'라 한다)를 선별하여 출력하거나 다른 저장매체에 저장하는 등으로 압수를 완료하면 혐의사실과 관련 없는 전자정보(이하 '무관정보'라 한다)를 삭제·폐기하여야 한다. 수사기관이 새로운 범죄 혐의의 수사를 위하여 무관정보가 남아 있는 복제본을 열람하는 것은 압수·수색영장으로 압수되지 않은 전자정보를 영장 없이 수색하는 것과 다르지 않다. 따라서 복제본은 더 이상 수사기관의 탐색, 복제 또는 출력 대상이 될 수 없으며, 수사기관은 새로운 범죄 혐의의 수사를 위하여 필요한 경우에도 유관정보만을 출력하거나 복제한 기존 압수·수색의 결과물을 열람할 수 있을 뿐이다. (대법원 2010도9016)

정답 O

073 음주측정을 위하여 당해 운전자를 강제로 연행하기 위해서는 수사상의 강제처분에 관한 형사소송법상의 절차에 따라야 하고, 이러한 절차를 무시한 채 이루어진 강제연행은 위법한 체포에 해당한다. O X

해설 대법원 2004도8404

정답 O

074 형법상 공갈죄(제350조)와 단순협박죄(제283조 제1항)는 범죄수사를 위한 통신제한조치의 대상범죄에 해당한다. O X

해설

통신비밀보호법 제5조(범죄수사를 위한 통신제한조치의 허가요건) 제1항 제1호

정답 O

075
마약류 관련 수형자에 대하여 마약류반응검사를 위하여 소변을 받아 제출하게 한 것은 법관의 영장을 필요로 하는 강제처분이라고 할 수 없어, 구치소 등 교정시설 내에서의 소변채취가 법관의 영장이 없이 실시되었더라도 헌법 제12조 제3항의 영장주의에 위배하였다고 할 수는 없다. ○│×

해설 헌법재판소 2005헌마277

정답 ○

076
강간죄와 살인죄는 통신제한조치의 대상범죄에 해당하나, 사기죄와 경매·입찰방해죄는 이에 해당하지 않는다. ○│×

해설 직무유기, 직권남용, 불법체포·감금죄, 폭행·가혹행위죄, 피의사실공표죄, 선거방해죄, 존속협박죄, 권리행사방해죄, 강요죄, 점유강취죄, 강제집행면탈죄, 중권리행사방해죄, 사기죄 등의 일정한 범죄는 통신비밀보호법상 통신제한조치의 대상범죄에서 제외된다. 그러나 신용·업무와 경매에 관한 죄 중 경매·입찰방해죄는 대상범죄에 포함된다.

정답 ×

077
사법경찰관에 의한 통신제한조치를 집행한 사건에 관하여 검사로부터 공소를 제기하거나 제기하지 아니하는 처분(기소중지 결정을 제외)의 통보를 받거나 내사사건에 관하여 입건하지 아니하는 처분을 한 때에는 그 날부터 30일 이내에 우편물 검열의 경우에는 그 대상자에게, 감청의 경우에는 그 대상이 된 전기통신의 가입자에게 통신제한조치를 집행한 사실과 집행기관 및 그 기간 등을 서면으로 통지하여야 한다. ○│×

해설

통신비밀보호법 제9조의2(통신제한조치의 집행에 관한 통지) 제2항

정답 ○

078
사법경찰관은 인터넷 회선을 통하여 송신·수신하는 전기통신을 대상으로 통신제한조치를 집행한 경우 그 전기통신의 보관 등을 하고자 하는 때에는 집행종료일부터 14일 이내에 보관 등이 필요한 전기통신을 선별하여 검사에게 보관 등의 승인을 신청하고, 검사는 신청일부터 7일 이내에 통신제한조치를 허가한 법원에 그 승인을 청구할 수 있다. ○│×

해설

통신비밀보호법 제12조의2(범죄수사를 위하여 인터넷 회선에 대한 통신제한조치로 취득한 자료의 관리) 제2항

정답 ○

079

검사는 송·수신이 완료된 전기통신에 대하여 압수·수색·검증을 집행한 경우 그 사건에 관하여 공소를 제기하거나 공소의 제기 또는 입건을 하지 아니하는 처분(기소중지결정을 제외한다)을 한 때에는 그 처분을 한 날부터 14일 이내에 수사대상이 된 가입자에게 압수·수색·검증을 집행한 사실을 서면으로 통지하여야 한다. ○ ×

해설

통신비밀보호법 제9조의3(압수·수색·검증의 집행에 관한 통지) ① 검사는 송·수신이 완료된 전기통신에 대하여 압수·수색·검증을 집행한 경우 그 사건에 관하여 공소를 제기하거나 공소의 제기 또는 입건을 하지 아니하는 처분(기소중지결정을 제외한다)을 한 때에는 그 처분을 한 날부터 30일 이내에 수사대상이 된 가입자에게 압수·수색·검증을 집행한 사실을 서면으로 통지하여야 한다.

정답 ×

080

국가의 안전보장·공공의 안녕질서를 위태롭게 할 현저한 우려가 있는 때, 사람의 생명·신체에 중대한 위험을 초래할 염려가 현저한 사유가 있는 때에는 그 사유가 해소될 때까지 통지를 유예할 수 있다. 특히 검사 또는 사법경찰관이 통지를 유예하고자 하는 경우에는 관할 지방검찰청검사장의 승인을 얻어야 한다. ○ ×

해설

통신비밀보호법 제9조의2(통신제한조치의 집행에 관한 통지) 제4항, 제5항

정답 ○

081

통신비밀보호법은 「국제상거래에 있어서 외국공무원에 대한 뇌물방지법」에 규정된 범죄 중 뇌물공여죄에 대하여 통신제한조치를 허가할 수 있도록 근거를 마련하였다. ○ ×

해설

통신비밀보호법 제5조(범죄수사를 위한 통신제한조치의 허가요건) 제1항 제12호

정답 ○

082

형법상 내란목적살인죄 또는 그 미수범에 대하여 범죄수사를 위한 통신제한조치의 연장을 청구하는 경우 총 연장기간은 3년이지만, 예비·음모의 경우에는 총 연장기간이 1년이다. ○ ×

해설

통신비밀보호법 제6조(범죄수사를 위한 통신제한조치의 허가절차) ⑧ 검사 또는 사법경찰관이 제7항 단서에 따라 통신제한조치의 연장을 청구하는 경우에 통신제한조치의 총 연장기간은 1년을 초과할 수 없다. 다만, 다음 각 호의 어느 하나에 해당하는 범죄의 경우에는 통신제한조치의 총 연장기간이 3년을 초과할 수 없다.
  1. 「형법」 제2편 중 제1장 내란의 죄, 제2장 외환의 죄 중 제92조부터 제101조까지의 죄, 제4장 국교에 관한 죄 중 제107조, 제108조, 제111조부터 제113조까지의 죄, 제5장 공안을 해하는 죄 중 제114조, 제115조의 죄 및 제6장 폭발물에 관한 죄
  3. 「국가보안법」에 규정된 죄

정답 ×

083 「국가보안법」에 규정된 죄에 대한 범죄수사를 위한 통신제한조치의 총 연장기간은 3년을 초과할 수 없다. ○ ×

> **해설**
> 통신비밀보호법 제6조(범죄수사를 위한 통신제한조치의 허가절차) 제8항

정답 ○

084 검사 또는 사법경찰관은 수사를 위하여 실시간 위치정보 추적자료 및 기지국에 대한 통신사실확인자료가 필요한 경우에는 다른 방법으로는 범죄의 실행을 저지하기 어렵거나 범인의 발견·확보 또는 증거의 수집·보전이 어려운 경우에만 전기통신사업자에게 해당 자료의 열람이나 제출을 요청할 수 있다. ○ ×

> **해설**
> 통신비밀보호법 제13조(범죄수사를 위한 통신사실 확인자료제공의 절차) 제2항

정답 ○

085 형법상 제107조(외국원수에 대한 폭행·협박), 제108조(외국사절에 대한 폭행·협박)의 죄에 대하여 범죄수사를 위한 통신제한조치의 연장을 청구하는 경우, 총 연장기간은 3년을 초과할 수 없다. ○ ×

> **해설**
> 통신비밀보호법 제6조(범죄수사를 위한 통신제한조치의 허가절차) 제8항

정답 ○

086 검사 또는 사법경찰관은 수사만을 위하여 필요한 경우 전기통신사업법에 의한 전기통신사업자에게 통신사실 확인자료의 열람이나 제출을 요청할 수 있다. ○ ×

> **해설**
> 통신비밀보호법 제13조(범죄수사를 위한 통신사실 확인자료제공의 절차) ① 검사 또는 사법경찰관은 수사 또는 형의 집행을 위하여 필요한 경우 전기통신사업법에 의한 전기통신사업자에게 통신사실 확인자료의 열람이나 제출을 요청할 수 있다.

정답 ×

087

검사 또는 사법경찰관은 제13조에 따라 통신사실 확인자료제공을 받은 사건에 관하여 기소중지 결정이나 참고인중지 결정 처분을 한 경우에는 그 처분을 한 날부터 1년(제6조 제8항 각 호의 어느 하나에 해당하는 범죄인 경우에는 3년)이 경과한 때부터 30일 이내에 통신사실 확인자료 제공을 받은 사실 등을 당사자에게 서면으로 통지하여야 한다. O X

해설

통신비밀보호법 제13조의3(범죄수사를 위한 통신사실 확인자료제공의 통지) 제1항 제2호

정답 O

088

사법경찰관이 긴급통신제한조치를 할 경우에는 미리 검사의 지휘를 받아야 한다. 다만, 특히 급속을 요하여 미리 지휘를 받을 수 없는 사유가 있는 경우에는 긴급통신제한조치의 집행착수 후 지체 없이 검사의 승인을 얻어야 한다. O X

해설

통신비밀보호법 제8조(긴급통신제한조치) ⑤ 검사, 사법경찰관 또는 정보수사기관의 장은 긴급통신제한조치의 집행에 착수한 때부터 36시간 이내에 법원의 허가를 받지 못한 경우에는 해당 조치를 즉시 중지하고 해당 조치로 취득한 자료를 폐기하여야 한다. <개정 2022. 12. 27.>
⑥ 검사, 사법경찰관 또는 정보수사기관의 장은 제5항에 따라 긴급통신제한조치로 취득한 자료를 폐기한 경우 폐기이유·폐기범위·폐기일시 등을 기재한 자료폐기결과보고서를 작성하여 폐기일부터 7일 이내에 제2항에 따라 허가청구를 한 법원에 송부하고, 그 부본(副本)을 피의자의 수사기록 또는 피내사자의 내사사건기록에 첨부하여야 한다. <개정 2022. 12. 27.>
⑦ 삭제 <2022. 12. 27.>
⑧ 정보수사기관의 장은 국가안보를 위협하는 음모행위, 직접적인 사망이나 심각한 상해의 위험을 야기할 수 있는 범죄 또는 조직범죄등 중대한 범죄의 계획이나 실행 등 긴박한 상황에 있고 제7조제1항제2호에 해당하는 자에 대하여 대통령의 승인을 얻을 시간적 여유가 없거나 통신제한조치를 긴급히 실시하지 아니하면 국가안전보장에 대한 위해를 초래할 수 있다고 판단되는 때에는 소속 장관(국가정보원장을 포함한다)의 승인을 얻어 통신제한조치를 할 수 있다.
⑨ 정보수사기관의 장은 제8항에 따른 통신제한조치의 집행에 착수한 후 지체 없이 제7조에 따라 대통령의 승인을 얻어야 한다. <개정 2022. 12. 27.>
⑩ 정보수사기관의 장은 제8항에 따른 통신제한조치의 집행에 착수한 때부터 36시간 이내에 대통령의 승인을 얻지 못한 경우에는 해당 조치를 즉시 중지하고 해당 조치로 취득한 자료를 폐기하여야 한다.

정답 O

089

피해아동의 담임교사인 피고인이 피해아동에게 수업시간 중 교실에서 "학교 안 다니다 온 애 같아."라고 말하는 등 정서적 학대행위를 하였다는 이유로 기소되었는데, 피해아동의 부모가 피해아동의 가방에 녹음기를 넣어 수업시간 중 교실에서 피고인이 한 발언을 몰래 녹음한 녹음파일, 녹취록 등의 증거능력이 문제된 사안에서 피해아동의 부모는 피고인의 수업시간 중 발언의 상대방, 즉 대화에 원래부터 참여한 당사자에 해당하지 않는 점 등에 비추어 통신비밀보호법 제14조 제1항을 위반하여 '공개되지 아니한 타인 간의 대화'를 녹음한 것이므로 통신비밀보호법 제14조 제2항 및 제4조에 따라 증거능력이 부정된다. O X

해설 대법원 2020도1538

정답 O

090 피고인의 배우자가 피고인 모르게 피고인의 휴대전화에 자동녹음 애플리케이션을 실행해 두어 자동으로 녹음된 피고인과 배우자 사이의 전화통화 녹음파일을 증거로 사용할 수 있다. ○ ×

해설 증거수집 절차가 개인의 사생활 내지 인격적 이익을 중대하게 침해하여 사회통념상 허용되는 한도를 벗어난 것이라면, 단지 형사소추에 필요한 증거라는 사정만을 들어 곧바로 형사소송에서 진실발견이라는 공익이 개인의 인격적 이익 등 보호이익보다 우월한 것으로 섣불리 단정해서는 아니 된다. 그러나 그러한 한도를 벗어난 것이 아니라면 형사절차에서 증거로 사용할 수 있다. (대법원 2021도2299)

정답 ○

091 「형사소송법」 제221조의2의 증인신문청구를 하려면 증인의 진술로서 증명할 대상인 피의사실이 존재해야 하는데, 피의사실은 수사기관 내심의 혐의만으로는 존재한다고 할 수 없고, 고소·고발 또는 자수를 받는 등 수사의 대상으로 삼고 있음을 외부로 표현한 때에 비로소 그 존재를 인정할 수 있다. ○ ×

해설 참고인에 대한 증인신문의 청구도 증거보전과 마찬가지로 제1회 공판기일 전에 한하여 허용된다. 공소제기의 전후는 불문한다. '제1회 공판기일 전'의 구체적 의미도 증거보전과 마찬가지로 모두 절차가 끝날 때까지를 의미한다. 한편 증인신문청구가 가능한 시기는 외부적으로 수사가 개시됨으로써 피의사실의 존재가 인정되는 때이다. (대법원 89도648)

정답 ○

092 「형사소송법」 제221조의2의 증인신문에 관한 서류는 증인신문을 한 법원이 보관하므로, 공소제기 이전에도 피의자 또는 변호인은 판사의 허가를 얻어 서류와 증거물을 열람 또는 등사할 수 있다. ○ ×

해설 판사가 참고인에 대하여 증인신문을 하는 때에는 참여한 법원사무관 등이 조서를 작성하여야 하고,(제48조) 판사는 참고인에 대한 증인신문을 한 때에는 지체 없이 이에 관한 서류를 검사에게 송부하여야 한다. (제221조의2 제6항)

정답 ×

093 적법한 증거에 따르지 아니하고 수집한 증거는 증거로 할 수 없다는 규정은 헌법에 명시되어 있다. ○ ×

해설 형사소송법 제308조의 2에 명시되어 있다. 단. 적부심, 고문금지, 자백배제법칙, 강제수사법정주의, 구속사유를 가족들에게 통지받을 권리, 신속한 재판을 받을 권리는 헌법에 명시되어 있다.

정답 ×

094 "사실의 인정은 증거에 의하여야 한다"는 규정은 헌법에 명시되어 있다. ○ ×

해설 형사소송법 제307조에 명시되어 있다. 전문법칙도 형사소송법 제310조의2에 명시되어 있다.

정답 ×

095 사실심 법원은 인접한 시기에 같은 피해자를 상대로 저질러진 동종 범죄에 대해서는 각 범죄에 따라 피해자 진술의 신빙성이나 신빙성 유무를 기초로 범죄 성립여부를 달리 판단해서는 아니된다. ○ ×

해설 인접한 시기에 같은 피해자를 상재로 저질러진 동종 범죄에 대해서도 각각의 범죄에 따라 피해자의 진술이 신빙성이나 그 신빙성 유무를 기초로 범죄성립여부를 달리 판단할 수 있다. (대법원 2017도10728)

정답 ×

096 공연성은 명예훼손죄의 구성요건으로서 특정 소수에 대한 사실적시의 경우 공연성이 부정되는 경우 유력한 사정이 될 수 있으므로 전파가능성에 관하여 검사에 증명의 책임이 있음이 원칙이나 전파될 가능성은 특정되지 않은 기간과 공간에서 아직 구체화되지 않은 사실이므로 그 증명의 정도는 자유로운 증명으로 족하다. ○ ×

해설 전파가능성은 검사의 엄격한 증명이 필요하다. (대법원 2020도8336) 정답 ×

097 증명력이란 요증사실을 증명하는 증거의 힘, 증거의 실질적 가치를 말하여 이는 법관의 자유심증에 의해 결정된다. ○ ×

해설 증명력은 증거능력과는 달리 증거자료가 사실의 판단에 기여할 수 있는 정도, 즉 증거의 실질적인 가치로서의 신빙성을 뜻한다. 증명력 평가는 증거가치가 크고 작은 정도의 차이를 따지는 것으로, 증거능력 평가가 증거능력의 유무만을 가리는 것과는 구별된다. 정답 ○

098 형사재판에서 이와 관련된 다른 형사사건의 확정판결에서 인정된 사실은 특별한 사정이 없는 한 유력한 증거자료가 되는 것이나, 당해 형사재판에서 제출된 다른 증거 내용에 비추어 관련 형사사건 확정판결의 사실판단을 그대로 채택하기 어렵다고 인정될 경우에는 이를 배척할 수 있다. ○ ×

해설 대법원 2011도15653 정답 ○

099 피해자는 원심 변론종결 후에 사망하였고 그 사실은 원심판결 선고에 임박하여 피해자의 변호사가 제출한 자료에 의해 비로소 확인되었을 뿐, 공판과정에서 피해자의 사망과 이 사건 범행의 관련성에 대해 어떤 공방도 이루어진 바 없다. 이러한 경우 원심은 피해자의 사망 사실 내지 피해자의 사망과 이 사건 범행의 관련성 등에 관하여 피고인의 의견을 듣는 등 피고인에게 방어의 기회를 주기 위해 변론을 재개하여 피해자의 사망과 관련한 새로운 양형조건에 관하여 추가로 심리하였어야 한다. ○ ×

해설 대법원 2021도5777 정답 ○

100 사실을 적시하여 사람의 명예를 훼손한 행위가 「형법」 제310조의 규정에 따라서 위법성이 조각되어 처벌대상이 되지 않기 위하여는 그것이 진실한 사실로서 오로지 공공의 이익에 관한 때에 해당된다는 점을 행위자가 증명하여야 하는 것이나, 그 증명은 엄격한 증명을 요하는 것은 아니지만, 전문증거의 사용까지 허용되는 것은 아니다. ○ ×

해설 공연히 사실을 적시하여 사람의 명예를 훼손한 행위가 형법 제310조의 규정에 따라서 위법성이 조각되어 처벌대상이 되지 않기 위하여는 그것이 진실한 사실로서 오로지 공공의 이익에 관한 때에 해당된다는 점을 행위자가 증명하여야 하는 것이나, 그 증명은 유죄의 인정에 있어 요구되는 것과 같이 법관으로 하여금 의심할 여지가 없을 정도의 확신을 가지게 하는 증명력을 가진 엄격한 증거에 의하여야 하는 것은 아니므로, 이 때에는 전문증거에 대한 증거능력의 제한을 규정한 형사소송법 제310조의2는 적용될 여지가 없다. (대법원 95도1473) 정답 ×

101 법관의 자유심증에 요구되는 합리적 의심은 모든 의문, 불신을 포함하는 것이 아니라 논리와 경험칙에 기하여 요증사실과 양립할 수 없는 사실의 개연성에 대한 합리적 의문을 의미하는 것으로서, 피고인에게 유리한 정황을 사실인정과 관련하여 파악한 이성적 추론에 그 근거를 두어야 하는 것이므로, 단순히 관념적인 의심이나 추상적인 가능성에 기초한 의심은 합리적 의심에 포함된다고 할 수 없다. ○ ×

해설 대법원 2004도2221

정답 ○

102 법위반에 대한 정당한 사유가 없다는 사실은 범죄구성요건이므로 검사가 증명해야 하는데, 다만 진정한 양심의 부존재와 같은 사실을 증명하는 것은 사회통념상 불가능한 반면 그 존재를 주장·증명하는 것이 좀 더 쉬우므로 이러한 사정은 검사가 증명책임을 다하였는지 판단할 때 고려해야 한다. ○ ×

해설 대법원 2018도14411

정답 ○

103 기본권의 본질적 영역에 대한 보호는 국가의 기본적 책무이고 사인 간의 공개되지 않은 대화에 대한 도청 및 감청을 불법으로 간주하는 「통신비밀보호법」의 취지 등을 종합적으로 고려하면 제3자가 권한 없이 개인의 전자우편을 무단으로 수집한 것은 비록 그 전자우편 서비스가 공공적 성격을 가지는 것이라고 하더라도 증거로 제출하는 것이 허용될 수 없다. ○ ×

해설 시청 소속 공무원 甲이 권한 없이 전자우편에 대한 비밀 보호조치를 해제하는 방법을 통하여 乙이 수신한 전자우편을 수집한 경우, 국민의 인간으로서의 존엄과 가치를 보장하는 것은 국가기관의 기본적인 의무에 속하고 이는 형사절차에서도 당연히 구현되어야 하지만, 국민의 사생활 영역에 관계된 모든 증거의 제출이 곧바로 금지되는 것으로 볼 수는 없으므로 법원으로서는 효과적인 형사소추 및 형사소송에서 진실발견이라는 공익과 개인의 인격적 이익 등 보호이익을 비교형량하여 그 허용 여부를 결정하여야 한다. 단지 형사소추에 필요한 증거라는 사정만을 들어 곧바로 형사소송에서 진실발견이라는 공익이 개인의 인격적 이익 등 보호이익보다 우월할 것으로 섣불리 단정하여서는 아니 된다. (대법원 2010도12244)

정답 ×

104 자백은 일단 자백하였다가 이를 번복 내지 취소하더라도 그 효력이 없어지는 것은 아니기에, 피고인이 항소이유서에 '돈이 급해 지어서는 안될 죄를 지었습니다.', '진심으로 뉘우치고 있습니다.'라고 기재하였고 항소심 공판기일에 그 항소이유서를 진술하였다면, 이어진 검사의 신문에 범죄사실을 부인하였고 수사단계에서도 일관되게 범죄사실을 부인하여 온 사정이 있다고 하더라도 피고인이 자백한 것으로 볼 수 있다. ○ ×

해설 피고인이 제출한 항소이유서에 '피고인은 돈이 급해 지어서는 안될 죄를 지었습니다.', '진심으로 뉘우치고 있습니다.'라고 기재되어 있고 피고인은 항소심 제2회 공판기일에 위 항소이유서를 진술하였으나, 곧 이어서 있은 검사와 재판장 및 변호인의 각 심문에 대하여 피고인은 범죄사실을 부인하였고, 수사단계에서도 일관되게 그와 같이 범죄사실을 부인하여 온 점에 비추어 볼 때, 위와 같이 추상적인 항소이유서의 기재만을 가지고 범죄사실을 자백한 것으로 볼 수 없다. (대법원 99도3341)

정답 ×

105

A가 B에게 행한 진술이 기재된 서류가 A가 그러한 내용의 진술을 하였다는 사실 자체에 대한 정황증거로 사용될 것이라는 이유로 서류의 증거능력을 인정한 다음 그 사실을 다시 A의 B에 대한 진술 내용이나 그 진실성을 증명하는 간접사실로 사용하는 경우, 그 서류는 전문증거에 해당한다. ○ ×

해설 어떠한 내용의 진술을 하였다는 사실 자체에 대한 정황증거로 사용될 것이라는 이유로 서류의 증거능력을 인정한 다음 그 사실을 다시 진술 내용이나 그 진실성을 증명하는 간접사실로 사용하는 경우에 그 서류는 전문증거에 해당한다. 서류가 그곳에 기재된 원진술의 내용인 사실을 증명하는 데 사용되어 원진술의 내용인 사실이 요증사실이 되기 때문이다. 이러한 경우 형사소송법 제311조 부터 제316조까지 정한요건을 충족하지 못한다면 증거능력이 없다. (대법원 2018도14303 전합)

정답 ○

106

피고인이 피해자에게 보낸 협박문자를 피해자가 화면캡쳐의 방식으로 촬영한 사진은 피고인의 협박죄 피고사건에 대해서는 전문증거에 해당하지 않는다. ○ ×

해설 정보통신망을 통하여 공포심이나 불안감을 유발하는 글을 반복적으로 상대방에게 도달하게 하는 행위를 하였다는 공소사실에 대하여 휴대전화기에 저장된 문자정보가 그 증거가 되는 경우, 그 문자정보는 범행의 직접적인 수단이고 경험자의 진술에 갈음하는 대체물에 해당하지 않으므로, 형사소송법 제310조의2에서 정한 전문법칙이 적용되지 않는다. 구 정보통신망 이용촉진 및 정보보호 등에 관한 법률 제65조 제1항 제3호 위반죄와 관련하여 문자메시지로 전송된 문자정보를 휴대전화기 화면에 띄워 촬영한 사진에 대하여, 피고인이 성립 및 내용의 진정을 부인한다는 이유로 증거능력을 부정한 것은 위법하다고 한 사례이다. (대법원 2006도2556)

정답 ○

107

A가 피해자들을 흉기로 살해하면서 "이것은 신의 명령을 집행하는 것이다."라고 말하였는데 이 말을 들은 B가 법정에서 A의 정신상태를 증명하기 위해 그 내용을 증언하는 경우 이 진술은 전문증거에 해당하지 않는다. ○ ×

해설 전문진술이 원진술자의 심리적·정신적 상황을 증명하기 위한 정황증거로 사용되는 경우에는 원진술의 내용이 요증사실인 경우가 아니므로 전문법칙이 적용되지 않는다.

정답 ○

108

A가 B와의 개별면담에서 대화한 내용을 피고인 甲에게 불러주었고, 그 내용이 기재된 甲의 업무수첩이 그 대화내용을 증명하기 위한 진술증거인 경우에는 피고인이 작성한 진술서에 대한 「형사소송법」 제313조 제1항에 따라 증거능력을 판단해야 한다. ○ ×

해설 업무수첩 등의 대화 내용 부분이 전 대통령과 개별 면담자 사이에서 대화한 내용을 증명하기 위한 진술증거인 경우에는 전문진술로서 형사소송법 제316조 제2항에 따라 원진술자가 사망, 질병, 외국거주, 소재불명 그 밖에 이에 준하는 사유로 진술할 수 없고 그 진술이 특히 신빙할 수 있는 상태에서 한 것임이 증명된 때에 한하여 증거로 사용할 수 있다. 이 사건에서 공소외 9의 업무수첩 등이 이 요건을 충족하지 못한다. (대법원 2018도14303 전합)

정답 ×

109 공소제기 전에 피고인을 피의자로 조사했던 사법경찰관이 공판기일에 피고인의 진술을 그 내용으로 하여 한 진술을 증거로 하기 위해서는 사법경찰관이 피의자였던 피고인으로부터 진술을 들을 당시 피고인이 증언능력에 준하는 능력을 갖춘 상태에 있었어야 한다. ○ ×

해설 대법원 2005도9561   정답 ○

110 피해자가 제1심 법정에서 수사기관에서의 진술조서에 대해 실질적 진정성립을 부인하는 취지로 진술하였다면, 이후 피해자가 사망하였더라도 피해자를 조사하였던 조사자에 의한 수사기관에서 이루어진 피해자의 진술을 내용으로 하는 제2심 법정에서의 증언은 증거능력이 없다. ○ ×

해설 피고인 본인의 진술에 의한 실질적 진정성립의 인정은 공판준비 또는 공판기일에서 한 명시적인 진술에 의하여야 하고, 단지 피고인이 실질적 진정성립에 대하여 이의하지 않았다거나 조서 작성절차와 방식의 적법성을 인정하였다는 것만으로 실질적 진정성립까지 인정한 것으로 보아서는 아니 된다. 또한 특별한 사정이 없는 한 이른바 '입증취지 부인'이라고 진술한 것만으로 이를 조서의 진정성립을 인정하는 전제에서 그 증명력만을 다투는 것이라고 가볍게 단정해서도 안 된다. (대법원 2011도8325) = 실질적 진정성립이 인정되지 않는 경우이다.   정답 ○

111 수사기관에서 진술한 참고인이 법정에서 증언을 거부하여 피고인이 반대신문을 하지 못한 경우에는 정당하게 증언거부권을 행사한 것이 아니라도, 피고인이 증인의 증언거부 상황을 초래하였다는 등의 특별한 사정이 없는 한 형사소송법 제314조의 '그 밖에 이에 준하는 사유로 인하여 진술할 수 없는 때'에 해당하지 않는다고 보아야 한다. 따라서 증인이 정당하게 증언거부권을 행사하여 증언을 거부한 경우와 마찬가지로 수사기관에서 그 증인의 진술을 기재한 서류는 증거능력이 없다. ○ ×

해설 대법원 2018도13945   정답 ○

112 재전문진술이 기재된 조서는 「형사소송법」 제312조 또는 제314조에 따라 증거능력이 인정될 수 있는 경우에 해당하여야 함은 물론 「형사소송법」 제316조 제2항에 따른 요건을 갖추어야 예외적으로 증거능력이 있다. ○ ×

해설 전문진술이나 재전문진술을 기재한 조서는 형사소송법 제310조의2의 규정에 의하여 원칙적으로 증거능력이 없는 것인데, 다만 전문진술은 형사소송법 제316조 제2항의 규정에 따라 원진술자가 사망, 질병, 외국거주 기타 사유로 인하여 진술할 수 없고 그 진술이 특히 신빙할 수 있는 상태하에서 행하여진 때에 한하여 예외적으로 증거능력이 있다고 할 것이고, 전문진술이 기재된 조서는 형사소송법 제312조 또는 제314조의 규정에 의하여 각 그 증거능력이 인정될 수 있는 경우에 해당하여야 함은 물론 나아가 형사소송법 제316조 제2항의 규정에 따른 위와 같은 요건을 갖추어야 예외적으로 증거능력이 있다고 할 것인바, 여기서 '그 진술이 특히 신빙할 수 있는 상태하에서 행하여진 때'라 함은 그 진술을 하였다는 것에 허위개입의 여지가 거의 없고, 그 진술내용의 신빙성이나 임의성을 담보할 구체적이고 외부적인 정황이 있는 경우를 가리킨다. (대법원 2000도159)   정답 ×

113 휴대전화를 이용한 불법촬영 범죄의 경우, 그 안에 저장되어 있는 같은 유형의 전자정보에서 발견되는 간접증거나 정황증거는 범죄혐의사실과 구체적, 개별적 연관관계가 인정될 수 있다. ○ ×

해설 대법원 2016도348   정답 ○

114 피고인이 검찰청에 출석하여 검사로부터 임의제출물 압수형식으로 이메일 출력물을 제출받으면서 특정 이메일을 제출할 수 있는지 질문을 받고, 인터넷에 접속하여 이메일 아이디와 비밀번호를 입력하고 함께 열람한 다음 이메일 내용을 출력하여 검찰에 제출하면서 피고인의 자유로운 의사에 기하여 이메일 내용을 제출한다는 취지의 동의서와 확인서를 제출한 경우 이와 같은 동의서와 확인서는 형사절차와 관련된 소송법적 사실로 이메일 출력물의 임의제출 여부를 증명하기 위한 것으로서 자유로운 증명으로 충분하다. ○ ×

해설 위 동의서와 확인서는 형사절차와 관련된 소송법적 사실로 이메일 출력물의 임의제출 여부를 증명하기 위한 것인데, 이는 자유로운 증명으로 족하므로 법원이 상당한 방법으로 증거조사를 하면 된다는 이유를 들어 제1심이 위 동의서 및 확인서를 임의제출 여부를 증명하기 위한 증거로 채택하고 그에 해당하는 증거조사를 한 것은 적법하다고 판단하였다.
(대법원 2016도11306)   정답 ○

115 불법적인 영업을 위하여 그 필요상 작성된 문서라도 사무내역을 그때그때 기계적으로 기재한 문서라면 제315조 제2호가 정한 업무상 필요로 작성한 통상 문서에 해당한다. ○ ×

해설 대법원 94도2865   정답 ○

116 피고인의 자백내용이 A시에서 절취한 차량을 타고 B시로 가서 소매치기 범행을 하였다는 것이 경우 A시 자택 앞에 세워둔 자기 소유차량을 도난당했다는 피해자의 진술 피고인의 자백에 대한 보강증거가 된다. ○ ×

해설 자백에 대한 보강증거는 범죄사실의 전부 또는 중요부분을 인정할 수 있는 정도가 되지 아니하더라도 피고인의 자백이 가공적인 것이 아닌 진실한 것임을 인정할 수 있는 정도만 되면 족할 뿐만 아니라, 직접증거가 아닌 간접증거나 정황증거도 보강증거가 될 수 있다. 대법원 95도1947 피고인의 자백 내용은 소매치기 범행이고 피해자의 진술은 소매치기에 대한 내용이 아니라 차량 도난사실이다. 피해자 진술도 보강증거가 될수 있으나 자백에 신빙성을 주는 내용이 아니어서 보강증거가 될 수 없다.   정답 ×

117 재전문진술 또는 이를 기재한 조서는 그에 대해 예외적으로나마 증거능력을 인정하는 규정이 없으므로 피고인이나 변호인의 증거동의가 있더라도 유죄 인정의 증거로 사용할 수 없다. ○ ×

해설 피고인이 증거로 하는데 동의하지 아니하는 한 형사소송법 제310조의2의 규정에 의하여 이를 증거로 할 수 없다. (대법원 2000도159)

정답 ×

118 피고인의 증거동의가 개개의 증거에 대해 개별적 증거조사방식에 의하지 않고 검사가 제시한 모든 증거에 대해 일괄적으로 이루어졌더라도 그 효력에는 지장이 없다. ○ ×

해설 대법원 82도2873

정답 ○

119 형사소송법 제318조에 언급된 서류나 물건 이외의 전문진술은 증거동의의 대상이 아니다. ○ ×

해설 서류 이외 전문증거가 되는 진술인 전문진술도 증거동의의 대상이다. (대법원 86도4198)

정답 ×

120 증거동의의 주체는 피고인이기 때문에 피고인의 명시적인 위임이 없는 한 변호인은 그를 대리하여 증거로 함에 동의할 수 없다. ○ ×

해설 증거로 함에 대한 동의의 주체는 소송주체인 당사자라 할 것이지만 변호인은 피고인의 명시한 의사에 반하지 아니하는 한 피고인을 대리하여 이를 할 수 있음은 물론이므로 피고인이 증거로 함에 동의하지 아니한다고 명시적인 의사표시를 한 경우 이외에는 변호인은 서류나 물건에 대하여 증거로 함에 동의할 수 있고 이 경우 변호인의 동의에 대하여 피고인이 즉시 이의하지 아니하는 경우에는 변호인의 동의로 증거능력이 인정되고 증거조사 완료 전까지 앞서의 동의가 취소 또는 철회하지 아니한 이상 일단 부여된 증거능력은 그대로 존속한다. (대법원 99도2029)

정답 ×

121 공판조서에 기재되지 않은 소송절차는 공판조서 이외의 자료에 의한 증명이 허용되므로 공판조서에 피고인에 대하여 인정신문을 한 기재가 없다면 같은 조서에 피고인이 공판기일에 출석하여 공소사실신문에 대하여 이를 시정하고 있는 기재가 있다 하더라도 인정신문이 있었던 사실이 추정된다고 할 수는 없다.

해설 공판조서에 피고인에 대하여 인정신문을 한 기재가 없다 하여도 같은 조서에 피고인이 공판기일에 출석하여 공소사실신문에 대하여 이를 시정하고 있는 기재가 있으니 인정신문이 있었던 사실이 추정된다 할 것이고 다만 조서의 기재에 이 점에 관한 누락이 있었을 따름인 것이 인정된다. (대법원 72도2421)

정답 ×